「八五」中華社會科學基金研究課題

(nuó)

中國儺文化通論

曲六乙　錢　茀　著

臺灣　學生書局　印行

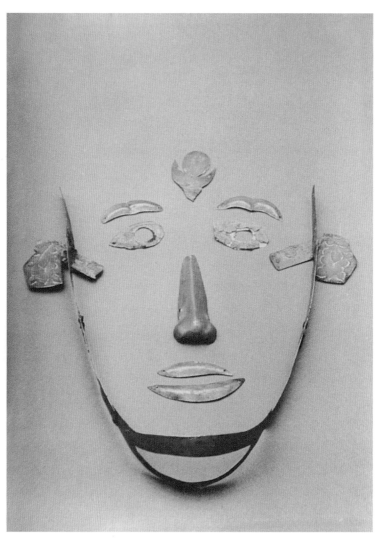

[圖 1] 金綴面罩。河南三門峽地區出土，約東周時期。

[圖 2] 玉綴面罩。河南三門峽地區出土，約東周時期。

[圖 3] 彩陶盆。西安半坡村出土。仰韶文化。

[圖 4] 貴州水族「吞口」。

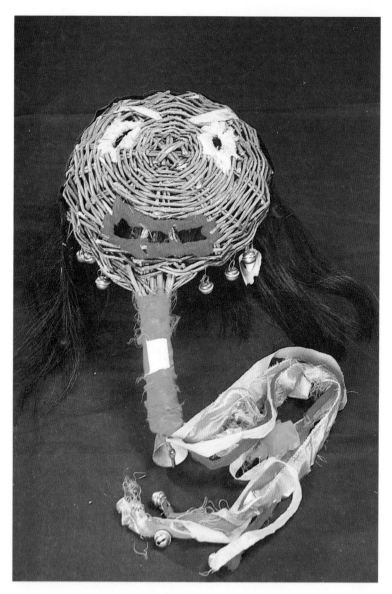

[圖 5] 笊篱姑姑面具。滿族。

[圖 6] 藏族「羌姆」中獨達面具(天葬台使者)。

[圖 7] 湖南、湖北儺壇上供奉的儺公、儺婆木偶。

[圖 8] 青海土族「納頓節」中的面具戲《三英戰呂布》。

[圖 9] 貴州安順地戲：《瓦崗寨》。

[圖 10] 安徽貴池地區演出的「高蹻馬」:《關索大戰鮑三娘》。

[圖 11] 北京雍和宮「跳布札」(「打鬼」)。

[圖 12] 西藏神舞「羌姆」中迎接蓮花生大師場面。

[圖 13] 廣西壯族自治區壯族供奉的鬼王。

[圖 14] 四川平武白馬藏人跳「咒鳥」。

[圖 15] 湖南土家族的「毛古斯」。

[圖 16]「羌姆」中的獨達舞。

[圖 17] 山西五台山「社火喇嘛」。

［圖 18］ 苗族女巫師揹病嬰「上刀梯」，闖關煞。

序

曲六乙

　　記得 2000 年 6 月在臺北召開的「儀式與戲劇、民俗學術研討會」上，我在《中國儺學十二年——走近失落的文明》論文中提到，「儺是多元宗教文化、民俗文化、藝術文化的融合體，是一個在時空上跨時代、跨社會、跨民族、跨國界的龐雜而神秘的文化複合體。在漫長的歷史長河裡，它是傳統文化中的一個寵兒」，但歷史進入現代社會，隨著科學技術文明的高度發展和全面普及，儺賴以生存與發展的人文生態環境，發生了巨大的乃至根本性的變化；儺文化與現代文化發生了尖銳的甚至是難以調合的衝突。這個歷史上做了上千年的文化寵兒，將有變成文化棄兒的危險，甚至有逐漸消失的可能。這是儺作為一種失落的文明所面臨的嚴酷現實。

　　這一年，在《中國儺文化通論》的定稿中，我將上述對儺從「文化寵兒」淪落為「文化棄兒」的觀點，寫入第一編的有關章節裡。我的心情是複雜的、沉重的、悲觀的。不過我這種心情，隨著二十一世紀千禧之年的鐘聲響過，發生了意想不到的逆轉。那就是在 2001 年裡，給包括儺文化在內的民族民間傳統文化，傳來了三個大「利好」訊息。

　　一、2001 年 5 月 18 日聯合國科教文組織總幹事松浦晃一在巴黎宣佈了第一批「人類口頭與非物質遺產代表作」，共 19 個項

目。

二、11 月 2 日科教文組織第 31 屆大會上通過了《聯合國科教文組織文化多樣性宣言》，參加會議的 188 個會員國一致承諾採取適當措施，促進這一宣言的實施。

三、12 月 18 日至 20 日，由文化部等有關機構主辦的，有十多個國家代表參加的民族民間文化保護與立法國際研討會在北京召開。

我個人的體會，這三個絕好的訊息，僅就中國儺文化來說，至少可以解決以下問題：歷史的文化定位，國家的法律保護以及生存與發展的機遇。

科教文組織宣佈的 19 個人類口頭與非物質遺產代表作，是代表亞、歐、非、拉美多個國家、民族、群體的第一批傳統精神文化遺產的精英。它們在本國、本民族、本群體的歷史文化發展中，都起到了重要的不可忽視的作用，有一些代表作在國際文化交流中，甚至對周邊國家乃至國際上都產生過積極影響。如中國昆曲、日本能樂、西班牙埃爾刻神秘劇、意大利西西里木偶劇等。但嚴峻的現實是，它們的大多數都面臨著從地球上永遠消失的危機。這是因為它們賴以生存與發展的人文生態環境，受到現代文明和相對說來是先進文化的嚴重挑戰而遭到慘重的破壞。它們的群眾基礎由雄厚變成薄弱，它們的文化生命力由旺盛走向枯竭。但應當引起關注的是，它們在本國、本民族、本群體的歷史文化發展鏈條中，具有不可再生性和仿生性；在歷史文化地位中，具有不可替代性。我想正是根據這些嚴峻現實，科教文組織才把它們確定為全人類共同擁有的精神財富，以期引起全人類的關注與保護。

在 19 項代表作中，有 5 項被稱爲「文化空間」的引起我的注意。它們基本上是融匯宗教、儀式、音樂、舞蹈、吟唱等於一個演出空間的複合文化形態。這種分別生存於幾內亞、多明尼加、摩洛哥、俄羅斯、烏茲別克斯坦的「文化空間」在中國也可以找到相似的複合文化形態，如河北武安大型社火，山西曲沃任庄的「扇鼓神譜」，江西南豐的「跳儺」，青海土族的「那頓」、藏族的「六月祭」，四川岷江流域羌族的「轉山會」，湖南土家族的「毛古斯」，雲南楚雄彝族的「跳虎節」（又稱「大鑼笙」）以及廣西壯族的「芒筶」和「螞蚜節」等儺俗祭祀儀禮。儘管表現形式千姿百態，各呈異趣，都具有本民族的文化個性，但在宗教功能、民俗功能和審美功能等方面，卻是基本相似或接近的，而且都面臨被歷史淹沒，從地球上消失的危險。既然在文化的歷史使命、複合形態的結構、人文生態環境以及歷史命運方面都大體相似，上述中國各種儺俗祭祀儀禮也應獲得相同的歷史文化定位。作爲中國口頭與非物質文化遺產的組成部分，理應享受與它們的文化定位相適應的保護措施。

《聯合國科教文組織文化多樣性宣言》是一個非常重要的文件。它指出：文化在不同的時代和不同的地方具有各種不同的表現形式。文化多樣性對人類來講就像生物多樣性對維持生物平衡那樣必不可少。從這個意義上說，文化多樣性是人類共同的遺產。應當從當代人和子孫後代的利益考慮予以承認和肯定。《宣言》還指出：文化多樣性不僅是促進經濟增長的因素，而且還是個人和群體享有更加令人滿意的智慧、情感和道德精神生活的手段。

在我看來，第一批 19 項人類口頭與非物質遺產代表作的公

佈，就是貫徹人類文化多樣性的具有最高權威性的措施。作為中國
民族民間傳統文化的組成部分，儺文化本身就是中華各民族、各地
區長期融合宗教、民俗、藝術諸因素而形成的一種文化多樣性的歷
史積澱。搶救、保護與適當利用各民族的儺文化，逐漸改變它的所
謂「失落的文明」和「文化的棄兒」的歷史命運，使之逐漸減少同
現代文明的矛盾與衝突，力求促進相互間的諧調，這對增強民族的
凝聚力，在更大程度上維持文化生態的平衡都是有積極意義的。

　　探索保護模式，推動相關立法，這是去年第三個訊息的基本內
容。在北京召開的民族民間文化保護與立法國際研討會上，各國代
表積極探索、交流保護民族民間文化遺產，使其不再遭受損害，避
免在地球上消失的各種方法，以及制定相應的保護與認證的法律。
《民族民間文化保護法》初稿已經出臺，它的宗旨就是通過立法明
確政府保護民族民間文化的責任，公民享有民族民間文化的權利和
保護民族民間文化的義務。確立保護民族民間文化的各種機制，從
而使其逐步走上法制軌道。

　　「他山之石，可以攻玉。」日本、韓國從 60 年代起逐漸建立
起相應的保護法。19 項代表作中的日本能樂、韓國「皇家古代禮
儀和禮樂」，都是首批受到國家保護的重要項目。去年 10 月，我
赴東京參加了第三屆 BeceTo 戲劇節和學術研討會。韓國文化財產
廳文化財產委員會委員長沈雨晟先生在《韓國無形文化財產概觀》
的報告中，介紹了《文化財產保護法實施條例》的內容。他說，韓
國的無形文化財產（即口頭與非物質文化遺產）的指定制度始於 1964
年，分為國家指定的重要無形文化財產和地方指定的地方無形文化
財產兩種，直到 2001 年，國家級的已有 110 種，地方級的已有

251 種。

在這些項目中，韓國的巫祭、儺祭等文化形態占有一定比例。除了《處容舞》、《鶴蓮花臺合設舞》等為我們所熟知外，據不完全的統計，《北青獅子戲》、《康翎假面劇》、《鳳山假面劇》等假面劇項目至少有 5 個；《風魚祭》、《恩山別神巫禮》等巫禮項目至少有 9 個。

與此相對應，中國的假面舞、假面劇多為儺舞、儺戲（或儺堂戲、端公戲、師公戲），據不完全的統計，至少有 30 多種。中南、西南地區由巫師演出的儺堂戲（或叫儺壇戲、慶壇戲）也有 10 多種，作為口頭與非物質文化遺產，它們在文化品位、質量上有高低、優劣、精粗之分，這就需要經過嚴肅、認真、細緻的考察、分析與認證。譬如江西南豐儺舞，經過考察，就曾被文化部授予「儺舞之鄉」的榮譽。

序文寫到這裡，我的心情不再沉重，而是開始輕鬆；不再悲觀，而是開始樂觀起來。因為上述 2001 年三大「利好」訊息，給民族民間文化遺產，包括儺文化遺產帶來復甦的生機和春天的希望。中國的儺文化遺產，有可能或者至少部分地擺脫「失落的文明」的命運。而被認為不大光彩的「文化的棄兒」，也有可能或者部分地衍變成「文化的驕子」。我朦朧地期待著這一天……

2002 年 5 月於北京

中國儺文化通論

目　錄

圖片目錄（插圖）

言魂

導儺

（一）儺的歷程

近半個世紀以來，中國大陸儺學經歷了從非自覺到自覺，從粗淺認識到較深理解，從感性認識到理性認識的漫長過程。這期間經常發生「瞎子摸象」「摸著石頭過河」的情況。前者以偏概全，不識廬山眞面目；後者缺乏理論的先導，易於走入理論誤區。通過實踐的考察和理論的爭鳴，不斷地總結，不斷地提高認識，踏上了比較正確的途徑。經過較長的孕育期，在學者們的共同努力下，理論逐漸走向成熟，並開始形成初步的架構。

儺學，萌發於二十世紀中葉，興起於二十世紀七○年代末。研究熱點從五○年代的儺舞，八○年代的儺戲移到九○年代的儺文化學和儺文化史。它是學術專業性很強而又涉及宗教、民俗、藝術、巫術、儀式和文化人類學、民族學等廣泛領域的人文交叉（邊緣）學科。

儺（nuó）這個古老而神秘的字，對許多人來說，相當陌生，然而它同人類生命與生存緊密相連。在古代它幾乎無時不在、無處不在；即使在今天，它仍滲透到人類物質生活與精神生活的一些方面。

古代文人和現代學者對儺有種種詮釋，最普遍的理解是驅鬼逐疫之儀式，即「驅儺」或「逐儺」。至今江西一些地方稱爲「跳儺」。的確，它是商周以降三、四千年來儺文化活動中最基本的形態。但作爲多元宗教文化、民俗文化和藝術文化的複合形態，它不僅有著悠久的歷史淵源，還有著極爲豐富的歷史文化內涵和深厚的

歷史文化積澱。僅限於「驅鬼逐疫」的研究，無異於畫地為牢，是很難建構一個新興人文交叉學科的。

儺，大約起源於舊石器中晚期狩獵活動的驅逐術，在人神不分、人獸不分、神鬼不分「三不分」的朦昧時期，在「萬物有靈論」的思想支配下，原始人主觀上企望獲得超自然的威力，以抵禦猛獸的襲擊和氣候的惡劣，法術和巫術便應運而生。在狩獵的生產實踐中，原始人逐漸將法術、巫術與驅逐術融合起來，用於消除自然災害和人為災害，包括驅逐瘟疫。這就是儺的萌生。這在今人看來實在是幼稚，愚昧，荒唐可笑，因為任何巫術手段都與科學背道而馳，是無濟於事，解決不了任何實際問題的，但原始人與應運而生的巫覡卻是虔誠無欺，篤信無疑的。他們從氏族社會末期，以堅定的信仰和頑強的意志，把儺推向漫長的歷史進程。

人類進入階級社會之始，儺開始有了變化。所謂夏「禓（shāng）」，就是夏代祭祀各種非正常死亡的「強死鬼」活動。殷商時代甲骨文中的象形字「宼（guǐ）」，則是表示人手持工具將鬼（同「九」）趕出大門。（圖1）到了周代，

圖1　宼辭

甲骨拓片
羅振玉《殷虛書契後編》下三·一三。載《廣倉學宭藝術叢編》第六種。民國七年（1918）上海版。

錢茀摹繪

理性思維占據上風，儺被納入「禮」的範疇。先秦文獻記載，儺的主要目的是調理陰陽二氣，以求寒暑相宜、風調雨順；驅除疫邪、五穀豐登；人畜平安、國富民生。這些儺祭儀式活動，是以萌芽的陰陽五行學說爲其哲學基礎的。這裡有主觀唯心論因素，也有唯物論因素。

中國歷史上最早記載陰陽觀念的是《國語·周語》。公元前780 年，周幽王三年，三川發生地震，伯陽父的解釋是「陰伏而不能出，陽迫而不能蒸」「今三川實震，乃陰失其所而鎮陽也」。❶把陰、陽二氣作爲宇宙的基本物質，視爲決定事物成敗、榮枯的一對對立的本源。

中國最早的哲學著作《易經》（《周易》），以「奇」（—）、「偶」（--）代表陽和陰，以陰陽的各種變化解釋宇宙萬物的盛衰和消長。

周代一年三季的大型儺祭活動，實際上是對陰陽五行學說的具體實踐。

> 季春之月，國人儺，九門磔（zhé）禳，以畢春氣。
> 仲秋之月，天子乃儺，禦佐疾，以通秋氣。
> 季冬之月，命有司大儺，旁磔，出土牛，以送寒氣。❷

---

❶ 華東師範大學古籍整理研究所校點本，上海古籍出版社 1988 年 3 月第 1 版，第 26 頁。

❷ 《禮記·月令》，轉引自《中國儺戲儺文化資料匯編》，28 頁，楊啓孝編，臺北財團法人施合鄭民俗文化基金會 1993 年 12 月初版。

季春「國儺」，是在國都範圍內舉行的儺禮。「九門磔禳」裂牲以除禍，唐·杜佑在《通典·禮》中說：「磔禳以犬祭，犬屬金也，故磔之於九門，所以抑金扶木，畢成春功」，即以畢春氣。《周禮注疏》：「凡祭祀，供犬牲，用牲物，伏、瘞（yì），亦如之。」即將犬牲埋於門前大道中，可阻止被儺逐出的癘氣再也不能返回九門之中，侵害天子之國都。

季秋「天子儺」，在王室內城和寢廟進行，意在逐除陽暑之氣，以達秋氣，使人畜食物得以儲藏，免遭饑荒，而「以狗御蠱」，一如季春磔狗，狗屬「金畜」、「陽畜」，用以消除疫癘熱毒之氣。

季冬「大儺」，是全民性的儺祭活動。冬天陰氣極盛。高綉在《呂氏春秋·季冬紀》注中說：「大儺，逐盡陰氣爲陽導也。」關於「出土牛」語，陳皓注《月令》說，「出，猶作也。月建丑，丑爲牛，故特做土牛以畢送寒氣。」「建丑」，即農曆十二月之代稱。

漢·鄭玄注《禮記·月令》說，季春國儺「難（即儺的原字，下同）陰氣也，驅寒祛陰，寒退陰弱」，方能「畢春氣」。季秋天子儺。「此難，難陽氣也」，意在驅除過盛的陽氣，才有陰陽調和，「以達秋氣」。季冬大儺，「此難，難陰氣也」，用大儺以祛強陰。

從上述文獻可以看出，周代的儺禮，是以巫術爲中心，以陰陽五行相生相剋的哲學思想萌芽爲行動依據，以「氣」爲宇宙萬物之本源。《月令·孟春之月》：「天氣下降，地氣上升，天地合同，草木萌動。」四季的節令氣象，使萬物感時而生長繁衍。周天子在

四季之初的立春、立夏、立秋、立冬之日，都要舉行「迎氣」儀式，否則「寒暑不時則疾，風雨不節則饑」（《禮記·樂記》）。

綜上所述，周代三季之儺祭，意在運用陰陽五行學說，不使一年各季的陰氣或陽氣過盛到「物極必反」的程度；或抑陽扶陰，或抑陰扶陽，意在通過含有巫術意識的驅逐手段，以求陰陽二氣在對立中達到調和，從而有利於農業的生產發展，也有利於人類生存條件的改善，促進社會的安定。這裡有樸素辯證法。但先民畢竟智商很低，不懂得科學知識，不懂得宇宙間事物對立統一的自然規律和法則，相反熱衷於巫術儀式，陷入主觀唯心主義泥潭。

先民缺乏科學的醫學知識，不知瘟疫之根源在細菌的肆虐。周代大儺只稱「逐疫」，秦漢時則稱「逐除」或「疫鬼」，誤以為瘟疫惡疾是鬼在作祟，鄭玄在解釋「九門磔禳，以畢春氣」時說：「陰寒至此不止，害將及人。所以及人者，陰氣右行，此月之中，日行歷昴（mǎo），昴有大陵積尸之氣，氣佚則厲鬼出使而行。」故而安排下級軍官方相氏率領百隸到宮內「索室毆疫」：「方相氏掌蒙熊皮，黃金四目，玄衣朱裳，執戈揚盾，率百隸而時難（儺），以索室毆疫。大喪，先匶（jiù），及墓，入壙以戈擊四隅毆方良。」❸疫即鬼，鬼即疫，合稱為「鬼疫」或「疫鬼」。驅鬼即驅逐瘟疫惡疾。貴族死後下葬前也有一種儀式：戴著「黃金四目」面具（或頭套）的方相氏先跳下墓穴，左戈右盾，從四隅驅走穴中鬼域，以使死者永遠安寧。

東漢時期的宮廷大儺比起周代有了很大發展，方相氏率領十二

---

❸　以上引文皆見《中國儺戲儺文化資料匯編》，28頁到29頁。

神獸，還有一百二十名侲（zhèn）子（兒童），逐室驅疫。（圖 2）然後由騎兵「傳炬出宮」，棄於雒水之中。聲勢浩大，蔚爲壯觀，成爲當時一年之中規模最大，影響最廣的禮儀。這在張衡《東京賦》中有生動的敘述：「桃弧棘矢，所發無桌，飛礫雨散，剛癉必斃。煌火馳而星流，逐赤疫於四裔」，最終達到「陰陽交合，庶物時育」。這寓有一元復始、萬象更新之意。從商周到隋唐歷經近兩千年的時間裡，以大儺爲代表的儺祭儀式活動，顯示了一種壯美的氣勢雄渾的「儺魂」：利用和調動熊圖騰（包括虎圖騰）威力，驅逐鬼疫，調和陰陽，以期達到人壽年豐、社會穩定的目的。

圖 2　日本平安時代宮儺圖

轉錄自〔日〕《旺文社百科事典》第 12 卷 226 頁。中國東漢宮庭大儺未留下形象資料。日本平安時代宮儺圖中的方相氏、侲子，已日本民族化。一個不同特點是，東漢大儺鬼無形，日本大儺鬼有形。

　　隋唐時期除了宮廷儺，官府儺、寺院儺、民間儺、軍儺都獲得發展。以絲綢之路的要衝沙洲敦煌儺爲例，各級官府組織的儺隊，

還有駐軍儺隊、民間儺隊、寺院儺隊甚至包括從西亞傳入的祆（xian）教教徒也組成儺隊，於春節前夕組成浩浩蕩蕩的驅儺大軍。驅儺活動在各級官府衙門、部隊駐地和全城民宅、寺院全面開花。敦煌儺的驅儺詞也稱爲「兒郎偉」，其中一首唱道：

> 所有舊歲鬼魅，逐出境內他川。已後家興人旺，官高日進月遷。牛羊遍滿山，穀麥如似太（泰）山。兄恭弟順，姑嫂相愛相憐。男女敬重，世代父子團圓。❹

從這段粗俗唱詞並聯繫其它「兒郎偉」唱詞得知，驅逐鬼疫已不占有重要位置，唱詞中的「所有」鬼魅，包括了侵擾沙洲的異族胡人，都驅逐出境，以期獲得和平、安寧的環境，農牧豐收，五穀滿倉，家庭和美的生活。這裡的儺，其內涵已同保衛國家、保衛城市、創建美好家園和幸福家庭聯繫在一起，儺魂有了更全面的內涵。

宋代儺在繼承隋唐儺的基礎上發生了深刻的變革。受到「三教合一」的影響，儺進一步吸收了佛、道二教的神靈，此外還有歷史人物神和民間傳說神。在宮廷大儺儀式中，任職長達兩千年的驅鬼英雄方相氏這個角色，被鐘馗、五道將軍、金剛力士、六丁六甲等所代替，亦即圖騰神被人物神所代替。

宋代以降，北方幾個強有力的少數民族，先後入主中原。他們

---

❹ 黃征：《敦煌願文〈兒郎偉〉輯考·驅儺詞》，《九州學刊》第五卷四期《敦煌學專刊》，1993 年 6 月 15 日出版。

信仰薩滿教，元蒙則改爲信仰藏傳佛教——喇嘛教，大都對中原儺祭採取排斥政策。除了明代稍有遺緒外，大儺已消失在歷史煙塵之中。但在廣袤的農村社會裡，則盛行社儺、族儺、教儺和軍儺，此外還有游儺，它們都不同程度地繼承與發展了從周代開始的「鄉人儺」的歌舞儀式活動，在實行請神、酬神、送神三段模式的同時，仍不同程度地保留了驅儺活動的遺風。如江西的「跳儺」、「跳魈」，山西的「扇鼓神譜」、「斬旱魃（bá）」，河北的「捉黃鬼」、「撞虛耗」，四川的梓潼陽戲，貴州的地戲；少數民族裡彝族的「跳豹子」、「跳啞巴」，土家族的「毛谷斯」，苗族的「芒蒿」，土族的「跳於菟」等等，都保持了驅邪避災、祈福納吉的原始內涵。

值得注意的是，驅逐的儀式在融入各種民俗活動之後，呈現出多姿多彩的局面，這在第五章儺與民俗中將予以介紹，而被驅逐的對象早已出現了多樣化的趨勢。

如山西雁北地區的《斬旱魃》，鏟除的對象是造成大地乾旱的旱魃。四川儺戲的《二郎降魔》則是爲了降伏造成水患的孽龍。鬼的形象也在逐漸社會化、人格化成邪惡的代表，如山西的《斬黃癆鬼》，這黃癆鬼是疫鬼向惡人轉化的過渡形象。《斬趙萬牛》則完成了向惡人的過渡。河北武安的《打黃鬼》、《捉黃鬼》中的黃鬼，已衍變成忤逆不孝、無惡不作的人間敗類。近百名村民揮舞柳棒驅趕被押解的黃鬼遊街示眾，經過判官、閻王的兩輪審判，押上開膛破肚的刑臺，再現了漢代大儺中十二神獸和上百名侲子（兒童）高喊抽你的筋，剝你的皮，破肚開腸驚心動魄的場面，在傳統的儺魂中又增添了社會道德力量的威力。

（二）儺與「人為宗教」

在農耕社會裡，人們總是希望農業豐收，六畜興旺，家庭幸福，國富民安，生活在沒有天災人禍的太平盛世。儺與佛教、道教、基督教等「人為宗教」，都無不關心人類生命、命運和生存這類最重要的社會問題。在有神論占據著意識形態主導地位的各種社會制度裡，原始自然宗教和「人為宗教」，正是適應了古人的信仰觀念和宗教心理而產生，並在不斷鬥爭中尋求發展。

這些宗教從主導的哲學思想傾向上看，都屬於主觀唯心主義而較少唯物主義，甚至敵視科學的唯物主義，無視或反對社會科學技術的發展。它們的進行旨在拯救人類命運，改善人類生存條件的各種宗教信仰的活動，儘管是荒唐無稽，卻是那樣的虔誠和認真，彷彿是童叟無欺，在效果上卻是徒勞無益的。信徒們只是在虛幻中獲得心理上的滿足和精神上的慰藉。這是它們的共同特徵，但它們之間也有明顯的區別。

「人為宗教」都有創始者（教主），如佛教的釋迦牟尼，基督教的耶穌。也都有自己的哲學思想體系和龐大的組織機構。它們以勸善棄惡，廣積陰德，普渡眾生等為其宗旨，引導信徒與世無爭，對神靈（佛祖、上帝等）頂禮膜拜，懺悔贖罪，淨化靈魂，以求神靈的垂憐和恩賜，脫離苦海，最終獲得未來極樂世界或天堂的永恆福祉。

作為原始自然宗教信仰的產物——儺，沒有出現自己的教主（創始人），沒有組織機構，沒有自己的宗教哲學思想系統。它信仰「萬物有靈」的泛神論，崇拜圖騰、神鬼和祖靈，在祭祀活動中

實踐著陰陽五行學說。東漢道教興起之初，張道陵等人幾乎吸收了儺與巫的全部衣缽，如占卜、符籙（lù）、驅鬼逐疫、請神禳邪等手段。後來，儺又吸收了道教、佛教的神靈和祭祀儀式。隨著歷史的推移，它不可避免地發生了許多變化。兩宋的「三教合一」之後，這種變化更加明顯。儺還把許多歷史人物神、民間傳說神以及各地區的地方保護神，拉到自己的神壇或神圖裡，不斷壯大自己的神靈譜系，顯示自己比佛教、道教更具有無比的神威，藉以招徠更多的群眾。但它的本質基本上沒有多大的變化。

通過比較可以看出，「人為宗教」宣揚神靈主宰人類及其命運。由僧侶、神父主持大醮、齋戒、祈禱、懺悔等宗教儀式活動。信徒的命運只能消極、被動地祈求神靈的恩賜和安排。儺則相反，它強調人類主宰自己的命運。儺祭儀式由裝扮圖騰神靈的方相氏主持，調動上自天子、百官，下及巫覡、士兵、農民、兒童、民間藝人和黎民百姓，幾乎是動員全民與惡劣氣候、鬼疫、邪惡等進行積極的抗爭，以求獲得風調雨順、寒暑相宜、人壽年豐、六畜興旺，國泰民安和社會穩定。

歸納說來：1.「人為宗教」對現實是悲觀的，寄望於未來的彼岸世界；儺對現實世界是樂觀的，不屑寄望於彼岸世界。 2.「人為宗教」引導信徒匍伏在神靈腳下，消極地、被動地等待神靈的恩賜；儺則發揮人類的本體精神力量，調動神靈（神歌與神將）驅邪扶正，除凶納吉，積極地、主動地爭取改變自然生存條件。 3.「人為宗教」宣揚神靈主宰世界，主宰人類命運；儺則熱衷於人類以巫術精神主宰自己的命運，這便是儺魂的核心思想。

（三）儺與巫覡的瓜葛

儺在自己的漫長歷史裡，與巫結下不解之緣。一部儺文化的發展史，也是儺與巫時而緊密結合，時而分道揚鑣的歷史。如周代將儺納入「禮」，儺與巫基本上是「井水不犯河水」。但後人常把儺籠統地稱爲「巫儺」，儺文化稱爲巫儺文化，雖不無道理，但不全面也不夠科學。

在氏族社會，先民在狩獵活動中發明法術、巫術後，出現了巫。首先出現的是女巫，這與母系制有關，反映了女性的權威。到了父系制，出現了覡——男巫。後人合稱爲「巫覡」，即「在男曰覡，在女曰巫」，後來統稱爲巫。北方薩滿教的薩滿也是巫。巫在各地區分別稱爲端公、道公、師公、土老師、僮子等等。最早的巫常由酋長兼任，反映了氏族、部族或部落對行政、軍事和宗教三者集中統一的領導。

巫是信仰「萬物有靈」的原始自然宗教的代表，是原始精神文化的主要創造者，也是原始意識形態的體現者。巫與官結合，謂之官巫；與醫結合，謂之醫巫；與史結合，謂之史巫；與占卜結合，謂之卜巫。巫掌握了天文，謂之星占家；掌握了地理，謂之堪輿家；掌握了煉金術、煉丹術，成爲遊方術士。巫掌握了象形文字，使殷商甲骨文成爲觀察與占卜天文、地理變化和各種「國之大事」的忠實記錄。巫還善於表演，後衍變爲優，成爲最早的歌唱家、舞蹈家和神話傳說的傳承者。總之，在人類早期發展史上，巫是推動社會進步，建立原始文化的功臣。

巫最常用的手段是巫術。在盛行巫術崇拜的遠古社會，先民篤

信巫術具有神奇的超自然威力，把掌握這種威力的巫，視爲神的使者，傳達神的旨意，是溝通神與人的橋樑。巫與巫術，就其本質來說，是科學、文明的冤家對頭。英國人類學家弗雷澤說得好：「巫術是一種假定的自然規律的體系，一種不合格的行爲指導，一種僞科學。」❺許多基於巫術「法則」的巫事活動，包括專門嫁禍於人的「黑巫術」（又叫「凶巫術」）等，本質上都是宣揚迷信，製造愚昧，毒害黎民的。古往今來，從人祭（包括「人頭祭」）、童祭、貞女祭（如河伯娶婦）到神判、降神醫病、預言災禍等，被其矇騙和受殘害的善男信女，難以計數。以巫爲主體，以巫術爲核心的巫文化，在上古時期有進步的一面，但又是一種與科學文明相背拗的文化，中世紀以後巫文化的逐漸衰敗，是文明社會歷史發展的必然。

受到巫文化深刻影響的儺，與巫若即若離，但卻接受了交感巫術（交感律）及其順勢或模擬巫術（相似律）和接觸巫術（接觸律）。彷彿如虎添翼，儺被認爲具有神奇的超自然威力——一種神秘的征服自然，完善人類生存的生活環境的力量。季冬的大儺便是利用驅逐巫術，趕走鬼疫和災難。巫文化是以巫爲主體進行的巫事活動。儺的活動從整體來說，並不以巫爲主體，而是全民性的祭禮活動。查諸古文獻資料，周代大儺驅鬼逐疫的英雄是下級軍官、狂夫方相氏。在喪葬儀式活動中，爲死者創造不受鬼蜮騷擾的寧靜環境的也是方相氏。卻沒有巫覡參與的記載，巫參與的是雩祭等活動。在漢代大儺活動中的主角是方相氏和十二神獸。張衡《東京賦》中說，「方相秉鉞，巫覡操茢（liè）」。巫不過是手操掃帚在一旁助威的

---

❺ 《金枝》上卷19頁，中國民間文藝出版社1987年6月初版。

配角。到了隋唐時期的大儺，文獻在介紹驅儺各種成員時，只在結尾提到「各監所部巫師二人」。巫的作爲更小，其地位遠不如太祝。所謂「儺者將出，祝布神席」❻，即方相氏等儺者逐疫，太祝只是等候在「皇城中門外之右」以備神席。兩宋的大儺，在文獻中已經沒有了巫的記載。

巫在大儺中地位與作用的不斷下降，反映了巫在社會政治和古人心目中的不斷下降。「人文宗教」的興起，漢宮巫蠱事件的敗露等，都給巫以沉重打擊。道教在繼承了巫的衣缽之後，獲得迅猛的發展。而巫在政治上進一步遭到社會的鄙棄，只能躲在陰暗的角落，扶乩、算命、相面、堪輿、降神醫病，招搖撞騙、蠱惑人心，妄測吉凶禍福，幹些矇騙、坑害黎眾的勾當，走上窮途末路。另一些巫則打著道教的某些教派旗號，以儺壇班的組織形式，在爲黎眾進行請神——酬神——送神的還願儀式中，演出儺舞、儺戲，在娛神活動中娛樂黎眾，這在一定程度上收到積極的藝術效果。這說明在現實社會裡，巫只有依附於儺，在儺藝、儺俗等活動中發揮表演才能，才能獲得生存發展條件。今天的群眾期待他們拋棄賴以生存的降神醫病和占卜神判等騙人迷信活動，走上民間藝術家的光明之路。

自有文字以來，儺經歷了三千多年的衍變與發展，從整體考量，儺活動的主體不是巫覡而是儺人或儺者，即直接參與驅儺的人。周代大儺活動中的方相氏和他率領的百隸就是儺人。巫覡主持或參與的是另一些活動，如男巫「掌望祀望衍，旁招以茅」和「堂

❻ 　《新唐書》卷16《禮樂志》392頁。

贈」，從大堂（大殿）中「請出不詳」。比起儺來，對象不具體，且溫和得多。女巫「掌歲時以祓除釁浴」；在雩祭中以哭感動神靈，這是利用感情因素。古文獻並不把巫覡這些活動與「儺」字聯在一起。

最早出現「儺人」二字的是《後漢書·禮儀志》：「百宮官府以木面獸能爲儺人師訖」。儺人的內涵是清楚的。又如《隋書·禮儀志》在記述北齊禁中逐疫時說：「儺者鼓噪入殿門，偏於禁內，分出二上閣，作方相與十二獸儺戲，喧呼周遍，前後鼓噪，出殿南門，分爲六道，出於郊外。」

仔細推敲從周代到唐宋的有關記述，參與大儺活動的分爲兩類。一類是參觀者和儀式主持者，如皇帝、各級官僚和發號施令的黃門官。一類是直接參加驅鬼逐疫活動的儺人或儺者。如方相氏，扮演十二神獸（十二執事）、鐘馗、金剛力士、判官、五道將軍、六丁六甲等神將神兵的下層人士和百隸。還有鼓吹令、唱師和眾多的倀子、士兵以及梨園伶人和民間藝人。

時至今日，江西「跳儺」、安徽貴池儺戲、山西「扇鼓神譜」、河北武安「捉黃鬼」、井陘「扯虛耗」、貴州地戲、雲南關索戲等都是由農民、民間藝人除疫納吉、攘災呈祥。西藏的「羌姆」、青海的「跳欠」、內蒙古的「差瑪」、北京雍和宮的「跳鬼」則由喇嘛完成驅邪祝福和淨化心靈的任務。

儺人與巫覡的最大區別在於：1.廣泛的群體性；2.驅儺的集體行動。以儺人爲主體的儺文化與以巫覡爲主體的巫文化，互有聯繫和交叉，呈現出「重疊」活動現象。值得注意的是，當巫覡參與儺活動時，施用的巫術幾乎全都屬於「吉巫術」（或叫「善巫術」），

而當巫離開儺，單獨進行活動時，「凶巫術」（或叫「惡巫術」）便藉著神判、請神醫病、消災、占卜、算命等，直接間接地矇騙危害黎民百姓。巫文化在科學技術日益發達、理性思維日臻完善的時代，已經日落西山，奄奄一息。而儺文化由於長期堅持關心人類的生命意識、生存意識，並與民俗文化、藝術文化緊密地融合一起，到了當代，雖然也屬「失落的文明」，卻仍能繼續保持著頑強的生命力。

（四）少數民族儺的基本特徵

作爲中華民族的主體民族——漢族，歷史悠久，人口最多，居住和生活的地域也最廣闊。在五十六個民族中，她最早進入農耕社會，最早發明文字，也最早跨入文明社會的門檻。有文字記載的漢族儺文化歷史，時間最爲綿長，也最爲系統與完整，並且體現出儺文化發展的一般規律。本書第二編儺史記述的就是漢族儺文化史。

中國少數民族，多數沒有產生本民族文字，或者雖然產生過本民族文字，時間卻比較遲，有關記載儺文化的文獻極少，難以窺視其全貌。幸運的是，經過近二十多年的田野考察，發現許多少數民族有著豐厚的儺文化寶藏，多姿多彩，瑰麗奇異，各具特色，並且大多數存活於民俗、祭祀儀式活動之中，而顯示其極爲生動的鮮活性。漢族經歷了二千年的封建制社會，這時期漢族地區廣泛流行的三大思想文化體系——儒家與佛教、道教的文化思想，在相當程度上影響甚至「改造」了儺文化。南北朝時便開始了儺佛融合、儺道融合的趨勢。兩宋的「三教合一」進一步加深了「人爲宗教」對儺

文化的滲透。最終使儺從原始單元衍變成多元的宗教文化與民俗文化、藝術文化相融合的複合體。而請神——酬神——送神三段式的媚神祈求，也沖淡了原始儺中駕御圖騰神靈以武力驅逐疫鬼的凌厲風貌。

少數民族生產力極端低下，生產關係發展遲滯落後，直到二十世紀上半個世紀，一些民族仍分別處於封建農奴制、封建領主制和氏族社會母系制末期。長期的狩獵、游牧或半農半牧文化的人文地理生態環境，決定他們沒有也不會產生宮廷儺、官府儺、軍儺這些品種，而是形成以巫師、祭師爲主體的巫儺或教儺，特別是至今保存了以圖騰神、祖先神爲標誌的民俗祭禮儀式活動，以及自然崇拜和祭頭崇拜的原始形態儀式活動。

至今，少數民族盛行山神崇拜，這是因爲她們大多聚居於偏僻的山區，崇山峻嶺與生產、生活密切相關。山神便成了最貼近自己生活的保護神。川西北羌氐（ɖi）和白馬藏人都保留了每年祭祀山神的「祭山會」（又叫「轉山會」）的大型祭祀活動。

羌族的白石崇拜則是最古老的一種自然崇拜。

少數民族非常重視圖騰崇拜與祖靈崇拜。雲南楚雄彝族的「跳虎節」（又稱「老虎笙」）、「跳豹子」，青海同仁土族的「跳於菟」，廣西壯族的「螞蚜節」，便是把虎、螞蚜奉爲祖靈。節日期間除驅邪逐疫外，還通過舞蹈對寨人進行生產、婚姻、生殖等形象教育以及民族遷徙史教育。

另一些活動，如湖南湘西土家族的「毛谷斯」，貴州咸寧彝族的「撮泰吉」，廣西融水苗族的「芒篙」，內蒙古赤峰蒙古族的「好德格沁」，則直接由族人扮成祖靈模樣，走進村寨後通過歌舞

對本宗族、本村人進行驅邪祝福和勞動、生殖教育，祈願宗族繁榮，人壽年豐。

　　少數民族儺多數是融入節日民俗、祭祀民俗活動之中，成為民俗活動的組成部分，如雲南彝族「火把節」，傣族「潑水節」，哈尼族的「九獻祭」，貴州侗族的「祭薩」，湖南土家族的「接龍」、「跑馬」，苗族的「椎牛」，廣西仫佬族的「依飯節」，毛南族的「肥套」（還願），瑤族的「盤王節」，青海土族的「納頓節」等，這些大型、自娛和觀賞性極強的民俗活動，展示了各自民族的宗教心態、民俗心態和審美心態。雲南佤族的「獵頭祭」，臺灣高山族的「獵頭」，這種驅儺與民俗祭祀相結合的野蠻活動，則更具有人類氏族社會殘留的原始形態。

　　藏族的藏傳佛教喇嘛教、北方游牧民族的薩滿教、納西族的東巴教和達巴教都是在歷史上有深遠影響的宗教形態。同儺有著明顯區別，但藏傳佛教的大型神舞「羌姆」（在青海叫「跳乾」，在內蒙叫「羌瑪」，在北京雍和宮叫「跳布札」，俗稱「跳鬼」）在主旨上同儺一致，被稱為寺院儺。滿族、蒙古族、鄂倫春、鄂溫克等族薩滿教的「跳神」，同儺有類似的內容。東巴教乃納西族原始固有的宗教信仰同從西藏先後傳入的苯教、喇嘛教相融合的產物，主要祭祀天神、龍神、山神、風神等。驅鬼儀式則是由祭師東巴或達巴主持，在誦經聲中，用箭射死豬、羊、雞以為祭品，然後刀闢十二只「鬼王」牌，投之底坑，壓以巨石，以示永久鎮壓。此種儀式宗旨與儺祭，與喇嘛教「羌姆」、北京雍和宮「跳鬼」非常類似。

　　總之，少數民族儺較之漢族儺，更具原始形態而又多姿多彩，瑰麗奇異，它對研究原始儺的形態學與生態學，研究中國人類學、

民俗學、民族學和原始宗教學、藝術發生學等學科，都有不可替代的學術價值和資料價值。但因它不完整，不系統，還需要長期考察，開發諸多處女地。本書只能在第二篇「儺學」的一些章節裡作扼要的介紹。

（五）儺文化的輻射——東亞漢字文化圈

在周邊國家中，同中國在歷史上進行政治、文化、經濟交流時間最長、聯繫最密的是朝鮮、日本和越南。其中一個重要原因是，她們在歷史上曾長期使用漢字。其古籍連文句、體例都與中國一樣。只是到了晚古或近代，才改用本國新創文字，而在日本、韓國的文字裡至今還混用漢字。這些國家歷史上長期使用漢字，爲傳統文化交流提供了極大的方便。儺文化同佛教、道教、儒學（曾被稱爲儒教）一樣，較早地傳入到這些國家。儺的傳入時序是，越南最早，其次朝鮮，再次日本。

越南儺

中國儺傳入越南始於東漢時期。漢靈帝中平四年（197）廣西人士變任交趾太守凡四十年，推行漢制，其中就包括了儺禮。相當於元朝時期的陳朝，便有關於除夕大儺的記載。

> 除日，王坐端拱門，臣行引禮畢。觀伶人呈百戲，晚如洞仁宮謁先。是夕，僧道入內驅儺。民間，門首鳴爆竹，杯盤祀

祖。……二月起春臺，伶人妝十二神，歌舞其上。❼

　　除夕驅儺已由僧、道取代方相氏。十二神獸舞脫離驅儺儀式，
演出於二月起春臺之時。伶人裝扮則顯然受宋代影響。

　　從十六世紀的黎朝到阮朝時期的除夕驅儺，似乎又復古模仿唐
制。生活在後黎、初阮時期的學者範廷琥，在他所著《群書參考‧
雜編備考》「儺考」條中，曾引用《周禮‧方相氏》、《後漢書‧
禮儀志》和韓愈的話，在具體介紹周代方相氏驅儺和東漢大儺之後
說：

　　　　本國（指越南）因漢俗，用侲子童執竹椰，於臘月除夕，遍過
　　　　人家，呼十二神名，索惡鬼而驅之，謂之「過索」。❽

　　侲子用執竹椰代替了東漢大儺時的執鼗鼓。「過遍人家」就是
索室毆疫。越南至今仍殘留「桃符舞」、貼門神、燃鞭炮和「候童
禮」的儺俗。據越南學者說：「『候』即神靈，『童』字則源於漢

---

❼　黎崱：《安南志略》卷一「風俗」。據錢茀先生查閱，黎崱字景高，安
　　南‧陳朝學者，曾在元朝大都任職，所著《安南志略》，1333 年成書，
　　共 20 卷。1884 年上海樂善堂出版鉛印線裝本。
❽　範廷琥：《群書參考‧雜編備考》64 頁，「儺考」條。越南河內漢喃研
　　究院藏書號 A.487。此條資料係臺灣清華大學人類學研究所王秋桂教授提
　　供給錢茀先生的抄件。

字，指十五歲以下純潔天眞的男孩」，❾即中國漢代侲子的衍變。

朝鮮儺

　　朝鮮半島最早何時引入中國儺，尚無定論。韓國學者李杜鉉《朝鮮藝能史》認爲九世紀統一了三國的新羅王朝，已在儺禮中演出了「屬於歌舞雜藝型態的『儺戲』」。但實際上據考證，傳入得更早。《日本書記》中曾記載，朝鮮半島百濟藝人味摩之曾在中國長江中下游的「吳地」，學過荊楚假面儺舞。612 年帶回百濟傳授，稱爲「伎樂舞」。同年他東渡日本，傳授此舞稱爲「伎樂」，七世紀他就引入了中國儺文化。

　　古代朝鮮實行中國周代以來的吉、凶、軍、寶、嘉「五禮」。如高麗朝的「軍禮」中便列有「季冬大儺儀」。除夕舉行儺禮驅趕無形之鬼疫。驅儺隊伍的配置，驅儺之儀式，十二獸神咒歌詞，祭告太陰月神，都大致與唐開元時期儺禮相同。但公元 1116 年的季冬大儺卻發生了較大變化。據《高麗史》等文獻記載：「先是宦官分儺爲左右，以求勝；王又命諸王分主之，凡倡優雜伎以至外官游妓，無不被征，遠近紛至，旌旗互路，充斥禁中」。宦官、倡優、游妓的參與，使大儺幾乎完全變成娛樂性的競賽。但經過半個世紀以後，大儺又得到「回歸」。

　　高麗朝末期，從當時的學者李穡《驅儺行》中得知，儺制基本

---

❾　參閱越南學者吳德盛：《候影（跳神）──越南越人的一種心靈演唱（舞臺）形式》。載《祭禮·儺俗與民間戲劇》，中國戲劇出版社 1999 年 4月初版。

上仿宋代大儺，但也發生了明顯的變化。十二神獸變成十二支神，歸依十二屬相，如子神作鼠神，丑神作牛形，依此類推。侲子則戴上了小鬼面具。而到了李朝中期，這些侲子竟由驅鬼小英雄變成了被驅趕的對象。

　　山臺儺禮或稱山臺儺戲、雜戲，是李朝儺禮中最有影響之儺藝形態。此種形態主要是歌舞百戲，除引入中國的《魚龍曼衍》假面舞、雜技外，本國最具代表性節目則有《處容舞》、《鶴》、《蓮花臺》等。傳說處容是朝鮮的門神，是一位來自海洋的舞蹈家。而在李朝後期，約在十八世紀末，便以燃放火炮驅疫取代方相驅儺儀式，稱爲「年終炮」，並以爆竹驚鬼。

　　作爲儺俗的喪葬儺，也傳入朝鮮半島。三千年前的方相氏除了主持大儺，還是驅逐墓穴鬼蜮的英雄。經過演變，後來出現了引導喪葬隊伍的方相車。這種葬儺習俗傳到了朝鮮半島。而在中國大陸卻早已絕跡。至今在韓國漢城昌德宮收藏著大約有兩百多年歷史的大型方相面具（高 72 公分，寬 76.5 公分，重 16 公斤）。把它支立在雙輪長轅車上稱爲方相車。李朝末代君王純宗皇后閔氏死後送葬儀式發引班次中，便是使用的這個面具。它已成爲昌德宮收藏的珍寶。⑩（圖 3）

---

⑩　本節參考了金榮華：〈漢城昌德宮藏方相氏面具跋〉，1981 年在臺北舉行的「中韓關係史研討會」的論文。

圖3　朝鮮半島方相氏面具

朝鮮李朝晚期木刻方相氏面具。　　　韓國草編方相氏面具。

日本儺

最早傳入日本的中國儺文化當屬荊楚儺舞，即「伎樂」的前身。當時的傳入有民間、僧侶和官方三種途徑。民間途徑有朝鮮百濟藝人味摩之，曾於 612 年去日本傳授中國江南民間假面儺舞。當時稱爲「伎樂」。僧侶途徑則有林邑僧人去中國學到伎樂後傳入日本寺院。時間當在隋末。

相當於唐中葉的文武天皇四年（700），在唐朝京城長安學習中國法律、禮制多年的伊吉博德等人回國後，仿唐朝《永徽律》編撰《大寶律令》，大儺亦列入其中。705 年全國流行瘟疫，首次舉行儺儀式。《續日本紀》稱爲「作土牛大儺」，沿唐朝開元時期儺制。但有一明顯區別：中國大儺驅逐無形之鬼，日本則驅逐有形之鬼，即由人裝扮鬼疫。

相當於五代、宋代的平安朝，大儺進一步豐富，增加了二十名由官奴裝扮的侲子。方相氏率領眾儺人將惡鬼趕出宮城門，更逐至郊外。從此，大儺改稱「追儺」，此詞沿襲至今。平安後期宮廷追

儺的一個重大改變是，方相氏從驅鬼的英雄變爲被驅之鬼。「殿上人」用桃弓葦矢射擊方相氏，直至趕出宮外。寺廟儺與神社儺的出現，可能晚於宮儺。寺廟儺在修正會（正月）和修二會（二月）舉行，屬佛教與追儺的結合。神社儺則是日本本土神道教與儺的結合。日本的儺，「經過長期的發展演變，結合各地民俗傳統，出現了許多追儺品種和不少名稱，如追儺會、追儺式、儺追祭、夜儺追以及追儺風、負儺人、儺追布、追儺香等名目。」法隆寺追儺的「三鬼投火」。修二會做還願法樂的第三日晚，黑、赤、青三鬼揮動武器上場，將松明火把投向參拜的信眾。佛教神毗沙門執戈，戴面具，將三鬼直追出堂外。「撒豆打鬼」的習俗，至遲在鐮倉後期已出現。據說產生於民間，後傳入宮廷、幕府、神社、寺廟，並溶入追儺儀式之中。一般在以豆打鬼（有形）或撒豆於室裡屋外，都要喊「鬼外福內」，即鬼出去，福進內之意。據考證，此儺俗與中國西漢大儺的「灑播赤丸（豆）五穀」，東漢大儺宮儺以「飛礫雨骰」打鬼，似有淵源關係。

在日本相當豐富的面具遺產中，從中國傳入的有治道、醉胡王、昆侖、蘭陵王、吳女等多種。（圖 4）其中不少屬「追儺面」。蘭陵王面具已經日本民族化，成爲國寶級的文物。吳女面具大約是隋唐時期從中國江南吳地傳入，故稱爲吳女。方相氏面具也早已日本民族化，這種四目面具至今應用於追儺民俗活動中。（圖5）而上述這些面具在中國大陸上早已湮沒無存。⓫

⓫ 有關「日本儺」一節，參考了錢茀：〈日本儺史梗概〉，載《民族藝術》1994 年 4 期。

圖 4　日本吳女、蘭陵王面具

日本早期面具：吳女。大約
隋代前後，江南地區木製的
女面具，流傳到日本，故稱
此面具為吳女。

蘭陵王面具。周華斌繪。

圖 5　日本方相氏面具

日本現代流行的方相氏面具。
錢茀摹自《戲劇》1997 年第 4
期。

日本現代平面方相氏面具。
載〔日〕芳賀日出男《假面
行事之主役——鬼》，沈福
磬提供。

　　僅據上述簡要介紹可以約略看出，古代越、朝、日三國在吸
收、引進中國儺文化的漫長歷史過程中，不斷地與本國宗教、信
仰、民俗、歌舞相融合，走向「本土化」，使其具有本國、本民族
的特徵。這是古代東亞四國人民基於人類生命意識和拓展生存空間
的良好願望，積極進行文化交流的結晶。四國豐富多彩的儺文化眞
實地反映了四國人民的宗教心態、民俗心態、審美心態的差異性和
共同性。這些具有深厚積澱和神秘色彩的文化遺產，將爲研究（包
括比較學研究）東亞漢字文化圈內的儺文化學，建立東方學派的文化
人類學、民族學、民俗學、藝術學等領域，提供鮮爲人知的寶貴資
料。

（六）儺，世界古老民族的共生現象麼？

除了東亞漢字文化圈之外，世界上其他國家和古老民族是否流行過儺？這是一個很有趣並且應當認真探索的問題。每個古老民族都經歷過史前的野蠻、矇昧時期，經歷過人獸不分，人神不分，神獸不分的「萬物有靈」原始宗教信仰時期，同樣經歷過自然崇拜、圖騰崇拜、祖先崇拜、神靈崇拜的時期。在他們古老的土地上都出現過漫長的神權統治和代表神的意志並為之發施號令的巫以及後來出現的祭司或祝。這一切都是人類社會發展史共有的帶有規律性的現象，這些民族至今可能不知中國的儺、儺文化的概念，甚至不知「儺」字的含義，也未像日本、朝鮮半島、越南那樣在歷史上受到中國儺文化的影響，並使之本土化。但在歷史上大都有過驅逐鬼怪、禳邪納吉、免災祈福以求人壽年豐、祥和安泰一類的原始宗教祭祀儀式活動。這種活動與中國的儺，有某些類似之處。它一般都發生在「人為宗教」出現之前，不屬「人為宗教」信仰範疇。這種原始自然宗教形態的驅逐儀式活動，在世界各大洲殘存的原始氏族部落裡，應當不會消失殆盡。

美國加里福尼亞州州立大學海華分校李林德教授在〈美國土著民族和丕（Hopi）族的儺季舞〉論文中，介紹了美國西南部阿利松納州著名大峽谷的東北，居住在保留區屬於印地安一個支系的和丕人的一種民俗儀式活動。

所謂「儺季舞」就是「可親那」系列假面舞蹈儀式。「可親那」是和丕人神化自己祖先的稱謂。傳說每年從冬至到夏至的季節裡，從地下「第三世界」返回地上的人間世界，為子孫後代造福。

族人把扮演「可親那」視爲神聖，表演前必須沐浴潔身，四天四夜不近女身，不吃油鹽肉，戴上面具，穿上服裝，日出時從秘密的地下室出來，「走上高平原頂的村莊裡來」，爲全村族人「求雨，求福，求平安」。

據論文介紹，一個村莊可以有上百個「可親那」和多種儀式舞蹈。如「烏鴉媽媽可親那」，在二月出來跳「豆莢舞」，她獨自在村裡走一遍，「每個家庭都派一個代表出來向他索取一束秧子，象徵一年的種植活動的開始」。

七月時由一對「公母可親那」跳「歸山舞」，這是「季儺舞」最後一個節目。先在秘密的地下室裡作八天法事活動，第九天來到廣場，公可親那的冠飾畫著男性生殖器和彩虹，「代表雨後天晴，都是豐收繁殖的象徵」。

「可親那」被雕飾、木刻成神靈形象，稱爲「提忽」（Tihu），掛在牆上「有鎮宅作用」。

這種具有原始形態的假面儀式舞蹈，屬祖靈返鄉類型，同我國湖南土家族的「毛谷斯」，貴州彝族的「撮泰吉」，廣西融水苗族的「芒篙」有驚人相似之處。

這類原始文化現象在科學發達的西方國家已基本上消失，但在某些偏僻山區或少數原始部落聚居區，一些原始形態的民俗活動可能有某種變異的遺存，如美國的萬聖節，德國的「魔鬼大遊行」。法國學者斑文干（Jacques Pimpaneau）教授在對西方狂歡節和儺戲進行比較後說：「兩者在現代世界裡的演變有許多相通之外」，儘管「形式上有所不同，但表現的人類對自然的憂慮卻是共同的，基本

功能是避邪」。⑫德國布蘭德爾（Rudolf Brandel）教授在多次考察中國安徽貴池儺戲活動之後認為，西方的「宗教的舞蹈，如『波其頓舞』、『托缽舞』，就類似中國的儺戲」，它們之間有很多共同點，因之得出結論：儺，是世界古老民族的共生現象。⑬

1999 年布蘭德爾教授曾到希臘考察假面民俗儀式活動。在2000 年於青海西寧舉行的海峽兩岸青海昆侖文化學術研討會上，他播放了這次考察的錄像，並作了講演。他介紹說，每年元月六日至七日，未婚男女青年戴著山羊皮製作的面具，腰間繫著三個響鈴，一個在腰後，兩個在小腹部，舞動身肢時發出的鈴響，「具有驅鬼的功能」。舞者讓鈴發出聲響的同時，「作出表示性行為的動作，祈禱人畜興旺」。年輕女子則唱著色情的歌「並發出叫喊，也是為了達到祈求人畜興旺的目的」。他們妝扮成「貌似公山羊的神」，「通過跳舞與唱歌達到驅鬼的目的」。這種民俗活動及其觀念可以「追溯到古希臘的狄奧尼索斯（Dionyssos）信仰」。⑭

據德國學者羅斯納（Rusna）教授說，在歐洲奧地利、瑞士的一些偏僻山區，至今有類似的驅除鬼蜮，為人類祈求和平幸福生活的假面民俗儀式活動。

把中國和東亞漢字文化圈的儺與儺文化，同世界古老民族遺留下來的或者經過多次演變殘存下來的原始形態或再生形態的假面民

---

⑫　《中國的儺戲與歐洲的狂歡節》，載《中華戲曲》第 12 輯，山西人民出版社 1992 年 3 月出版。

⑬　《儺——人類早期文化的共生現象嗎？》，載《中華戲曲》第 12 輯，山西人民出版社 1992 年 3 月出版。

⑭　布蘭德爾：《與中國儺儀相似的希臘民俗活動》。

俗祭祀儀式歌舞活動，進行歷史的比較學的研究，有可能拓寬對世界文化人類學、民族學、民俗學、宗教學、藝術學等領域的探索與研究。

第一編

儺　論

第一章　當代儺學的歷程

　　在本編開宗明義的首章裡，除扼要介紹近現代學者對儺的關注，主要介紹從廿世紀五〇年代到九〇年代末近半個世紀對儺舞、儺戲、儺文化的研究，以及儺學、儺文化學做為新興交叉學科的形成過程。這個過程，特別是理論框架的構成及其部分著作的出版，是由海峽兩岸學者共同合作促成的。

第一節　儺資料的歷史積累

　　在遠古社會時期，祭祀活動（包括儺祭活動）和戰爭被視為：「國之大事」。這是因為這兩項大事在相當程度上決定社會的穩定和國家的安危。

　　有關儺祭、儺儀活動的記載，自先秦以來泛見於經、史、子、集等古籍。經與史多記載各朝代的宮廷儺事；子與集則多記載民間儺事。事實上，儺祭活動及其記載在時間跨度上綿延數千年，上掛史前文化、陶器、玉器、銘鼎、岩畫和甲骨文，下達遺存至今仍然活躍於祭場、劇場、歲時節令民俗活動中的儺戲、儺舞、儺俗。經歷了從氏族社會、奴隸社會、封建社會到社會主義社會的各個歷史時期，其時間之綿長、涉獵領域之多、輻射面積之廣和文獻資料之

豐，在世界文化史上也是少見的。

　　這些文獻資料從甲骨文、《論語》、《世本》、《周禮》、《呂氏春秋》到《淮南子》、《論衡》、《東京賦》、《風俗通》；從廿四史的「祭祀志」、「禮儀志」到各種筆記、野史，乃至歷代各種方志，爲儺學和儺文化史的研究，提供了豐厚的資料基礎。但它們存在以下缺陷：

　　1.文體駁雜，文字過簡，不少記述令人費解甚至成爲千古之謎。

　　2.零散而不系統。

　　3.多爲客觀的敘述或主觀的點滴感受。

　　4.缺少科學的分類。

　　因之，它們雖然具有十分珍貴的資料價值，卻缺乏科學分析和理論概括。

第二節　近現代學者對儺的關注

　　二十世紀初期，是新舊社會制度、政治制度、文化思潮發生激烈衝突和交替的時期。以五四運動爲代表的新文化運動，像狂飆似的襲擊著封閉、保守、落後的中國大地。它標誌著中國現代文明的開始。新文化恰似旭日東升，新文學猶如雨後春筍。西方的話劇形式被引入，並且獲得較大發展。傳統戲曲則受到猛烈的衝擊，在改良中尋求生存和發展。而在廣大農村於歲時節令民俗活動中演出的儺戲、儺舞，卻很少有學者給予關注。

(一)王國維的「巫覡說」

中國戲曲史學科研究的開山學者王國維（1877-1927），既有深厚的中國歷史文化修養，又兼容了西方文化理論知識，在詞學、曲學、金石文字學等領域所著甚豐。他在 1911 年出版的《古劇腳色考》中說：

> 面具之興古矣。周官方相氏，掌蒙熊皮，黃金四目，玄衣朱裳，執戈揚盾，似已爲面具之始。

書中還提到秦漢時期倡象人員的擬獸妝扮，隋代的「文康樂」、唐代「代面」等以及宋代狄青的戰鬥面具和政和年間進呈京師的桂林儺面。

翌年，在《宋元戲曲考》中，他專門敘述了上古「恆舞於宮，酣歌於室」之巫風，降神的歌舞，方相氏之毆疫，「大蠟之索萬物」，「信鬼而好祀」的楚風，屈原的《九歌》，宗廟裡以子弟妝扮的「屍」（「靈」、「靈保」），春秋戰國時的「俳優」以及引用蘇東坡的「八蠟爲三代之戲禮」等語。在詳細概括了自上古以來的巫儺儀禮和事象之基礎上，王國維提出了以下論斷：

> 歌舞之興，其始於古之巫乎？巫之興也，蓋在上古之世。
>
> 上古戲劇始於巫。
>
> 後世戲劇當自巫優二者出。

　　這裡，王氏把藝術起源、戲劇發生學與巫優十分明確地聯繫在一起，是很有創見的。後人稱之爲「巫覡說」，即從王氏始。但耐人尋味的是，王氏在他研究考證古劇、古典戲曲的著作中雖涉及古儺儀禮，卻極少提及「儺」。實際上，董康在《曲海總目提要‧序》中，已明確提出「戲曲肇自古之鄉儺」的論點。鄉人儺，是萌生與衍發祭禮儀式戲劇的廣闊土壤。由巫覡至俳優，都可以產生演員。而鄉人儺正是戴著面具的民間藝人、農民賴以施展表演才能，創造各種不同形態儺戲的溫床。不論王氏是否有意冷淡儺，他在客觀上卻講到巫儺與戲劇的關係。

㈡岑家梧的《圖騰藝術史》

　　1937 年出版的《圖騰藝術史》，是這一時期涉及到儺舞、儺儀的一部重要學術著作。作者岑家梧曾留學日本，讀過弗來則等西方學者有關原始藝術、史前藝術的著作，還包括陳易根據英譯本翻譯的德國學者格羅塞的《藝術的起源》。岑氏在著作中主要介紹了西方學者關於圖騰藝術的研究成果，而尤爲可貴者，作者在書中穿插介紹了中國古代文獻中有關圖騰藝術的資料，包括許多少數民族有關圖騰崇拜的神話傳說，圖騰習俗以及「百獸率舞」、「角觝戲」、「盤瓠舞」、「獅子舞」等圖騰舞蹈。

　　　關於儺舞、儺的起源，傳說皆云用模擬動物的跳舞以驅逐四
　　　方鬼疫。春秋前後，儺舞習俗的用意已轉爲驅邪逐疫，百
　　　戲、角觝也演變爲民間節令的娛樂之一形式。然跳舞中的動
　　　作、儀仗、身體裝扮仍然有模仿動物的用意。

　　這本書是抗日戰爭前岑氏在寄留日本時期寫成的，在搜集中國
古籍文獻方面存在很大困難，思想觀點也有所局限。但能從圖騰崇
拜、圖騰藝術的角度，把儺與儺舞的起源，百戲、角觝的演變爲娛
樂形式，同以動物圖騰進行驅鬼逐疫聯繫起來加以思索，這在卅年
代的特殊時期，已經是難能可貴的了。（圖 6）

圖 6　蒙熊皮的巫師

岑家梧《圖騰藝術史》第 42 頁，民族
出版社 1984 年北京版。

(三)胡樸安的《中華全國風俗志》

　　1923 年由廣益書局出版的《中華全國風俗志》，輯錄了舊行
政體制二十多個省（另有直隸）和十多個少數民族地區的民間風
俗，爲民俗學的研究提供了大量的資料。其中關於儺俗和民間信仰

的介紹相當珍貴。如安徽涇縣農村把目連戲作爲「保佑地方人口平安」的「平安神戲」進行演出。藝人「立壇於戲場半里內外，供奉五倡五鬼神。日將入時，伶人飾五倡五鬼神，騎竹馬，在戲場跳舞，謂之起馬。」第三夜演出家堂神聞太師逐鬼，爲鄉人禳邪納福。反映了儺文化對目連戲的吸納。❶

又如湖北蘄春地區有七十二家「游儺」班，於臘八日逐村入室演出類似傀儡戲。他們「刻木爲神首」，披以彩繪「有唐明皇、太尉、金花小姐、社公、社婆和馬二郎等。」行則一人肩架，⋯⋯曲蓋「鼓吹」，「迎神之家，男女羅拜，蠶桑疾病皆祈問」，結尾還出現二蠻奴耍西涼獅。❷

這類儺俗活動具有深厚的歷史文化積澱，對研究不同形態、不同生態、不同時態的儺，都具有十分珍貴的資料價值。

第三節　二十世紀五〇年代對儺舞、儺戲的考察

㈠尷尬的人文生態環境

從二十世紀五〇年代初到「文化大革命」前夕的十七年裡，是一個在文學藝術和社會科學等方面，獲得較大發展的時期。毛澤東提出的「百花齊放，推陳出新」和「百花齊放，百家爭鳴」的方

---

❶　《中華全國風俗志》下篇卷五，二十四頁。
❷　《中華全國風俗志》上篇卷五，七頁。

針，使戲曲事業獲得蓬勃的發展，社會科學研究也獲得了較好發展。但另一方面受到「左」的思潮的嚴重衝擊，特別是 1957 年「反右」鬥爭和 1959 年「反右傾機會主義」鬥爭，在相當程度上干擾了上述政策方針的貫徹，也挫傷了文化學術界的積極性。

儺，一向與民間宗教信仰有緊密聯繫。宗教屬唯心主義範疇，在哲學史上與唯物主義相抗衡，因此雖然憲法中有信仰宗教自由的規定，在學術界卻很少有人對它進行研究。儺與民間宗教信仰事實上成爲學術領域的禁區。

參與儺事活動的有民間藝人、農民，也有巫師。由於歷史的諸多原因，巫師早已從上古的輝煌時代，逐漸跌落到受社會鄙視的困境。在一般有文化科學知識者的心目中，他們是宣傳迷信的民間宗教職業者。五○年代初，專以破壞社會穩定，宣傳愚昧迷信思想的一些組織，曾遭到堅決的取締和打擊。一些專門從事迷信害人活動的「神漢」、「巫婆」，不斷地受到應有的懲處。在這種錯綜復雜的環境下，人們一時難以辨識儺與前兩者的本質區別。「城門失火，殃及池魚」，中南、西南等地區主要從事儺願戲（儺堂戲）的巫師（當地稱師公、道公、土老師）也被作爲從事邪門歪道者予以管制。

(二)舞蹈界開啓考察儺舞的先河

江西、安徽、廣西等一些地區主要由農民在春節期間演出的社儺、族儺活動，卻獲得了意外的幸運。在 1953 年至 1954 年之間，江西婺源、南豐、樂安的儺隊，廣西桂北、湖南湘西地區的儺隊，分別參加了地區和全國民間文藝觀摩演出或正式會演。這類帶著面

具的奇特舞蹈，以其粗獷、剛健的審美風格，使得從未接觸過儺舞的新文藝工作者大爲驚喜，大開眼界。這些經過整理或剪裁了的儺舞獲得了好評和獎勵。江西、廣州、空軍和海軍所屬的文工團相繼到江西南豐這個「儺舞之鄉」進行采風，學習儺舞節目。

　　江西南豐等地儺舞的多次出省演出，引起了北京舞蹈界的注意。1956 年春，中國舞蹈藝術研究會派出以舞蹈家盛捷爲首的調查研究小組，以將近一個月的時間，調查了江西婺源、南豐、樂安、黎川、遂川五縣十二個鄉鎮八十二個儺舞節目。事後她在《江西省「儺舞」調查介紹》中，把田野調查與文獻檢索結合起來加以考察，認爲儺舞起源於上古時代的「驅逐四方疫鬼」。江西各地儺舞，「已有上千年的歷史」，「是人民從古老社會，一代代傳下來的舞蹈」，這種祭禮舞蹈是娛神的，後來演變成娛人的民俗活動。此外，在敍述各鄉儺舞的不同形態和演變過程時，對《開天闢地》等節目給予熱情肯定，「盤古在昏天黑地中用斧從四面八方開天。一種巨人的力量，英雄的氣概，在儺舞中塑造得很有氣魄。使人們感到上古時代祖先們爲著人類的生存，忘我的克服自然條件而鬥爭的堅毅精神。」❸最後提出藝術家們要爲恢復這古老舞蹈的青春而作出努力。

　　同年夏，中國舞研會派出由劉恩伯、孫景琛等舞蹈學家組成的第二個調查研究小組，在廣西桂林市區和桂林地區臨桂、陽朔、永福、興安四縣十三個鄉鎮考察了八十多個儺舞節目，並進行了錄音

---

❸　《舞蹈學習資料》第十一輯。後正式發表於《中國民間歌舞》，上海文藝出版社，1957 年 10 月版。

和電影拍攝，可惜因「反右」運動的衝擊而夭折。不過他們的收穫
甚豐。事後撰寫的〈桂北「跳神」〉❹，與盛捷的〈江西省儺舞調
查介紹〉，成為這個時期介紹儺俗和儺舞最有影響的兩篇論文。它
們的貢獻在於：一、改變了某些人認為儺俗、儺舞是落後的封建迷
信的傳統偏見；二、它們是人民創造的，是值得肯定並應及時搶救
的藝術遺產；三、經過整理可以恢復它的青春，從而豐富了舞蹈節
目的上演；四、在舞蹈界開啓了田野考察的先河。

　　這兩次考察，先後得到了歐陽予倩、吳曉邦藝術大師的支持和
肯定。他二人主持、指導的《中國舞蹈史》研究小組，成立於
1956 年底。六〇年代前期，完成了《中國古代舞蹈史》的初稿。
八〇年代以後，經擴充、補充和增訂，以分冊形式出版。從先秦到
明、清各部分都涉及到儺舞。其中《唐代舞蹈》敘述尤詳，先後參
加編著的舞蹈學家有孫景琛、王克芬、董錫玖、劉恩伯等人。至
此，舞蹈界的學者率先於戲曲界、音樂界、美術界和人文學者，在
古代舞蹈史中對儺與儺舞的歷史地位和學術價值，給予了比較科學
的評價。

(三)儺戲獲得戲曲界的認同

　　從二十世紀五〇年代到六〇年代，戲曲事業獲得了蓬勃的發
展。兩次戲曲劇目工作會議都強調了挖掘、繼承、整理戲曲遺產。
全國各地挖掘出大量的傳統劇目，也發現了許多劇種，包括一些鮮
為人知的或行將消失、淹沒的地方劇種。據不完全的統計，約有三

---

❹　《舞蹈叢刊》第四輯（內部資料）。

百餘個劇種。從聲腔的分類學、角度，可以把它們分爲高腔系統、崑曲系統、皮黃系統、梆子系統、弦索系統、灘簧系統以及秧歌、道情、花燈、花鼓等演變形成的小劇種，都得到了普遍的承認、重視和扶植。唯有各地的儺戲，包括端公戲、師公戲、地戲、關索戲、僮子戲、儺堂戲、陽戲等，卻受到不應有的冷落和懷疑。其原因主要有五：一、按現代戲劇觀念（其實是西方戲劇概念），它們不具備作爲舞臺綜合藝術形態的各種因素，而是不完整的頂多屬於低級形態的戲曲雛形。二、它們多數「寄生」於民間宗教祭禮儀式或歲時節令民俗活動之中，缺乏獨立演出的戲劇品格。三、有些劇目的演出是爲了酬神、還願，或驅鬼避邪，其中不乏宣傳「封建迷信」內容。四、沒有專業演奏員，農民業餘演員的表演過於粗糙，不規範。五、中南、西南、華東一帶演出儺堂戲、僮子戲的演員是巫師。社會上把這些有表演才能的巫師，同專門「裝神弄鬼」，用香灰、假藥禍害人的「神漢」、「巫婆」混爲一類，也受到不應有的管制和取締。

　　儘管這些儺戲品種遭到學術界不同程度的歧視，流行儺戲的偏僻地區的廣大農民，卻普遍採取了保護和支持的態度，表現出異乎尋常的熱情，以致在歲時節令的民俗活動中演出儺舞、儺戲。一些地區的戲曲工作者在深入民間進行采風時，發現了一些儺戲品種。把它們作爲戲曲劇種的一個特殊品種加以介紹。

1.安徽貴池儺戲

　　安徽學者王兆乾率先對安徽貴池儺戲及其劇目《劉文龍》、《孟姜女》、《陳州糶米》、《古老錢》、《舞回回》、《打赤鳥》等進行考察，並在報刊上作了首次披露。他對貴池儺戲的劇

目、唱腔、演出形態、流行地區以及同社祭的關係，作了較全面的
介紹，並援引《論語》、《後漢書》等古籍，加以考證。認爲它至
今「還保持著漢時的風格」，「用以請神或祈求吉祥，在春節前後
演唱，後來就漸漸發展爲群眾自娛性的戲曲活動了，因此稱爲戲
曲」。結論是：

> 儺是一種祭祀的儀典，也就是廟會，儺戲便是祭祀用的戲
> 曲。❺

　　由於歷史的侷限，王氏對儺戲與社祭活動，包括社火、廟會的
聯繫，還缺乏明確的判斷。但他畢竟是這一領域的開拓者，是第一
個對儺、儺祭和儺戲的內涵，作出比較明確的分析，爲把儺戲送入
戲曲大家族裡，提供了理論依據。

2.貴州安順地戲

　　1953 年貴州舉行全省工農民間藝術會演，其間安順地區農民
演出了地戲《五馬投唐》、《蘆花蕩》等劇目。這種戴著面具，以
歷史演義說唱本爲演出臺本，專演古代戰爭故事的儺戲，引起了戲
曲界和觀眾的驚喜。貴州戲曲作家謝振東在大會期間訪問了地戲老
藝人，並在會刊上發表了專訪文章，對地戲作了較全面的介紹，包
括藝人的師承關係、演出習俗、表演特點和裝飾性很強的木製面
具。會後對《蘆花蕩》劇本進行整理，意在爲藝人提供一個較完整
的演出本。同一時期及其以後，還有一些作者對地戲作了介紹。他

---

❺　〈談儺戲〉，載《文藝月報》1953 年 7 月號。

們大都認爲地戲是一種帶有宗教色彩的地方戲曲，在春節期間的民
俗活動中，沿門逐戶爲農家驅邪納吉的「神戲」。

3.山西鐃鼓雜戲、賽戲

　　山西晉南龍岩地區流行一種與祭禮活動相聯繫的古戲，專演三
國、隋唐等演義故事。比流行於晉南地區的蒲劇（蒲州梆子）還要
古老。山西戲曲作家墨一萍在考察蒲劇源流的同時，對鐃鼓雜戲
（又叫龍岩雜劇）進行了考察，認爲它是一種帶有濃厚宗教色彩的古
老劇種。遼寧學者任光偉曾長期深入山西農村，他受老師周貽白的
影響，在考察了鐃鼓雜戲的同時，又對流行於晉北地區的賽戲（俗
稱「賽賽」）進行深入考察，認爲它是在當地迎神賽社的民俗活動
中形成的。1961 年他對《斬旱魃》、《斬趙萬牛》等劇目的內
容，奇特的演出形態及其源流，進行了初步的田野考察。但這個時
期介紹鐃鼓雜戲、賽戲以及陝西鄁陽跳戲的作者，還沒有對它的源
流進行深入的探索，也還沒有意識到它們同儺、儺祭、儺戲有著怎
樣的聯繫。

第四節　儺戲——儺學研究的起點

　　史無前例的「文化大革命」，是一次民族的災難，也是一次民
族文化的災難，尤其是傳統文化遭到了幾乎是毀滅性的破壞。而儺
戲、儺舞和許多儺文化活動，都作爲「封建迷信」予以禁止。演出
儺堂戲、僮子戲、師公戲的巫師普遍受到管制。祭祀用的祭器、神
圖、服飾和各種面具，也被視爲「四舊」予以銷毀。

　　十年浩劫之後，終於迎來了春天。七十年代末鄧小平的「撥亂

反正」、「解放思想」的偉大思想，激勵了億萬民眾。人文學科的各種禁區，一個個被突破。包括儺戲、儺舞和各種儺文化事象在內的民族民間傳統文化得到復生。

　　文革前，一些地區的儺戲、儺舞作為特殊的劇種、舞種，獲得戲曲界、舞蹈界的認同。但這大體上限於分類學的考察與鑑定。只有到了八十年代，才得到較普遍的關注。儺學作為當代一個新興的學科，應該說是從八十年代起步的，但基本上仍局限於戲曲學、舞蹈學的範疇。初步形成的研究隊伍，有少數舞蹈學家、民俗學家、民間文藝家，戲曲學家佔有絕對多數。初期，他們把對儺的考察與研究視為「副業」。還沒有明確意識到儺學是一門新興的人文學科。到了八十年代末期，也僅只提出儺戲學、儺文化學的學術研究課題。儺戲學，是這個時期儺學研究的可貴起點。

(一)戲曲史論研究的黃金時期

　　五、六十年代，少數儺戲品種得到戲曲界的認可，儺戲初步獲得戲曲龐大家族中一員的歷史地位。沿襲著這種習慣性的邏輯思維，八十年代對儺的研究，基本上仍未脫離戲曲學的研究範疇，所以依然以儺戲的考察、研究為重點。而儺戲的考察與研究，在很大程度上決定於戲曲學學術研究水平的整體性提高。

　　八十年代是戲曲史論研究的一個黃金時期，它的主要成就表現在以下幾個方面：

1.戲曲史

　　繼五、六十年代出版的《中國戲曲史講話》、《中國戲曲史長編》（以上為周貽白著）、《唐戲弄》（任半塘著）等著作之後，出版

了由張庚、郭漢城主編的《中國戲曲通史》。

2.劇種史

由中國戲劇出版社組織出版的「地方戲曲劇種史叢書」先後出版了《中國評劇簡史》、《河北梆子簡史》、《滇劇史》、《粵劇史》、《老調簡史》和《中國崑曲發展史》。由於經費等原因，這個工程半途夭折。

中國戲曲劇種的劃分，歷來有以聲腔爲主要標誌的傳統方式。如宋元的南曲、北曲，明代的四大聲腔，清代的南崑、北弋、東柳、西梆，而後則有崑曲、高腔、梆子、皮簧、弦索、灘簧等聲腔系統的劃分。爲了探索聲腔劇種的源流與發展，中國藝術研究院戲曲研究所分別與一些省文化領導部門和藝術研究機構聯合召開了梆子、高腔、崑山腔、皮簧腔等學術研討會，並陸續出版了學術討論文集。

3.辭書、手冊

中國大百科全書出版社出版了《中國大百科全書·戲曲曲藝》，上海辭書出版社出版了《中國戲曲曲藝詞典》，中國戲劇出版社出版了《中國戲曲劇種手冊》、《中國京劇劇目辭典》、《中國京劇史》（上卷）。

4.集成、誌書

由包括文化部、國家民委、中國藝術研究院、中國文聯、中國戲劇家協會、中國音樂家協會、中國舞蹈家協會等協會在內的跨部委聯合組成的中國藝術科研規劃領導小組負責組織編撰的「十大集成」，是迄今中國藝術科研編撰史上最浩大的工程，也是跨世紀的系統工程。這個工程動員了全國各級文化領導部門和藝術研究機

構，上萬名文學藝術各領域的學者和基層文化工作者，在數百個大中城市和兩千多個縣的城鎮、鄉村進行最廣泛、最全面的普查、采風工作。儺戲、儺舞既然屬於戲曲、舞蹈的特殊品種，便也得到了普遍的重視和發掘。在五、六十年代，人們只知道關索戲、安徽貴池儺戲等少數儺戲品種。到了八十年末，各種儺戲、儺舞恰似雨後春筍般地在各地農村特別是偏僻山鄉冒了出來。

㈡從《中國戲曲志》的普查到四次學術會議的交流

在參加「十大集成」特別是《中國戲曲志》、《中國戲曲音樂集成》、《中國民族民間舞蹈集成》普查、采風和編撰的龐大隊伍裡，有一些學者和基層文化工作者對儺戲、儺舞產生了較濃的興趣，在田野考察中包括對民間藝人、巫師的採訪，進行了大量的文字或音像的記錄工作。與此同時，一些獨立研究儺戲的學者，也加快了深入考察的步伐。這些「業餘」與「專業」的研究者面對奇異瑰麗並帶有宗教神秘色彩的儺戲、儺舞以及許多一時難以界定的儺文化現象，深感有必要通過古代文獻包括各種地方志略的檢索，對它們的起源，源流、流行範圍和文化特徵以及與宗教信仰、民俗活動的關係，進行深入的探討；通過各種會議形式進行較廣泛的交流，藉以提高研究水平。

1.湖南儺堂戲座談會

1981 年 11 月，湖南省戲曲研究所在湘西鳳凰縣召開了儺堂戲座談會。這是中國有史以來首次召開的有關儺戲的學術研究會。鳳凰縣屬湘西苗族、土家族自治洲管轄，州內流行著漢、苗、土家等

族的儺堂戲（又稱儺壇戲）。會議期間各族學者對漢、苗、土家、侗等族儺堂戲的源流、特點、演出習俗和劇目等進行了討論。會後出版了《湖南戲劇傳統劇本·儺堂戲（師道戲）專集》、《湖南儺堂戲資料匯編》和《湖南儺堂戲志》。這次會議初步摸清了三湘大地各族儺堂戲演出與流布的基本情況，上述出版物為以後的學術研究，提供了豐富而珍貴的資料。它們為以後各省舉行學術會議，出版專集開啓了先河。

2.廣西師公戲音樂座談會

1984 年 3 月廣西壯族自治區藝術研究所在來賓縣召開了師公戲音樂座談會。師公戲是流行於廣西壯族自治區漢族、壯族聚居區的儺戲品種，由巫師（師公）演出。它在儺戲藝術形態和音樂方面的發展，有自己的特點。但從全國各地儺戲的音樂（包括聲腔和器樂）發展看，一般都處於較低層次的水平。會後出版了《師公戲音樂》。這次會議以師公戲音樂為主題，引起各地音樂工作者（主要是戲曲音樂工作者）對儺戲音樂的基本形態及其發展的關注。

3.全國首屆儺戲研討會

1987 年 2 月安徽省貴池縣《戲曲志》編輯部在長江之濱的貴池縣，召開了全國首屆儺戲研討會。與會者除安徽省學者外，北京和一些省分的學者應邀參加，具有全國的代表性。除了考察、研討貴池儺戲外，各地作者還提交了研究山西賽戲、鐃鼓雜戲、關隴儺戲、雲南關索戲、貴州地戲、儺堂戲、「撮泰吉」、湖南土家族「毛古斯」等儺形態的論文。會後出版了《儺戲——中國戲曲之活化石》。這是儺戲考察與研究的第一部有較高學術價值的論文集，包括薛若琳序文在內的不少論文，代表了八十年代儺戲研究的最高

水平。

　　王兆乾是這次會議的主要主持者。他的選入論文集中的兩篇論文和另一篇發表在《戲曲藝術》的〈池州儺戲與宋代瓦舍技藝〉，把儺戲的研究引上更深的層次。〈池州儺戲與明成化本說唱詞話——兼論肉傀儡〉，將《陳州糶米》、《花關索》等七種儺戲本同《包龍圖陳州糶米記》、《花關索出身記》等明成化本進行對照，發現它們之間驚人的相似，有的甚至完全相同，從而提出池州儺戲劇本源於明代說唱文學，傳統戲曲文學與說唱文學相結合的一種特殊的形態的論點。另兩篇論文則分別對池州儺戲的形成，儺戲與宋雜劇的關係，作了相當深入的探索。王氏的研究成果引起了海內外戲曲史學者的重視。

4.儺戲研究首次進入戲曲國際學術會議

　　1986 年 9 月中國藝術研究院暨戲曲研究所在北京召開了中國戲曲國際學術研討會，曲六乙應邀參加會議並提交了〈中國各民族儺戲的分類、特徵及其「活化石」價值〉為儺戲研究首次在戲曲國際學術會議上爭得一席之地，使得從未接觸儺戲的中外戲曲學家，對它有了一個初步的印象。論文首次運用分類學方法，將儺劃分為民間儺（鄉人儺）、官廷儺、軍儺、寺院儺四種，但這個歸類是一種簡單、粗略的分類。到了九十年代初，才將民間儺細分為社儺、族儺、願儺、教儺、游儺。在儺戲同宗教的關係上提出「宗教是儺戲的母體，儺戲是宗教的附庸；宗教給儺戲以生命，儺戲給宗教以活力，為宗教活動增添了藝術魅力。」論文的缺陷是「宗教」一詞的使用相當籠統、含混並且完全忽視了民俗活動對儺戲的寄生與發展的重要作用。關於儺戲是「戲曲活化石」的提法，曾被不少學者

採用，但實際上，儺戲與一般戲曲劇種，是互爲影響，雙向交流的關係。一些學者提出，戲曲並非源出於儺戲，因而這個提法是片面的。此外，論文還將儺戲與古希臘戲劇、古印度梵劇作了簡單的比較，認爲三者都脫胎於祭禮活動，從祭壇走向劇壇，從而提出在戲劇發生學上的普遍意義。

㈢貴州儺戲活動與研究的掘起

　　八十年代是貴州儺戲考察與研究的活躍時期。它領先於全國各省、自治區，成爲令人矚目的熱點。熱點的形成在很大程度決定於文化、民委、高教三個系統各級領導機構的支持，以及這三個系統儺戲研究隊伍的迅速形成和集結。這個隊伍的人數超過全國儺戲學研究者人數的總和。他們採取田野考察與文獻檢索相結合的方法，對地戲、各族儺堂戲和威寧「撮泰吉」進行了廣泛深入的研究，寫出許多有學術價值的論文和調查報告。另一個突出的成就是發掘、收集到大量的儺戲面具，使貴州獲得「儺戲窩子」和「面具大省」之譽稱。

　　1. 1986 年 6 月 28 日至 7 月 16 日，貴州民間藝術展在香港藝術中心舉行，其中展出面具 50 面。並舉行安順地戲面具藝術講座。

　　2. 1986 年夏貴州銅仁地區思南縣舉辦儺壇戲匯演。

　　3. 1986 年 9 月 24 日至 11 月 1 日，安順地戲面具藝術展在法國巴黎郭安博物館展出，展出面具 250 面。

　　4. 1986 年 10 月貴州安順蔡官屯地戲團應邀，先後參加法國第十五屆秋季藝術節和西班牙馬德里第二屆藝術節的演出。被外國觀

眾稱爲「大地的藝術」。

5. 1986 年 11 月下旬。由貴州民族學院民族研究所、德江縣民族事務委員會聯合舉辦的儺堂戲學術研究會在貴陽市召開。

民俗學家陶立璠參加會議，這意味著他代表民俗學界第一次對儺研究的參與。他在考察貴州德江縣儺戲之後寫出的論文《儺文化雛議》，首次從文化學的角度，對儺的文化史價值、民俗學價值、戲劇史價值進行了探索。此外，還對儺文化與北方薩滿教文化體系的異同進行了比較學的研究。

這次會議提出儺戲學的命題，並意識到儺文化對文化人類學、民俗學、宗教學、戲劇發生學等學科的研究，具有的巨大資料價值。《光明日報》迅速作了報導。翌年出版了這次會議的論文集《儺戲論文選》。序文〈建立儺戲學引言〉，集中表達了與會學者對建立儺戲學的意願，和對儺學研究內涵的理解。

6. 1987 年 11 月至 12 月，由貴州省民族事務委員會、貴州民族學院主辦的貴州民族民間儺戲面具展覽在北京中國美術館舉行。儺堂戲、地戲、「撮泰吉」面具共 250 面。

7. 1988 年 8 月 22 日至 9 月 11 日，沈福馨和安順地戲演員馬昌國應邀去英國倫敦大學出席由約翰·馬丁教授主持的世界面具戲劇講習會，並現場介紹安順地戲和地戲面具。

8. 1988 年 8 月至 9 月，貴州省文聯、英中文化交流協會在英國倫敦皇家劇院，舉辦中國貴州安順地戲面具展，展出地戲面具 50 面。

9. 1988 年 11 月至 12 月，貴州省文化廳藝術研究室在貴陽市舉辦了貴州儺藝術形態展。展出 600 面面具和其它儺藝術品。

10. 1988 年 12 月 25 日至 27 日，貴州儺藝術研討會在貴陽市召開。會議期間經代表們充分醞釀、討論，正式成立了中國儺戲學研究會。選曲六乙爲會長，王兆乾、顧建國爲副會長。聘請鄧正良爲秘書長，李春喜、謝霖、周一良爲副秘書長。理事有黃竹三、周華斌、任光偉、謝振東、庹修明、黎方、胡建國、流沙、黃鏡明、白翠英、沈福馨等人。

11. 1988 年 12 月 1 日至 3 日，貴州省文聯、安順地區文聯在安順市召開了安順地戲研討會。

12. 貴州學者在八十年代出版了《貴州思南儺壇戲概況》（鄧光華）、《貴州安順地戲》、《貴州安順地戲面具》（以上沈福馨）、《貴州地戲簡史》、《貴州儺戲》（以上高倫）、《儺戲論文選》（庹修明、顧樸光、潘朝霖編）、《中國儺文化論文選》（庹修明、顧樸光、羅廷華、劉振國編）、《儺·儺戲·儺文化》（主編：王恆富；副主編：鄧正良、武光瑞）、《貴州儺戲劇本選》（主編：鄧正良；副主編：謝琳、周一良）、《貴州儺面具藝術》（主編：王恆富、龔繼光）、《德江縣土家族文藝資料集》等。

第五節　儺文化——儺學研究領域的擴展

八十年代，在以儺戲爲研究重點的同時，一些學者已開始把研究目標轉向儺文化這個更爲廣泛的領域。繼儺戲學之後，於八十年代末期便提出儺文化學的命題。因此，在九十年代前半期的一些會議上，便出現了儺戲與儺文化並重的情況。其實，儺戲本就屬於儺文化的範疇，是儺文化中的最高綜合藝術形態。

㈠一系列的學術會議

　　1988 年 11 月中國儺戲學研究會的成立，標誌著儺學研究者有了自己合法的學術團體；儺學研究走上了有組織、有計劃、有明確目標的新階段。儺研會主動擔負起在全國範圍內聯繫會員學者，組織學術會議的任務。

　　1990 年 4 月，聯合山西師範大學戲曲文物研究所等單位，在山西臨汾舉辦了中國儺戲國際學術討論會，與會學者來自十九個省（區）和日本、德國、瑞典、法國、奧地利、澳大利亞六個國家計一百餘人。觀摩了晉南曲沃縣任莊扇鼓儺儀和儺戲《攀道》、《打倉》、《坐后土》、《採桑會》等節目，開啓了舉辦學術會議與現場田野考察相結合的先河。

　　為了擴大學者視野，加強學術交流，會議期間還觀摩了安徽貴池農民儺戲團演出的貴池儺舞、儺戲《打赤鳥》、《童子舞傘》、《古老錢》、《劉文龍》片斷等節目以及各地儺舞、儺戲錄像。

　　1991 年，與中國少數民族戲劇學會、湖南省藝術研究所、湖南湘西苗族、土家族自治州政府等單位在自治州首府吉首聯合舉辦了中國少數民族儺戲國際學術研討會。來自全國二十個省（區）和日本、臺灣等海外學者計一百二十餘人參加會議。觀摩了湘西苗族儺儀、儺戲和貴州安順農民地戲隊演出的地戲《四馬投唐》。到山區現場觀摩了土家族的「毛古斯」。

　　1992 年，與廣西壯族自治區民族藝術研究所等單位，聯合舉辦了廣西儺戲國際學術研討會。來自全國和海外學者近百人，依次在南寧郊區、柳州地區考察了師公戲《大酬雷》和儺壇表演。最後

在桂林觀摩了江西省南豐儺舞隊演出的《盤古開天劈地》、《關公磨刀》、《鐘馗醉酒》、《儺公儺婆》等節目。

　　1994 年，與雲南省文化廳、民族藝術研究所、澄江縣人民政府聯合舉辦了雲南省儺戲儺文化學術研討會。來自全國和日本、韓國、臺灣等海外學者一百二十餘人，觀摩了楚雄彝族跳虎節片斷，現場考察了關索戲的祭禮儀式和表演。

　　這四次國際會議，特別是後三次，都組織了面具展覽。這表明面具在儺戲、儺文化中的特殊地位。

　　1995 年，與北京民族文化宮在北京聯合舉辦了中國少數民族面具文化展暨學術研討會。中國與海外學者六十餘人參加了會議。這是有史以來第一次研討中國面具文化的會議。

第六節　「中國地方戲與儀式之研究」工程的實施與文化人類學的田野考察方法

㈠「中國地方戲與儀式之研究」工程

　　1990 年，臺灣清華大學社會學、人類學研究所王秋桂教授，呈請到「蔣經國國際文化交流基金會」的學術贊助基金，擬組織海峽兩岸和英、美等國有關學者，實施「中國地方戲與儀式之研究」的考察、研究計劃。這個計劃經中國儺戲學研究會的呈報，得到中央文化部的批准。文化部責成中國戲劇家協會、中國儺戲學研究會組成大陸學術顧問小組，由曲六乙、薛若琳任正副秘書長。它的任務是協調各方面的關係，配合考察計劃的實施。

　　初始，學術考察與研究的課題，局限於「地方戲與儀式」的範疇，這是因爲八○年代儺學研究的重點是儺戲，而儺戲是屬於戲曲龐大家族中的一個支系。但在考察過程中發現尚未發掘或急待發掘的處女寶藏儺文化現象和民間祭禮儀式等異常豐富多彩，可以爲今後研究與建立中國文化人類學提供更全面、更豐富的資料。王秋桂適時調整考察對象，把研究對象擴展到儺戲、儺舞、儺祭、民間宗教祭禮信仰、陽戲、目連戲、法事戲乃至道教傳承儀式等各個領域。這使學者們的考察視野和研究對象得到很大擴展。

　　「中國地方戲與儀式之研究」的實施，是近半個世紀以來，人文學科（藝術學科「十大集成」除外）在儺學、儺文化學和文化人類學領域規模最大，考察最爲艱巨，時間最長，面積最廣，也是人數最多的一個學術科研工程。它的突出成就是：

　　1.截止到 2000 年底出版的，由王氏主編，以「民俗曲藝」叢書名義，先後發行了八十種出版物，其中包括地戲劇本選輯、貴州儺戲劇本選輯、目連戲劇本選輯、山西曲沃扇鼓神譜、四川梓潼陽戲、重慶江北接龍陽戲、江西萬載「跳魁」、雲南昭通慶壇、遼寧漢族「旗香」等調查報告，今後還將陸續出版二、三十種。

　　這套叢書是研究中國儺學、儺文化史、民俗學、宗教學、文化人類學、民間文藝學、戲劇學等領域相當寶貴的資料文庫。爲今後海峽兩岸學者繼續研究、考察上述各學科領域第一手的權威性珍貴資料。

　　2.許多考察對象是數百年乃至二、三千年原始文化的遺緒或傳統文化的積澱，它們在現代文明社會裡面臨行將消失的可悲命運，或者已處於被淘汰的過程中。尤其令人關注的是，它們逐漸消失的

速度和淘汰的過程，越來越快越短。而更令人擔憂的是，一些寶貴的文化遺產「活」在年事已高的民間藝人和後繼乏人的巫師的口裡和身上，他們一旦逝世，那些「活」的資料便隨著一起在地球上消失。這便凸顯出搶救這些文化遺產的嚴重性和緊迫性。已出版的一些調查報告，便是從他們的口中和身上搶救下來的文化遺產。這些文化遺產由於都是學者在考察中獲得的第一手資料，具有勿庸置疑的客觀性和眞實性而顯現其巨大的學術研究價值，也爲子孫後代留下一份不可替代的遺產。

3.從五○年代開始到九○年代，考察與研究儺學、儺文化的學者，多數從事戲曲史論、戲曲創作，少數來自舞蹈學界、美術學界、音樂界、民俗學界，他們分別從自己的學科角度進行考察與研究，並且取得了成就，甚至巨大的成就。他們初步形成了儺學與儺文化學的研究隊伍。被納入「中國地方戲與儀式之研究」工程中的學者，只是這個隊伍的一部分。由於各種原因，不少很有成就的學者未能參加到這個工程裡來。

參加這個工程的祖國大陸數十名學者，在十多個省、市、自治區的農村，進行較長時間的考察。在考察實踐中逐漸掌握了人類學的田野考察方法，取得了前所未有的成果。不少成果已經接近甚至達到了國際學術水平，爲外國學者所矚目。

在這支隊伍裡，一些著名的老學者王兆乾、黃竹三、顧建國、庹修明、于一、任光偉、胡天成、謝振東、帥學劍等發揮了帶頭或示範作用。一些中青年學者如浙江的徐宏圖，福建的葉明生，上海的朱建明，重慶的段明，湖南的張子偉，安徽的茆耕如，江西的毛禮鎂、余大喜，雲南的王勇，廣西的王超、龐紹元，江蘇的曹琳，

貴州的沈福馨、皇甫重慶、楊蘭等，都取得了較大的或相應的成績，其中葉明生、徐宏圖、張子偉、段明等出版了二部至四、五部調查報告或劇本校注，成績尤爲突出。過去名不見經傳的一些中青年學者，如今一躍而成爲令中外學者矚目的學者。

　　「中國地方戲與儀式之研究」工程，鍛煉和培養了一批儺學、儺文化和文化人類學等領域的骨幹隊伍。

(二)文化人類學田野考察方法的借鑑

　　在「中國地方戲與儀式之研究」工程進行之初，由於執行計劃的學者多爲戲曲學家，他們習慣於單純從藝術角度進行一般考察的模式，爲此，曾印發了田野考察的具體要求。王秋桂在多次給計劃學者的信中說：「要爲建立中國的文化人類學作出努力。」「運用人類學的田野考察方法，獲得第一手資料」……等等。臺灣中央研究院院士、人類學家李亦園教授在考察貴州儺文化時，曾被邀在貴州民族學院作有關文化人類學的學術報告。他介紹了臺灣和西方國家關於人類學和文化人類學的研究狀況。經過數年的實踐，大陸多數學者已經掌握了新的考察方法，寫出了達到或接近國際學術水平的調查報告，把儺學、儺文化學，以及民間宗教儀式和各種儀式戲劇等領域的研究，推向了新的階段。

1.儺與文化人類學

　　關於人類學的研究，早已成爲西方國家的一個熱門學科。目前在西方國家大體上分爲美國學派和德奧學派。日本等國家的學者則兼容兩種學派，而有不同的側重。關於人類學的定義、內涵和分支，不但因學派而異，即使同一個學派，同一個國家的學者之間，

也有不盡相同的解釋。

　　美國學派的人類學，一般分爲體質人類學（自然人類學）、史前考古學、文化人類學三個分支。文化人類學則包括民族學、社會人類學、心理人類學、語言人類學等領域。而當代文化人類學的研究課題，則包括了民族學、民族文化史、語言人類學、生態人類學、宗教人類學、藝術人類學、音樂人類學等等。❻

　　中國人類學的研究遲於西方國家，中國大陸學者正在奮起直追。當前的任務是如何建立中國特有的人類學及其分支，以及如何同國際「接軌」的問題。九〇年代出版了《戲劇人類學》（馬也著）。臺灣的學者則較早地出版了一些人類學和文化人類學（包括民族學）的著作，這都是值得引以爲榮的。

　　儺學和儺文化史論，迄今不曾歸於人類學或文化人類學範疇。但它們涉及的研究對象，如宗教、巫術、民間信仰、祭祀儀禮等則是宗教人類學的主要內容；儺戲、儺舞、儺歌、假面戲劇以及目連戲、法事戲等則是藝術人類學或戲劇人類學的主要內容；儺俗中有關涉及宗教功能，巫術功能的繪畫、雕刻、面具（假面）、服飾、頭盔和傳統房屋建築結構等，則爲藝術人類學的內容。

　　據此可以得出初步論斷，上述儺學、儺文化史論、目連戲、法事戲以及民間信仰、民間祭禮和儺俗，爲研究中國文化人類學提供了具有中國民族特色的寶貴資料。或者說，儺學、儺文化史論等的研究，也許會成爲具有東方學派，並且從一個特殊的領域跨越中國

❻　參閱《文化人類學事典》第一章，祖父江孝男（日）等著，喬繼堂等譯，陝西人民出版社，1992年3月出版。

文化人類學及其分支戲劇人類學、藝術人類學、宗教人類學的新興學科。

2.儺與儀式

儀式，或叫禮儀，是人類傳統思維方式與行為特徵的規範。人類基於生命意識、生存意識，在政治、經濟、軍事、文化、藝術、宗教、風俗、生產和生活方式等各個領域，由法律、道德制定的或約定俗成的自我發展、自我表露與自我制約、自我規範的社會方式與手段。

關於儀式的研究，王秋桂在《中國儀式研究通訊》第一期的《發刊詞》中說：

> 在西方，有關儀式的研究，原本為宗教學的一個部分。直到1982 年，儀式研究才正式成為一門獨立的研究學科。這門學科同時跨越了人類學、社會學、宗教學、歷史、文學、藝術等各個領域而加以整合。❼

基於上述對儀式研究重要性的理解，王氏才把計劃取名為「中國地方戲與儀式之研究」，繼 1993 年舉辦香港中國儺戲、儺文化國際學術研討會之後，1994 年在臺北便舉辦了祭祀儀式與儀式戲劇國際研討會。繼兩輯《中國儺戲、儺文化研究通訊》之後，又編輯出版了兩輯《中國儀式研究通訊》。

---

❼　臺灣清華大學歷史研究所、社會學人類學研究所編，臺灣施合鄭民俗基金會 1995 年 4 月出版。

　　事實證明，研究儺學和儺文化史論，都離不開對儀式之考察與研究。抽掉儀式及與儀式相關的活動，儺學、儺文化史論就會喪失其基本架構和特徵，「特別是祭禮儀式，它臨場演出所反映的社會文化意義，籍由觀摩儀式進行時的表演動作。探討祭儀參與者的心中意向以及其生存環境的交互作用和影響。祭禮中別具意涵的肢體動作使得儀式研究的觸角跨進了戲劇與舞蹈的領域。中國民間儀式的研究也可以對世界民間文化或人類學作出貢獻。」❽

　　實施計劃的學者對儀式的態度，從以往的生疏或淡漠，轉爲現在的自覺考察，使得與儀式相關連的儺戲、儺舞、儺樂、儺俗、儺祭和目連戲、法事戲、陽戲以及民間信仰和道教法事的傳承，都在考察視野之內，在短短的幾年裡便獲得大面積的豐收，從而爲建構儺學、儺文化和中國的文化人類學作出相當突出的貢獻。

㈢文化人類學田野考察的特點

　　同是田野考察，人類學與過去一般的人文學科有同有異。與戲曲學、舞蹈學考察的常用模式，更有明顯的區別。

　　它的特點是：

1.第一手權威性資料的追求

　　這意味著學者親自參加田野考察，並對考察對象進行了客觀的眞實的描繪和記錄。這種描繪不摻假，不附加水分，不添加主觀想像，更不是事先擬定論點，按圖索驥地去尋找自己所需要的依據。這樣就可以避免根據別人考察的不全面、不準確資料（所謂二手、三

---

❽　同註❼。

手資料），以訛傳訛，以至謬種流傳的發生。「事實勝於雄辯」，最眞實的第一手資料具有學術的權威性。

2.永久性研究價值的追求

任何學科領域的研究，都離不開對前人經驗的積累和現有成果的繼承，並在此基礎上有所發展和突破，這是學術發展的規律。但前人的研究成果，由於歷史的和個人的局限，並非完整無缺，甚至也會有缺陷、錯訛和疏漏，以致產生誤導，謬種流傳。尤其是新興交叉學科，前人積累的成份較少，更要注意第一手資料的考察與蒐集。文化人類學的考察時間要求較長，比較理想的是一年以上。儺學和儺文化史論的田野考察，時間長一些，考察就有可能更深入、更細致些，片面性也會少一些。強調親自獲得有眞憑實據的第一手資料，一般說來會避免前人成果對自己的制約，並會有新的發現，新的開拓。「獨此一家，別無分店」，更顯得彌足珍貴。學術研究個性愈鮮明，便愈具較大的普遍性和代表性，對後人來說又具有永久性研究價值，成爲經得起歷史考驗的成果。

3.整體性考察的追求

整體性的追求是人類學、文化人類學考察的最突出的特點。它要求對一個地區、一個村落、一個部族或宗族進行全方位的考察，包括自然環境、社會環境、宗譜傳承、文化習俗等各個方面。儺學、儺文化史需要借鑑這種考察方法，要求對一個地區、一個村社、一個寺院、一個宗族或一個團體所進行的儺戲、儺舞、儺技、儺祭等的演出及其儀式活動，對各種儺文化現象，進行立體的、全方位的考察。這裡包括自然的地理環境、社會人文環境、歷史傳承、宗教信仰關係、巫術手段和儀式特徵等等。「麻雀雖小，五臟

俱全」，恰好道出這種全面考察研究的眞諦。

　　整體性的考察，對儺學、儺文化學這類交叉學科或邊緣學科的研究與發展至關重要。唯其整體──全方位的和立體的，同時態的和異時態的不懈追求，方可尋覓、探索出被交叉的或被涉及的邊緣學科、分支之間的內在本質聯繫及其相互連鎖、滲透、融合、演化的歷程，以及它們之間複雜的主從、因果關係，從而最終描繪出「麻雀」的本質圖像，逐步完成儺學、儺文化學的理論架構。

第二章　儺的基本常識

在〈導論・儺魂〉中，重點介紹了儺的歷史文化意蘊，即儺的本質內涵和通過巫術對人類本體精神力量的張揚，以及儺的跨社會（制度）、跨地域、跨民族、跨國界的基本特徵。儺的起源放在第二編〈儺史〉的第一章裡詳加探討。本章則對儺這個神秘、艱澀的字及其發展變化進行闡述。對儺的家族和分類也進行簡要的介紹。

第一節　儺的字義

說儺，不能不說「儺」字。弄清「儺」字的音義，對全面理解驅疫之「儺」，會有重要啓示，可免去許多不必要的誤會。

(一)「儺」字的音義

關於「儺」字的讀音和字義，現有字典、詞書尚無全面的闡述。這個字實際上有三種讀音、八種字義。

1.三種讀音

儺字不光是讀 nuo，它實際上有三種讀音。

一、讀「難」nan——那干切。清代段玉裁（1735－1815）的《說文解字註》，是一部研究《說文解字》的重要著作。他解釋

「難」字說：

> 鸏，鳥也。〔今作「難易」（之難）字，而本義隱矣。〕從鳥，堇聲
> 〔那幹切〕。❶

　　這個字原先寫做「鸏」，那幹切，讀 nan（難），本義是
「鳥」。自從用於驅疫字之後，「鳥」的本義便消失（隱）了，連
字形也寫成「難」。認字認半邊，將驅疫之儺讀做「難」，那是歪
打正著，讀對了。它原先就是讀 nan。

　　據目前所知，是戰國末秦相呂不韋主持編撰的《呂氏春秋》，
第一次以「儺」代「難」。但是，加上「亻」旁還是讀 nan
（難），並不讀 nuo。直到西漢末，著名學者杜子春還是讀驅疫之
儺爲「難問之『難』」。這一點，古代文獻裡有據可查。

　　二、讀「儺」nuo——諾何切。這個字及其讀法，最早出自
《詩經》，但都不含驅疫之意。東漢才漸漸將驅疫之「儺」改讀爲
nuo，現在一般也都讀 nuo。

　　梁朝皇侃《論語集解義疏·鄉黨·鄉人儺》最早將「儺」字當
作象聲詞：「作『儺儺之聲』，以驅疫鬼也。」❷晚唐段安節《樂
府雜錄》也跟著這麼說。其實，這並非「儺」字原音原意。

　　三、讀 ju（娵）。前面所說《詩經·隰有萇楚》中的三個

---

❶　簡稱「段註」，研究《說文解字》重要專著，見《詁林》本。
❷　臺北商務印書館縮影本《四庫全書》（以下簡稱《四庫》）第 159 冊第
　　431 頁。

「儺」，都讀「娜」（ju），而不讀 nuo（挪），也不讀 nan（難）。❸

2.「儺」的八種字義

「儺」的字義一共有八種。其中，前五種是清末爲止的古文所用。後三種是現代人借用，與古儺字關係不大。

一、行有節度。《詩・衛風・竹竿》寫道：

籊籊竹竿，以釣于淇；豈不爾思，遠莫致之。

泉源在左，淇水在右；女子有行，遠兄弟父母。

淇水在右，泉源在左；巧笑之瑳，佩玉之儺。

淇水悠悠，檜楫鬆舟；駕言出遊，以寫我憂。❹

衛國公主出嫁，遠離故鄉，思親心切，寫此詩以抒發情懷。詩的大意是：手持這又長又尖的魚竿，眞想釣幾條故鄉淇水的魚啊！可淇水太遠，魚竿夠不著。我們衛國左有泉源，右有淇水與泉源匯合，二水尚能匯合，我嫁到這裡，卻遠離父母兄弟而相見無期。淇水在右，百泉（即泉源）在左，我幾時能快活地露出整齊潔白的牙齒，身佩美麗純淨的玉串，以得體的風度，在淇泉二水之間走上一走，那該多好啊！淇水依然不停地在故鄉流過，我卻祇能在這遠方的水面上，用檜木槳划著鬆木船，假言（駕言）出去遊玩，其實是發洩（寫—瀉）我的憂思。

---

❸　江陰香：《國語解釋詩經》第 107 頁，上海廣益書局 1934 年版。

❹　《詩經正義》第 136 頁，上海古籍出版社 1990 年版「黃侃經文句讀本」。以下有關「十三經」的引文，除另註出處外，均同此。

儺，是按禮儀規範，以符合本人身份的姿態和風度走路——行有節度。

二、柔順可愛。《詩經·檜風·隰有萇楚》寫道：

> 隰有萇楚，猗儺其枝；夭之沃沃，樂子之無知。
> 隰有萇楚，猗儺其華；夭之沃沃，樂子之無家。
> 隰有萇楚，猗儺其實；夭之沃沃，樂子之無室。❺

這是百姓的作品。通過讚美濕潤土地上生長的獼猴桃樹（萇楚，又名羊桃，這同某些方言中的羊桃不是一回事），反襯作者對社會現實的不滿。詩的大意是說：這些萇楚的枝、花、果隨風擺動，多麼柔順可愛、生機勃勃，眞羨慕它們無知而又（女）無家（男）無室的拖累啊！

在這裡，儺是柔順可愛的意思。江蔭香《國語解釋詩經》註爲「音娜」（ju），不讀 nuo（挪）。（同註❸）

三、少。《詩經·小雅·桑扈》寫道：

> 交交桑扈，有鶯其羽；君子樂胥，受天之佑。
> 交交桑扈，有鶯其領；君子樂胥，萬邦之屛。
> 之屛之翰，百辟爲憲；不戢不難，受福不那。
> 兕觥其觩，旨酒思柔；彼交匪敖，萬福來求。❻

---

❺　《詩經正義》第 264 頁。
❻　《詩經正義》第 480 頁。

　　這首詩是描寫周天子的一次請宴，頌揚貴族們的尊禮思想。詩的大意是說：羽毛美麗的桑扈鳥（即竊脂、青鳥）在席間飛來飛去，像是助興。諸侯們受天子宴請真開心啊，享受這天賜的福氣。頸部特別美麗的桑扈鳥，在席間飛來飛去，像是助興。諸侯們真開心，他們維護周王朝，又保護小國安全。有諸侯們像屏障一樣保護小國，像棟樑（翰）一樣支撐周朝大廈，不規矩（戕）的人也會規矩起來，不謹慎（難）的人也會謹慎起來。這樣，福氣不多（儺）也等於多。喝著這溫和美酒，便會想到與人平和相處，不驕傲（思柔）。這樣，你不追求福氣，各種福氣也會反過來找你。

　　清代承培元《說文引經例證》卷二〇認為，「那」是儺字的假借字，後人誤訓為多。單個「儺」字是少，「不儺」才是多。❼

　　四、和順。太平天國洪秀全《五條紀律詔》寫道：

　　　一遵條命；二別男行女行；三秋毫無犯；四公心和儺，各遵頭目約束；五同心合力，不得臨陣退縮。❽

　　和儺，是太平天國常用詞，忠王李秀成《諭侄容椿男容發》一文中也說：「爾等已過紹都，可與陸主將和儺斟酌，好守紹郡。」❾

---

❼　轉自丁福保（1873－1952）：《說文解字詁林》，簡稱《詁林》。該書集中歷來 182 種研究《說文解字》專著的總匯，以字分節，一目了然，共 1036 卷，中華書局 1988 年影印版，全 20 冊。

❽　田原：《洪秀全傳》第 109－110 頁，湖北人民出版社 1982 年版。

❾　徐中舒主編：《漢語大字典》第 1 冊第 238 頁，湖北辭書出版社，四川辭書出版社 1986 年版。

由「猗儺」演變成「和儺」，由「柔順」引申出「和順」，這是近代新創。

五、驅疫之儺。儺，驅鬼逐疫之禮。

以上，前四種包含著柔、美、和的平緩氣氛；唯有驅疫之儺，是硬、凶、強的激烈情緒，區別非常明顯。

六、表音象聲詞。胡樸安《中華全國風俗志·總志·廣東》寫道：

> 明。……〔廉州〕語音多「侏」、「儺」，字墨少諧，杜撰俗字，官府不能辨。（黃志）❿

這是明代的一則記載，那時廣東廉州上層人士僅僅粗通漢字，當地的方言中又多「侏」音和「儺」音。這是象聲詞（擬音詞），只表音，也可以用「挪」或「諾」等字來表示。

這種「儺」音，在許多少數民族的日常生活中頻繁出現，絕大多數都不是驅疫之「儺」，而是別的意思。所以，隨意將各地方言中的 nuo 音都釋爲驅疫之「儺」，實在欠妥。

七、地名。日本古倭國所在地——儺縣，即今天的博多。也是擬音象聲的用法。⓫

八、人名。作家沈從文的小說《邊城》和《阿麗思中國遊記》

---

❿ 胡樸安：《中華全國風俗志·總志·廣東》第 53 頁，上海大達圖書供應社 1936 年版。

⓫ 見坂本太郎：《日本史概說》第 28 頁，商務印書館 1985 年版。

兩書中，分別有名叫「儺送」、「儺喜」的人物。❶沈氏是湖南著名儺鄉鳳凰縣人，以「儺」字為小說人物取名，自有其寓意，是對驅疫意念的發揮，但並不是直接指驅疫之儺。現在又有人為孩子取小名叫「儺儺」，以表示頑強勇敢，不怕困難，頗有新意；或者類似江浙人的孩子小名叫「阿貓」、「阿狗」，以求孩子能像貓狗那樣耐得災病，容易長大。

3.驅疫之「儺」的假借字

關於驅疫之「儺」，目前有一個常見的誤會，以為「儺」字是驅疫本字，其字本義「鳥」，由此引出了儺為鳥圖騰等假說。

儺，是驅疫之「難」的假借字，而在「儺」字之前，還有禓、寇二字。就是說，歷史上有這樣一個傳承演變的順序。即：禓→寇→難→儺。

一、禓，是生活在夏代的商族人舉行假面逐疫之禮。

二、寇（宄），是商代驅疫之禮，同時繼承著禓禮。

三、難，是周代的驅疫之禮，而禓禮仍在民間流行。

四、儺，是「難」的假借字，由秦漢人開始使用，而廣泛流行於東漢後期及其後各代。

五、魌，是「儺」字的再假借。最早出現於《玉篇》。（詳後）

㈡古人訓「儺」

古人訓「儺」字，多以東漢許慎（約 58－147）《說文解字》

---

❶　分別為生活書店 1934 年版，上海新月書店 1928 年版。

（簡稱《說文》）為底本加以發揮，主要有「難→儺」、「魖→儺」
兩種不同觀點。另外，還有一些後來衍生的雜字。

　　1.東漢許慎的解釋。《說文》中與「儺」相關的字有三個：

　　一、鷬。「鷬，鳥也。從鳥，堇聲〔那幹切〕」（四上・鳥
部）。

　　二、儺。「儺，行有節也。從人，難聲。《詩》曰：「佩玉之
『儺』，〔諾何切〕」（八上・人部）。

　　三、魖。「魖，見鬼驚詞。從鬼，難聲，讀如《詩》『受福不
儺』之儺。」（九上・鬼部）。❸

　　三字均為許慎原文。「鷬」即「難」，原字讀作那幹切
（nan）。「鷬」、「儺」才讀諾何切（nuo）。最重要的，是這三字
許慎都未說是「驅疫之儺」。魏晉以來，不少研究者往往忽略這一
點，有的甚至將自己的觀念強加於許慎。

　　2.清代學者段玉裁、黃從周的解釋。在眾多解釋《說文》的著
作中，清代段玉裁（1735－1815）的《說文解字註》（簡稱《段註》）
❹影響最為廣泛。他對這三個字的解釋是：

　　一、鷬，鳥也。〔今作「難易」（之難）字，而本義隱矣。〕
從鳥，堇聲〔那幹切〕。

　　二、儺，行有節度也。《衛風・竹竿》曰：「佩玉之儺」。
《傳》曰：「儺，行有節度。」按此，字之本義也。驅疫字本作
「難」。自假「儺」為驅疫字，而「儺」之本義廢矣。

---

❸　　本文用中華書局 1963 年 12 月第 1 版。
❹　　丁福保：《詁林》「鷬」、「儺」、「魖」等條，以下未註出處者，同此。

三、魌，見鬼驚詞。

按照《段註》的看法，「鸏」字讀那幹切（nan），本與儺無關，其鳥旁自然也與儺無關。而在改作「難易之難」後，本義（鳥）消失（隱）了，連字形也變成「難」字。

清代另一位學者黃從周則較細心，他在《六書通故》卷二「儺」條中說：

> 《周禮·占夢》「始難驅疫」，古文書「難」，或作「儺」。杜子春讀「儺」爲難問之「難」。其字當作「難」。以周案：故書「儺」，假借字。段氏云：《説文》「儺，有節也」，引《詩》「佩玉之儺」，則許君亦依杜說，驅疫字作「難」矣。（詁林·儺）

黃從周分析的要點是：第一、在古書上，驅疫之字本作「難」，如《周禮·春官·占夢》所記；第二、西漢學者杜子春讀「儺」爲難問之「難」。驅疫之「難」，加了「イ」還讀「難」，不是「挪」音；第三、許慎釋「儺」字，專引《詩經》「佩玉之儺」，而不舉《周禮·占夢》例，說明許慎贊同杜子春的說法；第四、把「難」寫成「儺」，是後來的假借。

3.顧野王、朱駿聲釋「魌」。南朝顧野王（519－581）最早把「魌」與驅疫相聯繫。他在《玉篇》❶❺「魌」條中寫道：

---

❶❺　胡厚宣：《玉篇校釋》，上海古籍出版社，1989 年 9 月胡氏手寫稿影印本（全 6 冊）。

魌，乃多切，驚驅疫癘之鬼也。又見鬼驚也。

許慎所說「魌，見鬼驚詞」，在這裡突然變成「驚驅疫癘之鬼」。清代朱駿聲《說文通訓定聲·魌》進一步拔高說：

按：魌省聲讀若「儺」，此驅逐疫鬼正字。擊鼓大呼似見鬼而逐之，故曰魌。（詁林·魌）

此說認為，驅疫之儺是出自人對鬼疫的害怕心理，先是見鬼而「魌」的驚叫，然後又口呼此驚詞「魌魌」以驅鬼。

4.幾個雜字，還有一些雜字與驅疫之「儺」有關的，從中也可以看到顧野王步步擴展的痕跡。這裡擇要列舉幾種。

一、叩。《說文》是說「驚呼也」。宋代徐鉉註：「或通用喧」。叩部中相關的字，只是「驚呼」，並未「見鬼」。到了顧野王那裡也發生了變化。

二、叩。《玉篇》「叩」部有：「叩，乃多切，除疫也，與儺同」。

胡厚宣校釋寫道：

叩，乃多反。《倉頡篇》：「除疫人也。」野王案：《周禮》「令始儺」是也。《說文》為魌字，在鬼部。

南朝顧野王經過曲線推進，便把自己的觀念強加給了漢代的許慎：「叩，逐除人」→「與儺同」→「儺，《說文》為魌」。其

實，《說文》並無「單」字，也找不到「單＝儺＝魌」的說法。

三、飂。《玉篇》「風」部又有：「飂，奴多切，古文儺。」（胡註：飂，從風，蓋取放逐意。）《說文》也無「飂」字。這是顧野王又一次使用擴展手法，古文中也找不得到「飂＝儺」的根據。

四、那。「儺」的另一假借字，在某種場合是「少」的意思。《段註》說是「奈何」的快讀之音。

五、難。《玉篇》胡厚宣校釋說：

> 凡獵於深山茂林者，縱火打禽獸，竄出而撲獲之。（《玉篇》
> 第261頁）

燃草木（有時用火把）驅之，使「禽獸逃匿」（同上），乘機捕獲。這是一種狩獵驅趕行為。

以此類推，則無艸（艹）之「難」，便是不燃草木的狩獵驅趕行為，其意與驅疫儺大體相類。這是後人新創的俗字。

其它還有「魌」等相關雜字，恕不一一引述。

5.「難→儺→魌」的說法符合史實。從以上討論的內容可知，「難」為驅疫正字。理由有三：

第一，「難」這個字，西周文獻中就有，如《周禮》。有單人旁的「儺」字，則首見於《呂氏春秋》等戰國著作，但並不是指驅疫之儺；而魌，則首見於東漢許慎的《說文》，並且只是「見鬼驚」，並無「驅疫癘」之說。可見，「魌→儺」的觀點，不符合史實。

第二，兩漢魏晉仍以「難」為驅疫正字，雖已寫成「儺」，但還讀「難」，以杜說為準。

「杜」者，社子春（約公元前 30－公元 58 年），西漢末東漢初的著名經學家，享年九十。他少時跟西漢大學者劉歆學習《周禮》，學成後又註《周禮》，並傳授給東漢早期名儒鄭眾、賈逵，使「《周禮》之學始傳（於世）」。可見杜說極具權威性。**⑯**

第三，「難」與儺儀的基本品格相符，「魌」則格格不入。在古儺中，找不到驅儺人害怕疫鬼或者先驚後驅的表現。古儺所體現的意念是人比鬼強，是鬼怕人。驅疫的人從來就是威風凜凜、驅之必勝的。可見，先驚後驅、由魌而儺的說法，脫離古儺的實際表現。

6.難、儺、魌演變的原因。那麼，「難」怎麼會變成「儺」，「儺」又怎樣變成「魌」的呢？

第一，由難到儺，可能有多種原因。或說驅疫者是人，故加「イ」旁加以強調。官方祭祀禮典活動大多早已有對鬼神的敬畏和崇拜，唯獨儺禮仍然保持著「人驅鬼」的史前原始傳統，因此應當突出「人」；或說周代以後語音上的變化；或說為了使難間之「難」的用處更為專一，因而假借「儺」字來專指驅疫之儺；或者，這些因素兼而有之。其中有些細節，現在已無法瞭解。

第二，由魌再到儺，似乎有少數文人遊戲文字的成份。魌，經

---

⑯　參見臧勵龢等編：《中國人名大辭典》第 459 頁，上海書店 1980 年據商務印書館影印本、《辭海》，1989 年版第 1411 頁，上海辭書出版社 1990 年版「杜子春」條等。

歷了一個「見鬼驚詞→驚驅疫癘→儺之正字」的演變過程。而在實際生活中，從古到今廣泛使用的依然是「儺」，並不是「魋」。這也說明顧野王和朱峻聲等所說，難以成立。東漢以來，讖緯、巫風、鬼道流行，加上佛教的乘機擴展，播及很廣。隨著此風的滋長，魏晉南北朝迷信尤盛，大量出現的志怪小說就是證明，其中所造之鬼也多顯「通俗」。文字遊戲也亦步亦趨，顧野王只是其中一員而已。

(三)儺之「族屬」

　　古代的分歧在於「難→儺」與「儺→魋」。今人更深入一步，以圖騰說為主要內容，出現幾種有關儺之「族屬」的不同觀點。

　　1.儺為熊圖騰族屬。此說有三點根據：首先，與黃帝出身和名字有關。相傳黃帝姓姬，一說姓公孫，名軒轅。傳說有軒轅出自有熊之國，黃帝是有熊國君少典之子，故黃帝又號「有熊氏」；其二，黃帝與炎帝、蚩尤戰，有熊、羆、貅、貙、虎部落參戰，熊為首；戰勝蚩尤之後，黃帝又創作了樂舞《棡鼓之曲》十章，其中「八曰，《熊羆哮吼》，**⑰**都與熊有關；其三，傳說「時儺」始於黃帝；最後，是由於古儺主角方相氏「蒙熊皮」。因此說，儺是黃帝族系熊圖騰信仰的一種儀式。**⑱**

　　以圖騰來界定儺的性質，實在並無多大意義。圖騰史告訴我

---

⑰　均參見于佑任：《黃帝功德紀》「父母」、「戰爭」節，陝西人民出版社 1987 年 3 月第 17 版 1、2、11－13 頁。

⑱　參見《考古》（北京）1960 年第 6 期第 31 頁孫作雲《敦煌畫中神怪畫》第五節「方相氏」。

們，在人們想弄清自己的血緣淵源，卻又因婚姻關係混亂而無法弄清的情況下，圖騰便出現了。這時，虎皮、熊皮等才成爲圖騰的標誌；進入父系氏族社會，血緣世系已可確認，祖先崇拜逐漸高於圖騰崇拜，圖騰作爲氏族標誌的價值便逐漸淡化。黃帝族不僅有熊圖騰，還有羆、貅、貙、虎等圖騰。事實上，黃帝時代已不那麼看重圖騰，當時的熊、羆、貅、貙、虎等圖騰總是並列混用，並未單獨突出熊圖騰。

　　2.儺爲虎圖騰族屬。此說與「顓頊儺」有關。相傳顓頊三子夭折，其一變成害人的鬼虎；而顓頊時驅儺主角又是「蒙虎皮」。因此，有學者認爲儺以虎爲圖騰。有些彝族史研究的學者認爲，彝族史源與顓頊有關；在彝語中虎爲「羅」音，「羅」即「儺」；彝族的十二獸曆法與漢代宮儺「十二獸神舞」有關。因此，儺是虎圖騰崇拜的表現。❿

　　如果將虎圖騰作爲儺的族屬，那麼，作爲黃帝子孫的顓頊，又把熊圖騰放在什麼位置。那麼，顓頊到底歸於那個族屬好？

　　3.儺爲鳥圖騰族屬。這是從「難」的字形和 nuo 的讀音衍釋而來。「難」的右旁是鳥，儺就是信奉鳥圖騰的南方百越稻作民族跳著柔順的鳥舞來驅逐疫鬼，所以，儺屬於鳥族屬。⓴

　　一些學者將南方少數民族許多「羅」、「挪」音，都譯爲儺，

---

❿　唐楚臣認爲，所謂「儺儺之聲」，便是在呼喚祖先圖騰虎而迎祭。轉引自蕭兵：《儺蠟之風──長江流域宗教戲劇文化》第 661 頁，江蘇人民出版社 1992 年版。

⓴　分別見林河 1990 年 4 月中國儺戲學國際學術討論會論文和林河〈《儺史》自序〉複印件。

欠妥。因為最早「儺」讀 nan，不讀 nuo。

儺是一種十分激烈的對抗，驅儺人哪能靠柔順可愛的鳥舞來取勝？

古人奉信天人合一、天人感應，而人與天的交往有多種手段，可以通過某山、某樹和煙、夢乃至鳥。人不能上天，不能上天去參神，而鳥能上天，因此被看作靈物來崇拜。實際上，鳥是世界性的崇拜物，並非中國南方稻作民族所專有。

所以，很難說儺是鳥族屬，並不合適。

4.儺為猴圖騰族屬。此說從「魋為驅疫正字」出發，拆鬼與卨，反復論證鬼、禺、甲等「文化字群」正是反映猿猴圖騰劃面戴胄之形，方相驅儺起源於猿猴圖騰扮演儀式。因此，是西北鬼戎集團祭祀晴神或驅除旱魔的雨旱之祭。**㉑**

如前所說，「魋」實為「儺」字的再假借。所以，「猴→鬼→魋→儺」這個過程難以成立。

綜合起來看，前兩說是「看相」，分析古儺主角方相氏的打扮或被驅逐的鬼虎的形象；後兩說是「拆字」，分析鳥或佳、鬼或卨的含義。這是對古人「難→儺」與「魋→儺」之爭的擴展。不過，用圖騰來界定儺的起源和族屬，實難得出中肯的結論。

㈣拆「難」

難，可拆為「堇」和「佳」兩部分。右旁「佳」，即鳥，無法再拆，左旁的「堇」，則還可以拆成上下兩部分。

㉑　參見蕭兵：《儺蜡之風》第 177 和 7 頁。

1.拆「堇」。堇，從革從火。後又作堇或堇，上爲「革」，下爲「火」或「土」。胡吉宣在《玉篇校釋·堇》中說：「堇字，金甲文並爲從火從黃，小篆訛火爲土。許（愼）訓粘土，『堇』實爲『墐』字之義。」

將「火」換成「土」是後起，實際上「從黃」也是後出。但說火底的「堇」歷史更爲古老，則是正確的。許愼所說「粘土」義應寫作「墐」。

2.拆「革」。《說文》寫道：「獸皮治去其毛，革更之象，……從三十，三十年爲一世而道更也。」（三下·革部）有毛爲皮，去毛爲革。進而引申出革新之革。

這還沒有說到底，「革」還可拆爲中軸和兩側。

一、中軸有兩種解釋。陳初生轉述林義光觀點說：「象獸頭、角、足、尾之形，與皮從芇形近。」左安民別說：「它的上部是一把直刃的平頭鐵鏟下面拖著一條尾巴，代表鏟的曲柄。」

《說文》所說「從三十」，是指革手中間的「芇」，上面的「廿」（二十）加下面的「十」，等於三十。所以又說，三十年爲一世，一世一道更。

二、兩側的ε彐或匚彐，《常用古文字字典》是說：「中間的，是剝下的獸身皮」。陳初生說：「從ε彐，表示以手治之。」左安民則說：「柄的兩側是兩隻手相對形的連指寫法。」

從字形來看，ε彐像是兩大片肉；而匚彐，則左爲手，右爲肉。

三、芇與ε彐（匚彐）合起來，又有三種說法：

A.王延林說：「字本像獸皮展列之形，中部，匚彐……，字便

爲以手張皮革，變象形爲會意」（手張皮）。❷

　　B.陳初生說：「革，……像被剖剝下來的獸皮」（獸皮）。❷

　　C.左安民則說：「『革』字就是表示用平頭鏟刀剝獸皮的意思」（鏟剖皮）。❷

　　金文「皮」字的右旁也是芉。革與皮都跟鏟、手、肉有關。從字頭看，兩側的ㅌ彐、ㄷ彐並不是皮，而應爲肉，或手和肉。既然兩側是手和肉，則中間應爲鏟（芉）。但那不一定是平頭鐵鏟，而可能是原始有柄石鏟，那時還沒有鐵。「廿」中的「一」，像是綑綁木柄與石鏟的橫棍。可知「革」字頭，不是艹（艸），而是廿。

　　原來，「莫」的上部是「革」，與「黃」、「旱」等晚出衍生義有區別。不管怎麼說，革與剖獸取皮有關，這可以說是狩獵生產的最後一道工序。

　　3.重新組合。革和火組合的「莫」，應當與狩獵有關。「火」主要有五種用途：一防獸，二驅獸，三烤肉，四照明，五取暖。其中防獸、驅獸和烤肉尤顯重要。

　　「莫」與「隹」總合的「難」，顯然與狩獵有關。「隹」可視爲一種巨禽或大鳥，同樣與狩獵有關。可能會有兩種情況：

　　一、人們正在剖獸取皮，一旁有火堆，巨禽們想得到獸肉或剖獸後的剩餘物，卻又既怕人又怕火。

　　二、人們正在剖獸烤肉，一旁還有巨禽待剖。這雖是想像，卻

---

❷　王延林：《常用古文字字典》第159頁，上海書畫出版社1987年版。

❷　陳初生：《金文常用字典》第292頁，陝西人民出版社1987年版。

❷　左安民：《漢字例話》第470頁，中國青年出版社1984年版。

並非毫無生活依據。電視片《動物世界》中，就有巨禽與獵豹爭食獵物，而獵豹無奈，怏怏離去的場面。人與巨禽之間也有類似矛盾，老鷹抓小雞便是一例。

(五)評價

以上各點說明這樣幾個問題：

第一，儺是多音字，驅疫之儺最早寫作「難」，讀做 nan。並且與「鳥」的本義無關。

第二，儺有多種字義，應當仔細。驅疫之儺，只是其中一種字義。不能把字形相同而字義不同的「儺」視爲驅疫之儺。

第三，驅疫之儺，應當與狩獵活動有關。

第二節　儺的品格

儺經歷了三千多年的漫長歷史，積累了豐厚的歷史文化內涵，形成了深厚的文化積澱，融合成多元宗教文化、民俗文化、藝術文化和巫術文化的複合形態，顯示了一些值得注意的基本品格，在第一節探討了儺的字義之後，有必要對儺的基本品格做些介紹。這些品格的共同核心是以巫術意識爲基礎，強調以人類本體精神力量，運用超自然的威力，解脫自然對人類的危害，從而獲得人類與自然的新平衡。這就是古人在主觀幻覺中塑造的儺魂。

(一)生命的張揚

儺以調和陰陽、庶物時育、驅癘除邪、人壽年豐爲宗旨。它所

蘊涵的生命意識、生存意識、巫術意識，適應了古人渴求健康長壽、家和族興、物阜民豐、國泰民安的心願。在人類文明史、宗教史上，儺是一種跨越時代與空間，帶有普遍性的特殊文化現象。

儺這種文化現象的核心，是出自人類主觀理念的所謂超越自然的巫術手段，主動追求人類生命的張揚、生存空間的拓展、人生的富足與幸福。儘管這種追求對於古人來說，是一廂情願，實際上不可能實現，但古人在主觀上認定能夠實現，並由此獲得宗教心理的滿足。

儺是上古時期原始宗教信仰的產物，是盛行巫術崇拜的產物，具體地說，儺是人類最早發揮本體精神力量，使用巫術手段向極端惡劣的自然環境索取起碼的生活條件，拓展生存空間，進行兩種互爲關聯的生產活動——物質的生產和人類本身的繁殖，從而展示人類早期生命的價值。

儺的生命張揚，主要體現在它主觀上以超自然的威力同自然進行虛幻的鬥爭，這表現在同自然災害（如旱、澇、火、蟲災等）和人體災害（如瘟疫、疾病等），這同每一個人的命運攸關，所以被上自天子、下及黎民百姓的全民所認同，以致在周代被納入禮並加以規範，成了奴隸制國家法定的宗教。舉行「鄉人儺」時，《論語》形容爲「舉國若狂」，其火爆景象可以想見。東漢、隋唐的宮廷大儺，方相氏率領的驅儺隊伍擴大到幾百人，其聲勢之浩大、儀式之嚴厲，在張衡的《東京賦》中得到淋漓盡致的描繪。它的異常頑強的生命力，甚至延續到三千年後的今天，江西南豐的族儺，河北固義的社儺，西南地區的願儺，青藏高原和內蒙草原的寺儺，都無不展示其生命的張揚。

　　儺對於人爲宗教、民俗和藝術具有極其驚人的吸附力，即黏著力。

　　一、人爲宗教的吸附——兩漢時，儺儀的國家法定宗教屬性已經淡化，但從魏晉南北朝開始，它積極地黏著於道教和佛教等人爲宗教，吸收後者的祭祀手段，豐富自己的驅逐儀式活動；吸納後者的神靈，擴張自己的神譜體系，壯大驅儺神壇威力。連道教的張天師也走上儺壇，加入驅鬼逐疫行列，甘心爲儺效力。

　　二、民俗的吸附——中國自兩漢魏晉以來，各種民俗活動愈益豐富多彩，特別是歲時節令成爲廣大群眾一年辛勞之後宣洩情感、縱情歡愉的節日。儺滲入民俗活動之中，兩相結合，形成信仰民俗，在民俗中展示儺的儀式，除邪納吉，滿足廣大群眾對未來的祈盼。

　　三、藝術的吸附——商周時代的儺，雖具有原始的神秘性，但品種單一，儀式也簡略、枯燥、乏味。附著於民俗活動，增加了娛樂性，也擴大了群眾基礎。而進一步吸附藝術，則形成了儺藝。歌唱與舞蹈從簡單走向豐富。對百戲雜技的吸收，則形成了儺技。上刀梯、銜鏵犁等儺技，平空增添了宗教神秘感和觀賞性。戲劇表演與面具文化的搬用，使儺藝達到綜合各種藝術的水平。這使儺舞、儺戲成爲儺的載體，審美功能的增加，逐漸沖淡了儺的原始宗教功能。

　　儺與人爲宗教、民俗文化、藝術文化的緊密結合，使儺形成了獨特的儺文化形態，豐富了儺的品種，擴大了儺的家族，也使各種儺的民俗歌舞儀式千姿百態。後三者激發了儺文化的生命活力而顯示了人類本體意識的生命張揚。

㈡儀式的載體

　　人的一生，從生到死，從幼到老，都離不開儀式。社會各種群體及其各類活動，也都離不開儀式。儀式是一種信仰和力量的象徵，是一種感情和意念的凝聚，是人類思維方式和行為特徵的規範化。人類基於生命意識和生存意識，在政治、經濟、文化、宗教、藝術、民俗、生產與生活方式等各個領域，由法律、道德制定的或約定俗成的自我表露、自我規範、自我發展的個人或集體的行為模式。

　　儺的基本生存形態是儀式，正如人們常說的：儺，是一種逐除或逐疫的儀式。其實，儺即儀，儀即儺。有儺必儀，亦祭亦儀。所以，古人一般稱儺祭為儺禮或儺儀。

1.儺儀是一種古老信仰

　　人都有信仰，人的一生是信仰指導下的一生，不論意識到還是不曾意識到，自覺的還是不自覺的，理性的還是感性的。

　　遠古先民的信仰基礎是萬物有靈論。認為日月星辰、風雨雷電、狼蟲虎豹、山川石木等各種自然現象和動植物，同人類一樣都有感知、有靈魂，甚至可以成為神祇。它們之間沒有地位的高低，也沒有主從關係，卻被賦予超自然威力，這便產生了自然崇拜、圖騰崇拜、祖靈崇拜和神鬼崇拜。這些崇拜就是他們信仰的領域。而一旦這些崇拜被「萬能」的巫術所把握，形成一種聚焦，這便是帶有原始宗教意味的儺儀。

　　古人崇拜和信仰各種自然神、圖騰神、祖先神，是主觀上相信他們的超自然威力，能改變或改善自己的生存環境，對生命的繁殖

與延續給予心理保障。體現在各種儺儀裡，便是依據驅逐巫術原則，裝扮神靈，調動神靈，以其所謂超自然的威力，逐除散播疾病的疫鬼。利用陰陽五行相生相剋原理，使陰陽二氣調和，風調雨順，五穀豐登，國泰民安。

崇拜與信仰是形成各種儺儀的心理基礎，而利用虛幻的超自然威力去控制實在的自然力，以期向有益於人類保護生命，拓展生存空間的主觀願望發展，這是儺儀的根本追求。

信仰是儺儀的靈魂，是儺儀的基礎。

2.儺儀是一種力量的展示

儀式是群體無意識的理念、情感、願望、心理的凝聚與宣洩，爲達到儀式的最終目的，這凝聚與宣洩便形成一種無形的巨大力量。儺的本質就是同自然，包括看得見的各種自然災害和肉眼看不見的病菌以及人爲虛構的鬼魅進行鬥爭，這就必須通過儺儀，並在各種儺儀活動中運用巫術的所謂超自然的力量去戰勝自然，這就是儺儀幾千年不變的原則。

在人們心理上最容易感受到儺儀超自然威力的，莫過於東漢時期的宮廷大儺。這在張衡的《東京賦》中有極爲生動的描繪。但從儀式活動的角度來說，《續漢書·禮儀志》中則更爲具體：先臘一日的大儺，「其儀選中黃門子弟」120 名爲侲（zhèn）子，執大鼗（táo）。方相氏黃金四目，掌蒙熊皮，執戈揚盾。「十二獸（圖 7）有衣毛角，中黃門引之，冗從僕射將之」、「夜漏上水，朝臣會」，尚書、御史、羽林郎將等穿戴齊備，來到前殿等候。一切準備就緒，儀式開始時：

圖7　山東沂南漢畫像石「十二神獸」

山東沂南漢畫像石「十二神獸」紋（局部）

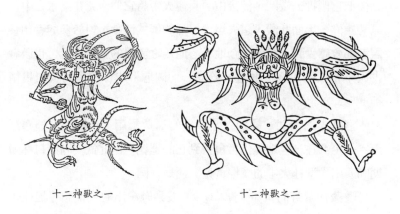

　　十二神獸之一　　　　　　　　　　十二神獸之二

黃門令奏曰：「侲子備，請逐疫。」由是中黃門倡，侲子
和，曰：「甲作食㐫，胇胃食虎，雄伯食魅，騰簡食不祥，
攬諸食咎，伯奇食夢，強梁祖明共食磔死寄生，委隨食觀，
錯斷食巨，窮奇騰根共食蠱。」凡使十二神追惡凶，「赫女

軀，拉女干節！解女肉，抽女肺腸！女不急去，後者爲
糧！」因作方相與十二獸舞，歡呼周偏，前後省三過，持炬
火送疫出端門。門外騶騎傳炬火出宮，司馬闕門，門外五營
騎士傳火棄洛水中。㉕

後邊還有「百官官府，各以木面獸能爲儺人師訖，設梗、鬱
儡、葦茭畢，執事陛者罷。葦戟、桃杖以賜」眾公卿大臣。

讀了這篇敘述文字，雖事隔二千年，似仍可感受到這陣陣喊
叫，隆隆鼓響，無情的詛咒，嚴厲的通牒，催動十二神獸追逐那些
奇異、凶猛的魑魅、疫蟲、精怪，直至威嚇要吞噬它們。逐室驅趕
之後把它們押去端門，然後由騎兵傳火炬將它們淹死在洛水之中。
氣勢雄偉，場面壯觀，這火爆、慘烈的儀式活動，對於參與者和參
觀者都會感受到一種驚天動地、心血爲之震盪的威懾力量，也激發
古人不怕妖魔鬼怪，並且敢於同一切凶惡邪祟作鬥爭的大無畏精
神。

宮廷大儺儀式，經過二千多年的滄桑風雨，已被歷史煙塵湮
沒。但至今在一些地區仍可窺視到它的遺緒。河北武安固義村春節
期間演出大型社火中的《捉黃鬼》便是一例。

隱藏在荒野的黃鬼（由人扮演）被冥府派出的大鬼頭等捉住，
戴著刑具遊街示眾。幾十名農村青年手舉柳條棍緊隨其後不時喊
叫，街道擁塞，萬頭攢動，黃鬼被押解到河邊，依次由當地人裝扮
的判官、閻王硃筆判決，然後押至刑臺，抽腸破肚，圍觀的萬千觀

㉕　《續漢書·禮儀志》。

眾人人稱快。如果說，歷代宮廷大儺所驅之鬼是無形之鬼，宋代以後，在民間的鄉人儺裡，無形鬼已由農民扮演的有形鬼所替代。固義村的黃鬼也不是秦漢時期傳播瘟疫之鬼蛾，而變成了忤逆不孝、無惡不作、人人痛恨的「社會鬼」。人們通過捉鬼、遊街示眾、審判和處以極刑，整個儀式顯示了宗教力量和社會道德力量。

(三)圖騰的幽靈

上古時期，「國之大事，唯祀與戎」。古人把祭祀與戰爭視為國家兩項最重要的事情，周代的祭祀主要有以下四種，即蠟（zhà）祭、雩（yú）祭、堂贈與儺祭。

蠟祭，據鄭玄在《禮記》注中說：「夏曰清祀，殷曰嘉平，周曰蠟，秦曰臘」。很明顯，這是「三代之禮」。歲終酬報對農業豐收做出貢獻的先嗇、司嗇、農、貓虎、坊、水庸等八種神靈。所謂蠟就是請這些神靈來享受人們給他們的祭獻。後代的「春祈秋報」或「報賽」，蓋源於此。

雩祭，天旱求雨的祭祀，《周禮·春官·女巫》說，女巫除了歲時「祓除」，還要「旱嘆則舞」，古人崇信陰陽五行之說，認為大旱陽氣太盛，女性屬陰，所以《春秋繁露·精華篇》說，「故崇陰以厭之，用女巫舞雩也」。事實上，彼時發生了大的災難，都要像雩祭那樣「歌哭而請」。正如鄭玄在《周禮·春官·女巫》注中所說「有歌者有哭者，冀以悲哀感神靈也」。

堂贈，多季由男巫操持。鄭玄注：「贈，送也」。男巫從堂屋裡把各種「惡夢」和「不祥」禮送出去，並且按神靈指出的方向送走。

這三種祭祀各有特點。

蠟祭是用祭品酬報八種農業神靈給與的豐收。作爲八種神靈之一的昆蟲，原是有害於莊稼。蠟祭中給它獻上祭品的目的，無非是以賄賂手段討好它，請求它來年不要吃莊稼。

雩祭不用物質的祭品酬勞，而是在精神上動之以情，用歌唱和眼淚感動上蒼，祈求他們憐憫受苦受難的黎民百姓，爲乾旱的土地落下甘霖。

堂贈則是採取相當禮貌、溫和的方式將惡夢與不祥請出堂屋，送到它想要去的地方。

儺祭與上述三種祭祀完全不同，它不乞求神靈的恩賜與憐憫。在物質方面不獻供牲、不酬勞、不搞賄賂、不討好神靈，在精神方面不搞「感情投資」、不用眼淚換取憐憫。從本質來說，儺祭不是祭，而是驅逐。

> 方相氏，掌蒙熊皮，黃金四目，玄衣朱裳，執戈揚盾，帥百隸而時難（即儺），以索室毆疫。大喪，先柩（柩）。及墓入壙，以戈擊四隅，毆方良。❷

從這段文字裡可以看出，周代大儺儀式裡，用下級軍官（或曰：狂夫）裝扮成熊模樣，戴上四眼面具，領著一群皂隸，沿屋逐室毆疫。「毆疫」，就是動用兵器把疫打走。貴族死人出殯下葬，方相氏先跳到墓穴裡，用戈把看不見的魑魅鬼蜮（方良）趕出墓穴，讓死者永享安寧。

---

❷　《周禮·夏官·方相氏》。

　　古人有一種簡單、直觀的思維邏輯，要驅趕凶惡就必須比凶惡更凶惡。方相氏裝扮成熊的模樣，就是想借用熊圖騰的凶猛和威力，同疫鬼進行「武鬥」。實質上是調動熊圖騰去嚇跑疫鬼。

　　到了東漢，除了疫鬼，人們虛構了更多的威脅與殘害人的凶惡，這集中反映在《山海經》裡。人們期望在宮廷大儺裡應該驅逐更多的凶惡，以確保生存環境的安寧與太平。於是便給方相氏增加了十二個圖騰助手，稱爲十二神獸，並且分工明確，與被驅逐的各種凶惡，捉對兒廝殺，請參見「儀式之載體」中有關東漢宮廷大儺之引文，此不贅敍。

　　隨著時代的發展，理性思維的增強，大儺中圖騰神的原始野性逐漸淡化，殷商奴隸制時期形成的國家宗教屬性，到了宋代已完全消失，鍾馗、五道神、金剛力士、六丁六甲以及張天師、關羽、二郎神等民間傳說神，歷史人物神、佛教神、道教神取代了熊與十二神獸等圖騰神的歷史地位。

　　有趣的是，至今在西北、西南少數民族地區還保存著以圖騰驅逐邪惡的儺俗。

　　青海同仁年都乎村土族的「跳於菟」——「於菟（wū tú）」系古語，即虎的古稱，農民裝扮成虎形，雙手持長荊條，翻牆入院，「索室逐疫」。

　　雲南楚雄雙柏縣小麥地沖彝族的「老虎笙」，即跳虎節。彝族視黑虎爲祖先。青年人扮成虎形，到每家門口，馱著山神，由山神以咒歌形式逐疫。

　　雲南楚雄雙柏縣峨足村彝族的「余莫格拉舍」，即「跳豹子」。由十二個男童扮成豹子，持棍去每屋人家驅邪逐鬼。

　　四川、甘肅交界平武、文縣等地的白馬藏人，實際是羌（qiāng）人，在祭祀山神白馬老爺的儀式裡，身披山羊皮襖，戴著貌似黑熊的面具，跳起「咒烏舞」（亦稱曹蓋舞），亦有驅邪逐疫的內涵。

　　這些少數民族地區至今還能保留某些圖騰崇拜的儺俗活動，是因爲這些地區的社會形態發展，較之中原漢族地區要遲緩得多，神權的統治仍然根深蒂固，加之地處偏僻蠻荒、交通阻塞。這種特殊的社會歷史背景和人文地理環境，使它們沒有遭到消失的命運。在二十一世紀的電子信息時代，人們能在這些地區的儺俗中，感受到圖騰幽靈所蘊含的粗獷、猙獰的原始野性美，實在是非常幸運的。

㈣神靈的泛化

　　儺的數千年發展史，也是不斷吸納各路神靈的歷史，最終構成自己的神靈譜系。

　　東漢以前在儺的神譜裡，僅限於熊、虎、十二神獸等圖騰神和鬱壘、神荼兩位住在度朔山大桃樹上管轄惡鬼之山神。原始宗教相信萬物有靈論，它信仰的神靈必然是圖騰神和自然神。

　　東漢以後，儺陸續從神話傳說、人爲宗教佛教、道教和歷史人物、傳說人物中吸納神靈，充實自己的神譜。

1.傳說中的始祖神和盤古神

　　漢族和西南少數民族很早就流傳著兄妹結親的洪水神話，細節不大一樣，但主要情節基本相似，如兄妹二人藏在葫蘆裡躲過齊天的洪水，結合後繁衍了人類，被視爲中華民族的始祖神。聞一多氏曾考證伏羲是葫蘆的化身。葫蘆多籽，枝長蔓繁，被古人視爲子孫

繁衍、家庭興旺之象徵。隋唐時期繪製的伏羲、女媧絹畫，兩人皆人首蛇身。蛇尾交纏一起，以示交媾。這是典型的祖先崇拜與圖騰崇拜、生殖崇拜相融合的產物。當兩位始祖神被搬上儺祭的神壇時，則是以儺公、儺婆或東山聖公、南山聖母的形象出現而享受牲供的。唐·李綽《秦中歲時記》載：

> 歲除日進儺，皆作鬼神狀。內二老兒，其名皆作儺公、儺婆。㉗

至今江西南豐石郵村春節期間「跳儺」，有「儺公、儺婆喜得子」節目，表現老來得子的喜悅心情。兩人的面具形象，刻畫出二老慈祥、風趣的風貌。

盤古開天闢地是個相當古老的神話，江西南豐等地的儺舞中有一個《開天闢地》節目，描寫盤古以巨斧將天地劈開。在西南地區的儺壇戲裡有一個頭長雙角、面貌猙獰的角色名叫開山或開山大將，手持板斧，爲還願戶主家中砍邪、納吉。他在一些小型節目裡，變成了一個粗魯、幽默、風趣的喜劇角色。這形象雖距離盤古形象甚遠，卻貼近了人民群眾，爲觀眾所喜愛。

2.佛教、道教神靈

南北朝以後，佛教、道教逐漸深入民間，影響日益增大。儺爲本身的生存與發展，擴大自己的神系，不得不從佛教、道教神譜裡吸納神靈：

㉗　轉載康保成：《儺戲藝術源流》第 339 頁，廣東高等教育出版社 1999 年6 月出版。

　　十二月八日爲臘，諺語「臘鼓鳴，春草生」，村人並出擊細
腰鼓，戴胡頭及作金剛力士以逐疫。❷❽

　　到了宋代，道教神靈在宮廷大儺中占有巨大優勢：

　　禁中除夜呈大驅儺儀，並系皇城司諸班直戴面具，著繡花雜
　　色衣裝，手執金槍銀戟，畫木刀劍，五色龍鳳，五色旗幟，
　　以教樂所伶工裝將軍、符使、判官、鍾馗、六丁六甲神兵、
　　五方鬼使、竈君、土地、門戶神尉等神，自禁中勳鼓吹驅
　　祟，出東華門外，轉龍池灣，謂之「埋祟」而散。❷❾

　　兩宋時期「三教合一」的社會思潮，也影響並豐富了儺的神
譜。從川、黔、湘、桂等地儺壇懸掛的神圖，可以感受到儒家、佛
教、道教至高無上的神靈以及歷史人物神、傳說人物神在儺祭、儺
儀中的地位。
　　三教神圖——包容了道、佛、儒三教最高和顯赫的神靈。圖分
三層。上層端坐著孔子、釋迦牟尼、老子。中間一層爲玄武大帝、
觀音菩薩、文昌帝君。下層爲川主、土主、藥主，所謂「三聖」。
　　三聖神圖——即川主、土主、藥主「三聖」。對川主有三種解
釋：秦代治水建立顯赫功勛的李冰李二郎、趙昱趙二郎和《封神演
義》中楊戩二郎神。

---

❷❽　宗懍：《荊楚歲時記》。
❷❾　吳自牧：《夢梁錄》卷六〈除夜〉。

三清神圖——三清是玉清眞境大羅元始天尊、上清聖境大羅靈寶天尊、太清仙境大羅道德天尊的總稱。三位尊神是道教的最高神。其中，道德天尊一說爲太上老君，一說爲道家始祖老子。

三官大帝（或三元）神像——這是一個總稱謂，具體指上元一品天官賜福大帝，中元二品地官赦罪大帝，下元三品水官解厄大帝。在廣西、臺灣等屬百越文化圈地區，一般通稱爲「三界公」。天官的生日是正月十五日，地官的生日是七月十五日，水官的生日是十月十五日。據此，三官亦稱三元。一說爲周幽王執政時期的三個著名諫官唐宏、葛雍、周斌。一說爲唐代異父同母的唐道相、葛定志、周護正，被封爲三眞君或天門守護將軍。

三寶神像——佛教原指三寶爲「佛、法、僧」，佛指釋迦牟尼，法指佛教教義，僧指僧眾。道教仿效爲「道、經、師」三寶。廣西師公指三寶爲：釋迦牟尼如來佛和左邊的文殊菩薩、右邊的普賢菩薩。

3.地方保護神

除了全國性和區域性的神靈外，還有一類神靈是地方性的保護神。這類保護神多爲歷史人物，曾在本地區擔任過要職，爲本地區黎民百姓做過好事，或者在戰亂中拯救本地區黎民百姓而壯烈殉職。出於感恩戴德，黎民百姓在長期緬懷過程中逐漸把他們神性化，尊奉爲神靈，建廟立祠，祈求恩澤鄉里，永世蔭佑一方免受各種災難。

下邊例舉幾位顯赫的地方保護神。

黃華父子——安徽祁門、黟（yī）縣一帶的保護神。《中國人名大辭典》載，黃華「少以旁俠聞，隋末保據郡境……郡內賴以平

安者十餘年」，「授總管歙（xī）宣杭睦饒婺（wù）六州軍事，歙州刺史，封越國公」。黃華的英雄事跡在流傳過程中逐漸神化，傳說他妻子身懷有孕，分娩前有九個大紅球落入房中。她生下九個紅球，經太陽曝曬，蹦出九個男孩，個個武藝超群，父子十人為國效力，後受奸佞陷害，含冤離開人世，被祀奉為「太陽菩薩」。

李靖──曾在廣西桂林地區任職，為黎民做了許多好事，死後祀奉為李令公神。桂林儺壇中的主神。

姜維──羌人，西蜀大將。四川蘆山古為羌人聚居地區，建有姜莊樓，祀為主神。

張巡──江蘇南通地區儺壇的主神。

關索──關羽次子。諸葛亮南征大軍的先鋒官，相傳曾駐守今雲南玉溪澄江縣小屯。當地百姓祀奉為驅疫除瘟的大神。

李冰──秦朝治水患有功，祀奉為灌口二郎神。一說二郎神為隋代嘉州大守趙昱，破浪較蛟。一說二郎神為《封神演義》的楊戩。

(五)涇渭的匯流

儺的神靈的泛化，表明儺在萬物有靈論支配下，以巫術意識為基礎的原始信仰，發生了很大變化。儺的原始信仰原就僅限於自然崇拜、圖騰崇拜、祖先崇拜和巫術崇拜，缺乏完整、系統和明確的理論教條。神靈泛化的結果，特別是佛教、道教神靈的大量「加盟」，把它們的祭祀內容與方式，祭祀的場地與儀式，乃至祭祀的宗旨也帶入儺儀裡。

1.儺廟的建立

　　寺院與道觀的建立，標誌著佛、道兩教爲它們的「專業」教徒
——和尙與道士，建立永久、固定的祭祀儀式和宣傳教義的場所，
也是教徒吸引信眾（善男信女）進行宗教活動（包括紀念神靈誕辰等節
日）的理想陣地。佛、道兩教曾分別被一些封建王朝提升爲「國
教」，也得到歷屆政府官員、士紳的堅定支持。財力雄厚，寺院、
道觀得到普通建立。產生在佛、道兩教之前的儺，不具備上述這些
建立廟宇的優越條件。它的活動沒有、也不必要有固定的場所，而
是因不同儺事活動，在不同的環境與場所中進行，因之沒有建立廟
宇的必要性。

　　有趣的是，明代江西地區的道教勢力強大，對儺事活動有廣
泛、深刻的影響。儺也受到各地名門望族的鼎力支持，儺廟便像雨
後春筍似的建了起來。而在儺廟中的儺事活動，則由「家居」道士
取代巫師主持廟務活動。

2.儺壇的設立

　　從商周開始的儺事活動，不論國儺、天子儺、大儺還是鄉人
儺，或是墓葬儺，都是由方相氏等扮演神靈進行驅逐活動，地點不
斷變化，不需要固定的祭壇。佛、道兩教在做水陸道場或羅天大醮
時，需要相對固定的場所，擺祭壇，設供品，請神靈享祭。佛儺融
合、道儺融合的結果，有些儺事活動如中南、西南地區的儺壇班，
便在願主堂屋裡設立儺壇，並臨時紮起請神降臨巡幸的神棚。

3.「錢權交易」的污染

　　在導言裡，已介紹過儺與人爲宗教對待神靈的不同態度。周代
的國儺、天子儺和大儺，人們統稱之爲儺祭，它與蠟祭、雩祭不
同。後者通過祭祀祈求農業神或水神（包括河伯）賜予豐收或天降

甘霖。儺祭實際是不祭祀任何神靈，反而是調動圖騰神，裝扮成圖騰神，以主動出擊的驅逐手段，爭得人壽年豐，國泰民安。

在歷史上第一次把祭祀活動添加到儺事活動裡的，是唐代開元時期的宮廷大儺。它開了祭祀的先河。方相氏率領十二執事、幾百個侲子索室毆疫剛剛結束，便由廟祝擺設供桌，奉上供品，向太陰（月神）跪讀祭文，禱告儺祭活動，並請求保護宮廷安寧。

作爲祭祀神靈的基本模式——請神、酬神（下神）、送神三段式，越來越成爲儺與民俗祭祀相結合的儀式活動的主要內容。

祭祀神靈的儀式，就是請神靈享受香火和供牲（一般是豬、羊、雞三牲），其目的就是討好神靈，賄賂神靈，以求恩澤天下，福被人間。香火與三牲等供品是用錢買的。神靈的超自然威力是神權的顯示，儺與人爲宗教祭祀（還有巫祭）相結合的結果，儺及其人類本體精神受到了「錢權交易」的污染。這恰是涇、渭兩河水的清濁匯流。

㈥失落的文明

在「導論」中說過，儺以調和陰陽、除舊佈新、驅邪扶正、消災納吉爲宗旨，它所蘊含的濃烈的生命意識、生存意識和巫術意識，適應了古人在惡劣的自然環境中祈求延年益壽、家和族興、豐衣足食、國泰民安的人生宿願。儺所具有的多元宗教文化、民俗文化和藝術文化及其表現形態，在相當程度上滿足了廣大民眾的宗教心態、民俗心態和審美心態。基於巫術意識的各種儺祭儀式所宣揚的所謂超越自然的威力，常常會給廣大民眾帶來心理上的慰藉、滿足和期望。因此，它具有著一種融合宗教信仰、民俗和藝術爲一體

的神秘魅力。在廣大民眾的心目中，它是克服各種自然與人為災難，燃起心靈希望火光的萬能藥方。因此，在科學低下、智力未開的古代，儺是傳統文化中的一個「寵兒」。

但是隨著時代的進步，社會的發展，特別是科技的突飛猛進，儺越來越不適應新的人文生態環境，逐漸由傳統文化的「寵兒」蛻變成傳統文化的「棄兒」──一種失落的文明。儺，陷入歷史的危機。

由二三千年的文化寵兒蛻變成當代的文化棄兒，其主要原因有以下幾點：

第一、早期的儺雖然在調和陰陽二氣的觀念上具有樸素的辯證法，在驅除鬼疫活動中，體現了人類本體意識和積極攻擊的搏鬥精神，但這一切都建築在巫術和巫術意識的基點上。而巫術儘管能煽起古人狂熱的戰鬥激情，卻是一種「偽科學」。它認為人類的主觀意念，經過占卜、咒語等巫術法事手段，便可變成現實。這種偽科學在缺乏科學理性精神的古代民眾中有相當廣泛的市場，可以暢通無阻地矇蔽、欺騙廣大民眾，而當科學理性精神成為社會的思想主流時，以巫術意識為支撐點的儺，便在有科學頭腦的人們面前成為一個尷尬的文化棄兒。

第二、在當代儺的各種活動系列中，由巫師支配和主持的儺壇班，在作法事治病時偽托神靈賜予的藥方，欺騙病家，不但難以奏效，甚至會出現加重病情，危及生命的情況。類似這種以愚昧為特徵的巫術，使儺本身蒙受了無奈的恥辱。

第三、各類儺藝術樣式的演出，如儺舞、儺戲或儺技等，由於以下原因而限制了它的提高與發展：

1. 農民、喇嘛等的演出，純屬業餘性質，巫師也多屬半專業，難以達到專業化的高水平。

2. 他們僅在民俗歲時節令或宗教節日裡演出，全年演不了幾次。缺乏更多的藝術實踐。

3. 演出節目和表演細節一般都不准改動。他們認為如果演走了樣兒，神靈會不高興，不願恩澤鄉里。

4. 藝術表演口傳心授的傳承方式，帶有保守、封閉的宗法性質。父傳子的封建落後師徒制，嚴重妨礙對有表演才能者的選拔。

第四、市場經濟的發展，促進農村在各個方面的變化，大批中青年勞動力，紛紛到外地或沿海城市打工。儺班的一些青年人寧肯在春節後儘早外出打工賺錢，不願留下來參加既辛苦勞累又無報酬的演出，致許多儺班出現嚴重缺員，而別人又難以彌補的現象。

第五、在科學文明迅猛發展的當代，人們的宗教意識日漸淡漠，藝術審美欣賞水平不斷提高。多數人對儺壇班巫師法事活動產生反感，對他們的某些陳舊、重覆、簡單的儺壇戲表演，也開始產生厭倦心理。

總之，儺的法事活動和藝術活動與當代社會文化需求環境的矛盾日趨尖銳。當代人科學理性思維的發展，必然排斥儺事活動中非理性的宗教因素，特別是欺騙性極大的巫術活動以及用愚昧、迷信的殘忍手段坑害善良民眾的內容部分。

儺，陷入日益嚴重的生存危機，至今淪落為一種失落的文明，這是歷史發展的必然。這並不奇怪，因為許多種傳統文化也碰到類似的嚴峻問題。儺，作為古代的一種文化寵兒的歷史，將一去不返。但作為當代的一種文化棄兒的遭遇，也並非命中注定消亡。這

主要決定時代對傳統文化的寬容程度和儺本身對當代文明的積極適
應能力。一些地區的儺事活動如江西南豐、萍鄉等地區的「跳
儺」、安徽貴池的儺戲、河北武安包括《捉黃鬼》的大型社火，山
西曲沃的「扇鼓神譜」、湖南湘西土家族的「毛谷斯」、貴州安順
的地戲、黔西的「撮泰吉」、雲南楚雄的「跳虎節」、「跳豹子」
和澄江的關索戲，青海同仁的「跳於菟」和儺祭「跳法拉」等等，
都屬古代傳統文明中富於原始野性美和民俗美的節目，都具有活的
歷史文物價值，只要稍加梳理，就可以成爲中華民族文化史中
「活」文物而長久存活下去。至於西南地區和江蘇沿海地區由巫師
（土老師、端公、僮子）主持的儺壇，他們經過學習，自我教育，自
我提高，主動刪除矇騙民眾的迷信內容，以民間藝術家的身份演出
富於地域特色的儺壇戲藝術，才不會失落，才有可能擺脫文化「棄
兒」的命運。

第三節　儺的分類

儺學與儺史的研究對象，包括從遠古社會起積澱在歷史文化長
河中諸多儺事現象，以及幾千年來由儺衍發、滲透和依附的各種複
合文化形態。這許多複合文化形態，形成了儺的龐大家族。

(一)儺的家族

從分類學的意義上說，儺的家族隨著它漫長的發展歷史，有一
個從小到大，從單一到繁雜的發展過程，按照它的生態、形態和對
象，大體上分爲四個系列或叫四個支系。這些系列之間各有自己的

相對獨立性，又有相互的滲透性和依附性。這裡僅僅是理論上的劃分，在實際的儺事活動中，常常是互有黏連，難以劃分得開的。

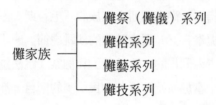

　　儺俗、儺藝、儺技各系列，分別在第五章、第六章等章節裡有較詳細的介紹。下面只著重介紹儺祭（儺儀）系列。

㈡儺祭（儺儀）系列

　　儺祭是幾千年來推動儺文化發展的主軸。從遠古時期的原始驅逐術，到三代的夏禓、商寇、周儺；從封建社會早期的秦漢儺，到封建社會末期的明清儺，乃至二十世紀各民族、各地區的儺，都艱難而曲折地保持了儺魂精神，儘管在發展過程中受到人為宗教和巫的某些「污染」。同時為了適應社會的前進、時代的發展和人文文化環境的變化，它在吸收、融合各種宗教信仰、民俗、藝術、技能等的過程中，形成了儺的不同系列。反過來後者又大大豐富了它的內容和形式，演化出五彩斑爛的儺祭歌舞儀式和奇異神秘的民俗、儺藝和儺技等形態。

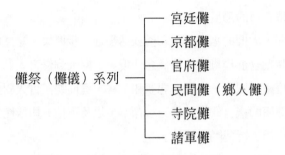

1.宮廷儺

指在宮廷中進行的驅儺活動。在西周時期有兩種：

(1)天子儺——仲秋季節，「天子乃儺，禦佐疾，以通秋氣」。這種儺是在王室內城和寢廟中進行，意在逐除陽暑之氣以達秋氣，使人畜食物得以儲藏，免遭饑荒。這時「以狗御蠱」，狗在五行中屬金，即「金畜」、「陽畜」，可以消除疫癘熱毒之氣。這種儺祭儀式由天子親自主持，循陰陽二氣和五行相生相剋之說。目的在於儲糧備荒，人壽年豐，社會安定。由於缺乏史料，春秋戰國時期是否仍舉行天子儺不得而知。東漢時期似已融入季冬大儺之中，但未見去寢廟中驅儺的確切史料記載。

(2)大儺——由方相氏妝扮成熊圖騰率領百隸在皇宮中「索室毆疫」，高綉在《呂氏春秋·季冬記》注中說：「大儺，逐盡陰氣爲陽導也。」意在調和陰陽二氣，以使來年風調雨順，五穀豐登。《禮記·月令》載：季冬「命有司大儺，旁磔，出土牛，以送寒氣」。以「陽畜」的狗牲阻擋和消除陰氣。臘月「建丑」，丑爲牛，「出土牛」是製作土牛「畢送寒氣」，狗牲、土牛皆寓有巫術意識。後世土牛衍變爲竹紮紙糊的牛，稱爲春牛，繼而演變爲官家

下鄉勸農適時春耕的節目「鞭春牛」。

東漢時期，大儺的驅逐隊伍和儀式活動進一步擴大。驅逐的對象已由商周時期含混模糊的簡單概念「疫」，擴大到侵害人們生活各個方面的疫癘、凶獸、鬼怪、惡夢和不祥。這反映了古人對危及人類生命、健康的禍害的根由進一步探索，以及不怕一切妖魔鬼怪並且敢於同它們進行搏鬥的精神。

從東漢到隋唐，大儺的隊伍逐漸擴大，氣勢更加雄渾，淋漓盡致地展示了大儺儀式的威懾力量。

兩宋的宮廷大儺發生了明顯的變化：

A.儺主角方相氏等已由鍾馗、金剛力士、城隍、六丁六甲等民間傳說神、佛教、道教神所代替。

B.這些新上任的神祇，改由梨園伶人扮演，這便沖淡了大儺原有莊嚴的宗教神秘色彩，加快了世俗化、藝術化的過程，促進了娛樂化的發展趨勢。

十一世紀起，長城以北幾個強有力的少數民族，先後入主中原或奪得半壁江山。他們原都信仰薩滿教。元蒙則改信藏傳佛教——喇嘛教，廢止了宮廷大儺的傳統。明中葉，雖一度提出恢復大儺禮制，但終因喪失了恢復它所必需的社會條件和人文環境而終止。

2.京都儺

京都儺亦稱國都儺，即在天子所居的京都範圍內驅儺。周代季春三月所舉行的「國人儺」，或稱「國儺」，就是指的這種儺儀，但不包括天子所居的王室內城和寢廟。舉行驅逐儀式時，將犬牲埋於九個城門前的大道中間，以阻止被逐出的癘氣，重新返回九門之內，侵害國都。

這種京都儺，僅出現於周代，秦漢及魏晉以降史料中均無明確記載。實際上已融入季冬大儺之中。

3.官府儺

爲配合季冬大儺，各級官府組織的儺隊，在府衙內進行驅儺活動，也沿街列隊去各級府衙內驅儺。如唐代敦煌設節度使都護府，管轄下屬州、府、縣衙。除夕，它們都組織儺隊到節度使府中唱贊「兒郎偉」，祝福節度使和家屬福祿長壽。

兩晉南北朝時期，曾出現個別官員私設儺隊的現象。稱爲「官家儺」，它是爲自家府邸除邪納吉的，這應屬另一類。這種「官家儺」在歷史上只是曇花一現，影響也很小。

4.民間儺

殷代的民間儺稱爲「鄉人禓」，驅逐非正常死亡的強死鬼。民間認爲強死鬼多屬冤屈而死之鬼，危害鄉里最甚，所以要驅逐它。周代則稱爲「鄉人儺」，後來也稱「鄉人獻」。《論語·鄉黨》說：

　　鄉人儺，朝服而立於阼階。

孔安國認爲，儺要驅鬼逐疫，恐怕驚了先祖。孔子才朝服立於家廟之阼階。朱熹的解釋不同：「朝服而臨」家門，同儺隊表示最大的「誠敬」之意。這種解釋比較合情理。儺隊裡的方相氏頭戴熊圖騰神面具，儼然神靈下凡。對於一向抱著「敬神如神在」觀點的孔子來說，他會穿上朝服，規規矩矩地迎接儺隊的。

由於紮根在廣大群眾的沃土裡，民間儺有著比其它儺儀品種更

爲頑強的生命活力。它在長期發展中形成了游儺、教儺、願儺、社儺、族儺等諸多品種。

(1)游儺

亦稱丐儺。北宋時期流行「打夜胡」，或稱「打野狐」、「打野呵」者，於臘月流浪農村，沿門逐疫乞討。

> 自入此月，即有貧者三數人爲一火，裝婦人、神鬼，敲鑼擊鼓，巡門乞錢，俗呼爲打夜胡，亦驅祟之道也。❸

這些人已經有了裝扮和表演。到了南宋時期，據《夢粱錄》卷六載，已經裝扮成「判官、鍾馗、小妹等形」，表演鍾馗嫁妹等故事了。後世的《跳鍾馗》、《跳皀王》等小儺戲（或小儺舞劇），大約就是源於這種「打野胡」的。

(2)教儺

這裡指佛教、道教的教徒直接參與驅疫除邪的活動。

在中國大地上最初出現的獅子形象，與佛教有關。確切地說，獅子隨佛教從西域傳入中原。它是作爲佛教蓮花臺前具有特殊威力的神靈出現的。來到中國之初，便成了佛家驅邪除祟的神物。唐·白居易在《西涼伎》中介紹了「四方獅子舞」。

> 假面胡人假獅子，
> 刻木爲頭絲作尾。

---

❸　孟元老：《東京夢華錄》卷十〈十二月〉。

金鍍眼睛銀帖齒，

奮迅毛衣擺雙耳。

清代的《迎春詩》：

獅子西涼假面裝，

魚龍曼衍水嘻張，

山城漫道春風寂，

鼓吹蠻歌入畫堂。

這表明獅子舞沿街逐疫時還要進入每戶人家。四川《南順縣志》就載有這樣的習俗：「一人戴和尚面殼前導，卻行執帚，誘之入人家。」

延請僧侶為鄉里「掃蕩」一切魔鬼、瘟疫，作為一種儺俗，也出現在很多地區。

誦經懺，作清醮，會扎瘟船，逐家驅疫，名曰：掃蕩，以乞一年清吉，亦周官方相氏儺禮之意。❸

這裡將瘟疫裝入紙船，順水送走。又如四川梓潼，節日或誕日將文昌帝君塑像抬出，組成大隊人馬遊鄉，意在掃蕩邪祟、瘟疫，

---

❸　清·光緒年刻本《南順縣誌》卷二，第 11 頁。轉引自康保成：《儺戲藝術源流》第 30 頁，廣東高等教育出版社 1999 年 6 月出版。

庇蔭鄉里平安清吉。

(3)願儺

這裡指為許願或事後還願而舉行的儺儀。願主延請巫師組成的壇班，在家中堂屋搭棚、設壇。巫師焚香、禮拜、作法，伏請神靈降壇，為願主家病人醫病，或驅邪除祟，或保嬰兒平安（沖十三太保），或作壽儺，以求老人免災長壽。

(4)社儺

是蠟祭與儺祭的融合。商周時代的蠟祭，於歲終臘月祭祀與農業生產有關的「先嗇」、「貓虎」等八種神靈，聲勢浩大。子貢參觀後認為「舉國若狂，未見其樂。」採取否定態度。孔子不以為然，告訴子貢：「百日之蠟，一日之澤，非爾所知也，張而不弛，文武弗能也；弛而不張，文武弗為也。一張一弛，文武之道也。」孔子最了解這種信仰民俗活動，對調整農民終年勞動心態、宗教心態和祈求生存空間、豐衣足食的重要性。

周代的蠟祭，到了秦以後稱臘祭。主要是祭祀社神，即管轄農業豐收的土地神，每年的春祈秋報形成盛大的社火活動。山西晉南、晉北地區由「報賽」儀式活動產生的戲劇稱為鐃鼓雜戲、賽戲等社火儺戲或社火戲劇。山西曲沃任莊的「扇鼓神譜」，河北武安固義村的「捉黃鬼」等，都是社祭的產物，祈求一年的風調雨順，五穀豐登。

(5)族儺

由鄉里的名門旺族即大姓的族長主持的祭祀，目的是祈求神靈和祖先保佑本姓人家和族興、子孫綿長，財源茂盛、官運亨通。也兼顧村里小戶散姓人家的安泰興旺。後者多為大姓打工的貧窮人

家。安徽貴池一帶農村在春節期間的儺祭，江西南豐、婺源、萬載
等地春節期間的「跳儺」或「跳魈（xiāo）」，都是爲了本族的興
旺繁榮。

5.寺儺

　　唐代的寺廟裡，僧人通過誦經和說唱，進行驅邪除疫活動，祈
求施主們福壽康泰，天下太平，物阜民豐。這同佛教的普渡眾生、
濟世救人的宗旨是一致的。七世紀，吐蕃（今西藏）在山南地區建
立了第一座寺院桑耶寺。在開光儀式上演出了大型宗教神舞「羌
姆」，後傳到青海演變成「跳欠」，再隨著藏傳佛教流傳到蒙古草
原，演變成「差瑪」。清朝時傳到北京雍和宮，稱爲「跳布札」
（俗稱「打鬼」）。內容更加完整豐富，形式更加瑰麗神奇，已形成
大型宗教舞劇。內容描繪藏傳佛教眾神靈輪流與惡魔的鬥爭，最終
將捏製的惡魔形象剁成肉塊或綑綁起來火焚。目的是宣揚佛法，鏟
除邪惡，天下太平；而對演出和觀摩的喇嘛們來說，則對其內心世
界起淨化心靈作用。此舞劇由喇嘛演出於寺內。第九章「儺與喇嘛
教『神舞』」，有詳細介紹，這裡從略。

6.軍儺

　　軍儺一詞最早出現於宋・周去非《嶺南代答》中關於桂林地區
「靜江諸軍儺」的敘述。彼時，軍儺已形成由部隊舉行的一種儺禮
形態。

　　軍儺有一個漫長的形成過程。

　　周代宮廷大儺驅疫主角方相氏，便是歸最高軍事長官夏官司馬
領導的基層軍官。他手持盾戈率領百隸在宮中驅逐疫鬼，其實就是
將疫鬼驅逐出宮外的一種強制性準軍事行動。所以許多朝代將儺禮

歸於「五禮」（吉禮、凶禮、軍禮、賓禮、嘉禮）中的「軍禮」。而軍儺便是儺禮的一個品種。

東漢宮儺活動的結尾，由「騶（zōu）騎傳炬出宮司馬闕門。門外，五營騎士傳火棄雒水」。這些騎兵只是奉命承擔「接力監押」任務，參與宮廷大儺的最後一部分活動，而不是軍隊本身獨立的逐除活動。

最早的軍儺雛形出現在晉代。荊州刺史王澄為解「八王之亂」，在練兵時「以軍圍逐除」。把鬼疫當做敵軍進行圍剿，以逐除巫術鼓舞即將出征的戰士。

北魏時期也出現了軍儺的雛形，《魏書·禮四》記載高宗和平三年臘月，「因歲除大儺之禮，遂耀兵示武」。這是高宗文成帝拓拔睿在首都平城（今山西大同）的大儺中增加了單獨耀兵示武的訓練。他的目的是以軍、儺相結合方式，進行軍事強兵訓練，最終達到武力統一天下。

接著，北齊則出現了逐除「軍交」的形態，《通典·禮·時儺》記載，從十二月中至除夕進行「講武」軍事訓練活動。逐除軍交是最後一項，被融入宮廷儺禮，成為其中的一個程序。其中的「戲射」，則帶有遊戲性質，但總的目的則是驅除國事之不祥。

從漢末至北齊的軍隊逐除活動各有特點，漢末屬「接力監押」性質，西晉屬「圍剿」，北魏屬「擺陣」，北齊則是交叉會合，變換隊形。它們分別屬操練式儺儀和講武式儺儀。

唐宋時期敦煌的儺儀異常發達，除官府儺、寺院儺、民間儺外也有軍儺。沙州（敦煌）節度使府就是都護府，它的直屬部隊應於除夕沿門驅疫並去官府唱贊，歌唱戰爭勝利的「兒郎偉」。

　　北宋軍儺獲得較大發展。據周去非《嶺南代答》說，桂林儺包括靜江諸軍儺和百姓儺，「自承平時，名聞京師」，其表演水平同專業的優人相似。孟元老《東京夢華錄・駕登寶津樓諸軍呈百戲》載：

> 煙火大起，有假面披髮，口吐狼牙煙火，如鬼神狀者上場。著青帖金花短後之衣，帖金皂袴，跣足攜大銅鑼，隨身步舞而進退，謂之「抱鑼」。遶場數遭，或就地放煙火之類。又一聲爆仗，樂部動《拜新月慢》曲，有面塗青碌，戴面具金睛，飾以豹皮錦繡看帶之類，謂之「硬鬼」。或執刀斧，或執杵棒之類，作腳步蘸立，爲驅捉視聽之狀。又爆仗一聲，有假面長髯，展裹綠袍鞾簡，如鍾馗像者，傍一人以小鑼相招和舞步，謂之「舞判」。繼有二三瘦瘠，以粉塗身，金睛白面，如髑髏狀，繫錦繡圍肚看帶，手執軟仗，各作魁諧。趨蹌舉止若排戲，謂之「啞雜劇」。

　　諸軍所演，百戲俱全，其中《抱鑼》、《硬鬼》和鍾馗與小鬼這類的節目，都與儺有關。而其演出技巧亦達到相當高的水平，因此才能呈獻給皇家觀賞。

　　明初，朱元璋在江南一帶徵調大軍，西征盤據在雲南的元蒙梁王。這就是有名的「調北征南」。平定之後，將軍隊留在雲南、貴州屯戍。這些部隊（包括家屬）將家鄉的儺儀和歌舞、說唱藝術等帶到這裡，與當地土著民俗、祭祀相融合，形成了新的儺藝。這就是貴州安順一帶的地戲及相關儀式。

　　雲南玉溪澄江縣小屯的關索戲亦屬軍儺，它的來源至今學界尙未取得共識。

　　地戲與關索戲是軍儺向綜合藝術發展並且至今仍活躍在當地的兩種儺戲。

第三章　儺與巫

　　巫與儺、巫文化與儺文化有著「剪不斷、理還亂」的複雜關係。在《導論·儺魂》的一節「儺與巫覡的瓜葛」中，探討了巫的歷史地位，巫在儺文化中的消極作用。這一章裡，將對巫與巫術的誕生、發展、巫師的分工、巫術的分類以及中國巫教的基本特徵和中華民族宗教心理特徵，做較詳細的介紹。

第一節　巫（Wizard）

(一)萬物有靈論與巫的產生

　　在史前的原始社會，人類的先民處於野蠻時代。他們的智商極為低下，極為簡單。思維的重要特徵之一是主觀與客觀的混淆：先民以自己本身的思維行為，去判斷周圍種種自然現象，篤信山川草木、風雨雷電和虎豹熊羆等都同自己一樣有感知，有情欲，有靈魂，從而形成萬物有靈的觀念。他們相信四季更替、氣候冷暖、天災人禍和生老病死等，都是由某種客觀神秘力量決定的。他們還簡單地把萬物人格化，並在此基礎上進一步神靈化。在主觀幻想中完成了對神的創造，並篤信神具有無限的威力。

　　他們還相信靈魂永在，人死後，靈魂會離開肉體，遊蕩世界，騷擾活人的平靜生活，但如果回到祖先聚居的地方，就相安無事，蔭庇後代。於是，逐漸產生了祖先崇拜。

　　在氏族社會先民的觀念裡，神鬼不分，神鬼沒有等級差別，神即鬼，鬼即神。鬼神是互通的。同樣，他們既可以禍害，也可以蔭庇人間世界，這便出現了鬼神崇拜。

　　先民出於主觀虛構，創造了莫須有的鬼神，並賦予他們超自然的威力，反過來又祈求或利用鬼神發揮這威力，藉以免除自然給他們帶來的災難和疾病，或者戰勝敵對的氏族集團，或者防禦、捕獲動物。這就必須在人與鬼神之間架起溝通的橋樑，於是，巫便應運而生。根據考古發現資料，最早的巫，曾出現在舊石器時代中晚期亦即大約母系氏族社會的初期。巫，作爲人與神之間的使者，神諭的傳達者和神意志的體現者，在氏族和後來的部族、國家政權裡享有至高無上的權威。所以，早期的巫常由酋長、部族長和國王兼任。現在不少學者認爲大禹、啓、上甲微（湯的先祖）、姬昌（周文王）、屈原等都是顯赫一時的大巫。從甲骨文中得知，殷代國君多數都親自參與占卜。巫，甲骨文爲田。一說它含蘊八卦算籌；一說爲歌舞旋轉形象。前者反映巫的占卜專業與八卦和易相聯繫；後者反映巫祭鬼祀神時的歌舞手段。

(二)巫咸與巫彭──早期最負盛名的巫

　　在上古時期，巫作爲最有學問的人，掌握了祭祀與戰爭等「國之大事」，有著顯赫的政治聲望和社會地位。《山海經·大荒西經》曾說：「大荒之中有山名曰豐沮玉門，日月所入。有靈山，巫

咸、巫即、巫盼、巫彭、巫姑、巫真、巫禮、巫抵、巫謝、巫羅，
十巫，從此升降，百藥爰（yuán）在。」郭璞在《山海經·圖贊》
中對十巫有如下之歌頌：

> 群有十巫，
>
> 咸巫所統；
>
> 經技是搜，
>
> 術藝是綜；
>
> 采藥靈山，
>
> 隨時登峰。

　　郭璞還說這十巫「皆神醫也」。這十巫是否實有其人，這並不
重要。那時，的確是巫掌握了醫的專業，巫醫是一家，巫即醫，醫
即巫。巫壟斷了醫術。醫之古字「毉」，從巫得意，屬同源。這十
巫中最有名的是巫咸和巫彭，屈原常以彭、咸自勉。「雖不周於今
之人兮，願依彭咸之遺則」，「觀莫足與美政兮，吾將從彭咸之所
居」。屈原字子靈，「靈」字與巫同義同源。他的《九歌》就是在
沅湘巫歌的基礎上創作出來的。史載巫彭始作「治病工」，是「殷
賢大夫，諫其君不聽，自投水而死」。屈原憂憤投江殉國而死，另
一方面也是步巫彭後塵，足見他對前賢的崇敬。巫咸生於何時，眾
說紛紜不一。有軒轅、神農、帝堯、殷商四種時代說法。實際上，
前三種說法，皆爲後人之托古。歷史上的傳說時代，缺乏信史的依
據。查諸古籍，以巫咸爲殷時人者居多。《尚書》、《太平御
覽》、《史記》等書都認爲，巫咸爲殷代太戊時賢臣和醫巫。「以

巫接神事，太戊使禳桑穀之災，所以伊陟贊巫咸，故巫咸之興自始也」。

　　巫咸不但是「醫工」、星占家，而且始作筮（shì）。正如新版《辭海》所說：「巫咸是用筮占卜的創始者。」王逸說：「筮，卜問也。蓍（shī）曰筮。」在人曰巫，在法曰筮。巫咸儘管不是中國歷史上的第一個巫人，他同巫彭卻是古巫的傑出代表。❶

㈢女巫（Witch）、男巫歷史地位的演變

　　早期的巫由女性擔任，這是因爲巫產生於母系氏族社會，女性的地位優於男性，只有女性才有資格擔當巫，實行人與神之間使者的神聖職責。到了父系氏族社會，男性處於統治的主導地位，與之相適應，巫便逐漸由男性擔任，但女巫仍然存在。在周代兩者有所分工。《周禮·春官·男巫》說：

> 男巫掌望祀、望衍、授號，旁招以茅。冬堂贈，無主無筭（suàn）。春招，弭（mǐ），以除疾病。王弔，則與祝前。❷

　　男巫在「冬歲終以禮送不祥及惡夢」（鄭玄注）。「贈，送也，欲以新善去故惡。堂，即路寢之堂也。」故送不祥及惡夢從堂

---

❶　龍耀宏、潘盛之：〈巫咸考略〉，載 1990 年總第八期《苗嶺風謠》，是迄今考證巫咸最具權威性的論文之一。本節㈡認同他們的觀點；所引文獻，亦轉引自這篇論文。

❷　轉引楊啓孝編：《中國儺戲儺文化資料彙編》，33 頁，臺北施合鄭民俗文化基金會出版之「民俗曲藝叢書」之一。

始，謂「堂贈」。禮送的方向則由巫請示神的旨意，可東可西，無固定方向。這種禮送方式是相當禮貌而又溫和的。

關於女巫，《周禮·春官·女巫》說：

> 女巫掌歲時祓（fú）除，釁（xìn）浴。旱暵（hàn）則舞雩。若王后吊，則與祝前。凡邦之大菑（zāi同災），歌哭而請。❸

祓，「除凶之禮」；浴，「以香薰，草藥沐浴」。鄭玄注，「使女巫舞，旱祭崇陰也。」此時，男女已象徵陽陰。女巫歌哭以情告哀神靈。不驗，則以烈日暴女巫致死，由此似亦可見女巫地位下降之一斑。

《國語》說：「在女曰巫，在男曰覡」，統稱巫覡。後來把女巫、男巫都稱爲巫或巫師，覡字反而不大用了。

(四)巫覡的各種稱謂

1.古代巫覡的各種稱謂

古代有各種稱謂。周代曾稱爲「神保」，或稱祝。春秋戰國時稱「靈保」、「靈子」。「巫尪（wāng）」則是春秋時祈雨女巫的專稱。南北朝時稱「巫媼」。隋時稱占卜女巫爲「師姥」。唐時稱「鬼師」、師婆。宋時南方稱「太保」或「師人」。西夏時稱占卜巫師爲「廝乩（jī）」。從宋代起川、黔、湘、桂等地普遍稱巫爲端公至今。

---

❸　同上，35 頁。

2.少數民族巫覡的稱謂

少數民族巫覡稱謂因不同地區、不同族別和不同分工而有所區別，一個少數民族也有多種稱謂的。現將主要民族巫覡簡述如下：

藏　族——苯或本（原始宗教爲苯教）。

滿　族——薩滿。大神（掌壇）、栽力（二神、助手）。

壯　族——布么、鬼婆、師公、鬼公、迷雅、雅禁（俗稱禁婆）。

彝　族——畢摩、么尼、蘇尼（香巴）、西波。

苗　族——土老師、鬼師、白馬、勝乃莽。

土家族——梯瑪、土老師。

水　族——尼蟎、鬼師。

納西族——東巴（東巴教巫覡）、達巴（達巴教巫師）。

蒙古族——博（男）、烏得根（女）。

怒　族——尼瑪、達斯。

傈僳族——尼扒、柯扒。

拉祜族——白母、比目巴。

門巴族——巴窩、登龍慶、覺母（女）。

珞巴族——紐布、汝郎布。

景頗族——迷推、齋瓦（大魔頭）、董薩、強仲（助手）。

普米族——漢規。

羌　族——釋比（又稱許）。

畲　族——落童（又稱落娘）。

布朗族——薄摩、布占、召曼、借相。

獨龍族——納木桑、鳥。

哈尼族——貝瑪、纖瑪、尼帕。

佤　族——魔巴、窩郎。

黎　族——娘母、尕（gǎ）巴賽。

阿昌族——勃跑。

白　族——閃么（女）、閃波（男）。

達斡爾族——雅得干、巴爾西、巴利心、阿嘎欽。

鄂溫克族——薩滿、莫昆。

赫哲族——伊東嶺、杭阿朗、修林庫薩滿。

鄂倫春族——阿嘎欽、莫昆。

布依族——魔公。

瑤　族——樓面、那曼。

仫佬族——巫安、布婆、鬼師。

毛南族——師公、鬼公。

基諾族——白臘包、寨父。

傣　族——摩呼臘、摩亞、摩皮、摩勐（měng）。

錫伯族——道其。

哈薩克族——巴力格爾。

(五)巫的分類

伴隨著社會的發展，巫的職能呈現多方面的發展，主要有通神、祭祀、占卜、醫病、驅鬼逐疫、避邪納吉、送葬、相面、算卦、察看風水等等。在不同的歷史時期，巫師有專職，也有兼職，根據他們溝通神靈的不同手段和要達到的不同目的，大體可以分為以下幾種：

1.通神巫師

這是人類社會發展中出現得最早的巫師。他們以自己的身體和所謂的靈魂與神鬼溝通，以求解決多種疑難和消除災難。如決定氏族、部族、國家、家庭的大事，或驅鬼逐疫，醫治病害，求得人壽年豐、國泰民安。通常採取「請神——酬神——送神」的儀式。這種儀式分爲兩類：一類是經過咒語、符籙、燒香、焚表、吹牛角（或海螺）等方式請來神靈。這些神靈由巫師本人（現稱掌壇師或壇主）或副手們裝扮。他們戴著面具或動物假頭（頭套），在歌舞儀式中，體現或表達神靈的意志。中原地區的漢族和中南、西南地區的許多少數民族的巫師，普遍採用這種方式。

另一類是讓請來的神靈，直接依附在巫師身上。巫師在精神上處於昏迷、瘋顚狀態。由巫師的副手（滿族叫栽力），向巫師（這時變成了神靈身份）提出多種疑難，以求獲得解決。北方各少數民族的薩滿，就是採取這種方式。這些薩滿的來源，並非出自世襲或師承，而是從曾經突然病重或患有顚狂、昏迷、神經質的人中挑選出來，經過老薩滿的訓練、培養而成的。傣、壯、仫佬、苗族、瑤族，青藏高原的藏族也曾有類似北方薩滿這樣的巫師，北方漢族的神漢、巫婆也採取這種昏迷顚狂、神靈附體的方式。

薩滿這類巫師還有特殊的「通神」方式——過陰。薩滿在顚狂、昏倒之後，人事不醒，這表示他的靈魂到了地獄，尋找主家死者或祖先的靈魂，甚至把地獄中的靈魂附在自己的軀體上，帶回人世直接同戶主家人「通話」。清代在東北滿族聚居區流傳的《尼山薩滿傳》，就敘述了女薩滿尼山到地獄查問和尋找冤魂，使其復生的宗教傳說故事。

2.祭祀巫師

主持各種祭祀儀式活動的巫師，也叫祝，通稱祭司。早期的巫師，既可以通神，又可以主持祭祀儀式活動，後來分化出祭司。時間當在私有制產生以後，祭司不但能歌善舞，且知識豐富，通曉天文地理，是文化層次最高的巫師。進入階級社會，他們利用祭祖、占卜、醫術、巫術等手段，參與政治活動，所以常被委以軍師、國師、重臣之職。他們的宗教活動，帶有很大的欺騙性。在本質上他們已成為維護統治階段利益的精神領袖。他們掌握了文字（如甲骨文、東巴文、古彝文、滿文），記錄了大量的天文、地理、醫學、經書和神話傳說，作為上古時期的文化遺產，得以留傳到後世，成為極其珍貴的原始文化史料。他們是野蠻、矇昧時代的啓蒙者。

3.專業巫師

隨著人類歷史的發展和社會的不斷分工，巫師也向各種專業方面發展，成為掌握各專業的術士。主要有以下幾類：

占卜師——在漢族地區，占卜師是商周時代進行龜甲占卜的貞人的承緒。根據陰陽五行、干支匯合以推測人的命運。鄂倫春族的「阿嘎欽」，以槍和斧子占卜。達斡爾族的「阿嘎欽」以鹿或狍子的肩胛骨占卜。珞巴族的「汝郎布」，傣族的「摩呼臘」以及苗族的「勝乃莽」，也都是占卜師。

巫醫——是較早出現的專業性巫師之一。上古先民認為人患疾病係疫鬼在作祟。驅鬼逐疫的目的之一，就是為了治病。後來在治病過程中，也配以草藥、丹丸。在長期實踐中又增加了針炙、點穴、按摩和接骨等手術。東北赫哲族的「修林庫薩滿」，就是專門治病的巫師。

　　求雨師——古代中原地區漢族有一種專門祈雨的女巫師，名叫
「巫尪（wāng）」。天大旱時，主持雩祭。

　　咒師——以語咒（包括手語）或符咒等巫術驅逐鬼疫和對付敵
人、仇人爲專業的巫師。漢唐時代舉行宮儺時都有咒師參加。西藏
藏族的咒師，在政治上有一定的地位。

　　堪輿師——又叫地理師、陰陽先生、風水先生。他們以陰陽五
行和「方位學」爲依據，爲人們選擇宮殿、寺院、房基、墳墓的理
想位置。

　　相命師——也叫算命先生。根據人面、手掌、指紋或生辰八
字、姓名（筆劃）、拆字和陰陽八卦等測算命運的好壞，預測人生
前途和吉凶禍福。

　　此外還有招魂師、送葬師、預言師等專業巫師。

　　這些專業的分工並不嚴格，陰陽五行學說是他們的共同的理論
依據。許多巫師可以兼職其它一、二專業。隨著人類歷史和科學技
術的發展，社會的進步，他們早已拋棄他們的先祖——早期巫師爲
氏族、部族服務的「眞誠」，逐漸走向反面，儘管有的也表現出
「虔誠」，卻難以掩遮其欺騙性，暴露了「僞科學」的本質。

第二節　巫　術

(一)巫術

　　根據中外考古發現，巫術至少在舊石器時代晚期就已出現。法
國與西班牙交界處的三兄弟洞中的壁畫，畫有獵人或巫師頭戴鹿

頭。據考證，它反映了先民意在麻痺欺騙動物，並祈求獲得鹿的敏
捷、快速的特性，以便順利捕捉野獸。先民畫這種畫不是爲了美的
欣賞，而是巫術祈求心態的表露，是當時簡單的巫術活動的眞實反
映。中國北京地區山頂洞人死後，在屍骨周圍撒有赤鐵礦粉末，並
有隨葬工具和裝飾品，這種蘊含自然崇拜和靈魂信仰的葬俗，便包
容了巫術因素。

　　巫術是人類處於野蠻時代生產力極其低下的一種必然產物。原
始社會的自然條件是極其嚴峻、惡劣的。除了提供一些果實、魚蝦
和鳥禽等小動物可以充饑外，凶猛野獸、酷熱嚴冬、冰雪雷電、洪
水乾旱、瘟疫疾病等都嚴重地威脅著他們的生命和生存。對於這些
自然力，他們十分恐懼、驚慌，但爲了生存，又想要制服它們。根
據自己一廂情願的主觀幻想，認爲借用某些特殊的手段，就可以達
到目的。這就是巫術賴以產生的主觀因素。今人宋兆麟氏說：

> 原始人……認爲自然力與自己一樣，也是有意志的力量，或
> 者給人類帶來益處，或者給人類帶來危害。既然人與自然力
> 一樣，人也可以影響自然力。於是根據自己的願望，利用一
> 定的方式，去影響自然力和其他人，以便使自然力和他人的
> 行爲符合自己的願望，從而產生了巫術。❹

　　巫術的前身是法術。兩者在本質上都是愚昧無知的產物，是人
們想改變和利用自然的幻想和行動。法術是一種手段，不存在也不

---

❹　宋兆麟：《巫與巫術》，218頁，四川民族出版社，1986年版。

依賴信仰，只靠主觀幻想力量的發揮。巫術不但包容了信仰，還逐漸增加了儀式活動，以致內容裏上了層層的神秘色彩。

　　巫術的影響巨大而又深遠。從氏族社會到當代社會，巫術像一個神秘的幽靈，不斷地影響著人們的精神生活。至今，許多人都或多或少殘留著巫術意識，而且在短期內難以根除。以科學的觀點分析，在本質上，「巫術是一種被歪曲了的自然規律的體系，也是一套謬誤指導行動的準則；它是一種偽科學，也是一種沒有成效的技藝」。❺

(二)巫術的分類

　　每個學者對巫術都有自己的分類方法，目前主要有以下幾種分類：

1.以巫術的目的劃分

　　(1)善意巫術——或叫白巫術、吉巫術。它的主觀目的是造福於人類，滿足人們某一種願望和祈求。如祈求巫術、生育巫術、催生巫術、招魂巫術、生產巫術等，這類巫術起源最早，種類最多，是巫術的基本形態。儺吸收了這類巫術。

　　(2)惡意巫術——又叫黑巫術、凶巫術。它是有意害人的巫術，目的是給敵人、仇人及其家族、家庭乃至社會造成危害、死亡和災難。如放蠱巫術活動，它在封建社會裡已發展到極端。儺一向拒絕、排斥這類巫術。

2.從施行巫術所獲的效應和結果劃分

---

❺　《金枝》上卷，19頁，中國民間文藝出版社，1992年版。

⑴積極巫術——施巫者採取主動的進攻性的巫術，以求實現既定的願望和目的。如求雨、祈求、放蠱、驅鬼、詛咒等巫術。

⑵消極巫術——施巫者採取被動的躲避性的巫術。如禁忌巫術。

⑶防禦巫術——介於前兩者之間的巫術形式，即屬於以守爲攻的防衛性巫術。如避邪巫術：大門上的桃符、門神和銜在門環上的饕餮形鋪首；掛在門上或牆上的呑口（神獸或虎頭面具）；藏於懷中的玉飾避邪物。

3.以施巫的方式劃分

⑴口頭巫術——用語言的形式達到巫術的目的，如禱告、誓言、巫辭、詛咒等。

⑵行爲巫術——主要依靠各種動作達到巫術的目的。如手勢（手語）、禹步和上刀梯、跑火池、唧鏵犁、撈油鍋等特技。

4.以巫術的對象和領域劃分

⑴生產巫術——包括狩獵、捕魚、農耕、放牧和各種手工業巫術。

⑵生育巫術——包括求子、投孕（促使懷孕）、分娩、婚事等巫術。

⑶飲食巫術。

⑷出行巫術——爲了出行和出門在外的平安。

⑸居住巫術。

⑹戰爭巫術——陣前戴凶煞面具。盾牌和箭袋上繡畫神獸頭像。

⑺致愛巫術。

(三)弗雷澤的分類法

英國著名人類學家詹·喬·弗雷澤認為，一般的巫術都可歸之為交感巫術。理由是物體通過某種神秘的交感巫術，可以遠距離地相互發生作用。他在《金枝》中提出巫術賴以建立的兩個思想原則：

> 第一是同類相生或果必同因；第二是物體一經互相接觸，在中斷實體接觸後還會繼續遠距離的互相作用。前者可稱之為「相似律」（Principle of Symbolism）；後者可稱作「接觸律」或「觸染律」（Principle of Sympathy）。❻

接著，他把巫術分為兩類：

1.順勢巫術或叫模擬巫術（Im-itable magic）——這是根據第一原則「相似律」引申出來的，或者說是根據對「相似」的聯想而建立的巫術。如南方某些少數民族地區，在水稻揚花時，擁有自家田地的夫婦在田梗上交媾，認為這會促使水稻顆粒飽滿，獲得豐收。北京雍和宮「跳布札」（俗稱「跳鬼」）的結尾，將一個竹木紮製的怪誕人形燒掉，用以表示焚燒了一切鬼祟。又如為了詛咒仇人，便依據仇人模樣刻一桃木人偶，每日用針刺其心臟，認為這樣便會使仇人加速死亡。

弗雷澤在《金枝》裡還舉了中國民間的喪事巫術習俗。老人生前就已準備好壽衣。這壽衣要由年輕姑娘、媳婦給縫製，衣上要繡

---

❻　同上，19頁。

有壽字。她們的青春活力便通過縫製的勞動滲透到壽衣裡，然後傳入老人的肌體，使老人增壽。

其實，中國東北民間還有一種習俗：老人生前已準備好壽材（棺材），並漆以朱紅顏色，在六十誕辰時，家人將紅棺材抬至廟前進行一定的儀式，名曰「沖壽」，可以使老人長壽。

壽衣、壽材，根據「相似律」，可以促使老人長壽。年輕女性的青春活力，象徵著生命的昂揚。紅色代表火，可以驅邪或象徵光明和喜慶。

2.接觸巫術（Sympathetic magic）——這是根據第二原理「接觸律」引申出來的，或者說是根據對「接觸」的聯想而建立的。「事物一旦互相接觸過，它們之間將一直保持著某種聯繫，即使它們已相互遠離。在這樣一種交感關係中，無論針對其中一方做什麼事，都必然會對另一方產生同樣的後果」。❼

湖南土家族舉行的「毛谷斯」儀式中，赤身裹著茅草（或稻草）的「祖先」，腰下拴著一根象徵男性生殖器的木棍（叫「粗魯棍」。有的頂部用紅布包住）。土家族不孕的婦女願意「祖先」把這木棍頂端碰觸到自己的身體。相信到了來年，神靈就會賞賜她一個嬰兒。

在安徽、貴州、雲南的一些地方，人們在隱蔽的山洞裡，供奉形狀與男性生殖器相似的石祖。女人們觸摸這石祖或飲用洞中泉水、滴水，便認為自己將會懷孕。

東蒙赤峰地區春節時的「好德格沁」，由蒙古族農牧民扮演的

---

❼　同上，58 頁。

蒙族白老頭，率領孫悟空、豬八戒等沿村逐戶辟邪祝福。當有不孕婦女向他祈求後代時，他拔一根鬍鬚，投入她的懷中，便預示神將賜給她兒子。

在黑巫術中，爲了陷害人，偷著將對方的衣飾、鞋帽、或者碎片、毛髮，綴黏於刻製的木偶人（桃人）和竹紮人形，每日對其詛咒或針刺，便認爲可使對方猝死。這種害人的黑巫術，則兼容順勢和接觸兩種巫術了。

中國學者高國藩在《中國巫術史》中，根據中國巫術的歷史發展和各種表現特徵，將巫術歸結爲四類，即交感巫術、模仿巫術、反抗巫術和蠱（gǔ）道巫術。❽前兩類同弗雷澤所述基本相同。現介紹後兩類如下：

1.反抗巫術（Antipatnetic magic）——這是根據反抗律（Principle of Antipathy）原則確立的一類巫術，即巫師所使用的物品及其扮演的驅邪形象，對欲戰勝或驅逐的對象，具有明顯的反抗性質。如民間燃放爆竹、掛避邪物、帶護身符、跳驅鬼舞蹈，對鬼邪來說就具有反抗、驅逐、戰勝的魔力。

儺爲驅鬼逐疫所施行的驅逐巫術，便是一種反抗巫術。它盛行於各種儺儀之中。在儺俗中，門楣上掛「吞口」面具，房屋牆角埋半截「泰山石敢當」石條，房檐畫有神獸紋的瓦當、滴水以及屋脊上的瓦貓，都賦予這種巫術功能。東漢宮廷大儺儀式中的「十二神獸舞」，亦是典型的反抗巫術。

---

❽　高國藩：《中國巫術史》，中華本土文化叢書之一，上海三聯書店 1999年 11 月版。本章㈣巫覡的稱謂，參考了該書相應部分，特表示感謝。

2.蠱道巫術（Poisonous magic）——這是中國歷史上特有的一種以蠱蟲害人的巫術。巫師以蠱蟲迫使人們順從他的各種意圖。有四種不同的形態：

(1)毒蟲蠱—如蜘蛛蠱、蜈蚣蠱、金蠶蠱等，它們都是百蟲互咬中僅存的一只最毒的昆蟲。有的蟲子長出翅膀，稱爲「飛蠱」。

(2)動物蠱—如狗豕蠱、貓鬼蠱、蛇蠱、蜥蜴蠱、蛤蟆蠱等。

(3)植物蠱—如黃穀蠱、樹蠱、稻田蠱。

(4)物品蠱—如篾片蠱、石頭蠱、疳蠱、腫蠱等。毒蛇粉放入食品，在人體裡化爲「疳」。

上述四類蠱毒通過食物傳染、接觸傳染（被咬）、空氣傳染（稱爲蠱氣）三種渠道，毒害仇人、敵人至死。毒蠱是一種莫須有的東西，但人們談起它毛骨悚然。這是民間秘密巫術的特殊反映，是典型的黑巫術。儺是堅決摒棄這種無端害人的巫術的。

第三節　巫　教

㈠巫教

在宗教學裡，把宗教分爲自然宗教和人爲宗教兩種基本形態。自然宗教或叫原始宗教，是無階級社會即氏族社會時期的宗教。人爲宗教如佛教、道教、基督教、伊斯蘭教等，則是階級社會時期產生的宗教。

早期的巫教屬自然宗教，起源於舊石時代中晚期。它的信仰依據是萬物有靈論。自然崇拜，圖騰崇拜，神鬼崇拜和祖先崇拜，是

支持它的四根堅實的精神支柱。

　　在巫師出現以前，就有了巫術。巫教的活動內容有法術、巫術、占卜、禁忌、神判、驅鬼逐疫、生殖儀式、安葬儀式和歌舞祭祀等活動。巫師成為巫教活動的主持人之後，巫教的內容得到不斷地充實和豐富，並使各種宗教活動進一步儀式化。在歷史上巫教經歷了三個發展階段：

　　1.原始宗教——它反映了原始人的信仰、理想、心態，也是原始人同自然界進行鬥爭中主觀經驗的積累。但這種經驗是以原始人一廂情願的主觀幻想和極其簡單、幼稚的思維方式進行總結的。因此這種經驗的總結，自然具有嚴重歪曲客觀規律的特徵。巫師服務的對象是氏族、部族的群體和個人，他們沒有私人雜念，在進行宗教活動時是真誠無欺的。但實際上是真誠的欺騙，所以原始巫教雖然也蘊含著原始科學的萌芽，但在本質上卻是「僞科學」。

　　2.次生宗教——進入階級社會以後，在奴隸制社會時期，具體地說，在夏商周三代，巫教和巫師共同走上黃金時期。原始巫教逐漸變成國家宗教，或叫次生宗教。它的基本特徵是：

　　⑴作爲奴隸制國家的主要意識形態，它是維護與鞏固奴隸制社會的堅定的基石，是建立發展政權、軍事、法制、宗教禮儀的主要工具。在奴隸社會的初中期，它牢固地統治著人們的精神生活。社會崇拜的對象雖仍以自然神、圖騰神爲主，卻在向社會化發展。宗教觀念的增強，提高了祖先神的地位。而更重要的是，出現了上帝觀念，如甲骨文中就有「今二月帝卜令雨」、「帝佳祭其雨」字樣。這種觀念的出現，使人們把天或天帝奉爲至高無上的神靈信仰。而原屬平等關係的神鬼觀念，不但鬼與神逐漸分開，且出現了

等級，這正是現實社會中出現一國之主以及等級森嚴、階級壓迫在宗教鬼神世界的反映。到了周代，進一步產生了「王權神授」觀念：君王是天神之子（天子），代表天神意志管理天下；天神則是人間的君王在神鬼世界的象徵。

隨著神鬼世界出現等級差別，祭祀神靈也出現了等級之分別。《國語·楚語》載：「天子遍祀群神品物，諸侯祀天地、三辰及其土之山川，卿、大夫祀其禮，士、庶人不過其祖」。就是社會等級森嚴的反映。商、周一年三季的儺祭：季春為天子儺，季秋為國儺，季多為大儺，而平民百姓的儺祭則是「鄉人儺」。

⑵在奴隸社會的初、中期，巫處於顯赫地位。商代各王，從湯始，都是大巫，是群巫之首。甲骨文中有很多「王卜曰」字樣，這說明商王經常主持占卜和祭祀活動。國家大小事情，都要通過占卜，聽從神的旨意和安排。

商代的一些重臣也從事巫的活動，著名的巫咸，傳說為太戊除掉妖樹「祥桑」，治王家有成，為史家讚譽。周代沿襲商制，崇尚禮制，把一些宗教祭祀活動納入禮的軌道，使宗教祭祀得到進一步的規範。

⑶隨著社會生產的分工，巫師也分化成各種專業巫師。醫巫的分化，發展出專業醫生；史巫的分化，發展出專業史官；巫優的分化，出現了善於表演的優。他們使用和傳播的甲骨文，為醫藥、史學、藝術、天文、地理、曆法等的創立和發展，插上了翅膀，並逐漸從宗教的束縛中解放出來。而自然科學的發展和唯物主義思想的萌生，為迎接封建制的來臨和春秋戰國諸子百家爭鳴的春天，則準備了條件。

　　3.再生宗教——巫教進入封建社會發生了重大的衍變。它已失去在奴隸社會時期的輝煌，它同科學已完全分道揚鑣，失去原始宗教的基本特徵，只剩下欺騙與迷信。特別是在道教興起、佛教傳入之後，更走向沒落。歷代最高統治者在分別信奉、崇拜道教或佛教時，對巫教一般都採取了嚴厲的限制、取締政策。它被迫從城市撤退，以廣大農村，特別是偏僻地區為基地進行活動。宋代以後，佛、道、儒的所謂「三教合一」的發展趨勢，對它的存在更是致命的威脅。

　　另一方面，道教卻挽救了巫教消亡的命運，它創教伊始，便全盤吸收了巫教的各種活動內容和巫術意識，並加以發展，這使得巫教以民間宗教形態，寄生於道教活動之中。許多巫師打著道教的旗幟，以道教的某個支派名義進行各種巫事活動。時至今日在中南、西南等地區有師承的巫師，便分別以茅山派、梅山派乃至荒唐的師娘派的面目，出現於各種儺壇之前，進行儺祭、儺舞和儺戲活動。而一些經過演變的巫、道公、廟祝和自學成「才」者，便組成了諸如風水先生、算命先生、星卜家、神婆、神漢等龐雜隊伍，通過占卜、扶乩、相面、算命、醫病、察看風水、裝神弄鬼、過陰還陽等活動，對善男信女廣佈迷信思想，進行愚弄、欺騙乃至圖財害命的活動。

(二)中國巫教特點

　　巫教，在中國土地上經歷了三個歷史階段，傳承了上萬年的歲月，而仍能殘存至今，並以不同形式繼續進行活動，其主要原因在於：

1.中國傳統宗教觀念具有很大的兼容性和吸納性，在一般情況下，它從不爲了一種宗教信仰，而去消滅另一種宗教信仰。在中國土地上不曾像歐洲那樣發生過殘酷的大規模的宗教戰爭，相反促進各種宗教信仰在和平相處中的合流，特別是在某些地區道教與巫教的混合，使巫利用道教的旗幟得以生存和發展。

2.在兩千年的封建社會裡，發生過難以計數的各種戰爭和災難，這些戰爭和災難破壞了社會生產與穩定，將人們推入水深火熱之中。長期處於苦難和貧窮的人們，對各種宗教採取一律信仰的態度，祈求任何一種宗教的神靈，解脫自己的苦難，以期取得心理上的平衡。佛教、道教、基督教都有自己的神靈體系。而以民間宗教形態出現的巫教，僅在神壇或儺壇上的神圖（神案）裡，就畫有一百多個神靈，包括佛、道、儒、民間、歷史、行業等神靈。而這正適應了古代芸芸眾生「見廟就燒香，有神就叩頭」急功近利實用主義的宗教祈求心態。

3.中國國土廣袤無垠，社會發展極不平衡，聚居中原地區的漢族，經歷了二千餘年的小農經濟社會。十九世紀中葉鴉片戰爭之後，衍變成半封建半殖民地的經濟形態，社會宗教心態是相當混亂而脆弱的，這是再生巫教賴以生存的天然土壤。一些少數民族聚居區殘留著封建土司制度。藏族地區則是封建領主農奴制，而政教合一制度導至藏族長期生活在神權統治之下。有些地區的彝族等民族則處於農奴制社會。而有些少數民族直到二十世紀五〇年代，仍然停留在氏族社會後期階段，甚至保留了母系制度。這種多種社會形態的同時存在，導致原屬異時性的原生、次生、再生三種巫教形態，竟奇蹟般地同時流行或殘存在中國廣袤的土地上。

第四章　儺與面具

　　中國的面具（masks），歷史悠久，源遠流長。早在三千多年前殷商時代的甲骨文中已有記載。𦥯這個甲骨文象形字，就是表示一個人（可能是巫師）戴著很大的面具。在古代文獻中，面具被稱為「俱頭」、「代面」、「大面」、「缽頭」和「假面」；現在各地分別稱為「臉子」、「鬼臉殼」、「神面」、「假面」等。顧名思義，面具（有的連綴著頭盔、頭飾或耳飾）掛於人的頭部或扣於額頭。套在頭部（包括面部）的面具稱為「假頭」或是「頭套」。罩住全身的稱為「假形」（如虎形、狗形）。廣義地說，懸掛於門楣、牆壁的吞口，雕刻於兵器、車轅把手、圖騰柱的獸面，藏於人身或掛於腰帶的獸頭玉飾以及覆蓋在屍體面部的綴金、綴玉面罩，也都屬於不同品種的面具文化範疇。

　　面具是世界上一種特殊的文化現象。每個古老部族、民族和國家都有自己的面具文化發展歷史。從時間上說，它幾乎與人類文化發展史同步。它在發展過程中，同儺結下不解之緣。在儺文化史中，面具佔有十分突出的地位。

第一節　面具的歷史文化內涵

　　面具，有著豐富的歷史文化內涵，蘊含著宗教、民俗、巫術、藝術、審美等歷史文化信息和多種功能。顧樸光在《中國面具史》中說：

> 面具是一種泛人類的、古老文化的現象，是一種具有特殊表意的象徵符號。作爲人類物質文化和精神文化相結合的產物，面具在歷史上被廣泛用於狩獵、戰爭、祭禮、驅儺、喪葬、鎮宅、舞蹈、戲劇，具有人類學、民族學、民俗學、歷史學、宗教學以及雕刻、繪畫、舞蹈、戲劇等多種學科的研究價值。❶

　　面具，從史前社會到現代社會，經歷了奴隸制社會等全部社會發展階段。它積澱著多元宗教心態、民俗心態和審美心態。面具文化便是展示每個古老民族各種心態的一個窗口。因此，郭淨在《中國面具文化》中說：

> 假面（按即面具），是一個民族、一個文明的自畫像。❷

　　面具同原始的塗面一樣，是先民在狩獵、戰爭、祭禮、驅儺、

---

❶　顧樸光：《中國面具史》1 頁，貴州民族出版社 1996 年 1 月初版。

❷　郭淨：《中國面具文化》29 頁，上海人民出版社 1992 年 2 月初版。

游嬉等實踐活動中，開啓智慧萌芽的一種表現手段，即從隱蔽自己的動機出發，衍變一種新的形象，主觀上意在幻化出一種新的載體、新的生命，如神鬼、祖靈和圖騰，並且賦予各種超自然的威力。

這些面具，不論是作爲巫術的法器，宗教的符號，神靈的象徵，圖騰的憑依，祖靈和神話傳說人物、歷史人物的再現，以及裝扮的手段和審美情感的渲染，都蘊含著一個基本特點，即從人類「第一自我」瞬間衍化爲「第二自我」。人類的這種自我轉換和超越意識的物化，成爲後來造型藝術、化妝藝術和表演藝術的一種主要源頭或濫觴。

面具作爲一種特殊的工藝品系列，集繪畫美、雕刻美、工藝美、裝飾圖案美等造型藝術美於一身，它能引起一種獨特的審美情趣。人們在鑑賞它時，遠不只是出於好奇心理，而是會產生種種歷史文化的聯想，追溯人類從野蠻時代到文明時代所跋涉過的歷史足跡，體驗與感受它所蘊含著的長達數千年的宗教、民俗、生命的意識和審美功能以及豐富的文化信息內涵，這未始不是一種人類自我認識、自我審視的欣慰與昇華。

面具的生命力是如此頑強，以致從史前社會起，直到現代文明社會而不衰萎，甚至成爲文化娛樂生活的一個部分。如假面舞會、假面遊行、假面舞蹈和假面戲劇。其基本原因是隨著社會文明的進步，人類的理性思維的光芒，不斷地冲淡面具文化領域中巫術的迷霧和宗教的神秘感。面具的宗教、巫術和驅儺功能越來越淡化，審美娛樂的功能越來越增強。各種功能的變化與消長，貫穿了面具文化的發展史。

　　我國的面具和面具藝術，構成一部洋洋灑灑的中華民族面具史，不論歷史淵源之悠久，藝術品種之豐富，流佈地區之廣泛，製作材料之多樣，製作技巧之精美，藝術構思之奇特，社會內涵之豐富和審美價值之珍貴，都爲中外學者所讚譽，它豐富了世界面具文化的寶庫，在世界面具史上佔有十分突出的地位。

第二節　面具的起源

　　我國學者把面具作爲一種特殊文化現象進行研究，始於八〇年代，而且是依附於儺舞、儺戲、儺俗等儺文化現象的研究之中，在每一次儺戲、儺文化國際學術研討會上，探討面具的起源、界定、功能、分類與特徵的論文，都佔有相當的比重。同一時期出版的《中國面具文化》、《中國面具史》、《中國古代面具研究》和《中國巫儺面具藝術》、《中國面具藝術》多種大型畫冊，都無不涉及到面具的起源。歸納起來，有以下幾種論點：

㈠源於狩獵

　　1914 年，在法國三兄弟洞深處的壁畫上，發現有一群野獸。在野獸上方的顯要部位，有一個半人半獸的形象，頭部套飾著野鹿雙角的面具，手和腳好像套著獸蹄，身後拖著尾巴。一些學者認爲這是一個正在做著巫術的巫師，俗稱「鹿角巫師」。畫面另一角落，有兩個頭戴野牛角的半人半獸形象，其中一個手拿著弓，作欲射狀。他們戴著鹿頭和野牛角，似在麻痹、蒙騙野獸，便於近距離捕殺它們。或者正在施行某種法術，以便獲得捕殺野獸的神奇威力。

　　據考古學家的測定，三兄弟洞穴壁畫當屬舊石器中晚期的原始
美術。類似的壁畫還有法國的拉斯科洞，獵人被受傷的野牛撞到，
他右手邊丟棄一個鳥形物，有的學者認為這鳥形是面具。這兩幅壁
畫說明，面具的產生與原始先民狩獵有關。

㈡源於圖騰崇拜

　　在遠古時期，先民把某一種或幾種動物視為本氏族、部族的圖
騰，加以崇拜。在舉行某些慶祝、祭禮等大規模儀式活動時，經常
要跳圖騰舞蹈，以表達對圖騰神保護本氏族、部族的感激或敬仰心
情。先民舞蹈時常以動物的頭、皮、牙、尾等裝飾自己頭部、面部
和身肢，模仿所崇拜的動物。飾在頭部或面部的便是原始形態的面
具，裝飾全身的則為假形。這說明面具的產生與原始圖騰崇拜有著
密切的聯繫。

㈢源於原始戰爭

　　在遠古的蠻荒時期，氏族、部族或部落之間，為了爭奪相對良
好的生存環境、生活空間，或為了捉獲俘虜、血親復仇等等，經常
發生殘酷的械鬥。在這類原始戰爭中，雙方或裝扮成動物圖騰模
樣，戴上不同的圖騰面具，或罩以假頭和假形。《史記·五帝本
紀》載：

> 炎帝欲侵陵諸侯，諸侯咸歸軒轅，乃修德振兵……教熊、
> 羆、貔、貅、貙、虎以與炎帝戰於阪泉之野，然後得其志。❸

---

❸　司馬遷：《史記·五帝本紀》。

學者認爲，文獻中記載的這些兇猛的動物和想像中的動物，代表著以它們爲圖騰標誌的部族，參加阪泉之戰。先民穿戴著這些假形、假頭或面具的目的，主要是信仰這些圖騰神會賦予他們以神奇的威力，以便順利地戰勝對手。

㈣源於頭顱崇拜和面皮崇拜

在南美、澳洲、東南亞一些地區的土著，中國雲南、臺灣等地一些少數民族土著，自古以來便流傳著「獵頭」、「祭頭」等習俗。德國學者利普斯在《事物的起源》中說，原始人認爲：「死者靈魂的主要座位時常是在頭部。頭部獲得重要的意義，成爲巫術力量的中心。頭骨是專心致志崇拜的對象。」他的結論是：

> 從死人崇拜和頭骨崇拜，發展出面具崇拜及其舞蹈和表演。刻成的面具象徵著靈魂、精靈和魔鬼。❹

胡建國在《巫儺與巫術》中，分析古楚人「獵頭」習俗，並聯繫雲南古三危的羌族后裔所留下的滄源岩畫認爲：

> 新石器時代楚先民的面具崇拜，其實質就是由頭骨崇拜衍生出的一種面皮崇拜。❺

---

❹　轉引自胡建國：《巫儺與巫術》285 頁。
❺　胡建國：《巫儺與巫術》285 頁，海南出版社 1993 年 8 月初版。

　　他還例舉南蠻之一支僚人保存著從頭部剖皮製成鬼面的遺俗：
「所殺之人，美鬚髯者，必剖其面皮，籠之於竹，及燥，號之曰
『鬼』，鼓舞祀之以求福利。」❻

㈤源於古代驅儺

　　王國維在《古劇角色考》中認為，面具起源於周代的大儺：

> 面具之興古矣，周官方相氏，掌蒙熊皮，黃金四目，似以為
> 面具之始。❼

　　生活在清末民初的年代，王氏未能看到後來出土的殷商甲骨
文，也未能接觸中外有關洞穴壁畫等文物、文字資料，才把方相氏
的「蒙熊皮，黃金四目」視為「面具之始」。1979 年版《辭海》
認為：「假面蓋起源於《周禮》方相氏黃金四目以逐鬼。」也把面
具起源於史前社會，推遲到奴隸制社會。

㈥面具的起源不是單元而是多元

　　有關面具起源的探索，除上述五種外，還可以提到古埃及的法
老死後墓葬時，面部覆以金面具。後人對這種習俗有多種解釋，如
死者靈魂永駐於金面具之中；法老絕對權力與威嚴的永久體現，以
及防禦魔鬼的侵擾等等。法老時代屬奴隸制社會。

---

❻　《魏書·僚傳》。
❼　《王國維戲曲論文集》197 頁，中國戲劇出版社 1984 年 7 月新 1 版。

　　經過考古的發現和古文獻的詮釋，多數學者認爲原始先民經歷了漫長的實踐，發明和使用了實物面具。前述各種論點，都有一定的歷史依據，但都把面具作爲一種孤立的現象進行判斷，很難對起源問題作出比較全面的符合歷史實際的結論。實際它們之間大都有某種內在聯繫，即你中有我，我中有你的特徵，它們共同的思維基礎是萬物有靈論和巫術意識。不論動物、頭骨、面皮都有「靈」，經過巫術手段或巫術儀式，這「靈」便被先民賦予某種超自然的威力。人們藉此威力可以捕殺野獸、戰勝敵人、驅逐鬼疫，爲人們消除各種災難、禍害，獲得生存權利和幸福安寧生活。因此，可以說，面具是遠古先民自然崇拜，圖騰崇拜、神鬼崇拜，祖先崇拜的綜合產物。作爲一種原始的化妝和造型手段，它不但是神靈的象徵，巫術的工具，威儡的手段，更重要的是它蘊藏著從裝扮到表演的藝術因子和兩個「自我」的轉換機制，時代風雨的不斷滋潤，萌生、繁衍出從儀式的到世俗的各種不同品種的舞蹈藝術和戲劇藝術。

第三節　儺面具的分類

(一)面具的多種分類方式

　　關於面具的分類，每個學者都有自己的歸納方式，至今難以取得一致。主要有以下幾種分類：

　　1.按面部結構，可以分爲普通面具、半截面具、斷顎面具、動瞼吊顎面具、兩層面具、三層面具。

在儺壇上唯一戴三層面具的是桂林地方保護神李令公。師公（巫師）表演李令公降臨民間後，先是展露白色面具，象徵自已生前是兩袖清風，一身正氣的清官。進而師公趁人不備，摘下白色面具殼，露出紅臉面具，以示對人民群眾的忠心耿耿。最後在轉身的一刹那，摘下紅色面具殼，只剩下金色兇相面具，這表示對危害人民群眾的妖魔鬼怪的極端憎恨和毫不容情的驅逐。此種面具爲中國所獨有。

2.按製作材料，可以分爲毛皮面具、石面具、陶面具、筍殼面具、柳條面具、棕皮面具、金屬面具、布面具、紙（胎）面具、龜甲面具、草編面具、塑料面具。

迄今所知，我國最大的紙紮面具是雲南楚雄彝族火把節中曾出現的三個戰神面像，各高 120 公分，鬍鬚長 60 公分，共長 180 公分，它不由人戴著，而是在兩軍陣前用竹竿挑在神兵前頭上空，眞是威風了得。

古代苗族崇拜竹圖騰，用竹篾刻成苗王面具，既增添了神秘感，又能顯示出苗族祖先神的威嚴。

金屬面具有青銅面具、銅面具、金面具、銀面具、鐵面具、鎏金面具。

中國是世界上青銅面具最多、品種最全、流布最廣的國家。四川三星堆出土的大型青銅面具（像），重百餘公斤，世所罕見，造型奇特，表情冷峻。

3.按角色造型，可以分爲動物面具、半人半獸面具、神鬼面具、祖靈面具、歷史和傳說人物面具、世俗人物面具。

4.按面具功能，可以分爲狩獵面具、圖騰面具、戰爭面具、喪

葬面具、祭禮面具、驅儺面具、鎮宅面具、裝飾面具、舞蹈面具、戲劇面具、游嬉面具。

中國最早戴面具上陣的是晉代朱伺。南北朝時期北齊蘭陵王高長恭饒勇善戰，唯面貌無威嚴之姿。後臨陣戴鐵製面具，似惡煞下凡，敵人望風而逃。後人編成樂舞《蘭陵王入陣曲》廣爲傳頌。流傳到日本後，成爲上層社會「雅樂」的重要節目，幾經演變，至今被視爲面具文化瑰寶。宋代狄青、韓世忠等也都戴過金屬面具臨陣殺敵。戰爭面具既可鎮懾敵人又可防禦敵人的傷害。

㈡儺面具的基本特徵和三種時空類型

儺面具在早期面具文化中佔據主導地位。儺面具的品種在面具譜系中佔有很大比重。它的基本特徵，也就是與普通面具的區別是，蘊含著濃郁的巫術意識、原始宗教色彩，並具有驅鬼逐疫、禳災怯邪的功能。先民缺乏科學的醫學知識，誤以爲天災人禍、瘟疫流行，是惡鬼作祟所致，故而採取裝扮神靈，包括動物圖騰神以驅逐惡鬼。先民有一種簡單的邏輯推理：要想趕跑、鎮懾住惡鬼，就必須比惡鬼更兇惡。因之驅儺面具都是猙獰、恐怖的形象，而絕少平靜、溫和的面容。先民認爲，惡鬼和一切妖魔無所不在，無所不入，既傷害活人，也侵擾死人，所以儺面具也呈現出不同的時空形態。

1.動態表演型

指在儺舞、儺戲、儺祭和驅鬼逐疫、社會活動中使用的面具、假頭和假形。在不斷變化的時空裡，通過化妝與表演，塑造各種神靈魔鬼、飛禽怪獸和世俗人物。如江西的「跳魁」、廣西的師公

戲、湘鄂的儺壇戲、四川的慶壇、陝西的端公戲、江蘇的僮子戲、貴州的地戲、雲南的關索戲以及華北地區的社火儺戲等等，它們使用的面具都屬動態表演型。爲了便於表演，面具多用木、竹、布和紙等輕質材料製作。

　2.靜態懸掛型

　　指懸掛在門楣、牆壁、廟堂橫梁的面具，賦予鎮儺、關邪功能，一般稱爲吞口，即當鬼怪妖魔侵襲時，便一口吞於腹中之意。至今西南地區漢、彝、白、布依、仫佬、苗、土家、水等族仍殘留懸掛此類面具的習俗。藏族地區喇嘛寺院舉行祀神驅魔的大型神舞「羌姆」所戴的面具，在閒置不用時便懸掛於佛殿的橫梁或圓柱上。這種「羌姆」面具，兼屬動、靜兩種類型。

　3.靜態裝飾型

　　指熔鑄、燒製、雕刻或彩繪於器物上面的人面、獸面或饕餮形紋。它們一般不具有面具的獨立個性，而是依附於某個器物，但卻同普通儺面具一樣，被認爲具有鎮儺、關邪或驅鬼免疫的功能。

　　這類器物包括青銅禮器、祭器、金屬盾牌、戟柄、劍柄、車轅、頭盔、當盧和房屋建築中的瓦當、滴水、舖首等等。在這些器物或建築物件上，大都熔鑄和燒制成淺浮雕的饕餮紋和神虎面。

第四節　饕餮紋飾與方相氏面具

　　在儺面史上，影響最爲廣泛的是饕餮紋，影響最爲深遠的是方相氏面具。饕餮紋和方相氏面具幾乎貫穿了全部的儺面史。(圖8)

圖 8　漢畫像石饕餮紋

(一)饕餮和饕餮紋飾

關於饕餮，《辭海》輯有五條解釋。這裡只引兩條：

> 周鼎著饕餮，有首無身，食人未咽，害及其身，以言報更也。
>
> 天下之民，以比三兇，謂之饕餮。❽

前條指惡獸，後條喻凶人，一般指貪婪的惡獸。商周的禮器、

---

❽　《辭海》，中華書局 1981 年 1 月新 1 版，據 1936 年版縮印。

祭器，多鑄此惡獸。古文獻說「用以示戒」。一些學者認爲青銅器
上熔鑄它，目的是震懾妖魔鬼怪。

　　商周禮器有人面和饕餮紋飾兩類形象。究其原因，當從商周時
代祭祀祖靈和鎮懾鬼怪的宗教活動、宗教觀念進行考察。對此，李
錦山、李光雨在《中國古代面具研究》中介紹商周貴族盛行祭祀祖
先和鎮懾鬼怪時，有以下的論點：

> 青銅禮器上所鑄人面形象，即商周祖神形象，之所以鑄於銅
> 器上，是爲了使祖神更易於領受牲品，而那些牛角獸面形鑄
> 紋，則與通靈有關。祭祖乃莊嚴儀式，最忌野鬼游魂驚擾。
> 故鑄此猙獰形象威懾魑魅魍魎不得靠近。❾

　　這種分析符合當時的社會風尚和人情物理。出於祖先崇拜，古
人通過鑄造和再現祖先的可視形象，以便於子孫後代的懷念和景
仰，這正是「繩其祖武」傳統觀念的體現。所以禮器上的人面都鑄
造得端正、寧靜、安祥。反之，鑄饕餮紋飾以兇醜、猙獰的形象，
賦予鎮懾或趕走鬼怪的功能，以免祖先神靈受其侵擾，這更顯出後
人保護祖先的感情。

　　關於饕餮的來源，周華斌認爲與蚩尤有密切關係。據遠古神話
傳說，蚩尤是東夷三苗的領袖，他「銅頭鐵臂」，長著牛角，率部
族與黃帝的聯合部族戰於巨鹿之野，失敗被殺，由於他英勇善戰，

---

❾　李錦山、李光雨：《中國古代面具研究》105 頁，山東大學出版社，1994
　　年 12 月初版。

被後人稱爲「戰神」。饕餮紋飾就是根據蚩尤的神話形象，再加以虛構想像而成的，用意在於用兇煞、勇猛的形象驅趕和鎮懾一切鬼怪。

圖 9　商周青銅面具

9-1　　　　　　　　　　　　　　　9-2

商周時代饕餮形青銅面具。1.美國西雅圖美術館收藏。2.美國芝加哥藝術學院收藏。（周華斌繪）

　　饕餮紋飾的基本形態有牛面神獸、虎面神獸和牛虎合一神獸。現今收藏於美國西雅圖美術館、芝加哥藝術學院的兩個神獸青銅面具，便屬商周時代的饕餮紋飾面具。（圖 9）周華斌分析說，這兩個面具，「寬約 26 公分，高約 25 公分，兩側都有穿帶子的小孔，筆者認爲均屬方相氏面具」。❿

　　饕餮神獸面紋飾，三千多年來一直佔據著靜態懸掛型和靜態裝飾型面具的主導地位。除了青銅祭器，它的品種遍及各種大小吞口和兵器、車具、馬具和房屋建築等物件。現分述如下：

----

❿　周華斌：〈古儺文物稽考〉，1992 年廣西儺戲國際學術研討會論文。

1.戰爭用器

兜鍪——古代戰爭中用以保護頭部和面部的防衛頭套，形同假頭。河南安陽侯家村 1004 號墓出土 140 頂兜鍪，是現存最早飾虎頭浮紋的商代遺物。

盾飾——古代戰爭中常用的一種防護兵器。早期用皮革或藤竹制作。陝西歧山縣賀家村一號墓出土的一種盾飾，係饕餮紋獸面。

馬冠——繫在戰馬頭頂上的青銅鏤刻獸面飾具，用以防護敵人兵器（如箭矢、長矛）的傷害。陝西、河南皆有出土。迄今發掘的馬冠，全部是饕餮紋獸面。造型酷似假形，可以稱爲馬的面具。

青銅胸甲——繫於胸部。山東西庵出土西周青銅胸甲的紋飾，係饕餮紋的抽象處理。

此外，箭袋、護肩、護腿、兵器把手也多繪製或刻製獸面，亦爲饕餮紋飾的演化。

2.日常生活防護器物

玉器佩飾——多屬隨身揣帶的護身玉器。在傳統宗教觀念中，玉有闢邪鎮懾功能。河南安陽出土的玉器佩飾有兩種：一種呈雙角牛頭型，一種呈人面饕餮型。

腰帶玉佩——古代官員的腰帶上懸掛小長方形玉片，玉片雕有神獸面，用以避邪驅瘟。

骨笄——上海博物館藏有一對骨笄，插於頭部雙髻處，合之則呈饕餮的形態。

3.房屋建築物件

舖首——古代四合院型房屋建築，都有臨街對開大門。開閉大門用的門環，穿過鑲嵌於大門銅製的饕餮神獸鼻部。此種銅制獸面

稱爲銜環鋪首。它的功能是當妖魔鬼怪用手抓握門環開門時，便可迅疾把手爪咬掉，以防潛入院內、屋裡作祟。

瓦當、滴水——歇山型瓦房建築的房簷邊上，封住脊瓦口的稱爲瓦當。方便雨水滴下的簷口倒桃形瓦稱爲滴水。瓦當與滴水的平面上除各種花紋、雲紋外，常燒製成饕餮形獸面，意在防禦妖魔鬼怪從房上潛入院內。

闢邪——至今陝西鳳翔地區仍有在屋內牆壁上懸掛用白土捏製的神獸面具的習俗。這種面具稱爲闢邪。神獸酷似饕餮獸紋。

吞口——懸掛在門楣和牆壁的木製獸面。雲南彝族、白族，貴州水族等少數民族地區，至今仍有此種習俗。材質多爲木、葫蘆。獸面則演變爲額有王字的虎頭。

㈡方相氏面具及其流變

作爲古代驅鬼逐疫的英雄，方相氏在中國儺文化史裡佔有突出的地位，出盡了風頭。他有兩個任務：一是在宮庭大儺中，充當驅逐疫鬼活動的主角；一是在喪葬活動中充當「開路神」。前者爲的是活人，後者爲的是死人，意在分別給他們「創造」一個安寧的生活環境。

方相氏原是周代的一個下級軍官。他的壽命相當長，活動年限在三千年以上。他所戴的面具以及由此而裝扮成的形象，雖然有相當的穩定性和沿襲性，但隨著社會的發展，也在不斷的起著微妙的變化。

1.早期方相氏的面具與形象

《周禮·夏官》說：方相氏「掌蒙熊皮，黃金四目，玄衣朱

裳，執戈揚盾，帥百隸而時儺，以索室驅疫」。這說明方相氏扮演的熊圖騰，是先民圖騰崇拜的產物。方相氏最早出現在古黃河流域中游地區。這個地區是傳說中黃帝的強大聯合部族生產與活動的主要地區。這個部族崇拜的動物圖騰中有熊和羆（黃白色的熊）。黃帝號「有熊氏」，這個部族把熊圖騰與自己的祖先神聯在了一起。而另一則傳說，則又把黃帝的醜妃嫫姆與方相聯在了一起。傳說元妃逝於途中，黃帝命次妃嫫姆以爲方相氏，守護元妃遺體。

　　顯然，這則晚出於唐宋的傳說純屬虛構，沒有任何史實可據，但有幾點值得注意：一、是黃帝讓妃子充當元妃柩前驅趕鬼的方相氏；二、抬高了方相氏的地位；三、把方相氏推入史前的神話傳說之中，憑空增添了他的神秘色彩；四、把嫫姆的威力和醜陋都「傳」給了方相氏。方相氏裝扮成熊形，便轉換成面貌醜陋、威力無比，足以把鬼疫趕走的神獸。

　　方相氏，有些學者認爲他是巫或者是巫的演化，一個主要的理由是，他充分使用了驅趕巫術。前秦文獻如《周禮》、《呂氏春秋》等書對方相氏的介紹都極爲簡略。《漢書·禮樂志》和張衡《東京賦》在介紹宮庭大儺時，則把方相氏和巫覡分得很清楚，如「方相秉鉞，巫覡操茢」。從北齊到隋唐的《禮樂志》，也都是把方相氏和巫覡分開記述的。在大儺活動中，巫覡就是巫覡，不需要裝扮。方相氏則不但戴了黃金四目的面具，而且披上熊皮或裘皮，裝扮成熊圖騰。

　　方相氏是專門扮演熊圖騰的業餘演員。從上古時期到中古時期，即從商周起到隋唐爲止，扮演熊圖騰（有時是虎圖騰）的藝齡也有二千多年。但至少從中古時期起，已經沒有方相氏這個下級軍官

的職稱，而是由「狂夫」一類的社會下層人士扮演方相氏。方相氏和熊圖騰已融爲一個角色。

　　但方相氏面具的構成方式和使用方式，至今仍然是難以破解的謎。

　　首先是「黃金四目」，這裡的黃金並非眞的黃金而是青銅，對此，學術界已取得共識。只是這「四目」的構成有三種解釋：一、青銅面具嵌鑲四隻眼睛；二、青銅面具上有兩隻眼睛，熊頭有兩隻眼睛；三、青銅面具兩隻眼睛，加上方相氏本人兩隻眼睛。哪一種符合或接近實際，至今尙無定論。

　　其次是佩戴方式。一副完整的方相氏面具，由青銅面具和熊頭、熊皮共同組成。熊頭屬於假頭；熊皮已具假形。古文「蒙熊皮」三字，似包括了熊頭與熊皮兩個部分。佩戴方式可以設想有以下幾種：一、先用熊頭罩住頭部，然後面部戴上青銅面具；二、熊頭只罩及額頭，額部以下戴上面具；三、熊頭與青銅面具事先已聯綴在一起。

2.戰國、秦漢時期方相氏面具和形象

　　這個時期，方相氏作爲大儺驅鬼逐疫的主角，繼續活躍在皇家宮庭之中。據文獻記載，秦始皇焚書坑儒時曾用方相氏主持驅鬼儀式。東漢末，大儺時方相氏又獲得得力的助手十二神獸，聲勢浩大，場面蔚然壯觀。與此同時，方相氏和十二神獸又承擔了在貴族陵墓中或取代鎭墓獸俑，或與之聯手鎭懾墓內鬼怪的職責。這在石俑、石雕、磚雕、漢畫石和漆畫像等宗教藝術作品中都有反映。

　　1978 年，湖北隨縣擂鼓墩曾侯乙墓出土的木棺內棺漆畫上，繪有三個人獸合一的形象。（圖 10）他們右手執戈，與商周時期

「執戈揚盾」的方相氏大致吻合。左立者人面大耳，頭有雙尖角，身披羽毛，體飾鱗甲，兼具獸、鳥、魚特徵。（圖 10-1）中立者從

圖 10 漢畫像石、磚中方相氏各種變形

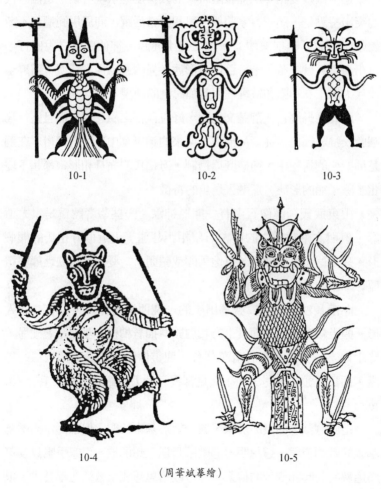

10-1   10-2   10-3

10-4   10-5

（周華斌摹繪）

頭部面具到軀體紋飾，似有熊的特徵。（圖 10-2）右立者頭部似戴羊頭套，雙耳飛張如鳥翅。它們都無商周時期方相氏兇煞、猙獰的面貌，相反儀態比較和善，略現笑容。（圖 10-3）

這種微妙變化，應從戰國時代的人文生態環境考察。這個時代的突出特點是，諸子百家興起，思想異常活躍，商周規範遭到不斷衝擊，以致「禮崩樂壞」。加之方士興起，神仙鬼怪之說盛行。《山海經》就記載了千奇百怪、形態各異的靈獸怪禽造型。這導至漢代大儺十二神獸和被驅逐的各種惡獸的湧現。

湖北隨縣屬古代荊楚文化圈，好鬼淫祀之風甚熾，而且盛行鳥圖騰崇拜。因此，從黃河流域流傳來的鎮儡墓中鬼怪的儺俗，在荊楚地方化的過程中，衝破商周禮制，方相氏的面具和形象都起了變化，除了熊的形態，還融入鳥魚的特徵。

山東武氏祠漢像石中有一熊形神獸。一些學者認爲是蚩尤遺形，但與文獻記載中的蚩尤形象相距甚遠，仍近似方相氏的熊假形。只是假頭不像熊頭，更像馬頭或驢頭，一雙後腿也缺乏熊腿粗厚、笨重的特徵。（圖 10-4）

湖南長沙馬王堆二號墓出土的一塊西漢畫像磚，刻有一個人形。頭上戴著面具，面具上方和肩頭似插著柏枝。雙腿踏著硬弓，雙手向上拉弦。山東沂南漢墓有一塊畫像石，刻著一個威猛的神獸，面具上頭嵌有弓矢。手與足都握有利刃，四肢皆有長毛。（圖 10-5）

這兩個戴著面具的形象，缺少熊形基本特徵，但都顯示出鎮墓驅鬼的戰鬥姿態。這說明經過戰國時期思想解放、百家爭鳴以及東漢道教的勃起和佛教的傳入，社會政治思想和宗教觀念都發生了很

大的變化，反映在鎮墓儺俗方面，已由方相氏的「專利」，發展爲
方相氏與多種神獸各顯神威的多元局面。各種神獸手持弓矢的描
繪，反映了戰國秦漢時期弓箭技術的發展。

圖11　河南洛陽西漢墓打鬼圖

11-1

洛陽西漢墓後牆壁畫：打鬼儀式準備圖。方相氏（熊形）飲酒。右數第二人
烤肉串。第三人右手持爵杯向方相氏進酒。左三人似已做好打鬼準備。

11-2

打鬼圖：西漢墓主室隔牆上的彩繪雕磚，刻有打鬼場面。

在洛陽老城西北的燒溝村南出土了一座西漢墓，時間當在漢元
帝至成帝之間（公元前48年至前8年）。墓中前堂的後山牆上，雕繪
一幅梯形驅鬼圖。（圖11-2）上有熊形方相氏和神獸、異獸。在後
室後壁上繪有一橫幅圖畫。畫中的方相氏不是周代時期的「蒙熊
皮」打扮，而是一頭人熊的形象。他正欲舉爵暢飲。右側兩侍者，
一在烤肉串，一在捧爵向方相氏敬酒。左側兩侍者持兵器佇立，靜

候主人吩咐。從整個畫面可以看出，這是一幅驅儺前的準備圖。唯畫中的方相氏只有熊的兩隻眼睛，並非「黃金四目」。（圖11-1）

　　四川成都出土的方相氏陶俑，戴著半截熊頭套面具（假頭），下露鼻、口和獠牙。口中伸出長舌垂及臍下。左手握蛇，右手執斧，身披熊皮袍，足穿皮長靴，皮上有絨毛，近似熊足。

3.宋明時期方相氏面具與形象

　　從秦漢的中古時期到宋明的近古時期，方相氏的命運出現了明顯轉折。從宋代起，大儺中已無方相氏的蹤跡，取代他的是鍾馗、將軍、金剛力士、六丁六甲。即由神獸驅儺發展到神將驅儺。

　　在墓葬儺俗方面，鎮墓的任務則從秦漢時期由方相氏熊圖騰和十二神獸，轉換到隋唐時期的闢邪、天祿和鎮墓天王、鎮墓獸。方相氏的形象已完全銷聲匿跡。

　　從宋代起，方相氏只出現於送葬儺俗的行列，俗稱開路神。明代以後，方相氏增加了一個兄弟方弼，兩兄弟共同擔當送葬隊伍開路神的任務。

　　迄今爲止，已知有三幅有關方相氏的繪畫流傳下來。

　　宋代聶崇義的《新定三禮圖》（清·康熙版線裝本）中的方相氏已脫掉熊的面具和裝束，變成身穿普通官服，戴著普通官帽的形象。他右手握戈，左手執盾，不戴面具，卻在臉上長著四隻眼睛。像下、像左有木刻「前導以卻凶惡……以戈擊四隅毆魍魎」等字，文中雖然提到「掌蒙熊皮，黃金四目，玄衣朱裳」，而畫像的穿戴卻完全不同。鄭振鐸《中國古代版畫叢刊》（上海古籍出版社 1988 年 8 月版）亦有此繪圖。

　　明代王圻等編的《三才圖繪》中的《方相圖》，繪有兩個方

相。刻字說明一爲「有官者用之」，一爲「士用之」。雖有等級的區別，但皆士人裝束，基本相同，只是面形和盾牌圖案有所不同。他們的臉上都長著四隻眼睛。（圖12）

圖12 宋代、明代方相圖

〔宋〕聶崇義《新定三禮圖》。宋代方相已完全脫離熊形裝扮，走向世俗化。

〔明〕王圻、王思義《三才圖會》。四目方相和二目方相分用，應當是對北齊以來方相、魌頭並存制度的改進。歷史上僅此一例。

在《三才圖繪捲之儀制七》中有一《發引圖》，描繪了送葬行列。長著四隻眼睛的方相、方弼左戈右盾以爲先導。

從這三幅圖畫中的方相氏裝束來看，送葬儺俗已進入第三個階段，即從神獸→神將→人。他們的共同特徵只剩下四隻眼睛和戈與

盾。而頭部造型則由神獸面具到神將面具，再轉變爲不戴面具的人
面了。

第五章　儺與民俗

　　儺文化與民俗文化是既有密切聯繫又有明顯區別的兩種傳統文化體系。漫長的歷史文化積澱，使兩者都具備了相當穩定的文化傳承特質和異常頑強的生命活力。從學術研究角度來說，儺學與民俗學這兩種最大眾化的學科，都具有邊緣學科的特徵。人類的生命意識、生存意志和對幸福生活的普遍祈求，把兩者緊密聯繫在一起，這在一定的範圍內形成你中有我、我中有你的交融。

　　儺與民俗相融合，成為儺俗，或者具有儺意識的民俗。儺俗在儺文化史裡占有相當突出的位置。舉凡民俗學中所列舉的信仰民俗、巫術民俗、歲時節令民俗、人生禮儀民俗、文化遊藝民俗、建築民俗，乃至生產民俗等等，都與儺文化有著不同程度的聯繫。儺的生存意識、生命意識和巫術意識，對許多民俗事象具有巨大的滲透性、黏著性和融合性。

　　儺俗的種類繁多，形態各異。儺俗在數千年的發展過程中，不斷與藝術文化相結合。以時間藝術：歌、舞、樂為表現手段，形成了動態型儺俗；以空間藝術：美術、雕刻、繪畫、剪紙、泥塑等為表現手段，形成了靜態型儺俗。下邊選取至今仍存活或保留於民間的兩類儺俗，扼要予以介紹。

第一節　動態型儺俗

(一)祭山朝聖型

祭山朝聖是指在一個地區各村寨的群眾，在同一個節日齊集神山，朝拜神廟和神靈，祈求免災解厄，永保安寧。

在四川、甘肅交界的平武、文縣一帶，也就是大熊貓的故鄉，聚居著一個古老的民族族群——白馬藏人。至今保留著一種原始宗教型態的朝聖活動——祭祀山神。他們跳的祭祀舞蹈「咒鳥」又稱爲「跳曹蓋」。咒鳥是音譯，「咒」義爲跳；「鳥」義爲面具、假面。即跳假面舞蹈以娛山神之意。

關於山神有兩種傳說。1.平武一帶傳說：白馬神從甘肅文縣去四川峨嵋山遊歷，路過平武山區，見白馬部落正遭受惡魔的的風雪雷電襲擊，房屋倒塌，人畜傷亡，全族面臨毀滅之災。他施展法術與惡魔搏鬥，救了白馬部落。天亮之後，筋疲力盡，便化作一座巍峨的神山，成爲保護白馬人的山神。白馬人稱他爲「葉西那蒙」，漢語譯爲「白馬老爺」。2.在文山一帶的傳說：白馬人受異族的侵擾，從平原遷至叢山峻嶺，仍受土司的殘酷迫害。有一年過元宵節，二個青年扮成美女，四個勇士頭戴獸面具，在給土司府中進貢時殺死土司，白馬人才過上了幸福的生活。後人爲紀念他們，便在春節期間跳起獸面舞蹈。

兩個傳說，一敘述山神的來歷，一敘述獸面舞的成因。每到祭祀山神的日子，各地白馬人傾寨出動，由「白莫」（白馬語，即巫

師）率領，前去神山朝拜。朝拜的隊伍裡，有些人翻穿著黑色或白色羊皮衣，戴著粗獷、笨重具有個性美的獸頭面具。其中最爲突出的是黑熊面具，白馬人稱爲「達納斯杰」。「達」義爲熊，「納」義爲黑色，「斯杰」義爲神靈，即「黑熊神」。這些黑熊神一路上擔負著保護族人不受鬼魔侵擾的職責。各寨祭祀隊伍匯集在神山南麓，燃起篝火，獻上供品，跪拜，焚香，鳴銃。白莫誦唱歌頌山神的英勇事跡，表達白馬人對他的感激心情，並祈求庇護村寨四季平安，無病無災，牛羊肥壯成群。在拜祭過程中跳「咒鳥」以娛神靈。動作粗獷有力，節奏緩慢凝重。祭祀前後，寨民挽手圍起圓圈，邊唱邊跳起歡樂的集體舞蹈。朝拜後，白莫率領族人返回山寨。裝扮「黑熊神」的族人，揮動犛牛尾，到每戶家中驅趕魔鬼，並把魔鬼全趕到寨外寬闊的場地。場地早已樹立一個用茅草扎成的鬼形，稱爲「尼奴」。寨民相信從寨內趕出的魔鬼全附在「尼奴」身上，寨民用刀棍砍打尼奴，然後把它扔至遠處的山谷裡，或用火焚燒，表示消滅了一切魔鬼，山寨從此永遠太平、安寧。

　　白馬人在五〇年代被定爲藏族，稱爲白馬藏人，但族屬問題至今仍有爭論。白馬人則認定自己是由西北地區遷來的氐羌族後裔，即古籍中稱的「白馬羌」。白馬人相信黑熊神的巨大威力，這是上古時代熊圖騰崇拜的遺緒。他們隆重祭祀山神，視爲白馬人的最高保護神，這表明白馬人至今保留了原始的自然崇拜。

(二)神主出巡型

　　在漫長的封建社會裡，黎民百姓長期受自然災害（天災、瘟疫等）和人爲災害（戰禍等）的磨難，他們把自己的命運，同各類宗教

神聯繫在一起，祈求宗教神的垂憐與庇護。這是一種普遍的宗教信仰，沒有地域性。還有一種歷史人物神，也影響著人們的精神生活，甚至成為人生信仰心理的支柱。他們生前在一個地區做官，曾為當地黎民百姓解除過某種苦難。黎民百姓感激涕零，銘刻於心，死後為他們建祠立廟，每至生日或忌日（遇難之日），舉行祭典，一來是為了紀念，感謝他們恩澤鄉里；二來是期望他們在冥冥之中繼續保佑一方免受各種災難。他們成了地方保護神。如四川的二郎神（李冰父子）、蘆山的姜維、桂林的李令公（李靖）、江蘇南通的張巡、雲南玉溪的關索、安徽貴池的昭明太子、安徽祁門的黃華父子。這些歷史上有過貢獻的人物在被神化的過程中，黎民出於敬仰和崇拜的宗教心理，賦予他們更多更大的超自然威力。在節日裡從祠廟中抬出他們的塑像或畫像，出巡鄉鎮，察看民情，為民解厄排難，祝福人壽年豐。

1.**安徽祁門的「遊太陽」**

安徽祁門金字牌鎮的社景、雙溪流和黟（yī）縣的漁亭鎮、楠瑪等村，流行著「遊太陽」的活動，祭祀郡主神汪華及其九個兒子。汪華，史有其人，《中國人名大辭典》載：

> 汪華，唐績溪人。少以勇俠聞，隋末保據郡境，並有宣杭睦婺饒五州，建號吳王。郡內賴以平安者十餘年。武德間為王雄誕所敗，遂降。授總管歙（xī）宣杭睦饒婺六州軍事，歙州刺史。封越國公。

隋末年間，汪華以自己的「勇俠」保衛故里鄉親，免除戰亂災

禍，黎民過著安泰的生活。英雄的故事在長期流傳過程中逐漸神化，形成帶有神話色彩的傳說：汪華妻上山打柴，喝了花叢中的清泉九大口、二小口，身懷有孕。四十九天後的一個深夜，突然有九個大紅球落入房中。天亮太陽出山時，她一連產下九個紅球，家人以爲不祥，要把它們扔掉。紅球發出聲音：「別怕，快把我們拿到太陽地裡曬一曬。」不久，一聲巨響，從九個紅球中跳出九個英俊男孩，向父母跪拜。次年又生了兩個女孩。九子個個武藝超群。父子十人爲國效力，轉戰各地，建立了功勛。後受到奸佞陷害，含冤離開人世。死後被封爲「太陽菩薩」。至今雙溪流祀奉汪華本人，社景祀奉八子「八靈王」。蓮花村祀奉九子「九相公」。楠瑪幾個村落祀奉其他幾個兒子。

太陽崇拜是最古老的自然崇拜。屈原《九歌》中歌頌的東君就是太陽神——自然界最高的神，上古神話中，姜嫄履巨人足印而孕，生下后稷；簡狄吞食玄鳥蛋，孕而生下殷始祖。「遊太陽」的傳說則把太陽崇拜與「感應致孕」的古老神話模式結合了起來。「遊太陽」每年舉辦一次，從農曆六月十二日啓動，至六月十四日止，歷時三天。

祭祀儀式從接神開始，十二日由「太陽會」的執事到太陽廟裡，爲太陽菩薩擦洗塗金，「行官衣」（換服裝），請進特製的轎內，抬至本屆辦會的東家（大戶）。東家托上一盤米，一盤茶葉，燃香焚紙，躬身迎駕。晚上院中點燃火把，四個童子（又稱「跳童」、「降童」和「罡男」）喝下東家的雞血酒，跪拜菩薩，然後拿起師傅（領班，實爲巫師）畫過符咒的利斧（長約八寸，半月形，稱爲「罡斧」），進行操練。訓練結束，由童子陪菩薩過夜。

　　六月十三日清晨，由龍鳳傘、蜈蚣旗、供桌、樂隊所組成的儀仗隊，簇擁著神轎，四個童子揮罡斧舞蹈伴駕。東家撒五穀敬送，口喊：「風調雨順，五穀豐登。」到了祠堂，鄉民按輩分排定兩邊跪祭。師傅施行法術降神，表示神靈已附於童子之身。童子躑跳若狂，以罡斧利刃刺眉心，血流及胸，謂之「開天門」。祠堂門口置油鍋一口，投入一板切成小方塊的豆腐，油沸時童子赤手探入鍋中，撈出沸油和豆腐塊，向正廳太陽神像潑去。此時，鼓樂、鞭炮、口哨、嗩吶和罡斧撞擊等聲大作，祭祀進入高潮。

　　六月十四日，社景村的「八靈王」與蓮花村的「九相公」兩尊菩薩，各由儀仗隊開路，向兩村之間的石橋（洪田橋）進發。沿路人家在門前掛著圓筒狀紙傘，傘內掛著鞭炮，稱之為「鞭炮傘」。菩薩到來時燃起鞭炮，跳童在傘下揮斧舞蹈，稱之為「跳火炮傘」，意在驅除邪祟，消災納吉，體現濃重的儺意識。兩神於橋間相會時，鑼鼓鞭炮齊鳴，場面悲壯熱烈。下午祭祀已畢，各把菩薩抬回本村，下轎換裝。菩薩歸位，神服和神轎均鎖於廟內特製的壁櫃。

　　關於「游太陽」祭祀的起源其說不一。吳建立依據《黟縣四志》、《雲崗山志》所載：「元大德正元年婺祁蝗蟲疊見，祁人迎神驅儺……舁（yi）像出游，祈以保苗，童子前驅斧額刺血，若方相氏」。認為「至遲在元代中期已有這種祭祀活動」。❶

---

❶　吳建立：〈太陽祭與儺儀制——儺舞「遊太陽」考察報告〉，1994 年雲南儺戲、儺文化國際學術研討會論文。

2.四川梓潼的「迎文昌」和「文昌掃蕩」

文昌帝君屬道教信奉之神，掌管天下祿籍，自古以來祭祀之風甚盛，尤其受到士大夫和書生之輩的崇拜。四川梓潼縣相傳爲文昌的故鄉，據《寰宇記》卷八十四載：「文昌君張惡子，晉人，戰死而廟存。」縣北七曲山早在晉代就建有祠廟，唐代唐玄宗幸蜀時封其爲「順濟王」，宋眞宗封爲「英顯武烈王」。元仁宗加封爲「輔元開化文昌司祿宏仁帝君」，從此成爲主宰人間文運之神。清咸豐八年（1857 年）重修《梓潼縣志·祠廟》載：「神姓張亞子（亞與惡同）因報母仇，徙居七曲山，終年採藥救人。」在梓潼民間亦廣泛流傳張亞子故事，他爲報父母之仇，借得二郎神之水，淹沒許州，玉帝罰他變成七星烏龜，永在泥塘中悔過，後靈山佛祖感其孝心，恢復人形，賜書有「水妖攝毒」金牌，令其收妖攝毒，醫治民難。

至今保存著兩種民俗活動。

迎文昌

農曆正月十二日，民眾舉行盛大儀式，從七曲山文昌大廟的靈應宮搬請文昌等神像，到縣城內文昌行宮駐蹕受祭，祈求恩澤鄉里。

先是由人裝扮成本縣城隍模樣，乘紅色大轎，率民眾候於大廟門前。觀內抬出文昌、文昌化身和文昌父親三個雕像。文昌化身（習稱瘟祖菩薩）乘藍色大轎走在前頭，接著是坐白色大轎的父親（習稱聖父），文昌帝君乘黃色大轎殿後。

巡幸的隊伍廣雜而壯觀，先是火龍開道，兩面開山鑼引導儀仗隊徐徐前進。在「肅靜」、「迴避」聖牌後，引出數十面彩旗、幡傘儀仗隊。接著是裝扮喜神和二百手執文帝的仙童。他們大都由富

家子弟扮演。接著是全副鑾駕的二十八宿（星宿）、三十六個手持寶蓮和提爐的仙女。擁出瘟祖菩薩、聖父、文昌菩薩和城隍四乘皆由八人扛抬的大轎。每乘轎前都有一個扶轎人，須是廟裡的首事或鄉裡的閣老。轎兩旁有護衛神。每轎前有一樂隊吹打。隨後是八仙神靈伴駕護送，社火神戲的人物造型，七個裸身大漢分別在雙肩，胸脯掛著「七星燈」，彩龍、高蹺和神龍杠等的翻滾表演。隊尾是一群穿著鮮艷的新媳婦和民眾，一路上浩浩蕩蕩奔向縣城而來。途中三里一案，五里一站，香燭紙帛，三牲酒禮，更有柏楢火，隆重異常。

文昌帝君被讀書人視為文曲星君，祈求他保佑自己科舉場上皇榜得中，以圓「三甲」之夢，進而跨馬遊街，封官加爵，但遭受苦難的黎民百姓，卻祈望他恩澤鄉里。於是在文昌帝君之外，又「創造」了他的化身形象瘟祖菩薩，專司掃除民間瘟疫、邪祟。正如該縣東龕寺光緒二十三年所豎石牌刻文：「文昌大帝每歲孟春行儺一鄉。」在黎民百姓眼裡，免除各種災難，比進士進第、升官發財更為實際。

文昌掃蕩

這個活動每年於農曆正月初二舉行。全部活動由推舉的會首主持。清晨，民眾齊集文昌廟前。焚香燃紙，在鞭炮聲中，將文昌帝君木雕，抬到大轎中入座。巡幸開始，由藝人扮演的土地菩薩開路，「肅靜」、「迴避」木牌等儀仗隨後。鑾駕後邊有手持金鞭的二郎神和手執筆、簿的勾願判官陪駕。這三位神靈都戴有專用面具。前者笑顏逐開，後者威風凜凜，令人畏懼。樂隊與民眾則緊隨其後。

　　鑾駕每到事先設置好的祭點，便將帝君請出，端坐香案之上，由土地菩薩匯報此村恭迎安排情況後，此村主持人和求願人家焚香叩請帝君除災降福，恩澤鄉閭。接著由判官勾銷良願，二郎神舞動金鞭，邊掃蕩瘟疫邊口中誦念：

　　　　一掃東方甲乙木，
　　　　二掃南方丙丁火，
　　　　三掃西方庚辛金，
　　　　四掃北方壬癸水，
　　　　五掃中央戊己土。

　　通過示意性表演和虛擬手法，將五方疫鬼趕至茅船之中，送到遙遠地方。接著誦念：「老者添福添壽，少者科舉高中；男增百福，女納千祥；滿村滿門清泰，人富安康；財源茂盛，五穀豐登。」然後，鳴炮起駕，巡幸下一個祭點。臨夜，護駕至事先安排好的行宮安寢，鄉民再次跪拜後，由民間藝人演出所謂「文昌戲」，娛神又娛人，神、人皆大歡喜。次日凌晨，擺駕如儀，巡幸到下一個祭點……

㈢戰陣燈會型

　　我國古代戰爭兩軍相遇，或攻或守，都有陣式。樂舞《蘭陵王入陣曲》、《秦王破陣樂》，分別歌頌蘭陵王、李世民攻破敵方陣營的英雄主義精神。這種戰陣文化傳播民間，形成一種特殊的民俗文化。

隋唐以降，元宵節深入人心。節日期間舉辦各種燈會。燈會組織花燈、花鼓或馬燈進行表演，北方則又有秧歌隊加入。既是娛神更是娛樂群眾。戰陣文化與燈會相結合，滲入儺意識，便形成戰陣燈會型儺俗。源自華北地區的「九曲黃河陣」，是戰陣文化與燈會相結合的大型活動，廣泛流行於山西、河北。內蒙和遼寧等省、區。它們的表現形式大致相似，但也各有不同的特點。

1.河北邯鄲縣的「九曲黃河陣」

邯鄲縣叢中村稱其為「串黃河陣」。明代初年由山西沁縣移民傳入。該村會首認為，他們是按古代的佈陣圖——九宮八卦陣擺設，傳說黃河有九九八十一道彎，故名「九曲黃河陣」。

農曆正月十三日前，由燈會組織人力在村外空曠場所埋插三十六根各二米高的木頭燈柱，燈柱裹以彩紙。燈柱之間繫以麻繩，形成九個方陣。陣中央埋設一根七米高的長木柱，上掛燈籠，稱為「老杆」，具有戰神的象徵意味。全陣共以三百六十一根燈柱組成。陣地面積約一千三百平方米。中型黃河陣擴大二倍，大型擴大四倍。燈火輝煌，氣勢雄渾，儼然一座迷宮。

十三日試燈，十四日舉行開場儀式，稱為「祭風」。入夜燈會隊伍排成長陣。前有吹奏班引領，後有八面神鼓隊擂鼓助威。隊尾武術隊（又稱「拳場」）手持刀槍棍棒護衛，從燈會會館向黃河陣進發。隊伍入陣，轉至老杆底下，全體跪拜，焚香，祈求神靈免災呈祥，太平盛世。

隨後，村民們扶老攜幼，持各種燈籠進入陣內，左轉右拐，經過一番周折，抵達老杆，跪拜，各自表達升官、發財、求子、治病或保平安等心願。倘若實現，則必定還願。他們把出入黃河陣，視

爲闖九九八十一道人生難關，可以逢凶化吉，遇難呈祥。武術隊揮動棍棒闖入陣中，則是對古代戰爭闖陣之仿效，體驗古人英勇殺敵之精神，在娛樂中尋求愛國主義的自我陶冶。❷

2.遼寧朝陽、阜新的「九曲黃河陣」

朝陽市建平縣朱碌科村、阜新蒙古族自治縣二色村和太平莊的黃河陣活動，稱爲「跑黃河」或「跑黃河燈」。前者三百年前由山西商人傳入；後者則由陝西榆林商人傳入，至今已傳至八代。舉辦「跑黃河」無固定年限。一經舉辦則必須連續三年。頭一年稱爲「跑龍頭」，次年爲「跑龍身」，第三年爲「跑龍尾」。如果其中一年中斷活動，據說龍身翻不全，會引來旱魃，發生旱災。

遼寧西部盛產高粱，加以春節期間積雪不化，布陣時就地取材，用麻繩把秫秸（高粱杆）捆成圓把子，底部埋入土中，培上積雪，潑水成冰，便成爲燈柱，用九千六百個把子組成一個個方陣，約一平方公里，號稱「三九連城」。

陣中央樹起高三丈六尺的大旗杆，頂部按放一木製方斗。斗內四角分插紅、藍、白、黑四色三角旗。斗中插一黃色鑲邊的狼牙大纛旗。方斗南沿拴有一串由九個燈籠組成的「九蓮燈」。旗杆下安放一張紅漆八仙桌。

陣的出、入口皆置正南方，俗稱「陣門」。二色村的陣門對聯是：「跑黃河遠近大道逍遙過；走彩燈進退連環運亨通。」橫批：「三官聖會」。陣門前方用蘆席搭一座神棚。

---

❷　本段文字材料曾參考鄭全喜：〈擺黃河陣淺議〉，'98 亞洲民間戲劇、民俗藝術觀摩與學術研討會論文。

正月十四日正式活動開始，有以下儀式：

請神——清晨，會首率領秧歌隊至附近廟中，請出事先放置的天、地、水三官大帝和三霄娘娘牌位。扭著秧歌，敲著鑼鼓，把牌位送至黃河陣前。

安座——會首把三官大帝牌位安放入神棚；把三霄娘娘牌位安放在陣中央八仙桌上，設供、跪拜。

饗神——秧歌隊在神棚與陣門的廣場上，由傘頭率領，唱「秧歌柳子」。在表演中擺出「二龍吐鬚」、「十字梅」、「碰頭刺」、「剪子股」、「卷荣心」、「龍擺尾」等隊形，用以娛神。

踩陣——變換各種隊形之後，秧歌隊繞黃河陣一周，在陣的四角各掛一面木頭，傘頭領唱「踩陣歌」。入陣，按規定的路線扭至中央方城大旗杆下，祭拜三霄娘娘後，按路線走完全陣，從出口扭出。隨後，村民可以自由入陣觀賞。

正月十五日是跑黃河的正日子，入夜，村民以家庭爲單位，舉著花燈，提著裝滿酥油的瓦罐，一路上用棉花捻沾酥油點燃後放置路邊，稱之爲「亮道」，意在驅除邪氣、惡鬼，保證未來生活美滿。入陣前爲三官大帝焚香。入陣後在三霄娘娘牌位前爲燈碗添油，換取神靈對自己家庭的護祐。已婚婦女可以無顧忌地偷取燈碗，認爲這樣三霄娘娘會送給她貴子。會首則事先委派專人提供大量燈碗，並不斷予以補充，任其被偷。燈被偷得越多，越證明辦會成功，也意味著本鄉人丁興旺。❸

---

❸　本段文字材料曾參考任光偉：〈從九曲黃河陣說開來——淺談民間社火中的戰陣文化〉，'98亞洲民間戲劇、民俗藝術觀摩與學術研討會論文。

3.安徽蕪湖的「馬燈」

安徽蕪湖縣和黟縣的一些村莊，如白馬山汪坳村一帶，至今保留著較完整的「馬燈」祭祀儀式，俗稱「玩馬燈」。

玩馬燈有以下程序：

興燈

歲終臘月，由族長主持的「馬燈會」，責成燈師在未婚男青年中挑選有緣份者，教練馬燈套路，以備祭祀時使其神靈附體，成為「神家」。

除夕前，族長、燈師率領得到訓練青年們，列隊來到土地廟，立上「供奉敕封玉泉山得道馬明大王」的牌位。馬明大王系佛教神靈，當地馬燈會把這位菩薩同馬燈聯繫在一起。眾人下跪祈禱：「我村過春節要敬神興燈，恭請菩薩顯靈保佑。」燈師咬破公雞喉嚨，用雞血塗在每個人的臉上。

立壇

燈堂設內外兩壇。內壇有上中下三壇，供奉各有尊號的牌位。上壇供馬明。中壇兩層供三界伏魔協天關聖大帝、送子觀音和地藏王。下層供上清正乙龍虎玄壇執公元師、普化天尊、濟物天尊、門神、灶神。下壇供和合神部下崔剛五福財神。堂屋正中掛有八卦圖，地上擺有有五個「兵碗」，一盞佛燈。內壇貼有兩副對聯，外聯為：「關雲長秉燭達旦；保皇嫂甘糜夫人。」內聯為：「劉關張桃園結義；楊家將宋朝忠良」。橫批：「燈光普照」。壇堂外大門也貼有兩副對聯，外聯為：「馬演前朝精忠大義；燈慶後日國泰民安。」內聯為：「燈火輝煌百業發達；雄兵猛將六畜興旺。」橫批為：「送子馬燈」。對聯並不工整對仗，卻反映當地民眾對關羽的

精忠大義和岳家將等英勇抗擊外侮的崇拜，以及對國泰民安、太平盛世、百業俱興、人丁興旺的企盼。

扮馬

神家又稱「馬」或「馬子」。裝扮的多爲歷史或傳說英雄人物，在全部祭祀活動中都要騎「馬」。鄉人爲避開英雄名，不直呼其名，都簡稱爲「馬」。裝扮的神靈有：劉備、關羽、張飛、趙雲、孔明、甘糜二夫人、周瑜、夏侯淵、楊六郎、楊宗保、穆桂英、岳飛、楊再興、薛丁山、樊梨花、李靖王和玉皇大帝傳令官陳經師（又叫蓋保），共十九人組成神馬隊列。

神靈中的武將一律扎靠，插雉翎。上衣前短後長，腰後綁上篾扎制的「馬頭」，以黃布蒙扎。神家左手拎起「馬頭」，右手揮舞馬鞭。

請神

活動由正乙派道士主持，他身著法衣，手持法鈴、寶劍和寫有「五雷號令」字樣的令牌。誦念「開壇誦寶經」，上自三清三界、三寶三尊、二十八星宿、四岳聖帝、五谷尊神、巡雨龍王、天龍八部，下至伏羲、神農、堯舜和三代聖賢，都在邀請之列。在鄉民的心目中，道士請下的神靈越多，越能顯示其法術之高強。

點光、掩光

眾神降臨之後，道士爲馬燈隊員逐個點光（即「開光」）。點光時誦念「烏龍蕩穢天尊，北帝靈君，吐氣成雲，三臺北斗，傳落吾身，降魔護道天尊。」誦經中，灑聖水，畫咒符，撕開雞冠，用筆沾雞血點光。先點神靈牌位，繼而神家、馬頭、兵器以及壇外門燈、龍旗、鑼鼓等等都要點到。至此，完成了神家從人到神的轉

換。馬頭、兵器、鑼鼓等等也都有了靈氣。點光之後還要掩光，這是爲了不讓靈光喪失。道士手拿火紙在點光的牌位、馬頭、鑼鼓等上面畫符，誦吟掩光辭。

發檄

諸事已備，鑼鼓聲起，道士左手持劍，右手持「五雷號令」，面對神牌、神家和燈會全體成員宣讀檄文：

> 嗟矣，面向天罡，發揚正氣，手揮斗訣，身踏雷壇。寶香焚於爐中，瑞氣高騰於牆外。飛白練罡風入我劍斗炳。濁液泓明，玉液清澄。戢掌則雷霆戒嚴，天地運動，山川鼎沸；呼吸則雷霆煙生；法演則鬼泣神愁，令下！

檄文讀罷，咒語聲起，腳踩九子罡，用火紙在地上畫太極圖，右手夾火紙人書一「靈」字。下接「召將科」，所召之神有天師將、馬元帥、岳元帥、和合將等，請其鎮壇，之後，宣讀「疏文」，代表神家、村民祈求神靈「揚古今忠義，宣中華雄英，解暗惡之氣，除厭貪之穢」、保佑本村「四季平安，人財兩旺，家家吉慶，戶戶平安，老者延壽，少者遐齡，田禾茂盛，五穀豐登」。

出燈

疏文讀畢，殺雞沾血犒神。燈首向每一個隊員發放「甲馬」，綁於腿上，既附靈氣，更壯行色。燈師擺令旗出燈。出發前，派出「報子」到各村「傳燈」，沿村刷貼紅色報子，上寫「送子神燈今日到××村。」

首場演出在本村進行。出燈隊伍爲首由族長或會首挑著「引

燈」。後邊順序是：前場鑼鼓，兩扇長方形的門燈，燈師率領的八個「雲和」神家，眾神家和馬夫（每個神家配備一個馬夫），馬夫扛著龍旗挑著燈籠，隊尾有坐場鑼鼓和采旗隊。

　　馬燈隊伍先繞本村街道走八卦陣，稱之為「挖燈」，然後夾到稻場。首先是十幾歲兒童裝扮的「八家雲」出場，手中拿著雲朵狀的道具，在鑼鼓聲中走陣，變換隊形，組成「天下太平，人口平安」字形，象徵著太平盛世的來臨。繼而神家出場走陣，有「八盞燈」、「龍蝦戲水」、「梅花五瓣」。接著是「跑單馬」和「五馬破曹」。「跑單馬」由扮演武將趙雲等「神家」，單人表演各種跑馬燈技巧。自古以來蕪湖地區武風較盛，這個節目可以展示每個人的武術功底。「五馬破曹」是壓軸節目，表現關羽、張飛、趙雲等五大將英勇善戰的精神。

　　接燈的村莊通常由村長挑著燈籠，燃放鞭炮，等待馬燈的光臨。表演場上擺好香案，放上禮金，米歡團，五香雞蛋，糕點一應俱全。家宅欠安的戶主則另包禮金，請全體神家到家宅驅邪除祟，演出「關公掃堂」。關羽神家揮動大刀在庭院、宅內左劈右砍，驅趕妖魔，表示家宅從此安泰。

　　圓燈

　　跑馬燈紅火了十天左右，班師回村，興猶未盡，一如首日演出，再次滿足村民的要求。然後神家入壇，道士作法如儀，上疏酬神，跪送各路神靈，來至村外僻靜場所，組成「烏龍盤景」隊式。卸衣，破妝，將神牌燒掉後，迅速向村外跑一公里左右，再各自回家。誰先到家誰就得福多多。三天之內不動鑼鼓，外村的馬燈也不

准進村。據燈首說，這是防止神靈留戀人間。❹

四祖靈返鄉型

　　從氏族社會的祖先崇拜，到封建社會的宗族觀念，中國各民族對自己的祖先有著特殊的感情聯繫。清明節的祭奠祖墳，中元節（鬼節）的超度亡靈，反映了對祖先亡靈的深切懷念。人們在春節期間，總要把祖先幽靈請回家來歡度佳節。節後（初三或初五）再通過送神儀式把祖靈送回西方聚居地方。祖靈返鄉型儺俗，通過可視的藝術形象，大都描繪祖靈對子孫後代進行本族遷徙史、生產史和繁衍史的教育，保護子孫後代免除天災人禍，過著五穀豐登、人丁興旺的太平、寧靜生活。

1.湖南土家族「毛古斯」

　　土家族聚居於湘、黔、鄂、川四省相鄰的地區，秦漢時以其崇拜白虎，稱爲「廩君種」，屬「巴蜀南郡蠻」或「武陵蠻」之一種，自稱「畢茲卡」。漢人大批遷入後，被稱爲「土家」。她的族源一說秦滅巴後，定居於四省邊界的巴人；一說爲湘西土著；一說源於唐之「烏蠻」。信仰多神，崇拜祖先，巫師稱爲「梯瑪」。

　　由於土家族沒有本族文字，「毛古斯」起源於何時、何地迄今難以稽考。

　　土家人自古以來就能歌善舞，最古老的酬神、報祖還願儀式稱爲「擺手神堂」，即「社巴日」。古時，土家族幾乎所有村寨都設有神

堂，各寨人於祭祀之日圍成圓圈，跳擺手舞。「毛古斯」便是寄生於擺手神堂的大型祭祀祖靈儀式活動。現僅存於湘西永順、古丈等地區。

毛古斯系土家語，在永順地區叫「毛古斯食吉」。「毛古斯」，意譯爲「渾身長毛的古裸人」。「食吉」，意譯爲「狩獵」。保靖縣則叫「毛獵舞」。演員們的造型特點是結草爲服。這些裸人披扎五塊由茅草或稻草編織的「毛衣」。有的地區則用棕片或棕葉編扎成衣片，裹於全身，並遮住頭臉。頭頂扎有數個綺角，偶數代表牛和野獸，奇數代表毛人。走路、勞動時分別採取「屈膝」、「沉臀」、「抖擺」等基本形態。說話時要變嗓，語音含混不清。這表示毛人剛學會站立，用雙腿走路，也剛學會說話。

這批毛人由兩位老毛古斯率領來到人間或回到人世。老毛古斯一爲「拔普卡」（祖公），一爲「拔帕」（祖母），這顯然指的是土家人的一對「始祖神」。從這對老毛古斯同「嘎麥」（漢譯「土著頭人」）對話約略得知，他們是一個氏族群落，來自「金州金田，銀州銀田」，爲擴大生存空間，尋找最適宜生存和生產的地方，才長途跋涉遷徙到湘西的。

「麥嘎」善意地告訴「拔普卡」，這個地方有瘴氣、有瘟疫，有老虎吃人，有毒蛇咬人，必須要先「布殺拉近」（漢譯爲「敬神」），才能安居樂業、人丁興旺。

在跪拜祭祀蒼天神靈之後，「拔普卡」手持楠竹板椏大掃帚，蹁躚起舞，一邊掃地一邊念道：「牛瘟馬瘟掃出去，纜索般的小米穗子掃進來，虎咬蛇啄的禍害掃出去，牛角一樣的包穀坨坨掃進來……」湘黔地區土著人（如夜郎人）曾流行竹圖騰崇拜，這就不難理解，拔普卡手持的楠竹掃帚蘊涵有超自然威力的巫術意識，它

掃出了數十種瘟疫禍害，掃進來數十種豐收殷實的糧食。

　　毛古斯不僅表現了土家族的遷徙史和在新的地方定居後，祭奠祖靈，驅穢避邪，禳災納吉以求安泰，還描繪了生產史、繁衍史。在勞動方面有「砍火畬」、「栽蒜」、「織布」、「縫衣」、「打粑粑」、「捕魚」等舞蹈場面。在「圍獵」一場，則有「辨腳跡」、「設卡子」、「放獵狗」、「圍野豬」、「繞山追」、「分野肉」、「祭梅山」等成套舞蹈動作。割下的肉，每人都有一份，這反映了氏族社會的平均分配方式。

　　梅山是一位獵神，傳說是一位勇敢善射的姑娘，上山打獵，不幸遇害身亡。這種遭遇鑄成她心眼狹窄，愛發小脾氣的性格。土家人狩獵，不論是否有所捕獲，都要祭祀她。至今「土家族獵手擊斃獵物後，當即扯毛蘸血，乘熱貼在刀柄或槍托上，打起口哨，以示『血祭』梅山。」

　　「毛古斯」中除對女獵神梅山進行祭祀外，在分配獵物前以「生殖器舞」取悅女神以求蔭庇全族：

　　登場表演人員均要佩備一根長三尺的粗棍，上以草繩纏繞，頂端用土紅（一種紅色的半風化了的石頭）的汁水浸染。人們把這象徵男陽的道具稱爲「粗魯棍」。其基本動作有「示雄」、「搭肩」、「轉臂」、「甩擺」、「打露水」、「挺腹送胯」、「左右抖擺」等。演至高潮，毛古斯可用粗魯棍隨意觸及女觀眾的身體。女方則認爲這是神賜，將會多生崽女而樂於接受。❺

---

❺　張子偉：〈「毛古斯」藝術品格解析〉，載《湘西儺文化之謎》，197頁，湖南師範大學出版社 1991 年 12 月出版。

這裡顯然蘊含著巫術意識，即最常見的「接觸巫術」。人類童年時期，由於缺乏醫學知識，嬰兒死亡率很高，嚴重影響氏族或部族人口的繁衍，所以盛行生殖崇拜。「毛古斯」中的生殖器舞，反映了土家人對男根的崇拜和對「種的繁衍」的需要而祈求於女神。爲此梅山既是女獵神，又是管理生殖的女神。

至於「毛古斯」中的「搶新娘」，則反映了人類在「對偶婚」時期的一種習俗。可以公開搶奪另一群落的女性，以求自己這個群落的人丁興旺。

2.貴州彝族的「撮泰吉」

彝族是個歷史悠久的民族，在歷史上有諾辦、納蘇、羅武、撒尼、阿西等自稱。族源來自西北的古戎羌人。大約四五千年前，古戎羌部落早期南下的一個支系與西南地區土著部落長期融合而成爲僰（同濮），分布於雲、川、黔、桂四省。貴州威寧等縣的彝族支系稱勾則人。「撮泰吉」便存活於威寧縣板底鄉裸嘎村。

「撮泰吉」是彝語的音譯，「撮」義爲人或靈；「泰」義爲變化；「吉」義爲遊戲或玩耍。過去曾譯爲「變人戲」。按其內容來講可以叫做「祖靈保佑后裔的遊戲」。它是一種崇拜祖靈的宗教民俗活動，也是具有原始形態的祭祀儀式劇。它演出於農曆正月初三至正月十五日的每天夜晚。但只有在村寨瘟疫流行、農業欠收，遭到天災人禍的第二年才組織演出，它的目的就是消災解厄，祈福納吉。

全劇共六個角色，統稱爲「撮泰阿布」，意爲「人的始祖」，即「祖靈」。

惹嘎阿布——意爲山林老人或山神，是智慧的化身，由當地的

「畢么」（巫師）扮演。二千歲，青巾包頭，著彞族衣衫；戴著用兩個生雞蛋殼做成的眼鏡，以表示他能看透人世間的一切。

阿布摩——老爺爺，一千七百歲。阿達姆——老奶奶。一千五百歲。這一對老人實際是這個地區彞族心目中的始祖父和始祖母。另有兒子、兒媳和小兒子阿安。二十世紀五〇年代以後，演員將兒子、兒媳改換爲一千二百歲的麻洪摩和一千歲的嘿布，意爲苗族老人和漢族老人。漢族老人戴著豁嘴子面具，在勞動的間隙，他突然扒上彞族老奶奶後背要與她交媾，被阿布摩趕下來，是個令人討嫌的角色。這反映了古代彞族對漢族人的某種情緒，不可取，因爲這種改動實際上加入現代意義的民族意識，而原始的「撮泰吉」則只是描繪氏族或部族時期的祖靈觀念。

除了惹嘎阿布作爲人神之間的使者不載面具外，其餘都戴著粗獷、稚拙的面具。用長條的黑、白巾包頭，呈長圓錐形頭飾。用白布帶搭肩交叉束於腰間，並纏於腿部，以象徵裸體。走路時存腿、微蹲，邁著羅圈腿式的步伐。說話時發出含混不清的「嗚」、「噢」之音。這象徵著始祖父、始祖母作爲初民剛剛學會說話，直立走路的模樣。

儀式的開始是在一個僻靜處，在惹嘎阿布的指點下，插香於地，向天地神、山水神、四方神靈、糧食神（如苦蕎麥神）酹酒酬謝。然後來到較平坦的草地上，表演先民如何艱苦跋涉，遷徙異地，墾荒撒種，馴牛耕地，獲取豐收的經歷。勞作歇息時，人們抽旱煙，老奶奶給嬰兒餵奶，並有阿布摩老爺爺爬老奶奶背後進行交媾的細節。（這恰恰同猿人變成原始人的初期兩性交媾方式相吻合！）

人們在歡慶豐收，跳起獅子舞之後，進入最後的「掃火星」階

段。時間必須在正月十五日晚上，惹嘎阿布率鎮著這些撮泰阿布，以村中地理位置最高的住戶開始「掃火星」。每家主人都在門前迎候，有的還燃放鞭炮。進屋後，他們把拐杖插入火坑灰爐裡，表示掃了火星。主人分送點燃的香火，並斟酒給領頭的阿布摩。阿布摩酹酒敬獻祖先和火神後，呷一口酒後依次傳給別人。主人送上一個雞蛋，他們高喊：「你家的母雞一天下十個蛋。」送上一束麻，便高喊：「你家的麻有七柱房子高。」接著惹嘎阿布帶領大家向主人家吟頌祝辭：

>
> 豬年過去了，
> 狗年來到了。
> 戚榮該留著，
> 戚榮不要掃。
> 福祿更昌盛，
> 福祿不要掃。
> 口嘴口舌掃，
> 牛瘟馬疫掃，
> 豬瘟狗病掃。
> 子孫像鳳凰，
> 留在你家了。
> 苦難與糾紛，
> 跟撮泰走了。
> 災病與瘟病，
> 走，走！

眾人齊聲高喊：「走嘍，走嘍，把不吉利的東西掃走了，把不吉利的東西埋掉了。」走出門外，從四個屋角各扯下一束蓋房草。如此這般掃完每個人家之後，來到寨外的岔道口，摘下面具並排擺齊，舉香向面具和神靈禮拜，醉酒獻祭。先挖一個坑，埋下一個雞蛋，以備第二年挖出驗蛋。根據蛋的變化占卜吉凶禍福。然後用拐杖搭成支架，用麻綁好一個雞蛋，吊在支架上，用扯來的蓋房草燒它，表示燒掉一切不吉利的東西。其餘雞蛋燒過後，分給撮泰阿布和圍觀的群眾。撮泰阿布帶著面具離開現場時，再一次高喊：「火星走嘍，火星走嘍。」「掃火星」至此結束，面具置於僻靜的山洞中，象徵著撮泰阿布們又回到了祖先永遠居住的地方。

3.內蒙古蒙古族的「呼圖克沁」

「呼圖克沁」又叫「好德格沁」，譯為漢語，前一種稱謂是「祝福、求子」，後一種稱謂是「丑角」的意思。一個以內容命名，一個以藝術風格命名，兩種稱謂並存。

「呼圖克沁」僅流行於赤峰市敖漢旗薩力巴和烏蘭召。每年農曆正月十三到十六日演出。演員皆為蒙古族農牧民，分別裝扮白老頭、黑老頭、白老頭妻子曹門代、女兒花日、孫悟空、豬八戒。

表演順序大致分為四個部分：

⑴六個演員化完妝，戴上面具。悟空舞動木棒，八戒手持鐵耙，白老頭居中，其餘隨後，唱著「敖漢贊歌」、「雞鴨廟歌」，載歌載舞，來到村莊街道和路口。

⑵表演隊伍每進入一家院裡，便依照著「盤腸」圖案，跳著吉祥的舞蹈，唱著吉祥的歌曲。白老頭揮舞著寶杖，向四方指指點點；悟空、八戒到馬廄等處，舞動武器，表示驅邪逐瘟。有時悟空

爬到房上瞭望。

(3)除悟空、八戒在院內守候，白老頭等人被邀入屋中上坑，邊喝邊唱吉祥歌，爲主人家祝福。當主人提出求嗣願望時，白老頭便薅下一根鬍鬚繫在銅錢上，擲入不孕婦女懷中，表示來年會生下貴子。

(4)當白老頭等唱起「青鳥歌」時，主人便故意把他妻子曹門代留下，不讓出門。白老頭唱起「求情歌」，請求主人不要再挽留老伴。當雙方依依不捨地告別時，他們唱起「四個杭蓋」歌，走向下一戶人家。

關於它的起源，當地主要有兩個傳說：一說某年發生天災、瘟疫，牛羊絕種，一個名叫嘎拉德恩的人去西天拜佛求援，彌勒佛告訴他，阿爾泰山有個白老頭，能消除災難。於是他請來了白老頭，消除了災難，轉禍爲福，草美羊肥，人們安居樂業。

一說某年天降災難，莊稼乾枯，牛羊死光，成吉思汗的一個後裔布爾固德老人率領眾人面向北方祈禱。一位住在阿爾泰山洞裡的白鬍老人柱著寶杖飄然而至，他帶著布爾固德老人沿街逐戶驅疫納福，這一年果然牛羊遍野，人丁興旺。

在蒙古人的心目中，阿爾泰山是神佛仙境，更是祖靈聚居的地方。第一個傳說，顯然披上了佛教的色彩。第二個傳說中的白老頭則接近祖靈形象，特別是還有成吉思汗後裔的出現。蒙古族崇尚白色，白老頭像徵著祖靈的聖潔。

呼圖克沁的演出，描繪了當地蒙古祖靈對後代子孫生活的關懷，他們運用超自然的神力或法術爲後代子孫免災解厄，祝福納吉，以求換來美好生活。而這，正是當地蒙古族人民群眾崇拜祖

靈，幻想得到祖靈保佑、繁衍的藝術顯現。

敖漢旗原是東蒙的牧區，清初，漢人逐漸遷入，開荒耕地，逐漸變成半牧半農區。蒙古族人民學會建築房屋，改游牧生活爲定居生活，接受了漢族的春節習俗。演出中出現孫悟空、豬八戒（據說以前還有沙僧），反映了蒙古族文化與漢族文化的融合。

4.廣西融水苗族的「磨過」與「芒篙」

廣西融水苗族自治縣安泰鄉的一些村寨，在春節期間有一種叫「磨過」的活動，它是新春祭祀活動的一個主要組成部分。先是全寨村民聚於蘆笙堂，跳踩堂舞，吹盧笙，然後進入祭場。祭場設在已枯乾的水塘邊，稱爲龍潭。這水塘在本寨初建時，泉水泓泓，曾養育了幾代的寨民。祭龍潭含蘊著緬懷祖先創業維艱之情意。寨老祈禱新年豐收之後，一陣鳥槍、士銃聲中，由七人或九人組成的磨過隊，在鑼鼓的伴奏下，沿龍潭圍繞一週，再到村寨主要道口，「陰暗」的角落和曾發生過事端的地方去捉鬼。磨過隊經過各家竹樓，鞠躬行禮。主家則燃放鞭炮，意爲驅邪。磨過隊行進中如遇行人，便主動摟抱，意即將附在行人身上的邪祟或鬼氣傳到自已身上。一陣鞭炮響過之後，他們被趕下寨邊的一座橋下，跳進河床，在溪流中走至離村寨半里之遙的一塊田裡。這時又是一陣鞭炮齊鳴，他們都以俯蹲的姿勢繞走田埂三圈。倘若稍稍伸腰，被遙望的寨民發現，便齊聲「哦，哦」噓之，促其蹲下。三圈過後，算是將鬼氣通通放逐、清除。在最後一次歡呼和鞭炮聲中，扮磨過的青年方能回到寨裡。

磨過是苗語。「磨」義爲「霉爛」、「污穢」；「過」義爲「清除」。合在一起的引伸義發展爲除清邪祟之神，但這神是動物

神。扮演磨過的本寨青年，用苗錦被單蒙披在頭上，頭部左右用稻草扎成兩隻耳朵，後背下部則用稻草扎成一條尾巴。但這是什麼動物，寨中老苗民有三種回答：一猴；二獅；三虎，至今認識未能統一。

融水安陲鄉各寨的「芒篙」，當地傳說是一個姓梁的苗民，把磨過從安泰傳到這裡。此說可信。芒篙是磨過的轉音，但芒篙的內容比起磨過有明顯的變化，並且展示了某種原始形態。

芒篙也在春節期間舉行，先是由寨老從寨中青年裡選定三或五或七或九個對象，人數必須是單數。（三個即爲夫妻和兒子三個角色。五個則增加父母。七個則再增加祖父和小妹。角色視人數多寡而定。）被選定的青年對外秘而不宣，在舉行活動的前幾天，都要藉口外出，或扛著鳥銃假裝上山打獵，或挑起擔子假裝走親戚，各自尋找地方隱蔽起來。舉行芒篙的前夕，集中到山寨附近的一個山洞裡，寨老個個授與面具。面具用杉木雕刻。男性芒篙（「公芒篙」）以墨色爲主，女性芒篙（「母芒篙」）則在墨色中塗些紅黃諸色。男性一般拿棍棒，老人拿長煙管，女性則身背撈魚蝦的背簍。此外，他們腰間用稻草結扎一個或陽或陰的生殖器官模擬物。

次日清晨，山寨響起蘆笙時，山洞內的芒篙們戴上面具，身上捆好草衣（或松枝、杉枝），魚貫下山，在雲霧中時隱時現，增添一些神秘氣氛。

來到村寨，寨民以驚喜、奇異眼光歡迎這些芒篙，有些寨民則在猜測和辨識他們是誰家的後生。芒篙們則手執木棒，左右甩動身體，或做各種舞蹈動作，或在地上翻滾一團，摟抱扭打，嘻笑作耍。繼而模擬耕田、除草、播種子、收割和水中摸魚等生產動作，

但最能引起轟動效應的是生殖崇拜的細節。

　　男性芒篙手持用稻草扎成的陽性生殖器，在濕田溝裡沾上泥漿，象徵著精液。他左右揮舞，追逐姑娘、媳婦，向她們身上戳去，點甩些泥漿。她們並不生氣，反而半推半就，若躲又迎，在圍觀寨民「呀…呼…呼」聲中，「姑娘、媳婦的鮮艷服裝被沾上了泥漿，她們以爲這是今後多子多福的好兆頭。老人被淋上泥漿，以爲是健康長壽的象徵。男人被淋上了泥漿，以爲是強壯有力的表示。小孩淋了泥漿，則以爲是聰明智慧的意思。全場笑呵呵，體現了新春大吉的歡慶氣氛……表達了苗民希望人丁興旺、宗族繁榮的願望。」❻

第二節　靜態型儺俗

　　古人不滿足在歲時節令期間動態型的儺俗儀禮活動。他們突破在時間上的限制，創造出常年一勞永逸的「全天候」的驅祟鎮邪的方式，這便出現了以圖騰神爲主、輔以宗教神、歷史人物神、傳說人物神，保護村寨、宅院、人身安全以及墳墓中死者靈魂永遠安寧等儺俗。它們分別稱爲「村寨儺」、「宅院儺」、「人身儺」、和「陵墓儺」。

---

❻　本節參考顧樂眞：《苗族「芒萬」的文化審美意識》，原載《廣西儺文化摭拾》，民族藝術雜誌社 1997 年 2 月出版。

㈠村寨儺

　　古代的群落，是以血緣爲紐帶的一群人的定居點。氏族或部族的不斷繁衍、自然的遷徙和群落的合併，逐漸出現較大的村寨。這種村寨多以一個大姓（望族）爲主，兼容少量雜姓人家，也出現有多個姓氏混居的村寨。但都以共同信仰儺俗方式，保護全寨人家的集體利益。

　　通常每個村寨都有一個土地廟。作爲小小的地方保護神——土地，肩負著永遠保護全寨人免受災禍、過著幸福安寧生活的職責。村寨的邊緣還供奉社神。土地與社神是早期農耕社會民間信仰社祭的產物。社神常以一棵古老的大樹或幾塊大石爲標誌。前者被視爲神樹，即植物圖騰；後者被視爲神石，即石圖騰。至今安徽貴池的一些村寨，仍殘留這類民間信仰。藏族聚居的村寨邊有「碼尼堆」。蒙古族則有「敖包」。吉林延邊地區朝鮮族一些村寨，至今殘存有在村頭豎立「天上大將軍」、「地下女將軍」兩根木樁的儺俗。在西南一些少數民族聚居區以及臺灣的原居土著，在村頭則有豎立圖騰柱的儺俗。這些木制的牌、柱，雕刻有各種神獸頭像。貴州少數民族一些村寨的後山，利用天然的巨石雕成鷹頭，祈求鷹圖騰保護全寨。

　　這裡還要提到在漢族地區普遍信仰的「泰山石敢當」——石將軍。古人常在村寨入口處豎一塊寫有「泰山石敢當」字樣的石碑。

　　關於「泰山石敢當」，至少有三種傳說：

　　1.遠古的黃帝與蚩尤相爭。蚩尤頭生雙角，所向無敵。一次他登上山東的泰山，發出狂言：「天下誰敢當？」女媧煉石，在泰山

頂上刻「泰山石敢當」，以制其暴。後人仿效刻制泰山石敢當，以爲民間辟邪石。

2.姜子牙輔佐周武王討伐紂王，一位名叫石敢當的將軍征戰有功，死後被姜子牙封爲泰山石敢當，意爲法力無邊之神。

3.五代時期，後晉的石敢當英勇無比，遠近聞名。後人視他爲神靈，刻其名於石上，以爲防禦宅院之用。

以上三種傳說，都缺乏實據。據考証，「石敢當」一詞最早出現於西漢，史游的《急救篇一》：石爲姓，「敢當」爲虛構之名，言所當無敵。至少在唐代已有豎「泰山石敢當」的儺俗。究其源，泰山爲五嶽之首。從秦始皇起歷代不少皇帝來巡，親自祭祀泰山，並敕封泰山爲崇高無比之山神。封名山爲神，這本身就是一種自然崇拜（萬物有靈）。後人假借泰山之靈石，予以人格化稱爲「石將軍」，並委其「敢當」鎮懾一切妖魔鬼怪、保護宅院安全之重任。古人作詩贊揚他：「早胄當年一武臣，鎮安天下護居民，捍衛道路三叉口，埋沒泥士百戰身。」最後一句是指年深日久，石碑被風沙埋沒到泥土裡，但它仍然威鎮三叉路口。實際上，它還被埋在橋邊、巷陌、水塘和「凶宅」附近。所謂「凶宅」是指宅內有人「橫死」（非正常死亡），或認爲宅內有鬼蜮作祟，石將軍可以對其起到鎮懾、驅逐作用。附帶指出，有些石碑還刻有獸面、鬼面、將軍形或胡人力士，與儺面具造型相似，目的在於加強鎮懾和禳邪功能。

㈡宅院儺

府第的大門是進出宅院的要道，是防御妖魔鬼怪進入宅院的關口，古人自然要安置較多的具有鎮懾威力的圖騰神和傳說人物神，

分列兩廂，嚴陣以待。

　　最爲耀眼的是一對蹲坐在石座上的石獅，左雌右雄。雌獅足前有一幼獅；雄獅足下有一繡球。威武雄壯，氣勢逼人。

　　獅子非中國「土產」，它的故鄉在西非和印度。據文獻記載，東漢章帝章和元年（公元 87 年）和翌年（88 年），安息國王、月氏國王分別派使節來獻獅子。順帝陽嘉二年（130 年），疏勒國王也獻上獅子，從此獅子便出現在中國大地上。但石雕獅子的傳入，則與佛教有關。

　　古印度很早就有敬畏獅子的習俗。佛教興起後，佛臺上常雕有一對石獅，謂「獅子座」。（古代波斯國的宮廷裡也有此習俗）東漢初明帝永平十年（67 年），佛教傳入中國。作爲「靈物」的獅子形象，在佛教傳播過程中，逐漸增加其宗教功能。獅子被佛法無邊的文賢菩薩選定爲坐騎，自然提高了它的神威。至今山東、四川尚有東漢時代的石獅遺存。三國時曹操築的銅雀臺舊址，曾發現有一對石獅子附於門柱。唐宋時期，用石獅子守衛大門的儺俗已較普遍。明代以後、宮殿、寺院、府第甚至有權勢的大戶竟相仿效，而守門的石獅形象也相對固定，趨向模式化。北京天安門前的一對巨大石獅，則是明代石雕建築風格的典型。

　　早期的石獅作爲一種「靈物」，是以它的凶猛威力，來鎮懾妖魔鬼怪的，是儺俗的產物，具有圖騰崇拜的內涵。隨著社會的不斷進步，宗教觀念，民俗信仰和巫術意識逐漸淡薄，它潛在的審美內涵日益顯現出來。如今，人們把它作爲精美的石雕藝術品，欣賞它的審美價值了。

　　作爲石獅子的孿生兄弟，舞獅子的內涵同樣經歷了這個衍變過

程。據《漢書·禮樂志》記載，漢代已有舞獅子的活動，唐代以後盛行於官廷與民間。白居易寫有「西涼伎，假面胡人假獅子」詩句，在民間的歲時節令的儺俗活動中，具有避邪納吉的宗教功能，至今在安徽、福建等地仍殘留著此種避邪儺俗。舞獅子的儺俗，還傳到了朝鮮半島、日本和越南，乃至東南並華僑聚居區。至今在日本不少地方保留著多樣的舞獅子形態，其中有的仍殘留有驅邪納吉的儺俗內涵。

早期的門神，「鋪首」和掛在門楣上的「吞口」，都屬儺俗範疇。如果說，在大門口，一對石獅是第一道防線的門衛，則佈置在大門上的門神、鋪首和吞口，便組成了密集型的第二道防線。

1.門神，有關門神的神話傳說甚早，東漢·王充《論衡·訂鬼》引《山海經》中已佚的傳說：

> 滄海之中，有度朔之山，上有大桃木，其屈蟠三千里，其枝間東北曰鬼門，萬鬼所出入也，上有二神人，一曰神荼，一曰鬱壘，主閱領萬鬼，執行葦索，而以食虎。於是黃帝乃作禮以時驅之，立大桃人，門戶畫神荼，鬱壘與虎，懸葦索以御。（圖13）

大桃木反映了古人的植物圖騰崇拜。《淮南子·詮言訓》說，遠古時代的射日英雄「羿死於桃棓」。桃棓，即驅儺時使用的桃木棒。羿曾射下九個太陽，是神話中了不起的大英雄，居然死在桃木棒之下，可見桃木具有比羿更大的神力。人們由此衍發成對桃木（神木）的崇拜。秦漢時期已有在大門兩旁各安置一個桃人（用桃木

圖 13　門神：神荼、鬱壘

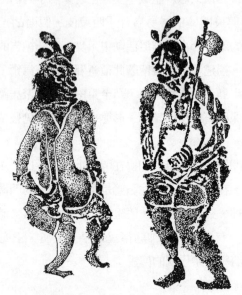

神荼、鬱壘。河南南陽東漢墓畫像石。

門神（單扇）：神荼、鬱壘。明刊本《三教搜神大全》，轉自袁珂《中國神話傳說詞典》第 302 頁，上海辭書出版社 1985 年 6 月第一版。

雕成的人形）的儺俗。後桃人衍變爲用桃木刻成的神荼、鬱壘神
像。門上畫一隻虎，另吊有葦索，一旦惡鬼竄入，便縛綁起來投入
虎口吞噬。由於雕刻費時費工，後來便改爲在門上畫神、鬱二神和
虎的畫像，或用兩塊桃木板寫上神荼、鬱壘字樣，這便是「桃符」
的由來。

　　幾經朝代更迭，從唐宋到明代，又陸續出現了秦瓊、尉遲恭和
溫元帥（溫嶠）、岳元帥（岳飛）兩對門神，以歷史人物神、傳說人
物神取代神荼、鬱壘，完成了從圖騰型向神將型的世俗化轉變過
程。時光流逝到現代，門神又從儺俗的宗教信仰功能，基本上演變
爲民間繪畫的審美功能。（圖14）

圖14　門神：秦瓊、尉遲恭

門神（雙扇）。錄自《山東民間年畫》，人民美術出版社 1979
年 8 月版。

　　至於「桃符」、「桃梗」等所蘊含的桃崇拜，則轉移到端午節民俗中。人們摘取桃枝、葦葉、艾蒿掛於大門之上。甚至懸以葦葉裹扎的棕子。葦，則是遠古桃木傳說中縛鬼的葦葉索（以葦編的繩索）的孑遺，它同樣含有植物圖騰崇拜之內蘊，具有避邪的功能。

　　2.「吞口」，是一種不戴在人臉上的面具。一般由木頭和葫蘆刻成的獸神形面具，多數是額上寫有「王」字的虎面，即「獸中之王」的虎面具。所謂「吞口」，即虎圖騰神一但發現妖魔鬼怪企圖闖入大門時，便一口將它吞吃之意。

　　雲、貴、川一帶還有一種吞口，口中銜著一把利刃或短劍，意在增強其威懾之神威。另有一種虎形吞口，在伸出的長舌上刻有「泰山石敢當」字樣，更加倍了鎮懾的威力。這些地區還流行一種瓢形面具，名叫瓢神。在陝西一些地區流行的木制馬勺面具，則是葫蘆型面具的變種。

　　利用葫蘆繪製成虎神、瓢神面具，蘊含著葫蘆崇拜的內涵。在著名的洪水神話中，一只葫蘆挽救了原始兄妹二人（或為伏羲、女媧），免被洪水淹死，人類不但沒有滅種，反而得到繁衍、興旺。這是葫蘆成為圖騰物的淵源。

　　3.「鋪首」。在大門口第二道防線裡，還有一對「鋪首」。它通常是由銅金屬製成「饕餮」形的獸頭。大門上的兩個銅門環，分別穿過兩獸頭的鼻孔。而這對鋪首則牢固地嵌在兩扇大門上。它的功能是，當妖魔鬼怪用手握住銅環開門時，這饕餮便可迅速咬斷它的手指，粉碎其竄入大院的企圖。（圖15）

圖 15 鋪首

殷商時代的青銅鋪首。

西漢南越王趙眜墓出土的銅鋪首（廣州）。

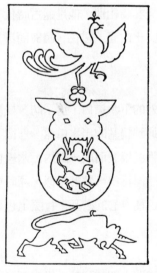

銅鋪首紋（含朱雀、白虎、獨角牛）。東漢，西安碑林藏。

銅鋪首紋。成都王建墓墓門飾。

（周華斌繪）

關於饕餮（今人稱為獸面），從出土的商周時代的青銅禮器上可以看到它的原形。傳說它是一種極其貪食的怪獸。上古人有一種極其簡單的邏輯思維：想要驅逐、鎮懾兇惡的妖魔鬼怪，就要比它們更兇惡。饕餮突目、雙角、巨口、獠牙，一付兇殘相，把它鑄在莊嚴、神聖的禮器上，鎮懾妖魔鬼怪，預防它們對典禮儀式的騷擾和對人身的侵害，求得國運昌盛、社會安泰。

當代中外學者對饕餮有諸多解釋。有的學者認為商周青銅禮器的饕餮，源自五千年前良渚文化時期的神人獸面玉琮。神人實際是巫師，而兇猛、猙獰的獸面則是良渚人崇拜的圖騰。另有學者將饕餮與蚩尤聯繫起來。傳說蚩尤的相貌與饕餮相似，他是遠古時代著名的戰神。他本身就有牛圖騰崇拜的文化內涵。這在〈儺與面具〉一章中已做過介紹。

4.排水管瓦獸

古人還考慮到院內污水排出院牆外的下水道口，為了防禦妖魔鬼怪從下水道口進入院內，便在陰溝通到牆基的出水口處，埋置一個怪獸形的圓筒瓦，這種空心獸瓦由膠泥燒製而成，院內污水經怪獸腹部，最終從獸口流出牆外，其功能同吞口、饕餮相似，隨時準備咬死企圖從下水道侵入院內之敵。這種空心的獸瓦，實際上也是利用動物圖騰的一種防禦工具。

5.鴟吻、瓦貓、瓦當、滴水

古人還考慮到妖魔鬼怪等有可能避開大門和院牆，從空而降，順屋頂、房檐跳入院內。於是便利用房屋建築佈下「空中防線」。中國傳統的房屋建築是歇山式兩面斜坡或四面斜坡，在房脊上，按裝著麒麟等瑞獸陶瓦，兩端裝有「鴟吻」。斜坡的房脊各嵌有一排

「瓦貓」，實際是虎的變形。斜坡上的瓦，爲了便於雨水迅速流下，砌成凹形狀，鋪砌至房檐頭，分別封以圓形或半圓形的「瓦當」和倒桃形的「滴水」。雨水漫過「滴水」流下。「瓦當」和「滴水」一般燒製成饕餮獸紋，或繪有青龍、白虎、朱雀。後來則多改爲各種花紋。屋脊檐下吊著「鐵馬」，風吹來一陣叮噹響聲。四周檐下廊柱的柱頭則雕成饕餮獸紋。

　　6.錦雞剪紙

　　貼在院內屋門或窗上的金雞剪紙。作爲辟邪物的活雞，最早使用於商周的儺祭，並延及後世。古文獻記載：

> 季春晦儺，磔牲於官門及城四門，以禳陰氣。春分前一日禳陰氣，冬季傍磔，大儺亦如之，其牲，每門各用羝羊和雄雞各一。
>
> 有司預備每門雄雞及酒，擬於官城正門，皇城諸門磔禳設祭。

　　這種牲祭是以雞、犬、羊等動物挫其陰氣以避邪。這是後世在祭壇或戲曲舞臺上以雞血驅鬼、辟邪的濫觴。但活著的公雞仍有此功能。它不但能啄食五毒蟲類，據《神異經》記載名叫「尺郭」或「食邪」者，頭戴雞父頭，「朝食惡鬼三千，暮吞三百」，本事大得很。這是視錦雞爲神靈的最早記載。後世以剪紙形貼於門、窗，亦具有驅鬼辟邪的作用。

　　除此之外，院內的栓馬石樁、餵馬的食槽槽幫和兩輪木車的車轅把頂部，大都雕有饕餮獸面，這意味著在院內也不給鬼魅以立足

喘息的機會。

7.虎、鍾馗、「辟邪」

正房內的堂屋，通常掛有虎（或三隻虎）或鍾馗的中堂畫。陝西一些地區至今保留著在內牆掛「辟邪」的儺俗。它由白泥捏製而成。間或在床頭或桌面上置一虎形雕塑。在江南一帶，臥室木床的側板，雕以饕餮獸紋或鳥頭。長方形枕頭的兩頭亦有類似的裝飾。在浙江奉化溪口蔣介石先生的故居，至今保留著他分娩時的大木床，側板上刻著一隻鳥頭的浮雕。這是古代吳越鳥文化的遺緒，是最重要的圖騰崇拜對象。

中國古代在築屋架設大樑時，要在大樑的正中貼上書有「姜太公在此，諸神退位」的紅紙。另在檁木上設置用桃木製成的弓矢。這是古代大儺的遺緒。漢·張衡《東京賦》中有「桃弧棘矢，所發無臬」之句，在大儺中射殺鬼蜮。如今設於檁上，倘有鬼蜮膽敢入室作祟，則以神力無比的桃矢射殺。

㈢人身儺

從村寨外緣到宅院內外，設下層層防線，都是為了防禦鬼蜮對男女老幼人身的侵害。古人對子嗣的命運更為重視，而孩童也最易受到鬼蜮的侵害。所以，生下來過了百日便帶上銀製的長命鎖，這表示要把孩童的魂兒鎖住，以免被鬼蜮或地獄中的黑無常攝走。而在銀鎖上則鑄成虎神形象，由虎神守護著魂兒。至於頭戴虎頭帽，足踏虎頭鞋，則是從頭到足，處處都有虎神加以保護，生命是萬無一失的了。

幼童喜耍撥浪鼓。古名叫鼗。漢代大儺時，一百二十名兒童

「皆赤幘皂，執大鼗」，以鼓聲唱和，配合方相氏、十二神獸捉鬼。家中所用掃帚，用黍梗編扎，則亦爲鬼魊所懼怕，張衡《東京賦》說：「方相秉鉞，巫覡操茢。」茢，是巫師驅鬼的工具和驅趕蚊蠅的拂塵，古時以葦條編扎，源出於神荼、鬱壘二神縛鬼的葦索，亦被賦予驅鬼辟邪之功能。

古人，特別是有權勢的文武官員，他們的衣著常繫以貴重的腰帶。這腰帶綴以或穿以方形或長方形的玉片，或用絲縧繫著玉佩。這玉片或玉佩常雕有饕餮獸頭。這些被普遍視爲有靈氣的玉製品，最早出現於新時器時期。大約在六、七千年前，屬於紅山文化的遼寧西部、良渚文化的浙江反山，先後發掘出極有價值的玉龍、玉琮等玉器。屬於仰韶文化、龍山文化時期的陝、豫、魯等地方也有精美玉器發現。賈寶玉項下的「通靈寶玉」，與長命銀鎖的功能相似，被認爲能起到護身符或護魂符的作用，一旦丟失這塊寶玉，他的魂兒也就丟了。古人佩帶饕餮玉片，除了顯示身份和爲了美觀，也是爲了辟邪，期望起到保護生命的功能。

(四)陵墓儺

古人普遍相信靈魂的存在。人死後，靈魂離開人的肉體軀殼，或四方遊蕩，或歸祖先聚居地方，或作爲鬼進入地獄以待輪迴，轉生來世。

靈魂觀念使古人非常重視死後的冥冥生活。從古文獻得知，至少在商周時代就出現了喪葬儀式的儺俗活動。由裝扮成熊形的驅鬼英雄方相氏，爲死者出葬隊伍開路，如《周禮·夏官·方相氏》所說：「及墓，入壙以戈擊四隅，毆方良。」他跳入墓穴的目的是趕

圖 16　鎮墓陶彩繪

辟邪與天祿。

唐墓出土的陶彩繪。

鎮墓獸。

唐墓出土的陶彩繪。

（周華斌摹繪）

走墓穴內的鬼蜮，以免死者受其侵擾。但死者家屬仍放心不下，便在封墓前於墓道或墓室裡按置石雕鎮墓獸，或在牆壁繪畫方相氏和十二神獸驅鬼圖。（圖 16）漢代墓中的畫像石大都刻有類似的畫像。湖南懷化地區發掘的一個漢墓裡，在棺槨四壁各嵌掛一方由滑石雕刻的虎神浮雕，起「吞口」作用。漢代以後到隋唐時期，出現了鎮墓的金鋼力士和鎮墓俑。後者多仿西域胡人形象。

　　古人對死者軀體也妥善保護。從西周時期的虢國（今河南三門峽一帶）的貴族陵墓中發現，死者面上覆著綴以玉石片的面罩。玉石片磨製成眉、目、鼻、口、耳等五官形狀。學者認為這是借助玉石的靈氣，保護死者面目，免受邪祟、鬼蜮的侵擾。在內蒙古東部地區發現的遼代陳國公主墓。她和她丈夫（駙馬）的屍體面部，都覆以金面具。這種習俗最早曾出現於古埃及法老時代和古羅馬時代西亞的個別地區。古希臘邁錫尼城址和秘魯亦曾出土金面具。中國的四川廣漢三星堆出土過殷商時代的金面罩。陳國公主夫婦的金面具源自何處，尚無定論。遼代契丹族在鼎盛時期，曾通過絲綢之路與西亞地區有過經濟、文化交流。當時將這種習俗傳入遼國的可能性也是存在的。據考證，這兩個金面具大體是按公主夫婦本人面貌砸製而成。正如《風俗通》所說：「俗說亡人魂氣飛揚，故作魁頭以存之，言其體魁魁然盛大也。」魁頭即面具之古稱。即，用金面具拘聚死者靈魂不使其逸去，並顯示其貴族死後的威嚴，而對鬼蜮仍可以起到鎮儺作用。

第六章　儺與戲劇

　　儺儀是儺的最基本的存在形式和最普遍的活動型態。儺儀在發展過程中，不斷尋求與藝術的結合。在初期階段，結合的對象是音樂、舞蹈和面具。當儺儀與表演藝術相結合的時候，便會孕育出一種祭祀儀式戲劇——儺戲。儺戲是儺儀發展的高級藝術型態。儺戲也是戲曲大家族中一個獨特的支系。儺戲除具有戲曲的一般共同特徵外，還呈現出自己獨特的風采。

第一節　儺戲的稱謂

　　中國民族眾多，幅員遼闊，地域廣大。不同民族、不同地區的人文環境、自然環境以及各種宗教、民俗歌舞儀式活動，都有很大的差異性，由此產生的儺戲或儺戲雛形也呈現出多姿多采的形態並且有不同的稱謂。爲便於考察、研究和文化交流，統稱爲儺戲。

　　各地儺戲的稱謂，有不同的命名方式：

(一)以演出的主體——巫師命名

　　在中南、西南等地區，多由巫師組成儺壇班，並由巫師主持和參加演出。巫師在各地分別稱爲端公、師公、道公、畢麾、梯瑪、

土老師、僮子等。

端公戲——如安徽端公戲、陝南端公戲、雲南昭通端公戲等。

師公戲——如廣西的漢族師公戲、壯族師公戲。

道公戲——或稱師道戲。流行於湖南、四川等地。

僮子戲——流行於江蘇南通地區。漢代宮廷大儺有眾多侲子參加。侲子係兒童，亦稱爲僮子。南通地區巫師稱僮子，有學者認爲源自侲子。

㈡以祭壇命名

中南、西南地區巫師組成的儺壇班，應邀到還願人家設神壇進行儺儀與演出活動。

儺壇戲——巫師在神壇前演戲，故名。又因神壇設於還願人家的堂屋，所以也稱儺堂戲。如德江儺堂戲、思州儺堂戲等。漢、土家、苗、布依、仡佬、侗等族都有儺壇戲或儺堂戲。

慶壇——四川地區稱祭壇爲慶壇，省卻「戲」字，慶壇即四川巫師演出的儺壇戲。如蘆山慶壇、蒼溪慶壇等。

㈢以地方保護神和戲中主人公命名

姜慶樓壇——即蘆山慶壇。古代蘆山多羌人，西蜀大將姜維系羌人，因而視姜維爲神靈。

趙侯壇——流行於合江縣。隋朝嘉州刺史趙昱，相傳他揮劍斬蛟，爲民平定水患，「州人頂戴，視爲神明」。後人稱爲「灌口二郎」。設壇爲趙侯壇。

關索戲——雲南玉溪地區澄江小屯村以漢代蜀將關索爲本村驅

逐瘟疫的保護神。關索形象還出現在戲裡。故名。

　　姜女戲——許多地方戲曲劇種都演出孟姜女哭長城的故事。但在湖南一些地區演出的儺戲裡，把孟姜女奉爲拯救黎民百姓的神靈。所謂「姜女不到，還願未了」，故稱爲姜女戲。在江西北部稱爲「孟戲」。

　　跳鍾馗——演出鍾馗捉鬼故事，爲黎民百姓消除災難。流行於江西、安徽等地區。

(四)以驅逐、懲罰對象命名

　　捉黃鬼——河北邯鄲武安市固義村春節期間大型社火中的儺戲。黃鬼實際上是無惡不作、忤逆不孝的人間敗類。

　　拉死鬼——河北武安市白府（百佛）村社火中演出的儺戲。

　　拉虛耗——河北井徑南王莊的儺戲。虛耗一詞最早出現於漢代。宋·高承《事物紀原》載，唐明皇夢小鬼虛耗，鍾馗「以指剜其目臂而啖之。」他發誓要剪除天下「虛耗妖孽」。虛耗即惡鬼、妖怪的代稱。

　　斬旱魃——山西晉北一帶賽戲中演出的儺戲。旱魃是造成大地乾旱的女魔。

(五)以流行地區命名

　　安徽貴池儺戲——安徽貴池長江南岸的農村，流行著分別稱爲「儺神大會」、「嚎啕會」的社祭和祭祀戲劇，統稱爲貴池儺戲。

　　河北武安儺戲——即指武安市固義村的《捉黃鬼》和白府（百廟）村的《打黃鬼》。

江西則有萍鄉儺戲、婺源儺戲等品牌。

㈥以演出時的主要工具命名

扇鼓儺戲——山西曲沃任莊大型社火「扇鼓神譜」中演出的《坐后土》等劇目，演員自始至終手持單面太平鼓。它是擊節樂器，也是象徵性道具。

㈦以民間祭祀社團命名

香火戲——中原地區不少農村有社火祭祀的組織。社頭或會首負責全部組織活動。安徽、蘇北一帶叫香火會。在祭祀過程中演出的戲叫香火戲。後經過發展形成洪山戲。

㈧以演出場地命名

地戲——原名「跳神」。流行於貴州安順地區。這個地區屬山陵地帶，間有小的平原，稱爲「壩子」。地戲演出於小壩子，四面環山或高坡，觀眾常坐於山坡俯視地面演戲故名。

㈨以傳說故事命名

射箭提陽戲——僅演出於四川廣元西部山區的射箭鄉。表演中由提線木偶扮演神靈，俗稱射箭提陽戲，又叫「花花願戲」。此鄉流傳一個有名的傳說：西蜀諸葛亮率大軍路過此地。當地土著不准過境，發生爭執。諸葛亮提出只需借一箭之地，土著同意，不料這向西射出的一箭無影無蹤。土著一向遵守信用，從此便退至川西北的山區。後來這個鄉便稱爲射箭鄉。

(十)以倫理道德感化目的命名

醒感戲——亦名省感戲，流行於浙江永康及其毗鄰地區。常與民間道教活動聯在一起。《毛頭花姐》為其主要劇目。由於演出高潮是演員（道士）在搭起九層桌子的「高樓」上表演各種技巧，故又俗稱為「翻九樓」。

(十一)以主要戲劇情節命名

打城戲——源於福建泉州開元寺的一種儺戲，最早只演出目連戲故事。主要情節是目連用禪杖打破鐵圍城，放出全部困於地獄的鬼魂。故名。

(十二)以宗教命名

儒教戲——四川一個地方推崇儒家的倫理道德觀念，演出的劇目宣傳儒家思想，祭祀孔孟聖人。故名。

師道戲——由「伏居道人」組成，或依附於「伏居道人」活動而組成的道班、壇班。宣傳道家學說，作延生法事、存亡法事、齋醮科儀，替群眾消災解厄。以四川瀘州龍門派道壇和梁平縣正一派皇壇影響較大。

佛壇戲——由佛家「慶門弟子」等組班作延生法事、存亡道場等儀式程式。演出《觀音得道》、《目連救母》等宣傳佛旨的劇目。

(十三)其他

花朝戲——流行於粵東永安（今紫金縣）一帶。清末，巫師在

祭壇進行法事活動並以歌舞形式驅逐病疫，稱爲「跳神朝」。後在此基礎上搬演簡單故事，表演諧趣花俏，稱爲花朝戲。

　　陽戲──命名說法有四。1.道教符籙派有陰教、陽教之分。陽教爲巫派。四川劍閣縣稱這種巫派陽教的戲劇爲陽戲。2.隋煬帝楊廣與民同樂，組織戲班演出。取皇帝姓，稱楊戲，後衍稱陽戲。3.民間稱陽戲爲完（還）陽戲。清·同治年間，《酉陽直隸州總誌》說：「病癒還願，謂之陽戲」。❶演出目的與儺願戲相同。4.湘西的陽戲與儺堂戲常同臺演出。儺堂戲演出於還願人家的堂屋，「屬內教主陰」；陽戲演出於屋外戲臺，「屬外教主陽而得名」。陽戲流傳於西南、中南地區，較著名的有四川劍閣陽戲、梓潼陽戲、酉陽陽戲、接龍陽戲、江北陽戲等。湖南的陽戲已與地方戲曲演出型態相似。

第二節　儺戲的特徵及其演出型態

　　在漫長的歷史中，各地區、各民族的教儺、社儺、族儺、軍儺和寺儺，在自己的祭祀歌舞儀式中孕育了儺戲的雛形。有些儺戲雛形進而發展成儺戲。有些儺戲雛形處於似舞似戲的中間型態，至今仍未發育成較完整的儺戲型態，稱爲「前儺戲」。這些儺戲、前儺戲，不論同時態或者異時態，在歷史文化積澱中，形成競芳爭妍的繁榮局面，且在不同的人文環境、自然生態中形成了不同於一般戲

---

❶　轉引自于一：《巴蜀儺戲》，32 頁，大眾文藝出版社 1996 年 10 月出版。

曲藝術的特徵。

㈠祭祀儀式劇特徵

　　上述各種儺戲型態是以不同的儀式進行祭祀活動和演出活動的。這些儀式，這裡指現階段仍然存活的各種儀式，大都採取了繁瑣的或簡單的請神──降神──送神的儀式。這種模式由於沿襲了數千年之久，逐漸凝結成固定的框架。農民、民間藝人、巫師、士兵或喇嘛等分別妝扮成圖騰、神鬼、祖靈，包括宗教神、民間傳說神和歷史人物神，或者從廟宇中抬出神像，在「踩街」、「遊村」中沿門逐戶進行消災逐疫、祈祥納吉、還願免禍等活動。各種儺戲或前儺戲的演出，依附於儀式活動，因此，帶有濃厚的儀式戲劇特性。

㈡娛神與娛人相結合

　　在各種儀式活動中演出儺戲、前儺戲，其目的有二：一是頌揚神靈，二是娛樂神靈。通過獻牲（豬、羊、雞等供品）和演出節目以取媚神靈，使得神靈愉快地為人間驅鬼逐疫，降福呈祥，以求人壽年豐、六畜平安、天下太平。與此同時還演出一些世俗節目，娛樂善男信女。取得娛神又娛人的效果。從而使人們獲得宗教心理和審美心理的雙重滿足。

㈢演出的特殊時空觀念

　　儀式活動和儺戲或前儺戲，不演出於有現代技術裝備的劇場和舞臺，它們的舞臺空間或演出場所不需要佈景和大道具，設壇的堂屋、廟宇、院落、場院、打穀場、祠堂，這是相對固定的空間；街

道、門前，村落之間的道路，這是流動的空間。它的舞臺空間是無限的。天堂、人間、地獄、大海、雲海、河流、院落和居室，無所不包。演員運用虛擬表演，任意馳騁，可以表現任何時代與空間的故事內容。

㈣依附於民俗的固定演出時間

孕育於民間儺、寺儺和軍儺的儺戲、前儺戲，它們的演出日期受民俗活動特別是歲時節令的限制。它們大多演出於春節期間，且集中於送神儀式前的元宵節前後。只有地戲還演出於七月的收穫季節，俗稱「跳米花神」。孕育於寺儺的西藏「羌姆」、內蒙「查瑪」、「米拉日巴」，則演出於喇嘛教的固定節日。孕育於願儺的儺壇戲，則演出於還願人家確定的日期，演出時間從一天到七天不等。

㈤面具——獨特、奇妙的造型手段

對於儺戲、前儺戲，面具不僅是最重要的造型手段，而且是它們最鮮明的演出標誌。在演員和廣大善男信女的心目中，面具蘊含著豐富的歷史文化內涵，正如在第四章「儺與面具」中所說，它是神靈的象徵。基於極端的宗教虔誠心理，平日將面具封入箱中，收藏於祠堂、廟宇等處。儀式前的啓箱，儀式後的封箱，都要焚香跪拜，敬請神靈啓駕或歸天。演員戴上面具就被認爲是神靈附體。善男信女通過辨識面具，就知道演員扮演什麼神靈角色。儺戲演員戴面具進行表演，顯示出一種獨特、奇妙並且具有神秘感和幽默感的藝術風采。

㈥敘述體說唱文學的特徵

儺戲一向遭受文人的鄙視。沒有任何劇作家願意爲儺戲編寫劇本。儺戲的演出臺本主要來自兩個方面，一種是巫師的各種「神書」。這種神書是巫師舉行請神、降神、送神儀式程式時的表演依據，也是對每一個被「請」下來的神靈的讚頌。這類神書幾乎全部是七字句的唱詞。巫師在請神時表演每一個神靈，但它吟唱的卻是第三人稱敘述體的唱詞。

另一種是民間藝人原樣搬用現成的說唱文學作品，如民間流行各種歷史演義詞話。它們原是由一人說唱的敘述體曲藝形式。儺戲藝人拿來按角色分配唱詞。這便造成第一人稱敘述體與第三人稱代言體的矛盾。但在藝人長期演出實踐中，逐漸向代言體過渡。這個過渡時間相當漫長，以致今天的演出仍不同程度地殘留著敘述體的痕跡。

㈦藝術傳承與禁忌

儺戲的藝術傳承基本上有兩種方式。一爲儺壇班、慶壇掌壇師（演出主持人、戲師）把表演傳授給徒弟，代代傳授。傳授有嚴格繁瑣的儀式。在貴州銅仁地區，有的儺壇班已傳授了四十多代。

西南地區的關索戲、地戲和中原地區的一些儺班、會班，由父親演員傳給兒子，無子嗣則可將表演藝術傳給同姓堂姪。儺戲演員在春節前沐浴潔身，到廟宇或祠堂中向神靈和面具叩拜焚香，請求神靈保護演出順利。此後不准與妻子同房，直到元宵節後演出結束，將面具封箱送至廟宇、祠堂收藏爲止。

演員把演出視爲宗教信仰的一種具體體現，看重它的宗教功能，代代因襲傳承，不敢走樣，不敢提高與發展，表演藝術水平長期處於停滯不前狀態，致使儺戲的審美功能難以得到較充分的展示。

第三節　儺戲劇目的分類

流行於各地的數十個儺戲品種，由於各有不同的儺屬性，且因形成於不同的人文生態環境，它們的劇目有明顯的區別，甚至完全不同。

從廣義的角度分析，儺戲劇目都屬於儀式劇，但有的孕育、萌生於祭祀歌舞儀式，呈現出儀生戲、儀夾戲的型態，但有些劇目只是演出於儀式活動過程之中，卻並非孕育、萌生於儀式。

(一)孕育、萌生於儀式的劇目

這類劇目不但孕育、萌生於儀式，而且對儀式活動有很大的依附性和寄生性。這是因爲它們的演出，宗教信仰的功能，大於審美的功能，以致難以脫離儀式而獨立存在。這類劇目可以分爲兩種：

1.搬請神靈驅鬼逐疫、除邪解厄和祈福納吉

這類劇目多產生於儺壇戲、慶壇和陽戲，如《靈官鎭臺》、《鍾馗斬鬼》、《楊泗斬鬼》、《二郎掃蕩》、《文昌掃蕩》、《斬孽龍》等。或爲還願人家解除厄運，除邪安宅，求得人丁興旺，或爲一方求得社會安寧。中原地區則有《斬旱魃》、《鞭打黃癆鬼》、《捉黃鬼》、《扯虛耗》、《關公斬妖》、《斬蚩尤》

等，以求人壽年豐，六畜平安，國泰民安。

2.歌頌與讚美所「請」之神靈及其事蹟

這類劇目多與儀式程式相結合，確切地說是對各項儀式程式的形象顯現。如貴州銅仁地區德江儺堂戲，開壇之後，由尖角將軍和唐氏太婆從所在桃園三洞中請出二十四個面具，即二十四個神靈，引出二十四全堂神戲，上半堂十二齣戲中的《尖角將軍》、《唐氏太婆》、《關聖帝君》、《周倉猛將》、《引兵土地》、《押兵先師》、《開山猛將》、《勾願猛將》，下半堂的《梁山土地》、《城隍菩薩》、《勾願判官》等，都稱為「正戲」。這些正戲不論是否有把壇老師（掌壇巫師）參與，也不論是對兒戲或獨角戲，都是按儀式程式的需要，逐個引出神靈輪番表演。

(二)娛神又娛人的劇目

這類劇目在儺戲裡稱為插戲、「花戲」或「花花戲」。它們是與祭祀儀式本身無關的神話戲、世俗戲。名義上是請神靈觀賞，酬報一年的農業豐收與社會安定，並祈求新的一年裡風調雨順，四季平安。實際上，是為了吸引更多的善男信女，圍觀儺壇祭祀儀式活動，擴大壇班的影響。這類劇目可分為：

1.神佛鬼怪戲

四川射箭提線陽戲演出的《封神榜》折子戲《姜子牙》；南通僮子戲演出的《西遊記》折子戲《唐僧西天取經》；貴州、湖南、湖北儺堂戲演出的《龍女》或《柳毅傳書》等。

2.歷史演義戲

貴州安順地戲演出《三國》、《隋唐》、《岳家將》、《薛家

將》；雲南小屯關索戲演出三國戲。江西婺源儺戲演出東周列國戲中有關李斯與蒙恬的故事。

3.傳說故事戲

安徽貴池儺戲演出的大型劇目《劉文龍》、《包公放糧》、《孟姜女》、《關索與鮑三娘》。這些演出臺本與上海郊區出土的明成化說唱本相同或相似。

4.風情打鬧戲

這類小戲在四川慶壇、陽戲中稱爲「耍儺」或「耍壇」，在貴州儺堂戲稱爲「花戲」或「花花戲」，演出最受觀衆歡迎。如《搬師娘》、《毛雞打鐵》、《秦童》，四川則有《算匠》、《皮金滾燈》、《皇帝打爛仗》、《駝子回門》、《和尙趕齋》等。

這類小戲多爲風情喜劇，以逗趣、打鬧爲目的。有個別劇目雜有露骨的色情描寫，唱詞淫穢，不堪入耳，但演出的巫師爭辯說：神靈就是喜歡看這樣的戲，不這樣演神靈就不高興，不下界，不領牲，不恩澤人間。論者認爲這與遠古時代的生殖崇拜有某種聯繫。但如今的演出在本質上是爲了迎合某些觀衆的低級、庸俗趣味。

第四節　儺與目連戲

目連戲是中國戲曲史上影響最爲深遠、社會生活容量最大、思想內涵最爲複雜的宗教劇，也是舞臺壽命最長久、生命力最頑強、觀衆面最廣泛的倫理道德劇。被讚譽爲傳統戲曲的「戲祖」或「戲娘」。在近千年的發展歷程裡，不斷受到儺文化的滲透。至遲到清代「亂彈」時期，目連戲的演出甚至增添了類似儺祭的宗教功能。

㈠千年目連

目連戲的主人公目連僧，源出自古印度。原型叫目犍連，全稱摩訶目犍連。釋迦牟尼的十大弟子之一，被譽爲「神通第一」。

目犍連這位佛經故事中的著名人物，是隨著佛教的東漸而踏上中國大地的。

西晉·竺法護所譯《佛說盂蘭盆經》，是最早介紹目連救母故事的文獻。敘述目犍連以「道眼」、「見其亡母生餓鬼中」。送他「缽飯」，卻「食未入口，化爲火炭」。後求援佛陀，告之七月十五，「尋世美以著盆中，供奉十方大德僧眾」。目犍連依法而行，亡母得解厄，他終於報了「父母常養慈愛之恩」。

敦煌發現的《目連變文》、《大目乾連冥間救母變文》、《目連緣起》等變文，標誌著唐代將難懂的佛經故事，以「俗講」的方式向廣大善男信女進行宣傳。目連、青提、地藏菩薩等角色和救母故事初見端倪。這是目連故事中國化（漢化）和世俗化的產物。❷

作爲通俗說唱形式，爲了更易於接近廣大觀眾的心靈，從「坐唱」發展成化妝演唱，再到扮演角色，演出於勾欄瓦肆，這是歷史發展之必然，於是北宋便出現了雜劇《目連救母》：

> 七月十五日，中元節。先數日市井賣冥器……及印賣《尊勝目連經》，又以竹竿斬成三腳，高三五尺，上織燈窩之狀，謂之盂蘭盆，掛搭衣服冥錢在上焚之。构肆藝人，自過七

---

❷ 王重民、周一良等編：《敦煌變文集》（下集），人民文學出版社 1957 年出版。

夕，便搬《目連救母雜劇》，直至十五日止，觀者倍增。❸

在中國大地上，首倡於七月十五日舉辦盂蘭會的是五代篤信佛
教的梁武帝蕭衍。盂蘭盆是印度梵文 vi-lambana（烏蘭婆挐）的音
譯，意謂「解救倒懸」。上述經書中即指目犍連通過盂蘭盆會，解
救母親出獄。

七月十五日中元節，最初是佛教的民俗節日。宋代釋、道、儒
「三教合一」的宗教融合趨勢，使道教大醮儀式和儒家倫理道德逐
漸融入目連戲和盂蘭盆民俗儀式活動之中。

隨著盂蘭盆鬼節民俗活動在廣大的中原大地上的傳播，繼北宋
雜劇之後，宋南戲、金院本、元明雜劇都出現了目連戲的演出。

明代安徽人鄭之珍於萬曆年間，編寫出《目連救母勸善戲
文》。它對民間流傳的本子進行整理加工，刪節枝蔓，潤色文辭，
文學性得到很大提高，演出時間得到適當壓縮，即作者所說「願三
宵畢」。這個本子的出現，對各種流傳的民間本子起了一定的規範
作用。

明代以來，目連戲猶如雨後春筍，呈遍地開花的盛況。特別是
與民間迎神賽社等民俗活動相結合，演出的聲勢愈益熾熱，以致地
方官府以「曲盡淫詞，傷風敗俗」、「跳舞神鬼，窮行盡相」、
「奸盜詐騙，弊端百出」和宣揚迷信為由予以遏止，但收效甚微。
張照奉聖命編寫的《勸善金科》，便是在這種屢禁不止的情況下出
臺的。在這個本子裡，目連救母的基本情節沒有多大變動，但張照

---

❸　宋·孟元老：《東京孟華錄》。

的側重點則在以大量篇幅批評亂臣賊子朱泚、李希烈、盧杞等人，歌頌忠於皇上的彥眞卿和保護皇室、英勇作戰的李晟、渾瑊等人，並把「妖言惑眾」、「調唆鎭壓」列入「十惡」之中，其政治傾向則是維護統治階級利益。雖然受到乾隆和大官僚的重視，卻影響甚小，僅在宮廷內演出過幾次。

相反，包括鄭之珍的作品在內各地流行的本子，演遍大江南北，巴山蜀水。張岱《陶庵夢憶》、李斗《揚州畫舫錄》等書，都有生動的記述。正如劉禎在《中國民間目連文化》中所說：「目連戲的演出，促進了各地地方戲的興起，帶動了民間戲曲的熱鬧，繁盛；而地方戲的勃起和盛行，又使目連戲得到進一步的發展。」❹

(二)儺文化對目連戲的滲透

從北宋到清末民初，目連戲歷經千年，演出不衰，而且內容越來越豐富、複雜，演出型態也越來越精釆多樣，形成中國戲曲史上一道獨特、多彩的藝術風景線。這在世界戲劇史上也是罕見的。

究其原因，首先是它集中展示了傳統倫理道德價值，特別是目連那種「上窮碧落下黃泉」，爲解救母親倒懸的至誠至孝的精神，撥動了千萬觀眾的心弦。其次是演出型態和表演藝術的多姿多釆，引人入勝。它幾乎囊括了漢代「百戲」以來宮廷與民間的各種技藝，極富觀賞價值。

佛教的盂蘭盆會，作爲一種宗教民俗儀式活動，它成爲孕育、發展目連戲的溫床，也適應了信仰佛教的觀眾的宗教心理。儺文化

---

❹　劉禎：《中國民間目連文化》，51頁，巴蜀書社1997年7月出版。

的不斷滲透，在相當程度上，改變了目連戲的宗教傾向和審美趨勢。即從早期的超渡亡靈，包括周濟孤魂野鬼，衍變成後期的酬神還願、驅鬼逐疫。由於融入了儺祭精神和巫術意識。在廣大觀眾的心目中，目連戲的演出目的，如其說是爲了死人而超渡，不如說是爲了活人而逐除。所以許多地方，特別是長江流域和百越地區，目連戲被當地觀眾分別稱爲「平安大戲」、「平安神戲」、「還願大戲」、「大醮戲」、「萬人緣戲」。

　　舊時紹興人認爲演出目連戲有消災免禍、驅鬼逐疫的功能，稱目連戲爲「太平戲」。通常在演出開始時，由鎮臺的王靈官向觀眾講述演出目的：

　　　　×鄉×村送上平安大戲一臺，家家户户各得平安。有恐五殤惡鬼前來襲擾，爲此作平安大戲一臺，善哉。❺

　　紹興民間把非正常性的死亡、早夭、投河、病死、上吊、服毒等稱之爲「五殤」，認爲這是厲鬼作祟或中了邪氣。爲免除「五殤」惡鬼的襲擾，才許願演出目連戲。有的戲班在起殤時，由鬼王帶領小鬼走下戲臺。戲臺祭起三牲、香火。小鬼撐下公雞頭，用雞血抹到病人臉上以驅邪。接著便把病人打到臺下，這大約是把附體的疫鬼打出病人體外之意。臺下安排人用網兜住，把病人抬到附近廟中直至病好後送回家中。正如古人所說：「驅逐疾病有《目

---

❺　蔡豐明：〈紹興目連戲與民間鬼神信仰〉，載 1990 年 2 月《民間文學論壇》。

連》」。目連戲的演出，融入了「儺願」和「沖儺」的習俗。

安徽南陵目連戲的演出，主要是爲了做會還願、酬神謝鬼。某處受災或時疫流行，牲畜瘟病，隨時許願請演目連戲。

浙江永康醒感戲，通常是一邊演目連戲，一邊做水陸道場，演戲與法事交錯進行。它屬「酬神還願，驅疫消災」的道士戲。

上虞目連戲的演出組織「太平會」……它的演出「旨在除疫驅祟，祈禱地方平安。」❻

江西高淳陽腔目連戲，通常稱爲「平安神戲」或「太平戲」。演出目的是「酬神了願，禳災驅鬼」，「驅邪消災」。❼

在陝西寶雞鳳翔地區演出目連戲，有所謂「過刀山」、「踏紅鐵鏵」等儺祭驅鬼逐疫的絕技。正所謂「揮舞踏歌，驅邪逐妖」，歌詞皆爲「威懾鬼神相一致」。❽

川目連每年演出於成都北門外東岳廟，「觀者若狂，俗謂，如不演此戲，心不清吉。」❾徐珂在《清稗類鈔》中說，演出目連戲，「川人持此以撥不祥，與京師黃寺喇嘛每年打鬼者同意」。在川東達縣，天旱不雨，必搬目連。

在貴州的鎮遠，民國初年連年旱災、瘟疫，便建醮搬演目連大戲。目的自然是祈求神靈消除旱災瘟疫，四季康泰，五谷豐登。天柱一陳姓家譜記載，康熙年間大疫，合族皆染。數十年後瘟散嗣

---

❻　引自徐宏圖：〈湘江目連戲概述〉，載《目連戲研究文集》。

❼　引自黃文虎：〈高淳陽腔目連戲初探〉，載《目連戲研究文集》。

❽　黃笙聞：〈北方目連戲的藝術型態〉，1995 年四川綿陽川劇目連戲學術研討會論文。

❾　〈成都通覽〉，轉引自溫余坡：《四川目連戲面面觀》。

歸，恐疫複襲。咸豐八年請大戲入祠，作「萬人緣」。大戲即辰河
班目連戲。連少數民族聚居區也把目連戲視爲驅疫禳瘟的神戲。❿

　　民間如此，宮廷亦如此。清乾隆年間帝命張文敏制諸院本進
呈。他根據目連戲文編成《勸善金科》。「於歲暮奏之，以其鬼魅
雜出，以代古人儺禳之意。」⓫說得再明白不過了。

　　綜上所述清代目連戲或在中元節盂蘭盆會上演出，或在其它時
間演出，超渡七世祖先和解脱地獄餓鬼的內容，已被淡化乃至淹
沒。除了藝術百技的觀賞，民間習俗的洗禮，封建道德和神權的宣
揚，它的主要職能已轉化爲驅鬼逐疫、禳病去邪、酬神還願、消災
納吉。後期目連戲的演出，已充滿了儺文化的氛圍，靠近或承襲了
儺戲的功能，也具備了儺戲演出的基本特徵。

(三)儺戲與目連戲的比較

　　儺戲與目連戲原是兩種不同類型和性質的戲劇，但經過上千年
的社會洗禮和藝術磨礪後，它們之間的異同都更加明晰。

　　1.從起源角度考察，儺戲孕育和形成於儺祭、社祭的民俗歌舞
儀式；目連戲孕育和形成於佛教盂蘭盆民俗儀式活動。兩者同屬儀
式劇的範疇，但目連戲是宣傳佛經教義的宗教劇；儺戲具有濃厚的
宗教色彩，但不宣揚任何宗教教義。從本質看，儺戲不是宗教劇。

　　2.作爲社會文化現象考察，它們同是宗教文化、民俗文化和藝

---

❿　　引自李懷蓀：〈古老戲曲的「活化石」〉，載《目連戲論文集》。

⓫　　轉引自張庚、郭漢城：《中國戲曲通史》下冊，中國戲劇出版社 1983 年
　　版。

術文化三者相結合的產物。但目連戲受佛教這種「人爲宗教」的影響至深，在爲死者解救倒懸和爲活者解除苦難時，採取了拜倒在佛祖腳下，祈求佛祖的垂憐與恩賜的方式。儺戲則在原始宗教（巫教）和道教的影響下，採取自我解救的方式，即發揮人的主體精神，利用巫術等手段，搬請鍾馗、關羽、二郎或地方保護神，驅逐鬼疫，掃除災難，以求人壽年豐、六畜興旺和國泰民安。目連戲只是到了明末清初之後，才兼具儺戲這種宗教功能。

　　3.從演出劇目方面考察，兩者各有自己的體系，但都分爲兩類。目連戲分爲正戲和花戲。正戲是《目連救母》和觀音得道等大型劇目；花戲則指「花目連」，演出世俗小戲。儺戲則分爲正戲與副戲或陽戲。正戲或陰戲是「樂神」性質，即演給被邀請的神靈看的。副戲或陽戲則屬娛人性質，是演給觀眾（包括善男信女）看的。當然，從觀眾的審美角度，目連戲和儺戲的正戲、陰戲，也具有娛人的功能。

　　4.從演出型態方面考察，目連戲的規模大，角色多，需要在大型舞臺（主要是依附於廟宇的舞臺）上演出。儺戲的演出場地要求不嚴，更多的是場院、堂屋、祠堂、街道。但時空觀念和戲劇觀念上都具有以下特點：

　　⑴演出空間的外沿：演員扮演的角色，時而在臺上，時而在臺下（包括街道、荒野或居民內室等）。把固定性的舞臺與流動性的場地巧妙地結合起來，自由地擴大演出空間。

　　⑵突破藝術與生活的界線：如川目連演出「迎親」一場，新娘家被安置在數里以外的居民家中，新娘「哭嫁」、「背親」和上轎、下轎等，同生活中的民俗活動完全一樣。儺戲《捉黃鬼》等的

演出，押解黃鬼遊街示眾，宛如人們生活中發生的一樣，使演出更具有生活的逼眞性。

　　(3)突破演員與觀眾的界線：如目連戲中的捉拿劉青提，儺戲中的捉拿旱魃或黃鬼示眾，都善於調動觀眾積極參與演戲，協助四大天王或鬼差，捉拿、押解劉青提、旱魃或黃鬼。

　　5.從表演藝術角度考察，都強調技藝性，加強觀賞性，以求吸引更多的觀眾。目連戲演出中，吸納漢代「百戲」以來宮廷與民間的各種令觀眾叫絕的技藝。儺戲則有「跑火池」、「上刀梯」、口銜燒紅的鐵犁、油鍋「神判」等絕技。巫師通過這些軟、硬功夫。顯示超凡的「神力」，以使觀眾相信他們是神靈的使者。

第五節　儺與戲劇發生學

　　戲劇發生學是學術界的一個老課題。二十世紀五〇年代起，普列漢諾夫「藝術源於勞動」說，作爲不可質疑的定論，被藝術界所接受。八〇年代以來，特別是 1988 年在新疆烏魯木齊市召開的戲劇起源研討會，把這個課題研究推向了新階段，儺——宗教祭祀儀式與戲劇起源的關係，普遍引起學者的關注。

(一)戲劇起源說

　　關於戲劇的起源，歷來眾說紛紜，現摘其有代表性者簡述如下：

　　1.原始歌舞說——歌與舞是戲曲綜合藝術最基本的要素，原始歌舞是戲曲的濫觴。

2.渲洩淨化說——戲劇原是爲渲洩某些情緒，淨化某些感情而產生的。

3.遊戲娛樂說——戲劇原是爲了遊戲和娛樂。

4.模仿本能說——人類生來就有模仿自然與社會各種事物的本能。戲劇是這種本能的藝術表現。

5.綜合形成說——戲劇最終由各種藝術因素逐漸結合、融合而形成的綜合表演藝術。

6.說唱文學說——當歌舞表演與有故事情節的說唱文學結合時，戲曲便產生了。北宋大型雜劇《目連救母》的產生，便來源於講唱文學。

7.泛文化說——上古諸多藝術型態以及宗教祭祀活動構成了泛文化，這就是原始戲劇或叫原始儀式劇。

8.多元化說——這個概念有兩層意思：一是指不同地區、不同時期都能產生戲劇。二是指歌、舞、詩、樂、白、文學、面具等諸藝術因素，以不同的組合方式構成多種戲劇型態。

9.巫優說——王國維在《宋元戲曲考》中說：「後世戲劇，多自巫、優二者出。」

10.鄉儺說——董康在《曲海總目提要·序》中說：「戲曲肇自古之鄉儺。」

11.傀儡戲演變說——孫楷第在《傀儡戲考源》中說：「中國戲劇之起源，係模仿傀儡戲而來。」

12.外國輸入說——許地山在《梵戲體例及其在漢劇上底點滴》，鄭西諦《插圖本中國文學史》，都認爲中國戲曲傳自印度。

上述論點，多數都有依據，且能自圓其說，在探索戲劇起源的

道路上，或邁出有益的步伐，或提供了值得思考的參照系，具有一定的眞理性，有的則已接近戲劇起源的歷史實際。但多數偏於一個局部的探索，而缺乏全面、整體的思考，陷入一葉障目境地；有的則錯把戲劇起源與藝術起源，或後世戲劇品種的產生混同起來。

戲劇發生學的對象，主要是研究戲劇的起源，研究原生型態或具有原生型態的戲劇，是在怎樣的人文生態環境中孕育、形成的，以及在它的起源階段，各種藝術因素，表現手段是怎樣組合與構成戲劇藝術的，並從中尋找出戲劇起源與發生的規律性東西。

一個世紀以來，各國文化人類學家不論是演繹學派、功能學派或者結構主義學派，對生活在南美、西南太平洋等地的原始部落進行考察之後，一致認爲戲劇起源於原始宗教，確切地說，是起源於原始宗教儀式之中。各國的戲劇史家也多持這種觀點，並認爲這是世界戲劇發生的共同規律，即共生現象。近十年來，中國的戲劇史家持這種觀點的開始多起來，有趣的是，涉足儺戲、儺文化的戲曲史家，也多支持這種觀點，並多有創見。儺、儺戲與戲劇發生學變成了學術界的一個熱門話題。

(二)儺戲與原始戲劇

世界上最早的戲劇當屬古埃及法老時代的宗教祭祀劇，但隨著奴隸制的崩潰而消亡。產生於二千多年前的古希臘戲劇、印度梵劇，是世界戲劇史的驕傲。它們在輝煌過幾個世紀、留下經典劇本之後也先後消失了。南美印地安人的宗教祭祀劇，在十五世紀至十六世紀時還曾流行過，如今也看不到了。

這些最具代表性的原始戲劇，現代的學者根據考古和古文獻等

資料，可以簡略地描繪出它們是在怎樣的宗教祭祀儀式活動中孕育和形成的，它們的演出是怎樣一些型態以及有著一些什麼樣的特點。但它們在祭場或舞臺上具體而形象的演出活動，已經永遠地從地球上消失了。至今印度喀拉拉邦個別劇團演出的具有原始型態的節目，也很難窺視到二千年前梵劇的眞實面貌。

中國的戲曲從南戲到今天已有近千年的歷史，幸運的是它幾經變遷仍活躍於舞臺。是目前世界上年齡最大的古典戲劇，但至今爲止，中國的多數戲曲史家仍未找到或者不願探索戲曲的起源同宗教祭祀儀式活動有某些必然聯繫。

幸運的是，中國的儺戲（包括儺戲雛形）彌補了中國戲劇史上這個令人迷惘不解的遺憾。作爲祭祀儀式劇的儺戲的起源，可以上溯到「三代之戲禮」——蠟祭的妝扮自然神靈、貓虎等動物神靈；祭祀祖靈扮演「神尸」、「靈保」的傳統；屈原《九歌》等迎神、贊神（酬神）、送神的三段模式以及蚩尤戲——角觝戲的圖騰信仰神蘊。漢代大儺中由方相氏與十二神獸以歌舞形式完成的驅鬼逐疫，初步構成了儺戲雛形。到了宋代，儺祭與社祭進一步融合在迎神賽社、春祈秋報的火爆儀式之中。從驅逐等祭祀儀式中蛻生的《跳鍾馗》之類節目的出現，標誌著儺戲、啞儺戲的形成。而吸納漢「百戲」以來各種雜藝絕技和來自西域「蘇幕遮」等歌舞，又豐富了儺戲的表現手段。終於在明清兩代造成多個儺戲品種的湧現。

作爲多元宗教文化、民俗文化、藝術文化相結合的產物，儺戲實際上成爲幾千年多重、多種傳統文化的深厚積澱。從這個意義來說，儺戲不屬於上古時代產生的原始戲劇的範疇。同古希臘戲劇、古印度梵劇相比有明顯的差異性。但另一方面，它頑強地依存於上

古時代到宋明時代的祭祀儀式和習俗，並使巫師自始至終成爲演出主體的一個組成部分。這便使儺戲至今保留了類似原始戲劇型態的演出內容與形式。這在世界戲劇使上算得上是一個奇蹟。

中國儺戲與古希臘劇、古印度梵劇的共同點：

1.在起源上，它們都孕育、形成於宗教祭祀儀式。

2.在型態上，作爲祭祀儀式劇，都曾經歷亦儀亦戲，儀戲融合的特徵。

3.在演出內容上，都經歷著迎請神靈、讚頌神靈和酬謝神靈的過程。娛神又娛人，滿足觀眾宗教祈求心理和藝術審美心理。

4.在演出主體上，演員都經歷過從祭司、巫師或婆羅門（僧侶）等宗教職業者的嬗變。

5.在演出場地上，則分別經歷著從祭壇、祠堂、神廟、街道或堂屋到舞臺的過程。

6.在造型藝術上，演員都帶著面具、假頭或穿著假形。面具、假頭和假形曾是神靈的象徵。

除了上述的共同性，也還存在不少差異性，最大的差異有三點：

1.古希臘戲劇、古印度梵劇在劇目創造上分別得益於荷馬史詩《伊利亞特》和《羅摩衍那》等史詩的神話。這些神話是它們的創作源泉。中國儺戲卻缺少人類童年時代產生的神話和敘事史詩的哺育。明代產生的《西遊記》、《封神演義》等「準神話」，由於人爲宗教思想的充斥，難以充分展示人類童年時代那種鮮明、神秘個性的神韻。

2.埃斯庫洛斯等偉大戲劇家的參與，不但爲人類留下極爲珍貴

的戲劇文化遺產,也開始把原始戲劇從宗教儀式劇的束縛中逐漸解脫出來。劇中的主人公儘管最終擺脫不了失敗的悲劇命運,但他們敢於向神靈和命運進行挑戰。阿里斯托芬則以古典喜劇的美學魅力,把原始戲劇推向世俗化,以人類的理性,衝破神靈的精神統治。中國從原始儀式劇到儺戲——祭祀儀式劇,幾千年來遭到歷代文人的鄙棄,不予理睬,只有三閭大夫屈原在流放的晚年寫了《九歌》,但他是個偉大的愛國詩人,卻不是戲劇作家。他創作了中國歷史上第一個原始儀式劇的劇本,但卻沒有任何一個文人,包括元代以後任何一個劇作家,願意從事這個被視為卑賤的「雕蟲小技」。

3.古希臘戲劇的形成,有祭司的參與,古印度梵劇的創作與演出,全部由當時社會最高等級、並享受特權的婆羅門(僧侶)擔任。這些祭司、僧侶隨著戲劇的消亡而離開舞臺。中國從原始儀式劇發展到儺戲,三千多年來有著雙重身分——宗教職業者和演員的巫師,一直活躍在祭壇兼戲臺的演出場地。中國巫師沒有經歷過歐洲同行在中世紀被殘酷鎮壓的命運。雖然漢代以來由於臭名昭著的巫蠱事件等而使自己聲名狼籍,但千百年來廣大善男信女仍把他們視為人神之中介,祈望為自己解厄納幅。巫師主持的祭祀儀式和從儀式中孕育出來的儺戲,能使他們獲得藝術審美享受。這種得天獨厚的宗教人文生態環境,不但賦予儺戲以頑強的生命力,而且使儺戲能夠繼承、吸收長達數千年的文化積澱。從八〇年代起,儺戲的考察與研究形成一個熱點的原因之一是,古印度和其他國家早已消失的原始戲劇文化意蘊,竟在中國儺戲——宗教祭祀儀式劇的多種演出形態中獲得某些有益的啓示,並且從中尋覓到對文化人類學、

宗教學、民俗學、戲劇發生學等學科都有研究價值的活材料。

第六節 儺戲品種選例

儺戲有許多不同品種，全國十多個省、區流行著二十多種儺戲。下邊選擇九個不同類型的儺戲，扼要做些介紹。

㈠河北武安社火儺戲

河北武安市固義村每隔三年舉行一次大型社火民俗活動，時間在農曆正月初九至十六日之間。這期間除到各神廟舉行迎神祭祀儀式外，以三種方式演出隊戲、啞隊戲和賽戲、儺戲。一在村內固定的戲臺，一在村外河邊臨時搭棚，一在街上流動演出，最後演到村外為止。

隊戲、啞隊戲和賽戲並非屬於儺戲的品種，而是分別在古代舞隊和社火祭祀儀式中產生的。但其中不少劇目按其性質明顯屬於儺戲範疇。這裡介紹一個獨特的隊戲劇目。《打黃鬼》：大鬼、二鬼和勾魂鬼奉閻王之命，日出之時從村外墳地捉到黃鬼，加入全村社火祭祀大隊人馬的行列之中。黃鬼後邊有二、三十個青年手持柳棍喊打。整個隊伍進進退退，井然有序而又異常火爆。這其間扮成古代將軍（背插四支靠旗）的「探馬」，騎著真馬，揚著馬鞭，往返於隊列頭尾，寓有保護隊列和傳送信息之意。隊列遊行到下午，來到村外臨時搭建的兩座審判臺前，先後由判官、閻王審判。「掌竹」在「致語」中歷數黃鬼的罪過，最後判為死刑，由大、二鬼押至數十米外的刑臺上，在煙火中抽腸破肚。圍觀的上萬觀眾圍個水泄不

通，夕陽西下前，方盡歡而散。

這個劇目，屬於流動性演出節目，演出時間長達十多個小時，圍觀的觀眾擠得水泄不通。黃鬼的形象實際上超出惡鬼或鬼疫的範疇，已社會化成忤逆不孝、十惡不赦的人間敗類。

在村內固定舞臺上演出的是小型啞隊戲——隊戲的早期形態。演出的劇目有：

《吊掠馬》——「吊」即「調」，搬演之意。「掌竹」以吟詠方式指揮關羽與探神上場。本村社首（族長）上臺向站在桌上的關羽跪燒黃表祭文，進行祭拜。「掌竹」吟詠關公身世、經歷，敘述白馬坡斬了顏良，顏良之子顏昭刺殺關羽未遂，後在東吳做了大將，向關羽挑戰。此故事不見於《三國演義》。

《吊黑虎》——殷末趙公明死後封財神，探馬給他燒香，他制伏黑虎。

《開八仙》——掌竹首先敘述八仙故事。八仙分別上場，只舞不唱。與京劇八仙角色不同的是，沒有何仙姑，卻出現花楊女。劇中還出現柳樹精。

《點鬼兵》——敘述秦莊王十三太子打死晉國惡人攔街虎，逃至河北武安，藏在祭賽隊伍裡，躲過晉國追兵，後成為本地保護神——白眉三郎神。

其它劇目有《十棒鼓》、《大頭和尚度柳翠》等。

(二)安徽貴池儺戲

安徽貴池地區的儺戲，屬族儺與社儺結合的一種祭祀儀式劇。農曆正月初七到元宵節期間演出，它大體上分三段，即儺儀、儺舞

——正戲——儺舞、吉祥詞。它與宋金雜劇艷段——正雜劇——雜扮的古老演出形式基本相似。演出前後，有隆重的「迎神下架」、「送神下架」。演出過程中還有「請神」、「朝廟」等儀典。

儺舞有的屬只舞不唱的啞劇，有的邊舞邊唱，還有的夾有「一領眾和」的誦白，稱爲「喊段」。內容不外是驅邪納福，祈求豐收，平安吉祥。具體節目有：

舞傘：迎神的舞蹈，由戴面具的童子，手持五色紙傘，在鑼鼓伴奏中做出各種舞傘身段。中間配以致敬語口號。

打赤鳥：雙人舞，屬楚文化遺存，一人戴有角面具，手持赤鳥（道具），在舞蹈中作高低飛翔狀。另一人手持彈弓追逐赤鳥，最終射落。喊段人吟誦「赤鳥赤鳥，年年下來害我禾苗，今日穿胸一箭，打死赤鳥過元宵。」

舞古老錢：又名「鮑老錢」，宋代散曲中即有此節目，舞動一枚放大到四五十公分的古銅錢，以求「風調雨順太平年」。

此外，還有《魁星點斗》、《舞回回》等。

正戲劇目一般都是大本戲，源於明代說唱詞話本。

《劉文龍趕考》——劉文龍與蕭氏女新婚三日進京求官，考中狀元，領旨平番。劉昔日同窗秀才宋中，見蕭氏美貌，以逼債爲名，欲強娶蕭氏爲妾。蕭氏不允，暗求神祇托夢文龍。文龍得夢，即辭官乘龍馬回鄉，將宋中押送南陽縣發落，並宣布皇恩封劉父爲榮祿大夫，蕭氏爲一品夫人，合家歡樂團圓。

《孟姜女》——其故事源於南戲舊篇。書生范杞良逃避徭役，無意中見到孟姜女池塘邊洗澡。結親拜堂之際，被官府抓去築長城。秋風涼，孟姜女爲其夫送寒衣，一路風霜，歷盡艱險。感動神

靈，終於在太白金星的指引下來到長城。不料其夫范杞良早被官差打死，孟姜女在萬骨堆中滴血認骨，感天動地，長城崩倒。此時太白金星告知孟姜女，她本是仙人墜落凡塵，遂指引其回歸仙府。

《章文顯》——皇親魯王見秀才章文顯之妻百花小娘貌美多姿，頓起邪念，企圖霸占，百花小娘不從，被活活打死。章上告到開封府包大人。包拯命人捉拿魯王治罪，後又借皇家「溫涼帽」，救得百花小娘還魂。章文顯夫妻團圓，玉帝差仙家引渡章文顯夫婦歸赴仙壇。

《花關索》——關羽之子關索，遠走天邊尋父，過鮑家莊，遇鮑三娘結為夫妻，又收王桃、王月為妻，繼而尋父西川，殺掉追兵，關氏父子相認。

(三)江西南豐石郵村儺舞戲

江西南豐縣是著名的「儺舞之鄉」。南豐儺屬族儺性質，以演出小型儺舞聞名江西。它的儺舞實際是假面小儺舞戲，每個節目都有簡單的情節。由於年代久遠，有些節目如《紙錢》、《和合二仙》的真正含意已模糊不清。南豐縣石郵村的儺舞戲保存得最好，每年從春節到正月十六日為演出時間。演員八人，稱為八個伯郎，另有鑼鼓隊三人，領隊一人。先是到各村沿街入戶，在每家堂屋供奉祖先牌位前表演，稱為「遊鄉」。元宵節回到本村，夜裡逐戶入室，由手持火炬的開山、鍾馗帶領手持鐵索的小鬼，逐室驅鬼除邪，氣氛嚴肅神秘。實屬周、漢時代「鄉人儺」的驅儺孑遺。順序如下：

祭壇：全體儺班人員在儺神廟裡面對祭壇，案首擊鼓鉦，唱、

喊祭詩，頂禮膜拜。

《開山》：或叫《開天劈地》。開山即遠古神話中的盤古。舞者手舞鉞斧，四方砍劈、掃蕩廳堂，先導開路，淨壇驅逐。

《紙錢》：地社殷將軍手持紅繩舞蹈四方。內涵不明。

《雷公》：舞者喙嘴雙翼，一手持斧、一手持鑿。耕雲布雨，福澤眾生。

《儺公儺婆喜得子》：舞者爲土地公、土地母打扮，懷抱儺崽，親嘴打扇，表現人間天倫之樂，具有濃鬱的情趣美。

《鍾馗醉酒》：鍾馗與大、小兩鬼猜拳戲酒。宋雜劇《舞判》的遺響。

《雙伯郎》：哪吒與楊戩親如兄弟，舞槍弄矛。

《祭刀》：關公陣前磨刀、耍刀。爲驅鬼驅疫必演的節目。

㈣湖南湘西苗族儺堂戲

湖南湘西地區苗族儺堂戲，係儺戲的一種。由巫師組成的儺壇班在堂屋神壇之前演出，故稱爲儺堂戲或儺壇戲。整個演出分三個部分。

第一部分：

掌壇師（壇班首席巫師）通過化裝（戴法冠、穿法衣、拿道具）和藏身躲影，請師附體等法事，化身爲行壇弟子（角色），打開桃源洞門，陸續請出二十四位戲神（以儺面具代替），爲戶主掃邪、祈福、勾願。一般按下列劇目序列演出：

《搬先鋒》：「搬」即「請出」之意。巫師著女裝，戴面具舞白旗、彩扇駕臨儺壇。拜儺公儺母（木神偶）、九天司命等，爲戶

主蕩穢，求神保佑。勾銷良願後下壇回程。

《搬開山》：開山原形爲盤古神，後在湖南衍化爲開山大將。巫師頭戴雙角、紅面獠牙的威武面具，手持開山斧，爲戶主砍邪、祈福、勾願。行動莽撞、臺詞詼諧，是儺堂喜神之一。不料，洗澡時板斧失落，只得去請算匠測算掉斧的方位。

《搬算將》：算將即測字算命先生。算將青衫瞽目、拄棍持琴與妻子出桃源洞爲戶主占卜祈福。遇開山，兩人吹牛比本領。後測得板斧落在東洋大海，開山果然找到。但斧口已缺，須請鐵匠修整。

《搬鐵匠》：鐵匠與其妻赴儺堂爲戶主還願，開山請他修整板斧。對答戲謔，苗歌幽默，作拉爐、打鐵、修斧等舞蹈。最終，開山因少付工錢被鐵匠夫婦追打下場。

《搬師娘》：童兒接張將軍令牌與騰雲鞋去接師公（巫師）還願。師公不在，搬請師娘。正當兩人戲謔答對、饒有情趣之時，開山上場，相邀同赴戶主儺堂爲其砍邪掃魔，招財進寶。末了，各自回程。

以上屬於有連貫性的小喜劇系列。

第二部分：

苗族原始祖先蚩尤是五千年前的戰神，傳說還是戰爭面具的首創者。苗巫師裝扮成他的模樣，臉抹黑灰，執戈揚盾，倒戴鐵三角（象徵牛角），倒披蓑衣，爲苗民驅趕惡鬼。這種驅鬼儀式成爲僅存於湘西苗區的「蚩尤戲」活化石，其主要劇目有：

《大隔傷亡》（苗語：恰相）：戶主事先在門前平地上挖一小坑，旁插紙人和一柱香。巫師悄然出場燃香、上供請神（蚩尤）附

身。然後，臉抹黑灰，吹口哨引鬼、哄鬼入坑。不果，巫師便舉簸箕追擊。紙人抖動則表示傷亡鬼已到坑邊。於是，幫師（巫師助手）將五猖布猛然展開，表示陰兵陰將全部出擊。巫師一刀將雞頭砍下，丟入土坑，並將紙人、燃香一並埋入。巫師率幫師滿屋追殺，將惡鬼驅逐出門。

《搬公西》：苗語公西又叫「斗戰鬼」，凡受重傷，危及生命的，必請他去戶主家驅趕傷亡鬼。公西的裝扮形象亦如蚩尤。

第三部分：

法事：在還儺願進入「沖營打寨」這堂法事時，即以上刀梯、踩鏵口、摸油鍋等驚險絕技爲戶主禳災祛邪。其表演程序主要有：1.鋪壇；2.藏魂隱魄；3.請水；4.請神；5.坐兵場；6.踩九州；7.封邪；8.上刀梯；9.踩鏵口；10.摸油鍋。後三者屬巫技，即儺技。這些法事項目以咒語、訣法、祭祀舞蹈、驚險行動爲主，加以鑼鼓伴奏。

(五)貴州安順地戲

地戲是流行於貴州省安順地區的一種屬於軍儺性質的儺戲。明初太祖朱元璋從江南一帶徵調大軍，委派穎川侯傅友德遠征盤踞在雲南的元蒙梁王。勝利後，部隊留在貴州安順地區屯守戍邊，成爲屯堡人。部隊和隨軍家屬將江南家鄉一帶的祭祀歌舞儀式帶到安順，結合當地土著的歌舞，逐漸形成祭祀的「跳鬼」儀式，後在此基礎上形成地戲。

地戲演出前一般要舉行開箱、逐疫、參廟儀式，然後摻入「開財門」和「送太子」等民俗活動。

　　開箱：又叫「請臉子」。當地人稱面具為「臉子」，裝臉子的木箱常年置放在祠堂裡。演出前，選黃道吉日，演員著上戲裝，在供桌前磕頭燒香，殺公雞，以血滴木箱各個部位，然後誦念請神（以面具為神靈）詞：

> 吉日開箱，五世其昌。
> 弟子今日開臉箱，
> 虔誠奉請焚寶香，
> 奉請紫微星下凡，
> 福祿壽星請到場，
> 敬酒三奠，弟子開箱……

　　逐疫：演員戴上臉子後，列隊到水井、寺廟、河流、山林等處驅邪逐疫。每到一處焚香燒紙，燃放鞭炮。

　　參廟：演出隊伍由小軍先導，到廟焚香參拜，祈求神靈保護村寨，免災無難，清吉平安。

　　開財門：演戲之前，如有的人家要求單獨舉行驅邪納吉，可以請戲班來家「開財門」。先燃放鞭炮。

小童唱　桐子年年長，
　　　　　龍門日日開，
　　　　　家有讀書子，
　　　　　高官自然來。

福將唱　正月裡，是新春，

> 來到貴府開財門……
> 早晨開門出貴子
> 夜晚關門點狀元……

　　演員唱畢，主人家請人堂屋，招待煙酒、糖果，並致謝酬金。

　　送太子：有的人家婦女常年不孕，或只生姑娘，便藉機邀請戲班在大門口或院中，演出《穆桂英大破天門陣》。演到穆桂英陣前分娩時，由扮演的土地爺角色將她扶起，大家魚貫進屋。穆桂英把一個木雕男嬰送到主婦懷中，主婦煞有其事地將木雕放入裡屋床上，預示來年得子。

　　掃開場：正戲演出之前，兩名頭戴面具的小童，手持扇子、手帕入場，邊舞邊唱「掃開場」詩文：

> 掃開場，掃開場，
> 掃個紅日照四方，
> 掃個大場賣牛馬，
> 掃個小場賣豬羊……

　　這時戲中交戰雙方，各出一人跳入場中念道：「二位童兒請回去」。二小童答：「奉請元帥下校場」。元師跳入場中唱：

> 元師下校場，
> 四面八方放毫光，
> 文官提筆安天下，

武官捉刀定家邦。

　　地戲演出的劇本全部都是大部頭的說唱文學本：如《三國演義》、《瓦崗寨》、《薛仁貴征東》、《薛丁山征西》、《岳飛傳》等，它具有文學的雙重性：既是由說書人一人說唱的曲藝本，又具原貌搬上舞臺演唱的地戲臺本。地戲演出這些古代戰爭演義故事，是爲了培養和保持戍邊「屯堡人」的愛國感情和尚武精神。

　　安順地區許多村堡都有業餘地戲團，每個地戲團只演一堂大戲（如《岳飛》），並擁有這堂大戲每個角色的木製假面約一百枚左右。演出時，面部與頭部蒙上黑紗，把面具扣套在額頭上，以利雙眼透過黑紗隱約看到外部景象。這是地戲區別於其它儺戲的重要特徵。

　　二十世紀八〇年代，曾應邀先後赴法國、西班牙參加藝術節，被外國觀眾稱爲「大地的藝術」。1999 年以後又應邀先後赴臺灣、韓國作文化交流演出。

㈥四川梓潼陽戲

　　陽戲，屬儺戲品種，流行於川、黔、湘等省。同治年間刻印的四川《酉陽直隸州總誌》說：「病癒還願，謂之陽戲。」據此可知陽戲亦屬還願戲，即酬神還願，驅邪納吉。

　　四川的陽戲以梓潼陽戲最爲著名，最有特點。這是因爲它流傳在綿陽市梓潼縣。據記載，梓潼縣七曲山梓潼廟遠近聞名，它祭祀的梓潼帝君即文昌帝君，相傳即爲本縣文曲星下凡的張亞子，死後立廟享祭，主管人間功名利祿。歷代文人學士把它奉爲祈佑功名之

聖地。

　　演出劇目有三十二天戲，三十二地戲。三十二天戲有《出土
地》、《出春牛》、《出猿猴》、《三聖起馬》、《出僧道》、
《出化（或爲華）主》、《出關韓二將》、《出和合二仙》、《出
楊泗將軍》、《出二郎奏錢》等。三十二地戲有《上太白善察》、
《上功曹》、《上靈宮鎮壇》、《上盤點土地》、《上統兵元
帥》、《出鍾馗》、《魯班造船》、《二郎清宅（掃蕩）》等。

　　表演以提線木偶爲主導，伴以法師面具扮演和塗面化妝，並統
一於整套法事之中。唱腔以儺腔（神歌腔）爲主，法師引頌，道童
伴和幫腔，並吸收了川劇、燈戲的一些唱腔。

　　演出直接採用了神人交流，演劇藝術與驅儺民俗相結合的方
式。在《出鍾馗》中，鍾馗揮劍捉住二小鬼後，招喚還願主家（户
主）上場：

　　　鍾馗　你可認得這二小鬼？

　　　主家　（茫然）不認得。

　　　鍾馗　此二鬼在你家宅前屋後，宅左宅右，逗雞弄犬，擾害
　　　　　　良民。現已捉住，啥子報答？

　　　主家　錢財報告。

　　　鍾馗　好錢花上三分，好酒斟上三杯。吾當斬二小鬼於陰山
　　　　　　背後，保佑你家門清泰，人人平安。各自下去。

　　　主家　謝過神恩。（退下）

　　　（鍾馗斬二鬼過場。）

在壓軸戲《二郎清宅》中，這種特殊的演出方式更加奇特。

二郎神楊戩手持降魔金鞭，出場入壇，四方掃蕩。然後率領願主家一干人等，在樂隊伴奏下，逐室逐屋，包括豬舍、牛圈、糧倉，做各種驅鬼逐邪的動作。掃蕩完畢，做舞蹈動作，表示將各類妖魔鬼疫裝入定制的小船之中，至村外河邊，邊燃燒邊放入水中，「疫船」隨流而下，名爲「下揚州」，表示將鬼疫等逐出本境。法師在河邊燃燭點香，朝拜天地，演出在此儀式中結束。

在二郎掃蕩的全過程中，願主一家、樂隊人員和觀眾，始終尾隨其後，場面熱鬧異常。這種演出方式打破了神靈與凡人，演員（包括法師）與觀眾的界限，既是演戲又是群眾性的驅儺民俗活動。特別是群眾、願主人家都自覺不自覺地參與進來，成爲特殊的演員，同法師扮演的神靈進行交流。而從歷史傳承角度看，這種民俗、演出活動，是對商周以來方相氏率領百隸逐室驅除鬼疫的繼承。

㈦四川射箭提陽戲

射箭提陽戲僅只流行於四川廣元市西部山區的射箭鄉。射箭鄉之得名，與諸葛亮有關。相傳西蜀丞相諸葛亮率大軍征魏，路過川北廣元山區某村寨，遭受當地土著阻擋。諸葛亮向土著頭人提出，只借一箭之地，容大軍穿過，絕不干擾。但這一箭射得無影無蹤，土著頭人守信，便讓蜀軍滿山遍野順利北上。這個村寨後來便命名射箭鄉。

射箭提陽戲又稱「花花願戲」，是儺願戲（還願戲）的一種。它形成於清初康熙年間。發展到二十世紀初，已形成包容著提線木

偶、面具扮演、塗面化妝和法事儀式的儀式劇。

演出必設香案，佈置壇神。壇場由幕布隔成表演區與後臺。壇場正中懸掛「三清」與「三聖」神圖。神圖前香案上方，置一長三尺、高二尺的長方形布框，作木偶（提線傀儡）表演區。法師與演員則在香案前表演。

演出的劇目，素有三十二天戲，三十二地戲說法，所謂天戲是指由三十二個提線神偶分別表演的活動內容。這神偶有川主、土主、藥王、文昌、鍾馗、判官、小鬼、韓信、關羽、二郎神、孽龍、楊泗將軍、祈世郎、黃氏女、柳青娘、老壽星、僧道二仙、土地、大伯、二伯、三伯公婆、梅花姊妹和屏風小姐等。川主、土主、藥王是最高的壇神。土地打掃壇場，佑一方平安。鍾馗、判官，驅妖勾願，大、二、三伯淨壇和送財進帛。二郎神清宅掃蕩。

三十二地戲是泛指劇目繁多之意，主要有《孟姜女》、《子牙掛帥》、《靈官鎮壇》、《安安送米》、《湘子度妻》、《駝子回門》、《皮金滾燈》等，另有鑽火圈、上刀梯等特技。

㈧江蘇南通僮子劇

南通僮子劇是流行於江蘇南通、連雲港一帶農村的一種祭祀儀式劇，儺戲的一個品種。僮子即巫師，它源於東漢宮庭大儺中的侲子，由侲子衍變爲僮子，現僮子改爲童子。僮子有文僮、武僮之分。文僮唱表巫書，武僮以雜技、魔術、氣功、武術見長。

僮子舉行祭神祀鬼，驅邪納吉的儀式稱爲「上僮子」。在儀式中加入說唱、戲曲、雜技、武功。並串演唱本，稱爲「僮子串」。以說唱神奇故事爲內容的僮子書至今遺存有十三部半，俗稱「十三

部半神書」，或「巫書」。如今，脫離儀式活動的僮子劇更名爲通劇，除演出傳統劇外，也演出移植某些地方戲曲劇種的劇目。

僮子舉行的儀式有兩種：1.「燒紙」——由一家一戶出資舉辦，目的是驅邪怯鬼，清除禍祟。規模小，一般不演劇目。2.「做會」，或稱「僮子會」——由一個社區（村）出資舉辦。目的是祈求風調雨順，五穀豐登，人丁興旺。規模大，要演戲助興。

演出的劇目有《賣卦斬龍》、《收瘟斬瘸》、《唐僧取經》、《劉全進瓜》、《五岳鬧皇宮》等，多取材於《西遊記》、《西遊記鼓詞》和《昇平寶筏》。《跳判》又稱《鍾馗嬉蝠》是一齣逐邪納邪的儺戲，描寫鍾馗與小鬼合力收伏蝙蝠精。

《包公審替身》最具特色，它依據包公捉鬼、審鬼、逐鬼等傳說編成。大意是包公陳州放糧後在天齊王廟受理冤情。通州百姓受過假包公之欺騙，不敢相信眞包公。僮子闖上公堂反審包公，包公事理分明，贏得僮子和百姓的信任。於是，僮子狀告山東兗州女兒薛金蓮無故害人（指病者）。包公命張龍、趙虎捉拿女鬼，這女鬼形象是紙紮替身。包公當場審問替身，定罪焚燒，爲病者驅除疫病。

僮子劇在發展過程中，逐漸脫離儺祭儀式，可以獨立演出的劇目有《白馬馱屍劉文英》、《乾隆下關東》、《張四姐鬧東京》、《劉文龍求官》、《沉香救母》、《排風掃北》、《孟姜女》等。

演出場所就是神壇，佈置得異彩紛呈：有神軸、疏、五路神醫、十二孤魂、陰陽榜文、符文、神馬以及剪紙、刻紙、紮紙、染紙、印紙、折紙等紙手工藝品和書法、篆刻等，統稱爲壇門掛幞。顯示南通、連雲港一帶僮子在剪紙、紮紙、刻繪、書法等多方面的

工藝才能。這是有別於全國各地儺戲——祭祀儀式劇的突出特徵。

㈨廣西師公戲

師公戲是由師公組成的壇班在祭禮儀式活動中演出的歌舞戲，也是儺戲的一種。師公或稱「尸公」，是由巫覡轉化而來的民間職業或半職業宗教人員。

廣西師公戲流傳於南寧郊區、武鳴、賓陽等二十餘縣市。在南寧郊區運用「平話」，即當地土語與北方話語的結合。在賓陽用賓州話，在壯族聚居區則用壯語，因此深受當地漢族、壯族群眾歡迎。

早期的廣西師公戲稱爲「唱師」、「跳師」，依附於民俗祭祀歌舞。師公在做法事時要吟唱經文，如《盤古開天闢地眞經》、《八仙救劫眞經》等，大都是勸善戒惡的內容。其次在文壇上做超度法事，主要演唱目連的經文，敘述目連僧上天入地救母的過程，最後以「破獄」完成法事。爲死者超度亡靈的節目還有《十月懷胎》、《五更喪堂》、《十嘆》以及二十四孝的故事。

請神唱本，則是師公武壇爲驅鬼逐疫，禳災納吉和一方平安康泰而對請來之神的贊頌。請什麼神靈就演唱什麼神靈的身世、經歷和功績。這是師公戲的主要表演項目，如《唱三元》、《唱四帥》、《唱天師》、《唱功曹》、《唱眞武》、《唱雷王》等。這些通過祭祀儀式請來的神靈，既是師公頂禮膜拜的祖師神、護衛神，也是地方保護神。這些地方保護神大都是歷史上實有其人，爲保護一方民眾做出傑出貢獻而壯烈犧牲，也有屬於歷史傳說的人物，一個共同的特徵是爲當地民眾所景仰，進而奉爲神靈以求在冥

冥之中繼續庇護一方安寧，保佑民眾不受侵害。如桂林地區的令公（李靖）、武婆（武則天），柳州的柳候文惠（柳宗元）、白馬仙姑，融水一帶的梁吳二候（梁喜、吳輔），河池的莫一大王，象州的甘王，貴縣的馮仕，欽州的朱千歲。

師公戲在發展過程中，娛神成分漸少，娛人成分增多，促進它同祭祀儀式的分離，而逐漸形成綜合的獨立形態的儺戲樣式。劇目的積累也越來越多，據有關方面的統計，約有三百多齣。其中，根據民間傳說改編的有《順知戽（Hù）海》、《莫一大王》、《白馬姑娘》等。在傳統劇目裡，為孩子做「滿月」時演出的《送雞米》，有適合結婚時演出的《打草》，有適合辦喜事、喪事演出的《歡燈》、《八仙過渡》、《靈竹簡》等。

師公戲最有代表性劇目之一是《大酬雷》。所謂「酬雷」就是感謝報答雷神及時打雷下雨，使人間風調雨順，豐衣足食，天下太平。演出過程簡述如下：

首先天官上場，向五方空中畫符作法。口中頻頻吐出清水。在禱告聲中，燃燒紙錢。繼而天官手持書寫「風調雨順」、「國泰民安」字樣的三角鋸齒形旗，分別從後臺引出五方雷神上場，分別立於五個方位，繼又引出伏義神。左右兩手各執用白布蒙著的碗，分別寫有「日」、「月」兩字。雙手上下移動，暗喻日出月落，月升日沒，時光運轉，周而復始，故伏義神又稱為日月神。

代表五方的五個雷神，右手各執燃著的蠟燭。以草紙為墊，上撒松香。五指右手揮動，松香粉藉慣性之力遇火即燃，一刹時形成閃花。此時主執者鳴放鞭炮，造成電鳴閃電之氣勢。眾雷神擊掌奔騰，串花圓場，象徵烏雲滾滾，傾盆大雨。

　　演出的後半部分，眾雷神變成農民，通過各種舞蹈身段，表演上山伐木、製作耕犁。其中一個被按倒作犁地之牛，匍伏地上，以牙咬住繩索，作耕田狀，繼而變換動作，陸續作播種、播秧、收割、碾穀、揚穀、曬穀、舂米、簸米、煮米成飯，一碗碗端給觀眾品嚐。

　　《大酬雷》實際是一種祈雨儀式。後來增添人物和情節，便成為一種獨具特色的儀式劇。相傳每年農曆三月初六演出，此時正是水稻急需雨水的季節。如夏季乾旱成災，亦可集資演出。雷是壯族最重要的自然圖騰，雷神是壯族最重要的神靈。這反映了壯族農耕文化的宗教特徵。

第七章　儺與圖騰崇拜

　　圖騰崇拜、自然崇拜、神鬼崇拜、祖先崇拜都屬原始崇拜。圖
騰崇拜與儺有著密切的聯繫。特別是在上古、中古時期，它是充實
與豐富儺祭、儺俗、儺舞的重要因素，也是構成儺文化原始形態的
主要內容。圖騰崇拜以多種方式融合並貫穿於儺文化史，在社會物
質生活和精神生活中，都可尋覓到它的蹤跡。

第一節　圖騰與圖騰崇拜

㈠圖騰（totem）

　　圖騰一詞原為美洲印第安阿吉布洼人的方言。意為「他的親
族」。在氏族社會，原始先民把某個動物、植物或無機物、自然界
現象等，作為氏族組織的徽號，以區別於其它的氏族組織。

　　美國民族學者摩爾根（1818－1881）在他《古代社會》中首次使
用了這個概念，從而引起世界學者普遍注意。馬克思在〈摩爾根
《古代社會》一書摘要〉中說：摩爾根搜集了印第安人阿吉布洼部
落二十三個氏族的名稱。如狼氏族、熊氏族、鹿氏族、煙草氏族，
蘆葦氏族等。這些動、植物便分別是這些氏族的圖騰。氏族的每個

成員都認爲這個圖騰與自己氏族有著某種親緣、血緣關係。

㈡圖騰崇拜（totemism）

圖騰崇拜是氏族社會的產物。它的產生與流行，從世界範圍來說，有著共同的基本規律。

自然界對於人類，既是慷慨無私的，又是冷酷無情的，各種自然現象對人類生命、生存與繁衍，都具有雙重性。原始人毫無科學知識，對日月運行、四季交替、氣候變幻等自然現象，缺乏起碼認識又無力抗拒自然災害時，便產生了恐懼與祈求的雙重心態。恩格斯說：「一個部落或民族生活於其中的特定條件和自然物，都被搬進了宗教。」❶出於生存的本能和宗教的心態，原始人把日月星辰，風雲雷電、土石水火等奉爲神靈或圖騰，祈求它們的憐憫與恩澤，免受報復與懲罰，減少災難。而在這個時期神話中，則曲折地反映了人類幻想征服自然的主觀意志。

動物圖騰基本上可以分爲兩類。一類是凶猛殘忍的食肉野獸，如虎、豹、熊、狼等。原始人難以捕殺它們，反遭它們的傷害，甚至被它們吞食。這使原始人產生極大的恐懼心，另一方面又驚奇與羨慕它們凶猛、敏捷的動物特性並且在主觀上擴大與虛構成超越自然的威力，罩上神秘的紗，且一廂情願地把它們同自己的族源聯繫在一起，幻想它們成爲本氏族的威嚴型保護神。

另一類動物不大凶猛或比較溫順的食草動物，如野牛、野馬、野羊、野狗、野豬等。對於它們，原始人和先民不大存在恐懼心

---

❶　《馬克斯恩格斯全集》第 27 卷 63 頁，人民出版社 1962 年版。

理，經過長期馴養後，成為家畜，肉可以吃，皮毛可以遮身御寒。牛馬等促進耕作和交通運輸，成為延續生命擴大生存空間最得力的助手，先民對它們的依賴程度越大，就把它們視為親密型圖騰神。

對植物圖騰的崇拜，這與恐懼心理毫不相干。在氏族社會的採集時代，原始人完全依賴各種果品、果仁充飢以維持和延續生命；依賴樹木架棚設屋以遮雨御寒，求得起碼的生存空間。後來逐漸認識到某些草木可以入藥治病，抵禦可怕瘟疫。費爾巴哈說：「人類生命存在所依賴的東西，對人類來說就是神。」❷人類為了生存須臾不能離開植物，便自然地視為親密型圖騰神靈而加以崇拜。

「萬物有靈」的原始思維，使原始人混淆了人類同自然現象、無機生物、動物和植物的界限，認為它們同自己一樣也有靈魂。對於所崇拜的圖騰則奉為神，並根據自己的願望與幻想，把它們的特性和威力神秘化，並且同自己族源聯繫起來，祈求這些圖騰神保護或促進本氏族生存與繁衍。

在圖騰崇拜流行過程中，原始巫術和巫術意識的滲入，使它進一步走向神秘化。接觸巫術、感應巫術在崇拜活動中獲得發展。圖騰的威力被誇大到超自然的地步，包括鎮懾鬼蜮，驅逐疫癘。與此同時出現了各種禁忌。圖騰崇拜與巫覡的祭祀歌舞相結合，則又促進了崇拜方式與儀式向多樣化發展。

《簡明不列顛百科全書》在解釋《圖騰崇拜》詞條時，概括了以下主要特點：

---

❷　《宗教的本質》載《費爾巴哈哲學著作選集》下卷，人民出版社 1959 年版。

1.認爲圖騰是伴侶、親人、保護者、祖先或幫手，有超人的能力；人們尊敬、崇拜乃至畏懼圖騰。

2.用特殊名稱和徽號代表圖騰。

3.崇拜者在一定程度上與圖騰合二爲一，或者用象徵方法表示與圖騰同化。

4.規定不得屠宰、食用或接觸圖騰，甚至還規定迴避圖騰。

5.舉行崇拜圖騰的特殊儀式。❸

這些特點在世界各地具有普遍性，但在某些國度裏還存在著某些差異性。譬如在中國，東北狩獵民族鄂倫春以熊爲圖騰，在獵物逐漸減少時，也可以捕食熊，但要做懺悔的儀式。許多民族都可以接觸和利用自己的圖騰。作爲複合圖騰的龍、鳳、麒麟、辟邪，人們通過各種方式，包括歌舞手段，利用它們消災除祟，納吉呈祥，或在歡慶的節日裏，充分發揮它們的審美娛樂功能。

第二節　中國的圖騰與圖騰崇拜

在世界圖騰史上，中國曾是圖騰數量最多，圖騰崇拜方式與儀式最爲豐富的國家之一。這種特殊情況，是由她漫長的社會歷史（史前史、文明史）和人文生態、自然生態環境諸因素決定的。

從地理來說，中國版圖縱貫亞熱帶、溫帶、亞寒帶，緯度的跨度和氣溫變化都相當大。從地貌來說，平原、高原、丘陵、崇山峻

---

❸　《簡明不列顛百科全書》第 8 卷 22 頁，中國大百科辭書出版社 1986 年 5 月中文版。

嶺、沼澤湖泊應有盡有。這爲生長與繁殖各類動、植物等物種，提供了極其豐厚的條件。

中國是四大文明古國之一，也是人類繁衍最早的國家之一。在地理方位上西戎、北狄、東夷、南蠻，大體上分在中原大地的四方，但她們都不是單一氏族而是包容了各種氏族、部族或部族聯盟。每個氏族、部族都有自己崇拜的圖騰，並以它們爲自己的族徽。聯盟時，各氏族、部族把自己的圖騰也帶入聯盟之中爲全聯盟所接受。古典文獻載：「擊石拊石，百獸率舞。」先民在擬獸舞中表達了對諸多動物圖騰的崇拜。

《列子·黃帝篇》載：「黃帝與炎戰于阪泉之野，帥熊、羆、貅、貙、虎。」這雖然是傳說，不是信史，卻折射出遠古時代某些歷史眞實，即強大的部落聯盟融合了不少以動物圖騰爲徽號的氏族或部族。在戰場上各以自己的圖騰神激勵戰鬥精神，並保護不受敵方傷害。

在漫長的歷史裡，由於天災（瘟疫、飢餓等）和人禍（戰爭等），氏族或部族發生多次遷徙，原有的圖騰帶過去，在新的聚居地又吸納了新的圖騰。原生活在西北的羌戎，以虎爲原始圖騰，她的一些分支先後遷徙到四川、雲南、貴州後與當地土著融合，經歷漫長的歲月，至今已形成了彝、白、納西、土家等十多個民族。彝、納西、傈僳等族崇拜黑虎；白、普米、土家等族崇拜白虎。以黑白兩色嚴格區分，反映了原始虎圖騰隨著新部族、民族的形成而發生的衍化。除了保留從西北地區帶來的虎圖騰，在新地區又產生了一些新的圖騰。如雲南各地傈僳族，就有熊、猴、蛇、羊、雞、鳥、魚、鼠、蜂、竹、荼、麻、柚木、犁、霜、火、茶、菌子、船、

雷、電等二十多個圖騰物。傈僳族直到五十年代初，仍處於氏族制，保留了大量的圖騰遺跡。這反映了氏族制圖騰崇拜的多樣性。❹處於無力抵抗各種自然災害的原始人或先民，渴望更多的動物、植物、無生物乃至生產工具，都有保護和延續自己生命，拓展生存空間，繁衍後代的超自然威力。包括賦予驅鬼逐疫、消災納吉的宗教功能。

複合動物圖騰的產生以及對它的崇拜，是中國圖騰崇拜的一個顯著特點。所謂複合動物圖騰，是指在現實生活中並不存在，而是由古人虛構出來的。即古人把數種動物軀體各不相同的局部匯集起來拼湊成一個「動物」。這個動物集中體現了古人的理想、願望和意志，並賦予比一般動物圖騰更大的超自然威力。如龍、鳳凰、麒麟、辟邪等。它們分別是權力、威力和祥瑞的象徵。

下邊分類對有代表性的自然物崇拜、圖騰崇拜摘要予以介紹。

第三節　自然物崇拜

原始先民很早就崇拜日月星辰、風雲雷電、土石水火等自然現象和無機物。這在全世界古老氏族、部族和民族中相當普遍。現僅就火崇拜、石崇拜分述如下：

㈠火崇拜——河北冀南「柏靈火」

火崇拜是一種最原始的崇拜，雷電轟擊樹木發生自然火，人類

---

❹　楊和森：《圖騰層次論》，雲南人民出版社 1987 年 9 月出版。

千方百計保存火種，到發明火和學會使用火，人對火既恐懼又崇拜，並視火爲威力無比的神靈。世界古老氏族、部族和民族大都有關火神話傳說。古希臘神話中普羅米修士爲人類從上帝那裡偷來火種後，在高加索遭受永世的最殘酷的懲罰而不悔。我國東北滿族薩滿神話中也有一位爲人類盜火的女英雄，這就是歷經苦難與折磨的豹頭女神。

火具有危害和造福於人類的雙重性格。它促進了人類邁向文明，促進社會生產力發展，也給人帶來毀滅性的災難。出於原始的宗教祈求心理，先民認爲火可以燒毀一切穢氣、邪惡和鬼蜮。彝族、白族的「火把節」顯示了對火的崇拜，祈求火帶來幸福。在北方薩滿教祭祀和中原地區儺祭中，都有「跑火池」的活動。薩滿或巫師赤腳踏過用熊熊碳火鋪平的約二十左右平方米的「火池」，這意味著他在法事活動中將聚斂於身上的瘟疫、邪惡全部被火燒盡。

在河北冀南地區自古流行著一種叫「柏靈火」的儺俗。時間一般安排在農曆正月十六日至十七日，冀南習俗，正月十六日上午人們將除夕前請到家中歡渡春節的家神（祖先神），送回墓地，這表示年節已經結束。但人們認爲還有野鬼遊魂、邪崇污穢尚未驅除殆盡，爲此舉行「柏靈火」活動。

柏，古人認爲是神靈之木，燃燒時散發的香氣能驅除邪穢、疫癘，故稱爲柏靈。柏靈火，意味著燃燒柏木之聖火。

邢臺農村各戶於十六日在街門前堆起秸杆堆，傍晚時將一年間積存的舊笤帚、破筐、爛筆、舊鞋、爛褲等廢物，摻入堆中，堆頂覆蓋柏枝，戶主引火點燃，全家人圍坐烤火。破帽燒掉，意謂除掉了「愁帽」。當火燒盡廢物時，主婦便把餃子、年糕、饅頭等食物

埋於底火中燒烤。然後全家分吃，認爲可防治疾病。火上煎的茶，孩子喝了增加聰明智慧，還會心明眼亮。全家人一邊烤火，一邊哼著民謠：

> 燒個墩兒，
> 家裡添個孫兒；
> 燒個箄子，
> 家裡添個妮兒；
> 烤烤腰，不腰痛，
> 烤烤腿，不腿痛，
> 烤烤屁股，全身去雜病，
> 吃烤食，一年不牙疼。

當全村每家門前都燃起柏靈火時，條條街道通明火亮，堆堆篝火歡歌笑語。青少年成群結隊，串街走戶烤火，謂之「烤百家火」，即烤了鄰居眾家的柏靈火，一年不生雜病。

深夜篝火燃盡，戶主用灰燼在大門口前撒上一條弧形線，意思是阻擋野鬼游魂不得入院騷擾。邯鄲地區農村則是各家各戶把秸杆柴草集中堆在大街或十字路口，全村男女老少都來烤火。老人敞開棉衣，袒露胸腹邊烤邊搓邊哼著民謠。婦女們把燒烤好的饅頭、年糕取回家中分給家人。身患重病或行動不便老人，家人把他們的衣物，架在火上燎烤，連同烤好的食品一起包好拿回家中，給病人、老人穿吃。他們相信這樣會祛病強身。也有的人家把病人或兒童抬起來在柏靈火上燎過，表示經聖火的洗禮，可以免除災難。

(二)石崇拜——河北涉縣中皇山石崇拜

　　石，對人類至關重要。在人類初始的洪荒年代，先民的生活方式和生產方式都依靠石。以石擊獸，以石爲戲，以石掘地種植。人類童年以自然石、打磨石器作爲生產工具，開闢了舊石器和新石器兩個漫長時期。作爲無機物圖騰之一，由石的崇拜發展到三代之首的夏族崇石，《淮南子·修務訓》：「禹生於石」，《漢書·武帝紀》載：「元封元年，登禮中嶽，見夏后啓母石」。其注引《淮南子》說，「塗山氏化爲石，石破生啓」，相傳夏禹和兒啓均出生於石。夏王室當以石爲圖騰。對雄巍的大山、奇山也進行崇拜。五嶽之一的泰山，從秦始皇起，歷代皇帝不少都要去拜謁和封禪。世界第一峰，藏語叫珠穆朗瑪峰，漢譯爲神女峰。在藏族心目中是位崇高女神。東北長白山被滿族奉爲祖師爺神（撮合拉神），把自己的族系同它緊密聯在一起。每個姓氏家族都把他視爲最崇敬的祖神，供奉於西屋山牆上的祖先匣，它是滿族最高保護神。山的神化，是石崇拜的必然發展。

　　河北涉縣的中皇山，集中地展示了漢族的石崇拜。這種崇拜同女媧以石補天的古老神話聯繫在一起。在華夏神話傳說裡有三皇：伏羲爲天皇，女媧爲人皇，神農爲地皇。女媧居中，稱爲中皇。中皇山原名爲女媧山。傳說女媧就是在這裡用黃土造人和煉石補天。至今中皇山保存有「古中皇山」的石碑和女媧皇宮，每年三月十五日舉行女媧皇宮廟會。

　　這裡以石爲標誌的許多傳說遺物和村莊名稱，都同女媧補天神話聯繫在一起。

　　上磨扇村和下磨扇村是相傳伏羲、女媧兄妹二人在躲過洪水之後，爲了再造人類，相約在中皇山上各滾一扇石磨，如果兩扇上下重合，便兄妹成婚。結果如願以償。現在上磨扇村以伏羲遺留下的上扇磨石命名，下磨扇村以女媧留下的下磨扇石命名。

　　磨交村——傳說兄妹二人滾動的兩扇石磨，就是在這個地方上下重合，故名。

　　一半山——或叫半石山。中皇山中的一個小山。相傳女媧在這裡開採石頭補天，用去了一半，還殘留下一半至今，故名。

　　補天石——相傳女媧補天時，採集的大石沒用完，仍有一塊大石遺留至今。

　　紅石坡、黑石坡——相傳女媧補天煉是五色石。紅石坡是練紅石的地方。黑石坡是煉黑石的地方。

　　老母岩——相傳女媧煉石時住過的一個洞，叫老母洞，當地人稱洞爲岩，故亦稱老母岩。

　　石母洞——在補天石山口，還有一個石母住的洞。相傳石母專門在這裡爲女媧看守補天石。另一傳說，人類就是在這個石洞裡生出來的。

　　岩洞向陽、通風，洞口高。洞口外有一個個山溝，形成各類溝壑。古中皇山人根據不同地貌和方位，分別叫東交溝、西交溝、角交溝、大娘交溝、對爺交溝、大北交溝、小北交溝——全都是性崇拜的溝名。

　　中皇山人的石崇拜還相當廣泛而又深刻地反映在當居民姓名和村名上：

這裡人還喜愛用石頭作人名字，有李石頭、張石頭、劉石頭、王石頭、老石頭、小石頭、老槐樹下石頭、池岸上石頭。因爲叫石頭的人太多了，便以姓氏和老小冠在地名前頭，以示區別。他們認爲用石頭命名最吉祥。會有神石來保佑。這裡的村子也愛以石頭命名，如大石村、小石村、南石村、北石村、石崗村、石腦村、黑石村、紅石村。人們爲村以石命名，會給村子帶來吉祥如意和平安幸福。❺

中皇山人對石的崇拜，源於此地廣泛流傳著女媧煉石補天的神話傳統，並且形成了民俗景觀。這裡的人，每年春節、農曆正月二十四日女媧煉石補天日，三月十五日女媧誕辰，人們到女皇廟燒香、許願，並停止使用石磨，在石磨上掛六尺紅綢或紅布。磨盤上放著香爐，點上蠟燭，向石磨燒香，上供，跪拜。祈求恩賜吉祥。

相傳過去無子嗣的夫婦，每到夏天的夜晚，便在磨盤、碾盤上過夜、交媾，求石神恩賜子嗣。或者到石母洞去求一個線索，寄望於石母神恩賜一個嬰兒。

第四節　植物圖騰崇拜

植物類中，桃、竹、柳、松、柏、楓、樟、榛、葫蘆、麻、蕎、稷、黍等，都曾經成爲一個或幾個氏族、部族、民族的圖騰。

---

❺　新文：〈中皇山的石圖騰崇拜〉，載《民間文學論壇》1992 年 2 期。

(一)桃崇拜

在眾多植物圖騰中，崇拜起源之早，時間延續之長，流傳區域之廣，影響之大，當屬桃木。

桃之所以成爲圖騰並加以崇拜，首先是基於它的特殊植物性能和實用價值。

《詩經‧桃夭》：

> 桃之夭夭，其葉蓁蓁；
> 之子於歸，宜其家人。

緋紅艷麗的桃花，像似女人美貌。桃樹易於繁殖成林，且三年即可結實。其驚人的繁殖能力，更易誘發古人繁衍子孫後代的聯想。基於原始的感應巫術，古代除祭壇外，青年男女亦願在桃林中結識，交媾。現今流行的「交桃花運」、「桃色新聞」等詞語，便是古代桃崇拜習俗語言衍化的殘留。

桃從遠古時代的野桃，經歷數千年演變，成爲繁殖最快、品種最多的果樹。明‧李時珍在《本草綱目》中說：「桃性早花，易植子繁，故字從木、兆。十億日兆，言其多也。」桃的品種也多。有紅桃、緋桃、白桃、金桃、銀桃、油桃、羊桃、胭脂桃等。從成熟期看，五月有早桃，直到十月秋桃、霜桃，還有經冬不落的桃梟。

桃是遠古採集、狩獵時代先民易於採摘的用以裹腹、充飢的食物。即使到了農耕時代，它也是古人最喜歡的鮮果。傳說的王母娘娘「蟠桃會」，把仙桃與長壽聯繫在一起。以致今人獻給老人的桃

仍稱爲「壽桃」。

　　桃實際上確有醫病的功能，它的葉、花、桃仁和果殼，都可入藥。從上古的醫巫起，便逐漸把它神化，宣揚它能驅鬼逐疫，壓勝除祟。於是度朔山大桃樹的神話便應運而生。《山海經》：

> 東海中有度朔山，上有大桃樹，蟠屈三千里，其卑枝門曰東
> 北鬼門，萬鬼出入也。上有二神人，一曰神荼，一曰鬱壘，
> 主閱領眾鬼中之惡害人者，執以葦索，而用食虎。

　　類似這種神話，還引申出傳說中的黃帝，「法而象之，因立桃梗於門戶上，畫郁儡持葦索以御凶鬼」《風俗通》亦引此說，「桃梗，梗者更也。歲將更始，受介祉也。」

　　對桃的崇拜還體現在歲末的宮庭大儺之中，張衡在《東京賦》中敘述驅儺的場面：

> 方相秉鉞，巫覡操茢，侲子萬童，丹首玄製，桃弧棘矢，所
> 發無臬……度朔作梗，守以鬱壘，神荼副焉，對操索葦，目
> 察區陬，司執遺鬼……

　　桃弓棘矢成了驅鬼逐疫的銳利武器。在桃木上的郁儡、神涂，則以索葦縛鬼。待守衛宮外的五營騎士，持火炬把宮中鬼疫投入雒水之後，百官官府還要「設桃梗，鬱壘、葦茭畢，執事陛者罷，葦戟，桃杖以賜公卿、將軍、特侯、諸侯。❻

---

❻　《後漢書·儀禮中》。

　　漢代大儺中使用的桃弧棘矢，後來演變爲桃弓柳箭。在民間，蓋新房破土動工前，要用桃弓柳箭射向四方，驅趕四方鬼魊。新房封頂前，將桃弓柳箭置於大梁上，以備長期鎮儡鬼魊的侵擾。

　　在楚地，兒童生重病，被視爲犯了關煞，即觸犯了某個惡鬼，便爲兒童專制一付較小的桃弓柳箭，教他射著玩，意在除祟辟邪，恢復健康。

　　桃在巫師法事活動中，被利用得最爲充分。西南、中南地區端公將桃木制成各種神器，如桃棍、桃條、桃板、桃人、桃印、桃木令牌、桃木劍、桃弓桃符以及釀造桃酒、桃湯等，它們各有專用，功能卻都是驅鬼逐疫，消災納吉。端公在歌舞時耍弄著桃棍：

> 小小神棍三尺三，
> 兩頭盡是鐵包尖，
> 上打雪花來蓋頂，
> 下打苦竹來盤根，
> 左邊打你人和馬，
> 右邊打你馬和人，
> 上一棍，下一棍，
> 打個童子拜觀音，
> 前一棍，後一棍，
> 打個元宵走馬燈。❼

---

❼　轉引自陳賢發：〈楚人對桃的崇拜源流考略〉，載《民間文學論壇》1994年 4 期。

出於宗教祈求心理，善男信女相信端公揮舞桃木棍能把病魔（疫鬼）打得狼狽逃竄。

㈡柳崇拜

柳崇拜是一種相當古老的植物圖騰崇拜。柳圖騰崇拜在一些少數民族先民的心目中，具有各種神秘性宗教功能。

通天靈物──裕固族薩滿每年六七月間舉行祭天儀式，在祭壇上要豎立神杆。這神杆必須用柳木，柳枝上纏著羊毛或各色布條。這表示柳木可以通天，天神通過柳木下到人間。

驅邪消災──赫哲族薩滿跳鹿神時，有一個項目叫跳柳圈兒。薩滿用柳樹條彎成一個半圓圈，像兒童跳繩似跳上三次。在場的人都各跳三次，並唱鳩神歌。跳進柳圈，意味進入神祇施展威力的保護圈，一切邪魔都不敢侵犯。

神祇象徵──達斡爾族薩滿每隔三年在三四月之間向眾神進行血祭，爲人們消災祈福。所祭的十二個杜瓦蘭神祇，由選取的各類楊柳樹代表。

抗禦疾病──鄂倫春族薩滿舉行治病儀式時，手持柳條爲病人誦念祈禱詞後，摘下柳條上的葉子，拋向前方，促使病人恢復健康。柳葉賦予新的生命力。

㈢滿族的祭柳神──換索

滿族對柳樹的崇拜反映在許多生活領域。薩滿在祭家神中便有換索一項。換索是對始祖母神「佛多瑪瑪」的一種祭祀。在《欽定滿洲祭神祭天典禮》中稱爲「佛立佛多鄂謨錫瑪瑪」。「佛立」涵

意不明。「佛多」是滿語「佛多霍」一詞的詞頭，該詞漢譯爲柳樹。「瑪瑪」，漢譯爲祖母、娘娘、奶奶或老太太。「鄂謨錫」，漢譯爲「眾孫」，意即子孫後代。在一起簡稱爲「柳神奶奶」。漢人稱爲「子孫娘娘」，即專司生育、保嬰之女神。

換索，是指更換掛在脖子上的舊索鸞。索鸞是用鸞編織成的。滿族習俗，爲了子孫康泰，向本族親戚家索要各種顏色的鸞繩，以要來九家鸞繩爲最吉利。線的長度一尺左右，把三種顏色的線搓成的繩，搭在脖子上，不繫扣，打個交叉或結即可。祭祀過後，收藏在索口袋裡。口袋用黃色布製成，一尺半長，一尺餘寬。袋口穿上繩，可以收口，裡邊裝有約十庹（tuǒ）長的紅色絨繩，名爲「子孫繩」。人們戴的線，便綁在子孫繩上。這個口袋平時掛在正屋西山墙祖宗板的西側。

換索儀式一般在家祭跳神第二天舉行。早晨穆昆或薩滿請出佛多瑪口袋，取出子孫繩。一端繫在掛索口袋的長釘上，另一端經過正屋拉到院中東南側，綁在柱上的柳枝上。薩滿打著手鼓，擺動搖鈴，唱道：

> 祈請佛里介多鄂謨錫瑪瑪神靈，
> 取來垂柳枝條，
> 插在門屋近處，
> 牽來換索之繩，
> 拴上綢布片，
> 拜祭鄂謨錫瑪瑪。
> 手裡拿著弓箭，

把繩子拴在梅花箭上，

哈蘇里哈拉，

本家姓關，

奴才在家佘神鄂謨錫瑪瑪

子孫捻線，

揣在懷中，

祈求根深葉茂，

子孫綿延——

祈求鄂謨錫瑪瑪尚饗，

點上芸香，

竭誠領神，

自此以後，

百年無災罹，

六十年無痛患，

永享鄂謨錫瑪瑪之恩澤，

承繼鄂謨錫瑪瑪之香火。❽

　　這段神詞原載於吉林永吉縣烏拉街滿族鄉瓜爾佳氏（關姓）收藏的光緒十八年十一月滿文祭祀神冊，由石光偉翻譯成漢文。

　　祭祀完畢，人們拿下脖上的索線，繫到子孫繩上，一並裝入佛多瑪瑪口袋之中，放在正屋西山墻上。院內的新柳枝，拿進屋內立

---

❽　石光偉、劉厚生：〈滿族薩滿跳神研究〉，90 頁，吉林文史出版社 1992
　　年 5 月初版。

於鍋臺東南角柱腳旁邊，裡邊的舊柳枝，要「請」到河邊燒掉，或「請」到院中燒掉，以免褻瀆神靈。

滿族把祭祀佛多瑪瑪與祭柳緊密聯繫在一起，有著悠久的歷史淵源。

在《遼史·國語解》、《大金國志·卷三十九》中都記載著契丹族、女眞族射柳和祭天的祭祀習俗，在薩滿史詩《烏布西奔媽媽》中描述了古代射柳祭天的情景，柳枝象徵著阿布卡赫赫。

天母阿布卡赫赫，「阿布卡」即滿語「天」，「赫赫」即滿語「女人」。赫赫一詞從滿語女陰「佛佛」一詞演化而來。而女陰「佛佛」一詞與滿語柳葉「佛多」，柳樹「佛多毛」同源。可以看出，柳象徵女子性器。柳葉的外形酷似女陰，柳樹的頑強生命力象徵女性的生殖能力契合。❾

在《富察氏薩滿神諭》中則明確指出，「宇宙初開，遍地汪洋」，在水中先生出的是「佛多（柳葉），是毛恩都力（神樹），佛多生得像威虎（小船，其形如橫過來的柳，也象徵女陰），能在水上漂，能順風行，它越變越多，變成了佛多毛（柳樹）──佛多毛生出花果，生出人類。❿

這表示，人類與萬物都是柳生出來的，柳就是天母阿布卡赫赫，在琿春喜塔拉氏薩滿神諭中記載著這樣一則神話：天母阿布卡赫赫與惡魔耶魯里鏖戰，善神死得太多，她只好向天上飛去，惡魔

---

❾　富育光、王宏剛：《薩滿教女神》，193 頁，遼寧人民出版社 1995 年 11 月初版。

❿　同上。

緊追不捨，用爪將她的下胯抓住，抓下一片披身柳葉，柳飄落人間，這才生育出人和萬物。

在這則宗教神話裡明確指出，人類與萬物是柳葉演變出來的。

綜合各種神話與薩滿神論（宗教神話）加以研究，大略看出這樣的演變線索：柳象徵天母阿布卡赫赫，柳葉生育出人類與萬物，佛瑪瑪是生育之神，柳樹和柳葉是滿族最重要的植物圖騰崇拜，這就是薩滿祭家神中換索儀式的原始文化內涵。

㈣竹崇拜⓫

竹與松、梅合稱「歲寒三友」，與梅、蘭、菊合稱為「四君子」。竹以「清風瘦骨」，「超凡脫俗」，可裂而不可屈的性格，為歷代節義之士所自況。蘇東坡說：「可以食無肉，不可居無竹；無肉令人瘦，無竹使人俗。」擅長畫竹的板橋有詩：「烏紗擲去不為官，囊囊蕭蕭兩袖寒，寫取一枝清瘦竹，秋風江上作漁竿。」

「文房四寶」中的筆，離不開竹管。東漢出現紙以前，人們紀事於竹簡，稱為「竹書」、「竹簡書」。今日一個「冊」字，仍保留古代編綴竹簡為書的形象特徵。

竹與上古音樂有密切聯繫。《漢書·律歷誌》載：「黃帝使令倫自大夏之西崑崙之陽，取竹之嶰谷生其竅厚者，斷其節兩間而吹之，是謂律本。」中國傳統吹奏樂器大都用竹製成。

富於歷史文化意蘊的竹，曾經做為圖騰為少數民族所崇拜。

⓫　本節吸納了山人〈竹文化初探〉部分內容。謹致謝意。文章載《民族藝術研究》1993 年 5 期。

晉·常璩《華陽國志·南中志》載有一則神話：

> 有竹王者，與於遯水。先是，有一女子浣於水。有三節大竹
> 流入女子足間，推之不肯去，聞有兒聲。取持歸，破之，得
> 一男兒，養之，長有才武，遂雄夷濮，氏以竹爲姓。棄所破
> 竹於野，成竹林。今竹王祠竹林是也。王與從人嘗止大石
> 上，命作粳。從者曰：「無水。」王以劍擊石，水出，今竹
> 王水是也。

夜郎國極盛時，疆土所轄大致爲今黔中、黔西南和滇東北等
處。原族屬不詳，今爲苗、布依、彝、侗等族所聚居。影響所及，
川、滇、鄂、湘、桂等地皆建有竹王廟遺跡。

雲南傈僳族有一竹氏族支系，稱「馬打扒」。他們相信本支系
祖先是從竹筒裡出來的，號「竹王」。後改漢姓爲祝，祝與竹同
音。

四川彝族有一支系竹氏族，史書稱「馬胡夷」，他們自稱是竹
王後代。

雲南昭通地區彝族有一種喪葬習俗：母舅家派人去甥家奔喪
時，要帶上一棵有根鬚的活竹。立於門邊，用樹上的竹葉蘸酒和
水，灑在地上爲死者祭奠。次日出殯，喪家要用竹掃帚將棺材底掃
過，表示不讓靈柩將生人靈魂帶走。母舅家來人則將立於門前的竹
樹，扛到安葬的地方。植入墳旁，象徵著死者靈魂將化爲長青竹。

死者安葬完畢，畢摩（巫師）爲之設置靈位。做法事時，頭戴
竹編的斗笠。先用二吋長的竹子削爲人形。女的捆綠線，男的捆紅

線。這代表死者竹製人形。彝語稱爲「乃喜」。「乃喜」放入帶刺的竹管內，彝語稱爲「瑪堵」。「瑪」意爲「竹」；「堵」意譯爲「出」。這「瑪堵」即靈位，意思是：先人竹內所生，死後要歸入竹內。然後在「瑪堵」中裝入少許羊毛、米和茶葉，由畢摩恭送至「阿皮卡」，即竹王祠內。

在滇桂交界居住著一些彝族支系，每個彝寨都有一塊空地。這塊空地的中央，種著一叢楠竹，他的長勢象徵著全村族人的興衰，這塊空地彝族稱爲「種的場」，寓有種族繁殖地之意。每年四月二十四日舉行祭竹儀式，屆時拜竹祈求興旺。他們認爲自己與竹有血緣關係。婦女即將分娩時，她的丈夫或兄弟砍一根約二尺的楠竹筒。嬰兒生下時，將胎衣放入筒內。筒口塞上芭蕉葉子，送到「種的場」，繫在楠竹枝上，表示嬰兒是楠竹的後裔。

竹，還被古人視爲鎮邪之物。漢·東方朔《神異經》載：

> 正月一日是元之日也。《春秋》爲之端月，雞鳴而起，先於庭前爆竹，以辟山噪惡鬼。

另有傳說，除夕之夜投竹於火中，用燃竹爆裂之聲，將名叫「年」的怪獸驅走，才漸有「過年」之習慣稱，即今之歡度春節。

(五)葫蘆崇拜

葫蘆崇拜的歷史相當悠久。它核心內容是葫蘆與人類起源密切連繫在一起，形成一種獨特的文化現象。早在《詩·大雅》中就有反應：

綿綿瓜瓞（die），

民之初生，

自土沮漆。

古公亶（dan）父，

陶復陶穴，

未有家室。

　　這段描寫周文王祖父艱苦創業的詩裡，敘述了「人之初生」於「瓜瓞」，實際就是人出生於葫蘆的神話故事。

　　葫蘆古稱瓠（hu，甜葫蘆）和匏（pao，苦葫蘆或瓢葫蘆）。傳說伏羲（xi）氏又號匏羲氏。據聞一多考證：伏羲氏就是以葫蘆爲圖騰的族稱。《禮記·郊特牲》說：「陶瓠以像天地。」

　　陶瓠是祭祀祖先時使用的陶質葫蘆形祭器，大約五、六千年前的仰韶文化、黃河大汶口文化都有陶瓠出土。《晉書·禮誌》說：「器用陶瓠，事返其始，故配以遠祖。」

　　「配以遠祖」仍寓有葫蘆與原始先民的特殊關係。

　　西南、中南地區許多少數民族至今仍流傳著葫蘆神話，這些神話總是同洪水神話融合在一起。今人林河在《古儺追蹤》裡將此類神話分爲三類。現摘要分兩類如下：

　　1.葫蘆衍生人類型

　　⑴佤族神話：洪荒年代，天水相連。大水漂來一隻載有葫蘆的小船。一頭飢餓的黃牛將它舔破，一些葫蘆籽落入大海，長出平地和山崗。山崗上長出一棵葫蘆，一隻小鳥將它啄破，人從中走出來。

　　⑵拉祜族神話：天神種一棵葫蘆結了果，老鼠偷著將它咬破，

走出一男一女。二人成婚，把人種傳了下來。

(3)傈僳族神話：天神扔下兩個葫蘆，分別鑽出男人西薩和女人諾薩。二人結婚生了九男九女，自相配對成婚，這才生出漢、彝、傣、藏、景頗、納西、傈僳等人種。

(4)侗族神話：江、召兩家各栽一棵葫蘆苗，不料藤蔓合成一棵，只結了一個大葫蘆。剖開後出來一個男孩，兩家都爭著要，但孩子無法平分，只好共有，承嗣兩姓，取名江召二郎，人稱二郎神。三天後便長大成人。上天與太上老君學法，遭到拒絕。不料老君女兒急急愛上了二郎，出主意要二郎同父親鬥法，並協助二郎破了父親法術，父親被迫答應了二人親事。二人回到人間，為黎民百姓作法事驅鬼治病。後來師公作法寫符都寫「太上老君急急如靈（或令、律）」，就是這個緣故。現在的人是他倆後代。

上述各族神話傳說，有簡有繁，但基本內容相同或相似，即洪水過後葫蘆孕育出人類。唯侗族神話沾上道教濃厚色彩，用以解釋一句符籙術語的來由，已屬仙話範疇。

有趣的是，臺灣阿美族也流傳洪水過後，兄妹二人繁衍人類的神話。未提兄妹二人在葫蘆中躲過洪水，而是說，兄妹二人乘船漂到高山。船代替了葫蘆，這恰好曲折地反映了阿美人乘船渡海來到臺灣島的歷史真實。

臺灣的布農族傳說：「古代，在一個飄壺和一個土鍋內生出一對男女，後發展為布農人。」這則神話過簡。土鍋易懂，「飄壺」難解，或許這則神話在長期流傳中發生字誤（這是常有的現象），「飄」為「瓢」，「壺」為「葫」，則布農族便也有葫蘆神話。兩字換位為「葫瓢」，則恰好與土鍋相對應，都可飄在水上育人或載

人了。

2.葫蘆拯救人類型

這一類葫蘆神話與洪水神話緊緊相扣。主要敘述在水天相連的大災難中，作為神秘而又簡單的漂浮工具，拯救出繁殖人類的種子。

⑴水族神話：亞媧創造出雷、龍、虎和人。人神爭奪地盤，人取得了勝利。雷怒發齊天洪水進行報復。世上只剩下姊弟二人，躲進亞媧事先賜與的葫蘆之中得救。二人成婚後，生下一個肉團，誤以為是怪物，用刀割碎，肝變水人，肺變布依人，腸變苗人，骨變漢人……

⑵白族神話：天神阿妣告訴地上人們要發洪水，教人搬到大葫蘆裡躲避，只有兄妹二人聽了天神的話，躲進葫蘆裡。洪水過後，一片荒涼。兄妹成婚，繁衍了人類。

⑶毛難族神話：天神格為人類射下八個太陽，剩下一個太陽適合人間氣候和莊稼生長。但人們忘了向天神「還願」，天神怒發洪水，人間一片汪洋。唯兄妹二人因曾贈送一條狗給天神種田，躲入天神贈的葫蘆裡，得免災禍，成婚後繁衍了人類。

⑷侗、瑤、土家族神話：祖母神薩孵蛋生松桑、松恩男女二神。二神相配生下雷、龍、虎、蛇、人等，其中包括姜郎、姜妹。經過人神爭鬥，人把雷趕上了天，把虎趕上了山，把蛇趕入洞。雷大為震怒，發洪水將人類淹死。姜郎、姜妹心眼好，雷喜歡他倆，曾拔牙齒相贈，種到田裡，發芽開花，結成一個葫蘆。洪水來時，二人躲入其中得救。姜郎以繁衍後代為由，提出與姜妹結婚。姜妹先是拒絕，後提出三個條件：二人分別在東、南兩個山頭滾下磨

盤，上下兩扇磨在山底重合；在東、南兩個山頭燒松樹，燒樹的白煙在空中纏繞一起；二人繞山林最終相遇。結果都得到驗證，姜妹遵從天命，同姜郎成婚三年，生下一個肉球，誤以爲是妖怪，用刀割碎後，肉變成侗人，所以侗人肉皮白嫩；腸子變苗人，所以苗人性直；骨頭變瑤人，所以瑤人能耐苦勞；心變成漢人，所以漢人生性乖巧。

　　衍生人類與拯救人類這兩類葫蘆神話傳說，在中國神話中影響最爲深遠，涉及的民族最多，文化積澱歷史最長，流布面積最廣。究其原因應從人類繁衍的生命意識中考察：

　　⑴葫蘆外型與女人餵嬰時膨脹的乳房相似。

　　⑵葫蘆外型與女人的生殖器官（外陰）相似。

　　⑶葫蘆外型與懷崽快要分娩的孕婦體型相似。

　　⑷葫蘆多籽，易於繁殖；枝蔓舖地或攀援，在所有可食植物中伸展最長。在原始先民的思維中，象徵著子嗣繁衍昌盛，繼世綿長於千秋萬世。

　　葫蘆神話傳說是圖騰歷史文化長期積澱的產物。洪水神話的流布幾乎是全球性的。它隱約、曲折地反映了人類童年的痛苦記憶。葫蘆神話既有母系制社會的掠影（無父），又有氏族社會內婚制的痕跡。神話流傳到階級社會，特別是封建社會，族內婚早已被族外婚代替，近親血緣尤其是同胞兄妹之間，已禁止結婚，人們的婚姻觀念發生了很大變化，神話傳說的內容也相應起了變化。妹妹有條件的成婚（如滾磨盤等），驗證天意等等，正是原始神話的族內婚與階級社會族外婚兩種婚姻文化心態發生衝撞與調合的反映。

　　葫蘆崇拜作爲一種傳統文化現象，至今流布於中南、西南和陝

西等地。彝、苗、水、仡佬、布依等族仍有將葫蘆繪成虎頭或瓢型虎面，一如吞口，掛於門楣，用以鎮攝鬼蜮的儺俗。

貴州的苗、布依等族流行一種祭瓢神的儺俗，瓢神是用木鏤刻成的長柄虎神面具。姑娘們常祭祀它以預測自己婚姻和未來命運，並祈求庇蔭。

陝西農民在社火活動中，用木刻繪成長柄面具，稱爲馬勺面具，亦即木瓢面具，以此爲據裝扮各種神靈和歷史人物、傳說人物。一向嚴肅神秘的葫蘆崇拜，已逐漸融入游藝、娛樂民俗活動之中了。

第五節　動物圖騰崇拜

動物圖騰包括陸地上的哺乳動物，天空中的飛禽，江河中的魚和兩棲爬行動物。

(一)虎崇拜

中國古代許多氏族、部族和民族，都以虎爲圖騰。傳說時代的伏羲氏，據聞一多的考證是西北地區羌戎虎圖騰部族稱號。黃帝率領眾部族與蚩尤戰於鉅鹿之野，其中就包括以虎爲圖騰的部族。炎帝部落也崇拜虎圖騰。三代的夏族和周族、春秋時的秦族，都源於西北地區崇虎的羌戎。《後漢書·西羌傳》載：公元前四世紀，秦獻公滅狄戎時：

忍季父卬畏秦之威，將其人附落而南，出賜支河曲西數千

里，與眾羌絕遠不復交通，其後子孫分別各自爲種，任隨所之。

歷史大遷徙的結果，西北、西南地出現越嶲羌、廣漢羌，武都羌等族，其中彝、納西、傈傈、哈尼等族屬越嶲羌，隋唐時期發展成「烏蠻」，以黑虎爲圖騰。白族、土家族則分別爲僰（be）人和巴人的後代，以白虎爲圖騰。青海河湟地區的土族則以虎爲原生圖騰。東北滿族薩滿教在跳神時常表現虎神附體。漢軍八旗燒香跳虎神，俗稱「虎鬧家安」，用虎神除祟，全家平安吉祥。聚居於雲、貴、川、黔的彝族，隋唐時期統稱爲「烏蠻」，「烏」，黑色，反映了對黑虎圖騰的崇拜，也是對古羌戎文化傳統的繼承。楚雄雙柏等地的彝人，以「羅羅」爲自己的族稱，「羅」義爲虎，男人自稱「羅羅頗」，女人自稱「羅羅摩」。「羅羅」是羅的疊稱，「頗」表示雄性，「摩」表示女性。至今當地男人自稱公虎，女人自稱母虎。彝人聚居的哀牢山，「哀」義爲大，「牢」同羅，義爲虎，即大山之意。瀾滄江的「瀾」係羅的別譯，「滄」義爲跌下，即虎跌入之江。相傳古代一虎欲躍過此江，未達彼岸，跌入江中，故名。

著名的彝族長詩《梅葛》認爲，宇宙裡原來什麼東西都沒有。是天神把虎屍分解後，虎左眼成了太陽，虎右眼成了月亮，牙齒成了星星，油脂成了彩雲，五臟成了大海，血爲海水，腸爲江河，毛爲森林，才有了世界。彝人普遍相信「人死一隻虎，虎死一枝花」。火葬後靈魂就還原爲虎。

1.雲南彝族的「跳虎節」

跳虎節又稱「老虎笙」。迄今，僅出現于雲南楚雄自治州雙柏

縣小麥地沖村，時間是農曆正月初八至十五日。初八夜晚爲「出虎日」，黑老虎頭子（彝語稱「羅麻吶哦得」）頭戴篾帽，身穿黑布無領衫，手持長竹竿，高挑葫蘆，率領四隻黑虎跳著由扇形羊皮鼓（太平鼓）伴奏的四方虎舞。這四隻黑虎由四個青壯漢子扮演，他們身披黑毯或黑羊皮扎成的虎衣，還有高聳、肥大的虎耳和粗長的虎尾巴。裸露的臉、手臂、腿腳均繪上虎皮花紋，儼然是個虎人。他們一直跳到筋疲力盡爲止。以後每天增加一隻黑虎，直到滿八隻黑虎爲止。

演出場地不斷流動、變換。每到一個場院或庭院，由黑老虎頭率領眾黑虎走「盤腸式」，形成一個大的圈，以便在圈內演出。表演的內容分爲四個部分：

生育活動——表演虎娶親，虎親嘴、虎交配、虎孵蛋、虎護崽，這是先民生殖崇拜的孑遺，目的爲了「種的蕃衍」，以求氏族或部族的人丁興旺。

生活活動——表演虎搭橋、虎開路、虎蓋房等。

生產活動——表演虎燒荒、虎教牛耕田、撒種、栽秧、薅草、收割、揚場、歸倉等。這是先民對後代進行生產的勤勞教育。

禳災活動——黑虎們每到一家都驅疫除祟。黑老虎頭子掛在竹竿上的葫蘆，裡邊裝著草藥面，葫蘆底部有一個小孔。老虎頭稍一抖動竹竿，葫蘆裡的藥面就會撒出一條線，目的是爲村寨除盡瘟疫，人丁健康成長。整個活動到正月十五日「送虎日」爲止。由畢摩（巫師）率領眾黑虎來到村後名叫老虎梁子的山崖上，面向日出的東方敬酒、供牲、跪拜、祈禱，進行一系列祭祀活動，將虎送回祖靈聚居的地方。

彝族先民盛行黑虎崇拜，認爲自己是黑虎的後代，死後要變成虎，回到黑虎祖靈聚居地。跳虎節，既是圖騰崇拜的孑遺，又是祖靈崇拜的具體體現，通過祖靈在春節期間的暫短返鄉，對後代子孫進行生殖教育和生產教育，並給後代帶來一個免除天災人禍、五穀豐登、安居樂業的幸福生活。

2.雲南白族的「崇白虎」⑫

源於西北區古羌戎民族中，以白虎爲圖騰的有白、土家、普米等族，在個別地區的藏、羌族中也有白虎崇拜的習俗。

白族主要分布於雲南大理白族自治州。她是古羌戎的一支——古代僰（be）人爲主體，主要融合遷入雲南的漢人而逐步形成的。語言屬漢藏語系藏緬語族彝語支。崇尚白色，服飾以白色爲尊貴，喜穿白上衣。

自治州的一支自稱「臘扒」（意虎人或虎族）的白族，流傳洪水與葫蘆神話傳說。內容與其他民族神話類似，不同的是：兄妹二人婚後生下七女。幼女與虎婚配生子，形成白族先祖。自治州祥雲縣則流傳著這樣的神話：

一位美麗的白族姑娘夢與虎交媾，驚醒後身懷有孕，生下一個男孩。孩子生而無父，即以虎爲姓，取名羅尙才（白話：羅義爲虎）。羅尙才成年後，化爲一隻大白虎跑進山林。這隻虎模樣可怕，卻處處都在保佑白族。⑬

---

⑫　本節參考了楊和森：〈圖騰層次論〉有關白族虎文化部分內容，雲南人民出版社，1987 年 9 月出版。

⑬　函芳：〈白族的虎崇拜〉載《民族文化》1988 年 6 期。

這個縣的白族還有以下崇虎表現：

他們自稱是虎的後代，是「勞之勞農」（白語：意爲虎子虎女）人們把虎當做祖宗一樣供奉，認爲這可以求得風調雨順，人畜兩旺，四季平安。

擇日以虎日爲吉日，擇墓地以虎形爲最好。蓋房時屋脊上砌有「瓦貓」（即燒成虎形的瓦）。牆上畫虎，堂屋有虎圖。家中木器皿多雕刻或繪成虎頭圖案，意在除災避邪，以求吉利。

孩子取名多與虎有關連。每年初春要給小孩佩帶用碎布縫製的小老虎，戴虎頭帽、穿虎頭鞋。

3.海土族的「跳於菟」

在青海省同仁縣年都呼村流傳著一種叫「跳於菟（wu-tú）」的民俗活動。每年農曆十一月二十日全村民眾祭山神廟，廟內主神二郎神是這個地區的保護神。祭日晨，本村七名男青年，赤身露體，臉部用鍋底灰畫成虎面圖形，頭髮札成朝上的刷子形，上身畫滿虎紋，腿部畫上豹紋，扮成「於菟」，即虎的模樣。這種虎形無黑、白之分應屬原始虎圖騰。每隻於菟雙手都握著拇指粗的長樹條，枝上貼著寫有經文的紙條。巫師頭戴五佛冠，身邊有一個鑼手，群集廟中。午後二時，祭神儀式開始，廟祝焚香祭拜，「嗚嗚」吹起海螺，鑼聲響起，巫師擊鼓誦經，讚頌二郎神威力，並祈禱來年風調雨順，五穀豐登。七隻於菟列隊單腿跪在祭桌前，廟祝不斷向於菟灌酒，直到於菟半醒半醉，不再說話，表示虎魂已經附體。巫師誦經已畢，於菟擁到山神廟院外，圍圓圈作虎舞。突然鞭炮響成一串，於菟聞聲直奔山下，撲進村莊。巫師率兩隻年紀大一點的於菟，在村邊擊鼓鳴鑼，巡察巷口。另五隻於菟沿街串戶，每到一家

便翻入院，在院內屋裡擺動著枝條驅趕妖魔邪祟，或竄上高低錯落的屋頂上跳來跳去。

在這之前，各戶人家已將生、熟豬肉和手鐲似的大圈燒餅，擺在室內外，盼望於菟前來享用，便可換來全年吉利。果然一陣騷動，於菟跳入院內，見熟肉就吃，見生肉就叼在嘴上，見著圈餅便套進手握的樹條上。倘因於菟疏漏，個別人家未去驅邪，這家主人便趕緊將生、熟肉和圈餅向已走遠的於菟獻上。於菟接受了供品，便表示也到過他家，妖魔邪祟都已除盡。

如果誰家中有病人，不論坐在坑上，或在院內、巷口，見於菟到便迅疾倒臥在地，主動讓於菟跨過身子，往返跳上幾次，表示驅走邪魔，病便可根除。

這時，於菟們個個口叼鮮紅的生肉塊，高舉串滿圈餅的樹條，走進歡迎他們的人群，表達驅除邪祟的喜悅心情。突然又響起槍聲和炮聲，於菟們放下樹條，掏出口中生肉，迅速跑到村外河邊，儘管河水已凍成薄冰，也要破冰用冰冷的水，洗去身上的虎豹紋、臉上煙灰和從各戶人家帶出來的邪風祟氣，謂之「洗祟」，而於菟們則完成了「除祟」任務，還原爲本村青年。跳於菟便在巫師河邊念罷經文，燒完最後一炷香時結束。

按古語於菟即虎。學界有一種看法認爲於菟一詞係楚語，跳於菟於明代傳至青海河湟地區。查《左傳·宣四年》（前 604 年）載：

> 初若敖娶於䢵（同鄖），牛鬥伯比；若敖卒，母畜於云。淫於
> 云子之女，生子文焉。云夫人使棄夢（雲夢之澤）中；虎乳

之；云子田見之，懼而歸。夫人已告，遂使收之。楚人謂
乳，謂虎於菟；故命之曰鬥穀於菟，以其女妻伯比，實灰令
尹子文。❹

令尹子文楚國貴族，因「虎乳之」而得成活。子文之後即漢代
的班固。另，《一統志》謂：「雲夢縣北有菟鄉，蓋棄令尹子文之
虎。」但據《崑崙神話與西王母》考察：「於菟一詞源於古老的羌
語。」楚地有於菟一詞，正承巴國的土家族（聚居鄂、湘、川、黔四
省邊界），同青海土族一樣都源於西北地區的羌戎。

跳於菟的形態，與雲南楚雄雙柏村的「跳豹子」（又叫豹子
笙）、「跳虎節」（又叫老虎笙）近似。跳於菟與跳虎節都用羊皮單
面鼓——太平鼓。另渾身塗畫虎豹紋，跳竄於房屋之上，則與跳豹
子近似，皆可證明同源。

(二)蛙崇拜

廣西東蘭、天峨、河池壯族聚居區。在春節農曆正月初一到十
五日期間，廣泛舉行「蛙婆節」（又叫螞拐節）。各地儀式不全一
樣，但大體都分以下幾個步驟：

找青蛙——一般在正月初一，全寨男女老幼齊出動，都到山
野、稻田裡尋找青蛙。由於青蛙尚處於多眠時期，人們必須翻石，
掘地，挖洞。當一人找到青蛙，便鳴炮報喜。眾人聞聲迅疾趕來，

---

❹　引自楊伯峻：《春秋左傳注》（上）682－683 頁，源流出版社，1982 年
　　6 月出版。

向青蛙賀喜。

游寨──人們事先已準備好一個小棺材。小棺材上罩有一個竹編紙糊的小花樓，將青蛙安置在小花樓裡。四個少年抬著花樓和小棺材，後邊尾隨著寨民，到各個村寨游行。

葬青蛙──人們抬小棺材和花樓走在前頭，後邊跟長長的送葬隊伍。到了事先選擇好的墳地，挖坑、下葬、埋土，鳴放鞭炮，一如為親人出殯、送葬儀式。

驗卜──送葬完畢，主持人挖開頭一年埋葬的青蛙，驗視青蛙遺骨以測知當年農業收成。如果遺骨呈黃色，意味著當年豐收。如果呈白色，意味著棉花豐收；如果呈灰色，則年景平平；如果呈黑色，則將是個歉收年。

在蛙婆節舉行儀式過程中，人們唱著有關讚美青蛙的歌，在壯族的歌謠、經詩、諺語中，也不乏對青蛙的讚美之詞。

當在田野里找到第一隻青蛙時，便唱起《螞拐歌》中的《賀喜歌》：

> 吉日接來螞拐娘，
> 良辰結緣螞拐郎，
> 壯家人人愛天女，
> 年年天女嫁壯鄉，
> 天女呼喚雲雨來，
> 今年四季降吉祥。

埋葬青蛙時，人們唱道：

　　螞拐神啊，螞拐神，

　　良辰送你回天庭，

　　稟報布洛陀（壯族始祖神），

　　稟報玉皇星，

　　年年保佑我們村，

　　保佑千年得太平，

　　保佑萬代都昌盛！

　　壯族人民群眾把「螞拐娘」視爲天庭降下的天女，她會「呼喚風雨」，給壯鄉帶來豐收、吉祥、太平和昌盛。

　　如果不把天女青蛙請下人間，「地上斷蛙聲，人間把禍招。蛙婆不叫了，日頭紅似火，草木全枯焦，人畜尸滿坡」。把青蛙與整個壯族人民的命運聯繫在一起。

　　青蛙的藝術形象，普遍出現於廣西壯族繪畫、雕塑、紋身、繡織、舞蹈、民謠和神話傳說之中，著名花山崖畫中的主體形象也是青蛙。畫中的許多場面描繪了遠古社會酋長、巫師裝扮成青蛙圖騰的祭祀活動。一些神話傳說把青蛙說成是雷神兒子或女兒，「雷王舉斧劈惡人，青蛙持刀後邊跟」。雷王是壯族威力最大、管理人間善惡、驅邪除禍的大神。青蛙則是不使「人畜尸滿坡」的人間保護神。

　　在以稻作爲主的壯鄉，風調雨順是水稻豐收的關鍵。「蛙聲啞，禾苗枯」、「青蛙呱呱叫，大雨就要到」。壯族先民根據季節氣候變化體驗，認爲天上雷與地上的青蛙，會給農田帶來充沛的雨水，帶來豐收希望。因此，青蛙又是壯族農業保護神。

(三)蛇崇拜[15]

蛇屬爬行動物，分有毒、無毒兩大類，蟄伏、盤行於草澤之中，形貌醜陋可怖。但它捕食有害農作物的田鼠和蟲類，蛇皮可入藥，醫治皮膚病，蛇膽可以明目補腎。

古人崇拜蛇，視爲圖騰。印度的亞森人認爲蛇是他們的祖先，設廟祭祀，每年八月舉行蛇神節。屬於古百越文化圈的福建，簡稱爲閩。許愼《說文解字》說：「閩，東南越，蛇種。」說明古代閩越族以蛇爲圖騰。至今南平地區流行有《蛇灘》、《石蛇》等故事。南平縣梓湖鎮至今流行崇拜蛇活動。

蛇王節以鎮中蛇王廟爲活動中心。廟殿屋脊兩端各有一條巨蛇塑形（後改爲兩條龍的塑形），四周檐下的如意斗拱皆有蛇頭木雕。廟內有三尊蛇神像——蛇王三兄弟。當地人稱爲連公爺。三兄弟身穿紅袍，分別罩以紅、綠、花三種披袍，雙腳都踩著怪獸，他們的雙眼分別仰視、俯視、平視。寓有洞察人間、驅祟造福之意。

關於蛇王爺的來歷，當地有一種傳說。蛇王姓連，原是一條大蟒蛇。經過修煉得道於古田的再見嶺，蔭庇一方。某年樟湖地區發生可怕的大霍亂，死了很多鄉民，後來派人到再見嶺祈求蛇王，拯救生靈。突然一條大蟒蛇出現於樟湖天空，口吐焰火，驅除了瘟疫。鄉民得救，後立廟奉爲菩薩。從此香火不斷，並於每年農曆七月七日舉行蛇王節，以爲紀念。

蛇王節有以下活動：

---

[15]　本節吸納了葉大兵：〈樟湖的蛇王節〉的內容，謹致謝意，原載 1997 年第二期《民俗研究》。

　　捕蛇——農曆六月，人們四出鄉野，到田頭、河邊、山洞中捕蛇，大小輕重不等，有毒無毒都在捕獲之列，一般有南蛇、錦蛇、花蛇和蟒蛇，最多最大的一種是烏梢蛇。這些都被敬獻到蛇王廟，放入廟院正中黑色大甕裡，由專人精心飼養。人們相信，誰捕獲得最多，誰就對蛇王菩薩最心誠，也就會降福於自己。

　　坐轎——七月七日晨，蛇王廟前已點燃起兩支玫瑰色的大香，高二米，各重二十五公斤。鄉民齊集廟前，並抬來一座特製的轎，稱爲「神轎」，也叫「龍亭」。轎四周用細鉛絲編扎的網罩住轎中設置的一個木製大圓盆，放些浸水的青草後，挑選一條最大的蛇置入轎中。大蛇在鐵網中匍匐、游動。

　　出巡——七時許，菩薩巡行開始，炮銃三聲，鑼鼓齊鳴。隊伍魚貫而出，隊伍由大鑼開道。旗隊緊隨其後，寫有「行雷」、「連公」、「肅靜」、「回避」的木牌並列在前，引領神轎。後隨各鄉鄉民，每人出發前，從大黑甕中取出一蛇，或繞脖頸或圍腰間，或纏手臂，連兒童也不例外，儼然一長隊蛇陣。沿街各戶人家，手持香火燃鞭相迎。並與隊列中人交換三支香火，名曰「分香」，以顯示對蛇王菩薩沿街驅疫、降福閭里的共同敬仰。

　　歸位——蛇王菩薩出巡完畢，在震耳欲聾鞭炮聲中，被鄉民恭請回廟。焚香跪拜，感謝蛇王菩薩恩澤鄉民之後，請其歸位。

　　放生——入夜，鄉民紛紛從廟中大甕中取出蛇蟒，成群結隊擁到閩江岸邊，以虔誠的心情將蛇放入江中，使其返回大自然。

　　遠古先民因對蛇恐懼而產生崇拜，進而奉爲圖騰，把自己的族源同蛇聯繫在一起，這在古百越文化圈更爲盛行，以致蛇蟒最多的福建被簡稱爲「閩」。

在古代華族聚居的黃河流域首先形成並逐漸擴及全國各民族地區的複合圖騰——龍的形象結構中，就融入了蛇的形體與特性。在「十二相屬」的序次中，蛇緊隨龍後。北方許多地區稱為小龍，足見蛇圖騰在古人心目中地位。福建南平樟湖的群眾視蛇為神，祈求蛇神驅除瘟疫，但在許多地方把蛇視為美味佳餚而加以捕殺。對比之下，樟湖鎮的民眾採取「放生」方式，保護蛇，放蛇回歸大自然，以求自然生態環境的平衡。這在全國各民族各地區的儺俗中，應當說最具環保意識的活動。

第六節　複合型圖騰——龍崇拜

複合型圖騰有龍、鳳凰、麒麟、天祿等，它們並非實有的動物，而是藝術想像的虛構動物。附帶指出，龍同幾億年前生活在地球上的恐龍風牛馬不相及。恐龍是實有動物，它同本文所講的龍及其起源、形成，龍圖騰崇拜等，沒有任何關聯。現對龍圖騰崇拜作較詳細介紹。

㈠龍的傳人

「龍的傳人」，這是全國人民和海外華裔都認同的中華民族族源觀。它具有不可估量的民族凝聚力、向心力、自豪感和民族團結精神。今天，它還象徵著中華民族像龍一樣騰飛於東方世界。所以，許多外國人稱中國是「東方巨龍」。

㈡龍的世界

龍，並非自然界實有的動物，如虎、豹、熊、狼、蛇、鷹、燕

等等，而是同鳳凰、麒麟、天祿、辟邪等一樣被稱爲「瑞獸」、「祥禽」，象徵著吉祥與福祉，是古人在長期歷史發展中把某幾個動物的外形與特性進行荒誕虛構和主觀融合的產物，它不是原生圖騰而是複合圖騰或衍生圖騰。

作爲一種複合形態的圖騰，龍誕生並生活於上古神話和宗教神話之中。龍逐漸形成一個互不關連或聯繫不大的龐大鬆散家族，如蛟龍、夔龍、應龍、潛龍、長龍、土龍、水龍、黃龍、白龍、青龍、赤龍、句龍、燭龍、螭龍、豬龍——種類繁多，形狀與特性各異，活畫出一個龍的世界。

神化了的龍形象，在宗教祭祀、民俗活動和娛樂演出中，扮演了突出角色。自佛教傳入中國，繼原始的四方龍神之後，又添加了四海龍王。民俗化和藝術化的龍族有布龍、草龍、紙龍、竹龍、香火龍、板凳龍等舞蹈和燈籠舞、龍舟競賽。舞龍成了億萬民眾歡慶各種節日最普遍、群眾性最強的文娛樣式。

被命名爲「燈籠之鄉」的四川銅梁，它每年舉行的龍燈會歷史悠久，遠近聞名。僅單龍燈類就有火龍、正龍（又稱正頸龍）、小彩龍、大蠕龍、板凳龍、黃荊龍、柑子龍、孝龍，現又出現了稻草龍、竹節龍、筍殼龍、恐龍。在元宵節日裡，形成了壯觀、絢麗的龍的藝術世界。

幾千年來隨著社會的演變與時代的發展，作爲複合圖騰的龍，已消失了神聖的光環，脫下了神的外衣，變成了民眾活動中的藝術形象，成爲中華民族的一個精神象徵。

㈢千古之謎

先秦古籍和口傳神話、宗教神話中，對於龍只有零星的記載與

傳述，而且常常呈現出牽強附會和互相矛盾的現象，令人迷惑不解。

在龍的形象裡到底「複合」了那些動物，分別添加了它們的那一部分形體，《本草網目·龍條》有這樣的記載：

> 龍有九似：頭似駝，角似鹿，眼似兔，耳似牛，項似蛇，腹似蜃，鱗似鯉，爪似鷹，掌似虎。❻

聞一多等的詮譯，與上述有相同之處，也有不相同之處。這是因龍的形象在數千年的「複合」與演變過程中，帶有很大的隨意性和模糊性，但它是華夏各氏族、部族、民族在聯合過程中，把各自的圖騰帶來進行簡單融合的結果。

這首先反映在龍的起源上，便是一個千古之謎。人們眾說紛紜，莫衷一是，主要有以下三種：

1.爬蟲說

認爲龍的原形屬兩棲爬蟲。《說文解字》：「龍，鱗蟲之長。能幽能明，能細巨，能短能長」。《管子·形勢篇》：「蛟龍，水蟲之神者也」。《洪範·五行諱》：「龍，蟲之生於洲」。聞一多在《天問疏正》中說：「蟲（虺）龍同類」。所謂「龍之謂蟲」，一般指蛇蟒蜥鱷之類。在十二生肖中，習慣稱「屬蛇」爲「屬小龍」。東北「民香」祭祀活動中，習慣認爲蛇可變成小白龍。

---

❻　轉載楊和森：《圖騰層次論》，雲南人民出版社，1987年9月初版。

2.閃電說

認爲龍即閃電之幻化。王笠荃的文章題目《龍：乘雲飛翔的閃電》，即主張閃電說。文章援引《論衡·龍虛篇》：「龍乘雷電，獨謂之神」。李白：《草書歌行》「時時只見龍蛇走，左盤右蹙如驚電」。山東泰安人古來稱閃電是「龍王顯靈」，稱雷電擊人是「龍抓人」❼。此外，有些地方把雷鳴稱爲「龍吼叫」。

3.河川說

何根海《龍的初始原型爲河川說——兼論龍神話的原始文化事象》說：「河川是原生形態的龍。原始的龍形龍影，便緣源於河川」。即遠古人心目中龍的影象，係長期直觀河川因雨水之多寡而時漲時枯、時咆哮時安靜等蜿蜒動勢形態的感受而逐漸形成的。❽

三種學說之間有所區別，閃電說和河川說都講的是龍的最早的原始意象，但也都承認龍圖騰的形成與爬蟲有密切關係。一般說來先民對危害生存與生命的凶猛動物或形象可怕的動物，由恐怖而懾服而敬重而祈求而崇拜。主觀上一廂情願地化「敵人」爲親人，化危害爲安泰。爬蟲之成爲圖騰，便源於先民原始宗教祈求心理的物化與神化。

(四)圖騰的形成、演變和定型

古籍文獻記載的神話、宗教神話中透露出龍的起源與形成信息，曲折的反映了一些歷史眞實性，但多屬荒誕不經，難以自圓其

---

❼　王笠荃：〈乘飛翔的閃電〉，載《北京晚報》（1987 年 11 月 26 日）。
❽　何根海：《龍的初始原始爲河川說》（論文）。

說。而古代歷史文物卻能為人們提供具體可視形象。從這個角度大約能考察與了解到龍圖騰從起源到定型的基本輪廓，下邊對三個歷史時期作簡要的介紹。

1.新石器時期

1988 年 3 期《文物》發表的〈河南濮陽西水坡遺址發掘報告〉說，在西水坡仰韶文化墓址裡，發掘 M50 墓時發現在墓主人遺骸的左右，有用蚌殼擺塑的龍形和虎形圖案。這龍形反映了五千年前左右黃河中下游地區龍圖騰初始形成的形象。（圖 17・4 幅）

圖 17　龍圖騰形象複合過程的幾種形態（一）

蚌殼龍圖案
河南濮陽西水坡仰韶文化遺存，45號墓除有三人殉葬骨架外，男主人公左右兩側，有用蚌殼精心擺塑的龍與虎的圖案，世所罕見。蚌殼龍形身長1.78米，高0.67米。昂首，曲頸，弓身，長尾，狀似騰飛。引自《河南濮陽西水坡遺址發掘簡報》。孫德萱等執筆。
（張寶林、段興亞繪）

二里頭夏文化的龍鳳紋

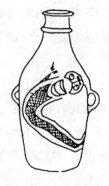

仰韶文化陶瓶的龍紋　　　　　龍山文化彩陶上的龍紋

轉自《儺史》，東大圖書公司 1994 年 9 月版。（林河摹繪）

1998 年 11 月 23 日《文匯報》發表了一則發自安徽巢湖的專訊：

> 凌灘古文化遺址屬石器時代，距今約爲四千五百至五千年之間。該遺址自一九八七年首次發現已發掘了兩次。這次安徽省考古工作者經過一個月在一千二百平方米的面積上發掘，共出土二十九座古代墓葬。共有石器、陶器、玉器三大類共三百多件。最爲珍貴的是在一片玉石上發現擺有龍的圖案。⓳

這個龍圖案的具體形象，還有待於考察報告的介紹。但在內蒙自治區赤峰翁牛特旗三星他拉村 1971 年春發掘的玉龍則具體展示

⓳　〈凌灘古文化遺址出土「中華第一龍」〉，載《中國文化報》，1997 年 6 月。

了早期龍的一種形象：

> 碧玉卷龍高二十六點厘米，首翹向尾部，寬二十九厘米，重
> 一千克。玉卷曲，呈橢圓形，酷似英文字母 C。色澤墨綠，
> 目、嘴、鼻表現細微，質地光滑圓潤，似作龍騰之狀，玉龍
> 頸上長鬣高聳，彎而卷曲，嘴略閉，頸上翹，目微睜，造形
> 簡潔優美。這是我國目前發現的年代最久遠、形體最大的一
> 件龍型玉器。[20]

根據這件經過雕琢的玉器，「外表光潔度較差，雕刻的線條較
淺，具有較多的原始特徵，考古學家認為，它就是龍的最早形
象。」[21]

這個龍的形象的特點是蛇身豬頭。對這一奇特現象，考古學家
認為：「除了龍身與蛇有關外，龍首形象的形成，最先可能同豬這
一同人類日常生產和生活關係最密切，人們最熟悉的動物有關」。
「從實際生活中豬形象向超現實的龍的形象演化過程中，正是以原
始農業的發展和原始信仰的發生而為其歷史背景的。」[22]

巢湖凌灘古文化的「中華第一龍」和赤峰三星他拉村的玉龍，
都有五千年左右的歷史，相當於仰韶文化的中晚期。

---

[20] 馬國龍：〈從赤峰到紅山文化〉，載《人民日報·海外版》，1998 年 12
月 23 日。

[21] 張聖福：《中華國家珍寶》上冊，頁 5，江蘇少年兒童出版社，1988 年 3
月初版。

[22] 孫守道、郭大順：《論遼河流域的原始文明與龍的起源》。

2.奴隸社會時期

1957 年考古工作者在安徽鄲南縣月兒河出土了青銅器「龍虎紋銅尊」。在這件商代晚期的銅尊上，裝飾了三條龍：

> 它的頭上長出一對犄角，眼睛變圓了，嘴尖而闊，已不像豬，身體似蛇。但與它的後代相比，又顯得比較原始。不過它已讓人感到了龍作爲神化動物的威嚴。❷

1976 年在河南安陽殷墟「婦好」墓中出土了婦好銅偶方彝等大批青銅器。「婦好」是商王武丁三個法定配偶中能夠打仗的女貴族。這件通高六十釐米，狀似房屋的方彝是盛酒的器具，屬禮器一類。它的紋飾除了獸面、鴟、怪鳥、象頭，還有龍和夔。夔是一角一足的龍。

1967 年 12 月在陝西扶風縣庄白村發掘的折觥，屬西周前期青銅酒器。前端作羊頭形，羊的雙眉作成捲曲的夔龍，在器身透雕的脊棱上裝飾著各種形態的夔龍紋。

1978 年在河南固始縣侯古堆村出土的鑲嵌紅銅龍紋豆，是古代盛食物的器皿，上有多條成對稱的龍紋，回首反顧作騰躍狀，脊上有翼狀物。

1974－1978 年，在河北平山縣發掘出的夔龍紋銅方壺，是春秋戰國時期中山國王室的盛器，這件通高六十三釐米的壺肩部四角各有一條向上奔騰的夔龍。它有四足，有雙角，背上長有類似鱷魚的棱翅。

---

❷　同上。

1949 年在長沙陳家大山楚國墓出土的人物龍鳳帛畫，1973 年在長沙另一座楚墓出土的人物御龍帛畫。前者與鳳相對應的一條類似蜥蝪的夔龍；後者畫一個貴族駕駛著龍形的舟，已接近近代龍舟的模樣。

3.封建社會時期

1972 年 4 月在長沙市郊一號漢墓出土了震驚中外、沒有腐爛的女屍（漢文帝時期長沙國丞相侯利蒼的夫人）和朱彩繪棺，以及「T」字形彩繪帛畫。在彩繪棺上繪有龍、虎、朱雀、鹿，被古人稱爲「四靈」的「瑞祥」神物。在帛畫上除有人首蛇身的燭龍外，還有兩條張口吐舌的巨龍。身披麟，有足。頭形狀與近代龍的龍頭，繪畫中的龍頭，廟堂和金殿中的雕龍都基本相似。（圖 18）

圖 18 龍圖騰形象複合過程的幾種形態（二）

長沙楚墓帛畫龍鳳紋　　　　　漢代畫像磚龍鳳紋

轉自《儺史》，東大圖書公司 1994 年 9 月版。（林河摹繪）

　　對上述三個時期龍形或龍形紋文物進行比較，並證之古籍中有關敘述，大略可以得出如下論斷：

　　⑴在爬蟲的基礎上，加以主觀臆想而創造的崇拜形象。這類形象最遲形成於五千年前的新石器時期。

　　⑵崇拜活動是原始集體無意識行為，崇拜的爬蟲對象不可能是一種而是多種。相對說來，蛇是共同認知的一種。

　　⑶新石器時期、夏商周三代的文物及其各類龍的形象，出現在北自內蒙東部、遼寧西部，中經河南，南至安徽的地區。這個水澤豐富、河流縱橫的地區，在東夷古文化圈北部，屬殷商建立奴隸制王國的勢力範圍。商族除崇拜鳥圖騰（契由玄鳥卵生），還崇拜蛇、蜥蜴、蟒等爬蟲動物。

　　⑷從新石器時期初到漢代，龍的形象（包括形紋）及其演變，具有不穩定的模糊特點。但它的形象卻有一個由簡到繁的過程，即由單一動物到複合多種動物外形特徵的過程。到了唐宋時期，龍的形象大體趨於穩定。對於這個演化過程，周華斌作了簡明扼要的敘述：

　　　　商代甲骨文及彝器上所顯示的龍紋，稱夔龍，表現為蛇軀、
　　　　無足、虎口、雙角，或戴華冠，但無雙翼。漢魏時期麟龍合
　　　　體，多表現為獸軀、雙角、蛇尾、鷹爪、雙翼，成為猛獸
　　　　（獅虎）、麟蟲（蛇）、飛鳥（鷹）合一的神獸。唐宋時期，龍
　　　　漸漸定型，表現為麟首、蛇軀、四足、常帶祥雲，但無飛
　　　　翼，稱祥龍。正是從唐宋時期起，祥龍漸漸成為王者的專用

標誌，人稱「眞龍天子」。❷

　　龍，具有宗教和娛樂功能。早期龍的猙獰和威嚴，帶有濃郁的神秘色彩。封建王朝最高統治者以「眞龍天子」自居，更增加了龍的無上權威。在古人心目中，龍能掌握雷電風雲，操縱氣象變幻，使人間風調雨順或赤地千里，它成了最有權威的大保護神。儺從商周起，便以調合陰陽，促使四季的陰氣與陽氣諧調，達到風調雨順，五穀豐登、人畜旺盛和國泰民安的目的。因此在一些儺祭神圖中，龍神占有突出位置，意在調動龍神威力。至今，安徽貴池地區社祭與儺祭相融合的民俗祭祀活動中，把迎請的社神等神祇稱爲龍神，迎接的亭子稱爲「龍亭」，迎請的所有面具都稱龍神。舞臺一旁專門放置面具的臺桌稱爲「龍床」。龍的泛化說明龍在祭祀者、演員心目中的崇高地位。龍成了社祭、儺祭活動中祈求風調雨順，四季平安的最大希望。❷

　　儺，能驅使龍的圖騰形象爲黎民百姓送來幸福、安泰。

第七節　圖騰的失落

　　產生於氏族社會的圖騰和圖騰崇拜，在上萬年的歷史長河裡，經歷了發展與輝煌時期之後，不可避免地走向衰落。有一些已經在

---

❷　周華斌：《日本的「蘭陵王」面具》，載《祭祀、儺俗與民間戲劇》，32頁，中國戲劇出版社 1999 年 3 月初版。

❷　參考王兆乾：〈儺與中國的龍信仰〉，載《民族藝術》1997 年 3 期。

人類的記憶裡逐漸消失。狼、牛、羊、犬、鹿、燕子、松、梅、柳、竹、楓以及日、月、山、川、風、雨、雷、電等，人們已經不把它們同圖騰的概念乃至崇拜的感情聯繫在一起。另一些則正處於衰落過程之中，如虎、熊、豹、青蛙、蛇等，他們同圖騰崇拜的感情聯繫，也逐漸淡化。而傳統文化一般所具有的傳承特質，則使許多圖騰物衍變成某種文化孑遺而留在人間。至於複合圖騰龍，它的降甘霖、除乾旱等虛幻的宗教功能已經化爲烏有。現代社會根據它的傳統固有的特性，賦予它嶄新的理念，成爲中華民族團結與騰飛的象徵。「龍的傳人」已經成爲加強民族認同感、凝聚力和自豪感的精神動力。

傳統圖騰的失落，整體來說，是歷史發展的必然，是社會生產不斷發展的結果。或者說，科技的發展，宇宙觀念的變化及思維的理性化，是圖騰失落的決定性因素。圖騰賴以生存、發展的生態環境不斷遭到破壞的過程，也就是科學思維不斷戰勝巫術思維和宗教思維的過程。

傳統圖騰的失落，對於崇拜它們的氏族、部族或民族來說，是一件痛苦、困惑的事情。圖騰的失落在本質上是神聖崇拜感的失落。這個失落過程也是虔誠的宗教心態的失落過程，它既曲折而又微妙，呈現出以下兩種形態：

㈠聚居於鄂、湘、黔、川交界的土家族，是古羌戎一支——巴人的後裔，自古便有崇尚白虎的習俗。漢·劉向《世本》等文獻載有其先祖「廩君死，魂魄化爲白虎」的傳說。至今，鄂西一帶有向王廟，「向王者，古之廩君，務相氏，有功九水，故土人祀之」，廣泛崇拜白虎神。在長陽，結婚時男方堂屋方桌上要舖虎毯。在喪

葬儀式「打喪鼓」中有「三夢白虎當堂坐，當堂坐的是家神」等唱詞。其舞姿則有「虎抱頭」、「大王下山」等身段。在湘西一帶出土的文物中有虎紋斑劍、虎頭銅斧、虎紐錞等器具。巫師領頭跳擺手舞時手持的三角旗上也繪有虎形。土家族的織錦紋裡的「臺臺花」，是虎頭的造型。

　　但在秦漢以後又發生了另一種變化。《華陽國志·巴志》說：「秦昭襄王時，白虎爲害，自秦、蜀、巴、漢患之。秦王乃重募國中有能殺虎者，邑萬家，金帛稱之。」土家人非常勇武，「盡搏殺群虎」，到了漢代，便「專以射殺白虎爲事」，名曰「板楯蠻」。大約經過了一千年後，便由「敬白虎」轉變爲「射白虎」，即原來把白虎視爲圖騰，視爲先祖的土家人，轉而把它視爲禍害：「白虎家中坐，禍從天上落」，「白虎趕出門，全家保平安」。大人帶小孩出門時，要用煙墨在小孩額頭畫一個「十」字。晚上常在小孩被窩裡放一把剪刀，防止白虎侵害。每感到驚嚇時，在堂座中央用石灰畫一個大弓箭，以防白虎進屋。家有死人，在停放屍體的房屋周圍插上多幅竹弓、竹箭，以防夜間白虎凶神鑽進來咬壞屍體。

　　值得注意的是，對白虎的敬與恨、拜與射有地區之分。在鄂西一帶是敬與拜：敬它爲保護全家的「家神」，拜「向王廟」。在湘西一帶則爲恨與射，不准虎進入家宅，侵害活人與死人，隨時要射死給人們帶來禍害的白虎凶神。至今，永順、龍山一帶的土家人以自己的祖先是「打虎匠」而自豪。

　　㈡東北興安嶺深山叢林中居住著鄂倫春人、鄂溫克人和達斡爾人。這三個狩獵民族都以熊爲圖騰，把熊同自己的祖先聯繫在一起。鄂倫春語稱雌熊爲「太貼」（意爲祖母），稱公熊爲「雅亞」

（意爲祖父）或「阿瑪哈」（意爲舅父）。鄂溫克語稱雌熊爲「額我」，稱公熊爲「合克」。對熊這種高輩份的稱呼，表明熊在這三族人心目中的尊貴地位。禁止捕殺熊，從氏族社會起便是族人共同遵守的戒律。但本世紀以來，可以捕獲的獵物越來越少，加之熊在飢餓時也要以人肉裹腹，人們的圖騰觀念起了變化。便打破戒律，開始捕熊、殺熊，吃熊肉，但與此同時便產生了一些新的禁忌，並且形成了新的儀式。

圍獵捕熊時，不准傷害熊的眼睛和耳朵，必須使熊迅即斃命，立即摘除眼、鼻，拔掉牙齒、爪掌，以免熊靈對獵手進行報復。同時也是爲了減少它死前的掙扎和痛苦。

獵民認爲，熊頭藏著熊靈，所以儘快割下熊頭後，用草包好，放在木架上。由獵首率眾獵手跪拜，敬獻煙草，口念禱詞。大意爲，不是他們殺死的，是烏鴉害死的。所以不要怪罪他們，祈願祖父（如殺死的是雌熊則叫「祖母」）好好安睡（忌說「死」字）。然後燒掉草包，用煙燻熊頭，就地安葬。鄂溫克獵人則將熊頭藏好，與熊骨一同風葬。吃熊肉時大家模仿烏鴉發出「嘎、嘎」叫聲。宣稱是可惡的烏鴉在吃熊肉，不要怪罪獵人。爲了掩飾自己的「罪過」，還要向熊頭說謊：把打死熊的獵槍，稱爲「呼翁基」，即打不死動物的工具；把切割熊肉的刀，稱爲「劇爾根基」，即不能切肉的鈍刀。以此求得熊靈對自己的諒解。

爲熊舉行的葬禮是隆重的：

　　鄂倫春人把熊骨排列在編好的柳條芭上，全體家族送葬。由
　　四人抬熊骨放在兩棵大樹間懸好的木架上，燃起煙火燻熊骨

以除穢驅邪，舉哀祈禱。

鄂溫克人則把熊的心、肝、肺、食道與熊骨一併捆好。還要安放好熊眼珠，並用木炭、熊血和野花顏料在葬熊的樹幹刀削處塗染成彩色，煙燻後，舉哀致喪。

鄂倫春人在捕殺熊、吃熊肉和風葬儀式中有時也承認是自己殺的，但否認有意捕殺，而是誤殺。同時用真誠的逼真的假哭，以求熊靈魂的寬恕。「靈肉分離說」也適應了他們殺熊、吃熊的宗教心態：即熊死後靈魂離開肉體。因之，熊肉可以吃，但熊頭不准吃，因為靈魂躲藏在熊頭裡。❷❻

　　上述一南一北兩地區兩種各具特點的實例表明，圖騰的失落隨時代的發展而不可避免，圖騰崇拜的真摯感情隨著生態環境的變遷和理性思維的不斷昇華而發生變異，以致力求在人與圖騰（實際是動物）之間尋求新的和諧；通過懺悔，在宗教心態上求得新的平衡。

---

❷❻　參瑜瓊、豐收：〈試論鄂倫春與少數狩獵民族神話中的崇熊認識〉，載《黑龍江民族叢刊》，1997 年 2 期。

第八章　儺與薩滿教「跳神」

　　薩滿教在歷史上曾流行於北歐、北亞、北美等北半球寒帶、亞寒帶、溫帶等地區。它不屬於一個氏族、部族，民族或一個國家，而屬於許多氏族、部族、國家的原始自然宗教。

　　在我國北方地區，歷史上出現的匈奴、回紇、東胡、靺鞨、女眞、鮮卑、黨項等民族；當代的滿、蒙古、錫伯、赫哲、朝鮮、達斡爾、鄂倫春、鄂溫克等民族，在歷史上也都曾信仰薩滿教，並創造了異常豐富的薩滿教文化。

　　作爲同屬一個原始自然宗教，北歐、北亞和北美的各氏族、部族和民族，都是由薩滿（saman，即巫師）主持祭祀活動，祭祀的目的基本相同，但祭祀形態有較大差異，即使我國北方少數民族的薩滿祭祀形態也不盡相同。

　　儺文化與薩滿文化，幾千年來在我國南北兩大地區形成了兩個大文化圈，它們之間有不少相似，也有很大差別，本章通過兩者祭祀形態，對起源、宗旨、主體、神話和哲學方面進行比較，研究雙方的基本個性與特徵。

　　滿族薩滿教文化是我國乃至世界範圍內保存得最爲豐富多彩的文化遺產之一，具有相當的代表性。因此，本文的敘述主要以滿族薩滿教爲例。

第一節　薩滿教的起源

薩滿教的起源同薩滿的出現有密切聯繫。薩滿即主持薩滿教全部活動的巫覡。關於薩滿的第一個祖師，在各個氏族、部族或民族中有不同的傳說。即使在同一個部族或氏族的不同聚居區，傳說也不盡相同。現在扼要介紹幾種：

㈠一個流行最廣泛的傳說

最初的人間世界沒有疾病死亡，一個惡靈將疾病與死亡帶到人間，給人間造成無盡的災難。爲此，天上神靈派一隻神鷲到人間世界。這隻神鷲變成了人間的第一個薩滿，幫助人擺脫苦難。滿族便流行這個傳說，說天神命神鷲變成第一個薩滿來到人間的。

㈡布里亞特人的傳說

騰格里天神派一隻神鷲到人間解救苦難，但人間不懂它的語言，也不信任它。它飛回天上，請求天神賦與它語言，並請求派薩滿下界。天神說：「你飛回人間碰到的第一個人就是薩滿。」它回到人間，看到一個女人睡在樹下，女人與它歡媾後生下一個兒子，這兒子便成了薩滿。另一傳說是，那女人成了第一個薩滿。

㈢內蒙科爾沁蒙古人的傳說

相傳科爾沁草原的薩滿祖先是郝伯格泰，他是成吉思汗時代闊闊出薩滿的後代。他能騎鼓上天，從天上往下打雷和發出閃電。他同佛爺鬥爭了七年，往佛爺頭上打了八十一個雷，後來他失敗了。

㈣吉林前郭爾羅斯蒙古族傳說

唐太宗東征時帳下有一支由好不勒特率領的蒙古至書人部隊，在強渡遼河時被洪水淹沒。唐太宗東征歸來時，封好不勒特等人爲當地蒙古族人的「翁古特」（地方守護神）。好不勒特即郝伯格泰的轉音，他成了薩滿。

一般學者公認，作爲巫覡的薩滿，最早產生於母系制氏族社會，原始先民萌生了自然崇拜、圖騰崇拜、神鬼崇拜和祖先崇拜之後，薩滿被先民視爲能傳達神的意志和表達人的意願的使者。當然不會遲生於唐代或元代。但科爾沁蒙古族傳說中所說，郝伯格泰被佛爺打敗，則反映了元以後藏傳佛教即喇嘛教在內蒙草原迅速擴張時與薩滿教展開熱烈鬥爭，薩滿教逐漸萎縮與敗退的歷史事實。把鷲同薩滿起源聯繫在一起的傳說，則反映了薩滿教對動物圖騰的崇拜與信仰。鷲在空中飛得很高，在原始先民的心目中它是傳達居住在天上神靈意志的最佳使者。

傳說只能曲折地反映歷史的某些點滴，並且有濃重的主觀意願，卻不能科學地反映歷史的本質面貌。

作爲原始自然宗教的薩滿教，它不像後來階級社會中誕生的「人爲宗教」如佛教、基督教、伊斯蘭教那樣都有一位著名的創教者，而是集體無意識的產物。地球上任何地區氏族的社會都產生過巫覡，這是早期人類社會的普遍規律。因此今天尋覓最早第一個薩滿及其發源地，是徒勞無益的。

薩滿一詞，最早大約出現於十七世紀後半葉俄國文獻之中。是俄國人從外貝加爾一帶通古斯語族裏「采風」來的。但在八百年前

中國宋代的文獻裡就已有記載。徐夢莘《三朝北盟會編》第三卷引《女眞傳》一文：「自制女眞法律、文字，成其一國，國人號爲『珊蠻』。『珊蠻』者，女眞語巫嫗，以其變通如神，粘罕以下皆莫之能及」。❶

　　根據西伯利亞等地區岩畫的考古發現，薩滿在舊石器時代就已出現。從有關資料分析，包括西伯利亞在內東北亞地區的薩滿教，活動最爲頻繁，歷史淵源最爲深厚，影響也最爲廣泛。中國內蒙地區陰山山脈的諸多岩畫裡，就記載了從公元前二十世紀到公元十世紀這個漫長時期的薩滿活動。人類學家米羅諾夫、希洛科戈洛夫曾說：「把薩滿教視從印度人、西藏人、突厥人、蒙古人、漢族人和其他亞洲民族的民俗發展中成長出現的民族間積極交往的產物是饒有興趣的。」❷他們不贊成從一個民族或一個聚居區探索薩滿教起源。他們提出的重要的一個理由是，薩滿這個詞，原是土著語，是從印度等地區輸入的外來語（薩滿 saman 一詞與印度梵語 s'ramana 或巴利語的 Samana（沙門），似同一語源），至今在學術界還沒有統一的共識。

第二節　滿族薩滿及其傳承

　　在我國北方，自遠古以來便形成了薩滿教文化圈，其幅員包括東北、大漠草原和新疆天山南北等區。隨著社會發展，伊斯蘭教傳

---

❶　轉引自王宏剛：〈關於薩滿教問題的探討〉，載《北方民族》1991 年 1 期。

❷　米洛諾夫、希洛科戈洛夫：《沙門》，這裡轉引自日本赤松智城：《薩滿教的意義與起源》，載《薩滿教文化研究》（第二輯），33 頁。

播，喇嘛教東漸，這個文化圈不斷縮小。十九世紀僅剩下東北三省，東蒙地區和新疆自治區錫伯族自治縣。滿、達斡爾、鄂溫克、鄂倫春、錫伯、赫哲、朝鮮和東蒙地區的蒙古族，仍然相信薩滿教並有相應的祭祀活動。二十世紀初，隨著清王朝的解體，滿族語言和文字的逐漸消失，薩滿教也走向衰落。到八十年代，在東北三省，只有幾個姓氏家族還能組織些活動，經學者深入考察，總算搜集到一些文物和文字資料，通過比較研究認為，它比鄂倫春、赫哲等族保留了豐富的演出資料和文學資料，它既具本族的獨特性，又具有代表東北各少數民族薩滿教的普遍性。

㈠滿族氏族與薩滿教

滿族歷史淵源悠久，她的直系先人是明代女真。依次往前可追到隋唐時的靺鞨、南北朝時的勿吉、漢時的挹婁與周代的肅慎。

十六世紀末到十七世紀初，以建州、海西兩部女真人為主體，把分散於東北地區女真人統一而為共同體，建立後金政權，清太宗皇太極天聰元年（1635）正式稱為「滿州」，1911年辛亥革命後稱滿族。

滿族薩滿教自始至終都以氏族血緣群體作為它存在與發展社會的組織細胞。燒香跳神都是以一族一姓為單位的祭祀活動。因此，以姓氏劃分的宗族血統觀念非常突出。

據《滿族薩滿跳神研究》引《氏族略》的統計，滿族姓氏有六百四十六姓，又記譜外三十三姓，共六百七十九姓。❸各姓氏家族

---

❸ 石光偉、劉厚生：《滿族薩滿教跳神研究》，3頁，吉林文史出版社，1992年5月初版。本章所記神詞，皆引自此書。

的跳神大同小異，祭祀的神靈不全一樣。但都把長白山作爲崇拜偶像——全民族的祖先神。在神詞中稱爲「哈占爺」或「白山祖爺」。滿族每個家庭在住房西屋山牆上立有祖先匣，就是爲了祭祀這位最尊貴的祖先神。這種崇拜實質上是把長白山同自己的祖源聯繫在一起。

滿族薩滿主持的祭祀儀典稱爲「燒香」，根據不同目的和方式，分爲「太平香」、「還願香」、「抬神香」和「官香」。

燒香時必須跳神，這是薩滿脫魂顯靈，在人神之間進行溝通的手段。在燒香祭祀儀典中分爲「跳家神」、「放大神」、「祭天神」、「祭海神」等項。

燒香跳神的主要功能是禳災祈福，祈求宗族人壽康泰。

㈡薩滿的分工與傳承

滿族薩滿，按其職能與分工歸爲兩類，即薩滿與栽力。

薩滿——領神人，或稱「領神薩滿」，俗稱「大神」，有男有女，女大神稱爲「烏達厄」。祭祀時通過神志不清的顛狂過程，表示神祇附體，爲族人免除災難，指出幸福、光明之路。按定制，一姓只能有一個大神。在本族姓中享有崇高威望，遠近聞名，影響巨大者被稱爲「大薩滿」。

栽力——祝神人，或稱「祝神薩滿」，「家薩滿」，俗稱「二神」。在祭祀過程中同神志不清的大神，即同降附於大神身上神祇進行對話。努力辨析、闡釋神諭，傳達給舉辦祭祀的族人或還願主人，並代爲表達人們的祈求與願望。一個族姓可以有幾個栽力，他實際上是「大神」的助手。

薩滿和栽力，僅限於為一族一姓服務，與氏族有血緣聯繫。他們在本族宗姓中產生。產生的方式則分別是「抓薩滿」和「學烏雲」。

1.「抓薩滿」

大神即領神人的產生不由同宗族人選擇確定，而是痴心相信神祇的指派。基於傳統輪迴觀念，薩滿和族人都一廂情願地認為大神逝世後，本族宗姓以前幾代逝世大神中必有一個大神的靈魂轉世，並依附於本族宗姓中某一個人。這個人不受性別年齡限制，但必須是精神反常，有異常表現的人。或者突然發病，神志不清，顛狂不語，或者善於舞刀弄槍，有特殊技藝。族人便認定是逝世的大神附身。但必須經過全族官香大典的考驗，此外，還要驗證這個人神志不清時所講的話，以及他的本領，是否與已逝世某個大神相吻合。這種一廂情願的考查，無非想「驗證」這位幸運的候選者通神技藝，不是人授而是神靈賦與的。

發現與考核新大神的出現是全族全姓極其嚴肅、認真的大事。如果本族本姓在一個時期內未出現這樣的候選者，本族本姓就不能舉行燒香跳神儀典，也不能請外姓的大神來主持儀典，即使要等待很長時間，這種現象被稱之為「扣香」。

2.「學烏雲」

家薩滿即二神栽力的選定，不同於大神，它是由穆昆會議即在族長（穆昆達）領導下族內民主協商產生的。族內每個人都有權推舉素有威信、辦事公道、有較高文化並有這方面才能的人為候選者。選定後要經過一段學習和嚴格的考核，合格後方能尊奉為二神，二神可以選定兩個，在族內普遍受到尊重。

第三節　「跳神」儀典

滿族跳神，各族各姓大同小異，現根據《滿族薩滿跳神研究》歸納吉林省九臺石特克里氏（即石姓）和其他姓氏的神本，對儀典程序介紹如下：

(一)跳家神

跳家神是祭祀祖先神儀式，通過樂、舞、歌三位一體表現手段，表達對祖先神的崇敬與企盼。祭祀前，先懸家神案子，案子上繪有最高家神——長白山神祖「哈占爺」。此外，還祭祀本姓始母神佛多媽媽（子孫娘娘）、奧杜媽媽等。

1.「佛波密」

滿語，「佛波」有頭、頭一次、第一次之意。「密」爲唱，即跳神開始唱神詞，佛波密亦叫神頭、頭譜神，類似序曲，比較簡單。進入正神譜演唱才接觸到實質內容。

吉林省高姓正神譜神詞在贊頌眾神祇時，表示用「最美佳肴，敬神享用，使每位神愉悅」，「擇定吉日，將惡日禳除。諸福威臻，求百年無災，六十年無病，永享太平」。

2.跳餑餑神

在製作供品所進行的淘米、蒸米、做打糕等活動中唱的震米神歌。所謂「震米」，是指在做打糕過程，薩滿不斷敲打抓鼓，意在讓神祇聽到鼓聲，知道人們正在爲他們蒸製香甜的打糕。

神詞中提到的烏龍貝子等，多與農業有關，或即農神、農苗神，祈求他們保佑五穀豐收。做打糕時需要撒水，人們稱之爲「下

雨」，以象徵農神恩賜的雨水。跳餑餑神曲折地反映了滿族先民從狩獵向農耕轉化的生活歷程。

3.換索

換索儀式在跳家神第二天舉行，也可以單獨舉行，這是爲了祭祀始母神「佛多瑪瑪」，俗稱「子孫娘娘」，目的是祈求嬰兒健康，子孫繁衍和永不絕嗣。換索也是滿族一種民俗，它與柳崇拜有密切關係。

4.跳肉神

祭神獻牲時殺豬「領牲」、「擺腱子」的儀式稱爲跳肉神。祀神的主要犧牲是豬，稱爲「神豬」。

被定爲神豬的豬，必須是沒有雜毛的全黑色，必須是閹過的公豬。神豬須在幾個月前選定，要特殊餵養，一般要養到一百五十斤左右。宰刀和屠宰方法以及用繩綑綁的方法都有嚴格規定。

屠宰神豬前要舉行「踩神豬」儀式。二神將大神引領到神豬前。大神踩在豬身上歌唱，二神擊鼓，眾栽力也隨之擊鼓。這是因爲經過大神踩過，才能被神祇所認同。二神送大神到頭道門內，唱「送神歌」。大神在緩慢的鼓聲中回到神堂，在神案前拜鼓，下跪，逐漸恢復常態。

依據薩滿教的觀念，祖先神的游魂，能依附著動物耳朵回到人間。所以領牲時將白酒灌入耳朵。如果豬耳朵動了，說明神祇已批准此豬可做爲犧牲，並同意領受，稱爲領牲。如果豬耳不動，則必須多次灌白酒，直到耳朵動了爲止。豬耳扇動時，穆昆便高喊一聲「領牲」。眾人便高聲互相道喜祝賀，這意味著神祇欣然領牲會關照族人，恩澤人間。

領牲後的「擺腱子」，又叫「擺件子」，廚師（滿語稱「鍋頭」）將煮熟的豬一般分割爲八塊，在一個大槽內把八塊豬肉還原成一個完整豬形。

結尾是祭神的犧牲，由人神共同享受。吃神豬肉叫做「吃嘉興肉」，被視爲幸運的事。

5.跳晌午神

正當中午時的跳神，繼續向神祇獻供品。吉林傅姓的跳晌午神神詞中說：「震米蒸米做打糕。敬奉大供設宴席。乞求神靈保安寧，脫離災難謝神祇。」

6.燒太平香

不論狩獵還是農業，獲得好收成都要舉行感謝神祇的跳神活動，一共要舉行三天三夜，所唱神詞叫太平香。吉林石姓的太平香，唱詞共六十句，先請來各路神祇，包括六位太爺（逝世的薩滿），再用神豬上供，「做犧牲神仙樂，敬奉神靈人心喜，爲家中脾氣暴躁的男子還願，也爲同屬脾氣不好的女子還願，張口許諾，啓齒應承，要改變了毛病，漸漸脫離了惡習，辭去舊月迎新月，吉日良辰頌太平」。

7.背燈祭

在夜深人靜時的跳神，祭祀對象多爲「順星」，如北七星、三星等星。滿族的先民以狩獵爲生，在迷茫的荒原和山野裡，主要依靠方位相當穩定的星座指引方向。所以星神在滿族眾神祇中占有重要位置。

背燈祭還要祭祀奧多瑪瑪，供奉在「外屋地」（堂屋）東北角。傳說她叫紫薇，是一位騎雙馬的漢族女性。雙馬名大鐵青、二

鐵青。在清太祖努爾哈赤被明兵追趕，處於危急之時，她捨命贈馬，引他脫離險境。按傳統習俗，滿族不祭祀外族人。她是漢族人，但因她救了努爾哈赤，破例給予常年祭，並且供奉在堂屋，足見滿族人對奧多瑪瑪的崇敬。

　　各姓氏家族背燈祭的神詞不大相同，敘述方式也不相同。現舉吉林永吉縣烏拉街滿族鄉瓜爾佳氏關姓神詞片斷爲例：

> 鮮紅山棗已經洗淨，
> 敬祈神祇享用。
> 鮮紅的山棗已經洗淨，
> 敬奉北斗七星。
> 鮮紅的山棗已經洗淨，
> 敬奉兩位神主——

(二)放大神

　　放大神是燒香跳神儀典中最重要、最熱烈部分。它祭祀的對象是居住在長白山的祖先神——大爺和在長白山修煉的野神即動物神，如金錢豹神、飛虎神、水獺神、雕神、鷹神、蛇神等等。

　　放大神儀式分三個環節，即請神、放神、送神。請神，以大神（領神薩滿）已經神靈附體爲基本特徵。放神，以舞蹈表現各動物神的日常動作姿態，除極少數例外，一律作閉目狀。通過問答方式進行人神之間交流。送神即將神靈送走。

　　放大神，內容異常豐富，形式多種多樣：

有眾多精於騎射，耍弄飛叉的「巴圖魯」（勇士）等生動形象；有反映敢上刀山（即刀梯）、下火海（即跑火池）、鑽冰眼（即冰窨窿）、吹火、捋燒紅的鎖鏈、舞金花等的神靈壯舉；有表現狼、蟲、虎、豹、鷹、鵰、熊、野豬神等玩耍嬉戲的精彩場面。這些千姿百態、歡歌狂舞情景，構成了放大神的鴻篇巨帙。❹

放大神，首先佈置神堂和壇場，神堂必須安排在西屋。在西墻正中懸掛大神案。上披紅、黃、綠三色彩帶。神案子上彩繪著家族歷代成神的薩滿及所居樓閣，以及他們的雄偉業績和傳說。薩滿神形象繪於日、月之間；飛禽野獸則繪於山野之中。

與此同時，院中擺設七星斗高桌。桌前插有飛虎大旗。左右兩側「腓達」架子則插上繪有狼、蟲、虎、豹、鷹、鵰、蟒、蛇八杆大旗。

在正式請神之前，由薩滿、栽力對所祀眾神，逐一贊頌，稱為「排神」。吉林省九臺市胡家鄉的栽力石清民唱排神詞多達二百四十句，贊頌的神祇包括長白祖爺，七位薩滿太爺、各種鳥神、鵰神、虎神、狼神、金錢神和金花女神等。

請神的程序是，薩滿與栽力在屋內神堂前「拜鼓」後來到院中七星斗壇前擊鼓。栽力唱請神歌，鼓聲、唱聲由緩漸促，由弱漸強，由低漸高，並做請神動作。當達到高潮時，大神動作異常，神態突變，這表示神靈已降臨壇場，並附於大神身上。接著是表現神靈與栽力（二神）的對話，謂之「升斗對話」。表達請神目的和意願，然後栽力引領入屋，謂之「領神進屋」。

---

❹　同註❸，174 頁。

請野神並無固定順序，這說明各動物神之間是平等關係，沒有尊卑之分。

這裡略舉幾例：

1.請太陽神

太陽神，滿語稱爲「按巴瞞尼」，俗稱「托力」。太陽神附於大神身上時唱：

> 爲何事，爲何人？
> 按巴瞞尼居於長白山上，
> 自青天降下，
> 手持大銅鏡，
> 雙手搖耍光華可鑒。
> 湖中的水禽，路邊的小鳥，
> 鳳杏花，成群的鳥神，
> 順松花江而來——

滿族先人崇拜太陽，認爲銅鏡可以代替太陽，映現出天上的神靈，銅鏡被稱爲「日神體」。薩滿大神手持兩面銅鏡，上下揮舞，鏡光閃爍，如顚似狂，藉以逐鬼逐邪，或祈福求子。

2.請鷹神

鷹神是滿族供奉的重要神祗，也是崇拜的重要圖騰，放鷹神時，大神薩滿雙手拎著從神帽上耷拉下來的兩條飄帶，時而做拍翅動作，時而平展雙翅迎風翺翔，展示神鷹博擊長空的雄姿。放鷹神時唱：

因何故，爲何人？

居於長白山，自青天而降，

第一峰有座金樓閣，

第二峰有座銀樓閣，

第三峰有座鐵樓閣，

三層峰，九層樓，

檀香木三庹粗，枝繁葉茂，

不享金巢，不棲銀穴，

石首金喙，銀鼻銅脖，

翅蔽天地，尾掩星月，

皂青一體，羽毛豐滿，

山自大國，名揚鵰群——

3.請蟒神

蟒神也是滿族敬仰的動物神。放蟒神時，大神薩滿仰面朝天臥躺在院中七星斗高桌前，雙手抱胸，鼻頭與上唇之間橫夾著一根燃香，作蟒蛇動作扭動雙肩，從壇場蠕動到西屋神堂，然後再蠕動回至壇場。只是在過門檻時由栽力協助抬一下頭。大神的舞蹈動作，要描繪出蟒蛇爬行的姿態。放蟒神時唱：

爲何之故？何人請神？

居於白山，九重峰顚，

白雲銀雪，降自嶺前，

尼西哈河岸，乘雲而下，

八度蟒神，九度蛇仙，

無日無夜，神入仙洞——

4.請金花火神

金花火神，滿語稱爲「新托亞哈恩都力」，是滿族司火女神，放金花火神時，神堂裡除了香火之外，所有燈火都要熄滅。大神薩滿二神栽力手執燃香起舞於神堂和壇場；隨腕部的轉動，清香四溢，動作輕柔、舒展，展示了女神作爲女性的魅力。整場舞蹈意味著把神奇的火撒滿人間。

5.請水獺神

水獺神是最後一個必須請的動物神。附體時大神突然做出游泳和捉魚動作，這便是水獺神的降臨、附身。由於大神一直閉著眼睛（即「放神」），便由二神栽力向導，告知何處是頭道門，二道門。來到大神案前，地中央桌上放一大盆，盆中盛滿清水，大神手持馬叉，用力攪動盆水，水花四濺，二神與眾栽力隨之擊鼓。在馬叉的攪動中，有石砂從盆水中濺出，緊接著，水中跳出幾尾活魚。高超的雜技的魔術，使族人深信水獺神在盆水中戲魚不疑。二神則根據大神神志不清時做的各種舞蹈動作，向族人傳達水獺神神諭。

在放水獺神過程中，大神手中握有一個小小的圓石，名爲「神石」，據說可以用來鎮宅避祟，只有有福的人才能得到它，所以在場的人都想成爲搶到神石的幸運者。

㈢祭天神

天神，滿語稱爲「阿布肯恩都里」，是泛指眾神而非專指一位

至高無上的尊神。

祭天神通常在放大神次日的早晨，太陽剛剛升起的時候。

「祭天」，一般滿族百姓稱爲「給外頭」，「念杆子」或「還願」。祭天的目的是爲了還願，即某人爲某事向天神祈求庇佑，並立下誓言，鄭重向天神表示日後心願。

滿族初民以狩獵爲生，無固定居所，祭天神是在山上或田野，後來稱之爲「郊祭」或「野祭」。

祭天必立「索莫杆子」，民間與宮廷都有此祭俗。據《欽定滿州祭神祭天典禮》載：「每春秋，堂子立杆大祭所用之松木神杆，前期一月派副管領一員，帶領領催三人，披甲二十人前往直隸延慶州，會同地方官於潔淨處砍取松樹一株，長二丈，圍徑五寸，樹梢留枝葉九節，餘俱削去制成神杆，用黃布包裹運至大內。」瀋陽故宮清寧宮和北京故宮坤宮，皆立有神杆，以供祭祀祖先神和蒼穹的禮拜。祭祀時薩滿或栽力在杆子面前高聲誦讀神詞，通過神杆與天相通，所以祭天又叫念杆子。

祭天以一家戶爲單位舉行，一般在秋冬農閑季節，如果誰家有人生重病，作爲特殊情況，可向本族穆昆達（族長）提出祭天還願請求，經同意便可向本族親友近鄰發出邀請，但不邀請異族人。

祭天是作爲一件喜事、大事來辦的，族人們穿著新裝齊來祝賀，共同享受無雜毛黑豬禧（xi）肉。

在誦念祭天神詞、念杆子神詞中，極少提到具體的神靈，一般都是祈求天神（或神主）保佑「六十年無患，百年無災罹，歲歲平安，日日吉祥」。

吉林省九臺市蟒卡滿族鄉東哈村石克特里氏栽力石殿琦、石殿

發、石文才藏有一冊以滿字紀錄的滿語神本。1980 年著名薩滿教學者石光偉採訪時借出複印並漢譯。下邊摘錄祭神詞的結尾部分：

跟隨神靈，四處出征，
所到之處皆康泰，
院中強賊不敢進。
大門裡，院中心，
四處搜尋四處趕，
院也清，宅也靜，
各種禍害皆不見，
安全無事享太平。
神主垂愛，無限寬容，
神主英武，颯爽雄風，
旌旗獵獵，兵強將勇，
個個平安，人人吉慶，
所行之處皆安寧，
胡黃妖怪趕出門，
東南西北四處尋，
院裡院外都找遍，
宅靜室清門肅然，
人人無災福壽吉。

第四節　儺文化與薩滿文化(跳神)之比較

作爲我國南北兩大原始文化圈，兩種原始文化體系，儺文化與薩滿文化既有共同的特徵，又有明顯的差異。現從以下幾個方面作些比較。

(一)主體：混雜的與單純的

巫是原始文化的創造者和繼承者，但隨著歷史的發展和社會制度的變遷，巫的命運和地位發生了不同變化。在奴隸制的夏商兩代，巫仍然是顯示了他應有的權威和顯赫地位。到了周代，儺祭被納入禮的規範，在三季的儺祭中，巫都不占有地位。在大儺中，下級軍官方相氏裝扮成熊圖騰，進行調和陰陽和驅鬼逐疫活動。到了封建制初期的東漢，從張衡《東京賦》中得知，「方相秉鉞，巫覡操茢」。儺祭主角仍是方相氏，巫只處於幫襯的地位。直至隋唐，仍然如此。而在西漢宮廷中便因發生黑巫術的巫蠱事件而使巫一敗塗地。更因東漢以來佛教傳入和道教勃興，以及歷代漢族皇帝或尊佛教或揚道教，甚至到了宋代形成「三教合一」的局面，巫只好撤退到偏僻的地區。只是由於中國民族固有的寬厚性格，當然包括儒家的仁愛和中庸之道，才免遭歐洲中世紀時期對巫的毀滅性打擊。自然，交通閉塞地區盛行祭祀，正是巫賴以生存和發展的溫床。巫便以儺班的歌舞形式，進行請神和驅鬼逐疫活動。既豐富了歲時節令的民俗文化，也萌生和發展了儺舞、儺戲。而在中原地區，則出現了道巫合流現象，演變爲廟祝、堪輿、占卜之流，但集中在春節期間的儺祭活動，已逐漸融入民間社火活動之中，以民間藝人和農

民為主體，演出儺戲儺舞，請來關羽、鍾馗或地方保護神（或歷史
人物神如江蘇的張巡，桂林李靖，或傳說人物神五道將軍、楊二郎、楊泗、聞
太師等），進行驅邪避災、祈福納吉等民俗活動。

　　縱觀二三千年的儺祭活動和社火祭祀活動，主持者和參與者有
巫師、儺人、軍人、天子、大小官吏、兒童、農民、市民、民間或
專業藝人，這說明巫儺文化的主體混雜而多變。這在第三章「儺與
巫」中已有簡要介紹。

　　薩滿的命運則比中原地區巫師要幸運得多，這是因為少數民族
長期生活在叢山峻嶺和荒漠草原，分別以漁獵和游牧為生，加以惡
劣的自然條件，難以發展農耕和手工業。社會發展史裡早期的農業
和手工業兩大分工遲遲不能出現，也不具備創制文字的條件，難以
打開文明社會的大門。又如，單一的漁獵生產決定生產方式和生活
方式的流動性和零散性，使這個地區難以出現城廓以及由此而產生
的市場繁榮。上述這些自然條件和社會條件使得這些地區的氏族、
部族只能長期信仰和祈求薩滿的庇護，這便是薩滿教長期盛行不衰
的根本原因。更因薩滿教具有的保守性和強烈的個性，使這個地區
難以形成、產生「人為宗教」的人文環境。在長達幾千年的漫長日
子裡，具有絕對神威的薩滿獨佔宗教祭壇。顯然，薩滿文化主體─
─薩滿是純淨的，單一的，與中原地區巫儺文化形成鮮明的反差。

(二)哲學：陰陽二氣與內外二氣

　　地球上任何地方的原始先民都相信「萬物有靈」。愚昧無知和
最簡單的直觀思維方式，使先民主觀上誤認為萬物與人一樣有
「靈」，混淆了人類和自然的主觀、客觀界限。基於萬物有靈論，

隨後便產生了自然崇拜，圖騰崇拜、祖先崇拜、神鬼崇拜和巫覡崇拜等等。中國的巫儺和薩滿的思維基礎同樣是萬物有靈，這是普遍的共同規律。但由於中國南北兩大地域社會和社會生產力發展的嚴重不平衡，以及人文社會生態環境的差別過於懸殊便逐漸產生了差別。大約在三四千年前的商周時期，至少黃河流域進入農業社會之後，便有了哲學的萌芽，認為「氣」是宇宙萬物之本原。《月令·孟春之月》：「天氣下降，地氣上升，天地和同，草木萌動。」四季的節令氣象，依萬物感時而生長繁衍。周天子在四季之初的立春、立夏、立秋、立冬之日，都要舉行「迎氣」儀式，否則「寒暑不時則疾，風雨不節則飢」（《禮記·樂記》）。作為「國之大事」——儺的儀式活動，便是對這種哲學萌芽的具體實踐。這在《儺魂》中已有敘述。

　　周代的儺禮是以交感巫術為中心，以陰陽五行相生相剋的哲學思想為行動依據的。這裡看不出什麼陰森的鬼氣，這是因為在先民的原始思維裡，神鬼不分，人神不分，人獸不分；陰陽二氣不調導至氣的漫延（瘟疫）。他們運用熊圖騰的威力，以樂觀戰鬥精神把鬼趕走。春秋戰國諸子百家大都受《易經》哲理薰陶。在中世紀，還產生了源自《易經》哲學思維的陰陽魚太極圖。它的陰陽交感思想蘊含著人體生命與人類繁榮的科學內涵。中世紀以後，道教與巫都以太極圖為徽號。太極圖裡有著豐富的歷史文化意蘊，還有樸素的辨證法。

　　當中原地區的巫儺在中世紀被迫逐步接受「三教合一」的現實，吸收了道教的教旨、佛教輪迴觀念和儒家的倫理道德觀時，北方一些少數民族地區仍然處於氏族社會，甚至到了十九世紀，鄂倫

春、鄂溫克、赫哲仍處於氏族社會末期。與此相適應，作爲上層建築的宗教——薩滿教仍保持了較爲原始的形態。基於萬物有靈論，它仍然堅持泛神論，包括動植物圖騰神崇拜和「多層天穹觀」。

　　這裡要著重指出的是，滿族薩滿教也相信「氣爲萬物之源」的觀念。當代滿族著名薩滿教學者富有光說：

> 薩滿教認爲，在宇宙中充塞著氣質氣素。氣，神秘不可測，能作用人，作用於物，作用於客觀任何現象。這種氣質氣素就是魂魄的具體態。它的活動即是神兆、神顯、神威、神示。薩滿教氣化氣感意識，在薩滿教整個觀念中占有突出地位，其神祇原道觀念核心。❻

　　富氏進一步認爲，神祇原道就是氣，它存在於人之外宇宙客觀世界之中，薩滿就是憑借、運籌、布施這些氣（神兆、神威、神示等）爲本氏族進行怯病除邪、庇佑子嗣、卜簧未來、試測年景、族事興衰活動。「神爲氣，氣爲神，神氣互生互補，成爲薩滿教宗教信仰核心學說」。

　　顯然，以滿族信仰爲代表的這個核心學說是受了中原地區以漢族爲代表的陰陽二氣、五行相生相剋學說的影響。《論衡·命義》：「人稟氣而生，含氣而長」。《二程遺書》：「萬物之始皆氣化」。宋·張載《正蒙·太和》：「太虛不能無氣，氣不能不聚

---

❻　富育光：《薩滿教與神話》，13 頁，遼寧大學出版社，1990 年 10 月，第 1 版。

而爲萬物」。所以「天地合氣，萬物自生」。

這樣看來，薩滿教和中原巫儺的信仰在發展過程中都以氣爲核心學說。氣，具有樸素的唯物主義因素，氣化意味轉化和相生相輔相剋，具有樸素的辨證意識。但它們在發展過程中，走上玄奧與神秘化的路。所謂「氣，神秘不可測」，便是不可知論的一種反映。而「神即氣，氣即神」，人和萬物（包括圖騰）都有魂魄（氣素），都有氣感現象，則仍然沒有脫離萬物有靈論的羈絆。不同地區，不同宗姓的老薩滿們，對氣與氣化也有不甚相同的詮解，甚至相互矛盾，以及對於有關術語運用的雜亂，反映了原始宗教信仰難以建立明晰系統哲學的混亂本質。宗教哲學，特別是系統的哲學思想，只能產生在文明社會發達的「人爲宗教」之中。

如果說，巫儺與薩滿在氣、氣合或氣化的運作實踐中有所差別的話，至少表現在：

1.大約宋代以後，巫儺在廣泛實踐活動中已淡化了氣與氣合宗教信念，代之以「三教合一」的信仰。而後者則從中世紀開始接受這個宗教信念，一直延續至二十世紀。

2.早期巫儺在五行學說的基礎上，側重於陰陽二氣的調和。薩滿側重於內外二氣的溶合。薩滿練就了內氣，運籌了外氣（神氣），降神於體，可以施展神顯和神威。

3.宗教的本質是唯心主義的。中外概莫能外。巫儺與薩滿同樣都利用氏族、部族、民族的落後心理和善良願望，但後期巫儺儀式的欺騙、蒙蔽越明顯，而薩滿主觀意識上始終保持原始的「眞誠」，盡客觀上難以避免欺騙、蒙蔽的效果。

巫儺的陰陽二氣和薩滿的內外二氣，這是宗教信仰的哲學概

念。但作爲巫師,他們都注意刻苦訓練,發揮人體潛能的軟硬功,這屬另一個範疇。至今中南、西南地區巫儺儀式中,仍可以看到巫師上刀梯,踏火磚,跑火池,撈油鍋神判,踩火鏵等,在善男信女面前顯示神威。在東北地區,薩滿則必須有上刀梯、跑火池、穿火靴、過釘氈、滾針路等「神技」(特技),用以顯示神靈賦予他們的超自然威力。究其實,則是千百年來巫儺和薩滿不斷開掘、引發自我人體生命潛能,包括氣功、硬功、軟功等的結晶。

㈢神話:世俗的與自然的

神話,是人類童年時期的口頭文學,是原始先民關於人類與自然界相抗爭的充滿奇特瑰麗想像的故事,是先民基於原始思維的願望、意志、企盼和憧憬的記錄。作爲人神之中介,巫既是原始宗教的主持者,又是神話的傳承者。原始宗教與神話的結合,便形成宗教神話。

原始人崇拜太陽和月亮,尤其是崇拜太陽,這幾乎是全球性的。在中原大地上,也是這樣。早期神話中,太陽和月亮都是女性神,這同早期神話產生於母制社會有關。只是到了奴隸社會,太陽變成了男性神。如《九歌》中的東君,便是與人間君主相對應的產物。周族滅商族前後這個時期,神話大體上可以分爲產生於西部的太陰系統(月)和產生於東部的太陽系統(日)。太陰系統的圖騰崇拜以走獸爬蟲爲主;太陽系統則以飛禽(鳥)爲主。正如古文獻所說:「月者陰精之宗,積而成獸」和「鳥爲陽精」。

太陰系統,如黃帝稱「有熊氏」。伏羲和女媧皆「人首蛇身」。西王母最早爲虎齒豹尾的怪獸形象。顓頊「體爲玄武

（龜）」。共工「蛇身」。鯀「初爲白馬」。「狄暮級石紐山下泉水中得月精如鷄子（卵），愛而含之……生夏禹」。禹爲「黃龍」。周氏族「出之天黿」。他們分別活動於甘、陝、川、豫和荊楚等廣大地區。

太陽系統，如少昊名摯（鷙），爲「鳳鳥」。皋陶「鳥啄」。商氏族源爲「玄鳥」。

所以，《禮記·郊特性》說：「殷人先求諸陽，周人先求諸陰。」殷（商）和周是中國歷史上兩個最強大的奴隸制國家，分別以飛禽和走獸爬蟲兩類圖騰爲主要標誌。《山海經》則匯輯了先民經過豐富的想像創造出的許多奇禽怪獸。周代在黃河流域開始的，以熊圖騰形態出現了方相氏，在儺儀中調和陰陽、驅鬼逐疫應是原始宗教信仰與神話在禮儀民俗中的結合。古良渚文化中的大型玉琮，是以鳥圖騰爲標誌的，體現古百越地區宗教神話的神聖器物。但隨著歷史演進，部族兼併與融合以及漢等民族的形成，有些圖騰也出現了複雜形態，這便是普遍流行於各地稱爲「複合圖騰」的龍、麒麟、鳳凰等瑞祥禽獸的出現。

伏羲與女媧，是兩位普遍受到崇敬的神。約在隋唐時期，便以木偶形式（或頭部，或連胸）被供奉於儺壇。既是一對配偶始祖神，又被賦予儺人的始祖，即巫儺之始祖。（至少在漢代就有「儺人」稱呼）傳說伏羲制八卦，這是他成爲儺神的重要資歷。至今中南、西南地區漢、土家、苗、布依、仡佬等族的儺壇上的伏羲、女媧，分別稱爲東山聖公、西山聖母，並作爲洪水神話中的親兄妹結親，繁衍了人類。

巫儺祭祀，迎清的神靈，由於吸收了道、佛、儒和行業神、傳

說神而顯得極為龐雜。四川儺壇的三位最高神靈是老子、孔子和釋迦牟尼。中南、西南一帶儺壇的最高神是「三清」真人，即玉清，上清，太清三位道教神。各地供奉的還有本地區的保護神，如四川供奉川主（李冰），華主（文昌）和藥主（孫思邈）；桂林的李靖；壯族、毛南族、仡佬族則分別有吳王、廣福王、白馬仙姑；安徽貴池有昭明太子；江蘇南通有張巡。關羽、楊二郎、楊泗的供奉則更為普遍。

巫儺供奉、迎請的神靈形成如此龐大混雜的體系，各路神靈千百年來得以和睦相處，「和平共居」，這在世界各古老國家和民族都難以尋覓。

其基本原因是：

1.從氏族社會原始自然宗教信仰，到封建社會初期的「人為宗教」的崛起和發展，在雙方的長期衝撞中，不是被摒棄、淘汰，走向消滅，而是在上千年艱難掙扎中吸收、容納了後者的神靈體系，同時札根於民間，吸收了民間信仰的神靈，包括傳說人物神、行業神和歷史英雄人物神。而在漫長的歷史演進中，各路神靈包括自然神又都經歷了社會世俗化的洗禮。

2.漢族為主體的中華民族，長期受儒家「中庸」之道和陰陽二氣調和以及五行學說辯證認識的哲理薰陶，形成宗教意識極為廣泛的容納性和多元信仰的歷史積澱。

3.黃河、長江兩大流域的中原地區，是全球最早進入農業社會的地區之一。人們通過春祈秋報即後來社火的祭祀歌舞儀式活動，祈求人壽年豐，國泰民安，六畜興旺，五穀豐登。只要能滿足這種人類繁衍、生存和發展的願望，不惜祈求任何神靈。巫儺祭祀與春

祈秋報，迎神賽社相結合，更加強了人們對調和陰陽，驅邪逐疫，禳災納吉的宗教信念。上述信仰反映了人們生存意識、生命意識的功利主義心態。

　　北方薩滿教同樣具有生存意識、生命意識的宗教功利性，企求通過宗教歌舞儀式，怯病逐邪、避災納吉達到氏族和部族繁衍發達的目的。但正如前文所述，游牧、漁獵的生產方式與生活方式以及嚴寒的氣候條件和荒蕪的地理條件，難以出現農業、手工業兩次社會歷史的分工。沒有農業和水利的發展，便沒有農業神（如社神、土地神等），行業神（魯班等）的出現；沒有城郭的出現就沒有城隍等神出現；沒有文字和科舉制度就沒有文昌神的出現；沒有發達的商業就沒有財神出現。而北方氏族、部族所祈求的怯病免災，祈福呈祥的願望，被認爲薩滿教自然神和祖先神完全可以勝任，這正是薩滿教歷經萬年以上而不衰敗的社會原因。也是薩滿教保守性、封閉性和排它性等宗教個性得以長期存在的社會原因。只是到了中世紀之後，這種情況才有了鬆動。唐宋以降由於民族戰爭的迭起，民族遷徙，特別是遼、金、元、清等少數民族政權的建立，以及同中原先進的漢族文化交流，才使得北方零星地接受了佛教、道教和儒家哲學，並產生了影響。在薩滿教祭祀活動中出現了觀音菩薩、關公等少數神靈。而蒙古族聚居地區則自元忽必烈時代開始，以藏傳佛教——喇嘛教逐漸取代了薩滿教。但在東蒙地則出現喇嘛教與薩滿教合流的奇特現象。而在東北地區的滿、赫哲、鄂倫春、鄂溫克、達斡爾等民族聚居區直到二十世紀初，薩滿教仍然佔統治地位。

　　與巫儺的龐雜神系形成鮮明的對照，薩滿教神系則是以自然神（尤其是動物神）和祖先神（包括薩滿祖神譜）爲其架構的。

　　與此相適應，巫儺所傳承的宗教神話是零散的、駁雜的，也是社會世俗化了的，而薩滿教所傳承的神話，不僅是大量的、系統的、單純的而且多數屬於原始自然形態。

　　值得特別注意的是，薩滿教宗教神話的一個突出特徵是長期以女神爲中心。這從滿族老薩滿所收藏的神書、神論、史詩得到證明。

　　滿族的史詩具有奇異瑰麗的藝術特徵。分別流傳於黑龍江流域和烏蘇里江流域的《天空大戰》和《烏布西奔媽媽》都敘述了宇宙三位女主神──天神阿布卡赫赫、地母巴那吉額姆和布星神臥勒多媽媽（亦稱宇穹媽媽）以及她們統領、管轄的三百多個各司其職的女神。在神話中也有男性神。《天空大戰》就描繪了女善神同男惡神耶魯里的戰鬥。而耶魯里原也是女性神，後來才變成男性神的。在這次戰鬥中地母神用生息在自己身上的虎豹熊鹿、蟒蛇鷹鵰的魂骨，爲天母神編幟成護腰神裙，她才戰勝惡神耶魯里，揚威於寰宇的。這個創世神話表明，善神與惡神的生死博鬥中，爲人類創造出一個適於生存的世界。

　　薩滿教學者王宏剛在《薩滿教女神》中指出，中原漢族地區玉皇大帝與薩滿教世界女神有不同的鮮明特點：

> 薩滿教神殿中的女神不像道教中的神祇那樣逍遙自在。玉皇大帝高居在雲霄寶殿之中。下界如有神魔侵擾，他下道聖旨，遣發天兵征伐，猶如人間帝王。薩滿教女神則永不停息地爲人類生存奔忙勞作，甚至充當衝鋒陷陣的戰士。❼

---

❼　王宏剛：《薩滿教女神》，7頁，遼寧人民出版社，1995年11月，第1版。

　　人間有統一的帝王，天上便有至高無上的天帝。這是始於奴隸社會時期的神話對現實社會的折射。薩滿教神話中女神之間沒有嚴格的等級關係，而是在平等關係中互相協助和勞作。這正是母系制社會在神話中的真實反映。

　　眾所周知，希臘神話中給人類帶來光明的盜火者普羅米修斯是一位令人尊敬的男性神。在滿族薩滿教神話中也有一位盜火者，她卻是一位名叫「拖亞哈拉」的豹頭女神。「拖亞」，即滿語「火」。「哈拉」為通古斯語「女神」之意。她見人間大地冰雪連天，無法繁育子孫，「便私盜天神心中聖火，從天庭滾馳而下。怕聖火熄滅，便吞進肚裡，結果把自己燒成了虎目、虎耳、豹頭、獾身、鷹爪、猞猁尾的一隻怪獸」，「當黑夜降臨時，她從身上拔下一束束光毛發出火光，天上便出現了三星、七星、千星，她自己卻落得個赤身露體。」❽但在族人的心目中，她是最美麗的女神，正如《野祭神辭》中所說，「你光芒普照大地，自己的身體非常俊秀，還非常艷麗……以至眾神都跟著你降臨。」❾

　　這個與日月神並重的豹頭女神同希臘神話中普洛米修斯男神，都為人間盜來火種，都具有殉道聖潔的大無畏精神。但後者受到懲罰，被永遠縛在高加索山，每日還要遭受鷹的啄食。前者受到的懲罰則是把美麗的女神變成豹頭怪獸。但她無拘無束，在薩滿舉行火祭時來到人間。她與族人一起享受溫暖與光明。

---

❽　　何鶯：〈中國的普羅米修斯〉，載《中國民族博覽》，1996 年 1 期，140頁。

❾　　同註❼，120 頁。

　　她的盜火神話，反映的不是先民在自然力面前的畏縮與恐懼，而是人類戰勝自然的力量和英雄主義戰鬥精神。

　　這裡要特別指出，屬於「奧林匹克山神系」的普羅米修斯神話產生於希臘奴隸社會，即以男性爲中心的社會。而我國東北女眞族、滿族薩滿教傳承的包括豹頭女神在內的主宰宇宙的女神體系，則是母系制氏族社會生活的產物。以滿族爲代表的東北薩滿教有關人類童年時期的女神神系，從天神、日月神、星宿神、火神、鷹神等三百多個女神構成的有序有系統的神界，在國內外所能見到的有關宗教、神話資料中，是絕無僅有的。這便顯現出我國滿族薩滿教神話和神系對研究原始文化的極高學術價值。

　　如果說，儺文化的基本特點是從氏族社會到封建社會各個時期的宗教文化的積澱，那麼薩滿教文化的基本特徵則是人類氏族社會特別是母系制社會的折射。雖然它們都具有豐富的文化人類學價值。

㈣儀式：清醒的與顛狂的、再現的與表現的

　　作爲兩種系列的原始自然宗教，巫儺與薩滿都產生於舊石器中晚期，同源於原始狩獵。先是運用原始法術，後來發展成運用原始巫術。以相似的巫術手段，包括僞裝成鹿、熊等快速敏捷或凶猛強悍的動物，追擊、捕獲獵物。法國三兄弟洞壁畫和非洲地區岩壁畫已有考古證明。在西伯利亞和中國內蒙陰山的岩畫中，也有類似發現：

　　位於烏拉爾山峰一帶的第三七二號岩畫上有兩個僞裝的獵人，一人僅露出兩隻眼睛，腰間佩著利器，繫尾飾，手執長弓，含箭待

發，另一人將自己偽裝成山羊……

　　大壩溝及其附近岩畫六五九圖中的兩個女巫，面部僅有雙眼……⑩

　　西伯利亞薩滿神服的最古老類型是從祭祀動物身上整個剝下來的毛皮。而薩滿的頭飾，則是從這種動物頭上連同耳朵和角一起揭下來的頭皮……⑪

　　拿它與周代儺祭中方相氏「黃金四目，掌蒙熊皮」比較，何其相似乃爾。

　　巫儺與薩滿的祭祀活動的目的，大體上也是相同的。都是基於生存意識和生命意識，通過各自的祭祀儀式活動，使氏族、部族、宗族、部落、村寨或國家免除各種災難，從而達到人壽年豐，人丁興旺，社會安定，國泰民安的目的。他們不但維護氏族、部族的利益，也為宮廷的重要活動服務。

　　如在元代，「當時的戰爭、遷徙、婚喪、祭祀、社交禮俗等民族生活的重要方面，都有薩滿主持的宗教儀式」。⑬如成吉思汗就職大汗的慶典，就是由他的兩個薩滿爾赤和闊闊出（號稱「通天巫」）在忽列烈臺大會上莊嚴宣佈而昭示天下的。

　　薩滿的這些職能，是地球上任何地區進入氏族社會或奴隸社會的巫師所共有的，在中國中原地區也不例外。夏商時期，巫可以參與國家政治、軍事、社會重大事務的決策，並掌握天文、地理、醫

---

⑩　轉引自白翠英：〈蒙古薩滿面具的演變與消失〉，載《民族叢刊》1996年，第 4 期。

⑪　同註❷，202 頁。

⑬　同註❶。

學、史學、卜筮等領域。周代之後，巫的地位逐漸下滑。而北方少
數民族地區的薩滿直到清代仍是各個領域不可缺少的宗教權威。

巫儺（儺人）與薩滿都是人神之中介、人與神靈世界的橋樑，
但兩者的宗教祀儀式是不同的。巫儺的儀式形式分兩類，一類是在
堂屋、寺院或祠堂的儺壇前；另一類是以固定儺壇或廟宇爲中心向
外幅射，到各村各戶進行巡游式活動。薩滿以滿族爲例，則有家
祭、野祭、雪祭、海祭等形式，屋內、院中、曠野或海邊，都可進
行祭祀儀式活動。但不論儀式活動如何多種多樣，兩者都可以抽出
一個基本模式，即請神──降神──送神的三段式。而這三段式的
核心──降神或叫下神、酬神中巫師、薩滿與神靈的結合形態卻都
是饒有趣味的。

在氏族社會的狩獵時期，兩者都裝扮動物即（熊、鹿等）圖騰
神靈，進行法術和巫術活動。但從捕獲的熊剝下的頭、肉、皮、
尾，易於腐爛，不易長期保存使用，後便改用面具（或頭套假面）。
如商周時期便兼用熊頭、熊皮和「黃金四目」的青銅面具。北方的
薩滿，從西伯利亞、內蒙陰山的岩畫得知，也曾運用面具，包括青
銅面具。但後來便捨棄了面具，代之以神帽的流蘇遮面方式。於是
兩者便出現了明顯的分野。

巫儺──從裝扮神靈到扮演神靈。

薩滿──從裝扮神靈到神靈附體。

中原地區巫儺採取裝扮和扮演方式，這有著深刻的人文社會背
景，並和農耕社會臘月蠟（zha）祭傳統相映照。

王國維在談到《楚辭》時說：

> 《楚辭》之靈，殆以巫而兼尸之用者也。其詞謂巫曰靈，謂
> 神亦曰靈。蓋群巫之中必有象神之衣服形貌動作者，而視爲
> 神之憑依，故謂之曰靈，或謂之靈保。⓮

在古代有一種習俗，人死之後，用親人裝扮成死者以接受香火
拜祭，此謂之尸，亦即靈或靈保。在蠟祭中，人們扮演社稷神、
虎、貓等以表演驅逐或吞食損害農作物的豕、鼠、蟲等動物。

這種裝扮習俗一直流傳下來，並融入社火活動之中：

> 俗以六月二十四日、七月二十二日爲土主、川主生辰，至有
> 慶神之舉，居民盛妝神象，鼓引於市，謂之迎社土。⓯

在中南、西南地區，巫師普遍把面具視爲神靈，其實也是造型
手段。戴上面具便掩飾了自己本來面貌，跳出了自己的身份，變成
了被裝扮的神靈角色。儺壇班在祭祀儀式過程中，通常由掌壇師吹
起牛角，做完「發文」、「造樓」、「搭橋」等儀式活動後，便逐
個請神靈降壇。每贊頌一個神靈，吟唱他的來歷時，他的助手們便
戴上代表這個神靈的面具，進入場內進行表演。這很像古希臘慶祝
酒神儀式：祭壇前歌隊隊長領唱酒神迪奧尼索斯時，便由一個歌隊
成員戴上面具，裝扮成酒神接受人們的贊頌。

北方的薩滿則不然，他在贊頌、盛邀每一個神靈時，不利用面

⓮　王國維：《宋元戲曲考》。
⓯　明嘉靖刊本《思州府志》。

具或頭套、假形，不裝扮神靈，而是在急促的鼓聲和具象的舞蹈中，利用「昏迷方術」使自己昏迷不醒，以表示神靈附體。並以神靈的口氣，在同助手「栽力」的對話中，傳達神諭，以滿足人們的祈求和願望。或者引領死者、病者的魂回到人間，或驅逐魔鬼，免除災難。在整個儀式活動中，薩滿以神帽的流蘇掩遮自己本來面目，在族人眼裡淡化本人的外貌。

北方的薩滿從氏族社會到二十世初，自始至終採取神靈附體的方式，在裝扮上一般棄面具改為神帽流蘇遮面，可能有諸多原因，其中一個重要原因是基於「氣化說」的哲學觀念。「氣化說」認為：「萬物皆有魂氣」，「神為氣屬，薩滿得氣領氣用氣為有神」。而「魂氣無不流，無不游，無不入，無不隱，無可見」。**⓰**虛無縹渺，不具有具體直觀形象，便無需配戴、也無法配戴表示某個神靈身份的面具，而以自己擅長的歌與舞，特別是熱烈的舞蹈身段，塑造出虎、豹、熊、狼、鷹、蛇等動物（圖騰）形象。舞蹈一旦停止，與助手栽力的問答一旦停止，便意味著神靈離開薩滿軀殼而去，但他用舞蹈所塑造的形象，卻能給善男信女留下深刻的印象。而配戴面具，不論青銅的、木製的或皮製的，雖然能勉強露出眼睛，畢竟視野受到干擾，影響激烈舞蹈動作的盡情發揮。而戴神帽掛流蘇，則既能掩遮本人面貌，又不影響視覺對周圍環境的把握。

這裡緊接著又出現一個有趣的問題：既然薩滿與巫儺在進行祭祀儀式活動時，都有人物，簡單的情節，甚至有戲劇性的細節，為

⓰　同註**❼**。

什麼薩滿的表演僅僅停留於歌、舞才能的發揮，卻不能像巫儺壇班那樣最終搬演戲劇形態的節目呢？這是因爲：

　　1.巫儺壇班一般有六七人，他們作爲弟子都經過表演訓練。掌壇師可以讓他們分別扮演由他請來的各種神靈角色。薩滿不然，他不組織壇班，他的助手一般只有一倆個栽力，形不成一個戲劇表演團體。況且栽力不具備表演才能，他們在答問過程中，只起傳達、解釋神靈的意旨和代表家族或病者家屬向神靈探尋、了解彼岸奧秘的雙向交流的橋樑作用。

　　2.巫儺壇班的弟子既是表演者，又可以充當鑼鼓手，進行伴奏。薩滿手下沒有鑼鼓手，他本人穿戴繁重，腰繫許多金屬響鈴，不停地搖擺作響，且一手執鼓，一手執鞭，音樂、節奏繫於一身。他通過歌舞手段塑造動物角色，卻難以運用表演藝術刻劃各種人物角色。

　　3.面具既是造型手段，神靈的符號，又蘊含著戲劇代言體因子，戴上它就意味著隱去巫師本人身份和面貌，從第一自我變成第二自我（角色）。而薩滿不戴面具，神帽的流蘇雖可稍許遮擋本人面貌，卻始終離不開薩滿身份，難以變成第二自我——角色。

　　4.儺壇的成員通過面具，簡單服飾，可以有條不紊地表演戲劇故事，在觀眾的審美視覺裡，再現出人間或神靈世界。而薩滿每次表演都必須經過一次「昏迷方術」，先是顛狂抖動，繼而神志不清，這期間雖能表現動物的自然特徵，甚至激烈到迴蕩人心魂魄，卻難以構成戲劇表演。

　　總之，儺壇班可以有序地較完整地再現人間和神靈世界；薩滿一人卻只能一任激情的驅使，零散地表現動物角色的自然特徵。

巫儺文化與薩滿文化（跳神）的比較

	巫儺文化	薩滿文化
主要社會經濟形態	農耕社會	漁獵社會
起　源	多元	一元
主　體	巫覡、方相、天子、官吏、藝人、農民等。	薩滿
哲　學	陰、陽二氣的調合	內、外二氣的結合
神　話	太陰神話與太陽神話的社會世俗化	母系制氏族社會的女神神話特徵
神　系	從圖騰神到道教、佛教、民間人物神，傳說人物神、行業神等。	動物神、祖先神
儀　式	從裝扮神靈到扮演神靈	從裝扮神靈到神靈附體
藝術形態	歌舞、戲劇	歌舞
反映方式	再現	表現

第九章　儺與喇嘛教「神舞」

萌芽於公元八世紀的西藏喇嘛教，即藏傳佛教，從十三世紀起向蒙古草原傳播。明清時期又傳至山西五臺山寺院，北京的黃寺和雍和宮以及河北承德和遼寧西部的寺院。這個以苯、佛相融合爲特徵的喇嘛教文化圈，與北方薩滿教文化圈和長城以南、五嶺以北的巫儺文化圈在中國廣垠土地上形成三足鼎立的宗教文化態勢。

第一節　喇嘛教「神舞」的屬性

在喇嘛教文化圈的主要寺院裡，都要舉行各種祭祀儀式。其中一種影響最爲深遠的大型法會，是表演敬神與除祟的神舞。在西藏、青海分別叫「羌姆」、「跳乾」，在內蒙古和遼寧西部地區叫「查瑪」，在北京雍和宮叫「跳布札」，俗稱「打鬼」。它在喇嘛寺院內演出，演出的主體是喇嘛教的僧人。它的演出（也是祭祀）宗旨是祈祥納吉和清除鬼祟，這與中原地區驅儺主旨大體相似。

清·富察敦崇《燕京歲時記》說：「打鬼本西域佛法，並非怪異，即古者九門觀儺之遺風，亦所以被（祓）除不祥也。」《水曹清暇錄》說：「喇嘛打鬼者，即古人鄉人儺之意耳。」所以羅斌認爲在文化型態上，驅儺與喇嘛教「打鬼」並非同源異流，而是「異

源同流」。❶藏、蒙地區喇嘛教的神舞，實屬寺院儺的範疇。

第二節　西藏「神舞」產生的歷史背景

西藏雪域在經歷了漫長的氏族社會之後，在六大氏族部落的基礎上形成了十二個邦國（大部落）。其中雅礱部落迅速崛起，勢力最強。它的酋長被推舉爲六牦牛部（落）的首領，成爲吐蕃王朝第一代國君。

吐蕃王國初期信仰原始宗教——苯教（或本教），藏族先民稱巫爲苯（一作本），苯教即西藏的巫教，篤信自然神和動物神，分爲「贊」、「念」、「拉」、「魯」等神鬼系統。苯教分白苯、黑苯兩支。有占卜、景象、幻化、生死、居士、神仙、太白、元始、大殊勝等九乘。巫通常用屠殺牲畜方式祈福納吉、怯鬼禳災；用誦經念咒、打掛問卜方式醫治疾病、棄惡揚善。❷

公元七世紀，吐蕃王朝英主松贊干布，篤信佛教，從尼泊爾迎娶尺尊公主，從大唐迎娶文成公主。文成公主攜金塑釋迦牟尼像入藏。松贊干布修建大昭寺、小昭寺和十二座鎮肢寺，供奉佛像、經典。由此，引起外來佛教與土著苯教的激烈鬥爭。松贊干布後代赤祖德贊（704－755）推行佛教，被信仰苯教的貴族暗殺。他的兒子赤松德贊即位後，經歷了一次由權臣操縱的禁佛運動。但他全力推

---

❶　羅斌：〈「跳布札」與儺〉，載《祭儀、儺俗和民間戲劇》，中國戲劇出版社，1999 年 1 月初版。

❷　參考尚措：〈藏區的寺廟儺儀式「羌姆」〉，載《祭儀、儺俗和民間戲劇》，中國戲劇出版社，1999 年 1 月初版。

行佛法的宏傳，派大臣到長安迎請漢僧未果，從印度請來佛學大師靜命。這再一次引起苯教徒的激烈反抗，造成社會動亂。後來接受靜命的建議，赤松德贊從印度請來法力高深的密宗大師蓮花生。

蓮花生生於今阿富汗的烏丈，幼年被國王收養為王子，命名蓮花王者，號釋獅。他到西藏宣傳佛教時，對苯教採取「懷柔」策略，把苯教某些神靈和祭祀儀式吸納到佛教的神靈系統和祭祀儀式之中，從而在相當程度上緩解了苯教對佛教的反抗。

《西藏王臣傳》有這樣的記載：

> 繼此蓮花生漸次啟程而來到藏中，所有藏中的大力鬼神，都互相轉告。他們知道蓮花生所有的威德，都虔誠地獻出自己的身、語、意三密神力的神根，而在大師座前許下從此不作魔祟，願守護佛教正法的誓言。

這段宗教傳說反映了苯教對佛教的歸順。上述文獻還講述了蓮花生修建桑耶寺時，「役時一切鬼神前去修築寺廟」，「白天由人力修築，夜間也就由鬼神來修建。」這當然也是對蓮花生大師威力的虛構與誇大。

蓮花生不僅是建築桑耶寺的主持者，在寺廟開光典禮上還推出了他創造的神舞——早期的羌姆。在這個盛大的祭祀活動中，佛教的金剛舞與西藏原有的擬獸面具舞、土風舞等結合起來，苯教的神靈鬼怪也納入其中。但他們的職位最高不過守護神——低於佛教神靈的下級守護神。如「獨達」原屬苯教靈怪，在羌姆中則按排在天葬臺擔任引導魂靈的守護神職務。

　　西藏第一座佛、法、僧俱全的桑耶寺的建立，羌姆在該寺開光祭祀儀式上的成功演出，標誌著佛教對苯教既鬥爭又吸納的勝利，開始了佛教西藏本土化的進程。最終導致藏傳佛教——喇嘛教的形成。因之，羌姆是融佛教與苯教神靈於一體的神舞，是喇嘛教文化的一叢常盛不衰的蓮花。

　　繼赤松德贊登上王位的牟尼贊普，爲紀念父王的功勛，建立了經、律、論三藏供養，在大昭寺、昌珠寺和桑耶寺三座著名寺廟，定期舉辦供養律藏、論藏和經藏的宗教活動，從而逐漸演變成三種類型的跳法會，亦即三種羌姆。

　　歷史發展到十三世紀，一位宁瑪教派的高僧古弱曲娃，根據《喇嘛桑堆巴》經書的部分內容，創編出頌揚密宗大師蓮花生的羌姆「古魯襯已」。後來他在此基礎上創編了內容更爲豐富、規模更爲宏大的羌姆「古如次久」，熱情地歌頌了這位來自印度佛教密宗大師。

　　羌姆伴隨著歷史的腳步，走入青藏高原所有著名的寺院，爲各個教派的僧侶所接受。十一世紀後，宁瑪派（俗稱紅教）、葛舉派（白教）、薩迦派（花教）、格魯派（黃教）等派在各自舉行的大法會上，都演出了羌姆，並在羌姆中溶入了不同的內容。在一千多年的歷史發展中，形成了龐大的神舞體系。十三世紀後，更陸續傳播到北方蒙古族聚居區和遼寧西部寺院、山西五臺山寺院及北京的黃寺、雍和宮等寺院。

第三節　西藏的「神舞」

西藏自治區各教派主要寺廟的法會上都有神舞亦即羌姆的演出。羌姆有各種不同的命名，內容也不盡相同，這裡只介紹三種有代表性的羌姆。

㈠桑耶寺的羌姆

桑耶寺是西藏第一座佛、法、僧俱全的寺院，也是羌姆的發源地。該寺先後歸屬於宁瑪派、薩迦派管理，因此在相當長的時期裡，在該寺五月的三天法會上，把宁瑪派《次舊》羌姆和薩迦派《多德曲巴》羌姆連在一起舉行，但演出在人數、場次、細節等方面仍有不同變化。

它的基本程序：

1.「色緊波娃」，藏語，漢譯爲敬獻神靈之意。首先出場的是七名或十三名「夏那」（黑帽咒師），他們腹繫一串骷髏，手持金杯（或銀碗）依次向菩薩、護法神和本尊、喇嘛等敬獻美酒，並清除邪惡、潔淨祭場。

2.「東顛」，意即聖者，十三名閉戶修行者（或叫山野修行者），藏語稱「卓巴」，戴靜善相面具，腹繫骷髏，輪流迎請神靈。或者由一個卓巴帶五個孩子、一個牧人出場。牧人戴丑角面具，做即興的滑稽表演。

3.「倉決」，意爲划界。十一名祭場護法神，頭戴藍色憤怒相面具，手持金剛杵，以威武的舞蹈鎮儡鬼神。

4.「僅壁」，意即爲招神。由五人戴鍍金銅面具，手持法鈴、

手鼓莊嚴起舞，迎請佛光。

5.「獨達」，又稱「尸陀林主」，過去曾譯爲「寒林」，天葬臺的守護者（神）。四名獨達上場，戴骷髏面具，穿全身骨架衣具，呈骷髏體形。圍繞裝著泥塑鬼俑「靈戛」的盒子舞蹈，招引魔鬼進入鬼俑身軀，以爲替身。

6.「冬阿」，意即制裁。十一名或十三名阿修羅上場，戴憤怒相面具，持刀砍殺鬼俑。

7.「措鈴」，意爲怪靈。由十五名或二十名戴蛤蟆、蠍子等怪靈面具上場，做分食鬼俑「靈戛」肉的動作。

8.「梗」，譯爲驅逐。五男五女戴紅、白面具，驅逐爭吃鬼俑肉的措鈴，然後頌揚神靈。

9.「行炯」，意爲衛護祭壇，由馬頭明王率領諸護法神和黑帽咒師贊頌神靈。

10.「哈香」，即漢地大頭和尚或布袋和尚，作爲施主偕眾人上場，向僧眾布施。

11.「色帳」，迎請蓮花生大師，由喇嘛儀仗隊開道，擁戴著蓮花生塑像和他的八個化身：釋迦獅、蓮花生、日光、獅子吼、憤怒金剛、蓮花金剛、蓮花王、愛慧上場，他們戴著象徵不同化身特徵的面具。另有「師君三尊」赤松德贊、蓮花生（肉身）、寂護（蓮花生姪子）和大譯師庇若遮相繼上場。由五名空行母、帝釋天和十名戴銅面具者分別以不同舞蹈讚頌蓮花生大師和師君三尊。

(二)楚布寺的羌姆

楚布寺是噶瑪噶舉教派的主寺，建於 1189 年。該寺有四種羌

姆。

1.「古如次久」，漢語稱「上師十日」。核心內容爲：蓮花生大師和妻子明妃滿達熱娃，於藏曆四月十日被烏仗那國王施以火刑，但大師法力高超未被燒死。楚布寺爲紀念這一事件，便在每年四月十日跳「古如次久」羌姆。

2.「普巴珠欽」，漢譯「金剛杵（橛）」，也是紀念四月十日事件。

3.「古多」，或稱「二十九日驅鬼」，又分爲西巴札倉和卡慶札倉（卡慶古多）兩種羌姆，分別演出於每年藏曆十一月二十九日和十二月二十九日。

現以「卡慶古多」爲例，其基本程序如下：

1.由二名提香爐者護送，以眾生怙主爲首的九十多名護法神上場，他們手持金剛杵和法器，在長角號、嗩吶、鼓的伴奏下作淨場舞蹈後，在「食子場」上拋灑除祟的芥子（粟米大的白粒）。四名俗人持土銃向天空鳴放。

2.金剛上師戴黑帽，身穿咒士衣，手持金剛杵繞食子場一周，舉起銀碗向神靈獻飲後，坐於虎皮座上。

3.四名獨達、鹿、犛牛和四名手持劍器的靈怪相繼出場舞蹈。金剛咒士手持烏鴉、鴿子羽毛跳躍於鬼俑前後，用鐵鉤、鐵鍊、索和法器做抓鬼動作。

4.以四臂護法神「白貢」爲首的八十多位白色護法神，戴各種憤怒相面具，手持各種法器上場，在鬼俑前舞蹈，用法器刺鬼俑，並超渡其靈魂。繼而鹿和夜叉在法號聲中上場。夜叉手捧盛滿麥粒的盤子站立一邊。鹿以五拍節奏跳躍，抓起麥粒敬天後，雙膝跪地

做叉腰、抖肩、磨刀等動作，用刀支解鬼俑。

5.四名持禪杖的比丘、四名持金剛杵的咒師、四名持劍男子上場表演。隨後十名裝扮成披髮魔女和小鬼上場，做各種滑稽表演以娛樂觀眾。

6.土地公、土地婆率隨從猴子一公一母和九十名舞者上場。在食子場上拋撒芥子。四名舞劍者鳴槍驅鬼。

7.八十名護法神上場，按順序舞蹈。

8.在法號聲中迎請護法主神，誦經供酒。「貢布」護法神駕馭兩頭犛牛邊舞邊入場。眾僧向犛牛獻哈達、酒和耳飾等物。

9.九十名黑帽咒師手持金剛杵上場，拋撒芥子後，用火將盛靈器燒毀。然後由戴狐皮帽的勇士朝天鳴槍，以慶祝法會之結束。

㈢布達拉宮「孜南木杰扎倉」羌姆

孜南木杰扎倉是拉薩市除三大寺之外最著名的黃教寺院之一，建在布達拉宮內。它演出的羌姆叫「孜古多」，分為五個等級，所用服裝、面具、法器等都有區別。達賴喇嘛坐床大典採用最高一級羌姆，達賴圓寂時採用最低一級羌姆。

孜古多原名叫「孜南木杰二十九多瑪」，漢譯為「受到符咒約束的閻王舞」。法會從每年藏曆九月九日至十一月二十二日，全寺僧人連續舉行以黃教護法主神大威德金剛為主要本尊的密咒持誦儀式，十二月二十二日，在布達拉宮東大殿正式舉行。禁止外人觀看。二十九日為儀式的最後一天，演出地點移往布達拉宮前的德陽夏廣場，允許市民觀看。

基本程序如下：

1. 五十名至六十名銅號手吹奏入場，隨後是金剛手菩薩恰那多吉的隨從，他們頂盔掛甲，作武士打扮，手持劍、盾牌、火槍和弓弩，表演劍舞，舉槍齊鳴。

2. 漢地和尚哈香戴大頭佛爺面具上場，伴隨他的有二名游方僧、二名骷髏鬼、二名婆羅門。他們均由少年兒童扮演，顯示和合喜慶之意。

3. 二名扮成惡魔的舞者從大殿走出，向四周分撒糌粑。接著是閻王的八對男女隨從入場，他們的裝束華麗。而後是四名天葬臺使者獨達呼嘯衝進場中，拋撒香灰和糌粑麵後，圍著場地中央的一張獸皮跳躍。獸皮上擺著由糌粑製作的鬼俑「靈嫛」。

4. 白髮老翁上場，作各種滑稽動作。同一群孩童逗樂，然後揪住一張虎皮，作出與虎皮扭打的動作，最後將「虎」打「死」在地。據傳十三世紀達賴喇嘛東行朝覲清康熙皇帝，路過五臺山寺院，看見一位老翁與虎皮搏鬥的喜劇。他認為這位老翁是菩薩化身，以此變幻來感化他的。回藏後，命寺院編成小啞劇，以為紀念。

5. 一群閻王厲鬼和二十四名黑帽咒師「夏那」登場。後者用鐵鍊鎖住鬼俑，向他潑灑水與血，揮舞各種法器向他進攻。頭戴鹿頭面具的鹿神出場，用鹿角尖將鬼俑挑成碎片。

與此同時，在廣場西南角置一口大鐵鍋，鍋裡燃著大火，火苗燃著繫在大鍋上方的一張符紙。這符紙由於畫了符，表示已將所有惡魔鬼怪吸附其上。符紙焚燒成灰，就意味著消滅了這些惡魔鬼怪。

第四節　喇嘛教的東漸

　　內蒙古地區的蒙古族原信仰薩滿教，蒙語稱爲「博」。公元1207年成吉思汗統一南北大漠各部之後，曾致函西藏薩迦教派領袖貢嘎寧博，邀請他來內蒙草原傳教。他回信說：「奉供我不如奉供三寶——佛、法、僧，其利益廣大無邊……」他本人並未赴約。

　　1247年，元太宗窩闊臺之子闊端駐軍今甘肅涼州，正式邀請西藏薩迦派主教薩班來涼州，舉行了具有重要歷史意義的會談。闊端原信仰景教，在薩班的影響下，他轉信喇嘛教。在祈願法會上，請薩班禪坐上首，弘揚佛法，揭開了藏傳佛教進入蒙古草原，逐漸取代薩滿教的序幕。

　　世祖忽必烈繼位後，爲了在政治上團結西藏上層和僧眾，於1260年封薩迦派領袖班智過之姪八思巴爲國師，1270年又晉封爲「帝師」，「任中原法主，統天下教門」。至此，喇嘛教在蒙古族上層得到尊崇和流傳，但多數蒙古牧民仍繼續信仰薩滿教。在意識形態上，喇嘛教與薩滿教不可避免地進行長期激烈的鬥爭。

　　元朝覆滅，明朝興起，但國力難以達到南北大漠。公元1576年，土默特部首領俺答汗（又稱阿拉坦汗）統治著蒙古、甘肅和青藏高原大部，遣使赴拉薩邀請薩迦派領袖索南嘉措（即達賴喇嘛三世）到青海傳教。1578年，兩人於青海湖畔仰華寺相會。在大法會上，俺達汗偕妻子、大小官員參加了索南嘉措的灌頂儀式。蒙古族一百零八名青年受戒入教，當了小喇嘛。經上層貴族的支持與推動，喇嘛教在廣大牧民階層中逐漸產生影響。

　　清王朝取代明王朝之後，十分注意對蒙、藏等民族的爭取與團

結工作。但爲了加強對蒙族在精神上的控制，大力推行在蒙古地區建立喇嘛教召廟，據統計，僅東蒙的赤峰地區就建有一百七十多座。此外，還頒布政令：蒙古族每戶生有二或三子者，只留下一子從事放牧，其餘入寺爲僧，充當喇嘛，以致每個較大召寺都有一百名以上喇嘛。喇嘛教最終佔據了統治地位。到二十世紀初，只有東蒙少數地區尙有殘餘的薩滿進行活動。

第五節　内蒙古地區的「神舞」

伴隨著喇嘛教在蒙古地區的滲透與傳播，作爲宣傳該教宗旨和宗教藝術的羌姆，在這個地區的召廟裡札下了根。蒙語一般稱爲「查瑪」。傳入的方式有三種，一是從青海、西藏請來名僧傳授；二是派人到青海、西藏著名寺院學習，回來如法炮製；三是根據神舞譜的記載與提示，參與一己的理解進行排練演出。但由於傳播渠道、教派和師承的不同，加上青藏高原的神舞隨不同寺院而有較大區別，因此，便呈現出各種神舞，諸如《米拉查瑪》、《嘎日查瑪》、《色力布音查瑪》、《貢嘎查瑪》、《薩格爾查瑪》、《貢布查瑪》、《天女查瑪》、《娜若·卡吉德瑪》等多種型態。它們繼承了羌姆攘鬼除祟，祈祥納吉的主旨，又有了發展和豐富。主要表現在：

1.許多查瑪已經取消了有關紀念與歌頌印度密宗大師蓮花生的内容，有的查瑪如《薩格爾查瑪》保留了描寫吐蕃王國太子郎達瑪焚經毀佛，自取滅亡的故事，並使其近一步戲劇化。而《米拉查瑪》則得到各寺院較普遍的演出。

2.演出中增加或強調了「蝶仙舞」、「螺神舞」、「天王舞」、「觀世音菩薩舞（白度母舞）」、「文殊菩薩舞（綠度母舞）」和「鹿神舞」、「牛神舞」。其中「鹿神舞」、「牛神舞」、「閻羅神舞」等提高了舞蹈技巧。有些查瑪增加了歡喜佛、彌勒佛、老壽星、黑老頭、白老頭和豬狗等角色。

3.有些查瑪打破了只舞不歌、不白的侷限，歌、舞、白並舉。舞蹈與歌唱增添了內蒙草原的特色。

4.在大型廟會上除在法事活動中演出查瑪外，還增加了群眾性游藝、娛樂活動，所以有些地方稱爲「喇嘛社火」。

5.演出的時間廢棄藏曆，改爲農曆，時間多在農曆正月、六月、七月、十月。

下面介紹兩種查瑪：

(一)米拉查瑪

米拉，全稱爲米拉日巴。先祖名瓊波，種姓黨色，是密宗宁瑪派的瑜珈行者。據十五世紀後藏僧人桑杰監贊的《米拉日巴傳》記載，他生於公元 1052 年，即宋仁宗皇佑四年，1136 年逝世，享年八十四歲。他拜葛舉派第一代祖師馬爾巴爲師，經數十年艱苦的修行，成爲該派第二代祖師。他一生經歷了無數磨難與坎坷，是最有影響的著名苦行僧。

藏劇《貢布多吉的故事》描寫了獵人貢布經米拉日巴的勸化而皈依佛法的故事。在青海的藏劇裡，則有《米拉日巴勸化記》。內蒙地區的《米拉查瑪》則是該劇的發展型態。

它的情節是：兩個獵人各攜一子，率領兩隻狗去深山打獵，巧

遇兩隻鹿。兩隻鹿逃至一個岩洞，洞內米拉日巴師徒二人正在修練、打坐。二鹿匍伏於米拉身邊。兩隻獵犬追至洞內，也匍伏於米拉身邊，聽米拉講道。獵人進入洞中，用石塊擊米拉，錚錚有聲對他卻毫無損傷。用箭刺其眼睛，也無異樣。原因是米拉已修成金剛身，刀槍不入。米拉誦經，勸其不要殺傷。二獵人終於受到感化，皈依佛門。

有的召廟演出時，增加風、山二神。風神施法刮出颶風，要吹倒米拉，米拉穩絲不動。山神施法移來一座大山，要壓垮米拉。米拉直身穩坐如初，於是風神、山神也皈依了佛門。這類情節的增加，是爲了進一步宣揚米拉的佛法無邊。

有的召廟演出此劇，兩個獵人換成了黑、白兩個老頭。黑老頭向米拉射箭，箭未到米拉身邊便紛紛墜地。這同樣是表現米拉修練高深，法力無邊。

(二)密宗樂舞《娜若·卡吉德瑪》

這個樂舞現僅發現於內蒙古自治區赤峰市喀喇沁王爺家廟善同寺，只有幾個年邁的老喇嘛根據記憶尚能恢復片段的演出。

乾隆五十三年，喀喇沁八代王爺滿巴贊爾在晉封爲親王品級後，修建了家廟善同寺，他的兒子拉瑪布仁欽在西藏學經三年，獲得「高門格根」（高級活佛）的稱號，他在西藏期間學習了這個樂舞，並將樂舞經卷帶回，參照演出，直到 1946 年綴演。

此舞雖由西藏傳入，但源於古代印度，這從《娜》部經卷有許多處保存著梵語的密咒，「娜」神的形象與服飾以及通過各種手勢動作來表達人物的思想情感方面來分析，說明它的產生已有相當久

遠的歷史，與古代印度寺廟裡的媚神舞不無淵源關係。❸

　　作爲佛教密宗的一種神舞，它的舞蹈特徵和表演風格，與印度祭祀樂舞很相似。

　　娜若·卡吉德瑪是具有「伏惡之勢」，「護善之功」的裸體護法女神，又稱奧其爾嘎哈額賀，漢譯爲「金剛亥母」，亦可稱爲「空行母」，傳說是主司陰陽學說的「上樂金剛」之妻。廟中塑像坐蓮花臺，身體呈紅寶石色，披骷髏，飾瓔絡，左手向上托舉盛血的骷髏，做欲飲之狀；右手持月牙利刃。雙足踏鬼蜮，形象雄猛、威嚴。

　　樂舞演出於大雄寶殿內女神像前。由八個喇嘛扮成仙女（印度由女巫扮演），通過豐富的「密印」手勢和偈語（贊語），表達對女神的虔誠與崇拜，感謝她鎮伏惡魔邪鬼，給眾僧帶來吉祥如意。

　　樂舞從表演形式上分爲兩個部分，一至七場以誦經爲主，舞蹈爲輔；八場以舞爲主，歌舞結合，鼓樂共鳴。

　　其法式程序和舞蹈主要內容如下：

　　1.頂禮：八仙女雙掌過額承空，向女神扣首，閉目誦經，女神在僧侶、仙女的幻覺中彷彿飄然而下。

　　2.獻供：八仙女翩翩起舞，依次向女神敬獻佛門的花，佛身的扇子、花傘，佛面的鏡子，佛眼的燈，佛鼻的香，佛舌的果子，佛心的甘露，佛耳的琵琶、花鼓、撞鐘等。每獻上一種供品，都有一段祝頌詞，並環繞場中供桌一周，名爲「繞佛」。

　　3.懺悔：八仙女和眾僧在女神面前懺悔以往的過失，請求女神

----

❸　李寶祥：《漢南尋藝錄》42 頁，內蒙古人民出版社，1997 年 11 月初版。

的寬恕。

4.慶喜：眾僧侶與女神共享神佛給人間帶來的歡樂。

5.請轉法輪：眾僧侶聆聽女神教誨，按佛法約束自己行動。

6.請求涅盤：擺脫世俗認識，寂滅一切煩惱，圓滿一切清靜功德，爲佛法獻身。

7.面向一切善事，擺脫罪孽的苦海，解脫輪回之苦，以達彼岸極樂世界。

全場音樂的特點是，「節奏較爲自由，旋律多同音反覆，也隨語音、句式的長短稍有變化。在旋律的進行上，帶有草原風味，與蒙古說唱音樂和民歌曲調有相似之處」。這說明源於印度，在西藏傳入內蒙草原的神舞，在三百多年的演變中逐漸蒙古族化了。

顯然，這個密宗神舞，與一般查瑪的演出型態有較大的差異，也不公開演給一般僧侶和觀眾看，以致知者甚少而淹沒於歷史的塵埃。

第六節　巡迴「打鬼」路線圖

據目前所能見到的資料看，明代萬曆年間北京就有了「跳布札」，當時是在宮中舉行，每年農曆八月中旬神廟萬壽節，由番經廠的喇嘛在英華殿做法事，在德勝殿大門內「跳布札」。

到了清代，宮廷內喇嘛寺弘仁寺、黑寺、黃寺、雍和宮都定期舉行。已知的寺廟演出時期是：

弘仁寺　　正月8日

黃　寺　　正月15日

黑　寺　　正月 23 日

雍和宮　　正月 29 日－2 月 1 日

那時北京民間流傳一句話：「一年三百六十五天，天天有『打鬼』。」這當然是誇大其詞，不過確實不少。實際上，當時有個龐大的巡迴「打鬼」路線圖，據金梁的《雍和宮誌》載：

> 從十二月除夕日中正殿演跳布札之後，北京的各喇嘛廟，每天必有一處演跳布札。雍和宮演完跳布札之後，從二月初二起，沿著北京的東郊、東陵而至熱河，經內蒙古東部，到外蒙古的庫倫，每天必有一處演出跳布札。到了六月三十日已然輪到庫倫哲布尊單巴呼圖克圖所住宮殿的宮城裡邊達欽加爾布音斯墨寺演跳布札了，這是上半年。下半年從七月一日起，從庫倫的茲臥庫欽寺開始演跳布札，也是每天演一處。經過外蒙古的達哩寺、阿巴岱寺、甘丹寺等而至內蒙各地，從張家口沿途至北京，到了十二月除夕的那一天，又輪到中正殿跳布札了。❹

這種巡迴「打鬼」圈演出模式的形成，與參與演出的寺院都屬黃教系統有關，而在西藏、青海，由於教派之間的隔閡，則只能各行其事，難以有計畫的統籌安排。至於打鬼圈內各寺院演出的內容，現已無從瞭解。但當代雍和宮演出的喇嘛，幾乎全部來自東蒙以及現屬遼寧朝陽地區的喇嘛寺院，由此可知，雍和宮的跳布札，

---

❹　參考麻國鈞：〈宗教舞蹈「跳布札」論考〉，載《戲劇》1995 年 1 期。

大致可以概括巡迴「打鬼」圈各寺院的演出內容。

第七節　北京雍和宮的「跳布札」

雍和宮是目前全國最大、保存最完好的喇嘛寺院之一，它始建於清康熙三十三年（公元 1649 年），是康熙第四個兒子胤禎的王府，名雍新王府。他繼位後，把它的一半改建為黃教寺院，另一半做為皇家遊戲之所。雍正三年改為皇帝行宮，名雍和。後來成為北京地區黃教最大的喇嘛寺院。

該寺院的跳布札，既繼承了西藏羌姆、青海跳乾、內蒙「查瑪」的主旨，又補充了新的內容。

它演出的日期是，正月二十九日預演，俗稱「演鬼」。正月三十日為正日子，演出跳布札。二月一日「繞寺」。

它的演出程序是：

1.「跳白鬼」，四名頭戴白色骷髏面具者首先上場淨壇。他們向四周人群撒白土子，名叫「撒晦氣」，人群後退，擴大了表演場地。四名白鬼手舞足蹈，歡欣跳躍。

2.「跳黑鬼」，四名戴黑色面具者上場與四名白鬼合舞後下場。

3.「跳螺神」，四名螺神上場，身穿五色繡花衣褲，頭戴象徵水族形象的骷髏面具，跳歡樂舞蹈。

4.「跳蝶神」，四名蝶神上場，身穿花緞小襖，紅肚兜，花襖花裙，頭戴骷髏型五佛冠，雙耳部伸出蝴蝶形耳翅。舞蹈後與上場的黑、白鬼，螺神合舞。

　　5.「跳精靈」，四名分別扮演象、獅、孔雀、夜叉的喇嘛，頭戴頭套，身穿五彩錦緞大袍，從天王殿飛奔而出，尋覓妖魔。

　　6.「跳星宿」，因出場星宿人數不同而有不同名稱。四名者稱「四星神」，十名者稱「十天干」，十二名者稱「十二地支」，二十八名者則稱「二十八星宿」。通常只跳四星神，兩名文曲星身穿花緞袍，兩名武曲星身穿五彩繡花鎧甲，戴有五個小骷髏頭面具，著金冠。

　　7.「跳天王」，四名喇嘛按天王殿中四大天王塑像分別裝扮，著金甲戰靴，殺氣騰騰，從天王殿中衝出，鼓樂大作，他們是斬除魔王的戰神。

　　8.「跳護法神」，八名（或十二、十六名）喇嘛分別扮演獅、虎、豹等動物神靈，由牛神率領走出天王殿，為四大天王助陣。

　　9.「圍殲」，一名喇嘛扮演梅花鹿出場。他是魔王的化身，眾神以舞蹈組成陣式，對它包圍、攻擊。他突然從陣隙中跑出，竄入天王殿中。

　　10.「跳白度母」，扮演的白度母上場，她是觀世音菩薩的化身，經過一段舞蹈之後，從天王殿中跳出她的十二個幻身，都穿白緞飾金五彩繡花袍、繡花披肩，不戴面具。這表示觀世音菩薩施展法力，用十二個幻身與魔王戰鬥。但梅花鹿又溜掉了。

　　11.「跳綠度母」，這裡是文殊菩薩的化身，幻化的人數和服裝與白度母一樣，只是底色由白色改為綠色。梅花鹿又出現了。白、綠度母及其幻身都參加戰鬥，梅花鹿又溜掉了。

　　12.「跳彌勒」，七名彌勒上場；一個大彌勒身穿黃緞花僧袍，黃緞披肩，頭戴笑嘻嘻的大頭和尚面具，其餘六名小彌勒隨上。梅

花鹿出現了，這時眾神一齊圍攻，鼓樂齊鳴，最終將梅花鹿縛住。
戰鬥結束。

13.「斬鬼」，在場的諸神靈和喇嘛，齊聲誦經。兩個黃衣喇嘛
從天王殿中抬出一個大木匣子，放於場中，匣子裡躺著一個用麵捏
成的鬼俑。他便是魔王的原形。一名金剛神從大彌勒手中接過一把
月牙斧刀，手起刀落，表示將俑頭砍下。

14.「送祟」，在勝利歡騰的鼓樂聲中，兩名黃衣喇嘛從法輪殿
中抬出用高粱秸和紙札成的長三角錐架，架中捆著鬼俑。眾神靈和
所有喇嘛、樂隊，將鬼俑送出昭泰門，用火把三角架和鬼俑燒毀，
表示徹底消毀了魔王，天下太平，永呈吉祥。

15.「繞寺」，又叫「轉寺」，第二天早晨，喇嘛們依然是昨天
的裝扮，排成一隊，以儀仗隊、樂隊為前導，出雍和宮東牌樓門北
行，繞寺一周，從西門進入宮中，這表示將殘留宮外的一切鬼蜮全
部驅走。

第八節　「跳布札」與「羌姆」的區別

如前所述，跳布札系從羌姆演變而來，是東蒙地區查瑪的進一
步豐富與提高。

它們的宗旨都是祈福呈祥，清除鬼祟。它們的形態都是作為法
會的祭祀儀式而存在的。它們之間的區別主要表現在：

1.跳布札沒有歌頌印度密宗大師和批判郎達瑪毀佛受懲罰的內
容，甚至沒有容納米拉日巴勸化獵人的戲劇情節。由於情節集中到
「打鬼」，把眾神靈各有特色的舞蹈單元，按其威力的高低予以組

合，逐漸把打鬼推向高潮。最後圍而殲之，這就使整個的演出構成了一齣宗教儀式性很強的大型舞劇。

2.西藏羌姆在演變成查瑪和跳布札的過程中，有些神靈發生了變化，黑衣咒師蛻變成先出場的黑鬼。蛤蟆、蠍子等精怪，蛻變成不搶食鬼俑肉的螺神與蝶神。

3.西藏羌姆中的斬除對象是鬼俑夏戛，另一對象是魔鬼。在有的羌姆中，它的化身是梅花鹿。在跳布札裡，梅花鹿作為驅逐對象的化身，貫穿於全過程。鬼俑被斬殺後，縛於大三角架上，被抬至宮門外焚燒。次日繞廟，顯示了斬除妖魔鬼祟的徹底性。

4.西藏羌姆中有漢地大肚和尚哈香，它是作為施主出現在場上，並具有喜劇色彩。在跳布札中，哈香溶於彌勒佛的形象之中。彌勒佛成為驅除魔王的主帥。

5.跳布札中增加了觀世音菩薩、文殊菩薩和四大天王。包括彌勒佛在內，他們都是中原漢族民眾非常熟悉和崇拜、信仰的神靈。這反映了中原漢族民眾宗教信仰對跳布札的滲透。

6.跳布札中出現道教神靈文曲星、武曲星和二十八宿星神，這反映了跳布札對中原地區佛教與道教長期融合現象的關注，並進而適應中原民眾在信仰方面具有容納性的宗教心態。

第九節　儺文化與喇嘛教文化（神舞）之比較

儺文化與喇嘛教文化，各自在不同的人文、地理生態環境中形成，在宗教、民俗、巫術、藝術等方面，也有著不同的積澱和融

合。強烈的生命意識、生存意識和宗教意識，使儺舞與神舞有著大致相同的主旨，但在宗教信仰結構表現形態、演出形態等方面有著明顯的區別。

(一)源流

儺源流於狩獵時期先民的驅逐術。儺舞形成於三千多年前商代的儺祭。以扮演的動物圖騰驅鬼逐疫，屬自然宗教信仰範疇。從南北朝開始，吸收了佛教、道教神靈，成為多元宗教文化、民俗文化、藝術文化相融合的產物。

神舞誕生於八世紀西藏桑耶寺的開光典禮，蓮花生大師在佛教金剛舞基礎上，融匯西藏土風舞、擬獸舞，將佛教神靈與苯教神靈組織到羌姆之中。這使羌姆具有人為宗教和自然宗教（巫教）相融合的特徵。

(二)演出主體與宗教屬性

儺舞，從商周到隋唐一千多年裡，驅逐鬼疫的主體是下級軍官方相氏，漢代之後增加了十二神獸和眾多的兒童，形成大型的驅鬼逐疫的歌舞，且已具備了祭祀儀式戲劇的雛形。宋代之後鍾馗與關羽、楊二郎、五道將軍等取代了方相氏，民間傳說神、歷史人物神、宗教神和地方保護神，都加盟於儺祭、社祭、雩祭之中、扮演者和參與者有巫、官吏、農民、少年、職業藝人與民間藝人，逐漸形成了教儺、願儺、軍儺、社儺和族儺。

神舞從八世紀初創到現在，從羌姆到跳乾、查瑪、跳布札，始終由喇嘛僧侶主持並扮演各種神靈，形成特殊的寺廟儺。

(三)演出形態

儺舞是一般演出於歲時節令的民俗活動之中，演出場地在祠堂、廣場、打穀場、街道或堂屋。在不斷世俗化過程中，從儺舞儀式中蛻變出各種小喜劇、小舞劇。在這些小儺戲裡，除了佛、道宗教神、歷史人物神、民間傳說神、地方保護神外，還出現了許多世俗人物，表現他們的喜怒哀樂。

神舞從羌姆到跳乾，從跳乾到查瑪和跳布札，始終作爲喇嘛教舉行法會的一種藝術形態，並被嚴格限制在寺院之中而難以世俗化。一千多年來，始終侷限於佛教神和從苯教中吸收的一部份神靈。歷史人物只有蓮花生、米拉日巴兩位神化的高僧、毀佛的郎達瑪和最終皈依佛教的獵人。

(四)清除對象和手段

包括儺舞在內的儺祭，早期驅逐的對象是疫鬼。先民把疫與鬼聯繫在一起，瘟疫即惡鬼，惡鬼即瘟疫。後來這惡鬼的內涵有了發展。唐宋之後，騷擾民宅，爲害一方的妖魔鬼怪，以及造成自然災害的旱魃等亦在驅逐之列。後來在世俗化的過程中，如河北武安《捉黃鬼》中的黃鬼，被賦予忤逆不孝，無惡不作的人間敗類的內涵。

神舞的清除對象，最早在桑耶寺初創羌姆時是專指干擾、破壞建築桑耶寺的苯教兇煞靈怪。吸收了苯教的一些精靈之後，清除對象轉變爲兩種：一是象徵一切惡的鬼俑靈夏，一是以掀起毀佛運動的郎達瑪爲代表的魔王。郎達瑪成爲牛魔王的化身。

　　早期儺舞中清除的鬼疫是無形的。商周時期方相氏採取驅逐手段，即把它趕跑即可，至今江西南豐等地的儺祭仍如此。兩漢時期則把它們淹死在洛水之中。宋明以來，方由演員或農民裝扮成可視的惡鬼形象。在河北《捉黃鬼》、山西《斬旱魃》裡，則分別由大鬼二鬼、四大天王等把它們捉住，經閻王、判官的審判，處以「開腸破肚」的極刑，這明顯受到佛教的影響。

　　在神舞裡，不論糌粑製成的鬼俑靈夏或由喇嘛扮演的魔王，都是可視的形象。佛教眾神（包括閻王）在苯教神靈的協助下，以舞蹈方式表示把魔王打敗。把它和一切惡鬼妖怪的魂都攝入鬼俑體內，用刀斧等兵器予以砍殺，最後火焚並予以超渡。

㈤演出宗旨

　　包括儺舞在內的早期儺祭，不僅是驅鬼逐疫，更重要的目的是根據陰陽五行學說，以巫術手段促使陰、陽二氣的調和，以求風調雨順，五穀豐收，六畜繁殖，國泰民安。

　　神舞的演出宗旨，郭淨在經過詳細的實地考察之後，認為應從衛道與修行兩個方面詮釋。衛道是指「與佛教相對抗的外道被視為外在的鬼魔」，如「早期鎮伏阻礙桑耶寺建立的苯教鬼神」。毀佛的藏王朗達瑪則被視為牛魔王下界，「頭上長有一個犄角，成為佛法的大敵」。

　　修行，則是把貪欲邪念等視為「內在敵人」。通過羌姆的演出而加以淨化，為此郭淨在《藏傳佛教寺院羌姆與驅邪儀式》中引用了札什倫布寺的羌姆總監喇嘛次仁則的一段話：

　　佛教不論顯宗密宗，都以慈悲爲本，利樂眾生、解脫苦難是
唯一宗旨，（羌姆）裡面所講的的敵魔，主要指人類本身的
弱點和惡念。也就是所謂我執，例如損人利己，爭強好勝，
愚痴貪欲，仇恨嫉妒，造成世間無數爭紛和苦難，使人們陷
入不可自拔的淵藪。靈戛是這些惡念的代表——斬殺靈戛，
焚化達瑪，是爲了使罪惡的靈魂解脫惡緣，歸入善趣，升入
天界，是無上功德的體現。❺

　　這位羌姆總監再清楚不過地闡明了神舞自我淨化靈魂的修行目
的，因此，神舞既是一種法會，又是藏傳佛教修行的一種手段。

儺文化與喇嘛教文化（神舞）的比較

	儺文化 （儺祭、儺俗、儺舞、儺戲等）	喇嘛教文化 （神舞）
主要社會形態	農耕社會	農牧社會
宗　　教	自然宗教。後吸收道教、佛教、民間信仰	佛教、苯教
神　　系	動物圖騰神、道教神、佛教神、歷史人物神、民間傳說神、地方保護神等	佛教神，兼收苯教神

---

❺　引自郭淨在雲南澄江縣召開的'94 雲南儺戲儺文化國際學術研討會上提交
　　的論文。

演出主體	方相氏、巫覡、官吏、農民、侲子、士兵、藝人	喇嘛僧侶
演出場地	宮廷、街道、居室、堂屋、場院、祠堂、舞臺	寺院
藝術形態	歌舞、儀式戲劇	舞蹈、儀式舞蹈、舞劇
儺屬性	社儺、族儺、軍儺、願儺、教儺	寺院儺（羌姆—跳乾—查瑪—跳布札）
清除方式	早期：驅逐 中期：水淹 後期：火焚或開腸破肚等	砍殺、火焚後超渡
目　的	禳災納吉、人壽年豐、調和陰陽、國泰民安	禳除客觀災難，淨化主觀靈魂，宣揚佛教宗旨
主要法器	師刀、排帶等	金剛杵等

第二編

儺　史

第一章　儺源探索

　　儺源，亦即儺在何時何地怎樣發生，爲什麼發生，這是研究儺文化首先必須回答的問題，但目前卻沒有絲毫直接的根據。所幸，在史前考古學、文化人類學、藝術史和宗教史等多學科的研究方面，都已取得了具有指導意義的進展，借鑒這些成果來探索儺的起源，應當是一種可取和可靠的方法。

第一節　從驅獸到驅儺

　　儺是一種歷史悠久，具有藝術性和宗教性的社會現象，這是學術界廣泛認同的觀點。它爲「儺的本源植根於原始狩獵活動」的假說，提供了研究的前提和途徑。

　　儺起初與生產密切相關，可追溯到原始狩獵活動的驅趕行爲。原始狩獵活動，是儺得以發生的本源，其發展軌跡是：從驅獸到驅儺。

(一)原始宗教和原始藝術的起源

　　關於原始藝術和原始宗教的起源問題，從實證角度考察，在時間上都比以往所說大爲提前。

1.原始藝術的起源。在世界各地的史前岩畫裡，有許多假面動物形象的舞蹈，最早的是舊石器時代晚期的作品。著名的西歐法蘭西——坎塔布連地區的岩畫中所描寫的假面舞蹈，都很寫實。與岩畫伴存的還有其它一些原始藝術品。比如骨刻和石刻的動物，以及誇張的「維納斯」。許多學者因此認爲，原始藝術產生於舊石器時代晚期。後來的一些研究成果說明，早在舊石器時代中期的文化遺址中就有原始藝術品出土。再後來，更有二十五萬年前舊石器時代早期末葉的原始藝術品問世。❶是否還有更早的原始藝術品，則要等待更多的考古發現。

2.原始宗教的起源。宗教史告訴我們，宗教只是社會歷史發展到一定階段的產物。新的一代人類學家們在現存原始民族中的調查表明，以往所謂「初民們一天不打獵就會挨餓」與「人類一出現就離不開宗教」的說法，都是不準確的。他們證明，在現存原始民族中，越是後進的民族，宗教觀念就越淡薄。在早期原始群居時代，由於人口密度小，消費層次低，自然資源相對豐富，除了遇有特大災害，「吃飯」並無問題。他們有很多空閒時間，都總是無所事事，只是「無意識地」玩耍，絕不會像我們今天這樣勤奮和瀟灑。❷事實上，那時人們一直被動地「服從」著大自然的「安排」，本無信仰可言。

---

❶　參見鄭元者：〈藝術起點問題新探〉，載《民族藝術》（南寧）1997 年第 2 期第 88 頁。

❷　參見〔美〕馬文·哈里斯：《文化人類學》，李培茱、高地譯，東方出版社北京版，1988 年。該書吸收和應用文化生態學、人口學、能量效益、宗教史、藝術史等研究新成果。

　　後來，人們頭腦中出現了「活物感」，以爲那些經常出現又變化明顯的客體，跟人一樣是活的，是人的朋友。這當然不含宗教因素，卻是宗教意識得以發生的前奏。一般認爲，足以反映人類最早信仰行爲的證據，發現於舊石器時代晚期的考古遺跡中。不過，聯繫早期的原始藝術品，舊石器時代中期應當已有最初的信仰成分——原始法術及原始巫術出現，那是一些準宗教現象。人們企圖以某些動作和技術來控制或影響客體，以達到自己的目的。這是一種「意向全能」的前宗教行爲方式，是人在與自然的關係上由被動變主動的一次重大突破。

　　到了舊石器時代晚期「超自然力」觀念產生，相繼出現了以自然崇拜爲核心的信仰活動；到了新石器時代的母系氏族階段，婚姻狀況比較混亂，人們又很想知道自己的身世，圖騰崇拜便應運而生，以某種動物、植物或其他什麼東西作爲本族的始祖；父系氏族社會時期，由於世系已可確認，圖騰的作用逐漸衰微，祖先崇拜相對突出起來；父權制的加強，崇拜英雄和首領的意識得以流行，由崇敬而神化，促進神靈崇拜等信仰的出現；至於上帝崇拜，則是在人間有了「下帝」之後才產生的。

(二)原始驅趕式群舞

　　原始藝術和原始宗教的形成和發展過程，正是探尋儺之本源及其孕育、演變乃至形成的重要參照因素。

　　野生動物專家們發現，在發情期和植物受到嚴重自然災害時，黑猩猩也食肉。而且，在 10 頭以上黑猩猩群體狩獵時，成功率在90%以上。研究表明，黑猩猩的基因有 80－90%與人類相同。既然

黑猩猩會狩獵，人類也應當很早就會狩獵。這樣說來，人類的狩獵史，至少在 300 萬年以上。原始人從肉搏、擲石塊、揮木棒開始，先後發明了許多狩獵新技術，最後成功地創造了馴養大群畜禽的牧業。這些狩獵技術，大多是在驅趕奔跑中使用的。可以說，驅趕術是狩獵生產的「必修課」和基本功。

人們在長期的狩獵實踐中，不斷觀察和模仿動物的行爲，在狩獵之餘也常手舞足蹈，以表達狩獵成功的喜悅和對動物的喜愛。這就是最初的原始狩獵群舞，亦可稱爲原始驅趕式群舞。那是當時人類認知能力中一種摹仿意識的體現，它不會比舊石器時代早期末葉的藝術品更晚出現，這無疑是一種最接近自然狀態的藝術。這是以驅趕式爲特點的巫舞藝術之正源，也是以驅趕式爲特點的儺的本源——儺之根。當然，這是世界上許許多多種驅趕式群舞（亦即類儺事象）的共同之根。就是說，儺與許多類儺事象本是同根生。

㈢原始驅趕式群舞猜想

原始驅趕式群舞，簡單稚拙，粗獷野性。如果「儺源於原始狩獵活動」的觀點能夠成立，那麼，這種原始驅趕式群舞之發生，也不會遲於舊石器時代早期末葉。此時，並無宗教信仰可言，但卻很可能已有活物感。假如要求將這種驅趕式群舞描述得具體一點，則可作如下一些猜想：

1.這種驅趕式群舞曾在世界各地古老的狩獵民族中流行，即所謂「原始文化的共生性」。一般說，民族越是古老，生態環境、生產方式越是相近的民族，共同性越多。隨著多種條件的發展演變，在民族分化和融合過程中，共同性逐漸減少，差異性逐漸增多。所

以，狩獵驅趕式群舞也就逐漸分化成許多不同意念、不同形式的表
現形態，但總會有一些相似的遺存。這便是儺與類儺事象大量並存
的主要根由。

　　2.這種驅趕式舞蹈最初是雜亂無章的。它沒有整齊的步伐，摹
仿的是追捕動物時的速度和效率，本無統一步伐。它是隨意的，沒
有程式，無需繼承。每次的舞姿可以不同，但少不了「驅逐狀」這
個基本要素。因爲，每次狩獵情況本就不同，而在追趕中獵取動
物，則是狩獵活動的一種基本技能。

　　3.這種驅趕式舞蹈是一種最寫實的藝術創作。在面具發明之
前，可能只是手持石頭、木棒而舞。其表現形式大體上都跟實際狩
獵時相似，力求摹仿得逼眞，用來表達自己的心情。所以，這是一
種最古老的現實主義舞蹈藝術。

　　4.這種驅趕式舞蹈會伴有威嚇動物的激烈呼號。跟實際狩獵時
一樣，這種群舞會伴有激烈的叫喊，以加強制伏動物的威力。但似
乎並非「儺儺」之聲。介紹原始人類生活的美國電視片《語言的誕
生》中，獵人們舉著木棒「嗷、嗷」狂叫，還處在單音節階段。❸
我國江南深山裡，山民們驅趕在田裡打滾糟蹋莊稼的野豬，或企圖
俯衝下來抓小雞的老鷹時，用的也是「嗷」字基調、伴有稍微複雜
些的雙音詞：「嗷、嗷！嗷嗬、嗷嗬！嗷——嗬嗬！」錢茀也曾參
加過這類活動。回味一番，如果改用「儺儺」之聲，那一定會顯得
太欠力度。在我國南方大片農村，「nuo, nuo」一般都是呼豬吃食
之聲。「儺儺之聲」一說，最早出自南朝，那已不是儺的本義。

❸　上海電視臺 1992 年 10 月 31 日 17：30 播出，趙忠祥解説。

「儺」字原本就不是象聲詞。❹

㈣原始假面驅趕式群舞

假面驅趕式群舞的出現，要比不戴面具的原始狩獵群舞晚一些，複雜一些。

1.面具和假面狩獵法的發明。發明面具是爲了狩獵更容易成功。早期的原始狩獵活動費力多，危險多，犧牲也多。發明了面具之後，靠著僞裝，比較容易接近野獸，然後發動突然襲擊，使狩獵更易得手，並減少犧牲。這可稱爲「假面狩獵法」。

發明面具有一定的複雜性，但應當比岩畫裡的假面人物更早出現。因爲，從發明面具到把面具畫（刻）進岩畫中去，會有一個過程；同時，早在舊石器時代中期人類就已發明了縫合皮毛製品（包括縫製動物皮毛面具）的「鑽子」——小型尖狀器，世界和中國都是如此。所以，最可能發明面具和假面狩獵法的人，應當是生活在舊石器時代中期的「尼安德特人」，簡稱尼人，即早期智人，或稱古人。大約相當於我國的馬壩人、長陽人和丁村人等生活的時代。

2.原始面具的種類。我國傳統上將面具分爲假形、假頭、假臉三類。這是科學的，符合面具發明和發展的實際情況。原始人曾經披著獸皮狩獵，這是一種準假形。據西方學者研究，早在 180 萬年之前，人類就已學會剝取獸皮，並用於禦寒、搭棚，當然也能用於狩獵。這就是最原始的僞裝狩獵法，是假面狩獵法的雛形，但披獸皮不能等同於戴面具。在有了縫紉用打孔工具，即鋒利的小尖狀器

❹　〔梁朝〕皇侃：《論語義疏·鄉黨》「鄉人儺」句註。

之後，人類發明了最早的眞面具——假形。

假頭應當是假形的簡化，是狩獵技術提高的表現。在史前岩畫中常會見到它，並且數量比整體假形更多，這是面具的第二次發明。我們現在見得最多的是假臉，應當是對假頭的再簡化，那是圖騰信仰最普及時期的產物。那時，部落聯盟、部落、氏族乃至個人都有圖騰，而圖騰又往往要用面具來體現，對面具的需求大增。將假頭簡化成爲假臉，便是一種製作工藝更加簡便的新技術，這就引出了面具的第三次發明。

3.假面驅趕式群舞的出現。把假面用於狩獵群舞，或者表演假面狩獵的情景，那便是假面驅趕式群舞。它不會遲於舊石器時代中期。原始狩獵群舞只是表達某種感情，手之舞之，足之蹈之，學著狩獵時的動作即可，就那麼簡單。假面驅趕式群舞則要複雜些，首先是多了一道戴面具的化妝手續，在表演動物和假面狩獵人物的時候，也會比不戴面具多一份藝術表現力。

4.原始驅趕式巫舞。進入準宗教時期，由於假面狩獵法總比以往成功率高，犧牲也少。於是，人們便以爲面具本身具有某種力量，而對面具產生某種崇敬甚至敬畏的心理。再往後，這種舞蹈便逐漸成爲驅趕巫術藝術。進入新石器時代，隨著農業經濟的發展，原始驅趕式群舞又逐漸轉向以農耕爲主題，成爲農業社會的驅趕巫術藝術活動。

㈤原始驅趕式群舞的分化

生活在不同地區的早期人類，本來就有著相對不同的生活狀況——側重於自然因素。各地的原始文化也總在不斷演變之中。社會

群體之間逐漸發生質的差別，大分化變得不可避免，便逐漸形成了不同民族的不同文化傳承體系。這樣說，並非毫無根據。

1.世界本就存在差異性。考古學研究告訴我們，考古文化的分布範圍常與自然地理不同；一種文化發展的各個階段，分布範圍也會不大相同，其文化因素也會不斷發生變化；當它發展成爲顯然不大相同的另一類型時，稱爲該文化的新階段或新時期；如發生了質的改變，則視爲另一種文化。❺

人類在總體上有共同的發展軌跡，但因各地生態環境、社會條件、發展方式以及發展速度的不同，加上各種偶然事件，形成了許多不同語言、不同經濟狀況、不同心理特點的人文形態。所以說，世界是相通的，又是豐富多彩的。所謂原始人類的共生文化，實際上原本就存在千差萬別的特點，絕不會完全相同。直到現在，這個地球上不是還同時存在著多種社會形態嗎？已經飛向太空的先進民族，處於農業手工生產的後進民族，甚至還有滯留於採集狩獵狀態的原始民族，他們仍然共處在同一個地球上。

2.私有財產的出現促成了社會的大分化。史前岩畫研究發現，「歐洲岩畫的第二序列，……一開始幾乎是一致的。但到了青銅時代，歐洲各地區的岩畫就帶有地方色彩了。從岩畫中我們可以看到各地人們的生活和行爲的差異。反映了各種不同的歐洲人們的思想方法」。❻這從一個側面說明，史前社會呈較明顯的縱向演變態勢，青銅時代則呈較明顯的橫向分化態勢。這種分化態勢，以父權

---

❺　參見《中國大百科全書·考古學》「文化傳播論」、「考古學文化」條，中國大百科全書出版社北京版，1983年。

❻　陳兆復、邢璉：《外國岩畫發現史》第32頁，上海人民出版社，1993年。

制氏族社會出現了私有財產和私有觀念、部落聯盟間有了不同利益
爲其先行契機。那時，我國有定居的旱作農業和稻作農業，又有草
原游牧業，高原農牧業，沿海和島嶼漁業，以及諸如《孟子·告子
下》所說貉族式的半定居農業等不同的經濟類型，它們同時並存。
最遲到青銅時代，便逐漸演變成中原史官文化、南方巫官文化、北
方薩滿文化、青藏苯波文化等等不同文化形態。至少在考古學上，
它們之間存在著本質的區別。

於是，驅趕式群舞也出現了分化，造就了許多不同形態的假面
驅趕式舞蹈，並且都有自己的傳承體系。在中原地區，假面驅趕式
群舞演變成儺儀雛形，形成了自己的特點，因而與其它地區的假面
驅趕式群舞相區別。

㈥雛形儺儀與原始儺禮

從驅趕巫術到原始儺禮，是一個漸變的過程。

1.儺儀雛形。所謂儺儀雛形，是一種儺儀的初坯，與奴隸社會
的儺儀比較，還有許多很不完善的地方。但已具備了一些自己的特
點。比如，這種驅儺式活動仍然用於狩獵活動，但已更多地用於與
旱作農業的有關事項，抗拒自然災害、祈求農業豐收是主要目的。
並且，驅儺的意圖已有許多社會因素。它保持著原始法術和巫術的
基本成分，但已有原始宗教的性質，主要是農業生產的重要信仰禮
俗。它已有由兼職的巫師主持的儀式，不再是雜亂無章，已有某些
可以繼承的原初程序。而且，社會的上層與基層之間也有區別。與
上層比較，基層的儺儀可能比較簡單，保留的原始驅趕式群舞成分
更多。

2.原始儺禮。顓頊儺會比黃帝儺更加儀式化，而到了禪讓時代，特別是在虞舜「修五禮」後，便發展成爲相對完整的原始儺禮。

第二節　原始儺傳說

以上「狩獵說」畢竟只是一種假說，原始儺儀或原始儺禮是什麼樣子，迄今並無實證。幸好，古人還是留下了幾則原始儺的神話傳說。雖然零散，又曾被加工，但也算填補了原始儺禮資料的空白，多少能給我們一些啓示。

文字記載之前的人類歷史，我們稱其爲「神話傳說時代」。神話傳說是早期人類生活狀況和思想活動的必然產物，它不等於歷史事實，卻多少能折射出一些歷史信息。因此，亦可作爲探討史前人類社會狀況的參考線索。

神話與傳說本有區別，由於我國神話不完整，不系統，常要借助傳說來補充。所以，這裡用「神話傳說」一詞。我國漢族等一些民族的神話相對零散，再加上後人隨意修改造成新的失眞。最突出的有兩點：一是女神越改越少。母系氏族的女性神話和情愛野性的神話，在漢族和受儒家思想影響較深的一些民族，流傳下來的極少，重要的女性神話只剩下女媧。創造農耕的本應是女神農或男女神農，我們現在被告知的卻只是一個男神農。那些受儒家思想影響相對較少的少數民族，則較多地保存著自己的原始神話；二是男神們被盡力美化。父系天下的男性文人，在依照封建標準對女性神話揮毫刪削的同時，對男性神話則倍加恭維，把許多文明時代的理想

事跡和品格，都移植到史前男神們的身上。古希臘男神都有偉大的一面，又常常有情愛、偷盜等「不光彩」的一面。而中國的男神，幾乎全是符合封建倫理道德的典範，明顯是經過修飾的。

(一)黃帝以時驅儺

有關儺的神話傳說，最古老的是「黃帝驅儺」的故事。

1.黃帝驅疫首創立桃偶儺俗。《山海經》有一則早已散失、幸好爲東漢王充《論衡·訂鬼篇》收錄的故事說：

> 滄海之中，有度朔之山，上有大桃木，其屈蟠三千里。其枝間東北曰「鬼門」，萬鬼所出入也。上有二神人，一曰「神荼」，一曰「鬱壘」，主閱領萬鬼。惡害之鬼，執以葦索而以食虎。於是，黃帝乃作禮，以時驅之；立大桃人，門戶畫神荼、鬱壘與虎，懸葦索，以禦凶魅。❼

這則度朔桃樹的神話傳說，曾被廣泛傳抄和引用。而古代各家所錄並不一致。比如：

⑴誰創建了儺禮？王充「訂鬼篇」說，是黃帝創立了儺儀。劉昭註《後漢書·禮儀志·大儺》則說，黃帝只是依度朔桃樹傳說「法而象之，驅除畢，因立桃梗於門戶」。❽是說黃帝之前就有驅

---

❼　錄自〔東漢〕王充：《論衡·訂鬼篇》，岳麓書社長沙版，1991年。

❽　轉自《二十五史·後漢書·禮儀志·大儺》劉昭註，上海古籍出版社、上海書店，1986年。以下凡引《二十五史》，均用此版本，簡稱「上海《二十五史》本」。

儺活動，黃帝只是創立了在儺儀的最後畫虎立桃梗的細節。

(2)由度朔桃樹神話傳說引申而來的立桃梗（桃木雕刻成的偶人——桃木偶）、畫虎和吊葦索（用蘆葦編成的粗繩），我們總稱爲「桃儺俗」。後來演化出豐富的內容，廣爲分布，持久流行，成爲儺俗最大的分支。順便說明一點，關於儺俗，我們在第一編中已經做過討論，本編不再作系統的敘述。欲詳儺俗細節，還可參考錢茀《儺俗史》（廣西民族出版社、上海文藝出版社 2000 年 10 月第一版）。

黃帝驅儺時是怎樣設置桃儺俗的呢？「訂鬼篇」說了三項：大門口立桃梗，門或窗上畫神荼、鬱壘和虎的像，在門框頂上吊葦索。《後漢書》註則只有兩項：立桃梗於門戶和畫虎於門。

(3)桃梗的式樣也有兩種。一種是雕桃木爲偶人；另一種是刻好了桃偶，還要在上面畫（或刻）上手持葦索的神荼、鬱壘二神人，如劉昭所說。司馬遷《史記·孟嘗君傳》說：「蘇秦對孟嘗君曰：『土偶語桃梗』。今子東國之削桃木爲人。」可知，最晚在東周已經流行桃偶。（圖 19）

圖 19　度朔山神話傳說中的神荼、鬱壘

二神人身邊各有一虎——食惡鬼之神虎。河南密縣文管會等編《密縣漢畫像磚》第 6 頁，中州書畫社，1983 年版。

(4)在一些細節上也有多種說法。劉昭註說「東海中有度朔山」，指明滄海就是東海；《河圖括地圖》說：「桃都山有大桃樹，盤屈三千里。」這使我們知道，度朔山又叫桃都山；（圖20）《海內十洲記》說：「東海度朔山上有大桃樹，蟠屈三千里，名曰蟠木」，大桃樹呈「盤曲」狀，故又稱「蟠木」；❾東漢應劭《風俗通義》說：「黃帝上古時，有神荼與鬱壘兄弟二人，性能執鬼。」原來，神荼和鬱壘是兩兄弟。

(5)鬼分爲善惡，度朔神話說，驅儺是驅趕惡鬼。

(6)鬼畏桃的原因有二：一是度朔大桃樹上有二神人捉惡鬼；二是羿死於桃杖。《淮南子·詮言篇》說，鬼怕桃木那是因爲「羿死於桃棓」。許愼注：「棓，大杖，以桃木爲之，以擊殺羿，由是以來鬼畏桃也。」❿人死爲鬼，

圖20 桃都樹

度朔山大桃樹，又稱「桃都樹」。西漢晚期陶藝作品。
《文物》（北京）1973年第2期第51頁。

---

❾　見袁珂：《中國神話傳說詞典》第315頁，上海辭書出版社，1985年。

❿　轉自袁珂：《中國神話傳說》第321頁註，中國民間文藝出版社北京版，1984年。

羿被桃杖打死，因而死後變鬼還是怕桃杖乃至與桃樹有關的物品。

㈡嫫母——傳說中最古老的方相氏

古儺主角叫方相氏，簡稱方相。宋代張君房集輯《雲笈七籤》卷一百錄存唐代《軒轅本紀》所記傳說中最古的方相氏：

> 帝周遊間，元妃嫘祖死于道，帝祭之祖神，令次妃嫫母監護于道，因以嫫母爲方相氏。

黃帝帶著妻室周遊天下，元配妻子嫘祖不幸中途死去。黃帝舉行儀式請示祖神之後，命次妃嫫姆臨時擔任方相氏，在途中監護嫘祖屍體。「監護于道」，跟後世方相柩前開路相通，似乎那時的方相氏就已經有驅儺和護屍兩大任務，但此時的方相氏是臨時指派的。嫫母，又作「姆嫫」，疑爲誤抄。唐代無名氏《雕玉集·醜人篇》寫道：「嫫母，黃帝時極醜女也，錘額顣頞，形麗色黑，今之魌頭是其遺像。而但有德，黃帝納之，使訓後宮。」⓫這裡把嫫母描寫成當時最醜的女人，長著一副「秤砣額頭塌鼻樑，體笨如桶皮黝黑」的尊容。但她品德高尙。黃帝說人品好就行，長得醜沒關係，就娶她做了三姨太。

以上只是黃帝的一妻三妾，稱爲「四妃」。即正妃（元妃）西陵氏嫘祖，次妃依次是方雷氏女節、彤魚氏、嫫母。嫫母排在最

⓫ 《雕玉傳·醜人篇》，《集成叢書初編》本第 73 頁，商務印書館上海版，1936 年。

末。「四妃」之制傳延甚久，唐代又讓她們上了天，與天官相配，成為「后妃四星」。而《軒轅黃帝傳》別說：「又納費修氏為夫人；……紀、鐘、甄、聲，帝之四妃」。⑫這樣說來，黃帝另外還有五妾，一共有一妻八妾。

　　這裡的「方相」一詞，最合適的解釋是東漢應劭《風俗通義》所說：「方者，興旭；相者，所以威厲鬼，驅罔像。方相，欲以驚逐鬼魅。」⑬方，方正、正直、陽氣。旭，旭日。興旭，亦即興陽，宏揚正氣、陽氣；相，就是那令鬼疫驚嚇畏怖的凶醜之像。此相貌足以「威厲鬼，驅罔像」。方相，就是代表正氣、陽氣的醜相，這種正氣陽氣可以驅趕邪氣。依此標準，嫫母擔任方相正好合適。一是她品德好，「有德」——方正、正氣、陽氣；二是她長得醜。魋頭，東漢許慎《說文解字》釋為「醜也」。所以會有「今之魋頭是其（嫫母）遺像」的說法。這正是史前人「以醜制醜」觀念的反映。

　　宋代高承《事物紀原·方相》說：「嫘祖死于道，令次妃姆嫫監護，因置方相，亦曰防喪。」防喪，或稱喪防，出自嫫母防護嫘祖屍體的喪事，或者嫘祖去世由嫫姆防護其屍。

(三)顓頊命有司時儺

　　司馬遷《史記·五帝本紀》認為，「三皇五帝」中的三皇難以證明，五帝則是可靠的。即：黃帝、帝顓頊、帝嚳、帝堯、帝舜。

---

⑫　均見于佑任：《黃帝功德紀·妃嬪》，陝西人民出版社西安版，1987年。

⑬　王利器：《風俗通義校註》第574頁，中華書局北京版，1981年。

接在黃帝驅儺的後面，東漢衛宏《漢舊儀》又記有顓頊命「時儺」的傳說。衛宏原著已佚，唐代李善註《文選·東京賦》引道：

> 《漢舊儀》曰：昔顓頊氏有三子已而爲疫鬼，一居江水爲瘧鬼，一居若水爲魍魎蜮鬼，一居人宮室區隅，善驚人，爲小鬼。於是，以歲十二月，使方相氏蒙虎皮，黃金四目，玄衣朱裳，執戈揚盾，帥百隸及童子而時儺，以索室中，而驅疫鬼也。⓮

出了小兒鬼，顓頊便命令方相時儺。引用此節者常有出入。如「一居江水爲瘧鬼」，南朝劉昭註《後漢書·大儺》，作「一居江水是爲虎」。再如「顓頊氏三子」，《事物紀原·驅儺》作「高陽三子」；「以歲十二月」作「以正歲、十二月」，一年一次驅儺變成兩次。或以爲此處是說漢儺，交待漢宮驅儺的原因。試看衛宏所記西漢宮儺格式，便知此處與漢儺多有不同。

顓頊，昌意之子，黃帝之孫（《山海經·海內經》說顓頊是黃帝重孫），號高陽氏。《史記·五帝本紀》對他大加贊頌，甚至說「動、靜（植）之物，大小之神，日月所照，莫不砥屬。」⓯只要是太陽、月亮照到的地方，都是他的疆域，這顯然是過分的奉承。

顓頊作爲部落聯盟的首領，也是妻妾成群，子孫滿堂。其中包括：被譽爲「八愷」的蒼舒等八個兒子，身爲竈神的兒子窮蟬和壽

⓮　錄自〔南朝·梁〕蕭統編：《文選》第63頁，中華書局北京版，1977年。
⓯　上海《二十五史》第一冊第7頁。

高八百的孫子彭祖等；但他的「不才子」也比別人多。然而，顓頊
畢竟是英明的首領，發現了小兒鬼作惡，便大義滅親，命方相驅
儺。

(四)史前儺傳説可信嗎？

神話傳説有不合理的和不可信的成分，也有其合理的和可信的
成分。

1.父系氏族社會。父系氏族分爲兩期。前期是父系制，後期是
父權制。《商君書·畫策》說：「神農之世，男耕而食，女織而
衣；刑政不用而治，甲兵不起而王。神農既殁，以強勝弱，從眾暴
寡。故黃帝作君臣上下之義、父子兄弟之禮、夫妻匹配之合；內行
刀鋸，外用甲兵。故時變也。」⓰炎帝、黃帝既是首領，又是指部
族或部落聯盟，各自延續了相當長的時間。

商鞅（公元前390─前338）的這段話有三個內容：一、神農炎帝
的農業社會，前段男耕女織，首領民主，沒有私有財產，沒有戰
爭，所以不用刑與兵。此時還是父系制氏族社會；二、炎帝後期私
有財產以及因私有財產而引發的戰爭出現了。此時，炎帝族卻落後
於新的時代步伐。黃帝發動阪泉之戰，理由就是炎帝無能制止「諸
侯」（部落）之間的戰爭。社會發展呼喚父系首領中的強者。於
是，父系制便過渡到父權制；三、黃帝不僅在戰爭中敗炎帝，殺蚩
尤，而且對內加強由私有觀念派生出的等級、倫理和刑罰規範，實
行軍事民主制。推行「內行刀鋸，外用甲兵」的政策。這是不是太

⓰　《諸子集成》第五冊，《商君書》第31頁，上海書店影印本，1986年。

殘忍，是不是褻瀆了我們神聖的始祖呢？商鞅說得好：不，那是時代變了。炎帝作爲父系制代表，大賢大德，可稱得上英明首領。黃帝作爲父權制早期代表，順應歷史發展趨勢，爲推動社會進步立下了奇功偉績。所以，炎黃二帝作爲中華始祖，都當之無愧。

2.黃帝驅儺的傳說有許多可信之處：一、考古證明，父權制氏族社會一般成員是一夫一妻制，貴族階層卻是一夫多妻制。黃帝一妻多妾，嫫母「次妃」之說自能成立；二、嫫母護屍包含著等級觀念，次妃侍候元妃，理所當然。如是嫫母死去，護屍者則應當是費修氏或其他人；三、嫫母擔任方相氏，是一種原始人「以醜制醜」的觀念。鬼醜，方相更醜，這是一種力量，也是一種技術；四、嫫母擔任方相氏是臨時指派的，符合史前尚無專職巫師的歷史特點；五、父系氏族突出祖先崇拜，嫘祖死後，黃帝立即祭告祖神，請示葬法，也是合乎情理的。神人即人神，桃人即神荼、鬱壘，他倆很可能就是歷史上受尊敬的英雄神，也是祖先神的一種。所以，此時出現植物桃、葦崇拜、動物虎崇拜、神荼和鬱壘人神崇拜的混合體——「度朔模式」，毫不奇怪。

3.顓頊儺評價。顓頊的最大業績是「絕地天通」。《國語·楚語下》說，那時「民神雜揉，不可方物。」⓱人神平等，甚至神人難分，用不著巫師中介。黃帝時，隨著私有財產和等級觀念的產生，有了不脫產巫師。但部落成員的信仰依然基本平等。隨著私有財產更多的聚集，政治、軍事、宗教諸方面都要求權力的進一步集

⓱　《國語》上海師範大學古籍整理研究所校點本第 562 頁，上海古籍出版
　　社，1988 年。

中，以便更好地組織部族的生產、生活和對外戰爭。於是，發生了這場空前大變革。《尙書·呂刑》說，顓頊「乃命重、黎絕地天通，罔有降格」。⓲絕地天通，實際上是上層集團要掌握更多更大的政治、宗教和消費特權。顓頊不僅是政治、軍事首領，也是部族最大的巫師。重、黎都是顓頊之孫，也是骨幹巫師，權力也很大。

由此，我們能不能作這樣的猜想：苗民本來是顓頊後裔（小兒之羣），三苗與顓頊三子、絕地天通與戰三苗——驅三小兒鬼，有沒有某種聯繫？私有財產和個體家庭的出現，使原先氏族長形大屋變成一家一室。顓頊一子「居人宮室區隅」，躲在人家的角落裡，捉摸不定。這是不是驅儺必須「索室」的直接起因？蒙虎皮而不是「蒙熊皮」，是否說明父系氏族的圖騰觀念進一步淡化，因而不拘於黃帝族之熊圖騰？能不能說，通過「絕地天通」，使顓頊禮制比黃帝禮制更爲完善了？

4.如果以上幾點能夠成立，那麼，黃帝驅儺、嫫母擔任方相氏和顓頊命有司「時儺」的傳說，應當就是帶雛形性質的原始儺儀。其制可能有這樣幾個特點：一、儀式已有某些簡單的規矩，而且由於已有等級觀念，部落聯盟與各部落、氏族之間，會有某些差別；二、儺儀有主事人，至少護屍送葬配有方相氏；三、戴凶醜面具，作驅逐狀，驅趕無形之鬼。

5.原始儺傳說中的不可信成分。比如，以上這幾個傳說，已經包含方相氏驅儺和送葬的內容，好像周代方相氏的兩大任務，早在

⓲ 《尙書正義》，「黃侃經文句讀」本第 293－294 頁，上海古籍出版社影印版，1988 年。

史前就有了基礎，其中似有後人附會的成份。又如，顓頊「時儺」的儀式，比商寇更完善，這是不可能的。再如，嫫母任方相也用「黃金四目」，顯然太超前。因爲，那時還沒有黃金。已知我國最早的黃金製品，出土於河南殷墟遺址中。

(五)禮、虞禮與原始儺禮

爲了以後討論的方便，這裡先解釋幾個名詞，再說其它。

1.幾個名詞

⑴禮。本意是指敬神，後來引申爲敬意。簡單地說，禮就是血緣宗法等級制的社會規範和道德規範，包括各種禮典儀式的規範。在古代，禮是關係社會生活各個方面的重大政治問題，即所謂「國之大事，唯祀與戎」，祀則是禮的一種主要表現形式。禮源於俗。傳說禮始於太昊，而完備於堯舜。實際上，禮最早出自日常的粗簡生活習俗，發育於軍事民主制時期，最終形成於國家出現之後。禮一旦形成，又反過來成爲俗的主導。並且，往往帶有某種強制性，成爲全社會的有行準則。

禮即法，違禮即違法。它是古代統治者實行統治的主要手段之一。禮即教，古代的禮總是與宗教信仰聯繫在一起。在中國宗教史上有「國家宗法制宗教」之稱。因爲，禮大多是由國家組織和管理，有其法定規範，禮中貫穿著宗法制原則，大多都有宗教儀式。不符合規範的禮俗活動，被視爲「淫祀」，往往被朝廷取締。

禮物（包括法器、服飾、用具和獻物等），禮儀（各種表達禮的方式，如儀式和行禮時的姿態等等），禮意（施禮的目的和意圖等），是禮的三大要素。

⑵五禮，即吉、凶、軍、賓、嘉五禮之制，是我國古代對禮的分類。雖然不十分科學，也不甚全面，但我國古代包括不驅儺的少數民族掌握中央政權的朝代，一般都實行這種五禮之制。

吉禮，是對天神地祇和宗廟（祖先）的祭祀之禮。上層統治者以此祈求天地神靈承認和保佑他們的統治，顯示其合法性和權威性。

凶禮，指傷亡災變之禮，以喪禮爲主，包括水旱、饑饉、兵敗、寇亂等禮。

軍禮，主要是指軍武之禮，有親征、遣將、受降、凱旋和大射等禮。在周代，還包括驗校戶口、徵稅派役、大型工程和勘定疆界等需要集眾、用眾時所舉行的儀典。

賓禮，指君臣、父子等人與人之間的關係和中央與地方、中國與外國之間的關係之禮。

嘉禮，則是指登基、冊封、婚冠、宴樂、頒詔等喜慶之禮。

⑶儺禮。就是驅鬼逐疫之禮，多數朝代歸於軍禮。

⑷葬禮。安葬死人的儀禮。古代用方相氏或魌頭爲上層社會的死人送葬，是葬禮中的一種古老儺俗。

2.虞禮

《史記·禮書》記載了一個「舜代堯政」的著名故事。堯選舜代行政事，讓他接受長期考驗，以觀「天意」，看看舜能否接班管理政事。舜做了大量工作，很是出色，其中包括「修五禮」——使五禮更爲完善，一些學者稱其爲「虞禮」。由此看來，《事物紀原》卷二所說「伏羲已來，五禮始彰，堯舜之時咸備」，並不是毫無根據的。一些學者對虞禮的存在和內容做過深入研究，看法比較

明確。其主要觀點，在陳戍國《先秦禮制研究》一書中有較爲具體
的論述。其中寫道：

> 我們考察上古禮的萌芽及其發展，認爲在目前掌握的資料
> 裡，只有到了虞舜一代，禮才粗具系統。《周禮》所謂吉凶
> 賓軍嘉五禮，有虞氏都加入了可供後世鈎稽的新的內容。因
> 此，提出與夏、商、周三代禮並列的「虞禮」這個概念是適
> 當的。⑲

禪讓時代至少已具有雛形國家形態，應當說，虞禮正是夏商周
三代禮制的基礎。

3.原始儺禮

我們已經知道，夏商兩代的驅鬼逐疫之禮都不叫「儺」，虞禮
中的儺叫什麼名稱，目前無法暸解，只能作這樣的推測：一、經過
虞舜「修五禮」之後，我國古代的禮制體系已基本成型，雛形儺儀
也會有新的發展。可以稱爲原始儺禮。二、夏代的禓禮、商代的寇
禮和周代的儺禮，有其歷史傳承關係。禪讓時代的這種原始儺禮，
應當就是它的粗坯和基礎。三、原始儺禮會較更早的史前雛形儺儀
完善些，但不如三代儺禮規範。

---

⑲　陳戍國：《先秦禮制研究》，湖南教育出版社長沙版第 89 頁，1991 年。

第二章　三代儺

距今約四千一百年前，我國中原的氏族社會最終瓦解，進入文明社會的最初階段——夏、商、周三代。這是我國儺禮得以完善的時期。

第一節　三代社會與儺禮

根據專家組多年研究的最近結果，我國夏代的起點是公元前 2070 年，與「夏代起於公元前二十一世紀」的傳統說法相近，但這是精確定年。商代的準確起點是公元前 1600 年，周代準確起點是公元前 1046 年。至秦始皇公元前 221 年統一全國爲止，三代共歷時 1849 年。❶

夏商周已有成熟的銅鐵生產技術，夏已有成篇文字，商周則有大量的文獻檔案，國家統治體系基本完善。夏代建立奴隸制社會，商代達到頂峰，而在其後期走向衰落。西周實行封建領主制，而戰國則出現了封建地主經濟，爲封建社會的形成準備了基礎。

---

❶　中央電視臺 2000 年 11 月 9 日《新聞聯播》節目消息。

㈠三代禮制──國家宗法制宗教

周承商禮，商承夏禮，夏承虞禮，都實行爲政治服務的宗教性血緣宗法等級制。

1.五禮體現著宗法等級制原則。我國奴隸制和封建領主制（農奴制）社會，都是血緣宗族社會，實行的是宗法等級制。字典上說，亦即長子繼承制。實際上帝位眞正由長子繼承的情況並不多。血緣宗法等級制的主要內容，是依血緣關係的親疏，將社會分爲許多等級，這是三代實現統治的政治基礎，法律和禮制處處都貫徹這一制度。它在夏代就已初具規模，商代與周代又有所不同。以周朝爲例，可以看出，這種宗法等級制是一個寶塔形的結構：

⑴在宗族內，分爲貴族與自由民兩大階層。

貴族內又分天子（上帝之子，即天子、下帝，人世間的最高統治者）、大宗（即元宗或宗氏，系王族，住京城）、諸侯（小宗，又稱宗子，派到外地爲諸侯。也有異族諸侯，主要是重要功臣和勢力仍較強大的歷代首領的後裔）、大夫（又分上大夫、中大夫、下大夫三等）、士（又分上士、中士、下士三等）。

自由民從事勞動生產，服兵役，少數擔任無爵位的下級官員。宗族內還有因罪而被貶爲奴隸的人，即「罪隸」。

⑵宗族外，主要是奴隸，大多是俘虜。奴隸又可分管家奴隸（如「邦司」等）、家中奴隸（如從事駕車、炊事、樂舞等家內勞動）和生產奴隸（主要從事最艱苦的畜牧等項勞動）。

2.五禮的宗教性。五禮制具有嚴肅的宗教性，是一種由國家規定、組織的禮儀制度，其中大多數都包含有宗教儀式。民間的禮

俗，往往也由朝廷規定。因此，宗教史家稱其爲「國家宗法制宗教」。過去人們以爲中國古代沒有國教。其實，在儒、佛、道三教之前，這便是中國的國教。

三代的五禮，已具有古代宗教的主要特點。但保存著不少原始宗教的遺緒，其中儺禮保存的原始傳統最多。

3.配合禮儀的夏商周三代系統樂舞。有人說「歌舞興於巫」。其實，巫出現前就已經有樂舞，狩獵群舞就是最原始的舞蹈，只不過還「不正規」。那麼，比較正規的樂舞是什麼時候由什麼人創造的呢？《山海經》說是祝融之子長琴「始爲樂風」，又說是炎帝重孫「延始爲樂風」。從傳說來看，可能在進入父權制社會之後，樂舞便逐漸地在走上有章有法的「正規」之路。

西周初的「六代樂」，便是對上述樂舞歷史的系統總結。其中包括：一、黃帝樂《雲門大卷》；二、堯樂《大章》；三、舜樂《大韶》；四、禹樂《大夏》；五、湯樂《大濩》；六、武王樂《大武》。

除了這些社會上層的經典作品，民間也先後有表現黃帝戰蚩尤的「角觗戲」，堯時的「擊壤」等等傳統節目，在一定的地區廣泛流行。

特別是周代，在繼承和整理古樂的同時，又吸收和創作了許多節目，大多用於各種禮典。其中，大蜡、雩禮與大儺三項，則是「集大眾」的三項禮樂項目。以大儺最爲粗簡。

(二)三代儺在五禮和儺史上的地位

史前的原始儺禮，進入文明時代終於逐步完善起來，出現了一

個「夏裼→商寇→周儺」的發展序列。這裡應當做幾點說明：

　　1.三代儺在五禮中本來並不顯要。它只是一項細小的禮典，在《周禮》中，它也只是一種雜禮。

　　2.儺是臘月歲時禮俗的重要項目，宮廷驅儺的主導思想，與天子和國家的安危密切相關，因而又很受統治者的重視。

　　3.儺具有軍事性質。主角方相氏是軍人，到了周代更加明白地將其歸屬於管理軍政軍賦的夏官大司馬領導。

　　4.在三代所有的禮典中，儺禮是最粗獷野性、保存原始傳統最多的一項。上古的禮典，大多有迎送神靈的宗教儀式，比儺禮複雜得多。並且，大多有樂舞表演，用以娛神。如蜡禮和雩禮以及獻祭中尸的表演等，在藝術上都比儺禮的層次更高。

㈢夏裼→商寇→周儺在儺史上的意義

　　1.三代儺是後世儺制的源頭，裼、寇和儺禮之制，是影響中國儺禮發展演變的根據。尤其是周儺，長期被視爲古代儺禮樣板。

　　2.有「夏裼→商寇→周儺」這個序列，上可承黃帝堯舜，下可接秦漢唐宋，能連接成一個儺史體系。古籍以記載官方材料爲主，民間事務不是特殊事象，難得被記錄流傳。所以，要重建儺的歷史，只有以官方儺禮的材料爲骨架。

第二節　夏　裼

　　夏承虞禮，順理成章。山西襄汾陶寺遺址考古發現，那裡不僅有夏代文化遺物，包括較多的刻劃文字，還有更早時期的文化遺

存。目前沒有夏代禮的直接材料，還得多少借助於傳說。

㈠「微作禓五祀」的故事

三國曹魏高隆堂《五祀議》說：「《世本》曰：微作傷五祀。」《漢書儀》曰：「祠五祀，謂五行，金木水火土也。」❷

這是關於「微作禓五祀」一事的最早文字材料，但議論的是五祀，不是說禓，甚至還把五祀說成是金木水火土五行。一般認爲，五行學說大約出現在商代，夏代還沒有這種學說。

禓五祀，是生活在夏代前期的商族領袖微的創造。「傷」係「禓」的諧音、假借或誤抄。《太平御覽·禮儀部·五祀》（卷五二九·八）所抄高堂隆《五禮議》，本作「禓五祀」。

戰國史官所撰的《世本》，到唐代就已有殘缺，宋、明更多佚失，清代則一再有人編集輯本。雷學淇輯本「作篇」寫道：

> 微作禓五祀。〔《（太平）御覽》五百二十九 ⊙《路史餘論》四，引作「湯作五祀」。〕⊙微者，殷王八世孫也。禓者，強死鬼也。謂時儺索室驅疫，逐強死鬼也。五者，謂門、戶及井、竈、中霤。❸

---

❷ 〔清〕嚴可均：《全上古三代秦漢三國六朝文·全三國文·魏三十一》第二冊1228頁，中華書局北京版，1958年。

❸ 《世本·附考證》，《叢書集成初編》本第82－83頁，商務印書館上海版，1937年；商務印書館北京版《世本八種》，茆泮林、雷學淇等八家輯本，1959年。

禓，讀作「傷」（shang），又有「傷五祀」、「禍五祀」、「湯作五祀」和「商湯作五祀」等說法，都說抄自《世本》。這些左旁不同的湯、傷、禓、殤等字，極易誤抄或誤刻，他們似乎是從禓五祀→傷五祀→湯五祀，進而以訛傳訛，又生出「湯作五祀」、「商湯作五祀」等說法。雷學淇以《太平御覽》所錄爲正式引文，而將《路史·餘論》所引作爲附註，似較可信。

㈡釋「禓五祀」

禓五祀，一般分禓、五祀兩部份來解釋。

1.禓。一是鬼名，禓鬼即強死鬼，非正常死亡之鬼；二是祭名。東漢鄭玄註《禮記·郊特牲、鄉人禓》說，「禓，或爲獻，或爲儺。」❹；三是行祭，動詞。東漢許慎《說文解字》這樣解釋：「禓，道上祭。」作爲喪禮雛形的嫫母道上護嫘祖屍，到夏代有了新發展，出現了正規的禓禮。

2.五祀。五種祭祀對象：門、窗、井、竈、屋檐（或堂屋）。但後來演變相當頻繁，分爲多個等級來施行。周代最繁瑣，天子有司命、中霤、國門、國行、泰厲、戶和竈七項之多；諸侯五祀，大夫三祀，士二祀，庶人只一祀。唐代開元禮和宋、金、元也用七祀；隋代爲司命、戶、竈、門、行和中霤六祀；清代則只剩下竈、行二祀。

3.禓五祀。在後代，禓與五祀是兩種儀典。我們猜想，夏代商族的「禓五祀」很可能是一個儀典。因爲，禓鬼死得冤，特別不安

---

❹　《禮記正義》，《黃侃經文句讀》本第487頁「鄉人禓」句。

分，故舉行禓禮，將門、窗、井、竈、屋檐都搜索驅趕徹底，以免強死鬼被遺漏。所以，禓禮比儺禮更細緻，更費氣力，也更激烈。

(三)上甲微其人

微，甲骨文寫作上甲微、甲微、上報甲、報甲或上甲，或說微是名，上甲是字。他是夏朝帝相（夏后相）的同代人，從商族始祖契到湯建立商朝，共十四代，微是第八代，大體居中。微曾立有大功，是商族歷史上的重要領袖。

《山海經·大荒東經》說，夏帝泄十二年，上甲微之父、商族首領亥，趕看牛群去有易國（地當今河北易水流域），有淫穢不軌之事，被有易國王綿臣所殺。「是故，殷主甲微假師于河伯，以伐有易。滅之，遂殺其君綿臣也。」❺爲此，上甲微立有兩大功勞：第一，消滅有易，替父報仇。這是商族歷史的一大轉折，從此商族不斷壯大。此時，商王命名由地支改成天干。商人可能認爲，「亥」爲地支最末，有結尾之喻意，因而王亥成了禓鬼；第二，創立禓五祀之禮，本是祭祀亡父。因爲其父死得慘，魂靈更不安分，需要更加猛烈的儀式來驅趕其出家門，因而創造了禓禮。深層意圖，可能是要以更強的力量來征服鄰國，對抗夏王朝，進而奪取政權。屈原《問天》對亥的評價很差，對上甲微的看法也不好，似乎他在晚年也很荒淫。但就其一生而言，則功大於過。

商族後人對上甲微特別尊崇。按商族原有制度，祭必從遠祖開

---

❺ 〔清〕郝懿行：《山海經箋疏·大荒東經》第 5 頁，巴蜀書社成都版，1985 年。

始，上甲微以下則只祭大宗，不祭小宗。祖甲進行改革，便不祭遠
祖，每祭必從微始，大宗、小宗都祭。即所謂「自上報甲至于多
後」，或「自上甲至下乙」、「自上甲至祖庚」、「自上甲至康
丁」等。❻因爲，亥不賢而成殤鬼，損害了商族的威信和發展，祭
之不值。微在商族史上貢獻重大，祖甲新的祭祖制度就是對微的特
別褒揚。微及其後的報乙、報丙、報丁（依王國維考定順序），合稱
「四報」。報，即「報祭」，是殷人祭祀有豐功偉績先人的大禮。
看來，報乙、報丙和報丁也曾繼承微的遺志，都能奮發圖強，頗多
業績。

㈣幾點聯想

　　1.商代「以旬計日，依旬而卜」，可能就是在微的手上加速發
展起來的，將天干應用於天文、曆法、農業生產、宗族譜和宗教信
仰等多方面，使商族在科學、文化方面逐漸發達，超過夏王朝廷。
微父的那個「亥」字，是地支最後一位，有完結之含意，他本人又
死得很不正常，商族人可能是以爲地支不吉利，因而改用天干來命
名。夏末的桀——帝履癸亡國也是不吉事例。

　　2.按照東漢鄭玄的解釋，殤是一禮三用，集吉禮獻（祭祖）、
軍禮儺和凶禮殤於一禮。

　　3.夏代實際上還帶有方國聯盟的性質。作爲方國之一的商族—
—商方，有著相當大的獨立性。其禮制可以不依夏王朝廷規定，而

---

❻　郭沫若：《卜辭通纂》第一冊二八七片。〔日〕文求堂東京線裝版，1933
　　年。其餘參見陳戌國：《先秦禮制研究》第 133－148 頁。

自己另行設置。

4.從理論上說，商族有禓五祀，反襯出夏亦有儺禮。夏承堯舜，而堯舜「五禮咸備」。微作禓五祀是在繼承中創新，而夏族則可能更多地繼承著虞禮傳統。

第三節　商　寇

商承夏禮，理應有儺。但目前學術界還有些不同的看法。

㈠易爲商儺

饒宗頤《殷上甲微作易（儺）考》一文，引董作賓《小屯·殷虛文字乙編》6684、3343 等片卜辭，認爲：「鬼方易」者，或讀易爲揚。按易即禓，與儺同字……《呂覽》稱儺爲除，「鬼方易」可解作鬼方已被驅除御了，故〔卜辭說〕亡禍。卜辭有易伯，故有人讀鬼方易爲地名，但用在此處，恐未確。

饒氏還說：「儺肇于殷，本爲殷禮，於宮中驅除疫氣，其始作者實爲上甲微」。❼殷有禓禮，這是商族後裔繼承上甲微之遺制，理所當然。只有兩點有必要提出：一、「易即禓」和易「與儺同字」均爲新說，未見其他甲骨文專家有此種解釋。徐中舒主編的《甲骨文字典》「易」條，亦無此義；二、上甲微本是生活在夏代的人，他所作「禓五祀」，雖不是夏代宮廷的禮典，卻是夏代商方（商國）的禮典。應當認爲，禓早於殷商而立於夏代。

---

❼　載《中華戲曲》第16輯第101－109頁，山西古籍出版社太原版，1995年。

㈡寇爲商儺

羅振玉《殷虛書契後編》下三·一三和《殷虛書契前編》六·一六·一兩條卜辭分別釋爲：

> 丁亥，其寇帚（寢），宰。十二月。（寇甲）
>
> 庚辰卜，大貞：來丁亥，寇帚（寢），有宰，歲羌卅，卯十牛。十月。（寇乙）

寇，讀作「軌」，gui。孫作雲曾釋爲「打鬼」。徐中舒《甲骨文字典》釋爲「被除居室不祥之祭」。于省吾《甲骨文釋林·釋寇》進一步研究認爲，商寇即儺。其主要論點是：

1.寇，後世簡爲「宄」。宄字初文爲「寇」，此爲造字之本義。《說文》：「宄，奸也，外爲盜，內爲宄，從宀，九聲，讀若軌」。宀，古宅字。宀之下，從九從攴，九鬼聲近，通用；攴殳古亦通用；九殳，以殳擊鬼。

2.《周禮》十二月命方相氏索室中驅疫鬼。寇，與周儺基本一致。所以，商寇即商儺。此說已爲多數學者認同。❽

㈢殷代方相

郭沫若《卜辭通纂》第 498 片中有一條卜辭，釋爲：

---

❽　于省吾：《甲骨文釋林》第 48－49 頁，中華書局北京版，1979 年。

……貞，旬無囚（禍），……允有來媸自西，朕告曰：……

⊥（災）方相四邑。十三月。❾（方相辭）（圖21）

圖21 「方相」辭（甲骨拓片）

甲骨拓片
郭沫若《卜辭通纂》第四九八片。

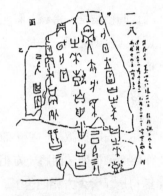

摹本
轉自曾毅公《甲骨綴合編》第一一
八圖，1950年石刻版。

　　1.郭沫若的解釋。，是「魃」之初字；，郭氏釋爲
「夾」，各家均表贊同。

　　，楊樹達釋爲「尋」。大帽子；徐中舒、姚孝燧等似乎不同
意郭、楊說，只是照樣畫了一個。

　　2.陳邦懷的解釋。他在《殷代社會史料徵存》「方相」節中認
爲：東漢應劭《風俗通》：「言頭魃魃然盛大也。」之上載爲方

❾　郭沫若：《卜辭通纂》第一冊二八七片。

相氏逐疫時所戴頭飾，因其頭飾魌魌然盛大，遂稱爲魌。夾爲人名，即執行方相之事者，所謂方相是也。方相，《周禮》名詞，而卜辭用爲動詞。「魌☆方相四邑」，言有魌名夾者，執行方相氏逐疫之事。四邑，猶言四方也。末尾的「十三月」，是殷代的閏月，殷曆制一般都放在年末。

陳氏的結論是：這條卜辭記載的是殷商儺禮。**❿**

蕭兵《儺蠟之風——長江流域宗教戲劇文化》一書贊同陳氏觀點。**⓫**

(四)合說

錢茀《商寇探微》一文，兼採于、陳觀點，將〔寇甲〕、〔寇乙〕作爲商儺框架，而將〔方相辭〕作爲商寇細節，認爲這條卜辭的關鍵句是「魌☆方相四邑」，而「☆（夾）」字則是這個關鍵句中的關鍵詞。弄通此詞，全句的意思就通暢明白了。**⓬**

☆（夾），是一位高大的人腋下挾著另一人。如是「夾」，則是左右兩腋下各挾一人。《詩經·簡兮》中的碩人、《周禮》中的虎賁氏和「方相氏，狂夫四人」，都是身高、力大、武藝強的能人。按眞人眞馬塑造的秦兵馬俑，有身高二米的兵俑，應當也是

---

❿　陳邦懷：《殷代社會史料徵存》，天津人民出版社，1959 年。感謝天津人民出版社寄給複印件。

⓫　蕭兵：《儺蠟之風——長江流域宗教戲劇文化》第 110 頁，江蘇人民出版社南京版，1992 年。

⓬　錢茀：〈商寇探微〉，載《民族藝術》（南寧）1994 年第 2 期第 51—68 頁。

「狂夫」式的軍人。《史記・張儀傳》就曾記載了一個「夾」的例
子。

秦人捐甲，徒裼以趨敵，左挈人頭，右挾生擄。⑬

張儀對楚王描述了一幅秦兵英勇過人的形象：脫去鎧甲、赤身
光膀的秦兵，左手拎著被砍下的敵人頭顱，右腋挾著生擒來的俘
虜。這不是一個活生生的「夾」嗎？所以，此條卜辭中的「夾」，
應當就是戴著大面具的狂夫。亦即扮演的方相氏的人。夾，既是動
詞（執行方相氏逐疫之事），也是名詞（狂夫）。

所以，「𢆶夾方相四邑」的意思，就是戴著大面具的狂夫方相
氏，將鬼疫驅趕到遙遠的四方去。

四邑，猶如東漢張衡《東京賦》「逐赤疫於四裔」──把赤疫
驅趕到遙遠荒涼的四方去。

(五)殷商儺制──寇與禓

大體上有這樣兩點是可以確認的：第一，商代的儺禮，不叫
「儺」，而稱為「寇」；第二，商代同時又繼承著上甲微所創建的
禓禮（周代民間則是儺與禓同時並存）。

至於兩代有無方相，還不能最終定論，我國商周青銅器專家張
長壽在給錢茀的信中說，郭沫若《卜辭通纂》第 498 片中的「方」
和「相」，是地名，不是方相氏。這一點，還有待深入探討。

──────────

⑬　上海《二十五史》本第一冊《史記》第 261 頁。

第四節　周　儺

　　宋代高承《事物紀原·驅儺》寫道：「按：周禮有大儺，漢儀有侲子。要之，雖原始于黃帝，而大抵周之舊制。」❹說「原始于黃帝」，有神話傳說爲依據，說儺是「周之舊制」，則是歷史事實，其核心是「方相假面驅趕無形之鬼」。後世的宮廷儺禮雖然各有特點，但除了宋代之外都沒有離開這個基本格式。

㈠有關周代官方儺禮的主要記載

　　有關周代官方儺制的文獻有明確的記載。

　　1.構成以季冬晦日大儺爲主的驅疫逐鬼體系的主要資料。《周禮註疏·夏官》記載說：

> 方相氏，狂夫四人。
>
> ……
>
> 方相氏，掌：蒙熊皮，黃金四目，玄衣朱裳，執戈揚盾，帥百隸而時難，以索室驅疫；大喪，先柩，及壙，以戈擊四隅，驅方良。❺
>
> 季春之月。……命國難（《呂氏春秋》作「國人儺」），九門磔禳，以畢春氣。
>
> 仲秋之月。……天子乃難（《呂氏春秋》接有「御佐疾」三個

---

❹　《事物紀原》，《叢書集成初編》本第 310 頁，商務印書館，1937 年。

❺　《周禮註疏》，《黃侃經文句讀》本第 431、474 頁。

字），以達秋氣。

季冬之月。……命有司大難，旁磔，出土牛，以送寒氣。
（《禮記正義・月令》）⓰

占夢。掌：其歲時觀天地之會，辨陰陽之氣，以日月星辰占
六夢之吉凶：……。季冬，聘王夢，獻吉夢于王，王拜而受
之，乃舍萌四方，以贈惡夢。遂令始難驅疫。（《周禮註疏・
春官》）⓱

㈡解釋六個名詞

先解釋以上引文中的六個名詞。

1.難。難，是驅疫之儺的正字，如前文所說。

2.方相氏。本來並不複雜，經現代人一解釋，反被弄模糊了。
前文說過，周代的方相氏類似商代「𡆥」，即身高、力大、武藝高
強的狂夫。他們是軍中能人，執行帥領百隸索室驅疫和大喪「發
引」時柩前趕鬼並入墓室以戈擊鬼兩大任務。

方相氏不是貴族，不在士大大之列。但他們屬於自由民的上
層，雖無爵位，卻大小也是官。首先是軍官，軍政主官夏官大司馬
的部下；在驅儺和送葬時，他們又是禮官，歸禮典主官春官大宗伯
指揮。

按周代官制，方相氏也不是巫師，在《周禮・春官》的占卜祝

⓰　《禮記正義》，《黃侃經文句讀》本第 304、325、346 頁。
⓱　《周禮註疏》第 380－381 頁「春官・占夢」條。

巫序列中沒有他們的位置。方相氏只是驅鬼的專職官員。

關於「方相」一詞的意思，東漢鄭玄註說，「方相，猶言放想，可畏怖之貌。」唐代賈公顏疏說：「在此者，按其職，云『蒙熊皮，黃金四目，玄衣朱裳，執戈揚盾』，可畏怖；亦是武事故。在此也，鄭云『猶言放想』者，漢時有此語，是可畏怖之貌，故云方相也。」⑱清代孫詒讓《周禮正義》則說：「放相，言彷彿想像也」。在漢時，這就是「可畏怖之貌」的意思。⑲

反過來說，可畏怖之貌，就是「蒙熊皮，黃金四目，玄衣朱裳，執戈揚盾」（方相的扮像）加武事（驅儺的軍事性質）。

3.黃金四目，研究者已經提出了許多假說。筆者以爲，歷史文獻絕大多數都有其根據，方相氏所戴面具，應當是披熊皮準假形；黃金四目則是用黃金製作、裝在熊皮上的四只眼睛。它不是青銅的，也不是兩隻眼睛。在我國現有全部出土文物中，從未發現過任何四目方相面具，更沒有四目方相銅面具。⑳

埃及七千年前，中國五千年前就有青銅器；埃及五六千年前已有銀器，五千年前已在使用黃金；中國三千年前也已在使用白銀和黃金。黃金、白銀和銅中國古代都稱爲金，即黃金、白金（銀）、赤金（開始是指自然銅，後爲銅之通稱）。金，是幾種金屬的總稱，《史記·平準書》說：「金分三等，黃金爲上，白金爲中，赤金爲下。」註：「白金，銀也。……銅，赤金也。」《漢書·食貨志》

---

⑱　《周禮註疏》第 431 頁。
⑲　孫詒讓：《周禮正義》第 8 冊，中華書局 1978 年北京版。
⑳　參見錢茀：〈殷墟並未出土方相銅面具〉一文，載《中華戲曲》（太原）第 11 輯。

也作此說。古人會稱銅爲金，卻不會稱銅爲黃金。**㉑**

　　殷墟已出土過黃金製品，周代用黃金做方相四目，也完全不成問題。可見，把殷商一些青銅像或青銅面具指爲方相或方相面具，並不妥當。

　　4.百隸。周代的奴隸，歸秋官大司寇管理，大司寇之下有「司隸」，具體負責「掌五隸之法」。五隸，是指罪隸、蠻隸、閩隸、夷隸、貉隸這五種不同來源的奴隸，其中比較能幹的，每一種各選一百二十名做家中奴隸，稱爲「役員」，其餘稱爲「隸」。蠻隸、閩隸、夷隸、貉隸中的外業奴隸，主要從事畜牧業勞動；家中奴隸還可以參加守衛等項工作。

　　罪隸，是周族內部因盜竊罪被貶爲奴的人，又稱爲隸民，依血緣關係，罪隸與另四隸有所區別，他們平時主要是在百官官府做家中小事、小役——輕微的勞動。也只有罪隸才有資格直接進入宮廷儺禮，跟隨方相氏驅疫。儺禮中的百隸是一種專項（非專職）奴隸。百隸之「百」是個概數，實爲一百二十名。**㉒**

　　5.國儺，是指天子、諸侯這些有國之人的儺禮。國儺，又稱國人儺。有人認爲是指京城及其附近全體周族人之儺禮。即，天子、周族貴族和全體周族自由民的儺禮。亦可通，存此供參考。

　　6.舍萌。鄭玄註寫道，「舍萌猶釋菜」，「萌，菜始生也」。簡單地說，舍萌，就是撒菜芽或菜芽乾。（同前）

㉑　　上海《二十五史》本，第一冊第 179、480 頁。
㉒　　《周禮註疏》第 399 頁。

第五節　周代大喪之制

送葬，是方相氏的兩大任務之一，也是自古以來的重要儺俗。
《周禮·夏官·方相氏》規定：

> （方相氏）大喪，先柩，及壙，以戈擊四隅，驅方良。

大喪，是指帝、后、太子（包括過去的天子和王后，即太上皇、皇
太后、太皇太后等）死去以及爲他們舉行的喪禮。其餘的人，哪怕是
天子的親兄弟、親兒子，都屬於小喪。直到東漢末之前，方相氏送
葬趕鬼這種儀註，只有大喪才可以使用。其餘任何人使用方相氏送
葬，都是違禮。違禮亦即違法。這是喪禮等級制的重要規定，界限
十分嚴格。所以，高承說「人臣不敢備方相」。小喪的葬制也有不
同等級的具體規定，其共同點在於：都不得使用方相氏。

大喪送葬的路上，方相氏要在棺材前面爲亡靈趕鬼。到了墓地
則最先進入墓穴，揮戈砍向四方，把墓中旮旮旯旯裡的罔象通通趕
到遙遠的地方去，不讓它們吃掉死者的「肝腦」，使死者的靈魂得
以安寧。

高承《事物紀原·石羊虎》轉述東漢末禮俗專家應劭的意思
說：「方相氏葬日入壙驅罔像，罔像好食死人肝腦。人臣不敢備方
相，乃立其像於墓側。」❷這段話，至少說明三個問題：一、方相

---

❷　高承：《事物紀原》，商務印書館，《叢書集成初編》本第 344 頁「石羊
虎」條，1937 年。

氏進入墓穴「驅方良」（方良，即罔象——魍魎），是因爲罔象好吃
死人的肝腦；二、大儺的規模最大，全國上下從天子到奴隸皆儺。
而大喪，則正好相反，適用範圍最小；三、大喪之制在漢末已有所
鬆動，一些人已能偷偷地在墓前立方相氏像守墓。

第六節 周代民間儺

　　上古的材料本來就少，上古民間的材料更少。但還是留下了一
點簡單的記載。

㈠上古民間儺的分布

　　產生於中原的儺，隨著國家統一事業的推進而不斷擴展。到了
周代，它的傳播已經大大超過了中原的地域。西周，「溥（普）天
之下，莫非王土；率土之濱，莫非王臣。」㉔社會較穩定。季冬在
宮廷儺禮的同時，各地都會有許多百姓儺隊走家串戶，索室驅疫。
從理論上說，至少在周朝的實際統治範圍裡，即黃河流域西起陝甘
一些地方，東到渤海和黃海邊，南至長江中下游的一些地方，北至
遼寧南部，這一大片地方都會有大儺之儀。

　　當然，一些少數民族則不一定會驅儺。

　　厲王暴政，王權漸衰。平王東遷，諸侯爭霸。「人有土田，汝
反有之；人有民人，汝復奪之。」㉕土地和人民都不再爲王一人所

㉔　《毛詩正義》《黃侃經文句讀》本第 443 頁。
㉕　《毛詩正義》第 693 頁。

專有，各種禮儀也不一定原樣不動。但各地的儺隊活動應當不會中斷，只不過史官們很少記載而已。

㈡周代鄉人儺

古人留下的民間儺儀史料有兩條，一爲鄉人儺，一爲鄉人禓。關於鄉人儺的記載，見於《論語·鄉黨》：

> 鄉人儺，（孔子）朝服而立于阼階。❷

只有一句話，但卻是春秋時期民間儺儀乃至整個周代民間儺儀的珍貴史料。這說明當時的民間儺儀不僅流行廣泛，而且社會各階層對它都十分敬重。在大儺的這一天，連對鬼神「敬而遠之」的孔子，也會早早地立在自家東面臺階上迎候鄉人儺隊。那是因爲他特別尊禮。

鄉人儺在時間上與宮廷儺禮一樣，都是在季冬晦日，即除夕之夜進行。但它畢竟與宮廷儺禮有等級上的不同。因此，按禮的三要素來對照，鄉人儺與宮廷儺禮自會有所區別。

首先，宮廷驅儺在宮禁中進行，其「索室」也只是在宮禁各室中進行；鄉人儺是在村莊、街坊的各家各戶之間沿門索室，因此有戶主阼階相迎的情節出現。

第二，宮廷驅儺是由專職禮官和神職人員實施；鄉人儺則只是百姓的閒時業餘活動。

---

❷　《論語註疏》第 89 頁。

　　第三，方相氏是宮廷專有的，連諸侯都不得設置和使用，所以，宮廷大儺有方相氏，而鄉人儺則不可能有方相氏。後世民間驅儺的人，稱爲「儺人」。

　　第四，宮廷大儺雖然保存著最多的原始傳統，但在總體上屬於古代宗教體系；而鄉人儺，則有更濃的原始成份，風格更加粗獷野性。

　　第五，在禮意方面，官方和民間各有側重。宮廷驅儺的首要目的，是保佑天子的安寧和政權的鞏固；鄉人儺則更爲純潔，首先與民生有關。

　　第六，在禮物方面，儘管驅儺是最簡樸的禮典，但宮廷條件好，應當比鄉人儺講究得多，民間則相對簡陋一些。

(三)民間禓禮一例

　　《禮記・郊特牲》記載說：

　　　鄉人禓，孔子朝服立阼，存室神也。❷

　　也只有一句話，但比鄉人儺多了「存室神也」四個字。從中我們可瞭解到：

　　第一，周代民間不僅有鄉人儺，還有葬非正常死亡者的鄉人禓。上甲微創建的禓制，到周代仍在民間傳承，看來，周代百姓對非正常死亡依然特別重視。

---

❷　《禮記正義》第 487 頁。

第二，鄉人禓與鄉人儺雖然表現形式大體相同，但鄉人禓的力度遠比鄉人儺強烈。與官方喪制對比，百姓的鄉人禓則更為簡樸，更加喧鬧。

第三，在禮意方面，驅禓和迎禓，與驅儺和迎儺大有區別的。鄉人禓的對象是非正常死亡的人鬼；鄉人儺的對象則是範圍很廣的疫鬼。孔子的態度最為明確，他立於東階迎候鄉人儺，是出於尊禮；而迎候鄉人禓，則是出於敬畏。他既怕強死鬼魂被趕來侵害他的祖先亡靈（室神），又害怕鄉人禓隊的激烈喧鬧驚嚇了他的祖先亡靈。兩種心境大不相同。看來，他有時敬鬼神而並不遠之。

第七節　周儺的特點

周代宮廷儺制，作為後世兩千多年官方儺禮的「樣板」，有其自身的特點。歸納起來，大體反映在以下幾個方面。

㈠周儺具有古代宗教的特徵

從總體上說，包括儺禮在內的周代禮制，都已具備古代宗教的諸多特徵。譬如：

周代的宮廷儺禮已超越史前原始宗教的直觀性，上帝的至上襯托著下帝的無限尊嚴。所謂的神，既是虛無的上帝，更突出曾經實際存在過的祖先。周儺的社會功能已大於自然因素，其政治性質十分明顯，並涉及到哲學、倫理觀念。

周儺嚴格貫徹血緣宗法等級制原則。

周儺已有樸素的宗教理論——陰陽說。

　　周儺有其專業的脫產神職人員，包括大宗伯領導的整個春官衙門系統、大司馬領導的軍官、狂夫方相氏（以上爲專職人員），以及秋官衙門管轄的百隸（相對固定的人員）。

　　周儺的基本模式「假面方相率眾驅趕無形之鬼」。一方面這是一種官方規範，爲後世絕大多數朝代所沿用，直到明末崇禎時都是如此，但簡繁和細節各有不同。這種格式傳到越南、朝鮮半島和日本後，也曾產生過很深的影響。變無形鬼爲有形鬼，則是很晚的事情。另一方面，方相驅儺行爲本身卻是明顯的原始傳統。

(二)周儺的宗法等級制原則

　　周代儺禮貫串著血緣宗法等級制原則，要點有三：

　　1.全年安排上的等級制。一年三次儺禮的等級是：秋儺天子獨儺，諸侯以下不得儺，等級最高；春儺其次，天子、諸侯這些「有國者」之儺，或者京城及其附近周族全體成員共同參加的儺禮，地位都不低；冬儺從天子到奴隸都參加，地位最低。

　　2.太子始終處於驅儺的核心位置。春儺、秋儺和大儺都以天子爲中心。春儺，首先是天子這個最大的「有國者」之儺；秋儺，首先爲天子的健康而儺；冬儺，也首先爲天子的社稷和安寧而儺。

　　在驅儺之前，先要爲天子占夢。占夢這種官，必須具有高深的天文、曆法和陰陽學知識，還要有豐富的心理學經驗，方能解夢有理，測夢如神。因爲事關天子安危，弄不好占夢自己會倒霉。

　　向四方撒菜芽，有安慰、討好和警告鬼疫的意思，但目的都還是首先爲了天子的安寧。

　　3.驅疫人安排的等級制。占夢獻吉禮、撒菜芽，是替天子而

爲，因此兩名占夢都是中士爵位。大儺之禮是鬼事，所以主角方相氏不能有爵位。可見，占夢舍萌並不是儺禮的組成部分。

(三)周儺的宗教理論──陰陽說

作爲國家宗法制宗教的周儺，已經有了初始的宗教理論，即陰陽說。從一年四季的安排，就能看出這種理論的有機構成。

1.季春，陰尚存，故九門磔禳，留東三門不磔，讓東方陽暖之氣充滿南西北三方，使萬物感氣而生。磔禳，是指磔牲以禳陰氣，驅疫鬼。

磔什麼？古時未有定論。東漢高誘註《呂氏春秋·季春之月/季冬之月》說「磔犬羊」；唐初熊安生說「大難（儺）用牛；其餘雜，大者用羊用犬，小者用雞」。但大儺並不大，秋儺、春儺也不小；《周禮·雞人》則說「面禳，共（供）其雞牲。」大儺正是四面皆禳，而儺禮專用雄雞卻是南朝劉宋的首創。

2.夏季，陽過剩，驅之反有害。故夏季不儺，更不磔。

3.仲秋，暑未衰，則只儺不磔。冷熱無常，病蟲孳生，以防治疾病爲主題，特別是天子的安康。

4.季冬，其儺禮之所以被稱爲「大儺」，一是因爲季冬寒極盛，是一年中最冷的季節。故季冬之儺以「送寒氣」爲宗旨，規模也最大──全國皆儺，並須四旁十二門都行磔禳（旁磔）。「寒極盛」是原始禮義：二是凡有天子參加的禮典即爲「大禮」。禮制規定天子必定直接參加季冬儺禮，故也不能不稱「大儺」。

由此可知，儺與不儺，磔與不磔，全都是依照寒暑陰陽來安排的。顯然，還保持著原始法術→巫術「意向全能」的主要特徵，企

圖以人的主觀意志來控制和影響自然界，使其適合生產的需要和人們的生活。

㈣儺禮是周代禮典中最原始的項目

在周代的各種禮典中，儺禮保存著最多的原始傳統，除了一年四季的安排以陰陽說行事外，重點表現在方相行爲之中。

1.周儺的原始宗教表現

周代儺禮保持著明顯的原始宗教性質。譬如：

方相驅儺體現的是「人比鬼強」、「人能勝鬼」的觀念。方相氏和百隸憑藉凶醜的化妝和呼號奔突的氣勢來驅鬼，都是相當純粹的史前遺存。

「蒙熊皮」的方相氏，是一種半人半獸形象，反映著半神半獸的原始信仰層次。

方相只是趕鬼，並不消滅鬼。鬼走了便相安無事，鬼疫下次再來呢？再來再趕！這些實在還是原始人類的思維方式。

大喪的目的在於顯示大宗主子的安寧和尊嚴，並祈求死去的祖先上天後，保佑其繼承人的長久統治。其基本意圖是「活人需要死人照料」；而方相柩前、墓室趕鬼，是爲了使死人不受鬼疫的啃食和侵擾。基本意圖卻是「死人需要活人照料」，並不祈求死人回報，這顯然是原始人類的一種喪葬觀念。

2.周儺的原始藝術風格

借助於史前藝術史的研究成果，我們可以對周儺、特別是方相氏這種角色所保存的原始藝術風格有所理解。只舉兩例：

方相是原始準假形扮相。頭頂整張熊皮，熊皮的頭部裝有四個

用黃金製作的眼睛，頭部以下則披肩下垂。這正是一種出自原始狩獵活動的準假形，是從原始狩獵舞蹈繼承而來。熊皮頭部裝上金眼睛，只在原件上加一點裝飾，不改動原件，這是原始人最早的抽象創作手法之一。

「方相率百隸」舞，是一種原始情緒性群舞。舞蹈史告訴我們，早期原始人類的主要舞蹈形式，是簡單的、接近自然狀態的情緒性群舞。方相帥百隸索室驅疫，正是這種接近自然狀態的原始群舞。只需揮動武器，大聲呼號，造成聲勢，以表達一種強烈的感情，沒有複雜的程式，但必須作驅逐狀。它比仰韶文化陶盆圖案「五人結」舞和雲南滄源岩畫中的「五人結」舞，都更爲粗獷野性，兩者的區別十分明顯。驅儺具有狩獵時代的生活氣息，「五人結」舞反映的則是農耕時代定居群體的思想感情。

第八節　周代的多種禳除辟邪禮典

儺並非周代唯一的禳除辟邪禮典，中央政府各衙門都有自己的一些類似項目，禮意、禮物和禮儀也各有特點。在眾多的周代禮制中，儺禮只是其中較爲重要的一種，它並不能兼容、也不能取代其他禳除辟邪之禮。當然，儺禮也不屬於其它禳除辟邪項目，它們之間從不混淆。其中，與儺禮最爲接近的是「男巫冬堂贈」。

(一)驅邪雜祀

周代天、地、春、夏、秋、冬六官的辟邪禳災禮儀，與儺禮相比，可稱爲「驅邪雜祀」。試舉天官和春官兩衙門的一些項目爲

例。

1.女祝之禳。「女祝，掌：以時招、梗、禬、禳之事。」這是王后的內宮之禮。並且全都依賴神來解救，沒有絲毫的抗爭精神。似乎禮官們是因其係內宮女性之事，故安排成一個被動的系列。請看：招，招取喜祥；梗，祭神以求預防疾病和災害的來臨；禬，災已降臨，求神祛除；禳，經歷了災禍之後，還是一股勁地「祭之以除災凶」。❷❽這與儺禮的主動積極觀念很少相通之處。

2.大祝。大祝「掌：六祝之辭」。其中的「化祝」是止兵災之禮，「莢祝」則是「遠罪疾」之禮。大祝又「掌六祈」——類、造、禬、禜、攻、說六種祈求之禮。祈，是說「有災變，號呼告于神，以求福」。禜，是禳水旱癘疫之禮；禬，是除去之義；攻，是救日月食；說，則是陳述事實來責怪災疫。都屬除災之禮，但都與儺禮的主動威武精神格格不入。❷❾

3.詛祝載辭。在簡策上載辭，以祈求神靈加禍於災邪或敵人。而不是自己去對抗、驅趕，戰勝災邪。

4.祓禊潔身。每年三月上巳日，在向東流的河中沐浴，以除污穢凶疾，藉東流水的力量來除污穢凶邪，不是發揮自己的主觀能動性。其中必有女巫跳舞，這也是儺禮所不具備的。

(二)男巫堂贈

《周禮·春官·男巫》規定：

---

❷❽　《周禮註疏》第 121 頁。
❷❾　《周禮註疏》第 382、393、399 頁。

> 男巫，掌：望祀，望衍，授號，旁招以茅；冬堂贈，無方，
> 無算；春招弭，以除疾病；王弔，則與祝前。㉚

男巫有四項任務，其中的「冬堂贈」，是禮送不祥和惡夢。舉行冬堂贈時，從正堂出發，依事前占卜的方向，該送（贈）多遠就送多遠。東漢鄭玄註認爲：男巫堂贈與大儺、占夢都不同。占夢是季冬說一年之夢、並爲天子來年順暢而獻吉夢，大儺的任務是驅趕疫鬼，而男巫堂贈則是「禮送」不祥和惡夢。所以，才會另外設置一個堂贈之禮。就是說，男巫堂贈與儺本有區別。的確，堂贈與儺不僅主角及其隸屬關係、儀式目的不同，連除疫的方式也不同，儺是「驅」，堂贈則是「送」。

唐初曾將其與儺禮合併爲「堂贈大儺」，後來，又改作大儺的輔助禮儀，在季冬爲天子和太子個人擇日舉行堂贈之禮。

㉚　《周禮註疏》第 399 頁。

第三章　秦漢儺

　　秦漢，是中國社會發展的重要時期，儺史也出現了重大轉折。秦漢至五代的八百年間，古儺出現了向世俗化娛人化遞進的漸變期，或者稱爲儺戲孕育期，爲宋代的儺戲大面積出現打下了深厚的基礎。秦漢則是儺戲孕育期的第一階段。

　　漢末，儺禮開始向國外傳播，首先是傳到越南北部地區。

第一節　秦漢禮樂制度與儺制

　　秦滅六國，統一全國，建立了我國第一個中央集權制的封建帝國，從貴族分權到中央集權，帶來了整個社會的巨大變革。土地私有制，並可買賣，打破了政治、經濟上皇族的高度壟斷，也推動了文化上的突破。但是，由於「皇帝至上」的思想過於膨脹，窮奢極欲，重罰酷刑，焚書坑儒，窮兵黷武，反破壞了生產力和民族文化遺產。到秦二世便短命而亡。西漢高祖劉邦吸取秦之教訓，看重黃老學說的「無爲而治」思想，奉行不極武，不用刑太極，文武兼治的策略。東漢劉秀同樣崇奉黃老學說。這些對包括儺禮在內的禮樂制度之革新產生了重要影響。

㈠秦漢宗教活動和文化藝術的新發展

秦漢時期的經濟格局和政治體制，漢代對外開放的政策，是宗教活動活躍和文化事業繁榮的基本條件。

在宗教方面，陰陽五行學說的廣泛應用；董仲舒（公元前 179－前 104）的「君權神授」、「天人感應」理論和「獨尊儒術」政策思想的影響；三教鼎立格局的初步形成；讖緯迷信的泛濫以及有鬼與無鬼之爭等新變化，使社會宗教信仰的總體水平比周代提高了一步。

在禮樂方面，由於先秦嚴密的政治制度和過份的尊崇禮樂規範，阻礙了禮樂的創新，太缺乏生氣。秦漢時期在繼承上古成果的同時，設樂府，大量吸收民間藝術營養，漢代還派遣風俗使觀察民風民俗；西漢張騫通西域以來，擴大了對外交流，又大量吸收了西域異族文化。推動了樂舞的創新，眾多的演藝同時並存，充滿了活力。雜技、袖舞、巾舞、劍舞、多種式樣的鼓舞，大型歌舞《相和大曲》，乃至百戲、《總會仙倡》、《曼延之舞》、《東海黃公》、《俳童程材》（程材，後也稱爲「呈才」，意爲呈獻才藝）等等豐富多彩的演藝活動，盛極一時。假面形式尤其被廣泛應用。當然，這一時期也向國外異族傳播了中華文化藝術。

宗教和藝術的新發展，打破了周代僵化的禮樂制度，也使儺禮得到了初步的改造。秦漢儺禮經過三個階段的逐漸改革，朝著世俗化娛人化方向跨出了第一步。

㈡秦漢禮樂制度沿革

1.禮制的變革

秦滅六國，並未一概否定他們的禮制，而是以秦制爲主，兼「采其（六國禮志中）尊君抑臣者存之」。❶

《史記·禮書》說：「至于高祖，光有四海，叔孫通頗有所增益減損，大抵襲秦故。」❷叔孫通先在秦始皇、秦二世朝廷做官，熟悉秦代禮制，又在項羽手下做官，漢初又任掌管祭祀禮儀的奉常。他爲西漢制定的禮制，多爲「秦故」。可知，西漢初期大體上是沿用秦制。

不僅如此，整個西漢的禮制，實際上只是在秦制的基礎上有所增刪修改而已。誠如《漢書·禮樂志》所說，西漢一代代禮學專家，再三努力編撰本朝禮制，卻總不成功。就是說，西漢從未建立起本朝完整的禮制，一直受著秦代禮制的影響。

王莽倒是下過功夫建立完整禮制，卻因篡權復古短命消亡。最後，還是東漢光武帝劉秀「撥亂反正」，❸才最終建立了漢代自己完整的禮制。

---

❶　秦漢時期皇權大多已非長子繼承，秦二世、子嬰如此；西漢包括呂后和孺子嬰共十四帝，傳位給長子的只有四人；王莽屬於「非法」繼承；東漢十三帝，都不是長子嫡傳。但長子繼承制卻在民間一直流傳到近現代，如巴金小說《家》所描寫的那樣。

❷　《史記·禮書》，上海《二十五史》本第一冊流水號第154頁。

❸　《漢書·禮樂志》，上海《二十五史》本第一冊流水號第469頁。

2.秦漢儺制

周代儺禮簡單刻板，既不如祭祀禮典中有「尸」的表演，❹也不如雩禮中有女巫之舞，更不如大蜡有假形舞蹈「虎食矢」、「貓食鼠」等節目，缺乏可看性。秦漢在此基礎上，以三次連續的修改，走完了古儺朝世俗化娛樂化方向演變的第一步。

以往，人們常常是說「秦漢儺」而省略秦儺，因爲秦儺缺乏資料。說漢儺者，又往往指東漢而不涉及西漢，或將東漢前後兩期儺制混爲一談。梳理了秦漢儺史資料之後，才發現秦與西漢的儺制實在不可分割，東漢前期對秦～西漢儺制做了重大修改，東漢末又進一步完善了東漢前期儺制。因此，秦漢儺制實爲三期：

第一期，秦～西漢儺制。

第二期，東漢早中期儺制。

第三期，東漢末儺制。

---

❹　按先秦禮制，只有祭祀類禮典才用尸，儺禮屬禮儀類禮典。因而無尸，儺禮主角方相氏也不是尸。

所謂「尸」，是祭祀祖先時，可以孫爲尸，以弟爲尸，以同姓爲尸。裝扮祖先接受人們的祭拜，享用供品。扮演者要想著神或先人的音容笑貌和道德文章，方算真誠和崇敬。尸的表演既是一種宗教，也是一種藝術。春秋時此制趨於式微，戰國時官方廢「尸」。後在民間繼續流行，扮演者則不限於血緣族人，相繼有相像者爲尸、巫爲尸、魁武姿美者爲尸等新法。並逐漸與儺有所結合。據研究，廣西的主要儺戲品種師公戲，即尸公戲，便是尸的一種演變形態。詳參黃強：《神人之間——中國民間祭祀儀禮與信仰研究》，廣西民族出版社南寧版，1996年。

第二節　秦～西漢儺制

　　秦～西漢儺制，是第一次在先秦政治性宗教性儺禮中加進了世俗的和娛樂的成分。

㈠秦漢儺禮史料缺乏的原因

　　秦代和西漢的史料十分缺乏，主要原因是：

　　1.秦代短命。只存在了十五年的秦禮，史料本就不多。

　　2.戰爭和改朝換代，造成文獻的很大損失。項羽火燒秦宮，破壞很大，王莽篡權，農民起義，封建割據勢力的混戰，也多次造成文獻的嚴重損失。

　　3.早期儒家論禮多而記禮少。孔子說「殷因於夏禮，所損益可知也；周因於殷禮，所損益可知也；或其繼周者，雖百世可知也。」❺既然三代禮制及其增刪情況百世後都可知道，那麼，夏商周禮制到底是什麼樣子呢？卻沒有具體的交代。

　　司馬遷《史記·禮書》說：「余至大行禮官（署），觀三代損益，乃知緣人情而制禮，依人性而作儀。」❻大行，是秦代的官署之一，管禮儀，漢景帝改為大鴻臚，掌管「九賓之儀」（與奉常寺有所不同，相當於現代的禮賓司）。可是，他只是論述禮制的沿革和性質，也沒有記述禮儀的具體內容。

　　這樣，文物史料一旦毀失，雖留有孔子、司馬遷等人的著作，

---

❺　《論語註疏·為政》《黃侃經文句讀本》第 18 頁。

❻　《史記·禮書》，上海《二十五史》本第一冊流水號第 154 頁。

後人還是無法瞭解先前禮制的細節。

4.學者們輕視儺禮，故不記儺。司馬遷又說：

> 凡禮始乎脫，成乎文，終乎稅（悅）。故至備情文俱盡；其
> 次情文代勝；其下復情，以歸太一。❼

意思是說：大凡是禮，最初總是起源於人們日常的粗簡生活；後來由於儀文的增飾，才成爲定制；最後達到和悅人情的理想境地。所以，最完備的禮典，是內容（情）和形式（文）都淋灑盡致的那一類；其次，是情文代勝，即或重於人情，或精於文飾的那一類；最次的，就算只重複表達粗俗的情緒而不講文飾的那一類，應歸於遠古禮儀遺存之列。

用司馬遷這一標準衡量，儺禮只能歸於最後一類。因爲，它只是重複表達強烈的情緒，並不刻意追求藝術效果，故常有學者視儺禮粗俗而不記。加上，西漢編撰禮志典籍總無成就，致使後人不知秦與西漢有儺。不屑記儺的事情，後世也常有所見。

5.說禮者粗心。清代乾隆年間的御用文人，在《續通志·禮略·時儺》中說：「張衡『兩京賦』，卒歲大儺，驅除群厲，僅於東京言之，則西京無此制。」❽乾隆年間的宮廷學者們，擁有最豐富的文獻資源，明明收藏有新版衛宏《漢舊儀》及收錄有其輯本的

---

❼　《史記·禮書》，上海《二十五史》本第一冊流水號第 155 頁。
❽　〔清〕稽璜等《續通志·禮略·時儺》第 3960 頁，中華書局北京版，1984 年。

明代《永樂大典》，卻偏偏被他們忽略，做出西漢「無此制（儺禮）」的結論，留給後人許多的誤解和迷茫。

㈡秦～西漢儺制實錄

在正史中找不到秦代和西漢有儺的任何記載，是東漢初衛宏記下了兩則都很短的文字，透露了秦和西漢有儺的一點消息。

1.秦方相舞儺送終。唐代張守節《史記正義》註「儒林列傳·秦之季世焚詩書坑術士」句，收錄了兩段文字：

> 顏（師古）云：今新豐縣溫陽之處，號愍儒鄉。溫陽西南三百里有馬谷，谷之西岸有坑，古相傳以秦坑儒處也。
> 衛宏《詔定古文〈尚書〉序》云：秦既焚書，恐天下不從所更改法，而諸生到者拜爲郎，前後七百人。乃密種瓜於驪山陵谷中溫處。瓜實成，詔博上諸生說之，人言不同。乃令就視，爲伏機。諸生賢儒皆至焉，方相難（儺）不決，因發機，從上填之，以土皆壓。終乃無聲也。❾

唐代李賢註《後漢書·陳蕃傳》「與秦焚書坑儒何以爲異」句，「溫陽之處」作「溫湯處」。

2.西漢宮廷儺制。東漢衛宏《漢舊儀》記載說：

> 方相帥百隸及童、女，以桃弧、棘矢、土鼓。鼓，且射之；

---

❾　《史記·儒林列傳》，上海《二十五史》本第一冊流水號第340頁。

以赤丸、五穀播灑之。❿

輯錄和引用這段文字的人不少，有的將其與顓頊三子夭折爲鬼的故事連在一起，常引起誤解，使人以爲顓頊三子夭亡成鬼是西漢驅儺的動因。南朝蕭梁的劉昭《後漢書·禮儀志·大儺》註，則將顓頊三子的故事註在「謂之『逐疫』」句下，而將上面這段引文註在「倀子……執大鼗」句下，兩者的文義一清二楚。

東漢王充《論衡·解除篇》云：「解逐之法，緣古逐疫之禮。昔顓頊有三子……，故歲終事畢驅逐疫鬼」，「世相仿效，故有解除。」⓫說得更明白，包括西漢在內的後人驅儺，都是「仿效」顓頊驅小兒鬼的解逐之法，驅疫之禮。

(三)秦儺粗說

這裡所說的「秦儺」是指秦代的宮廷儺禮。而方相舞儺送終的故事，則是目前爲止有關秦儺的唯一消息。可惜太簡單，只能粗略一說。⓬

1.從理論上說，秦理應有儺，實際上秦也確實有儺。理由是：

第一，秦國原先有儺。作爲周王朝的諸侯，秦始皇的祖先秦侯、秦公們也要驅儺。秦相呂不韋主持編寫的《呂氏春秋》，就記載了一年三次儺禮的規定。

---

❿　轉錄自〔清〕孫星衍輯：《漢宮六種》第 104 頁，中華書局北京版，1990 年。

⓫　王充：《論衡》第 389 頁，岳麓書社長沙版，1991 年。

⓬　參見錢茀：《秦儺尋琮》，載《中華戲曲》第 16 輯第 127－135 頁，山西古籍出版社太原版，1995 年。

　　第二，焚書坑儒前秦有儺。秦始皇保留了其祖先的禮制，不會廢儺，但他「多未復古」，對儺也會有所改革，這便是由周儺到漢儺之間的轉變形態。他採納六國舊制中的「尊君抑臣」禮典，而六國也有儺，儺制亦分君臣等級。秦始皇召集了大量儒生議政議禮，諸生自然不會否定儺禮。

　　第三，焚書坑儒後不會廢儺。驅儺不會妨礙他推行新政，他又十分迷信，焚書並不焚卜筮之書，儺理應屬於保留之列。

　　第四，西漢繼承秦代禮制。西漢有儺，秦必有儺。

　　第五，有方相就有儺禮，衛宏所記方相舞儺送終故事，更證實了秦宮確實有儺。

　　2.「秦皇坑儒，方相送終」故事的內容：秦始皇曾召集了七百多書生，並委以官職。在寒冷的季節，命令專人在驪山溫泉附近，利用地熱種瓜。瓜熟後，取瓜讓諸生猜其來源，結果各人所說都不相同。於是，把這些人帶到種瓜處，讓他們親眼觀察瓜的來源。突然，有人打開事先設置好的機關，儒生們紛紛落坑。這時，一面有人迅速往坑中填土；一面又讓方相舞儺不止，為儒生們送終。儘管儒生們拼命掙扎嚎叫，還是全部被埋入土下，終於無聲無息。

　　方相舞儺送終故事的主體是可信的。驪山附近確有溫泉，已有人考證過。冷天在溫泉處利用其熱能來種瓜，合乎情理。秦始皇用方相舞儺來為將被處死的人送終，也完全可能。他進行那麼多的大改革，也完全可以在禮制中增加一個「方相舞儺送終」的項目，這實在是一件無足輕重的小事。溫泉在那裡？在新豐縣愍儒鄉的馬谷西岸，也就是秦始皇坑儒的地方。

　　按照秦始皇的性格，坑儒何需設計「伏機」？而且，這也不符

合《史記·秦始皇紀》記載，事實是經過審問，被活埋的有四百六十多人，並不是七百多人。❸可見，這個傳說有其不合情理的成份。

秦儺是什麼樣子的？至今沒有實際材料，但它的精華都還保存在西漢宮廷儺禮中。知西漢儺，便能大體知秦儺。當然，更加詳細的秦儺史料，還有待考古新發現，我們盼望能有秦方相氏的形象資料出土。你看，先有聞名世界的秦兵馬俑，近年又在秦始皇陵區發現了歌舞俑。那麼，秦始皇墓中會不會還有方相俑呢？依秦始皇的性格，他也有可能打破「周之舊制」，別出心裁地要在墓中設置四尊（或更多的）方相俑，作爲替他死後辟鬼的護衛。我們等待將來發掘秦始皇墓，希望發現相關實物和文獻。

㈣西漢的宮廷儺制

西漢的儺制比「周之舊制」複雜一些，主要細節有三點。

1.西漢一年有兩次儺禮。東漢宋均《禮緯鬥威儀》說，西漢是「以正歲、十二月命祀官持儺，以索室中而驅疫鬼。」❹是說此時一年有春冬兩次儺禮，但已無秋儺。

2.增加了驅疫人員。方相氏還在，百隸也還在；增加了童男童女和鼓手、播手（播撒赤豆五穀者）。

3.增加了儺禮的程序。西漢宮廷儺禮的主要程序是：一、方相

---

❸　《史記·秦始皇紀》，上海《二十五史》本第一冊流水號第 31 頁。

❹　〔東漢〕宋均：《禮緯鬥威儀》，轉自〔清〕馬國翰：《玉函山房佚書》第 2055 頁，上海古籍出版社影印本，1990 年。

氏蒙熊皮，黃金四目，玄衣朱裳，執戈揚盾，在驅儺隊伍的最前面，百隸和童男童女各持桃符、棘矢，緊隨其後。棘矢，是指茅草杆做的箭，亦即「葦矢」；二、在鼓手敲響土鼓後，方相氏便率領百隸和童男童女開始索室驅疫。一邊大聲呼號，一面用桃弓葦矢射向被驅趕的無形之鬼；三、由播手們將赤豆和五穀播撒向四方，以安慰鬼疫，並以赤豆和五穀爲警戒線，禦鬼疫於此線之外。

㈤「秦～西漢儺制」提法的根據

在清理了秦～西漢儺制沿革及其內容之後，還需要回答兩個問題。

第一，衛宏所記西漢儺制是否可靠？衛宏，字敬仲，東漢光武帝時任議郎。議郎是皇帝的高級顧問，其有紮實的學識根底。清代學者龔自珍對衛宏有很精闢的評價：

> 宏之生平，說漢事爲上，說《書》次之，《詩》爲下。司馬遷《禮書》所述，皆古禮家言也；宏斷代爲書，使漢禮後事有徵。宏書勝遷書。❻

衛宏一生研究西漢禮制、《尚書》和《詩經》等課題，以對西漢禮制的研究最爲成功，是上品。原先茫無所知的西漢禮制，經衛宏搜集研究，輯錄成書，才使後人有所了解。而司馬遷的《史記・禮書》只講禮的理論，不記史實，反使後人對西漢禮制不甚了了。

---

❻　《龔自珍全集》第 251 頁，上海人民出版社，新一版，1975 年。

所以，龔自珍說「宏書勝遷書」，衛宏的《漢舊儀》比司馬遷的《史記·禮書》更有用，更好。可知，作爲嚴肅鄭重的學者，衛宏所記秦代方相送終的傳說和西漢宮廷儺禮，應當都有其根據。不然，他的《漢舊儀》就算不得上品。

第二，將秦儺和西漢儺相連接是否可靠？西漢承秦制，其儺制與周儺不同，又與東漢儺制不同，應當是秦儺的基本面貌。我們還可從下面幾點看出西漢儺制是秦制的延續。

1.西漢有春、冬兩次儺禮而無秋儺，這是因爲，秋儺的主題只是「祛佐疾」，而秦始皇卻不止於此，更要長生不老，故秋季儺與不儺並不重要。

2.儺禮第一次加進了樂器，並且是土鼓。從現有資料看，史前和先秦都是「無樂之儺」。秦～西漢開始才是「有樂之儺」，這是對古儺的一項重要創新，雖然只有土鼓一種樂器。因爲，「有樂之儺」已帶有娛樂的成份，並爲後世開了一個先例。

土鼓，在晉東南夏墟中已有發現。《周禮·春官·龠章》中也有禮儀使用土鼓的記載，但在儺禮中卻從未使用過。

3.儺禮加進童男童女，應當出自秦代。徐福帶五千童男童女下海爲秦始皇求長生不老之藥，就是一個先例。求仙藥要敬神，敬神先要齋戒，以便清心潔身。不齋戒就見不到神仙（我國先秦早有齋戒，以爲齋戒是學佛教規矩，那是誤解）。薛綜註《東京賦》說：「侲之言善，善童幼子也。」⑯童男童女尚無交媾污穢之事，乃原潔之身——善童，最能接近神仙。童係幼子，最爲純潔，純可壓邪，故

———————————————————

⑯　南朝蕭統：《文選·東京賦》第63頁註，中華書局北京版，1977年。

驅儺也用童男童女。實際的結果，則是因為增加了童男童女，使儺禮陡添生氣，更具觀賞性。

3. 儺禮第一次實際使用桃弓葦矢，也應當是秦之發明。土鼓陣陣，喊聲震耳，萬箭齊發，這符合秦始皇窮兵極武的志向。

4. 播灑赤豆和五穀，既有討好鬼疫的意思，又有以赤豆五穀為警戒線，以禦惡鬼的目的。這是對周儺「舍萌」舊制的新發展，更像是體現兩漢始祖劉邦和劉秀「無為而治」、「文武兼備」的政治主張。這可視為西漢對秦儺的一個補充。

5. 西漢儺禮沒有磔禳一項，看來已被刪除。漢承秦制，又努力克服秦代暴政之弊，強調不用刑過極。這也像西漢所為。東漢末更進一步，甚至將「磔死」劃入被驅趕的鬼疫之列。

秦漢儺制總體上一脈相承，西漢儺以秦制為主體，又曾稍作改動。秦代確實有儺，「秦～西漢儺」一詞有其充分理由。❶

第三節　東漢早中期儺制

東漢實際上有兩種儺制，張衡《東京賦》所描寫的是東漢早中期儺禮，與《後漢書·禮儀志》所記載的「逐疫」之禮不同。它是與西漢和東漢末儺制相通而又相異的儺制。

正史不載東漢早中期儺制。從當時著名的科學家、文學家張衡（78－139）《東京賦》的描寫來看，東漢曾對秦～西漢儺制做了較大的修改和充實。

---

❶　參見錢茀：〈秦漢宮儺三制〉，載《民族藝術》（南寧）1996 年第 4 期。

㈠東漢早中期儺制實錄

張衡《東京賦》中的「大儺」段，可分三節來讀：

> 爾乃卒歲大儺，驅除群厲。方相氏秉鉞，巫覡操茢。侲子萬
> 童，丹首玄制。桃弧棘矢，所發無臬。飛礫雨散，剛癉必斃。
> 煌火馳而星流，逐赤疫於四裔。然後凌天池，絕飛梁。
> 「捎魑魅，斫獝狂。斬蜲蛇，腦方良。囚耕父於清泠，溺女
> 魃於神潢。殘夔魖與罔像，殪野仲而殲游光。八靈爲之震
> 慴，況魁蜮與畢方。」度朔作梗，守以鬱壘；神荼副焉，對
> 操索葦。目察區陬，司執遺鬼。
> 京室密清，罔有不韙。於是，陰陽交和，庶物時育。⓲

這裡所描述的，就是東漢早中期儺制的具體內容，比秦～西漢
時期更複雜，更多了娛樂成份，因而也更好看。

㈡東漢早中期的大儺儀式

這方面目前沒有其它資料，只能依張衡《東京賦》來作判斷：
東漢早中期的宮廷一年只有一次——大儺之禮。

1.東漢前期儺禮儀式的要點。

第一，人員配置。一名方相，他不是執戈揚盾，而是雙手執
鉞。鉞斧係長柄武器，需雙手使用，無法再拿盾牌，故無「揚盾」

⓲　〔梁〕蕭統編：《文選·東京賦》第 63 頁。

之舉。百隸不見了，童男童女剩下童男，稱爲「侲子」。萬童，言其多，可能會比百隸的人數多些。他們身穿紅色的衣裙，頭上包著紅色的頭巾，有的手持桃弓葦矢，有的兜著瓦礫，有的端著盛滿水的容器（盆或桶之類）。增加了巫覡，人數不明，他們手操用桃枝紮成的打鬼掃把（桃茢）。增加了騎兵，人數也不清楚。

第二，驅儺對象。「驅除群厲」，範圍很廣，其內容大體包括在第二段那首「嚇鬼詞」中。

第三，儀式程序。儀式開始，方相率領侲子和巫覡吶喊著驅逐群厲，應當還有人在使勁擊打土鼓。依然有著驚天動地的強大聲勢，但驅鬼人和被驅鬼疫的組合與前有所不同。方相揮舞著鍼斧帶頭走在前面威武地砍鬼，巫覡拿著桃帚用力打鬼，侲子們或用桃弓葦矢射鬼，或用瓦礫砸鬼，或用水潑鬼。看來，東漢早中期宮儺結束之後，一定是滿地狼藉，必須好好打掃。

這時，大隊騎兵舉著火把，飛速地將鬼疫向宮門外的遠方趕去。最後，還有一個「凌天池，絕飛梁」的細節，意思是把天池上的飛橋拆掉，使鬼疫不能再來。「凌天池」和「絕飛梁」，可能是以某種動作來表示。

2.嚇鬼詞。《東京賦》「卒歲大儺」的第二段——「捎魑魅，……況魃蜮與畢方」，是對付九種鬼疫的辦法和威脅鬼疫的內容，其大意是：

第一，對付九疫的辦法。《東京賦》一共列出了九種鬼疫的名字和對付這些鬼疫的辦法。其中包括：一、殺（捎）山澤之疫魑魅；二、斫凶殘、乖張的無頭鬼獝狂；三、斬蛇精蜲蛇的七寸頸；四、砍「好食人肝腦」的方良腦袋；五、將旱魔耕父囚禁於西號郊

縣山的深淵「清冷」中；六、將另一旱魔女魃，浸溺於另一深淵「神潢」裡；七、殺（殘）具有山魈外貌、虛耗財物之鬼夔魖；八、殺（殘）木石之鬼、水澤之精罔像（或說與魑魅、方良互爲異稱）；九、野仲和游光是一個爲害人間的群體，共有兄弟八鬼，所以用「殛」和「殲」的辦法——圍剿、殲滅之意。在漢代儺俗中，夏至這一天手臂戴五彩絲，上面寫的就是「游光」二字，使「厲鬼知其名者」而生畏，藉其大名使鬼類不敢來犯。⑲

第二，威脅之詞。最後兩句是對鬼疫的威脅之詞。八靈，八方之神。魃蜮，是小兒鬼。畢方，是老父鬼。兩句的大意是說：連八靈之神也被這驅儺大禮所震懾，更何況你們這些弱小和衰老的鬼！言下之意是說：「還不趕快逃跑？」

第三，是歌還是表演？這是東漢末儺禮中《十二獸吃鬼歌》的前身。兩者結構相似，用意相同，內容此簡彼繁。這裡的威脅詞，與東漢末《十二獸吃鬼歌》最後的「女（汝）不急去，後者爲糧」意思完全一樣。

有人認爲，九疫和最後的八靈、魃蜮和畢方，都要出場表演。參照東漢末儺制，似乎不太可能。從發展看，在大多數情況下總是先簡後繁，東漢早中期簡單些，東漢末則要複雜些。比較東漢前後兩期儺儀和歌詞，情況也正是前者簡而後者繁。從賦的全文結構看，大門口已設置桃梗，儀式已經結束，不會再有什麼表演。這是追述《嚇鬼詞》的內容，並使句式工整。

---

⑲　袁珂：《中國神話傳說辭典》第 351 頁「野仲游光」條，上海辭書出版社，1985 年。

這詞由誰來說或倡呢？很可能是方相倡而倀子和。

㈢設置桃梗

如前所說，「桃梗」是由度朔山大桃樹神話演變而來，而在儺儀中實際使用桃梗禦鬼，東漢早中期則是第一個。這只是其新設計的一系列桃儺俗中最重要的一項。可以看出，這種設計非常嚴密，先後要經過四道手續：第一道——方相率眾驅鬼。方相砍鬼，巫覡掃鬼，倀子射鬼、砸鬼、潑鬼。這樣一來，再凶悍（剛）難治（痺）的鬼，也沒有不死的（必斃）；第二道——騎兵持炬趕鬼。方相等驅鬼到宮門爲止，宮門外則由千騎像流星般地接力持炬趕鬼（煌火馳而流星），將那些凶惡的鬼（赤疫）驅到四方遙遠荒涼的地方（四裔）去；第三道——拆天橋。拆掉天池上的橋椽，以斷鬼疫回路；第四道——設桃梗捉拿漏網之鬼。在儀式結束之後，還要在大門口豎起神荼、鬱壘桃偶，時刻監視每個細微角落（目察區陬），以便捉拿漏網的疫鬼（司執遺鬼），達到禦鬼疫於京門之外的目的。這要比周儺複雜得多，比秦～西漢儺更新穎，也更有看頭。

㈣東漢早中期儺之禮意和意義

1.東漢早中期的禮意。這種儺制的宗旨，反映在賦的最後四句，大意是說：經過如此嚴密的驅疫活動，宮廷裡便乾淨了，安靜了（京室密清），再沒有不美好的事物了（罔有不韙）。於是陰陽調和，風調雨順，來年必定萬物豐產。這種禮意，依然是以陰陽說爲指導思想，祈求天下太平，氣候宜人，物產豐厚。當然最重要的前提還是政局的安定，統治的穩固。

2.東漢早中期儺禮在儺史上的意義在於：

第一，騎兵持炬趕鬼，是大批軍隊進入宮廷儺禮的最早記載。這應當是軍儺得以產生的前奏。

第二，繼秦～西漢首創第一個桃儺俗——桃弓葦矢之後，東漢早中期又將桃弓葦矢、桃帚、桃梗同時一齊推出，使桃儺俗第一次豐富起來。

第三，第一次點名報出了九種疫鬼的具體名字。此前都只是泛稱「疫」、「鬼」、「惡凶」等，並未指名道姓。

第四，巫覡的出現，改變了周儺無巫覡出場的舊制，爲後世在儺儀中加入巫祝重開先例。但巫覡只是配角，並沒有因此改變儺禮史官文化的性質。

第五，東漢前期儺禮最重要的意義，在於大大提高了儺儀的世俗化娛樂化成份。從上古到西漢，儺禮都只有呼號，而無說唱。如果上述《嚇鬼詞》的說法得以成立，這便是宮廷儺禮裡第一次出現說唱情節。那麼，應當說這是儺史上一次重大突破。

其餘的設置，如人物的變動（從童男童女轉變爲侲子等）和打鬼方法的創新（砍鬼、打鬼、射鬼、砸鬼、潑鬼等），也都反映出東漢前期制禮官員們「加強可看性」的主導思想。

第四節　東漢末儺制

東漢末儺禮，在秦漢儺制中是最出色的一種，比整個東漢前段的成就更高。其中，「十二獸」是最重要的創造。

漢末，儺禮還推行到在當時屬於漢朝版圖的越南北方。⑳

㈠東漢末儺制實錄

《後漢書·禮儀志·大儺》所說的儺制，出自西晉司馬彪《續漢書·禮志》，北宋時被併入南朝范曄的《後漢書》。爲了說明此制的結構，我們將原文分成六段抄錄如下：

> 先臘一日大儺，謂之「逐疫」。其儀：選中黃門子弟年十歲以上、十二歲以下百二十人爲侲子，皆赤幘皀褠，執大鼗；方相氏黃金四目，蒙熊皮，玄衣朱裳，執戈揚盾；十二獸有衣、毛、角，中黃門行之，冗從僕射將之，以逐惡鬼於禁中。
>
> 夜漏上水。朝臣會，侍中、尚書、御史、謁者、虎賁、羽林郎將、執事皆赤幘，陛衛。（天子）乘輿御前殿，黃門令奏曰：「侲子備，請逐疫。」
>
> 中黃門唱，侲子和，曰：「甲作食䣙，胇胃食疫！雄伯食

---

⑳ 越南北方當時屬漢王朝版圖，稱爲交州（交趾）。漢靈帝中平四（187）年，派士燮任交趾太守。他努力推行儒學漢制，包括禮儀制度均依漢法。安南學者吳士蓮對士燮評價說：「我國通詩書，習禮樂，爲文獻之邦，自士王（即士燮）始。」黎、阮兩朝著名的學者范廷琥（1766－1832）《群書參考》「儺考」條考證說：「本國因漢俗」，可知，士燮也推行了儺禮。以下有關國外儺禮的情況，均請參見錢茀：《韓國儺史——兼說東亞國際儺禮圈》各有關章節，浙江大學《韓國研究叢書》之三十二，已由北京學苑出版社出版（2001 年 12 月）。

魅，騰簡食不祥！攬諸食咎，伯奇食夢！強梁、祖明共食磔
死、寄生，委隨食觀！錯斷食巨，窮奇、騰根共食蠱！凡使
十二神追惡凶，赫女（汝）軀，拉女幹，節解女肉，抽女肺
腸！女不急去，後者爲糧！」因作「方相與十二獸儺」。

歡呼週偏，前後三省過，持炬火送疫出端門；門外，騶騎傳
炬出宮，司馬闕門；門外，五營騎士傳火，棄雒水。

百官官府各以木面獸能爲儺人師。訖，設桃梗、鬱壘、葦
茭。畢，執事、陛者罷。

葦戟、桃杖以賜公卿、將軍、特侯、諸侯云。㉑

這是三代以來最詳細的記載，也是被引用最多的所謂「漢代儺
制」，實即東漢末儺禮之制。

㈡短暫的東漢末儺制

目前說漢儺者，大多以此東漢末的宮廷儺制爲標準。其實，包
含有「方相與十二獸儺」的這種大儺之禮，並不能代表東漢儺制，
更不能代表整個漢代儺制。因爲，它實行的時間極短，以致漢代也
少有人知道。但它的意義十分重大，是儺儀向世俗化娛人化發展的
一個主要里程碑，對後世有著長遠的影響。

說《後漢書·禮儀志·大儺》所記載的是東漢末儺制，並且實
施時間很短，根據是：

1.從西周到東漢前期儺禮，都是除夕驅儺，都沒有「十二

㉑　上海《二十五史》本第二冊第 809 頁。

獸」。只有東漢末是唯一的「先臘一日」驅儺，又生出了這一組前所未見的「十二獸」。

我國古代曾創造了很多種十二獸和十二神，儺中十二獸只是其中的一種，卻是一個千古之謎。十二獸是謎，十二獸所「吃」的十一疫也是謎。張衡《東京賦》不可能疏漏了「十二獸」這樣重要的內容，其中所說九疫，大多是雙音詞，都有出處。東漢末的這十一疫，卻多爲單聲詞，且大多難覓出典。魏晉兩代和南朝儺禮衰微，絕不會另添什麼「十二獸」；北朝則是應用這種儺制。因此，晉代司馬彪《續漢書·禮儀志》所記載的「逐疫」大儺之禮，只能是東漢末的事情。我們估計，這種儺制很可能只是試驗了一下，甚至還只是方案，根本就不曾實施過，故影響極小。後政局動盪，兵荒馬亂，許多重大禮制都已不能維持，更談不上儺禮的改制。

2. 漢代和三國經學大師們無一人說到儺中十二獸。據目前所知，西漢、東漢乃至三國的經學大師們，包括「漢書」六家，[22]尤其是東漢末的禮俗專家應劭和三國東吳的太史丁孚，全都從未提到漢末儺中十二獸。

3. 已知東漢正史有十六種：東漢班固等《東觀漢記》、蔡邕「十志」、東吳謝承《後漢書》、晉代的薛瑩《後漢記》、司馬彪《續漢書》、華嶠《後漢書》、張璠《漢記》、謝沈《後漢書》、張瑩《後漢南記》、袁崧《後漢書》，南朝的劉義慶《後漢書》、范曄《後漢書》、蕭子顯《後漢書》、王昭《後漢林》和宋代的蕭

---

[22] 參見〔清〕孫星衍輯：《漢官六種》，中華書局北京版，1990年。

帶《蕭氏後漢書》、元代的郝經《郝氏後漢書》。❷

　　蔡邕的「十志」佚失最早，內容不詳，但他在《獨斯》等其它著作中說儺時，從未提起過儺中十二獸；張塋、劉義慶、蕭子顯和王韶四種也已佚失；范曄《後漢書》保留完整，但它本就無「志」；八十卷的司馬彪《續漢書》，原先紀、志、傳齊全，後來僅剩下三十卷的「八志」（北宋時被合併到范曄《後漢書》中），卻偏偏只有它記有儺中「十二獸」。其餘的九種都只有輯本，而且統統沒有說到儺中十二獸。

　　這些書，除蔡邕「十志」早亡、宋《蕭氏後漢書》和元《郝氏後漢書》晚出外，其它十三種，唐代宮廷都還有收藏。然而，唐太子李善卻是用張衡《東京賦》來註釋司馬彪《續漢書·大儺》。這更證明，其餘十二種根本就不知道儺中十二獸之事。

　　可見，漢末的儺中十二獸，確實是漢末一閃而過的事情。當時知者本就極少，漢亡後便無人瞭解。經過三國和南北朝戰亂，文獻典籍又屢遭損毀，則更無法知其底細。以至晚唐以來，常會有人將十二獸的名字抄錯或刻錯。

㈢東漢末大儺的時間、名稱和人員

　　引文的第一段，是說驅儺日期。從周代到東漢的儺禮，都是在季冬的最後一天，即十二月晦日舉行。只有東漢末的這種儺禮說是

---

❷　有關十六種後漢正史，參見臺北商務印書館影印本《四庫全書》第 370－402 冊，以 402 冊為主，並可參考《隋書·經籍志》、《舊唐書·藝文志》等文獻。

在蜡前一日舉行。這是古代儺史上唯一的特例，與其它朝代，都不同。

蜡（讀 zha），又作蠟、褚，祭名，稱爲蜡禮或大蜡。冬至後第三個戌日爲蜡日，以祭百神。其中有裝扮成虎貓豬鼠的「尸」。東漢末將儺蜡相連，先儺後蜡，先除邪，後謝神，以求大吉。每年的蜡日常不相同，這使儺驅的日期也無法固定，並且多不在除夕那天。

宮廷大儺的名稱。宮廷大儺稱爲「驅疫」，民間儺則稱爲「逐除」。這是一個區分宮廷儺和其它儺品種的名稱，後世長時間都有這種區別。包括官府儺、軍隊儺、鄉人儺等，一般都稱「逐除」，不稱「驅疫」。

逐疫人員。主要有：一、黃門令。這是宦官的頭領。二、冗從僕射。這是驅儺人的行政領導。三、中黃門。這是藝術幹部。任半塘《唐戲弄》說他是「正倡優」，甚是。應當說，中黃門是頗具造詣的藝術指導，是侲子的教師和領舞者。很可能還是整個儺隊的導演。四、方相一名（漢代葬禮中「方相立乘四馬」就是證明）。五、侲子。有明確的年齡和人數規定，一百二十名是繼承周代大儺中的罪隸人數。他們都手拿鼗鼓（撥浪鼓）。（圖 22）這是一個樂隊，又是一個合唱隊。六、十二獸。這是東漢末首創，都作動物打扮，都有衣、毛、角。那形象一定相當凶醜。七、觀儺人。驅儺人地位不高，地位高的人都是觀儺人，並不直接參加趕鬼。這些觀儺人就是皇帝、百官（包括執事、陛者）等，但全都是男性，女眷（包括皇后）一個也沒有。不知是否因儺禮是以陽抑陰，而女爲陰不能參加。

圖 22　鼗鼓

〔宋〕聶崇義《新定三禮圖》（淳
熙版），載鄭振鐸《中國古代版畫
叢刊》第 98 頁，上海古籍出版社，
1986 年版。

《周禮》：「鼗，如鼓而小，持其
柄搖之，旁耳還自擊。」「鼗，導
也，所以導聲或節一唱之終也。」
可知，儺中鼗鼓有加強節奏，指揮
起止的作用。

　　方相氏的打扮有明顯改變：周禮是「蒙熊皮，黃金四目」，是
整張熊皮先蒙於頭並披肩下垂，熊皮的頭部裝有黃金四目。東漢末
則是「黃金四目，蒙熊皮」，頭戴裝有黃金四目的魌頭（凶醜的熊
皮假頭），已割去頭部的熊皮肩披下垂。東漢學者鄭玄注《周禮·
夏官·方相氏》「蒙熊皮」說，「即今之魌頭」，似乎東漢早中期
的方相已經戴上熊皮假頭了。

㈣東漢末宮儺程序

　　1.引文第二段是儺禮的準備和開場的情況。

　　儺禮準備。一、夜漏上水。儺儀是按時舉行的，前一天夜給漏

（計時器）上水，並準確計時、報時；二、驅儺人預先到達指定位置，百官也提早打扮一番（一律頭繫紅巾），並依次排列在大殿階下。最後，天子乘龍輿在前殿御座上坐定。

儺禮的開場。黃門令向皇帝請示說：「侲子等準備就緒，請准予逐疫。」在皇帝准奏之後，黃門令宣布儺禮開始，驅儺人魚貫進入內廷開始驅儺。

2.引文第三、四、五段，是說驅疫的過程（詳下節㈡「《十二歡》的表演」）。最後的騎兵傳火炬趕鬼出宮，又分三個步驟：一、端門外有騎兵接過火炬，再往外傳；二、驪騎出宮後，由司馬把門；三、門外又有五營騎士傳火炬直奔郭城南門，出南門後，將火炬丟入雒水（洛水），表示已將疫鬼趕下水。此時，天子退場。

3.第六段是百官官府儺人師驅儺。東漢首都洛陽城，原為西周成周城，秦時為呂不韋城，西漢為信都，稱為東京，劉邦曾在南宮辦公。東漢定都洛陽，其佈局是：內城為宮城，以南宮為正殿，由南北二宮組成一個正方形，處於全城的中心；朝廷的主要衙門（百官官府）緊靠宮城南邊；外城便是郭城，即洛陽城；經濟活動主要是在城外的東、南、北三面。雒水則在城的南面，從宮城到洛陽城南門有寬敞的專用通道相連。可知，從南宮到各官府的距離很近。百官官府儺人師驅儺，很可能是緊接著騎兵趕鬼出宮之後進行，以清除內廷外圍的疫鬼。

4.設置桃梗、桃符和葦索。在百官官府儺人隊驅疫之後，還要在宮城的大門口豎起畫有神荼、鬱壘像的桃木偶人，換上新桃符，並在門頂吊上讓疫鬼畏懼的葦索，使疫鬼不能再進宮城。

5.執事和百官退場。只有到了這個時候，執事和大臣們才可以

從大殿的階下退出（陛者罷）。至此，整個儀式結束。

6.儀式結束後，皇帝還要向大臣們賞賜葦戟、桃杖，以御鬼疫，安安心心、高高興興地過大年。其實，所謂葦戟和桃杖，只不過是兩種用桃樹枝削成的簡單禮器。

(五)關於官府儺人師

百官官府是指中央政府各衙門。地方衙門不知是否也驅儺。

儺人師就是儺隊，眾多官府就有眾多儺隊。各官府的驅儺者當然不是方相氏，而是「儺人」。他們各自在本官府驅儺。

獸能，即能獸，傳說中類似熊、但比熊體形小的一種野獸。百官官府驅儺規格比宮廷低，能獸的規格自然也要低於熊。既然是傳說中的一種獸，就不會有真的能獸皮，如果要用，也弄不到那麼多的「能皮」。所以，只用能獸形木面具，而不能像方相氏那樣披熊皮。

(六)東漢末宮儺的主要成就

東漢末宮儺頗多創新，其成就主要反映在如下幾個方面：

1.組織更完善。驅儺人的組織結構是：行政領導冗從僕射、藝術指導中黃門及其子弟——方相、十二獸和侲子。遠比以往朝代都更為完善。

2.儀式更規範。先請示皇帝批准，再依次進行以下程序，包括有層次、大規模的千騎傳炬，每個人物和每項程序都各有章法。

3.化妝方法的新發展。比如方相用上了魌頭面具，官府儺人師用上了木面具，十二獸「有衣、毛、角」等都是。而儺禮中使用木

面具，則是歷史上的第一次。

　　4.侲子設置爲一百二十名，顯然是繼承周代「罪隸」之數，後曾因災年而減半爲六十名。他們兼作樂隊和歌隊，搖動鼗鼓一爲壯聲勢，二爲統一節奏。

　　5.創設了百官官府儺。這是儺史上第一個官府驅儺實例。

　　6.桃儺俗的新發展。保存了桃梗，又增加了葦戟、桃仗。

　　7.最大的創造則是《十二獸》。

第五節　《十二獸》——儺戲雛形

　　東漢末宮廷儺制的核心，是由方相、十二獸、中黃門、侲子表演的「先倡→後儺→再驅疫」過程。這個過程，在總體上構成一個簡單的情節。因此，它實際上已具有儺戲雛形的性質。我們把它作爲一個劇目看待，稱爲《十二獸》。

㈠十二獸和十一疫

　　東漢末儺禮中的這一組十二獸（神）及其所吃十一疫，相當特殊，歷代有不少學者試圖解開這個謎，至今都還沒有一個全面具體又令人信服的解釋。❷看來，要徹底解開這個謎，還得靠考古新發

---

❷　美國學者迪克·布德《傳統節日在中國》（Derk Bodde, *Festivals in Classical China*，香港中文大學出版社英文版，1975）一書中，作過具體的研究，雖頗多附會，卻也有可參考之處。我國學者蕭兵《儺蠟之風——長江流域宗教戲劇文化》一書，江蘇人民出版社南京版，1992 年，以其深厚的神話學基礎，對十二獸和十一疫都有深入的考證，是爲細緻，比迪

現。

　　1.十二獸出處。錢茀在《「十二獸」——儺戲的雛形》一文只解釋了四獸。㉕

　　雄伯，傳說中的神，它能吃「魅」。

　　伯奇，即百勞鳥。《太平御覽》說他原來是人，其父輕信後母讒言，將他殺死。他變成鳥，名叫「伯奇」，總在其父周圍盤旋啼叫。父親發現殺錯了兒子，便用箭射死了後母。在這裡，伯奇能吃惡夢，是因為他雖變成了鳥，卻知實情。看來，夢雖無形，伯奇也能識別。不過，古人都很討厭它，據說伯奇一叫，這家人家就會死人。㉖（圖23）

　　強梁，又叫疆良。《山海經·大荒北經》說它虎首人

圖23　伯奇

〔明〕王圻、王思義《三才圖會》，
上海古籍出版社，1988年版。

　　　克·布德書切實可信。只是顯得過於曲折，且各獸原型太多雷同。但均不
　　　妨一讀。

㉕　參見錢茀：〈「十二獸」——儺戲的雛形〉，載《民俗曲藝》（臺北）
　　　1991年第1期（總第69輯）。

㉖　《太平御覽》卷九二三，中華書局北京版，1985年。

身、四蹄長肘，是能衛蛇操蛇的神。❷⃝ （圖 24）

圖 24　強良（強梁）　　　　　　圖 25　窮奇

大荒
北極外
有口銜
蛇其狀
虎百人
身四蹄
長肘名
強良

窮奇
邽山有獸狀如
牛騣尾頹毛音
如嗥狗鬭乃助
不直者名曰窮
奇亦能食人

窮奇，說法很多。說它像牛，一身長著堅硬的刺蝟毛，其聲如狗，吃人；❷⃝又說像虎，有長長的尾巴，爪如鈎，手如鋸，專吃正直忠良的人，卻細心侍候奸邪惡劣的人。一句話，它是一個奇得不能再奇的「窮奇」。❷⃝（圖 25）

2.十一疫出處

殀。古文「凶」。它不是物，也不是瘟疫，而是「星事殀悍」

❷⃝　〔清〕郝懿行：《山海經·大荒北經》，岳陽書社長沙版，1985 年。
❷⃝　同上，〈西次四經〉。
❷⃝　同上，〈海內北經〉。

的預兆。《說文》：「殃，惡也，像地穿交陷其中。」《呂氏春秋·審時》所說「殃氣不入，身無苛殃」。《漢書·藝文志》則說：「然星事殃悍，非湛密者弗能由也。」這樣說來，甲作正是「湛密」之神，能克服不祥。

虎。一種鬼虎，如顓頊三子之一死後變成的虐虎。胇胃能吃這種鬼虎。

魅。山澤惡鬼。雄伯能吃魅，可見本領也不小。

不詳，即不祥。也是一種徵兆，似乎與天象有關。騰簡能吃這種不祥的預兆。

咎。災難，所指相對廣泛。但有攬諸專門吃咎。

夢。應爲惡夢、壞夢。伯奇屈死而心明，能洞察壞夢、惡夢，故能治惡夢、壞夢。

磔死。是因磔而死的鬼，一種最不安分的褐鬼。

寄生。與磔死同類，都非常屬害，所以需要強梁和祖明共同來吃此二疫。

觀。出典不詳。清代顧鐵卿《清嘉錄》卷十二「封井」條引《白澤圖考》說：「井之精曰『觀』，狀如美女，好吹簫，輯柳編，呼爲『吹簫女子』。鄉呼爲『井泉童子』。」它不像是鬼疫之類。委隨能治這叫做「觀」的鬼疫。

巨。出典不詳。《說文》：「規巨也。」似乎是一種工具類的精怪。錯斷能吃這種精怪。

蠱。這是一個龐大的家族。人、畜、莊稼身上的病蠱瘟疫，誘惑人心的怪物等等，均屬此類，是流行最廣，危害最大，最可惡的疫鬼。因此需要窮奇和騰根兩員強將來治它。

這十一疫中，有的是周代遺留下來的，如夢等。多數則是後來新造的。

㈡《十二獸》的表演

《十二獸》是一個完整的結構，分三個小節表演：

第一個小節，即引文第三段，是倡「十二神吃鬼歌」，由中黃門領倡，侲子和。倡，似吟非吟、似唱非唱。侲子的「和」，不會是和聲，可能是幫腔，在中黃門領倡的每句後面，侲子重複喊幾個字，同時搖響鼗鼓，以壯聲勢。大體是這樣：

> 中黃門倡：甲作食㐤！
>
> 侲子和：食㐤！
>
> 中黃門倡：胇胃食疫！
>
> 侲子和：食疫！
>
> ……

如今許多地方的儺儀中，還有這種形式存在。譬如，江西萍鄉不少儺隊的「耍儺神」儀式中，就有這種問答式的「倡」。❸

第二個小節，即引文第四段所寫《方相與十二獸儺》。任半塘《唐戲弄》一書說：「漢制大儺，以方相四鬥十二獸」，以鬥始卻

---

❸　參見鄧斌、全草（錢茀筆名）：〈萍鄉儺簡述〉，載《民族藝術》1996年第 1 期。

以舞終」。❸這話有道理。

「方相與十二獸儺」表演的就是「鬥」。從目前能找到根據的四獸已可看出，他們的出身都不太好，連根底不錯的伯奇，人們也嫌他叫聲不吉利。窮奇則可能是最壞的一個。要讓他們驅鬼，就先得改造他們，使其棄惡從善。從這個意義上說，方相改造的是有形之鬼。不過，「鬥」十二獸，並不是把他們當作鬼疫來驅趕，而是要將其改造成爲驅鬼生力軍。

第三個小節，即引文第五段，是說方相率領十二獸和侲子們驅儺。他們呼叫著在宮中索室逐疫，前後要進行三遍，並手持火炬趕疫鬼，將火炬給騎兵傳出宮去。任氏所說「以鬥始卻以舞終」的「舞」，便是這驅疫之舞。方相氏、十二獸、一百二十名侲子一起高聲呼號，侲子們又一起搖響鼗鼓，那聲勢一定也很壯觀。

㈢最早的雛形儺戲

《十二獸》已有簡單的故事情節，這是戲曲最重要的一個要素。它還已包含著戲曲的其它諸多因素：

方相、十二獸、侲子等，顯然是一種人物扮演。

《十二神吃鬼歌》是一首早期的儺戲文學作品和儺戲唱腔的最早期形態，雖然很粗糙。鼗則是早期儺戲的伴奏樂器。它們共同構成儺戲音樂的先聲。

面具、服裝和其它道具是儺儀中本來就有的。但也是儺戲舞臺

---

❸　任半塘：《唐戲弄》第 1221 頁「補說」條，上海古籍出版社增補版，1984 年。

美術和道具的早期形式。

　　總之，這些都是構成戲曲的要素。

　　《十二獸》只是雛形，後來沒有能發展提高成爲儺戲，很難說它就是後世儺戲的正源。但是，它畢竟完成了儺禮向世俗化娛樂化演變的第一步，爲後世儺禮的進一步發展開了一個頭。而且，對後世儺戲的產生和發展，也產生過重要的影響。

㈣《十二獸》產生的歷史背景

　　《十二獸》這樣的劇目得以在東漢末產生，有其深厚的歷史背景，主要反映在如下幾個方面：

　　1.經濟、政治方面的原因。漢代封建地主土地所有制經濟已經鞏固和發展，適應這種經濟基礎，改革舊社會遺留下來的舊制度，勢在必行，其中包括宮廷禮制的改革。尤其是西漢和東漢的開國皇帝劉邦和劉秀，都特別強調「黃老無爲」的治國策略。宮儺的安排有些就與之相符。譬如，「十二神吃鬼歌」最末說「後者爲糧」——還不趕快逃跑，落後了就要成爲十二獸神的食糧啦！這眞是色屬而內潤，至少也是先禮後兵。周儺就沒有如此的客道，方相氏只管率百隸直接了當地趕鬼出門。再如，方相與十二獸儺，先鬥後合，化敵爲友，與劉秀的「柔道」政策，也正相一致。

　　2.宗教方面的原因。漢代的宗教信仰，整體上已經大大超過了上古和秦代的基礎，儺禮也必須有相應的改革。十二獸的出現，使儺儀第一次突破了以原始宗教意識爲主導的水平。譬如，原先儺禮中沒有神，此時終於有了——十二獸神。再如，到西漢爲止，儺中都是泛指「鬼疫」，東漢前期指明九疫，此時又點出了十一疫，大

都是與生活中實際存在的事象有關，比張衡《東京賦》更加現實。方相氏歷來都是儺禮的靈魂，而在這裡，名義上是方相氏戰勝了十二獸，實際上方相氏已經降格。人數只有十二獸的十二分之一。十二獸是神，方相不是。十二獸會吃鬼，方相也不會。十二獸至少已與方相氏平起平坐。也正是在此時，方相送葬的規格也第一次下降了。（詳後）

　　3.文化藝術環境的原因。宮廷儺制的確定，既要體現統治者的政治意願，也要反映統治集團的審美情趣，照顧到觀儺者的情緒。《十二獸》的出現，正是考慮了這些因素之後的新選擇。十二獸的形象，有上古眾多假面獸形表演的傳統影響，先蜡一日大儺，似乎與蜡禮中虎食豕、貓食鼠等假面表演對儺禮的影響有關。漢代《總會仙倡》、《東海黃公》、《魚龍曼延》等假形藝術，也是儺禮吸收藝術營養的好來源。甚至可以說，正是百戲的興盛，宮儺才不斷地革除儺禮中哪些缺乏吸引觀眾的因素，增加生動活潑的內容，使其更具可看性。

　　「十二獸」這一表演組合，必定有其神話傳說做底本。看來，設計這種儺制的專家，為了吸引觀眾，選擇了比較新奇的神話傳說。但卻不為一般人所瞭解，以致後來被沉沒於茫茫歷史長河之中，成為千古之謎。

　　總之，東漢末宮儺《十二獸》的出現，是適應時代發展的必然產物，是宮儺自身演變的結果，一份聰明巧妙的傑作。十二獸的形象和人物性格，與方相氏十分協調；整個《十二獸》節目，與儺禮的宗旨、氣氛也和諧一致，看不出絲毫多餘的成分。這個「十二獸」的組合和表演內容，是多種精華的有機融合，那樣天衣無縫。

這在蠟禮和百戲中都是找不到的。因此說，它是東漢末宮儺自己的
成果。

㈤不能否定的儺中「十二獸」

說「東漢末儺制短暫」，是以承認它曾經存在爲前提的，它確
實存在過。因爲：

1.司馬彪自有其根據。《晉書·司馬彪傳》說，他曾「不交人
事而專精學習，故得博覽群籍，終其綴集之務」。由於東漢「安、
順（帝）以下亡佚者多，彪乃討論眾書，綴其所聞，起於世祖，終
於孝獻，編年二百，錄世十二，通綜上下，旁貫庶事，爲紀、志、
傳，凡八十篇，號曰《續漢書》。」司馬彪的《續漢書·敘》也有
相似內容。就是說，他曾花了很大的功夫廣泛搜集和整理東漢後
期，尤其是安帝和順帝以後（張衡《東京賦》之後）的禮制文獻，掌
握了充分的材料（這也是確定此儺制爲漢末事的重要理由之一）。這是一
項十分艱苦的工作，當時別人未曾做過。可見，司馬彪寫《續漢
書》，包括這組儺中「十二獸」，都有可靠根據。不過，看來司馬
彪只是獲得了東漢後期儺制材料，並未掌握「十二獸」和「十一
疫」的出典。

2.旁證。東漢末的學者高誘註《呂氏春秋》說民間是「先臘一
日」舉行「逐除」。《太平御覽》也輯錄有東漢後期學者廉品《大
儺賦》的一段殘文：

> 于吉日之上戊，將大蜡于臘丞。先茲日之酉久，宿潔靜以清
> 澄。乃班有司，聚眾大儺。天子坐華殿，臨朱軒，憑玉几，

席文游。率百隸之倀子，群鼓噪于宮閣。㉜

　　「先茲日」就是先蜡（蠟）一日。而天子御殿、倀子鼓噪等節，也都與司馬彪所記相符。《玉燭寶典》則又收有廉品《大儺賦》的另一段文字：

　　　弦桃判棘，弓矢斯張，赭鞭朱樸擊不祥。肽戈丹斧，芰毳凶殃。投妭屍于浴裔，遼絕限于飛梁。㉝

　　這段文字應當接在上段文字的後面，是覆述張衡《東京賦》所言。看來，廉品賦可能是寫整個漢末宮儺，應當還曾描寫了方相和十二獸儺等情節。

　　3. 「十二獸」傳承不息，實難一筆勾銷。後世時有漢末儺中十二獸傳承。魏晉時代我國宮廷儺禮中斷了儺中「十二獸」的表演，但越南還在流行，後又演變成儺儀之外表演的歌舞節目。我國北齊則恢復了這一「儺戲」。隋唐五代儺禮乃至朝鮮半島的宮廷大儺，都還保留了《十二神吃鬼歌》。唐末，又在民間演變成《十二屬》，宋代更演變成六丁六甲——十二生肖神，朝鮮半島也用十二生肖神代替了十二獸神。明末，廣西和廣東民間又唱起了《十二神吃鬼歌》。而且，「十二獸」的演變形式，至今猶存。山西曲沃「扇鼓儺戲」中的「十二神家」便是一例。這說明「十二獸」有著

————————————

㉜　《太平御覽》五三〇卷。
㉝　商務印書館《叢書集成初編》本，1939年。

頑強的生命力。

第六節　秦漢民間儺儀

　　民間資料的缺乏，是研究中國民間文化歷史的人最頭痛的事。不過，一些私人筆記小說、地方志中卻常常有所記述，查閱各地家譜，往往也會有重要的收獲。㉞

㈠西漢民間儺事一例

　　目前，未見有西漢民間儺事的官方資料。江西南豐縣金砂村民國戊辰年（1928）版《金砂余氏重修族譜》中，有一篇傅子大輝撰寫的《儺神辨記》，記載了一則從宋代流傳下來的古老傳說，留下了一個西漢的重要信息，有可信之處。其文寫道：

> 輝嘗考宋時邑志舊本載：漢代吳芮將軍封軍山王者，昔常從陳平討賊，駐紮軍山，對豐人語曰：「此地不數十年必有刀兵，蓋由軍蜂崒崭煞氣所鍾。凡爾鄉民一帶，介在山隩，必須祖周公之制傳儺，以靖妖氣」……。㉟

　　宋本舊志應當也有其根據，可惜早已佚失。幸有這位《儺神辨

㉞　江西南豐等地的家譜，就提供了許多別處找不到的珍貴史料。
㉟　此條引文抄者甚多，常與原文有些出入。承蒙曾志鞏先生提供原文抄件，始得完整準確。

記》作者抄錄，方使這一古老傳說得以保存至今。

　　吳芮原爲秦代的番（鄱）陽令，後響應劉邦反秦，先封衡山王，後封長沙王。軍山王一說，是南豐人對他的尊稱。吳芮率部隊在南豐軍山駐紮時，曾經傳儺。吳芮任鄱陽令時，很可能先已在鄱陽湖一帶傳儺。任衡山王、長沙王時又在荊楚一帶傳儺。果眞如此，那麼，秦漢時期應當就已有贛儺、鄂儺和楚儺了。

　　不過，在一些少數民族地區，東漢時依然保持著各自的禮俗習慣，則不一定有儺。

㈡東漢民間儺一例

　　東漢末學者高誘註《呂氏春秋·季冬紀》「命有司大儺」句，說的也是同一時間。他寫道：

　　　今人臘前一日擊鼓驅疫，謂之「逐除」，是也。❸❻

　　雖只一句話，卻很重要。一、提供了東漢民間有儺的確切消息；二、與西漢宮廷一樣，東漢民間儺儀也是「擊鼓」逐除，後世稱其爲「蠟鼓」；三、雖然漢末儺中十二獸無法考證，而且按等級制，民間逐除也不能用「十二獸」，但高誘註卻證實了漢末確實是在「先臘一日」大儺。所以，這是一條難得的珍貴史料。

---

❸❻　《二十二史》第 662 頁，上海古籍出版社，1986 年。

(三)秦漢民間儺儀的分布

秦漢朝廷對民間藝術和民間習俗（包括儺儀），有吸收，也有干涉，官民之間互有影響。秦漢政府設立的樂府，廣泛收集民間百戲藝術精華。漢代另外還設立了風俗使，以「覽觀民風，移風易俗」，對民間禮俗也有所干涉，但主要是從民間吸收有用的成分。

不過，當時民間儺儀的分布並不均衡，特別是少數民族和新開闢的地區。譬如，秦漢的版圖已擴展到嶺南，乃至越南北部，但到西漢為止，對其中大多數地方的統治還十分鬆散，只要你承認秦漢皇帝的宗主地位並納貢，不鬧事，便可以維持原有的統治體制和禮俗習慣。西漢元光年間（公元前134－前129年）的知州吳鎰在《桂陽郡俗篇》，就記載了當時五嶺山區民間各不相同的巫俗。

不僅如此，就是在荊楚地區也並未完全實行漢制。東漢的慕容劉定《輿地志》記載說：「荊南人眾，祈福辟災習俗各異，身著彩衣、面戴假面、披髮仗劍而舞者皆有。」❸這與東漢禮制（包括儺禮）很不相同。

第七節　秦漢葬制

秦漢葬制，除秦代新出現了方相舞儺送終一項之外，到漢末才出現了一點鬆動。

---

❸　轉自《儺戲論文選》第171頁，貴州民族出版社貴陽版，1987年。

㈠秦葬制

秦代有坑儒方相舞儺送終之事，說明秦有方相送葬之禮。從目前已出土的秦墓情況看，地方官員並無方相送葬痕跡，保持著上古只有大喪用方相的老傳統。至於皇帝葬制，要等將來發掘了秦始皇墓，才能有所了解。正如前面所說，希望能有一些新的材料，特別希望能有方相陶俑出土。

而秦二世被趙高所殺，立子嬰爲秦王；子嬰殺趙高，又降劉邦，則無所謂大喪之禮。因此，都不一定會有方相送葬之事。

㈡漢代的葬制

西漢前期由於文帝的簡喪薄葬遺令，大多比較簡單。文景之治，促進了經濟的發展和繁榮，到漢武帝劉徹時，國力已有相當基礎，厚葬之風又重新抬頭，讖緯迷信和金縷玉衣之類大爲盛行。

當然，方相送葬之制一直延續不斷。東漢應劭《漢官儀》說，東漢是繼承「前漢舊制」，兩漢葬制大體相同。❸

因此，《後漢書·禮儀志·凶禮》的記載，實際上也是西漢葬制。該「凶禮」說：

> 大駕，太僕御。方相氏黃金四目，蒙熊皮，玄衣朱裳，立乘四馬。
>
> ……

---

❸　〔清〕孫星衍輯：《漢官六種》，中華書局北京版，1990 年。

太皇太后、皇太后崩，司空以特牲告謚於祖廟，如儀；長樂
太僕、少府、大長秋典喪事，三公奉制度。他皆如禮儀。

這種葬制，大體上還是上古的傳統規格，有三點不同：一是方
相氏已由過去的四名減少爲一名。並且，由步行改爲乘車——「立
乘四馬」。二、太皇太后、皇太后的葬禮，比皇帝的葬禮多出「以
特牲告謚於祖廟」等細節。三、總體上要比周代華麗隆重。

(三)丁孚的評論

三國東吳太史丁孚《漢儀》寫道：

> 永平七年，陰太后崩。……前有方相、鳳凰車，大將軍妻參
> 乘，太僕妻御，悉道……。後，和熹鄧后葬，案以如儀。自
> 此皆降損于前事。❸

陰太后，名陰麗華，光武帝之妾。劉秀登基時本來是立她爲皇
后，陰氏婉言謝絕。因而立郭氏爲皇后，陰氏爲貴人。郭氏心胸狹
窄，妒嫉陰氏美貌才華，百般刁難，無理取鬧。光武帝惡其品德低
下，於建武十七年（41）將其廢黜，改立陰氏爲「光烈皇后」。其
子劉莊明帝（顯宗）繼位，尊爲太后。二十三年後，永平七年（64）
陰太后崩。

和熹鄧皇后，名鄧綏，原爲和帝貴人，和帝妻陰太后也妒嫉她

---

❸　書同上，〔東吳〕丁孚：《漢儀》一卷，記有東漢葬禮。

的人才美貌，一再打擊她。永和十四年（102），和帝廢陰氏，立鄧綏爲皇后。和帝崩，尊爲太后。歷殤、安二帝，臨政達二十年，於永寧二（121）年崩。

陰麗華、鄧綏都是先貴人，後皇后，再太后。既然已是皇后、太后，本在大喪之列，葬用方相、鳳凰車，本來無可非議。爲什麼丁孚卻說「自此皆降損于前事」呢？這是因爲，她們都不是皇帝的原配皇后。因此，哪怕後來當了皇后和皇太后，也不能用正規大喪之禮。

丁孚的評語告訴我們，在漢末之前，用方相送葬的皇后和皇太后，必須是皇帝原配皇后。否則，便不夠資格，便是今不如昔——「降損於前事」。

㈣葬制的鬆動

漢末，一些上層人士開始偷偷地在墓前設方相像護墓。但總是怕違禮違法。於是，改用石人石馬和植柏樹等避邪手段代替。應劭《風俗通義》有記載，宋代的高承《事物紀原》也談到這件事。❹

---

❹　《事物紀原》，《叢書集成初編》本「石羊虎」條，商務印書館上海版，1937年。

第四章　魏晉南北朝儺

　　魏晉南北朝是我國儺史上的又一個奠基時期。這一時期，儺的
發展特點是：南衰北盛，多品並出。所謂「南衰北盛」，是說在總
體上魏晉和南朝宮廷儺禮趨於衰落，北朝卻相對興盛，並與軍儺相
配合，形成一種特殊的儺制。所謂「多品並出」，是說在魏晉南北
朝時期宮廷之外反而創造了許多「儺史之最」，並爲古儺向世俗化
娛人化方向跨出了第二步。

　　有跡象表明，朝鮮半島在這一時期已開始舉行儺禮。

第一節　魏晉南北朝社會與儺制

　　魏晉南北朝，是一個政局大動盪，思想大解放，文化大交流，
民族大融合的時代，爲隋唐的大繁榮鋪墊了基礎。過去往往不被重
視的北朝文化，實際上很有生氣，在儺史上也有其重要貢獻。

㈠大動盪、大交流的時代

　　從東漢末期到隋文帝楊堅統一全國，約四百年，戰亂連綿，動
盪不已。三國的出現，既是東漢腐敗統治的必然結果，也是當時思
想解放運動的必備條件。一些知識分子雜合儒、名、道、法思想，

開始突破傳統儒家思想的束縛。

　　南北朝時期，南方與北方的經濟、文化交流並未中斷，我國與亞洲許多國家的交流也很頻繁，這還對交流各方都有深遠的影響。

　　魏晉南北朝的宗教情況主要有兩點比較突出，一方面是國家宗法制宗教大爲削弱，另一方面是佛道兩教的交相興衰。其中，佛教的大發展、祆教的傳入❶，和西域歌舞的廣泛流傳，以及北朝各代統治者特別推崇漢制，這幾個方面對儺文化的影響最大。儺與佛教的結合始於此時，儺與祆教的結合很可能也已在孕育之中。

　　魏晉和南朝玄學影響大，官方儺制呈現萎縮狀態；北朝玄學影響較弱，漢末儺制反而得以恢復。玄學家們心寄老莊，高雅清談，成爲一種時尚。玄學和道教都以老莊爲本。玄學的興盛對道教的發展本來是十分有利的。然而，在魏晉得到初步發展的道教，到了南北朝~隋時期分裂成祈禱派和煉丹派，煉丹派主要爲上層社會服務，人稱其爲道教的貴族化時期，中國土生土長的道教與儺的關係則不如佛儺關係。一些僧侶熟讀諸經，鑽研老莊，參與清談，用玄學語言解釋佛經，以致佛教反過來影響玄學，使玄學逐漸衰落。在這一時期，佛教對儺的影響大於道教。最明顯的例子，是佛教化的荊楚儺舞已在大片地區流行，而道儺結合的實例卻十分罕見。

---

❶　祆教，即古波斯（今伊朗）人瑣羅亞斯德（公元前 628－前 551 年）創建的瑣羅亞斯德教。其教義認爲，宇宙間有光明的善神和黑暗的惡神相互鬥爭，火是善神代表，因而崇火，也拜日月星辰及天。火神又稱天神或火天神。我國關中古時稱天爲「祆」，故稱其爲祆教，或火祆教、拜火教。

(二)魏晉南北朝禮制

魏晉南北朝既申言遵照古制，又不認眞繼承古制；既有所萎縮，又有許多創新。禮制沿革大體上是清楚的，依文獻次序可分四個階段。

1.第一階段，魏晉至南齊的禮制。《南齊書·禮上》寫道：

> 魏氏籍漢末大亂，舊章殄滅，侍中王粲、尚書衞覬集創朝儀，而魚豢、王沈、陳壽、孫盛並未詳也；吳則太史丁孚拾遺漢事；蜀則孟光、許慈草建眾典；晉初，司空荀覬因魏代前事，撰爲《晉禮》，參考古今，更其節文；羊祜、任愷、庾峻、應貞並共刪集，成百六十五篇，後摯虞、傅咸繼續此制，未及成功，中原覆沒，今虞之《決疑注》是遺事也；江左（東晉），僕射刁協、太常荀崧補輯舊文，光祿大夫蔡謨又踵修緝朝故；宋初，因循改革，事係群儒，其前史所詳，並不重述；（南齊）永明二年，太子步兵校尉伏曼容，表定禮樂。於是，詔尚書令王儉制定新禮，……因集前代，撰治五禮——吉、凶、賓、軍、嘉，文多不載。❷

這裡分別介紹了魏、吳、蜀、兩晉以及劉宋和南齊禮學家們制定禮制的過程，說明各朝都很重視禮制的彙集編撰，但保存下來的很少。其中，西晉編撰禮制未成國已滅亡。

---

❷　上海《二十五史》本《南齊書》第 14 頁。

　　2.南朝梁、陳兩朝的禮制。《隋書·禮儀志一》記載說：

> 梁武始命群儒裁定大典：吉禮則明山賓、凶禮則嚴植之、軍
> 禮則陸璉、賓禮則賀瑒、嘉禮則司馬褧。帝又命沈約、周
> 捨、徐勉、何佟之等咸在參詳；陳武克平建業，多準梁舊，
> 仍詔尚書左丞江得藻、員外散騎常侍沈洙、博士沈文阿、中
> 書舍人劉師知等，或因行事，隨時取捨。❸

　　梁朝將五禮劃為五個專題，分別由明山賓等五人主持來撰寫，
「搜尋（歷代）軍禮，閱其條章，靡不該備」。分別制定五禮，
「軍禮」部分尤其認真。最後，由沈約等人綜合定稿，彙集成
1176 卷、8015 條的大型禮典。這些條文，都經皇帝下詔，「案以
行事」、「無有失墜」，應當都是實行過的。而陳朝實際上不止一
次撰修五禮，但大多是依梁朝的禮制。

　　3.北魏禮制。北魏初期就仿照周禮祀天，由於那時「仍世征
伐，務恢疆宇，雖馬上治之，未遑制作」，「事多闕遺」。直到孝
文帝拓跋宏手上，採集漢族官方古代舊制，才有了完整禮制：

> 高祖稽古，率由舊則，斟酌前王，擇其令典朝章，國範煥乎
> 復振。❹

---

❸　上海《二十五史》本《隋書》第 15 頁。
❹　上海《二十五史》本《魏書》第 305 頁。

　　北魏高祖孝文帝拓跋宏特別重視漢制，所以他們的禮典都「率由舊則」，其儺制也大體上與東漢末相同。

　　4.北齊、北周禮制。關於北魏以後的北朝禮制，《隋書·禮儀志一》記載說：

> 後齊，則左僕射陽休之、度支尚書元修伯、鴻臚卿王晞、國子博士熊安生；在周，則蘇綽、盧辯、宇文敬並習於《儀禮》者也，平章國典，以爲時用。❺

　　北齊用陽休之等人、北周用蘇綽等人制定本朝禮制。整個南北朝，雖朝代頻繁更迭，卻都很重視禮制建設。不過，有關儺禮的材料大多已經無存，難以瞭解其具體內容。

㈢魏晉南北朝時期的樂舞

　　魏晉南北朝時期繼承著秦漢樂舞，又融合了民間和外來的歌舞成分，《清商樂》和「胡樂」是它的主體，其中許多節目被納入宮廷樂舞。

　　《清商樂》包括雜舞、《吳歌》（江南樂舞）和《西曲》（荊楚樂舞）。「雜舞」的成份比較複雜，一是指前代流傳下來的如《明君》、《聖主》（即《韠舞》）、《公莫》（即《巾舞》）等；二是指對前代樂舞加工改造而成的節目如《杯盤舞》和《白紵舞》等；三是指其它一些雜舞，如《百鳩》和《拂舞》等。

---

❺　　《隋書》第 15 頁。

「胡樂」則是國外傳入的歌舞節目，如《天竺樂》、《龜茲樂》、《悅般國鼓舞》、《疏勒樂》、《安國樂》、《高麗樂》、《高昌樂》和《康國樂》等。

此時的儺舞，已有許多帶有地方特色節目，北方儺舞與荆楚儺舞就有所不同。

這時，正式意義上的戲曲已經出現，那就是《踏搖娘》。故事雖然簡單，卻已包含戲曲的多種因素，特別是代言體敘事方式，標示著成熟戲曲的誕生。

㈣魏晉南北朝時期的儺制

這一時期有關儺禮的記載並不多，但仍能看出一個大概。

1.三國宮廷儺禮大為萎縮，從現有資料看，已不一定能年年驅儺。後來，甚至不用方相逐疫，只保留、改造和擴充了某些儺俗。南朝大體也難有復古的實際舉動。此時，東漢末的《十二獸》音信全無，看來已經失傳。而北朝當權的少數民族或少數民族化了的漢族統治者，卻採用了漢末方相和十二獸驅疫舊制，出現了儺史上第一次北興南衰的局面。

2.作為官方儺的一支，軍隊單獨驅儺（簡稱「軍儺」）的形式，經過漢代以來的孕育，終於在晉代出現並有一定的發展。

3.與官方儺禮形成對比，非官方儺事打破舊制束縛，走向了繁榮，有許多新創造。歷史上的儺品種，大多數都形成於此時：

最早在歲時應景乞討的儺丐；

最早正式的軍人單獨舉行的儺禮；

最早表演故事的民間職業儺班；

最早的民間「方相專業戶」；

最早的儺佛結合的民間儺儀；

最早的官家儺（官員家庭儺隊的驅儺活動）；

最早的貴族家儺道結合的儀式。

此時的非宮廷儺事，已從漢代的北盛南微；發展成南濃北淡的局面。就是說，我國晚古以來儺事南盛北衰的狀況，原來早有先例。

4.儺俗得到了相當充分的發育。從三國到隋文帝立國，儺俗一直在遞次演變擴展，變化非常之大。現代尚存的多數儺俗，早在魏晉南北朝時期就已形成。

5.作爲當時中國版圖內的越南，繼續按時驅儺。我國北魏期間，儺繼續向國外傳播，朝鮮前三國時代的高句麗很可能已經開始舉行大儺之禮。❻

第二節　魏晉南北朝宮廷儺禮

由於儺事的式微，加上自西漢司馬遷以來，許多史學家不屑記儺，以致有關魏晉和南朝宮廷儺禮的材料很少。但僅從現有資料看，當時的儺制變化極大，幾乎不再使用大儺舊制。

北朝少數民族或少數民族化了的統治者，卻廣泛吸納周漢舊制，不僅有規範的宮廷儺禮，而且有儺禮與軍隊操練結合的新儺制。

---

❻　詳參錢苪：《韓國儺史——兼說東亞國際儺禮圈》卷二第三章。

㈠三國、兩晉儺禮的衰落

三國初有宮儺，後來逐漸淡漠，乾脆不再舉行大儺之禮，而以儺俗代儺禮。

1.魏、吳、蜀三國初期理應有儺。三國的宮廷儺禮，沒有文獻資料可查。這裡只能提出一些推論：

曹操「挾天子以令諸侯」，當然要依漢天子禮俗辦事，理應有儺禮。❼同時，魏文帝曹丕（220－226 年在位）時，還用方相為被逼退位的漢獻帝送葬，作為一種時尚，那時有方相應有驅儺之禮。因此，不能不行儺禮。

孫吳立國，聲稱「恢復漢室、討伐曹賊」。加上，戰事多數不在江南進行，東吳地區社會相對安定，原有禮制也並未受到太多衝擊，亦應有儺禮。

劉蜀以漢室正宗傳人自居，劉備自稱漢帝皇叔，當然更要繼續實行漢制，同樣應有儺禮。

2.曹魏中期大儺只用儺俗。曹魏學者王肅在其《臘議》一文中解釋周代禮制時寫道：

「季冬大儺，旁磔雞，出土牛，以送寒氣。」即今之臘除逐

---

❼　中國中央電視臺播出的電視劇《三國演義》，在禮俗方面多有虛構情節。曹操重病一場安排了驅儺祛邪的儀式，像是神漢巫婆裝神弄鬼，那是以今儺裝點古儺。為病人「衝儺」，晚古才在民間出現，中古之儺不可能有此類活動。類似情況，在其他一些電視劇中也常有所見，那畢竟是文藝作品。

疫，磔雞、葦絞、桃梗之屬。❽

　　王肅（195-256），字子雍，曹魏經學家、箋注家，東海（今山東剡城）人，他是反對東漢鄭玄經學理論的名家，史稱「鄭王之辯」。

　　王肅所說與東漢儺制已大不相同。所謂「即今之臘除逐疫」，既不是「臘前一日」，也不見方相、侲子，更不提十二獸神，只剩「磔雞、葦絞、桃梗之屬」。到三國中期，此時人們對儺禮已大大淡化，甚至已不太熟悉「大儺」一詞，必須由禮學專家加以解釋才行。突出葦絞、桃梗和磔雞三項儺俗，卻隻字不提「方相驅儺」，這意味著宮廷儺禮眞的不用方相，其儺制確實被簡化了，只剩磔雞、葦絞、桃梗等儺俗。

　　葦絞、桃梗、磔雞三項儺俗，前兩項是舊制。據南朝劉宋的沈約說，磔雞則是始於曹魏。磔雞古已有之，但是南朝宋又生出一個磔雌雞還是磔雄雞的問題。沈約在《宋書‧禮三》中追述了這場爭論：

　　　元嘉十年十二月癸酉，太祝令徐閭刺署典：「宗廟、社稷、祠祀薦五牲：牛、羊、豕、雞並用雄；其（餘）一種，市買，由來送雌。竊聞周景王時，賓起，見雄雞自斷其尾，曰：『雞憚犧，不祥！』今何以用雌？求下禮官詳正。」勒

---

❽　〔清〕嚴可均輯：《全上古三代秦漢三國六朝文‧全三國文》第 1180 頁，中華書局北京版，1958 年。

太學依禮詳據，博士徐道娛等議稱：「案禮，『孟春之月。
是月也，犧牲無用牝。』如此，是春月不用雌爾，秋冬無
禁，雄雞斷尾自可是春月。」太常丞司馬操議：「尋《月
令》，孟春命祀山林川澤，犧牲無用牝，若如學議，春祠三
牲以下，便應一時俱改，以從《月令》，何以偏在一雞重
更？」勒太學議答。博士徐道娛等又議稱：「凡宗祀牲牝不
一，前惟《月令》不用牝者，蓋明在春必雄，秋冬可雌，非
以山林同宗廟也。四牲不改，在雞偏異，相承來久，義或有
由，誠非末學所能詳究。」求詳議，告報如所稱。令參詳閱
所稱，粗有證據，宜如所上，自今改用雄雞。❾

　　元嘉是劉宋文帝的年號，元嘉十年是公元 453 年。這是關於宗
祀等薦牲儀註的爭論。爲什麼偏偏只有春季不用牝；又爲什麼只有
雞牲分出春季與秋冬？討論了半天，太學的博士們只知由來已久，
卻不詳根底。於是，便以徐閩所提爲據，規定全年各季都用雄雞，
才使意見歸於統一。這個眞實的故事，使我們明確了兩點：第一，
古時原來也用雌雞爲牲；第二，磔牲通用雄雞的規定，是從宋文帝
元嘉十年十二月開始的。

　　不過，這是說宗祀等大禮用雄雞。驅儺磔什麼雞？以前卻沒有
人提起過。按陰陽學說，禳鬼雖非大禮，卻理應用陽牲——雄雞。
沈約認爲，明帝大修禳禮，是儺中「磔雞宜起于魏」。我們在三代
和秦漢文獻中，確實並未見儺中磔雞的記載。

---

❾　上海《二十五史》本《宋書》第 55 頁。

3.魏明帝融儺於禳。魏明帝曹睿（227—233 年在位）將儺禮融合於禳禮，既是三國大儺萎縮的原因之一，也是大儺萎縮的直接結果。

沈約《宋書·禮一》，又記載並解釋了魏明帝以禳禮代儺禮的情況。他寫道：

> 舊時，歲旦常設葦絞、桃梗、磔雞於宮及百寺門，以禳惡氣。漢儀，則仲夏月，設之有桃卯，無磔雞。案：明帝大修禳禮，故何晏（論）禳祭，據雞牲禳釁之事。磔雞宜起于魏也。桃卯，本漢所輔卯金，又宜魏所除也。❿

儺乃驅疫趕鬼，禳則祭禱消災。人在儺中是主動的，在禳中則是被動的。儺並不祈禱上天幫助，禳則請求神來消災。儺是除夕之禮，禳禮則在大年初一進行。曹睿是不是嫌儺的層次太低，或者是因驅儺無效因而輕儺重禳，不得而知。但此時的儺不被人重視，是顯而易見的了。

沈約這是解釋有關葦絞、桃梗、桃卯和磔雞的變革情況。他說明：

第一，所謂「舊時」，是指曹魏時代。「歲旦常設葦絞、桃梗、磔雞於宮及百寺門，以禳惡氣。」與王肅所說大體相同。證明曹魏中期的「臘除逐疫」時，的確只剩下「葦絞、桃梗、磔雞」幾項儺俗。

---

❿　《宋書》第 41 頁。

第二，到了魏明帝曹睿手上，又對其禮制作了進一步的刪改。主要包括兩項內容：一、魏明帝不行儺禮，卻「大修禳禮」；二、魏明帝將大儺中的磔雞一項儀注移進禳禮。於是，大儺之禮沒有了，連曹魏中期的「臘除逐疫」所行儺俗也被溶融於禳禮。本就處於衰勢的驅儺之禮，此時已被禳禮完全取代。

4.兩晉多用漢魏舊制，沒有留下儺禮的消息。看來，兩晉跟曹魏一樣，也已不行儺禮。不過，方相送葬的習俗還有報導。

㈡南朝以儺俗代儺禮

整個南朝大體上繼承著魏晉舊制，文獻中也難見有關大儺之禮的記載。但是，有的朝廷又恢復了除夕儺俗。

1.劉裕「省」禳禮。前引沈約的文字最後接著說：「（禳禮）宋皆省，而郡縣此禮往往猶存。」（同上）

南朝多數朝廷將禳禮列在吉禮之中。劉宋初，武帝劉裕（363－422）輕鬼神而重祀祖，不僅不驅儺，連禳禮及其葦絞、桃梗，磔雞等儀注都被「省」掉。《南史·宋武帝紀》記載說：

> （永初三年）三月，上（劉裕）不豫，……群臣請祈禱神祇，上不許。惟使侍中謝方明以告廟而已。**⓫**

劉裕生病，大臣們要爲他祈禱神祇。他不同意，卻派侍中謝方明去祖廟稟告，以求保佑。不過，在郡縣地方上，仍然流行禳禮。

⓫　上海《二十五史》本《南史》第8頁。

而劉裕後代、劉宋第六位天子、明帝劉彧卻十分迷信，還在宮中規定了許多禁忌。

2.梁朝重新效仿魏晉之儺俗。當時的宗懍在《荊楚歲時記》中記載說：

> 畫雞戶上，懸葦索於其上，插桃符其傍，百鬼畏之。……
> 於是，縣官以臘除夕飾桃人，垂葦索，畫虎于門，效前事也。⑫

這兩段引文中，前段是說「前事」，中間有宗懍的按語，後段則是梁朝皇帝（縣官，古指天子）下令「效前事」的實際記錄。蕭梁宮廷也是不儺不襄，但恢復了「飾桃人，垂葦索，畫虎于門」的簡單儺制。這一點，交待得十分清楚。

3.陳朝禁「淫祀」。淫祀，大多主要是指裝神弄鬼、狂歡放縱的民俗活動。南朝陳宣帝崩，長子陳叔寶於太建十四年即位，是爲後主。他在當年四月就下詔說：「人間淫祀、妖書，諸珍怪事，並皆禁絕。」⑬於是，連同僧尼等鬼神之事全被禁絕。民間的儺儀活動，可能還曾被限制。但是，實際上禁而不止。不僅民間如此，皇族有人也常常違反規定。

---

⑫　譚麟：《荊楚歲時記譯注》第 16 頁，湖北人民出版社武漢版，1985 年。

⑬　《南史》第 35 頁。

㈢魏晉和南朝宮儺萎縮的原因

　　造成三國和南朝宮儺萎縮的原因，一方面是頻繁的戰事，在客
觀上使上層社會不可能按步就班照行漢制。民不聊生，奔逃流離，
有的敷衍了事，有的失去對節令習俗的興趣而無所舉動，久而久
之，禮俗觀念便漸漸淡薄；另一方面，在主觀認識上，這一時期的
思想解放運動，各方面的反傳統思潮，尤其是許多統治階層的人士
主張抑制鬼神迷信活動，曹操父子就是明顯例證。曹操本人不大信
鬼神，曹丕討厭談論鬼神，曹植還寫過一篇《說疫氣》，表達了鮮
明的觀點。他說：

　　　　建安二十二年，癘氣流行，家家有僵尸之痛，室室有號泣之
　　　　哀。或闔門而殪，或覆族而喪。或以爲疫者鬼神，……此乃
　　　　陰陽失位，寒暑錯時，是故生疫；而愚民懸符厭（壓）之，
　　　　亦可笑也。❿

　　當時，曹植並不懂得細菌致人病亡、且能大面積迅速傳染的科
學道理，但是，他認識到瘟疫的流行，造成大批人群死亡，是自然
界的客觀原因所致，不與鬼神相干，的確難能可貴。還有一種人，
從另一角度對儺禮加以否定，其代表人物就是何晏。他在議「五郊
六宗及癘殃」時說：

---

❿　轉自《神怪大典》第 492 冊之 20 葉，上海文藝出版社，1991 年。

《月令》：「季春磔禳……大儺」，非所以祀黃天也。夫天
道不謟，不貳其命。若之，何禳之？國有大故，可祈於南
郊。至于祈禳，自宜止于山川百物而已。**⓯**

　　何晏認爲，一年三儺本來就不應當舉行，「天道」不出問題，
何必磔禳？假如國家有大災大難，可以向天地祈求幫助。眞的要
「祈禳」，也應該只限於山川百物這些對象，而不是祀禳鬼神。與
曹植不同的地方在於：何晏重天地而輕鬼神，對驅鬼禳疫活動指手
劃腳；而曹植，則從客觀實際加以分析，不信鬼神，且只是一名發
表評論的旁觀者。

　　吳、蜀的上層人士中，也有持類似觀點的。南朝劉宋的劉裕、
陳朝的陳叔寶等人，更直接表達了對鬼神迷信的反感。總之，對驅
鬼禳疫這一套活動，作爲先賢遺制，又不能完全廢棄，其結果，只
能是行而不盛，不盛則衰。

㈣北朝宮儺復舊

　　與南朝的宮廷儺制情況形成對比，北朝卻有相對具體的實例，
總的情況是：北魏、北齊宮廷不僅有儺禮，而且，將大儺與軍武操
練聯繫在一起，形成了軍儺發展史上的重要時期。北周兼採梁和北
齊禮制，也會有儺，只是史家未曾具體記載。

　　北魏的大儺儀式，史無詳細介紹，但緊接著儺禮之後的軍事操
練，倒是具體而又精彩的，留在下節討論。這裡先說北齊的大儺之

⓯　《文獻通考》卷88，商務印書館上海版，1937年。

制。

1.北齊宮廷儺儀。《北齊書》無儺禮，《隋書·禮制》補記了這一材料。這說明正史不記儺，並不等於該朝沒有儺禮。《隋書·禮儀志三》寫道：

> 齊制：季冬晦，選樂人子弟十歲以上、十二歲以下爲侲子，合二百四十人。一百二十人赤幘皁褠衣，執鼗；一百二十人赤布褲褶，執鞞、角。方相氏黃金四目，熊皮蒙首，玄衣朱裳，執戈揚盾。又作窮奇、祖明之類，凡十二獸，皆有毛、角。鼓吹令率之，中黃門行之，冗從僕射將之，以逐惡鬼于禁中。其日，戊夜三唱，開諸里門，儺者各集被、服、器、仗，以待事。戊夜四唱，開諸城門，二衛皆嚴上水。一刻，皇帝常服即御座；王、公、執事、官第一品已下從六品已上、陪列預觀。儺者鼓噪入殿西門。遍於禁内，分出二上閣；作方相與十二獸儺戲；喧呼周遍，前後鼓譟，出殿南門。分爲六道出於郭外。⑯

北齊儺制，基本恢復了東漢末宮廷儺制。除夕之夜驅儺，但不磔禳；保留了方相與十二獸儺、鼓譟周遍等程序。其與東漢不同之處，大多是一些枝節，主要是圍繞藝術化和軍事化兩方面做文章。人員和樂器的增加、方相打扮的創新、「儺戲」名稱，都說明這一意圖。

---

⑯ 《隋書》第23頁。

2.人員的增加。北齊宮儺的侲子，比東漢增加了一倍，其中一半人頭包紅布巾，身穿黑色單衣，手執鼗鼓；另一半人則身穿紅布套褲，外加百摺裙，手拿鞞鼓和號角。這些孩子，已不是東漢時從事雜務的小太監「黃門子弟」，而是「樂人子弟」，曾受過專門培訓的小藝人，平時習舞、演舞，除夕驅儺。新加進的一倍侲子，除了加強「鼓譟」的聲勢之外，主要是加重樂器的分量。他們所用的鼓和號角，都是軍用樂器。鞞是騎兵拿在手上的一種小鼓，稱爲「騎鼓」。角，則是指揮收兵用的樂器，所謂「鳴角收兵」。漢代宮廷有《鼗舞》、《鞞舞》、《磬舞》等表演節目，但只將鼗用於儺儀。北齊統治者是已鮮卑化的漢族人，他們在儺儀中使用鞞和角，應當與其草原生活方式和尚武精神有關。

北齊新加了一個鼓吹令，正是爲了指揮這龐大的侲子樂隊，並爲「儺戲」指揮樂隊伴奏。

《隋書》未說北齊是否還倡「十二神吃鬼歌」，但中黃門應當依然是侲子的舞蹈老師。而在儺儀中「行之」，則有領頭或示範的意思。冗從僕射是行政長官，中黃門、侲子、方相和十二獸都歸他領導。

3.儺戲。在《隋書》原文中，特稱「儺戲」。這是把方相與十二獸儺看作是一種「戲」，可能有比東漢更精彩的表演。

4.關於方相形象，長期爭論不休。《隋書》所說的北齊方相給了人們一點很好的啓發。臉部戴飾有「黃金四目」的面具，並有熊皮蒙在腦部（熊皮蒙首），身穿玄衣朱裳，手上執戈揚盾。不完全是漢方相「蒙魌頭」的老式樣，但比漢代學者們說得更清楚。

5.觀儺。歷代宮廷舉行儺禮，天子一般都要親自到場。北齊也

不例外，是「皇帝常服即御座」，這裡還第一次明確交待了王、
公、執事、官第一品以下至從六品以上，都要「陪列預觀」。就是
說，規定這些上層官員都得陪著皇帝觀看驅儺。這些人不一定像漢
末侍中、尚書、御史、謁者、虎賁、羽林郎將、執事等那樣「陛
衛」。因為，六品以上官員都要出場，就不是十多二十人，而是一
大批人。

第三節　軍儺的出現及其早期發展

　　古代的季冬大儺，本是全國上下各行各業都要參與。在官方，
除宮廷和州縣官府之外，軍隊也應當驅儺。從理論上說，一方面，
軍隊要派一部分人馬參加宮廷儺禮；另一方面，其餘部隊也會分別
單獨舉行驅儺之禮。

　　軍隊單獨進行的儺禮及其演變形態，我們稱其為「軍隊儺」，
簡稱「軍儺」。或者說：軍儺，就是由軍隊單獨進行的儺禮及其演
變形態。宋代周去非《嶺南代答》中的「諸軍儺」，可以說，它就
是「軍儺」一詞的源頭。

　　早期的軍儺既是儺禮，又是軍事行動。晚期的軍儺則是從軍儺
演變而來，不一定都是軍事行動，但應當有其明確的演變淵源。漢
代宮廷儺禮有大批軍隊參加，但並沒有軍隊單獨驅儺的記載。晉
代，軍儺出現了。北朝則又有其初期發展的報導。

(一)儺與軍的關係

　　古代驅儺活動本身具有軍事性質，這在周代就很明確。驅儺主

角方相氏是軍隊的基層軍官，歸最高軍事長官夏官大司馬領導。依
照古人解釋，儺禮也是一種對付鬼疫的軍事行動。許多朝代把儺禮
歸屬於「五禮」中的「軍禮」類。晉代司馬彪《續漢書》，將東漢
禮制分爲禮儀類和祭祀類，儺列在禮儀類；《隋書》只有禮儀志，
而無祭祀志，並將儺禮與其它軍伍之禮編在一起；唐代更明確地將
天子親徵、凱旋、講武等，與儺禮一起稱爲「軍禮」；宋和明兩代
軍禮依然存在。總之，除了遼、金、元、清官方用本族原有巫俗，
不沿襲漢制驅儺、魏晉和南朝以俗代儺之外，大多數朝代實際上視
儺爲「軍禮」。而南朝儺的演變形態常被列在「吉禮」中。

　　「軍禮」中包括儺禮，軍儺又是儺禮的一支，儺與軍的關係很
密切。有關軍儺的史料時斷時續，各代軍儺又各有不同特點。在縱
向上，似乎缺少明顯的內在聯繫；從橫向說，軍儺與其它儺品種、
特別是與宮儺中的一些程序有些交叉，使人以爲軍隊驅儺只是宮儺
的附屬部分。所以，有人懷疑它的獨立存在，並不奇怪。**⓱**

　　像在大儺中鄉人儺有自己的獨立性和特殊性一樣，軍儺也有其
的獨立性和特殊性，它不同於其它儺品種。與其它儺品種最重要的
區別有兩點：

　　第一，軍儺是軍事單位獨立進行的儺事，雖不索室，卻指明是
一種驅疫「逐除」活動。

　　第二，後來，由軍隊儺事中又演變出一些藝術表演樣式。其形
式和內容，與軍武活動或軍武故事密切相關，至今還流傳著不少軍

⓱　吳爾泰：〈果真有個「軍儺」嗎──與庾修明同志商榷〉一文，對軍儺的
　　存在提出質疑，載《民間文學論壇》（北京）1990 年第 3 期。

儺劇目和文學作品。

㈡軍儺的發展序列

作爲儺的一個品種，軍儺也有它自己蘊育產生和演變的過程。大致是一個從「操練到儺戲」的發展系列。

1.軍儺的萌芽時期。周代實際上是把儺禮歸於軍禮之中。漢代宮儺中出現了大批軍隊——千騎傳炬，但尚無軍隊單獨驅儺的報導，可稱爲「軍儺萌芽」。

2.軍儺的產生和早期形態。晉代王澄「軍圍逐疫」，是已知最早有關軍儺的記載，標誌著軍儺的產生。

3.北朝時正軌的軍隊大儺示兵的活動。北齊則是在講武活動的最後，進行逐除。

4.唐代有說有唱的敦煌歸義軍儺禮，驅儺唱軍隊儺歌，這是軍儺的一個新發展。據鄧文寬研究了《兒郎偉·驅儺詞》中的九篇儺歌，認爲沙洲歸義軍除夕有其自己的「驅儺」儀式。

5.宋代不僅在稱爲「埋祟」的宮廷儺禮中，有千名軍人假面戲裝舞隊成爲主體，而且地方部隊也有其獨立的驅儺活動。並且，大多像地當桂林地方的靜江諸軍儺一樣，都採取「裝隊化」的舞隊形式，具有戲劇的某些特點，使軍儺又進了一大步。

6.明代又有貴州屯墾軍人專演「軍戲」的儺班，並且已有劇本。後來從軍屯演變成民屯，並由此遺傳下來著名的安順地戲。

㈢最早的軍儺實錄

《晉陽秋》中有一則關於軍儺的簡單報導，只有十五個字：

王平子在荊州，以軍圍逐除，以鬥故也。⓮

晉代王澄，字平子，琅邪臨沂人。其兄王衍，是當時的重臣。晉惠帝（290－306 年在位）末，王澄曾爲荊州刺史、持節都督。後來領南蠻校尉，到臨上任時，「送者傾朝」。可是，他卻脫衣爬上樹去弄鳥巢，「神氣蕭然，旁若無人」。有人說「以此做人，難得其死」。聽了這話，他心中一直不快。到任後「日夜縱酒，不親庶事。雖寇戎急務，亦不以在懷」。此時，正是「八王之亂」期間，「京師危逼」，他這才「率眾軍將赴國難」。最後，被他原先的好友王敦所害，死得很慘，年僅四十四，眞的「難得其死」。⓯

《晉陽秋》所記雖極簡單，但卻是有關軍儺的第一個報導。以下幾點對瞭解這「軍儺第一」，會有所幫助。

1.軍儺稱爲「逐除」。如前所說，「逐除」就是驅儺，與民間儺的稱呼一致，而與宮廷不同。

2.軍儺是部隊的獨立活動。宮儺是在宮廷裡舉行，有多種人員參加。軍隊傳炬趕鬼只是其中一個小節而已。王澄的「軍圍逐除」，則是軍隊在軍營裡單獨驅儺，沒有軍外人員參加。

3.形式和目的特殊。它不像宮廷以方相率百隸或侲子、並在軍隊幫助下驅鬼出宮，也不像民間儺那樣走街串村沿門逐疫。而是以操練的形式來圍剿「鬼疫」，而後「消滅」之，即所謂「軍圍逐除」。軍圍逐除的目的是「以鬥故也」，是出於軍事鬥爭的實際需

⓮　譚麟：《荊楚歲時記譯注》第 133 頁。

⓯　《晉書》第 143 頁。

要。

　　王澄前段的消極頹喪，帶來了很壞的影響，使得隊伍渙散無力。這種狀態怎能去「赴國難」？此時，他深深感到必須鼓舞士氣，重振軍威，才能取勝。便選用了宗教加軍事的複合手段——軍圍逐除。把實際的敵人當做虛幻的惡鬼來驅除，以激發部隊的戰鬥精神。

　　4.王澄軍圍逐除不是在除夕，也不是在臘前一日，而是臨時決定進行的活動，不必遵循儺禮對時間的規定。假如沒有王澄前段時間的消沉，或許就沒有這次「軍圍逐除」活動。

　　可見，最早的這種軍儺有其偶然性、獨立性和特殊性。它並不是直接繼承漢代軍隊參加宮儺的那種傳統，卻又明確宣稱是「逐除」——驅儺。這是古儺主幹上新長出來的一根新枝，創造了一個新的儺儀品種，標示著「軍儺」的誕生。

㈣北魏大儺耀兵

　　北魏的軍儺則與晉代不同，是因大儺而演兵耀武。《魏書·高宗文成帝紀》記載說：

> 　　（和平三年）十有二月乙卯，制戰陣之法十有餘條。因大儺耀兵，有飛龍、騰蛇、魚麗之變，以示威武。[20]

　　《魏書·禮四之四》說得更為具體。其中寫道：

---

[20]　《魏書》第18頁。

高宗和平三年十二月，因歲除大儺之禮，遂耀兵示武。更爲
之令：步兵陳于南，騎兵陳于北，各擊鐘鼓，以爲節度。其
步兵所衣青、赤、黃、黑，別爲部隊；盾、矟、矛、戟，相
次周回轉易，以相赴就。有飛龍、騰蛇之變，爲箱函魚鱗四
門之陳，凡十餘法，赳起前卻，莫不應節。陣畢，南北二軍
皆鳴鼓角，眾盡大譟。各令騎將六人，去來挑戰；步兵更進
退，以相拒擊。南敗北捷，以爲勝觀。自後踵以爲常。㉑

鮮卑族拓跋氏統一北方之後，追求漢化，但仍尚武，大儺耀武
即爲一例。這是又一種軍儺形式。

1.北魏大儺耀兵的性質。462 年 12 月除夕這一天，年僅 23 歲
雄心勃勃的北魏高宗文成帝拓跋濬（452－465 年在位），在首都平城
（今山西大同）的大儺之禮中，增加了軍隊單獨耀兵示武的操練活
動。這是全國上下統一的大儺活動的一部分。同樣，耀兵不「索
室」，也不「驅疫」，而是一種要求較高的軍事操練。但它是「因
歲除大儺」單獨進行的操練，意圖是借大儺之勢助長軍威，以戰勝
南方，進而統一全國，以軍儺爲政治宏圖服務。這是又一種特殊的
軍儺。

2.北魏大儺耀兵也是一種單獨進行的軍武儺事，但不是直接繼
承西晉「軍圍逐除」操練形式。所以，兩者有共性，又有區別。

這種操練活動，分南北兩軍，南爲步兵，北爲騎兵（代表著南
北方軍隊的特點）。兩邊都以鳴鐘擊鼓來調度指揮，步兵用青、紅、

㉑ 《魏書》第 314 頁。

黃、黑四種軍服來區分。雙方又用不同的武器，按盾、矟（騎兵使用的丈八長矛，又稱「槊」）、矛、戟（一種矛戈結合的長柄武器）的次序，你刺我擋，穿插擊鬥，輪番地周回交戰。兩軍不斷地變換隊形，陣法有十幾種之多。一會兒如飛龍，一會兒似騰蛇。又有古代的「魚麗之陣」，那本是古代車戰的一種。二十五乘車爲一「偏」，五人爲一「伍」。先偏後伍，前有車衝鋒，後有兵殺敵。由於部隊訓練有素，因而跪、立、進、退，都沒有不符合陣法要求的。然後，南北兩軍又各派出六名騎將，來去鬥打，士兵們也你進我退，相互攻擊。結果自然是南敗北勝。此後，這種示武便成定制，每年必行。

　　3.北魏大儺耀兵的目的。北魏統一北方之後，爲了取得漢族地主世族的支持，採取了寬容優惠政策，並且以宗主對苞蔭戶的統治爲地方政權基礎。同時，對羌、氐、漢等各族一般百姓，則實行殘酷的剝削和壓迫，破產的自耕農有的賣身爲奴隸，有的流亡異鄉，大多數則投靠地主，作爲苞蔭戶，以逃避賦役。那時北魏社會一直動盪不安，農民起義不斷。

　　太武帝拓跋燾太平眞君六年（445），盧水胡人蓋吳起義於杏城（今陝西黃陵），各族人民紛紛響應；起義迅速擴大，自稱天臺王。更爲嚴重的是首都平城也發生過平民反抗鬥爭。直到孝文帝改革職官制度和經濟制度，遷都洛陽，改變鮮卑人舊俗，融合民族關係，才有所好轉。

　　文成帝拓跋濬正是處在這一改革前，社會混亂，政局不穩的時候，舉行大儺耀兵示武，表達出了他平定起義、消滅南朝、統一全國的願望。所以，這示武的結局只能是「南敗北捷」。這種示武，

目的正是演示其抱負，以壯軍威國威。

㈤北齊逐除「軍交」

北齊大儺之禮有一項逐除「軍交」活動。《通典·禮·時儺》
記載說：

> 清河年中定令：歲十二月半講武，至晦逐除，二軍兵馬右入
> 千秋門，左入萬歲門，並永芳南下，至昭陽殿北二軍交，一
> 軍從西上閤，並從端門南出閶闔門前橋南，戲射。並迄，送
> （疫）至城南郭外，罷。㉒

這是北齊中期對本朝宮儺的補充。北魏「大儺耀兵」可能曾被
北齊所繼承，後來被改造。

1.逐除「軍交」的性質。北齊高湛年間的逐除「軍交」，是軍
事課程之一，那是講武的一個部分。講武從十二月半開始到除夕結
束，逐除「軍交」則是講武的最後一個科目，也是宮廷儺禮的最後
一項程序。這是講武與大儺結合的另一種形式。

這種「軍交」，可能先前在講武處所單獨進行，形式與北魏大
體相同，是純粹的軍儺。北齊中期被當作講武的最後一個科目，加
進了宮儺。進宮驅儺的軍隊畢竟有限，其它部隊會另有獨立的逐除
軍交活動。

2.北齊宮儺中添加「軍交」的目的。北齊武成帝高湛時正是周

㉒ 《通典》8 典 423 頁，中華書局北京重印本，1984 年。

軍屢屢來犯、威脅北齊政權的緊要時期。清河二年十二月，北周的楊忠率領突厥阿支那木可汗等二十餘萬人，自恒州分三路來犯。此時，太原雨雪連月，本就不祥，高湛到達晉陽不久，周軍就逼進并州（今太原）。第二年正月雖打敗了周軍和突厥，但又出現了豫州刺史王士良獻城降周的事件。總之，清河年中多事。可能正是這種不祥和危難的局勢，促使高湛在宮儺中加進了「軍交」的儀註。

　　3.北齊「軍交」的特點。在講武課程中，「軍交」也是一種操練活動，與西晉的「軍圍」和北魏的「耀兵」一脈相承。可見，前期軍儺都以操練爲主要表現形式，但在細節上也有較多的差別：

　　第一、人員組成不同。東漢宮儺是騎兵，北魏北軍是騎兵、南軍是步兵，而北齊則只有步兵。

　　第二，活動場所不同。東漢騎兵只在端門外傳接火炬，西晉和北魏是在閱兵場演兵，北齊則分爲兩部份，其中的一部份直接進入宮內作「軍交」逐除。

　　第三，逐疫方式不同。東漢是接力，西晉是圍剿，北魏是擺陣，而北齊則只是交叉會合而已。

　　第四，氣氛不同。北齊「軍交」不那麼嚴肅，氣氛比以前各代活潑些，特別是最後的「戲射」，差不多是做遊戲。這是因爲目的不同。北齊的「軍交」是祛晦氣，目的與以前幾朝都不同。可見，早期軍儺都是根據當時當地的實際需要來設置的。

㈥魏晉南北朝軍儺是否用面具

　　古儺的一大特色是都用面具。那麼，魏晉南北朝的軍儺也用面具嗎？我們先看看古代的一般情況。

1.古代的軍用面具。與世界各國一樣，我國古代戰爭中也曾經廣泛使用過面具，軍用面具包括將士面具、軍畜面具（包括馬和其它軍用牲畜所用面具，如馬面具、牛面具等）、兵飾面具（兵器上的裝飾面具）、旗鼓面具（旗鼓等軍用物品上的裝飾面具）和鎮營面具（一般懸掛在軍帳內）等。

軍用面具，還可依式樣、質料、用途等進行分類。在式樣上，有假形、假頭和假臉之分；在質料上，有布、木、銅、鐵、金等分別；而在用途上，總的可歸於實用面具部類，具體用途卻不限於實用，歸納起來，不外乎五種：

護身。保護頭臉，戴金屬面具有很好的保護作用。

隱形。使對方弄不清我方出戰將士的眞實面貌，在心理上迷惑敵人。

驚敵。以凶醜威武的面具形象，突然出現在敵人面前，使敵人驚恐失色。

巫術。利用人們的迷信心理，以面具的某種「神力」，增加神秘氣氛，給敵方心理上以壓力，或者以面具作爲軍營的保護神。有的則在軍人的衣帽上佩帶或鑲嵌小面具，以爲護身符。

裝飾。在人、畜、物和軍營住處乃至軍旗上裝飾面具，使車陣更爲壯觀和氣派。

2.晉和南北朝將士面具實例。現有資料說明，我國古代軍人作戰用面具，以兩晉南北朝和宋代最爲頻繁。兩晉和南北朝將士作戰用面具者，僅正史裡就有多處記載，有的還被編成樂舞，長期流行於國內外。

例1：朱伺鐵面自衛。《晉書·朱伺傳》記載說：

夏口之戰，伺用鐵面自衛。……箭中其脛，氣色不變。㉓

　　這是西晉末年的事情。朱伺隨陶侃去鎮壓起義軍，在夏口（今漢水下游一帶）戰役中，他就是戴著鐵製面具作戰的。但朱伺保住了頭，卻未能保住腿，脛骨還是中了一箭。不過，他很堅強，腿上中了箭，仍然氣色不變。

　　例2：史韋孝鐵面防射。《北齊書·神武帝紀·下》說：

九月，神武圍玉壁，以挑西師。不敢應。西魏晉州刺史韋孝
寬守玉壁城中，出，鐵面。神武使元盜射之，每中其目。㉔

　　這是武定三年（545）的事情，齊高祖神武皇帝高歡圍攻玉壁城（山西稷山西南），向西魏守軍挑戰。守城的晉州刺史韋孝寬不敢應戰，上城頭觀察城外軍情，也要戴上鐵面具。高歡便令神射手元盜，對準韋孝寬面具射箭，每次都能射中。元盜的功夫可稱絕活，但不一定每次都能射中眼睛。不然，韋孝寬也絕不會再次上當，更不會有「每中其目」的事發生了。

　　例3：蘭陵王假面敗敵。《北齊書·蘭陵王傳》記載說：

芒山之敗，長恭爲中軍，率五百騎再入周軍，遂至金鏞之
下，被圍，甚急。上人不識長恭，免冑示之面，乃下弓手救

㉓　《晉書》第 248 頁。
㉔　《北齊書》第 5 頁。

之。于是，大捷。武士共歌謠之，爲《蘭陵王入陣曲》是也。㉕

　　這是一個非常有名的故事。北齊蘭陵王高長恭，是文襄帝高澄第四子，當朝皇帝溫公高緯的堂兄弟。他「貌柔心壯，音容兼美，爲將躬勤細事，每得甘美，雖一瓜數果，必與將士共之。」他一表人才，廉政勤奮，機智勇敢，屢建奇功。並且，品格高尚，一心爲國，愛兵如弟兄。但是，高緯對他很不放心，於武平四（573）年五月，「使徐之範飲以毒藥」，把他害死了。事後還假惺惺「贈太尉」，給了個空頭銜。而高長恭，在聽完徐之範宣讀高緯賜死的聖旨之後，從容不迫，把別人欠他的千金借條，付之一炬，然後服毒自盡，至死還是那樣寬厚待人。

　　芒山齊周之戰，北齊軍先是敗陣，高長恭作爲中軍將領臨危不懼，率五百騎兵再次衝進周軍，戰至金墉城（今洛陽）下，又被周軍包圍，情況十分緊急。此時，他發現城上的人尚未認出自己，便迅速摘下頭盔，戴上了奇怪的獸形面具，並讓士兵向敵軍射箭，使周軍不知所措。結果，反敗爲勝。事後，部下們大唱歌謠，頌揚他的功績，並編排了有名的《蘭陵王入陣曲》。此舞在隋唐之後長期流行，還傳到日本。後在中國失傳，卻被日本保存至今。1961年，我國著名京劇藝術家李少春去日本重學此舞，並戴回面具、服裝等道具，還在北京作過表演。

　　例 4：後周《安樂》假面舞。《舊唐書·音樂志·二》記載

㉕　《北齊書》第 17 頁。

說：

> 《安樂》者，後周武帝平齊所作也。行列方正，像城廓。周
> 世謂之《城舞》。舞者八十人，刻木爲面，狗喙獸耳，以金
> 飾之，垂線爲髮，畫襖，皮帽，舞蹈姿制，猶作羌胡狀。❷

北周武帝宇文邕是位有才能的皇帝，他的改革促進了經濟的恢復和發展，增強了國力。在他滅亡北齊，俘獲溫公高緯（當時他讓位其子高桓）之後，爲宣揚自己的功績，便創作了這個《安樂》舞。後來，又改稱爲《城舞》——舞隊四四方方，像一座堅實高聳的城壘。

八十人代表著北周八萬大軍，全是假面裝扮。那面具，是用木頭刻成的狗嘴獸耳形，並用金色裝飾一番。北周的禮樂制度多學北齊和梁朝，北齊儺制有方相和十二獸，或許此舞含有儺禮的影響，也未可知。而以線爲髮、「作羌胡狀」的舞姿，顯然是鮮卑族舞蹈風格。

3.早期軍儺應當用面具。上面所舉，前兩則是假面實戰，後兩則是由假面實戰演變成的假面軍事歌舞。從多方面分析，軍儺用面具的可能性很大：第一，儺儀本來就是一種假面藝術，軍儺也用面具，理所當然。第二，由實戰用假面到驅儺用面具，合情合理。反過來說，實戰用面具，也有假面儺禮的影響。第三，從實戰用面具、假面軍事歌舞到假面軍儺，也是順理成章的事情。

---

❷　上海《二十五史》本《舊唐書》第 136 頁。

不過，參加逐除的軍人一般會有幾千幾萬，甚至幾十萬，製作那麼多面具太難，不可能每個軍人都戴面具。最可能戴面具的是軍官，或者軍中主管禮典的官員，或者軍中之「狂夫」。

第四節　方相送葬規格的變化

魏晉南北朝時代，已抑制了東漢的厚葬風氣，葬禮大爲簡化。不過，方相送葬的傳統卻一直延續不斷，而且有了較大的變動。

㈠官方的方相送葬規格

《晉書·禮志·凶禮》有如下的說法：「魏晉以來，大體同漢。然自漢文革新喪禮之制，後尊之，無復三年之禮。」❷這說明，魏晉的喪制，大體上與漢代相同，只有守孝三年一事，自西漢文帝以來已不大流行（實際上，後來還是有人守孝三年）。南北朝沿用魏晉之制。晉代讓方相降格爲王公送葬；南北朝更進一步分出方相與魌頭兩個新規格。

1.三國魏制。曹操從小「任俠放蕩」，從政後著力改革，頗有建樹。他反對厚葬，禁百獸、碑銘，省明器、儀仗（晉元帝大興元年，重新允許立石碑）；強調學習古人脊地簡葬、不墳不樹的好傳統。那著名的「臨終遺令」，世代傳爲美談。他說：

> 天下尚未安定，未得遵古也。葬畢，皆除服。其將兵屯戍

---

❷　《晉書》第68頁。

者，皆不得離屯部；有司各率乃職。斂以時服，無藏金玉珍
寶。❷

統一大業尚未完成，天下還不安定，不能照搬古法。曹操立下
遺囑，要求下葬之後，立刻除去孝服。各地的部隊，包括屯墾戍邊
的官兵，都不得離開自己現有崗位。各種官員也都要堅守自己的職
責。入棺收斂時，只穿他平時的衣服，不要另做豪華壽衣；也不要
用金玉珍寶隨葬。曹操的確是開明求實的「非常之人，超世之
傑」。❷

魏文帝曹丕遵行曹操遺令，並且，爲了節省，也鑒於西漢金縷
玉衣屢屢被挖，還明令廢除玉匣之制。他還規定了喪禮廢樂等一系
列簡葬措施。

2.三國蜀制。《三國志·蜀書》關於劉備喪事的記載說：

（章武三年）夏四月癸巳，先主殂于永安宮，是年六十
三。……百寮發哀，滿三日除服；到葬期，復如《禮》。❸

《宋書·禮制》也有類似記載。劉備當時已經稱帝，屬於大喪
之列。戰爭時期一切從簡，三日除服，地方和各部隊也是一樣。不
過，「到葬期，復如《禮》」，還是有方相送殯的程序。此「禮」

---

❷　《三國志·魏志》第8頁。
❷　同上註。
❸　《三國志·蜀志》第108頁。

指《周禮》中大喪之禮。其葬禮的具體做法，當與東漢後期相似。

3.三國吳制。《三國志·吳書》未說孫權的喪事。《宋書》只說孫吳有關三年守孝的事。但孫權也已稱帝，理應用方相送葬。

4.山陽公之葬——方相送葬規格下降的始因。東漢末年的天子獻帝劉協，當的是傀儡皇帝，董卓、曹操都以天子的名義，發號施令，把持朝政。曹操死後，曹丕更演出了一場「皇帝遜位」的鬧劇，於是「魏王丕稱天子，奉帝爲山陽公」。這劉協活得窩窩囊囊，死後還算體面：

> 魏青龍二年三月庚寅，山陽公薨。自遜位至薨十有四年，年五十四，謚孝獻皇帝。八月壬申，以漢天子禮儀葬于禪陵。❸

唐章懷太子李賢註引用司馬彪《續漢書·禮儀志》（即今本范曄《後漢書，禮儀志》）有關天子大喪的記載說道：「方相氏黃金四目，蒙熊皮，玄衣朱裳，執戈揚盾，立乘四馬先驅。」那麼，劉協的葬禮應當與漢天子的大喪禮制一樣。

對曹魏來說，這是一個特例，是曹丕做給世人看的一種姿態。但是，卻在儺史上打破了一項紀錄：第一次眞的將方相送葬的規格降低了一個等級。因爲此時的劉協，只是一個「公」，不在大喪之列；然而，他原先本是正宗的天子，用大喪之禮又無可非議。就此看來，方相送葬的規格之所以會出現下降，最初的直接原因，就出

---

❸　《後漢書》第 32 頁。

自劉協這種「由帝而公」的特殊地位。與曹丕這種做法相比，孫吳丁孚對東漢陰、鄧二皇后用大喪之禮的批評，就顯得吹毛求疵了。

　　5.兩晉大喪從漢魏。《宋書·禮制》「凶禮」說「大晉紹承漢魏」。又說：

> 漢儀：「太皇太后、皇太后崩，長樂太僕、少府、大長秋典喪事；三公奉制度，它皆如《禮》。」魏晉亦同天子之儀。㉜

　　不僅魏制如漢，晉制也如漢。皇后本是天子之葬，故不另作交待，《晉書·左貴嬪傳》中，收錄了一篇哀悼楊皇后的「誄」。其中寫道．：

> 惟泰始十年秋七月景寅，晉元皇后楊氏崩，嗚呼哀哉。……方相伉伉，旌旗翻翻；挽童引歌，白驥鳴轅；觀者夾途，士女涕漣；千乘萬騎，迄彼峻山……。㉝

　　左貴嬪，姓左，名芬。她「少好學，善綴文，名亞於思。武帝聞而納之。泰始八年拜修儀。」左芬是一位宮廷才女，她的名聲，僅次於她的兄長左思。晉武帝司馬炎知道她才華出眾，便納入宮內，作爲妃子。她「姿陋無寵，以才德見禮，體羸多患，常居薄

㉜　《宋書》第 69 頁。
㉝　《晉書》第 111 頁。

室」。她貌醜多病，但文章寫得特別華麗生動，因此司馬炎收爲妃
子，「每游華林，輒回輦過之，言及文義，辭對清華，左右侍
聽」。只是乘著車輦到左芬住處彎一下，問問文章方面的事，添點
知識，多點樂趣，並不留宿。而左芬，也總是恭敬地侍候於左右，
有問必答。遇有婚喪喜事，或者得到了「萬物異寶，必詔爲賦」，
少不了要她寫一篇。一句話，她並不是作爲司馬炎的妻妾而存在
的，僅僅是一名御用文人而已。她的著作不少，曾有幾十篇名作流
傳於後世。272 年，武帝讓她當「修議」。武元皇后死後，才封她
爲「貴嬪」。

武元皇后，名叫楊艷，字瓊芝，司馬炎的元配妻子，274 年七
月去世，左芬此誄，就是贊頌和哀悼她的。方相仡仡，是指高大壯
勇的方相氏，威風凜凜地在柩車前面趕鬼的形象。旌旗翻翻，是指
爲棺柩開路的旗子迎風飄揚的情景。在柩車的後面，又有兒童們唱
著輓歌。送葬的車隊所用的馬，全是白色的，也是帶孝的意思。沿
途百姓夾道觀看，男男女女也都淚涕俱下。那浩浩蕩蕩、莊嚴隆重
的送葬隊伍，一直到那崇峻的山地陵園墓前，才停了下來。氣派不
可謂不大。

6.南北朝大喪基本同於魏晉，大多又強調喪事從簡。讀清代嚴
可均校輯的《全上古三代秦漢三國六朝文》南北朝部分，可知史學
家們最注重的並不是方相送葬之類的細節，而是對五服、銘器、喪
樂等制度的解釋，並經常爲此發生爭論。大喪方相送葬本是慣例，
故《晉書》乃至許多朝代的《禮志》都省去不說。

㈡公侯百官葬制

如果說，曹丕爲山陽公劉協用大喪之禮下葬，是因爲劉協原來當過皇帝，那麼，兩晉的上公葬禮，則使方相送葬之禮降下一大格。南北朝更是三品以上官員送葬也用方相，還生出了低級官員用「魌頭」送葬的新規矩。

1. 晉葬司馬孚。《晉公卿禮秩》記載說：

上公薨者，給方相車一乘。安平王薨，方相車駕馬。**㉞**

安平王，即安平獻王，名叫司馬孚，是司馬懿的親弟弟，晉武帝司馬炎的叔祖父。早先是三國曹魏的大臣，一生忠於曹氏政權。其見司馬懿進行篡權活動，他從不參加。司馬昭殺皇帝高鄉公曹髦，百官無人敢去奔喪，唯有他偏去嚎啕大哭。他說：「殺陛下者，臣之罪。」當時的太皇太后、司馬懿的妻子，下令以葬百姓的規格葬曹髦，他又去上表，「乞以王禮葬，從之。」272 年，他自己活到九十五歲才去世。臨終還說；「有魏員士，河南溫縣司馬孚，字叔達，不伊不周，不夷不惠，立身行道，始終若一。當以素棺單椁，斂以時服。」他忠於曹魏，堅持從一而終，並不把自己看著是晉代皇族的先輩。

司馬炎對他特別崇敬，因而破格用方相爲他送葬。不過，這未必只是由於血緣關係。他說，司馬孚「勛德超世，尊寵無二」。**㉟**

㉞　〔宋〕《太平御覽》五五二卷。
㉟　《晉書》第 125 頁。

這才是更爲重要的緣由。樹立如此忠君的榜樣，可激勵西晉的文臣武將，也都堅貞不渝的侍奉司馬政權。

據《晉書・安平獻王傳》說，其喪事「依漢東平獻王蒼故事」。（同上）查《後漢書・東平獻王傳》，並無用方相送葬一說，但「加賜」了車馬儀仗。❸⑥司馬孚不僅享受了劉蒼的待遇，還用了方相送葬的厚遇。當然，他畢竟不是帝、后、太子，不可能用全部的大喪之禮。「方相車一乘」，雖有方相車，卻也只用一匹馬拉，而不是爲皇帝送葬方相車的四馬。

2.南朝王侯葬禮依晉制。晉代的上公葬制，後來幾乎成了一種定制，被南朝一直沿用著。譬如南齊，就一直沿用晉安平王之葬法來葬王公。略舉數例，可見一斑。

例 1：南齊竟陵王葬禮。《南齊書・武十七王傳》記載：「竟陵王（蕭）子良，……葬禮依晉安平王孚故事。」❸⑦竟陵王蕭子良，字雲英，南齊世祖武帝第二子，死時三十五歲。

例 2：南齊鬱林王葬禮。《南齊書・鬱林王紀》：「鬱林王昭業，字元尙，文惠太子長子，小名法身。……文惠太子薨，立昭業爲皇太孫，居東宮。世祖崩，太孫即位。」❸⑧鬱林王蕭昭業，是武帝（世祖）蕭頤之孫，蕭頤去世，由他即位。第二年，被武帝之侄蕭鸞所殺；立昭業之弟昭文爲帝，又被殺。至此，高帝蕭道成、武帝蕭頤的子孫，幾乎全被殺光。鬱林王蕭昭業享年二十一歲，「殯

---

❸⑥　《後漢書》第 170 頁。

❸⑦　《南齊書》第 76 頁。

❸⑧　《後漢書》第 10 頁。

葬以王禮」。（同上）《南朝齊會要》「凶禮·喪禮·王公表」條
說，即「晉安平王孚故事」❸這是降格以王禮葬天子，只因葬天子
者，即殺天子者。

　　例3：南齊曲江公葬禮。《南朝齊會要》記載：「永元元年，
平西將軍曲江公遙欣卒，葬用王禮。」❹《南齊書·宗室傳》「遙
欣傳」說：「遙欣，字重暉，宣帝兄」，「卒年三十一，贈侍中司
空，謚康公，葬用王禮」。❹也是葬司馬孚的規格。

　　例4：南齊長沙郡王葬禮。《梁書·長沙嗣王傳》記載說：高
祖長兄懿，字元達。「時東昏（王）肆虐，茹法珍、王咺之等執
政，宿臣舊將並見誅夷，懿既立元勳，獨居朝右，深爲法珍等憚。
乃說東昏，……遂遇禍。」後來，和帝爲其平反，封長沙郡王，並
且「葬禮一依晉安平王故事。」❹蕭懿是梁高祖武帝蕭衍的長兄，
曾任南齊尙書令。東昏王在位時，茹、王專權，大殺功臣武將。此
時，蕭懿便成了他們的主要障礙。於是，他們向東昏王進讒言，編
造蕭懿要重演南齊隆昌年間蕭鸞殺鬱林王故事的謊言。東昏王信以
爲眞，要迫害於蕭懿。蕭懿親信已秘密向他報告，準備了船，勸他
出走。他卻說：「古皆有死，豈有叛走。」終於被害。直到和帝就
位之後，才爲他平反，厚禮重葬，謚宣武。

❸　朱銘盤：《南朝齊會要》第71頁，上海古籍出版社，1984年。

❹　《三國志》第8頁。

❹　《南齊書》第85頁。

❹　《梁書》第40－41頁。

㈢魁頭送葬

　　古代葬禮中的方相與魁頭之分始於南朝，北朝也沿用。文獻中南朝的材料不甚明確，而北齊則留有具體的文字實錄。舉幾例如下。

　　1.最早在葬儀中出現的魁頭。方相與魁頭之分，在南朝前期就已經出現。生活在晉末至蕭梁時期的隱士、著名學者晉沈麟士的遺囑，透露了一點消息。《南史·隱逸·沈麟士傳》說：

> 沈麟士、字雲禎，吳興武康人也。祖膺期，晉太中大夫；父虞之，宋樂安令。
> （天監）二年卒于家，年八十五，……自爲終制遺令：……冢，不須聚土成墳，使上與地平，王祥終制亦爾；葬，不須輴車、靈舫、魁頭；不得朝夕下食，祭奠之法至于葬，唯清水一杯。❹

　　沈麟士（419－503），生於東晉末，死於南朝梁，享年八十五歲，浙江湖州人。祖父和父親分別做過東晉和劉宋的官。受叔父的影響，他一生不願做官。學識淵博，清貧著作，隱居教學。其間，因朝廷下令，不得不做了短期整理經書的官。他臨終遺囑葬事從簡：葬後不做墳堆，那是學「二十四孝」之一的魏晉隱士王祥；殯葬時，不用輴車，不用靈舫（燒給死人的紙紮物），也不用魁頭；葬

---

❹　《南史》第 206 頁。

後也不許破費，祭祀只準用一碗清水。他的兒子都照辦了。

南朝方相送葬依晉制，但新增加了送葬分方相和魁頭兩種規格。在方相爲王公送葬的同時，下層官員和平民百姓送葬則可以用魁頭。沈麟士作爲隱居文人，自然沒有用方相的資格，只能用魁頭。但他是一個薄葬主義者，連魁頭也不讓用。

2.北齊：我們不知道南朝幾品官以上用方相葬，幾品官以下用魁頭。而比沈麟士晚半個世紀的北齊，則有具體、明確的標準。《隋書·禮儀志三》寫道：

> 後齊定令：親王、公主、太妃、妃及從三品已上及五等開
> 國，通用方相；四品已下達于庶人，以魁頭；旌，則一品九
> 旋，二品、三品七旋，四品、五品五旋，六品、七品三旋，
> 八品以下（原文誤爲「上」）達于庶人唯魁而已。❹

北齊葬制規定得清清楚楚，不僅大喪和三品以上的官員和五等以上的開國元勳，都用方相。四品以下的官員直到百姓，都用魁頭，十分明確。用魁頭者，還配有其他旌旗等不同待遇。

第五節　職業儺班和民間方相的出現

民間方相和民間儺班，是魏晉南北朝民間儺事的又一新發展。它們存在的時間都不長，但在儺史上有重要的意義。

---

❹　《隋書》第 21 頁。

㈠孫綽與民間職業儺班

梁朝殷藝《小說》，留下一則晉代民間儺的史料，也很重要。其中寫道：

> 孫興公常著戲頭，與逐除人共至桓宣武家，宣武覺其應對不凡，推問，乃驗也。**❹❺**

孫興公，即孫綽（公元 314-371 年），字興公，晉代著名的文學家，官至廷尉卿。《晉書·孫綽傳》說他「博學善屬文」，「性通率，好譏議」。**❹❻**

逐除人即驅儺人。桓宣武即桓溫（312-373），字元子，官至大司馬，權傾一朝。《晉書·桓溫傳》說他「豪爽有風概，姿貌甚偉」。**❹❼**《晉書·桓玄傳》說：桓玄篡位之後，「追尊其父溫宣武皇帝，廟稱太祖；南康公主（晉成帝之女，桓溫之妻，但非桓玄親母）為宣皇后。」**❹❽**故稱桓溫為「宣武」。

文學家孫綽，經常戴著表演用的假頭，跟民間驅儺藝人到大官僚桓溫家裡去演出。在接觸中，桓溫發現他素質很高，與其它逐除人不同。一追問，果然如此。

這應當是一個會表演精彩節目、甚至有故事情節的儺戲的儺班，而且是一個職業儺班。理由是：

---

❹❺　譚麟：《荊楚歲時記譯注》第 113 頁。

❹❻　《晉書》第 179 頁。

❹❼　《三國志》第 300 頁。

❹❽　同上註。

第一，儺班「常」去桓溫家，不會總是驅鬼。那「應對」的環境輕鬆自如，毫無緊張神秘的氣氛，不像是驅鬼。那麼，逐除人「常」去做什麼呢？

隋代杜臺卿《玉燭寶典·十二月季冬》，有一段轉述《異苑拾遺》的引文，末尾出上述引文多了一句話：「其夜，爲藏勾（鈎）之戲」。⑲《藝經》說：「臘日飲祭之後，叟嫗兒童爲藏鈎之戲，分爲二曹，以交（校）勝負。」⑳藏鈎之戲，只是臘日這一天的一種老弱婦幼遊戲，用不著僱外面的男子漢們來幫忙，也並非「常」事。顯然，逐除人不是去參加藏鈎遊戲。

第二，孫綽與逐除人總有志趣相投的地方，否則不可能「常」在一起。孫綽性格開朗直率、風趣幽默，作爲文學家，他肚子裡又有很多故事。他的這種性格和文學修養，正是雙方得以結合的基礎。孫綽愛湊熱鬧，藝人需要指導。所以，孫綽和驅儺藝人在一起，應當與表演節目有關。

第三，「戲頭」不是一般的驅儺面具。以往多說送葬用「魁頭」，而這裡卻特稱「戲頭」。可見，此「頭」不是一般凶醜造型的驅儺面具，應該是一些與表演文藝節目有關、甚至與表演人物故事有關的面具，一種儺戲面具，故稱爲「戲頭」。

第四，晉代的官僚豪門有「比闊」的風氣，一般上層人家都養有「家伎」。這些藝人經常演出，大多有較高的藝術修養。與孫綽

---

⑲　《玉燭寶典及其他三種》，《叢書集成初編》本第 418 頁，商務印書館上海版，1939 年。

⑳　轉自《辭海》，1989 年版第 699 頁。

和桓溫同時代的老前輩、晉成帝的舅父庾亮（289－340），爲人正直清廉。他死後，家伎們追思他的功德，編了一個舞蹈節目，以皇帝賜給庾亮的諡號爲名，稱爲《文康樂》。此舞後成爲宮廷樂舞的壓臺節目，改名爲《禮畢》，流傳了三百年之久，還傳到朝鮮。⑤這說明，庾亮家伎的藝術水平也很高。而晉成帝的女婿桓溫，爲人放達奢侈，他的家伎水平絕不低於庾亮家。可想而知，孫綽和逐除人如果沒有自己的表演特色，沒有更加引人入勝的節目，桓溫斷不會一再召他們進府去表演。

第五，「常」去，就不是一次性活動，說明這些逐除人是一個相對穩定的集體，他們應召去桓溫家表演，則是一種職業。從與桓溫的「對應」中還能體會到，這些逐除人經濟狀況並不好，文化也不高，讓桓溫一下子就發現他們的素質不如孫綽。爲了應付桓溫的召喚，爲了生活，他們只有刻苦鑽研，不斷創新，努力推出更具藝術魅力的節目，才能維持生活。這正是民間儺班能創作有生氣、吸引人的新節目的動力。

這種民間儺戲班，後來似乎未能延續，南北朝以來很長時間都不見有關類似團體的記載。

㈡民間方相

北齊除了朝廷規定的方相、魌頭送葬之禮外，還有一種民間方相，這是儺史上的一種特殊的葬禮儺俗。《北史·樊遜傳》第一次報導了這一消息：

---

⑤　《晉書·音樂志》詳載此舞沿革。

天統元年，加員外郎，居七八日，行遇輀車，顣眉下淚，指方相曰：「何日更相煩君一到。」數日而卒，雇方相送葬，仍前逢者。㊿

樊遜（？－565），字孝謙，河東北猗氏（今山西臨猗南）人。祖父和父親均未做官，出身於平民家庭。他從小勤學，受母訓，墻貼「見賢思齊」條幅，立志向聖賢看齊。他長相醜陋，沉默內向，趕不上時代潮流。小時受哥哥責難，走上社會又常被人譏笑。但是，樊遜才氣過人。北齊天保八年（557），曾在三千人的大會上，獲得「文章成就莫過樊孝謙」的美稱。他自己卻很自卑，當被任命爲員外將軍時，他推辭說：「門族寒陋，訪第必不成，乞補員外。」總覺得自己出身卑微，只能當個低等官。到天統元年（565），才加官至員外散騎侍郎，即員外郎，一種皇帝近侍官。侍郎爲正四品，員外一般爲副職，在四品以下，不夠方相送葬的資格。加官後七八天，在路上遇到人家送葬，見到裝載棺材的喪車，突然一陣悲傷，皺著眉頭流下了淚，對在輀車前面趕鬼開路的方相說：「幾時還得麻煩你到我家去幫一回忙。」不想，過了幾天樊遜眞的死啦。他家裡的人雇請了一位方相來送葬，正好就是幾天前樊遜本人在路上碰到的那一位。這方相，就是職業化的民間方相。

這件事之所以被記載下來，一是樊遜作爲學者，當時名聲極高；二是樊遜路約方相竟然如此碰巧，著實奇特。否則，史家那會錄下此等小事。這是已知最早的民間方相。它產生於北朝，應當是

㊿　《北史》第298頁。

漢文化與少數民族文化融合的產物。

樊遜是一位無神論者，他批判佛、道，反對出家和鬼神迷信。這在他著名的《舉秀才對策》一文中，發揮得淋漓盡致。臨了怎麼會相信方相驅鬼的規矩呢？是心理變態，還是依隨風俗？看來兩種因素都有。他平時淡薄名利，有可能後來反感到太委屈，連方相送葬的待遇也不能享受。方相送葬是北朝社會普遍重視的習俗，樊遜身在其中，在強大的習慣勢力面前也會有所顧及。如同現今的無神論者，跟著大伙爲死人燒幾張紙錢一樣。

這個故事告訴我們：

第一，北齊禮制既嚴格又靈活。北齊從三品以上用方相、四品以下用魌頭的規定，確實得到了貫徹。四品以下的官死去，朝廷不會派方相送葬，還不含糊；但自己卻可以雇用民間方相。

樊遜官位不夠使用朝廷規定的方相送葬資格，其實是他自己造成的。假如，當時他接受員外將軍之職，後來又加了官，便是三品以上了。不過，可以雇請民間方相來補償。這在以前的任何朝代，都是不允許的。

第二，民間方相是一種商業化的行業。在北魏孝文帝改革並遷故洛陽之後，北方的商業大有發展。南北方民間的商業往來，並未因戰事而中斷，相反北方各地還有新的開拓，對外貿易依然十分頻繁。養蠶織絲的技術也就是北朝時傳到西方去的。那時，常駐洛陽的外地和外國的客商，多達「萬有餘家」。❸爲人送葬的民間方相，就是在這種環境中產生的。包括樊遜遇到過和未曾遇到過的方

---

❸　《洛陽伽藍記》卷3。

相們，是一個專門替私人送葬的職業化群體。雇主可以臨時雇傭他，也可以事先預約。洛陽是當時北方第一大都會，只有一個民間方相，是絕對不夠用的。雇用這樣的方相，使喪家所費不多，卻能得到名譽上的滿足。它適應社會需要，因而有穩定的市場。

第三，民間方相的出現，經歷了一個漸進的過程。魏晉之前，只有宮廷才能設置方相氏，用於驅儺和大喪送葬，「人臣不敢備方相」；❸晉代打破兩千年舊規，王公也用方相送葬；南北朝更擴大到「從三品已上」，並讓四品以下官員乃至百姓使用「變相方相」魌頭；最後，到了北齊，則連民間也能有方相，官方壟斷方相的格局終於被打破，再也不存在「敢不敢」的問題了。此時曾經尊貴顯赫的方相氏，地位降到了低點。

(三)民間儺班和民間方相產生的意義

民間儺班和民間方相，存在時間不長，但卻有其重要意義。

第一，千百年來民間驅儺活動，大多是一個社區或一個宗族內全體成員共同舉辦，儀式也是嚴肅威武的宗教行為。現在，有了以表演節目為主的職業儺班和獨立存在的民間方相，組織形式和活動的性質都發生了極大的變化。這都是儺禮向世俗化和娛樂化演變的突出表現。

第二，作為被雇用的表演團體和服務性專業戶，已帶有商業性質。民間儺班應召去官僚家中演出，是一種早期的「堂會」形式。

---

❸　宋代高承：《事物紀原》，《叢書集成初編》本卷九「石羊虎」條，商務印書館上海版，1937 年。

方相專業戶爲人送葬，本身也是一種雇傭行爲。

這說明，魏晉南北朝民間儺事也有了世俗化娛樂化的實例。

第六節　儺丐和官家儺的出現

魏晉南北朝出現的丐儺和官家儺兩種新儺品，也具有世俗化和娛人化的性質。

(一)最早的儺丐

儺丐，是以「儺」的名義從事乞討的人。儺丐所進行的活動稱爲丐儺。記載當時當地風物民情的《宣城記》說：

> 洪矩，吳時作廬陵郡，載土船頭。逐除人就矩乞，矩指船頭
> 云：「無所載，土耳」。❺

宣城，西漢置縣，東漢廢，故城在安徽南陵縣東四十里；晉代於宛陵縣置宣城郡，又在其下設宣城縣；隋初，改宛陵爲宣城。此後，沿用該名至今。可知，這則記載是後人所寫。

洪矩，生平不詳，《三國志》亦無「傳」。只知道他做過東吳的一任廬陵郡守。廬陵郡，三國東吳時孫策設置，治所在今江西吉安西高昌故城。土，譚麟《荊楚歲時記譯注》註爲：「土或即土牛」。此說有一定的道理。因爲，當時是年末驅儺，正是「出土

---

❺　譚麟：《荊楚歲時記譯注》第 113 頁。

牛」的時候，大體上與儺事有關。

這是宣城人記載的本地歷史名人的事蹟，故事很簡單：洪矩被任命爲廬陵郡守，坐船去上任。在啓程之前，有儺丐上船來乞討。可是，洪矩很小氣，說：「船上沒有裝什麼值錢的東西，只有土而已。」便將儺丐打發走了。

這類儺丐是個體，還是群體，《宣城記》未曾具體交待，但這使我們已經瞭解到，最晚到三國時代就已經出現了儺丐。船載土牛，或許是東吳的時尚，洪矩用來表示他尊崇古禮，附和民俗。

這個故事，對魏國董勛《問禮俗》所記儺俗是一個補充，填補了文獻中東吳儺制的一個小空白。

儺丐是乞丐的一種。乞丐屬於三教九流中的下九流。大體又可分爲兩類：一是文行類，其中的詩丐和樂丐，可統稱爲藝丐。他們有的是歲時應景，節令換季，即所謂「年冬頌竈爺，正月扮財神」的一類乞丐；二是武行類，橫蠻強霸。儺丐大多屬於文行類，三國東吳的宣城儺丐就有這樣一些特點：

第一，季節性的以逐除人身份出現，即在歲時季令中湊熱鬧，又在熱鬧中得到施捨。於人能添樂，於己有收入，不算壞事。他們是後代儺丐的先輩。然而，如果行爲過於狂熱和放蕩，反倒常有會被禁止和取締。

第二，這種儺丐，有一定的社會影響，當官的也得對他們有所應付。在驅儺的季節，民間儺事依然很受重視，那怕是以儺行乞的人，也可以名正言順地進行活動。洪矩雖然沒有賞給逐除人錢物，但也未對他們非禮。不過，已失去孔子迎鄉儺的那份恭敬。

第三，他們與街坊鄉村的儺隊有一定的區別。因爲，儺丐畢竟

是以乞討爲目的，也是最窮的驅儺人，身份最低。所以，對他們比對民間儺隊要隨意些，討不討歸你，給不給由我。而對民間儺隊，歷史上就有某種不成文的慣例，迎儺者自會按習俗恭恭敬敬地貢獻錢物，不給就不吉利。

　　第四，既然是逐除，就不能像普通乞丐那樣乞討，而會有某些逐除的特點，一般都有點表演技能。

　　第五，從東吳算起，丐儺已有久遠的歷史，且一直在延續。唐代羅隱所說「丐乞於市肆間」的「惡少年」和《說海》中所說「酸寒」的「乞兒驅儺」，也作「作驅逐狀」⑤宋代的《打夜胡》、明代的《急腳子》、清代《舞鬼》之類，都是丐儺的演變形式，也都保持著藝丐特色。直到二十世紀四〇年代，在中國大陸還有類似活動流行。

㈡官家儺一例

　　所謂官家儺，是指官員家庭儺隊的活動。它似乎是從官府儺中衍生出來的一個變種，但不同於官府儺。《南史・曹景宗傳》記載說：

　　　（曹景宗）爲人嗜酒好樂。臘月于宅中使人作邪呼逐除；遍往人家乞酒食。本以爲戲，而部下剽輕，因弄人婦女，奪人財

⑤　《羅隱全集》，《香艷叢書》本及《古今說海・說纂辛集》「雜纂卷中」第 1 頁和「雜纂卷下」第 2 頁，上海文藝出版社影印本，1989 年。

物。帝頗知之，景宗懼，乃止。❺

曹景宗（457－508），字子震，河南新野人。出生於武將之家。其父曹欣之，是劉宋徐州刺史。他從小依仗權勢，騎獵亂射。生活奢侈，妓妾數百，部曲橫行鄉里，往往傷人損馬，眾人皆懼怕。但是，他膽大不怕死，以勇敢殺敵成名。南齊末，歸附蕭衍（即梁武帝），官至梁朝侍中、中將軍。後為江州刺史，死於赴任途中。

曹景宗家的儺隊「邪呼逐除」這件事，不會是孤立現象，包含著一些重要信息，反映了當時某些社會狀況。

第一，曹家儺隊是一種特殊的儺品種——官家儺。其逐除人都是官員的部下。這並非由官方規定，也不受官方禮制的約束，但又具有某種官僚性質。雖然他的部下驅儺欺侮百姓，但皇帝知道之後，也並未處分他，全仗立過大功。

第二，官員家庭儺隊是臨時性的，但不止曹景宗一家，所以下文才有「都人相率為儺」一說。只因曹家事屬突出，才被史家記錄了下來。

第三，官員家庭儺隊也可到百姓家挨戶索室驅疫，一般不會像曹家那樣野蠻。

第四，曹景宗家庭儺隊具有某種流氓性質，是仗勢欺人，對社會有一定的危害。這在儺史上是罕見的。

第五，雖以逐疫為名，卻是「本以為戲」，學著驅疫時使勁

---

❺　《南史》第 149 頁。

「邪呼」、奔走，喧鬧一番，一種遊戲而已，並非以逐除鬼疫爲眞正目的。

第六，這個故事從一側面說明，南北朝非官方儺事，確是多品雜陳，並無統一政令的限制。

(三)邪呼：「打野胡」的直接源頭

《南史·曹景宗傳》所記是「邪呼」一詞的最早出處。據研究，曹家儺隊在家爲邪呼之戲，正是後世有名的「打野胡」的源頭。清代顧鐵卿《清嘉錄·十二月》說：

> 《梁書》云：儺，謂之野雲。《南史·曹景宗傳》：嘗于臘月，使人在宅中作邪呼逐除，爲野雲戲。趙彥衛《雲麓漫抄》亦云：歲將除，都人相率爲儺。語呼爲逐除。⑱

邪呼，使邪勁大聲呼叫。這正是驅儺的一大特點。邪呼，《梁書·曹景宗傳》作「野濤」。⑲野濤及野雪、夜狐、野胡等都有訛轉之嫌。邪呼，才是唐代敦煌《兒郎偉·驅儺詞》中的「夜胡」、宋代民間的「打夜胡」的源頭，後來民間由此演變出「跳竈王」、「跳鍾馗」等多種形式。研究曹景宗這種官家儺事的記載，最重要的一點收穫就在於此。

---

⑱　〔清〕顧鐵卿：《清嘉錄·十二月》第 1 頁，上海文化出版社影印本，1985 年。

⑲　《梁書》第 21 頁。

第七節　儺佛結合和儺道結合形式的出現

從現有史料看，外來的佛教與儺儀的結合，中國土生土長的道教與儺儀的結合，最早都出現在南朝。這兩項新發展，是儺在信仰內容方面的新變化。這使儺在儒、釋、道的明爭暗鬥中，保持了平衡的態勢，給逐漸成爲包容儒、佛、道、袄、巫、俗的泛神信仰，開一先例。

(一)佛儺結合的荊楚民間儺儀

魏晉南北朝的民間儺事比以往活躍，也比以往散漫。長江中下游佛教化的荊楚儺儀，是民間另一個特殊品種。商周以來，儺一直是純中國信仰，南北朝最早打破這種狀態，溶入了外來的佛教因素。這種形式在南方民間儺儀中先於道教出現，這就是現已廣爲人知的荊楚儺儀。

梁朝宗懍《荊楚歲時記》有關當時的民間儺儀記載說：

> 十二月八日爲臘日。諺語：「臘鼓鳴，春草生。」村人並擊
> 細腰鼓，戴胡頭及作金剛力士，以逐疫。⑥

宗懍，祖籍河南，先人在晉末做官到九江，後失官，子孫世居江陵。他本人的生平，諸說不一。據譚麟研究，他應當生於南齊永元三年（501），享年六十四歲，死於北周保定五年（565）。梁時爲

---

⑥　譚麟：《荊楚歲時記譯注》「三十四、擊鼓戴胡，儺舞逐疫」。

官，梁亡北去入關，也做官。⑥作爲長居荆州的人，他十分熟悉荆
楚地方傳統的風俗習慣。《荆楚歲時記》所記當是梁亡（502）之前
的儺儀，不光是梁朝一時的事，也包括劉宋和蕭齊、甚至魏晉的某
些歲時禮俗。

楚地曾經廣達千里。這裡的荆楚，應是指三國時長江中游的東
吳故地，荆楚一帶三國屬東吳。此舞後來傳到日本，並說乃「吳」
地佛教藝術。有人認爲此「吳」是指江蘇南部古吳國。不妥，其實
際地域要比蘇南寬泛得多。

這則記載通俗易懂，濃厚的佛教色彩是南朝荆楚民間儺儀的最
大特色。

第一，臘八驅儺。東漢末曾以臘月第三個戌日爲蜡日，曹魏以
臘月五日爲蜡日。而南朝的荆楚地方卻以十二月初八爲蜡日。「臘
八」是唐代始有的稱呼，當時以十二月爲臘月，故稱臘月初八爲臘
八。臘八是佛教的節日，相傳夏曆十二月初八是佛祖釋迦牟尼成道
日。我國漢族佛教徒爲紀念這個日子而設。佛寺裡也常在這一日舉
行誦經活動。《百丈清規》卷二寫道：「臘月八日，恭遇本師釋迦
如來大和尚成道之辰，率比丘眾，嚴備香花、燈燭、茶果珍羞
（饈），以申供養。」⑥古印度佛教並無此節。

吃臘八粥，是漢族臘八活動中的一個習俗。傳說，釋迦牟尼長
期修苦行，挨餓受凍，骨瘦如柴，決定放棄苦行。此時，遇見一位

---

⑥　同上註。

⑥　邱明洲：《中國佛教史略》第 48、61 頁，四川社會科學出版社成都版，
1986 年。

牧女，送給他乳糜。他吃後體力恢復，便端坐菩提樹下沉思靜想，達六年之久。終於，在夏曆十二月八日成道。所以，臘八又稱「成道會」、「佛成道日」。這一天，佛教徒們還要用香穀和果實熬成粥供佛。這就是臘八粥。後來，逐漸廣泛流行吃臘八粥習俗。

第二，細腰鼓。這是一種兩頭大中間細的鼓。擊鼓逐疫是漢代老傳統。在這裡，是「村人並擊細腰鼓」，許多人一起擊打細腰鼓，很有氣勢。一般認爲，細腰鼓是由西域傳入內地的一種樂器。從荊楚儺儀的情況看，此說是有道理的。這是多民族文化交流融合的又一例證。如以細腰土鼓而言，則當別論。（詳後）

第三，胡頭。即胡人形象的假頭，顯然是西域傳來的一種道具，儺中出現胡人形象儺面具，這是第一回。可見，南朝的荊楚民間儺儀受西域佛教文化的影響很深。這應當與魏晉南北朝時期的人口向南大遷徙和佛教的傳播有關。

第四，金剛力士，簡稱「金剛」，佛教的菩薩。「金剛」一詞，是梵文 Vajra（縛日羅或伐折羅）的意譯。金剛，就是金中最剛的意思，說它堅硬銳利，可摧毀一切。佛經中常說的般若如金剛，一般又稱爲「金剛力士」，就是執金剛杵（古印度兵器）守護佛法的天神。中國佛寺的守護門神中，有哼哈二將、四大金剛。四大金剛，又稱四大天王。

荊楚儺儀本來不止金剛力士一個人物，只是宗懍省筆，未曾如數記錄下來。荊楚儺舞傳到朝鮮半島和日本後，分別稱爲「伎樂舞」、「伎樂」。日本古代伎樂最前面是治道，後面相繼還有醉胡王、昆侖和源出中國的「吳公」、「吳女」等等人物。日本的《吳女》面具，就是道地的中國少女形象，那是七世紀初直接從中國傳

到日本去的珍品，現在還保存在東大寺正倉院——這是中國已知現存最古老的儺面具。❻❸就是說，南朝的荊楚儺儀應當還有「吳公」、「吳女」等多個角色。相傳，《吳女》即吳國公主。而金剛力士，則被日本人一分爲二，變成金剛與力士兩個角色。

第五，荊楚儺儀常被稱爲「荊楚儺舞」，這是因爲西域民族自古能歌善舞。荊楚儺舞以驅儺爲目的，又帶有明顯的西域舞蹈風格，氣氛熱烈，舞姿活潑，又保持著沿門逐疫的傳統——既然是儺舞，便不能脫離這個主旨。總之，這種儺舞有明顯的娛樂化成分，直到民國時期還有其演變形式在流傳。

第六，荊楚儺儀受佛教很深的影響，卻不是佛教附庸。「臘鼓鳴，春草生」是在催春，祈祝豐收。說明上古爲生產而儺的宗旨還被繼承著。儺只是吸收佛教的藝術形式，以適應時代潮流而維持生存發展。

(二)儺佛結合的歷史背景

儺佛的結合會在南北朝時代先於道儺結合出現，背景是：

第一，西漢末傳入佛教四百多年後，到南北朝最後形成自己獨立的佛教體系。這一時期，除了北魏太武帝拓跋燾、北周武帝宇文邕曾排佛之外，其餘幾乎每個皇帝都崇佛。這是因爲佛教理論使他們眞正相信彼岸的極樂世界，更因爲佛教又有能「坐致太平」的政治作用。劉宋重臣何尚之對文帝劉義隆說的一段話就很典型。他說：「百家之鄉，十人持五戒，則十人淳謹；百人修十善，則百人

---

❻❸　參見錢茀：《韓國儺史——兼說東亞國際儺禮圈》卷二第三章。

和睦。傳此風教，遍于宇內，則仁人百萬矣。夫能行一善，則去一惡，去一惡則息一刑；一刑息于家，則百刑息于國，則陛下言坐致太平是也。」⑭

　　第二，驅儺古制的萎縮有利於佛教的介入。魏晉時代儺制大爲萎縮，大大有利於佛教的擴展。佛教通過理論上的迎合，在上中層立住腳之後，爲適應普通百姓的需要，又在通俗傳教方面下了不少功夫。敦煌石窟中發現的佛經俗講、變文作品，就是這一有效手段的證明。敦煌文獻中的唐代《兒郎偉》「驅儺」詞，則更是出自民間粗通文墨的人，也包含著佛教對儺儀的影響。

　　第三，儺佛結合——由西北到荊楚。儺佛的結合，最早應當出現在我國與西域交往頻繁的地區，可能就在敦煌一帶。佛教文化和西域藝術的高明和引人之處，正是儺儀接受其影響的主要原因之一；佛教要擴展勢力，也必須入鄉隨俗，儺同樣也有自己的優點和吸引力。信佛的群眾驅儺，驅儺的群眾信佛，都不奇怪。所以，儺佛結合形式會首先在那裡產生。隨著國內的民族大遷徙和文化大交流，這種儺佛結合形式被帶到南方，如荊楚地區。估計儺佛結合的儺儀可能早於梁朝。

　　第四，儺佛結合的形式至少有兩種模式：一種是儺隊吸收佛教文化而後形成，荊楚地區臘八驅儺就是一例。這種模式出現得比較早；另一種模式，是信佛的人們吸收儺儀儺藝而後形成。唐代敦煌寺廟儺隊、宋代的寺院瞋拳以及越南的僧侶儺事、日本神社和寺廟的追儺等，就是儺佛結合的幾種不同典型。不過，南北朝有無寺院

----

⑭　同註⑫。

儺隊，現在尚無明確可靠的資料。

(三)最早的儺道結合儀式

有關我國中古時期儺道結合的事例，很少見於記載。我們手頭只有陳朝陳叔堅的道式禳祀一例。

正如前文所說，陳後主關於禁絕神鬼僧尼的命令，實際上禁而不止。不僅民間如此，皇族也多有違反，其中就有長沙王陳叔堅。至德元年（583），後主陳叔寶先任命他爲江州刺史，又怕他持權割據，趁機謀反，未等其出發，突然又改任驃騎將軍、司空。名爲提升，實則削權。爲此，陳叔堅耿耿於懷。

> （陳叔堅在自己家裡）爲左道厭（壓）魅，以求福助。（同時）刻
> 木爲偶人，夜以道士之服，施機關，能拜跪，便行禳除之
> 術。⑥

陳叔堅一是爲自己壓魅求福，二是以木偶作爲工具，做道教打醮儀式，用巫術「咒罵」和「加害」於後主陳叔寶。

作爲儺儀的一種演變形態，這個過程是這樣完成的：宮儺衰微→禳儺結合→以禳代儺→儺禳習俗與道教結合的儀式。

以咒語傷害對方，屬於一種模擬巫術範疇的黑巫術、凶巫術，也是道教常用的咒術之一。這在以往的儺儀中從未見過，是儺儀形態的一個新發展。因怕受到皇帝追究，只在私下秘密進行，因而少

---

⑥　《陳書·陳叔堅傳》。

爲人知，更無人敢學。因此，這種儺儀形式影響極小。

　　從歷史看，儺道結合也有兩種模式。一種就是陳叔堅家庭儺襀儀式。這是一種臨時、個別的現象，但卻是已知最早的儺道結合儀式。以後的史料中，再未見到此類模式；另一種是宗族或街村儺道結合儀式。明清以來這種模式廣泛流行，道教對儺的影響這才超過佛教。

(四)早期的儺道關係

　　儺與道教是一種辯證關係。道教的形成，包括黃老學說、方士仙術、儺儀禮俗、鬼神觀念等綜合因素，尤其是在驅鬼除祟儀規和符籙等方面，本就源自儺儀。在民間的道教信仰中，儺的影響無疑更爲廣泛深刻。正如前文所說，在道教貴族化以後，儺道分離。就在南朝，儺佛結合的形式已是長江中游成片地區的群眾性活動，而陳叔堅家庭儺襀儀式還是唯一的實例。

　　這是爲什麼呢？主要原因在兩方面：第一，佛教傳播的手段巧妙，主動與玄學結合，爭取到上層社會的推崇。又在通俗化方面下了許多的功夫，擴大了在廣大民眾中的影響。道教傳教的手段不多，也不如佛教努力；第二，道教教理不如佛教深刻，因而在實力上也不如佛教雄厚。

第五章　隋唐五代儺

　　隋唐五代時期是儺戲孕育期的最後階段，是中古儺向世俗化娛樂化方向跨出了第三步，爲儺戲的廣泛生成準備了很好的基礎。

　　隋初，我國的荆楚儺舞傳播到朝鮮半島和日本，唐代顯慶宮廷儺制也傳到了日本。至此，由古代中國、越南、朝鮮和日本四國組成的東亞國際儺禮圈，最終形成。❶

第一節　隋唐五代社會與儺制

　　唐代號稱我國封建社會的鼎盛時期。如果說隋是唐之序幕的話，那麼，五代便是唐的尾聲。

　　隋文帝統一全國後近三百八十年中，只有最後五十多年，才又出現了朝代頻繁更迭的局面。唐代先後出現了唐太宗的「貞觀之治」，唐高宗的「永徽之治」。武則天女皇重用庶族士人，注重農業生產，使國家保持發展的好勢頭。玄宗時又有「開元之治」，是爲盛唐之世。安史之亂，使李唐皇朝大傷元氣。907 年，最終讓朱

---

❶　這裡的東亞，是指亞洲東部古代中、越、朝、日四個國家組成的一種文化地域，不是地理學上的東亞。在地理學上，越南屬於東南亞。

溫（全忠）篡位滅唐，並相繼出現了五代十國的混亂時期。

㈠繁榮的文化背景

政治長期穩定，經濟持續發展，交流環境寬鬆，又吸收融合了邊疆民族和外國的文化成果，使這一時間尤其是唐代的文化藝術空前繁榮，各種文藝式樣都達到了新的高度，並處於世界文化的領先地位，成爲世界性文化。

國家的統一和繁榮，使包括儺禮在內的禮樂事業，也有了很大的發展。晚唐幾個皇帝大多享樂奢侈。懿宗、僖宗酷愛音樂宴遊，晚唐儺制的娛樂化跟他們多少會有些關係。

隋唐五代是一個開放的時代，在多數情況下，朝廷對宗教都採取兼容政策。國家宗法制宗教的禮典功能依然存在，其宗教性則爲相繼流行的佛教、道教所沖淡。後又傳入伊斯蘭教、摩尼教、景教（基督教轟斯脫利派）和祆教等，人們漸漸不再將國家規定的五禮視爲宗教。儒釋道三家始終是主要對象，也曾發生過抑道揚佛或崇道壓佛事件。但各朝都尊儒。

㈡隋唐五代禮制

隋唐五代的禮制依吉、凶、軍、賓、嘉五禮安排。晉代東遷之後，中原禮制已大多散失。社會已經發展，不可能照搬舊制，五禮又有了新的發展。

1.隋代禮典。一、文帝禮。隋文帝楊堅原想恢復周制，因大臣們都持異議，未得如願。《隋書·禮儀志一》記載說：「高祖（楊

堅）命牛弘、辛彥之等，探梁及北齊儀註，以爲五禮云。」❷《舊
唐書·禮儀志》則說「文帝命太常卿牛弘集南北儀註，定五禮一百
三十篇。」❸辛彥之也曾任禮部尙書，與牛弘是好友，都是當時的
著名學者。所撰五禮，主要是採用南朝的梁禮和北朝的北齊禮，其
主要內容反映在牛弘《隋朝儀禮》130 卷中；二、江都禮。煬帝命
潘徽等撰《江都集禮》120 卷。《江都集禮圖》50 卷宋代尙存，後
失落。

隋代的軍禮，包括出師、講武、大射、儺禮、救日（蝕）、露
布（凱旋）等六項。

2.唐禮。「唐初即用隋禮」（《新唐書·禮樂志》）。武德年間
已開始制訂本朝禮制，太宗手上便有了整套的禮典。後代又不斷有
所改革。唐禮有三種最爲著名：

一、貞觀禮。由房玄齡等編撰，名爲《大唐新禮》，共 130 卷
137 篇。包括：吉禮 60 篇，賓禮 4 篇，軍禮 20 篇，嘉禮 42 篇，
凶禮 6 篇，國恤 5 篇（及凶禮）。

二、顯慶禮。即《永徽五禮》，由長孫無忌等編撰於永徽年
間，共 130 卷 229 篇。係顯慶三年撰成上奏，亦稱「顯慶禮」。

三、開元禮。由賈登等修撰，最後由蕭嵩彙總成書，共 150
卷，分五禮。

四、後期諸禮。玄宗以後朝廷不斷增補新內容，又有幾種禮制
典籍，包括德宗貞元年間韋渠车所撰《新集開元後禮》；元和十一

---

❷　《隋書》，上海《二十五史》本第 15 頁。
❸　《舊唐書》，上海《二十五史》本第 109 頁。

年由秘書郎修撰韋公肅編寫的《禮閣新儀》；十三年太常博士王彥威爲《曲臺新禮》30 卷等。

關於貞觀禮和顯慶禮，《舊唐書・禮志一》說：「多有不師古，其五禮並依《周禮》行事。自是禮司益無憑準，每有大事，皆參會古今禮文，臨時撰定。然貞觀、顯慶二禮皆行用不廢。」貞觀禮和顯慶禮本身跟古禮多有不相符合的地方，但必須執行，同時又強調要依據《周禮》的傳統舊制施禮，弄得禮官們無所適從。一旦有大事，禮官們只有查抄古今禮制條文，臨時拼湊儀註。所以，唐代初期的禮制常常有其不確定性。到了《大唐開元禮》才最終完備起來。

開元禮的軍禮共有二十三項，最末兩項分別是大儺和諸州縣儺；凶禮也有較多的變化。

3. 五代禮制。五個朝廷相繼存在的時間都太短，新舊「五代史」主要是討論某些具體禮儀的細節，沒有禮制概說，更缺少完整的記載，故無從詳考其五禮內容。但五代各朝都設有太常寺或太常禮院，其禮樂大體都依唐制。後梁「從近古（唐）之制」，「軌儀並遵故實」；後唐以李唐後裔立國，更是沿用開元諸禮。兵部尚書張昭就說過：「退尋禮籍，其三牲八簋之制，五禮六樂之文，著在典彝，迭相沿襲，累經朝代，無可改更」；後晉「國家禮樂刑名，皆依唐典」；後漢太常寺博士「按禮經（即《周禮》、《儀禮》和《禮記》），旁求故實（唐禮）」；後周太常禮院俗議禮制也大體如此。❹

---

❹　《舊五代史・梁書・禮書》，上海《二十五史》本第 213─216 頁。梁制　並參《梁書・太祖紀》。

南方十個小國，都爲地方割據政權，大多也是沿用唐代舊規。其中，南唐開國皇帝徐知誥自稱李唐後裔，改姓李，繼承唐代典章制度猶爲認眞。

㈢隋唐五代儺制

總的來說，這一時期官方和民間的儺事都有世俗化的明顯趨向，都在追求娛樂化和藝術化。葬禮儺俗稍有變化。

1.隋唐五代官方儺禮。隋唐宮廷儺禮的情況，比魏晉南北朝清楚得多。唐儺最爲活躍，五代宮儺則稍有減退。

⑴隋代在北齊儺制的基礎上有所改動。宮廷恢復了周代一年有春、秋、冬三次儺禮的老規矩。

⑵唐代官方儺制，大多時間一年只舉行一次。比較明顯的特點是：規範而較自由，寬鬆又顯鋪張。提高了宗教檔次，卻追求豪華和娛樂化。晚唐的「閱儺」更以接近廟會的形式，以迎合觀儺人的趣味。具體可分四期：

第一期，初唐儺制。高祖和太宗時，改周代「男巫堂贈」爲「堂贈大儺」。

第二期，顯慶儺制（屬永徽五禮）。以隋儺爲底本，做了許多新的安排，與初唐儺制和開元儺制都有所不同。顯慶儺制第一次引入了告祭月神的儀式，使儺禮從「意向全能」走向求告神靈，原始信仰的成分被大大削弱。並且，將初唐的堂贈大儺，改制爲天子和太子個人而儺。還曾一度增加了春儺。

第三期，開元儺制。一方面有歷來最規範最豪華的宮廷儺禮儀式，另一方面開始了儺禮娛樂化的進程，寬鬆自由，使儺禮更趨世

俗化，甚至將儺禮角色插進宮廷樂舞。還規定了十分規範的州縣官府儺制。

　　第四期，晚唐儺制。有龐大的侲子隊伍，驅儺禮典也變成以文藝表演爲主的過程。開放式、娛樂化的「閱儺」最爲壯觀。

　　⑶五代宮廷都有儺禮，喪禮也都用方相送葬。正如前文所說，五代作爲唐代文化的尾聲，大體上也都沿用唐制。由於戰亂和頻繁改朝換代，其禮典已不及唐代規範，且往往難以正常進行。

　　2.隋唐五代民間儺儀。這一時期的民間儺儀，由於經濟、政治和文化環境的寬鬆，進展較大，比魏晉南北朝更爲活躍，已經多樣化、娛樂化。民間儺在世俗化和娛樂化方面往往走在官方前面，儺舞已經出現在純娛樂的民間廟會中，對晚唐宮廷儺禮有明顯的影響。這是儺史上的一大發展，給宮廷儺禮以深刻的影響。其中，民間廟會演儺和教坊閱儺，則是唐儺最具代表性的兩大典型。閱儺明顯受廟會演儺的影響。在村寨街坊固定的年末大儺外，以下三項唐代民間儺儀最爲引人注目：

　　⑴儺儀進入了廟會式的廣場群眾文娛活動。

　　⑵產生了頗具文學色彩的敦煌儺。

　　⑶出現了儺與外來宗教結合的祆儺舞隊。

　　3.方相送葬的儺俗繼續流行。

　　4.七世紀初，朝鮮半島的百濟僧人味摩之，將我國的荊楚儺舞先後傳到朝鮮半島，612 年又傳到了日本，分別稱爲「伎樂舞」和「伎樂」，後又有一不知名的林邑（地當今越南中部）僧人也傳伎樂到日本，使之逐漸成爲朝鮮和日本民間假面藝術或佛教藝術的重要組成部分。對朝鮮半島和日本的假面藝術都有深遠的影響。

　　唐高宗顯慶年間，日本第四次遣唐使團到達長安，其主要成員
伊吉博德，701 年將大儺之禮引入日本。唐代有些儺禮儀規對越南
儺制也有新的影響。**❺**

第二節　隋唐五代宮廷儺禮

　　隋唐五代的儺制比較複雜，看起來有點亂。實際上，不僅在宗
教方面有新發展，在藝術方面更有很大進步。

㈠隋代宮廷儺禮

　　1.隋代宮儺實錄。《隋書·禮儀志》記載說：

　　隋制：季春晦儺、磔牲於宮門及城四門，以禳陰氣；秋分前
　　一日，禳陽氣；季冬，旁磔大儺，亦如此。其牲，每門各用
　　羝羊及雄雞一。侲子如後齊，冬八隊，二時儺則四隊。問事
　　十二人，赤幘褠衣，執皮鞭。工人二十二人：其一人爲方相
　　氏，黃金四日，蒙熊皮，玄衣朱裳；其一人爲唱師，著皮
　　衣，執棒；鼓角各十人。有司預備雄雞、羝羊及酒，於宮門
　　爲坎。未明，鼓噪以入。方相氏執戈揚盾，周呼鼓譟而出，
　　合趣顯陽門，分詣諸城門。將出，諸祝師、執事預匾牲，凶
　　磔之於門，酌酒禳祝，舉牲並酒埋之。**❻**

---

❺　參見錢茀：《韓國儺史——兼說東亞國際儺禮圈》卷二第三章。
❻　《隋書》第 23 頁。

2.隋代宮廷儺禮的主要內容。隋代對北齊宮廷儺制主要做了如下的修改：

第一，恢復了周制，一年三次儺禮：三月底一次，目的是禳陰氣；秋分前一天一次，禳陽氣；除夕大儺，禳強陰。

第二，隋代宮廷儺禮在宮城大興殿舉行。隋朝的京城「大興城」共分三個層次：宮城大興宮（先前稱「大興殿」），皇帝和皇族生活的地方；皇城，緊接宮城南面，是百官署衙所在地；廓城，整個京城。儺禮從大興宮開始，一步步驅疫出宮城顯陽門、皇城和廓城。

第三，第一次具體記載了磔牲的三個細節：春、冬兩次磔禳在宮門和城四門進行。各用一頭羝羊和一隻雄雞，比南朝劉宋以來各多一頭羝羊；磔禳由祝師和執事完成；磔禳的時間，在儺隊將要出宮之前。

第四，倀子年齡和人數跟北齊一樣，是二百四十名十二～十六歲的少年兒童。但大儺分爲八隊，春儺和秋儺分四隊。

第五，漢末動物打扮的十二獸神，被改成頭紮紅巾、身穿細袖單衣、手執皮鞭的十二問事。

第六，新設了一組工人（即藝人）二十二名，分爲：一名方相氏，「黃金四目，蒙熊皮」，與北齊相似；新設一名唱師，穿皮衣，執棒——統一樂隊節奏的指揮棒；新增加十名鼓手和十名角手，由「鼓吹」統領。《隋書·百官志·太常寺》：「鼓吹（掌百戲、鼓吹、樂人等事）」，並且「兼領黃戶局丞（掌樂人衣服）」。

第七，驅儺完畢時，儺者只從顯陽門出宮。看來，其它各門都關著。

(二)初唐宮廷的「堂贈大儺」

本來與宮廷其它被禳雜祀有相似辟邪功用的周代男巫冬堂贈，不是儺禮，唐初被改爲贈堂儺。前期改爲堂贈大儺，代替舊儺制；後又作爲大儺之外專爲天子和太子設立的堂贈儺儀式。其時間不會早於《開元禮》。其細節有：

1.後晉劉昫所撰《舊唐書》記載說：

> 武德、貞觀之制：……季冬晦堂贈儺，磔牲於宮門及城四門，各用雄雞一。（禮儀志四）
>
> 太卜署令……季冬之晦，帥侲入官（宮）中堂贈大儺。（劉昫註：「贈，送也。堂中舞侲子，以送不祥也。」）（職官志三）
>
> 鼓吹署令……大儺則帥鼓角，以助侲子唱之。（職官志三）

《舊唐書》無「大儺之儀」，但記有「堂贈儺」，其「職官志‧太卜署」中則說是「堂贈大儺」——這就是唐代初期的宮廷大儺之禮。可見，唐初諸禮皆用隋制，儺禮卻不用。

2.初唐堂贈儺的特點。唐代堂贈儺是周代男巫堂贈與儺禮的結合形式，比周堂贈要複雜一些。

第一，十分明確，堂贈大儺是「武德、貞觀之制」，是唐高祖李淵和唐太宗李世民在位時期（618－649 年）的禮制。早於玄宗開元儺制近一個世紀。《舊唐書‧禮儀志一》記載說：「繇是周漢之制，僅有遺風。神堯授禪，未遑制作。郊廟宴享，悉用隋之舊儀。」這是說，唐初立國本來也想恢復周漢舊制，都沒有來得及制

訂，實際多數只用隋代舊儀。但也用了一些「周漢遺風」，唐初「堂贈大儺」就是被改造過的周代遺風。

第二，本來以占卜臘月何日舉行的周代「冬堂贈」，唐初則固定在「季冬之晦」——除夕舉行，以代替原先的大儺之禮。

第三，堂贈大儺的人員，分侲子和鼓角兩組，由太卜署令帶領儺者驅儺，卻不用方相氏，也不用男巫。

侲子組。侲子跟隨太卜署令驅儺，是堂贈大儺的主體，實際上又是一支歌舞隊，他們在儀式中又舞又唱地趕鬼，但未說唱什麼。按唐代官制，太卜署有令一人，從七品下；丞二人，從八品下；卜正、博士各二人，從九品下。他們除了用龜、兆、易、式四種卜筮方式爲祭祀活動服務之外，太卜令還要在除夕日帥侲子參加堂贈大儺。

鼓吹組。由鼓吹署令率領，爲侲子唱隊伴奏。鼓角手有多少人、演奏曲調和方法等，也都沒有說。按唐代官制，鼓吹署有令一人，從七品下；丞三人從八品下；府三人，史六人，樂正四人，從四品下，還有典事、掌故各四人。鼓吹署的職責是「掌鼓吹施用調習之節」，堂贈儺和儺禮時則爲侲子歌隊伴奏。

第四，堂贈大儺的特點：新舊「唐書」未說堂贈大儺的細節。按周制，男巫冬堂贈是從正殿大堂開始，男巫按占卜所指的那個方向驅疫，占卜要求驅多遠就驅多遠。唐代堂贈大儺的儀式末尾，要在宮門和城四門各磔一雄雞。這是舊儺禮的儀註。

(三)顯慶儺制

唐高宗組織人員制訂禮制，對儺制也做不少的調整。

1. 顯慶儺制實錄

《新唐書·禮樂志·六》「軍禮」有記載。其中寫道：

> 大儺之禮：選人年十二以上、十六以下爲㑴子，假面，赤布
> 褲褶，二十四人爲一隊，六人爲列。執事十二人，赤幘，赤
> 衣，麻鞭。工人二十二：其一人方相氏，假面，黃金四目，
> 蒙熊皮，黑衣朱裳，右執盾；其一人爲唱帥，假面，皮衣執
> 棒；鼓角各十，合爲一隊。隊別鼓吹令一人、太卜令一人，
> 各監所部；巫師二人，以逐惡鬼於禁中。有司預備每門雄雞
> 及酒，擬於宮城正門、皇城諸門磔禳。設祭，太祝一人，齋
> 郎三人。右校爲瘞坎，各於皇城中門外之右。前一日之夕，
> 儺者赴集所，具其器服以待事。其日未明，諸衛依時刻勒所
> 部屯門列仗，近仗入陳於階。鼓吹令帥儺者各集於宮門外，
> 內侍詣皇帝所御殿前，奏「㑴子備，請逐疫」。
>
> （內侍）出，命寺伯六人分引儺者於長樂門、永安門以入，至左
> 右上閤，鼓譟以進。方相氏執戈揚盾唱，㑴子和，曰：「甲
> 作食㐫！胇胃食虎，雄伯食魅、騰簡食不祥！攬諸食咎，伯
> 奇食夢！強梁、祖明共食磔死、寄生，委隨食觀！錯斷食
> 巨，窮奇、騰根共食蠱！凡使一十二神追惡凶，赫汝軀，拉
> 汝幹！節解汝肉，抽汝肺腸！汝不急去，後者爲糧！」
>
> 周呼，訖，前後鼓譟而出，諸隊各趨順天門以出，分詣諸城
> 門，出郭而止。❼

---

❼　《新唐書》，上海《二十五史》本第 48 頁。

2.顯慶宮儺的人員和場所

顯慶儺禮還有巫師、太祝、齋郎、宰手等人物。引文說得清楚，宮中大儺是方相氏一人，唱帥一人，加上鼓手十人和角手十人，一共二十二人。既未說「工人」有四組，也沒有說侲子有四隊。所以說，顯慶禮宮儺的確只有一名方相氏。侲子「二十四人爲一隊，六人爲列」（豎爲行，橫爲列），並且由六名寺伯帶領入場，一共一百四十四名。具體的說：

第一，侲子年齡與隋代相同，共一百四十四名。

第二，隋代的「十二問事」，變成「十二執事」。

第三，方相氏除了「右執盾」之外，還有兩項新變化：是驅儺以樂工（即「工人」）擔任，代替了過去的宦官或其他官員。方相和唱帥、鼓手、角手一樣，都是樂工身份，沒有官職。這是唐儺世俗化和娛樂化的需要；二是方相氏的打扮，明確交代是「假面，黃金四目」，這是一種假臉面具，上面有四隻黃金製作或用金粉塗繪的眼睛。蒙熊皮，明顯是肩披熊皮。這是正史中有關方相氏形象的最明確的記載。

將假頭簡化成假臉，可能出自兩種原因：一是由於唐代地方州縣儺禮都用方相，不能都用熊皮做面具，故改用假臉；二是嫌熊皮形象嚇人，對儺禮娛樂化要求有所影響。改成假臉，也便於作藝術加工，使其更具觀賞性。這種假臉面具看來是木刻的，佩戴方法是先用紅巾包頭，再用繩索將面具從腦後紮好。這既是沿用古儺的「赤幘」制，又起保護作用，防止面具磨壞儺者頭臉。這種已有一千三百年歷史的木面具配戴方法，今天依然在各地的儺隊中流行。

第四，唱帥和鼓手、角手跟隋朝一樣，各十人，合爲一隊，並

派鼓吹令和太卜令各一名統帥。鼓吹令是儺者總頭領，他要在正式驅儺前，帥儺者先結集於宮門外等候。

第五，唐改隋京「大興城」城爲「長安」，將主殿「大興宮」改名爲「太極宮」，並有所擴建；特別是增修了大明、興慶兩大宮苑。初唐宮廷儺禮在老宮城太極宮舉行。後來以大明宮含元殿和正南門丹鳳門，取代了宮城太極殿和承天門（又稱順天門）。

3.顯慶大儺主要程序

第一，儺者事先結集在宮門外守候。

第二，正式驅儺時，儺者分成兩隊，從宮城正南承天門兩側的長樂門和永安門進入太極宮城。長樂、永安是沿用隋朝大興城的老名稱。可知，此時儺禮不是在大明宮進行。磔禳的處所也可證明這點。

第三，此時皇帝在正殿太極殿坐定，內侍奏准後，儺者分別進入太極宮的左右上閣。

第四，儺者進入太極殿唱「十二神吃鬼歌」，到宮中各處索室驅疫，三次鼓譟呼號之後，便由順天門出宮城（即承天門），再出皇城七門。

第五，最後，儺者再分九路出京城九門而止，儺禮結束。

4.唐代獨創——祭告太陰之神的儀式

《新唐書・禮樂志・六》「軍禮・大儺之禮」最末寫道：

> 儺者將出，祝布神席當中門，南向。（儺者）出訖，宰手、齋郎齏牲匈磔之。神席之西，藉以席北首，齋郎酌清酒，太祝受奠之，祝史持版於坐右，跪讀祝文，曰：「惟某年歲次

月朔日，天子遣太祝臣姓名，昭告于太陰之神。」興奠版于席，乃舉牲並酒瘞於坎。

顯慶儺制獨創祭告太陰之神（月神）的儀式，這是其它朝代所沒有的。其程序是：

第一，佈好神席之後，儺者才可全部驅鬼出順天門。這是給鬼疫設置一道嚴厲的監視和警戒。有太祝們和神席在，鬼疫不能被遺漏，被趕出去了也不能再竄進宮來。報告了月神更有了神做後盾。於是，皇宮便絕對清淨，萬無一失了。

第二，關於磔禳的地點，《新唐書》說：「於宮城正門、皇城諸門磔禳」。說明磔禳的地點分兩層，第一層是宮城正門（其餘的門都關著），為保天子及皇族平安；第二層是皇城，宮城的外圍，百官官府所在地，宮廷和皇族檔案、國家機密所在地，不能不保。最後還有第三層，這就是整個京城（即廓城），不設磔禳，只有儺隊驅鬼而已。等級的厚薄，一目了然。

第三，祭告太陰神的過程：在儺者將出未出之際，讓太祝佈置好神席。再讓儺者驅疫出宮，向諸城門前進，驅出京城為止。在這同時，宰手、齋郎齎牲匋磔——磔雄雞。然後，由齋郎酌酒，太祝以酒祭奠太陰之神，祝史跪讀祝文，祝史將奠版置於神席。最後，太祝將已磔之雄雞和酒埋於坎中。

第四，祝文的內容有固定格式，主要有三點內容：一是交待祭奠的時間（年、月、日）；二是受命祭奠的太祝本人姓名；三是昭告月神。此祝文只相當於《開元禮》儺禮祝文的前段，沒有祭告月神的具體內容（這應當也是顯慶儺制早於開元儺制的一個證據）。

5.專為天子和太子設置的堂贈儺

唐代早期除大儺外，還有專爲天子和太子單獨舉行的個人儺儀。它是「顯慶儺制」的一部分。

第一，《新唐書·百官志·太卜署》記載說：

> 太卜署令……季冬，帥侲子堂贈大儺，天子六隊，太子二隊；方相氏右執戈、左執盾而導之，唱十二神名，以逐惡鬼。儺者出，磔雄雞於宮門、城門。

這不同於初唐堂贈大儺，也不同於《開元禮》規定的季冬大儺，而是在大儺之外，專門爲皇帝和太子設立的個人儺禮。時間是在「季冬之月」用卜筮的辦法擇日，但不一定是晦日。

它跟唐初堂贈大儺的區別，主要是缺十二執事和祭告月神兩項。其餘與大儺基本上一致。驅儺人物有太卜署令、方相氏、侲子等。已不倡《十二神吃鬼歌》，而是「唱十二神名」。初唐堂贈大儺沒有方相氏，現在有了。總之，既繼承武德～貞觀儺制，又與顯慶禮的季冬大儺相匹配。沒有祭告月神儀式，這是事先已用卜向上天請示過，故不需另作報告。

顯慶大儺「右執盾」，而天子、太子堂贈儺卻是「右執戈，左執盾」。

顯慶堂贈儺，依侲子人數分兩個等級：天子六隊，共一百四十四人；太子只兩隊，共四十八人，比天子少。

6.孫頠《春儺賦》

這是一篇重要的作品，說明唐代曾經有過春儺。但無秋儺。爲

便於說明問題，我們按孫頠《春儺賦》內容，分段抄錄如下：

> 是月也，見斗於辰日交長。至有司方成大禮。展時事，達九
> 門以磔禳，協四靈而滌器。匪歲之卒，乃春之季，令陰氣以
> 下降，使陽和而上利。順三時而不忒，協萬福而必革。
>
> 命方相氏出儺，百神丹首墨裳，辮髮文身。金鼓以騰躍，執
> 戈矛以逡巡，驅赤疫於四裔，保皇家於萬人。斯乃卒歲之儺
> 也，豈比夫抑而畢春。於是，休徵允備，有典有則，洗滌氛
> 癘，祚我邦國。其弓乃桃，其矢乃棘。野仲無以使其計，游
> 光曷足逞其特。然而，禮法肅設，千旄駢羅。祠青帝以邀
> 福，抑金方以與儺。將以室陰氣，發陽和已矣哉。斯欲陳儺
> 之儀，迷儺之稀，盛可以抑，功可以抑。騰金耀（輝）於四
> 目，被熊皮於五色。乍煒煒以惶煌，或旷旷而頹頹。既秉戈
> 而揚盾，率百隸而是職。及乎出未央，經上林，芳菲發越，
> 瑕穢漂沉。時令既畢，嘉眖是尋，黃龍白鳳，犬輅南金。聚
> 高冠之岌岌，會長劍之森森。
>
> 我皇堯舜比德，夔龍是扶春儺，高門載弛載驅。王以制容，
> 金以稀途。流聲教以布濩，乃洋溢於天衢。既而陰陽交和，
> 庶物時育。氛瘟將埽，祥光可掬。綏我眉壽，介餘景福。客
> 有書劍三朝，苦心簡牘荏苒，衿蹉跎白屋。儻不棄於芻蕘，
> 將刷羽於喬木。❽

---

❽　《文苑英華》第103－104頁卷二十二「賦」，中華書局北京版，1966年。

孫頎，《舊唐書》和《新唐書》均無傳；《全唐詩》有孫頎詩兩首，均屬於「爵里世次俱無考」一類。從孫頎賦最後幾句看，他好像是一位失意（懺）文人，成就不高，影響不大，所以其生平事蹟失傳。書劍、青衿都是文人的服裝佩飾，代指文人。白屋，是用白茅蓋頂的學子之屋。荏苒、蹉跎，是時光流失或虛度光陰的意思。他似乎曾經見過天子（三朝），勤奮苦讀，卻未獲高位，頗有傷感。不過，雖然失志，但決不與村野樵夫之輩為伍，寧願做蹲在大樹上不斷梳理羽毛的鵬鳥（李白《贈黃山胡公求白鵬鳥》：「照影玉潭裡，刷毛琪樹間」），清高得很。

⑴孫頎《春儺賦》的寫作年代

應當早於《開元禮》，而遲於唐初儺制。因為：

第一，如果此賦寫於初唐，又未見其他文獻有春儺的記載。

第二，任半塘《唐戲弄》認為，孫頎《春儺賦》比喬琳《大儺賦》稍晚。有此可能。但喬琳賦是天寶～建中年間（742－783）的作品，屬於開元禮，《大唐開元禮》中也沒有春儺。

第三，孫頎的《送薛大夫和蕃》詩，有「戎人方屈膝，塞月復嬋娟」句。查兩唐書，共有二十五位薛姓「傳」，以《薛登傳》與孫頎所說「薛大夫」較為接近。薛登原名謙光，在睿宗景雲年間曾任御史大夫（《舊唐書》作「光祿大夫」）。開元前後，他受兒子牽累，罷官為民。開元七年去世，享年七十三歲（647－719）。「傳」中記述了薛登上疏討論對待塞外戎夏之策，用詞與「戎人」、「塞月」之說頗相吻合。如果孫頎詩中所說就是薛登，那麼孫頎《春儺賦》應當早於開元禮。不過，「傳」中並未說薛登曾去和蕃。

總的來看，孫頠《春儺賦》最可能是寫於顯慶初。

(2)唐代宮廷春儺的內容

從孫賦中可以看出，唐代春儺較多地參照了張衡所記東漢前期宮廷儺制。其主要內容有：

第一，交待了春儺的具體時間。春儺是在春天第三個月，北斗星處在日月交會點（辰），太陽處在夏至點（長至）上的時候舉行。

第二，舉行春儺依然帶有平衡陰陽寒暑的意圖。即所謂「令陰氣以下降，使陽和而上利。順三時而不忒（春季和順，則夏秋冬三季便不會錯亂），協萬福而必萃（莊稼繁茂）」。在孫頠看來，春儺比季冬大儺更重要，「斯乃卒歲之儺也，豈比夫抑畢春」。陽春三月，春天真的到來了。而大儺只是希望趕走寒氣，離寒氣的消退還遠。

第三，在人員配置方面，不僅有方相和侲子（方相出儺，百神丹首），還有「辮髮文身」人的表演（在天寶年間的廟會中也有「辮髮文身」人的表演）。但沒有說東漢末的十二神和《十二神吃鬼歌》。「其弓乃桃，其矢乃棘」，則是保持了漢代使用「桃弓葦矢」的儺俗。

第四，所謂「達九門」，是說廓城東南西三面九門。唐代宮城四門，皇城七門，只有廓城的東南西三面有九門，其北面則是宮城的北門。這與周代的春儺九門磔禳不同，周天子之城是十二門，春儺只磔南西北三面九門。

第五，儀式結束時，儺者還是「驅赤疫于四裔」，突出「出未央，經上林」，是說向北方驅逐疫鬼。即從未央宮❾出宮城，再經

---

❾　未央宮，係西漢蕭何主持修建，新莽末毀，東漢末董卓重修，前趙、西魏和唐代都曾修葺，唐末再毀。

秦漢時的上林苑（隋稱大興苑）趕鬼到遠方去。磔禳於東南西三面九門，而驅疫則是向未磔禳的北面趕鬼而去，磔與驅相輔相成，頗爲新穎，跟前制不同。

7.定名爲「顯慶儺制」的根據

將《新唐書》記載的儺禮稱爲「顯慶儺制」，理由有三：

第一，顯慶禮「多有不師古」，卻又強調「其五禮並依《周禮》行事」，弄得「禮司益無憑準」。對照周禮，顯慶儺制有些程序就是不倫不類：

⑴在初唐之後，只有顯慶儺禮還在臘月裡安排專爲天子和太子個人舉行的堂贈儺。應當說，這是對唐初「堂贈大儺」的繼承和修改。既不好突然將堂贈大儺取消，顯得對祖先不尊，又要恢復古儺舊制，就只能在恢復舊制的同時，另外安排專爲天子和太子舉行的堂贈儺，當然這種「堂贈」還得稱「大儺」。而《大唐開元禮》及其之後典，便不再設堂贈儺。

⑵宋代歐陽修撰《新唐書·禮儀志·大儺之禮》，突出方相氏「右執盾」，其它朝代乃至唐代開元禮，都是「右執戈，左執盾」。「右執盾」是中國儺史上唯一的事例。歐陽修不說「右執盾，左執戈」，卻單單突出「右執盾」三個字，絕非疏忽，應當是強調其特殊性。

⑶太祝所念的祭文，是從宮廷其它禮典中移植過來的。但《新唐書·大儺》的祭文簡單，而《開元禮》的祭文複雜。這裡的先簡後繁，也能說明《新唐書》所記實爲顯慶儺祭文。

第二，孫頠《春儺賦》所記，從年代上說，應當是顯慶儺制的一部分。因爲，初唐和《大唐開元禮》及其以後的禮制中，都沒有

春儺的記述。《開元禮》十分具體，絕不會將如此重要的春儺遺漏。只有「多有不師古」又「並依《周禮》行事」、弄得禮官們無所適從的顯慶禮制，才會有此等事情出現。

第三，從日本的大儺看顯慶儺制。

⑴日本第四次遣唐使團，在唐高宗顯慶年間到達長安。返回時，因唐軍正與朝鮮半島的百濟大戰，使團被扣留十個月。但按照唐代宮廷規定，外國使團的主要成員可以進入國家圖書館——三教殿博覽群書。這十個月，正是他們深入研究唐朝的政治、法律、禮制的好時機。

⑵使團回國後，其主要成員、日本古代著名學者伊吉博德，於701年，將中國的大儺之禮寫進了大法典《大寶律令》，可稱爲「大寶儺禮」。過了幾年開始實施，以後每年都照例舉行。《大寶律令》是以唐《永徽律》爲底本編制的。而顯慶禮就是《永徽五禮》。

⑶這種「大寶儺禮」與顯慶儺禮的主要突出點基本相通。都有方相氏，也是驅趕無形之鬼，方相氏也是「右執盾」——這在其它有儺禮的國家中也是唯一的實例。而且，日本大儺一開始就與顯慶大儺一樣，也有祭告上天的儀式，只是將其放在儺禮的最前面，次序顛倒了一下。（參圖2）

由此可知，《新唐書》所記載的宮廷大儺之禮，就是顯慶儺制。

㈣開元儺制

開元禮是顯慶禮的修改版，是唐代最完整的禮制。但在實施過

程中，帝王們並未堅持這一制度，時常隨意修改，使一些禮典（包括儺禮）較爲寬鬆自由，有明顯的世俗化和娛樂化傾向，爲晚唐儺禮更加歡快開了先例。

1. 《大唐開元禮》宮儺實錄

大儺之禮前一日，所司奏聞：選人年十二以上、十六以下爲侲子，著假面，衣赤布褲褶，二十四人爲一隊，六人作一行。執事十二人，著赤幘褠衣，執鞭。工人二十二人；其一人方相氏，假著面，黃金四目，蒙熊皮，元衣朱裳，右執戈，左執盾；其一人爲唱師，著假面，皮衣，執棒；鼓角各十，合爲一隊，隊別鼓吹令一人、太卜令一人，各監所部；巫師二人，以逐惡鬼於禁中。有司先備每門雄雞及酒，擬於宮城正門、皇城門設祭，太祝一人。齋郎三人。右校爲瘞坎，各於皇城中門外之右，方稱其事。先一日之夕，儺者各赴集所，具其器服，依次陳布以待事。

其日未明，諸衛依時刻勒所部屯門列仗。近仗入陳於階下，如常儀。鼓吹令帥儺者各集於宮門外。内侍詣皇帝所御殿前奏：「侲子備，請逐疫。」訖，出，命寺伯六人分引儺者於長樂門、永安門，以次入至左右上閤，鼓噪以進。方相氏執戈揚盾唱，率侲子和，曰：「甲作食㐶，胇胃食疫！雄伯食魅，騰簡食不祥！攬諸食咎，伯奇食夢！強梁、祖明共食磔死、寄生，委隨食觀！錯斷食巨，窮奇、騰根共食蠱。凡使一十二神追惡凶，赫汝軀，拉汝幹！節解汝肉，抽汝肺腸！汝不急去，後者爲糧！」周呼，訖，前後鼓譟而出，諸隊各

趨順天門以出，分詣諸城門，出郭而止。

儺者將出，祝布神席當中門，南向。（儺者）出訖，宰手、齋郎齱牲匈磔之。神席之西，藉以席北首，齋郎酌清酒，太祝受奠之，祝史持版於坐右，跪讀祝文，曰：「惟某年歲次月朔日，天子遣太祝臣姓名，昭告于太陰之神：元冬已謝，青陽馭節。惟神屏除凶厲，俾無後艱，謹以清酌敬薦于太陰之神，尚饗。」訖，興奠版于席，乃舉牲並酒瘞於坎。訖。退其內，寺伯導引，出順天門外止。❿

　　第一段是人員組成和準備工作；第二段是大儺儀式；第三段是祭告月神和磔禳埋牲儀式。這段引文錄自《通典·禮九十三·大儺》，《唐六典》亦有收錄。

　2.與《新唐書》的不同點

　　《開元禮》有關大儺的記載，與顯慶儺禮相比，更加規範豪華，主要不同點有七：

　　第一，侲子都戴上了面具。

　　第二，將方相氏「右執盾」恢復爲「右執戈，左執盾」，糾正了顯慶禮的一處混亂。

　　第三，《十二神吃鬼歌》中的「肺胃食虎」作「肺胃食疫」。

　　第五，挖坎由右校去做，磔牲則是宰手和齋郎的任務。

　　第六，告祭儀式和祝文比顯慶儺制複雜些：

　　⑴告祭儀式完畢，太祝、齋郎、宰手等先要退回順天門裡去，

---

❿　　《通典》第698頁，中華書局北京版，1984年。

然後再由寺伯引儺者出順天門，這才算大儺之禮的終結。

　　(2)開元宮儺告祭月神的祝文，與其它禮典中的祝文格式也大同小異，但比顯慶儺禮的祝文要長些。太陰之神，即月神。尚饗，又作尚享，是祭祀祝文的標準結語詞，意爲請神或請祖宗受用。整個祝文的大意是：某年除夕，天子派我太祝某人（姓名），來向月神報告舉行大儺之事。冬天已經過去（元冬已謝），春天（青陽）已經來臨，多虧月神幫助我們摒除了凶厲鬼疫，使我們無後患之憂。特獻上清酒，請受用。

　　第七，增加了十分規範的州縣儺制度，這是對顯慶禮的一項重大補充。

3.開元宮儺的世俗化娛樂化傾向的兩個事例

　　這種世俗化娛樂化傾向玄宗時就已經開始，儺禮與宮廷樂舞結合在一起，顯得十分靈活歡樂，寬鬆自由。

　　例一：儺與樂舞的結合——方相伴蘭陵。寒聲《從三晉儺戲看中原儺戲的流變》一文說：「唐明皇李隆基在一次儺祭中，把四名方相列於四角，讓蘭陵王在中間獨舞，這又是儺祭的一種獨創。」⑪

　　這種形式的意義在於：

　　(1)這是宮廷儺禮第一次出現如此自由的安排，使其具有明顯的娛樂功能。

⑪　見寒聲：〈從三晉儺戲看中原儺戲的流變〉，中國儺戲學國際學術討論會論文，1990 年 3 月 27 日打印稿第 4 頁，臨汾；寒聲《「隊戲」，被戲劇史遺忘的篇章》「儺·賽社·隊戲」節，中國藝術研究院戲曲研究所、王兆乾等編《儺戲·中國戲曲之活化石》第 305 頁，黃山書社合肥版，1992 年。據寒氏稱，收錄此例出處的那本古籍，因搬家弄亂，一直找不到。

(2)這是將儺禮中的一部分移入宮廷樂舞，將方相舞和大面舞《蘭陵王》揉合在一起，是用儺儀來充實樂舞表演。這與用宮廷其它禮典的某些儀註充實儺禮（如太祝的祭文），相輔相成。

(3)這種四角加中心的「五點式」舞臺佈局，對後世有著長遠的影響，至今還在民間儺儀中傳承著。江西萍鄉《耍儺神》時的「掃堂舞」，就常用這種形式，即：「由四天將立於四角，中間由不斷輪換的中心人物舞蹈」；❷唐玄宗李隆基是一個特別愛好樂舞藝術並有相當造詣的皇帝。按開元儺制，只有一名方相，而他打破規章，用四名方相伴蘭陵王舞，創作了一個新節目，這也是唐代宮廷從一名方相恢復到上古四名方相的開始。

例二，官宦子弟進宮舞儺：錢易《南部新書》乙卷記載了兩個有關宮廷大儺的故事。第一個故事是說：

> 歲除日，太常卿領屬官樂吏，並護僮侲千人。晚入內，至夜於寢殿前進儺。燃蠟炬，燎沈檀，熒煌如晝。上與親王、妃主已下觀之。其夕賞賜甚多。是日，衣冠子弟多覓侲子之衣著而窺看宮中。頃有近視臧童者，老矣，偶為人牽率，同入其間，為樂吏所驅。時有一跌，不敢抬頭視。執犛牛尾拂子，鞠躬宛轉，隨隊唱夜好。千匝於光庭之中，及將旦得出，不勝困劣，扶舁而歸。一病六十日而就試不得。❸

---

❷　鄧斌、全草（錢苐筆名）：〈萍鄉儺簡述〉，《民族藝術》（南寧）1996年第 1 期第 72 頁。

❸　《南部新書》，《叢書集成初編》本第 16－17 頁，商務印書館上海版，1936 年。

這是傳說，但其中一些情節，比如驅儺人員和宮中燈火等描寫，與段安節和王建所記基本吻合。同時，唐代寬鬆的政治、文化環境，也確實給儺禮以較多的自由。所以，臧童充倀的故事有可信之處。有幾個細節是正史所未曾記述的：

(1)除夕宮中正式大儺，官員家屬也可以進宮觀儺，但有一定的身份才行。那些不夠資格的官宦子弟，每逢大儺便穿上倀子服裝（不知其面具怎麼解決），偷偷混入宮中觀看舞儺，也偷看妃子公主們的容顏。

(2)因管理寬鬆，宮廷正式大儺時，宮外的人還是能找機會混進去的。一位名叫臧童的進京趕考人，是近視眼，偶然被一些青年拉了進去，被樂吏趕進了倀子隊伍，他年老體弱，十分害怕，只得低著頭，一股勁地跟著倀子們又唱又舞，摔了一跤也不敢吱聲。臧童哪經得起千迴百轉，等到天亮前驅儺結束時，已精疲力盡，最後還是別人抬著，才把他送回了住處。於是，一病六十天，連科舉考試也耽誤了。

(3)開元儺禮雖說有一百四十四名倀子，但往往有很大變化，至少有時會達到千名之多。他們統歸樂吏管理。倀子手上拿的是「犛牛尾拂子」，則跟以前不同。

4.喬琳《大儺賦》

唐代中期的文學家喬琳《大儺賦——以命有司送寒氣肅京室為韻》，描述了唐代開元儺制的一些細節，可作正史之補充。

喬琳《大儺賦》原文是這樣寫的：

　　歲惟大儺，國著成命有以焉。爾請言其政，夫四氣平分，三

光交映。登臺祗禩，必書於雲物；象魏懸章，式陳於時令。是以一人垂拱，萬方同慶者也。且儺之爲義，其來自久。實驅厲以名之，於謟神而何有。若乃率舊典於有司，上士下士，左之右之，或囂聲以作氣，或詭貌以呈姿。示以直道，揚乎儺詞。何四象之能行，豈神明之見斯。則有侲童丹首，操縵雜弄，舞服驚春，歌聲下鳳。夜耿耿而將晝，鼓喧喧而竟送。行看北斗已落於嚴城，坐待春風方於解凍。皇帝御寢殿正玄冠，侍臣濟濟，官妓珊珊。忻大禮之斯（期）展，覺輕陰之尚寒。肅肅穆穆，南面而看，則知天不薦瘥；同珍妖氣，勿休之瑞。

吾既聞於方冊，強死之魄；彼其宣於驕意，面禳有相（四）向之禮，堂贈有無方之事。雖殊途而異觀，可同歸而一致。徒觀其執戈揚盾，黃金四目，其視耽耽，其威肅肅。將前驅以戒道，必啓行而分逐。國人稱之曰：當今日月，既明乾元。以亨福禳兮共蒼生，恩湛湛兮莫與京。恩既湛兮儺人出，春王正兮粵翌日。願吾君兮千萬壽，保巍巍兮唐之室。**⓮**

⑴喬琳小傳。喬琳，太原人，小時孤貧，天寶初進士，後來頗得重用。《舊唐書·喬琳傳》說他本是「粗材」，晚年人老耳背，當了八十多天的宰相，皇上每有顧問，他總是「對答失次，論奏不合時」。德宗李適便免去其重職，給了一些學術性的榮譽官銜。不

⓮　《文苑英華》第 107－108 頁卷二十二「賦」。

久他以「老疾不堪」爲理由辭職。後來還當了和尚。時逢朱泚叛
亂，邀喬琳爲吏部尚書。興元一年，朱泚被滅，喬琳亦被斬。臨刑
時嘆道：「喬琳以七月七日生，亦以此日死，豈非命歟？」生死同
日，巧合。

⑵喬琳《大儺賦》對正史的補充。評論家認爲，此賦非佳作。
但卻包含了許多正史未曾記載的內容，比如：

第一，唐儺也用占卜。「夫四氣平分，三光交映。」這是儺禮
的目的，使四季調和順暢，日、月、星辰交映有序。「登臺祗禯，
必書於雲物；象魏懸章，式陳於時令。」祗禯（在周代，掌觀天文、
辨妖祥、示吉凶之職。這裡是代稱太卜署的有關官員）從太陽旁邊雲氣的
顏色上，能得知吉凶水旱。太卜署有人（或即「占夢」類人物）在宮
廷前面的闕樓（象魏）處，用式盤占測天象或夢意。

第二，大儺的規模一如周制，即「是以一人垂拱，萬方同慶者
也」。道德高尚的智者和村野無知的「愚者」（上士下士），從天
子到庶民，從上層到百姓都要參加大儺之禮。

第三，倀子又歌又舞，已成文藝表演。「歌聲下鳳」，唱什麼
呢？據《大唐開元禮》，應當是唱《十二神吃鬼歌》，即所謂「示
以直腸，揚乎儺詞」。賦中未說十二執事，或許那是行文不便的緣
故。而彈播弦琴（操縵），表演雜耍（雜弄），則肯定是新添的節
目。可知，開元儺制已不再祇是驅鬼，而是在儺儀中還穿插有文藝
表演。朝鮮半島高麗朝的儺禮先儀後戲兩部制，不知是否也曾受開
元儺制的影響。在這中間，常是皇帝個人的興趣起主導作用。所
以，儺制的小變動隨時可能出現。

第四，皇帝親坐寢殿觀儺，有大批文臣、武將、宮女及儀仗並

伴隨。

　　第五，作者在說大儺的同時，又聯繫禓禮和堂贈儺。即所謂
「強死之魄（禓），被其宣於驕意」、「面襀有四向之禮，堂贈有
無方之事」。並且認為，大儺、禓禮和堂贈儺「雖殊途而異觀，可
同歸而一致」——雖然用意不盡相同，形式也有區別，但都可能歸
於儺禮序列。唐初也已經將堂贈儺到作大儺和天子和太子的個人儺
禮。但同時也說明：周代的「男巫堂贈」是一年三儺之外的禮典。
這與初唐將大儺與堂贈儺合為一禮不同。

(五)晚唐儺制

　　晚唐儺制更加豪華，更注重於娛樂並且十分寬鬆自由。宮廷大
儺前的「閱儺」、五方獅子等史料，反映的便是這方面的變化。

1.段安節的記載

　　晚唐學者段安節，昭宗乾寧年間（894－898）為朝議大夫、國
子司業。他所撰《樂府雜錄·驅儺》，是晚唐儺制的典型記載。其
中寫道：

　　　　用方相四人，戴冠及面具，黃金四目，衣熊裘，執戈揚盾，
　　　作「儺儺」之聲，以除逐也。右十二人，皆朱髮，衣白綉畫
　　　衣，各執麻鞭，辮麻為之，長數尺，振之聲甚厲。乃呼神
　　　名，其有甲作食𤟧者，肺胃食虎者，騰簡食不祥者，攬諸食
　　　咎者，祖明、強梁共食磔死、寄生者，騰根食蠱者等。倀子
　　　五百，小兒為之，衣朱褶青襦，戴面俱。以晦日於紫宸殿前
　　　儺，張燈懸樂。太常卿及少卿押樂正，到西閣門，丞並太樂

署令、鼓吹署令、協律郎，並押樂在殿前。

此爲商務印書館《叢書集成初編》本所錄。《古今說海》❶❺所收《樂府雜錄》「驅儺」節則有許多差錯，尤其是《十二神吃鬼歌》歌詞，與《後漢書·禮儀志·大儺之禮》相去甚遠：「右二十人（此爲刻誤，應爲十二人），皆朱髮，衣白□畫衣，各執麻鞭，辮麻爲之，長數尺，振之聲甚厲，乃呼神名，其有甲作食凶者，沸謂食夢者，騰蘭（簡）食不祥者，攬諸食名者，祖盟強食其磔死、寄生者，桃根食蔟者等。振（侲）子五百，小兒爲之，衣朱褶青襦，戴面俱。」

2.晚唐儺禮的特點

晚唐宮儺比唐代以往的儺制有幾個較大的變化：

第一，宮廷大儺的主場已從以宮城正殿太極殿，移到大明宮紫宸殿：「晦日，於紫宸殿前儺」。紫宸殿，是大明宮裡的內朝要地，即皇帝與少數重臣商議大政機要的地方。

第二，主角的打扮又有進一步發展，「戴冠及面具，黃金四目，衣熊裘」。頭上戴了帽子，自然面具也會有所不同，其上面到額頭爲止即可，與帽沿相接。蒙熊皮也變成穿熊皮大衣，更加華貴了。

第三，歷史上第一次明確交待儺禮中方相氏「口作『儺儺』之聲」。以往大儺方相氏是否「儺儺」呼號，未見記載。晚唐卻肯定已作此聲。

---

❶❺　《樂府雜錄》第 3 頁，上海文藝出版社影印本，1989 年。

第四，第一次交待十二執事得揮擊麻鞭，發出特別的驚人響聲。

第五，侲子的編制空前龐大，達到五百名之多，並且個個都戴面具。如此壯觀的假面大軍，是前所未有的壯舉。唐玄宗愛用「五百小兒」，在樂舞中用，在遊藝活動中也用。爲了玩鬥雞，他專門設立了一個雞坊，選「小兒五百」馴養教習，後來封少兒賈昌爲「五百小兒長」。⓰晚唐時，更是將李隆基的這個做法移入儺禮。

第六，此時已不唱《十二神吃鬼歌》，而是「呼（十二）神名」。此節對越南晚期儺制有很大的影響，其儺禮也是只「呼十二神名」，不唱吃鬼歌。

第七，晚唐大儺更爲鋪張，場面十分講究，要張燈結彩，還要演奏一系列樂曲。即所謂「張宮懸樂」，「遍閱諸樂」。其豪華鋪張之盛，可稱古儺之最。正因爲如此，才需要「太常卿及少卿押樂正到西閣門，丞並太樂署令、鼓吹署令、協律郎並押樂在殿前」，去分工協調。

3.晚唐儺制的補充

王建《宮詞》。出身貧寒的晚唐詩人王建，字仲初，潁川（河南）人，大歷年間進士。他寫過許多反映勞動人民生活的詩篇，其百首《宮詞》則是寫宮廷之事，內容多爲史書所不錄。其中，有一首專寫宮廷儺禮，正是中唐以來宮廷大儺盛況的寫照，可補充段安節之不足：

⓰　陳金桂：〈唐明皇與遊藝〉，載《上海廣播電視》1993 年 6 月 12 日 1322
　　期第 11 版《知識天地》專欄。

金吾除夜進儺名，	金吾龍尾道，代指宮中；除夜，是大儺的時間。
畫褲朱衣四隊行。	畫褲朱衣，指十二執事；四隊行，指侲子。
院院銀燈如白日，	雖是夜晚禮儀，但到處明燈高照，如同白晝。
沈香水底坐吹笙。	正殿和樓臺水榭都有樂曲演奏。❼

　　這是《開元禮》之後的事情，四名方相與段安節所記方相四人
正相符合。四隊行，是說每個方相各領一組侲子。所以，太卜令、
鼓吹令、唱師和巫師，應該也各有四人。

㈥官民共享的文化節日──閱儺

　　開元儺禮的娛樂化，晚唐時得到了進一步的發展，表演節目也
更加豐富了。

1.太常寺「閱儺」

　　段安節《樂府雜錄・驅儺》繼續寫道：

> 事前十日，太常卿並諸官，於本寺先閱儺，並遍閱諸樂。其
> 日，大宴三五署官。其朝寮家皆上棚觀之，百姓亦入看，頗
> 謂壯觀也。太常卿上此，歲除前一日，於右金吾龍尾道下重
> 閱，即不用樂也。御樓時於金雞竿下，打赦鼓一面、鉦一
> 面，以五十人唱，色十一下，鼓一下，鉦以千下。（同註❺）

　　閱儺是大儺儀式的彩排，瞭解了閱儺的過程，也就大體瞭解了

---

❼　見《全唐詩》，上海古籍出版社，1986年。

正式大儺的過程。閱儺比大儺要多一層意義，這就是觀眾的廣泛性。可以說，閱儺實際上是一個官民共享的文化節日。

　　晚唐大儺前的準備工作比以往任何朝代都更加認眞。事先要經過長時間的排習，事前十日要在太常寺內正式彩排一次，大儺前一日還要到宮內再預演一次。彩排時「遍閱諸樂」，預演則「不用樂」，是怕半夜三更打擾聖上和皇族休息。右金吾龍尾道，是宮內的地名，代指內廷。

　　閱儺時表演的是當時人們最爲喜愛的節目。宮內各處都用樂，鑼鼓依然是必不可少的。表演包括雜耍、歌舞如「方相伴蘭陵王舞」、五十人大合唱、戲劇等節目。已不唱《十二獸神咒歌》，只「呼十二神名」。此時，獅子舞也被納入儺禮。

　　因此，這場演出，是相當吸引人的。而官方也十分開明，去太常寺觀看閱儺的，不僅有太常寺的官員和禮樂專家，百官及其家屬，甚至百姓也可以進去看戲。當時，太常寺內外車水馬龍，人山人海，的確會「頗謂壯觀」的。

2.閱儺同看「五方獅」

　　獅子舞在晚唐時進入宮廷儺禮，首見於宋代錢易《南部新書》一書中有關唐儺的第二個故事：

　　　《五方獅子》本領出自太常寺，靖恭崔尚書邠爲樂卿，左軍並教坊曾移牒索此戲，稱云「備行從」。崔公判回牒不與：閱儺日如方鎭大享，屈諸司侍郎、兩省官同看。崔公時在色養之下，自靖坊露晃從板輿，入太常寺棚中，百官皆取路回

避，不敢直衝，時論榮之。⓲

　　崔邠，字處仁，貝州武城（河北清河）人，晚唐學者，憲宗時任太常寺卿（亦即樂卿），如吏部尚書。崔公判，也是指他。身爲太常寺首腦，卻從不利用職權謀私。

　　《五方獅子》是唐代太常寺著名的傳統劇目，左軍和內教坊曾有公文向太常寺借用。崔邠不給，反請諸司侍郎與兩省官員一起在閱儺日，屈駕到太常寺來與眾人一同觀看獅子表演。他是有名的孝子，閱儺的那一天，崔邠脫掉帽子，護導著板車，送母親來看表演。大家都肅然起敬，紛紛讓路。因此，不僅左軍等不因未借《五方獅子》而見怪，還引起當時輿論的一致好評。

　　這條消息告訴我們，「獅子舞」直接進入儺禮，應始於晚唐大儺。

　　從這一消息和後文《唐人勾欄圖》的介紹，我們還能體會到，包括儺舞、儺戲在內的民間藝術對宮廷儺禮的明顯影響。最遲到盛唐時，民間儺禮中已有較爲完整的儺戲表演。當然，宮廷有專業藝術家，他們的表演會比民間藝術、民間儺禮更加精湛好看。

(七)五代儺制

　　如前所說，五代一般都是沿用唐代儺制。理由是：

　　第一，五代皆承唐制。五代儺制，文獻中未見正面完整的記載。但五代都設有太常寺或太常禮院。其儺制，一般都是用唐代之

⓲　《南部新書》第 16─17 頁。

法。由於戰亂，可能不如唐代那麼完整，那麼正規，那麼準時。**⑲**

　　第二，儺史上有一種有趣的現象：「有送葬方相，必然有宮儺」。這幾乎是一種規律。五代喪禮都有方相送葬，可知五代各朝都會有宮儺。至於五代儺禮細節，更無法深入討論。

　　第三，南方十國也不例外。因爲，他們大多是地方割據政權。其禮制與後梁等五朝大同小異，也都沿用唐制。其中，南唐以李唐王朝後裔自居，禮儀章法亦尊唐典。清代著名學者龔自珍，在《最錄南唐文》一文中記述南唐事，其中「巫芭選隊，幹戟倀童。儺禳疫癘，祈卑蝗螽」四句是說儺禮的。**⑳**雖然該文有個別句子是說北宋事，但這四句卻是南唐事無疑。

第三節　唐代府州縣儺

　　按周代禮制，季冬晦日（除夕），不僅有宮廷儺禮、百姓鄉人儺，各級官府應當也要驅儺。但除漢代有「百官官府儺人師」的記載之外，魏晉南北朝乃至隋代，正史中都無記載。《開元禮》關於府、州、縣儺禮完整具體的規定，是歷史第一次，爲以往任何朝代所不及。其後，至少對宋代的府州縣儺禮有著直接的影響。

(一)唐代府州縣儺的規範

　　爲了敘述的方便，我們將宮儺與州縣儺分開討論。

---

⑲　　參見第 512—513 頁。

⑳　　見《龔自珍全集》，或《漢語大詞典》第 1740 頁。

　　《開元禮》關於州縣儺的規定，晚唐杜佑《通典》卷一三三·禮九三「大儺」節，也有收錄，並對後來個別細節的變化作了補充說明。從中可以知道，《開元禮》規定的州縣儺儀式，與宮儺頗爲相似。**㉑**

1.開元府州縣儺禮的規定原文

　　《開元禮》關於府、州、縣儺禮的規定，《通典》是用雙行小字分別附註在「大儺」條相應的文字之下，共七處。原文是：

> 州縣儺：方相氏四人，執戈盾；唱率四人；侲子，都督
> （府）及上州六十人，中小州四十人，縣皆二十人。方相、
> 唱率，縣儺二人，皆以雜職差之。其侲子取年十五以下、十
> 三以上充之。又，雜職八人，四人執鼓鼗，四人執鞭戈，今
> 以小戟。（這是人員配置。杜佑補充說明：一、晚唐雜職中有四人，不
> 執鞭戈，而執小戟。二、縣儺方相和唱率各只二人。）
> 諸州縣儺：則前一日之夕、所司帥領宿於府門外；其縣門亦
> 如之。（這是說儺者預集辦法。對應於宮儺的「宮門外」，是在府門外
> 預集。）
> 諸州縣：未辨色，所司自刺史、縣令請引儺者入。（儺者進衙
> 之前的一節。州、縣最高長官下令儺者入，對應於宮廷的「侲子備，請逐
> 疫。」准奏。）
> 諸州縣儺：將辨色，官者二人出門，各執青麾引儺者入；無
> 官者，外人引導。於是，鞭擊鼓鼗。俱譟呼；鼓鞭戈盾而

㉑　《大唐開元禮》和《通典》記載大體相同。

入。（引儺者入內者及驅疫程序。）

唱率、侲子以下，諸州縣儺同。（唱《十二神吃鬼歌》，與宮廷同。）

諸州縣儺：官者引之，遍索諸室及門巷；訖，官者引出中門，所司接引出，乃鼓譟而出大門外；分為四部，各取四城門，出郭（廓）而止。

初，儺者入，祝五人各帥執事者，以酒脯各詣州門及城四門。儺者出，便酌酒，奠脯於門右禳祝而止。乃舉酒脯埋於西南，酒以爵，脯以籩。（這裡包括：一、索室驅儺、出衙的過程和路線；二、設酒脯；三、儺者出衙後舉行奠脯酒儀式。州縣不磔牲，只有酒脯。）

諸州縣儺：其祝文曰：「惟某年歲次月朔日，子祝姓名，敢昭告於太陰之神，寒往暑來，陰陽之常度，惟神以屏酗屬，謹以酒脯之奠，敬祭於神，尚饗。」（祝文內容，與宮廷大體相同，而時間、官職及所埋祭品不同。）

2.唐代府州縣儺禮的執行情況

唐代的府、州、縣儺禮，是歷史上最盛者。內地是這樣，邊疆如西北的敦煌地區也是這樣，都認真實施過，並且還有文字材料遺留至今。

季冬大儺，都督府、州衙、縣衙都要驅儺。如若都督府、州衙、縣衙三者同城，則除夕這一天，該城當有三處官府儺儀同時進行。如此廣泛的正規官府儺禮，對各地民間儺當會有所影響。這一點，研究民間儺事的時候就會有所感受。

3.唐代府州縣儺禮與宮廷儺禮的比較

宮廷儺禮與州縣府儺禮有著明顯的等級差別。

角色	宮廷儺制		府州縣儺制		
	開元制	晚唐制	都督府及上州	中小州	縣
方相氏	1	4	4	4	2
唱 師	1	4	唱率 4	4	2
侲 子	144	500	60	40	20
年 齡	12－16	12－16	13－15	13－15	13－15
執 事	12	12			
鼓吹令	1		雜職　　8	8	8
太卜令	1	大	包括：		
鼓 手	10		鼓鼗　4	4	4
角 手	10	體	鞭戈　4	4	4
巫 師	2				
太 祝	8*	同	子祝　5	5	5
齋 郎	24*				
石 校	若干	前			
宰 手	若干				
驅儺處所及驅儺方向	宮城太極殿順天門→皇城七門→廓城九門	大明宮紫宸殿丹鳳門→宮城諸門→廓城諸門	府、州衙門及城四門	州衙門及城四門	縣衙門及城四門

* 宮城正門和皇城七門，共八門設祭，共需太祝八人、齋郎二十四人。

㈡唐代州縣儺一實例

明代天啓年間，廣西柳州發現了一塊唐代元和十五年（820）柳宗元所書條幅的碑刻，全文是：

> 唐柳侯刻銘
> □□石刻
> 龍城柳，神所守。驅厲鬼，出匕首。福四民，制九醜。
> 元和十五年　柳宗元
> 天啓三年舋雲得此于柳夕。

「福四民，制九（鬼）醜」，是說柳宗元主持的官府儺禮，宗旨在爲民除害。

此碑現藏廣西柳州柳公祠，並有拓片展出，錢茀參觀時見過。它與敦煌官府儺歌，是目前我們手頭僅有的關於唐代府州縣官府儺的史料。

第四節　敦煌儺歌

敦煌儺歌的發現，是儺史研究的一個重要進展，大大充實了民間儺禮的內容。

敦煌原屬酒泉郡，是西漢～南北朝時期通往西域之門戶。西漢元鼎六年（109），分酒泉立敦煌郡，隋開皇廢，大業改爲沙洲。唐天寶～至德又改爲敦煌郡。

　　最晚在盛唐末的《還京樂》歌調中，就已有關於敦煌儺禮的記述，現存最豐富的史料，還是記載於晚唐和五代的《兒郎偉·驅儺詞》。敦煌儺實際上可能早於唐代。

(一)敦煌遺卷《還京樂》和《兒郎偉》

　　清代光緒二十五年（1899）發現了敦煌藏經洞，使浩繁的儒家經、史、子、集和宗教經典、變文寫本等古文獻重見天日。但大部分被西方人盜去。現在保存在世界各地的敦煌遺卷，總數達 47700 多卷子和 9648 頁夾件，都是四～十四世紀的作品。❷

　　關於敦煌儺事活動，主要記載於敦煌遺卷《還京樂》和《兒郎偉》之中。時間較早的《還京樂》儺歌，目前只見一首，其餘都是晚唐以來的《兒郎偉》，共有晚唐至五代寫本 22 個卷子，共 59 首，有 9 首重複。內有 17 個卷子 36 首驅儺詞，即儺歌；3 個卷子 6 首上梁文，是建造房子時的祝願歌；2 個卷子 17 首障車文，則是攔截新娘婚車討賞的喜歌。以驅儺詞爲最早最多，上梁文次之，障車文最晚。❷

　　通過這些珍貴的遺卷，參照正史及其它相關文獻，使我們大體

---

❷　李並茂：〈敦煌遺書數量的新統計〉一文，《古籍整理研究學刊》，1992 年第 5 期。

❷　以下有關《兒郎偉》的原文，均引自黃征〈敦煌願文「兒郎偉」輯考〉，載《九州學刊》（臺北）第 5 卷 4 期「敦煌學專刊」第 51－82 頁，1993 年 6 月 15 日出版（此件全文後來被收錄於作者與吳偉合著的《敦煌願文集》，岳麓書社，1995）。本節有關觀點，多數也採用黃說。承蒙作者及時無私地提供全文複印件，順致謝意。

上瞭解到唐代和五代敦煌儺禮的基本情況。即：一、敦煌官方儺有都督府暨節度使府，及其所屬州、縣共三級官府儺和軍隊儺；二、民間有百姓儺、佛寺儺和祆教儺。

我國學者李正宇在做了充分研究之後，在其論文《敦煌儺散論》中指出，直到宋代前期敦煌仍有儺事活動。元明兩代（應當還有金朝——錢註），敦煌居民多次內遷，祖居此地的漢唐子孫陸續他往。又有蒙古、維吾爾和藏等民族先後遷入遷出，當地唐宋舊俗完全斷傳。清代重新經理敦煌，漢族新來遺民才重建漢族風俗文化。❷❹

㈡敦煌儺禮歌調——《還京樂》

李正宇認爲，前蘇聯藏敦煌遺書 L.1465 所抄《曲子還京洛》，是敦煌儺較早的一種歌調。

1.《曲子還京洛》原文

《還京洛》，應爲《還京樂》。柴劍虹《敦煌寫卷中的〈曲子還京洛〉及其句式》，❷❺曾對此曲做過整理，使不可讀的原詞，變得淺顯貫通：

> 曲子還京樂
>
> 知道終驅（鍾馗）勇猛，世間趨，能翻海，解踰山，捉鬼不

---

❷❹　李正宇：〈敦煌儺散論〉，中國少數民族儺戲國際學術討論會論文，湖南吉首，1991 年。簡稱「李文」。後發表於《敦煌研究》1991 年第 2 期第111－122 頁。

❷❺　原文載於《文學遺產》1985 年第 1 期。轉自李文，出處同註❷❹。

曾閑。

見我手中寶劍，刃新磨，斫妖魅，共邪磨（魔）。

見鬼了，血阿踰波。這鬼意如何？怎敢接來過？

小鬼子，言大哥，審須聽……

李氏指出，第一句的「知道」應爲「巡道」，而「終驅」應爲「鍾馗」。唐宋一些方言讀魁、葵、馗爲驅音，如魁首作渠首，餽請作驅請。可知，終驅應爲鍾馗。

這首《還京樂》說的是「鍾馗與小鬼」的故事，與唐代「鍾馗」類民間儺戲節目相一致，是這類節目的又一種式樣。其主題和主角說明，它確實是敦煌儺的一種歌調。

《兒郎偉》並不是唯一的敦煌驅儺歌詞。

2.這首《還京樂》的創作時間

這首《還京樂》的創作時間，早於《兒郎偉·驅儺詞》歌調。

柴氏認爲，晚唐段安節《樂府雜錄》說：「《還京樂》者，唐明皇自蜀反正（至德二年由四川回長安），樂官張野狐撰此曲」，❷時爲公元 757 年。李正宇認爲，驅儺改用《兒郎偉》應當不早於大中二年（848）張議潮起義歸唐之日。

這樣說來，這首敦煌《曲子還京樂》，應是作於乾元、大歷間，以《還京樂》爲歲末驅儺歌調。正如李氏所說，在乾元到會昌

---

❷ 見姜伯勤：《敦煌音聲人略論》，上海集成圖書公司 1909 年版《古今說海·樂府雜錄》小題爲《夜半樂》，內容也不同，但指明此曲「名《還京樂》」。可知《夜半樂》係後改名，且說明此曲是作者在唐玄宗從四川返回長安後所作。

間，敦煌驅儺是用《還京樂》歌調，大中二年之後才改用《兒郎偉》的。

㈢關於《兒郎偉·驅儺詞》

《兒郎偉·驅儺詞》的內容非常豐富，但由於年代久遠，所記文字又多出自文化不高的人，方言有詞、假借字、錯字、白字、生造字、因過於潦草而難以認辨的字，比比皆是。許多學者都已作了考釋，意思越來越清楚，但難懂之處依然不少。

黃征〈敦煌願文「兒郎偉」輯考〉一文（同註㉓）和其它學者，有關《兒郎偉》的一些說明和解釋，對研究敦煌儺歌很有幫助。主要有三點：

1.兒郎偉

「兒郎偉」曲名沒有別稱，只有個別卷子將「偉」誤爲「衛」。「偉」有英偉、勇偉、武偉等義，與驅儺、上梁、障車三類民俗活動中的兒郎氣概有關，兒郎是讚美的對象。後來被延用於皇帝、皇后、節度使、太夫人、僧統等有威望的人。

敦煌《兒郎偉》的句式豐富，以四、六言爲主，或略夾雜言，可以唱，故用詩歌形式。它主要來源於前代四言詩、六言詩（尤其是樂府詩）和四、六駢體願文。東漢張衡《東京賦》中所說「爾乃卒歲大儺，驅除群厲。方相秉鉞，巫覡操茢。侲子萬童，丹首玄製。桃符棘矢，所發無臬。飛礫雨散，剛癉必斃。煌火馳而星流，逐赤疫於四裔。」就是以一句六言提領一至二句四言，是一般願文開頭的散文「冒頭」（疏文）式樣，《兒郎偉》中也常見。「其四言部分可視爲伯3468驅儺詞之源，三言部分可視爲伯2569第四、

第七首之祖」。（同註㉓，第 547 頁）宋代歐陽修、王安石、蘇東坡等著名學者都寫過《兒郎偉》，但都不是「驅儺詞」。直到清代，還有人在寫《兒郎偉·上梁文》。

2.歸義軍

敦煌儺與歸義軍密切相關。玄宗天寶末內亂，吐蕃乘虛占領涼隴諸州。只有沙州固守，德宗建中二年（781）失陷。武宗會昌二年（842），吐蕃贊普死，無子嗣，國人多叛。宣宗大中二年（848），張議潮收復沙州，四年（850）又收復張掖、酒泉。五年八月遣其兄張議潭等二十九人入朝告捷，十一月宣宗下詔，於沙州置歸義軍，領瓜、沙、伊、肅、鄯、甘、河、西、蘭、岷、廓十一州。

晚唐至北宋的歸義軍，即沙州地方（敦煌地區）政權，經張、曹二氏至北宋而終，共約一個半世紀。

張氏政權歷唐宣、懿、僖、昭和昭宣五朝，共 60 年。首任節度使張議潮（797－872），沙州人，《新五代史·吐蕃傳》作「張液（掖）人」，收復沙州時已五十二歲。授兵都尚書、萬戶侯、河西節度使、金紫光祿大夫、吏部尚書、金吾大將軍及尚書僕射等職，民間又稱其為太保。咸通八年（867）議潮赴京入覲，因無子，以侄張淮深（議潭子）代理。去世後則由淮深嗣位。乾符年間，淮深兩次討平回鶻侵犯，僖宗加爵。大順元年（890）歸義軍內亂，淮深與六子同時被害。後歷經張淮吉（淮深弟）、索勛（議潮婿，瓜州刺史，淮吉死托其總管，篡權），最後是張承奉（淮深侄）。

曹氏政權歷五代至北宋前期九十年左右。梁末帝貞明初（或説乾化二年），張承奉死，又無子，州人推曹義金（亦作議金）為長史。龍德二年（922）的壁畫上稱其為「曹大王」。貞明六年的寫本

則稱其爲「府主尙書」。後唐莊宗同光二年（924）五月，封其爲歸義軍節度使、沙州刺史、檢校司空，後又兼中書令。後晉天福二年（937）死。之後，歷曹元德（義金子）、曹元忠、曹延恭，最後一任爲曹延壽。㉗

3.音聲

有八首《兒郎偉》文尾標有「音聲」二字，全都是「驅儺詞」，說明敦煌儺有唱。這與唐代流行歌、舞、戲入儺的世風相一致。姜伯勤《敦煌音聲人略論》一文認爲，這也是中國音樂發展歷史的一次重要轉折。㉘

「音聲」一詞，常見有四種意思：一指演奏、演唱活動；二指演奏、演唱的人；三指音聲人所用器物；四指管理音聲人和音聲器物的機構。

音聲人，隋代爲宮廷專有，隋末州縣也可能有。《唐律疏議·名例》卷三「諸工、樂、雜戶及太常音聲人」條說：「太常音聲人，謂在太常作樂者，原與工、樂不殊，具是配隸之色，不屬州縣，唯屬太常。義寧（617－618，隋恭帝年號）以來，得於州縣附貫，依舊太常上下，別名『太常音聲人』」。後省稱「太常」或「音聲人」、「音聲」。

由唐至宋曾有五種音聲人：宮廷太常寺音聲人，地方官府音聲

㉗　參照姜伯勤：《敦煌學論文集》第 883－954 頁，上海古籍出版社，1987年；周紹良主編：《敦煌文學作品選》有關篇章，中華書局北京版，1987年。

㉘　姜伯勤：〈敦煌音聲人略論〉，載《敦煌研究》1988 年第 4 期第 1－9頁。本節亦多採用姜氏有關研究成果。

人（官伎），軍隊樂營音聲人（營伎，由樂營使或樂營將領導），寺廟音聲人，民間樂行音聲人（最遲宋代樂行已很活躍）。

按唐代朝廷法規和佛教戒律，寺廟本不得設樂。爲此，寺廟在佛經俗講的基礎上，利用寺廟本身的隸附人口充當音聲人，因非僧侶，故不違禁。又可舉辦廟會，招來社會上的藝人參加演出。這兩方面都做得很努力，很頻繁，寺廟音聲人則是寺戶樂人，他們平時勞動，有事設樂。音聲人在州縣受田，但免徵徭役雜科，用「上番」設樂代替勞役地租。按唐制、音聲人都需培訓，並造冊上報太常寺，以便依名單安排他們定期、分批到上面去表演，稱爲「番上」。

寺廟音聲人有五項任務：一是依太常寺的安排上番設樂；二是節慶在寺廟歌場設樂；三是參加節日行事及祭祀中的音樂活動（包括除夕驅儺時設樂）；四是在「行像」行列、宗教巡行的儀仗和安傘、窟上供齋等法事上設樂；五是宴飲時設樂。

(四)《兒郎偉·驅儺詞》的分類

《兒郎偉·驅儺詞》難懂，至今未能弄清他的全部細節，學術界的分類也不盡一致。但有兩點可作爲分類參考：

第一，凡歌詞中有「野胡兒」、「野狐兒」、「夜狐兒」者，都是百姓儺。因爲，它正是出自南朝、行於唐而盛於宋的民間儺中的《打野胡》形式。

第二，除 P.3270/2 外，凡《兒郎偉》文尾或文中有「音聲」、「太常」者，是官方儺或寺廟儺。

我們以這兩點爲標準，參照歌中具體內容，初步分類如下：

卷號/首序		內容要點提示	暫擬類
(1)P.2058/	1	歌頌歸義軍領袖張議潮，贊揚驅儺兒郎，銘記賞賜之恩。	百姓儺歌
	2	將盜賊、浮游浪鬼、鄉官鬼等交閻王處置，佛教意識濃厚。	百姓儺歌
(2)P.2569/	1	頌揚張議潮第十四女消滅索勛，奪回張氏政權（依李說）。	官府儺歌
	2	與上首同時。其中有祆教儺隊入府驅儺。	官府儺歌
	3	頌揚長史，歌唱敦煌太平。	官府儺歌
	4	鍾馗攔門，用「十二獸神手法」將諸鬼趕往遠處去。	百姓儺歌
	5	擒拿東南西北之鬼。「歲歲野狐兒，不許□妖祟」。	百姓儺歌
	6	太夫人府驅儺，形容其家富麗豪華。眾人聚集看儺、守歲。	官府儺歌
	7	從遠處來的百姓儺隊。也用十二獸神手法。	百姓儺歌
(3)P.3552/	1－6	與 P.2569 相同，只缺最後的「適從遠來至宮宅」一首。	
(4)P.2612/	1	外狄多年占領，但狄俗未有傳留；毛國番人，不知漢俗。	百姓儺歌
(5)P.3270/	1	歌頌節度使張淮深平定回鶻的功績。/音聲（依鄧文寬說）	軍隊儺歌
	2	贊頌節度使豐功偉績，祝願其壽同彭祖。/音聲	官府儺歌
	3	佛教儺隊歌頌節度使張淮深平定回鶻的功績。/音聲	佛寺儺歌
	4	歌頌節度使張淮深平定回鶻的功績。（依鄧說）	軍隊儺歌
	5	歌頌節度使張淮深首次平定回鶻的功績。（依鄧說）	軍隊儺歌

(6)OX1049/	1	此卷上下殘，僅存最後一首，與 P.3270/5 大體同。	軍隊儺歌
(7)P.3468/	1	總題：《達夜朝祠一首》，內容與 P.3552 第二首略同。*題《進夜胡祠》。「更有十二屬，亦解爲凶吉。」	
	2	眾鬼中有僧尼鬼，卻無道士鬼；又有科斷、書符等語。	寺廟儺歌
	3	頌揚「明王」，歌唱社會安寧、生活富足。/章**	百姓儺歌
(8)P.3555/	1	原爲二首，前首缺。「若說古賢所制，今霄禮合驅儺。」	官府儺歌
	2	只剩前十六句半，內容與 P.3488/2 相似。	寺廟儺歌
(9)P.3702/	1	歌頌節度使張淮深二次平定回鶻的功績。	軍隊儺歌
(10)P.3856/	1	「降者安存放命，逆者寸斯（斬）亡魂。」/音聲	官府儺歌
(11)P.4011/	1	歌頌節度使張淮深中和四年兩次平定回鶻的功績。	軍隊儺歌
(12)P.4055/	1	似爲歌頌曹義金。/音聲	官府儺歌
(13)P.4976/	1	歌頌曹議金。「緇眾轉《金光明》妙」。/音聲	寺廟儺歌
(14)OR.8210/	1	頌張氏首領：「大王是上方菩薩」。/音聲	寺廟儺歌
(15)S.329/	1	殘片，只三句半。首二句與 P.2058、P.2569/P.3270 等相同。	寺廟儺歌
(16)S.2055/	1	此爲春儺：「正月陽春佳節」、「春龍欲騰波海」/音聲	軍隊儺歌
(17)S.6181/	1	有識者所記：「驅儺古人糟柏」。似頌張議潮。	寺廟儺歌

* 　《達夜朝祠一首》，應爲《進夜胡詞一首》，下行題中的「祠」，應爲「詞」。

** 此首末接抄：「驅儺祠　唐再安《五姓宅圖》」一句。黃氏認爲，它不屬於《兒郎偉》，但與驅儺有關。「章」，似爲「音聲」或抄者姓氏。

㈤敦煌官方儺舉例

按開元禮制，府、州、縣三級衙門都應該有儺儀。從敦煌的情況看，軍隊也有單獨舉行的儺禮。鄧文寬《張淮深平定甘州回鶻史事鉤沉》一文就認爲：「本文討論的九篇『兒郎偉』都不同程度地記載並歌頌了張淮深兩平甘州回鶻，再開『河隴道衢』的功績，而且，依其形式來看，都成於沙洲歸義軍除夕舉行的一次『驅儺』儀式上。」㉙

附表中雖列出了幾首「軍隊儺歌」，那只是模糊的說法。所謂官府儺和軍儺，實際上是很難區分的。因爲，沙州節度使與都督是一個人，府中儺儀可能就是以軍人爲主體進行的。

節度使府之外的其它軍隊，則可能另有單獨的儺儀。

依照開元禮制的規定，除夕這天，敦煌城裡會有都督府暨歸義軍節度使府及州、縣三級官府儺隊同時驅儺。而其轄內其它各州、縣官府，也應另有儺隊。不過，反覆閱讀這些驅儺詞，使人感到它們主要是節度使府或都督府的儺歌，似乎並不是州縣儺歌詞。

李正宇按開元禮諸州縣儺制，列出了府、州、縣三級儺隊的方相、侲子等人員組成。這些本來也應在儺歌中有所反映。可是，在所有三十六首儺歌中並沒有一處提到方相。至於侲子，李氏說：「唐用十五歲以下十三歲以上兒郎們充之」。而在《兒郎偉·驅儺詞》中，也沒有見到有關侲子的內容。倒不如說，侲子已被兒郎取代，或兒郎可能是由侲子演變而來。總之，敦煌不一定完全按開元

㉙　鄧文寬：〈張淮深平定甘州回鶻史事鉤沉〉，載於《北京大學學報》（哲學社會科學版）1986 年第 5 期。

州縣儺制去做。

下面舉幾個官方儺實例（多依鄧文寬、李正宇説）。

1.晚唐·歌頌張淮深首次平定回鶻的儺禮

P.3270/5

兒郎偉

蓋聞二儀交運，故制四序奔馳。若説迎新送故，兼及近代是
□。總交青龍步（部）領，送過蔥嶺海隅。敦煌神砂福地，
賢聖助于天威。災疹永無侵遠（嬈），千門保願安居。皆是
太保位分，八方具伏同知，河西是漢家舊地。中隰獫狁安
居。數年閉塞東路，恰似小水之魚。今遇明王利化，再開河
隴道衢。太保神威發憤，遂便點緝兵衣。略點精兵十萬，各
各盡攞鐵衣。直至甘州城下，回鶻藏舉（棄）無知。走入樓
上乞命，逆者入火墳（燔）。大段披髮投告，放命安于城除
（池）。已後勿愁東路，便是舜時堯日。內使親降西塞，天
子慰曲名師。向西直至于闐，納供獻玉琉璃。四方總皆跪
伏，只是不絕漢儀。太保深信三寶，壽命彭祖同時。

這是公元 883 年陰曆除夕儺儀上演唱的儺歌。「數年閉塞東
路」，是指約在僖宗廣明年間，敦煌東邊的甘州曾被回鶻占領。這
與《資治通鑑》卷二五二咸通十三年（872）八月條所説「是後中原
多故（指王仙芝、黃巢大起義），回鶻陷甘州」的記載相一致。僖宗
光啓三年（883），沙洲節度使張淮深第一次平定侵犯甘州的回鶻王
子。部領、太保、明王都是指張淮深。十萬大軍，言其兵多，其實

不一定有那麼多。

2.歌頌張淮深二平回鶻的儺禮

P.4011

兒郎偉

驅儺之法，送故迎新。且要掃除舊事，建立芳春。便於青陽之節，八方啓（稽）顙來臻。自從太保□□，千門喜賀殷勤。甘州數年作賊，直擬欺負侵陵（凌）。去載阿郎發憤，點集兵鉀軍人。親領精兵十萬，圍繞張掖狼煙。未及張弓拔劍，他自放火燒然。一齊投（披）髮歸伏，獻納金錢城川。遂便安邦定國，永世欽伏承前。不經一歲未盡，他急逆亂無邊。準擬再覓寸境，便共龍家相煎。又動太保心竟（境），敀耐欺負仁賢。緝練精兵十萬，如同鐵石心肝。黨（當）便充（衝）山進跨，活捉獫狁狼煙。未至酒泉小□，他自魂膽不殘。便獻飛龍白馬，兼及綾羅數般。王子再相□□，散髮納境相傳。因慈太保息怒，善神護我川原。河西一道清泰，天子尉（慰）曲西邊。六番總來歸伏，一似舜日堯年。大都渴仰三寶，惡賊不打歸降。萬性（姓）齊唱快活，家家富樂安眠。比至三月初首，天使只（衹）降宣傳。便拜三臺使相，世代共賊無緣。萬性（姓）感賀太守，直得千年萬年。

這是公元 884 年陰曆除夕儺儀上演唱的儺歌。當時占據甘州的是龍家。還是那個回鶻王子又在其附近「直擬欺負侵陵」，並且正在與龍家談判。張淮深原來是保護龍家的，此時以回鶻侵擾龍家爲

由，「共龍家相煎」。在這年九月，聯合龍家發動了第二次平定回鶻的戰爭。「如同鐵石心肝」，非常堅決。加上正確的聯龍策略，又一次使「河西一道清泰」。而龍家則發現，自己在甘州已無法支持下去，便遷往肅州去了。

3.歌頌太夫人滅索勛復張氏政權

P.2569（又見 P.3552/1）

驅儺之法，出自軒轅。直無辟除潯涔，且要百姓宜田。自從長史領節，千門樂業歡然。司馬兼能輔翼，鶴唳告鳴九天。條貫三軍守法，姦吏屏跡無喧。北狄銜恩拱手，南戎納款旌旝。太夫人握符重鎮，即加國號神仙。能使南陽重霸，子父昌盛周旋。昨使曹光獻捷，表中細述根源。三使連鏢象魏，蘭山不動烽煙。人馬保之平善，月初已到殿前。聖人非常歡喜，不及降節西邊。大將同歡助慶，愁甚不遇豐年！從慈河西開朗，太常舞道（蹈）向前。

　　這是唐景福二年（893）除夕儺禮上唱的儺歌。張議潮女婿索勛代管節度使府之後，實際上篡奪了張氏政權。太夫人——張議潮第十四女、已故涼州司馬敦煌豪族李明振之妻，發動了這場消滅索勛的政變，奪回了政權。事成之後，她讓其侄張承奉以歸義軍長史充任節度留後，其子李弘願為歸義軍司馬。望人，則是指唐昭宗李曄。此時李唐王朝已是奄奄一息，有甘州這一勝利，自然「非常歡喜」。而張承奉，卻是個不爭氣的人，到最後竟對回鶻稱兒。

4.五代初·歌頌節度使曹議金的儺歌

P.4055

兒郎衛（偉）

……伏惟我大王寶位，千秋永坐金臺。加以常行十善，月月
奉持六齋。……司徒司空僕射，孝敬克儉情懷。

在唐宋歸義軍首領中，只有曹議金曾領受司空銜，且曾自稱大
王。故此篇儺歌應是歌頌曹議金的。

㈥敦煌百姓儺舉例

敦煌民間有百姓儺、佛寺儺和祆教儺三類。百姓儺可能又分爲
街坊儺和鄉里儺兩種。P.4995《兒郎偉·上梁文》說到敦煌的
「社」，一種民間組織：「社眾道芽引蔓」、「社人說好談量」。
平日有祈賽、游藝等「社」內活動。驅儺也應當是由「社」組織
的。P.2085/1《兒郎偉·驅儺詞》，顯然是街坊的百姓儺隊。而
P.2569/7「適從遠來至宮宅」，很像是鄉里的百姓儺隊到官府趕
鬼。

敦煌儺歌中也沒有提到民間方相。北齊時，民間曾經有過送葬
的方相，但民間驅儺儀式中，從來不用方相，只准宮廷驅儺用方相
的老規矩，元代之前一直保持不變，都未曾有人違反過，以爲唐代
鍾馗等新人物已經取代了方相，那是誤會。

1.歌唱百姓生產和生活的儺歌

P.3270/2

兒郎偉

今夜舊歲未盡，明招（朝）便是新年。所有舊歲鬼魅，逐出
境內他川。已後家興人富，官高日進日邊。牛羊遍滿，穀麥
如似太山。兄供（恭）弟順，姑嫂相愛相連（憐）。男女敬
重，世代父子團緣（圓）。家長持鑰開鎖，火急出帛纏盤。
新婦馳驅廚舍，孃（娘）子飼豆牙盤。金盃（盃）銀椀齊把，
酒甕像似甘泉。家人急總著作，求時廣運參圖。兒郎齊聲齊
和，皆願彭祖同年。音聲。

　　正如李正宇所說，這首儺歌唱的都是平民百姓家常事。音聲，
應當是在百姓儺隊表演結束之後，官府音聲人或寺廟音聲人演奏的
樂曲。

2.歌唱政局穩定的儺歌

P.3468/1

進（達）夜朝祠（進打夜胡詞）第三首

聖人福祿重，萬古難儔疋。剪逆賊不殘、驅儺鬼無失。東方
有一鬼，不許春時出。西方有一鬼，便使秋天卒。南方有一
鬼，兩眼赤如日。北方有一鬼，渾身黑如柒（漆）。四門皆
有鬼，擒之不遺一。今有靜中央，（責罰）功已畢。更有十
二屬，亦解爲凶吉。自從人（定亥，直至）黃昏戌。何用釘桃

符，不須求藥術。……歲歲夜胡兒，長頭露優愲。

「東方有一鬼，不許春時出」，似與周儺東三門不磔禳有些聯繫。「十二屬」即十二生肖，宋儺用爲六丁六甲。（詳參下章）擒住了四方鬼，又有十二屬解除了惡凶，已經有了雙層辟邪過程，也就無需再「釘桃符」、「求藥術」了。

3.討賞錢的儺隊和不爲錢的儺隊

P.2085/1

兒郎偉

……諸人總莫慳惜，子孫總得高榮。阿孃擬與疋帛，阿耶行遺綀緹。如此償（賞）設（識）學士，萬代富貴刻銘。

驅儺要報酬，實際上也是一種乞討行爲。不過，這個儺隊卻有「學士」加入。這首儺歌先是勸主家不要小氣，再說主家的大方，更說得賞的感激之情。所謂「學士」，是指這儺隊中文化並不高的文人。

不要錢的也有，那應當是宗族或社區的儺隊，就像 P.2612 所說的那樣：「百姓移風易俗，不樂跳□（儺）求錢」。

阿孃、阿耶，很像浙東寧波一帶人稱呼祖母、祖父的口音；P.3270/5「放命安于城除（池）」，除、池，寧波口音都讀 chi；P.2569/6「同坐大（待）新春」的「待」，寧波口音爲 da（大）。這些文化不高的文化人，寫作或記錄儺歌時，遇到一時寫不出的字，最方便的辦法就是同音假借。不知這家主人是否浙江絲綢商人或其

後裔。帛是絲綢產品，一匹帛是很重的饋贈。緄緹，是用橘紅色絲線編製的繩，也較貴重。可以想見，這是一個很富有的人家。

㈦敦煌寺廟儺舉例

敦煌至少有佛教和祆教兩種儺隊，各舉一例。

1.佛教儺舉例

P.2058/2

兒郎偉

若說開天辟地，自有皇（黃）帝軒轅。押伏名（冥）司六道，並交守分帖然。五道大神執按，驅見太山府君。……已前都爲一隊，領過閻羅王邊。牛頭鑽心拔舌，獄辛鐵叉來剡。驅入阿鼻地獄，無因得到人間。不是驅儺虛妄，不信者問取明賢。自從今年之後，長幼無病安眠。

李正宇《敦煌儺散論》解釋說：「這首驅儺歌基本上是根據敦煌地區流行的《佛說十王經》（又名《佛說閻羅王授記四眾預修生七住生淨土經》）的說法編寫的，是《佛說十王經》在驅儺活動上的翻版。」五道大神、太山府君、閻羅王皆《佛說十王經》中的冥府神。

這是寺廟儺隊到官府或官家去驅儺祝福，口氣比較謙和。而在佛寺內部，僧統本人就是被奉承的統治者。比如，P.3302/1《兒郎偉·上梁文》，就有「厥進大施功者，我都僧統和尚之爲歟」的頌揚之詞。敦煌佛寺儺隊也是儺史上較早的寺廟儺實例。因此，內容

會與佛教驅魔、輪迴思想密切聯繫。寺廟驅儺，與敦煌地區儺事活動興旺的大環境有關。

2.祆教儺舉例

祆教儺只此一例。

P.2569/2

驅儺之法，自昔軒轅。……今夜驅儺儀仗，部領安城火祆。但次三危聖者，搜羅內外戈鋋。趁卻舊年精魅，迎取蓬萊七賢。屏（並）及南山四皓，金秋五色弘（紅）蓮。從此敦煌無事，城隍千年萬年。

這種祆教儺隊是多隊驅儺活動中的一隊，但已經說明，唐代不僅有佛寺僧侶驅儺，還有祆教徒驅儺。為寺儺品種增加了新的成分。

除夕到太夫人府驅儺的，有由安城大祆帶隊（部領）的祆教儺隊。但他們數量少，故一筆帶過。其後，依次還有別隊的三危聖者、蓬萊七賢、南山四皓等相繼出場，他們大多是漢族儺隊的驅疫之神。

敦煌的祆教神祠，在州城東面一里路的地方，是一個周圍達一百步長的院子。祆教本身的禮俗很多，但還是要參加燃燈等當地的其它禮俗活動。驅儺是年終的重大禮俗活動，祆教理應爭取參加。這當然與其教旨有相通之處，恐怕更是在於入鄉隨俗，以求生存和發展。

㈧敦煌儺的特點和意義

由於地域條件和當時特殊的客觀環境，使敦煌儺具有明顯的獨特性。它既遵循唐儺一般規則，又有鮮明的地方特色。

1.及時反映現實

《兒郎偉‧驅儺詞》的內容與政局密切相關，反映著當時當地人民最關心的問題。儺歌所唱，都是當年當地政治、軍事、經濟和人民生活等方面的現實狀況，以及頌揚歸義軍首腦戰勝異族侵犯、使人民生活安定的事蹟。敦煌人這種鮮明的目的性，跟內地一般節慶式的儺事，相當不同。

2.鮮明的社會性鬼神

出自上述原因，在敦煌儺中，社會鬼神多於自然鬼神。社會鬼神也都與當時當地人們的切身利益密切相關。這跟內地普遍信仰的鬼神體系，也不相同。一方面儺神隊伍擴展了，比如鍾馗、白澤、五道大神、城隍、蓬萊七賢、三危聖者、閻羅王、南山四皓等等，都是魏晉南北朝以前儺禮中所沒有的。另一方面在交代了東南西北四方鬼、羊司鬼、九尾獸等一系列的自然鬼之外，更創立了許多社會鬼。回鶻來犯者、四鄰戎醜被比喻為鬼，篡權的人、鄉里貪官、盜賊、浮游浪者和惡僧尼等，都被指說為鬼。

3.多種驅儺形式

敦煌儺不光是沿門驅儺一種形式，還有集中驅儺的活動。有不同儺隊單獨驅儺，又有多隊聯合驅儺，還有官民諸儺隊集中到官府輪流驅儺，多種形式並存。

從 P.2569 和 P.3552 兩組基本相同的儺歌可以看出，敦煌驅儺

活動有分有合。可能是先到官府集合，然後分開活動。如同清代江西萍鄉那樣，「立春先日，鄉人舁（抬）儺神集于城，俟官迎春後，即驅疫于衙署中及各民戶。」❸也可能先是各自分散驅儺，再到官府集中。

正因爲如此，才會由同一個人將不同性質儺隊的歌詞，匯錄在同一個卷子裡。至少太夫人家曾有多隊輪流驅儺活動，不僅有官府（軍人）儺隊，還有寺廟儺隊、祆教儺隊、百姓儺隊來府上驅儺。P.2569/7 這首百姓儺歌，一開始就說「適從遠來至宮宅（太夫人家），正見鬼子笑嚇嚇（另一儺隊正在表演）」，這可能是一支路遠的鄉人儺隊。

P.2569/6，則不僅讚美了府中的富麗豪華，還交待了「百群皆來集，同坐大（待）新春」的盛況。這是說，太夫人府裡聚集了很多人，他們看了多隊的驅儺表演後，還要陪伴太夫人守歲。

4.敦煌儺有歌有曲有戲

《兒郎偉·驅儺詞》本身就是唱詞，兒郎們是歌隊，音聲人便是樂隊。敦煌的儺隊各自都有自己的儺歌，而且各隊都有多套歌詞和樂曲。見什麼人唱什麼歌，有的甚至即興創作。這種情況，在各地現存儺隊中仍然常見。

官方、寺廟驅儺是先唱後奏樂曲；集中輪流驅儺時，則在每隊驅儺之後，必有音聲人演奏樂曲。前文 P.3270/2 是這樣，S.2055也是這樣：「學郎不才之慶（器），敢請宮（恭）奉（□□）。音聲」。這是由歌唱的兒郎們點名引出音聲人演奏樂曲。

---

❸　〔清〕道光版《萍鄉縣志》。

　　詞中提到的「舞蹈」、「太常舞蹈」，都是由人扮演鬼神故事。比如，P.2569/3 所說「喚中夔（鍾馗），蘭（攔）住門。棄頭上，放氣熏。儡肋折，抽卻筋。拔出舌，割卻唇」。應當就是一齣「鍾馗舞」，是表演鍾馗攔住大門，放煙薰鬼，還要拆鬼的骨，抽鬼的筋，拔鬼的舌，割鬼的唇，像漢儺《十二獸神吃鬼歌》所說的那樣嚇鬼，打鬼，驅鬼。很是巧妙，竟將鍾馗與漢末宮廷儺制結合在一起，十分形象化。

　　可見，在敦煌儺中，官府（軍隊）、百姓、佛寺、祆教等儺隊各有自己不同的曲、歌、舞、劇節目。這正是儺戲大面積出現的前奏，也是我國早期少有的「鬼有形」儺儀。

　5.多教同儺

　　不僅有漢族的官府儺、民間儺和佛寺儺隊，還有祆教儺。這也是前所未有的新發展。

　6.敦煌儺最重要的意義

　　第一，從一個側面補充了史料的不足，加深了我們對唐儺的認識。唐代的儺制有統一的規範，但在實施過程中，又有不統一的方面，開元以來尤為突出。無論是州縣官府儺，還是民間儺，敦煌與內地都有所不同。

　　第二，由於對唐儺有了更全面的瞭解，尤其是敦煌儺歌的內容，還使我們知道北宋中期儺制的大變，並非突然，它有從秦漢到唐代積累起來的深厚基礎，特別是有唐代這個過渡期。

第五節　唐代民間儺事和廟會演儺

最遲從開元年間開始，唐代官方（首先是宮廷）和民間（主要是城市）的儺制，都進入了世俗化娛樂化的發展階段。

(一)隋唐五代民間儺儀的多種形式

隋唐五代的民間儺儀，是多種形式齊頭發展。至少包括三種類型：第一類是儀式儺，保持著威嚴刻板的宗教性；第二類是儀戲結合的儺——儀中演戲，有著明顯的娛樂化傾向，如秦中儺、河南儺、浙江儺、敦煌儺等等；第三類是娛樂儺——戲中演儺，即廟會儺（亦稱勾欄儺），或者以戲演儺，如丏儺等。

這裡列舉數例，介紹一些敦煌之外各地民間儺禮的簡單情況。

1.除夕驅儺，延續不斷

例一：姚合《除夜》二首：

> 衰殘歸未遂，寂莫此宵情。歸國當千里，新年隔數更。
> 寒猶近北峭，風漸向東生。誰見長安陌，晨鐘度火城。
> 殷勤惜此夜，此夜在逡巡。燭盡年還別，雞鳴老更新。
> 儺聲方去疫，酒色已迎春。明日持否處，誰爲最後人。❸❶

姚合（775－854），陝州硤石（河南陝縣）人，官僚世家出身，是唐代著名宰相姚崇的重孫，官至秘書少監。此詩在遠離京城的外

---

❸❶　《全唐詩》第 1263 頁。

地所寫。驅儺依然是年節的重要項目，觀儺和飲酒守歲都是除夕慣
例。「誰見」一作「誰想」。

　　例二：元稹《除夜酬樂天》：

　　　　引儺綏斾亂毿毿，戲罷人歸思不堪。
　　　　虛漲火塵龜浦北，無由阿傘鳳城南。
　　　　休官期限元同約，除夜情懷老共語。
　　　　莫道明朝始添歲，今年春在歲前三。❸❷

　　這年歲前三天立春。除夕時，依然是旌旗招展，儺隊演戲。元
稹看過儺隊表演後，禁不住想到與白居易除夕相會之約，此時卻人
分兩地，便以詩解悶。這說明了不同的地方都在驅儺。

　　元稹（779－831），字微之，河南河內（洛陽附近）人。官至武
昌節度使，卒於任上。與白居易關係最好，但詩風不如白居易壯
直。樂天，即白居易。「戲罷人歸思不堪」，元稹雖然深切地思念
著白居易，但還是去看了儺隊的表演。這首詩，又從另一個側面反
映了唐代儺儀有很濃的娛樂成分，的確已脫離了古儺嚴肅刻板的舊
格局。

　　例三：薛能的《除夜作》：

　　　　和吹度穹旻，虛徐接建寅。不辭加一歲，唯喜到三春。
　　　　燎照雲煙好，幡懸井邑新。禎祥應北極，調爕驗平津。

---

❸❷　　《全唐詩》第 1032 頁。

　　　樹欲含遲日，山將退舊塵。蘭葉殘此夜，竹爆和諸鄰。

　　　祝壽思明聖，驅儺看鬼神。團圓多少輩，眠寢獨老筋。

　　　茜斾猶雙節，雕盤又五辛。何當平賊後，歸作自由身。㉝

　　薛能（817－880），字大拙，汾州（山西）人。曾任工部尚書。
這是寫徐州春節的一些民間儺俗。竹爆，燃竹使其爆破，還不是現
在所說的火藥鞭炮。五辛除穢的老習俗，唐代也還繼承著。「驅儺
看鬼神」，跟李倬和薛能詩中所說「鬼神」、「瘦鬼」應當同義，
也是看演鬼神之戲。

　2.新的形式

　　例四：儺神的擴充和最早的儺公儺母

　　最晚到開元年間，除了官方的方相氏、敦煌儺中的鍾馗、白
澤、城隍、五道大神、五道將軍、泰山府君、閻羅王等新儺神外，
民間還創造過其它一些儺神。唐玄宗之孫、延王李玢（玄宗第二十
子）之子李倬（天寶末－756 年封為彭城郡王），在《秦中歲時記》中
記載說：

　　　歲除日進儺，皆作鬼神狀，內二老兒，其名作儺公、儺母。㉞

　　這則記載雖然簡短，卻很能說明問題：

㉝　《全唐詩》第 1429 頁。

㉞　胡樸安：《中華風俗志》上第卷七第 35 頁，上海文藝版社版影印本，
　　1988 年。

　　第一，進儺的「進」，跟敦煌民間儺隊到節度使府、太夫人府上「進達夜胡」一樣，也是民間儺隊到有身份的人家（包括李倬王府）來驅儺送吉的習俗。「進」儺，像是當時的一種時尚，中原和一些邊疆地方都在流行。而在唐代之前，未見這類報導。晉代孫綽與逐除人去大官僚桓溫家演出、北齊民間方相為樊遜送葬，都是應人之請，而且都是個別事例。

　　第二，創造了喜劇角色。特別是創造了已知最早的儺公儺母，而李倬特以「內二老兒」稱呼。表明這是一對喜劇角色，有如今天江西南豐縣石郵村詼諧幽默的《儺公儺婆》那樣。由於儺公儺母是當時儺中唯一的喜劇節目，最為有趣引人，李倬才將別的儺神以「皆作鬼神狀」一句帶過，而後專門記下了儺公儺母「二老兒」。這在儺史上是一個重要的創舉，過去的儺儀，多以威嚴甚至恐怖的形象和激烈的表演為主。

　　第三，唐代，各地民間儺隊有各自不同的儺神。皆作鬼神狀，說明傳統的儺神，還是比較流行。唐代除了敦煌新創多種儺神外，其他地方也創造了許多種新儺神。

　　第四，許多新儺神的出現，使表演內容大為豐富起來，正是適應了儺禮娛樂化的需要。他們既是受人崇拜的神，又是表演中的角色。

　　例五：孟郊《弦歌行》記載的唐代內地民間儺儀，也是一種新的形式，以往很少見到：

　　　驅儺擊鼓吹長笛，瘦鬼染面惟齒白。
　　　暗中崒崒曳茅鞭，倮足朱禪行戚戚。

相顧笑聲衝庭燎，桃弧射矢時獨叫。㉟

孟郊（772－814）浙江湖州武康人，一說洛陽人。早年隱居嵩山。四十六歲中進士，任溧陽縣尉。後又曾在東都留守署任職，在北方生活的時間比較長。他出身貧窮，雖曾做官，始終未能擺脫饑寒凍餒。爲人耿直寡合，詩風樸實深摯。他的詩大多描寫勞動人民的生活，訴說窮愁孤苦的心境。

孟郊這首詩所描寫的內地儺儀，大體是這樣一種格式：驅儺不僅要打鼓，還吹長笛伴奏，與敦煌儺隊頗爲相似。扮「鬼」的儺者很瘦，不戴面具，而是「染面」（即塗面），塗得滿臉漆黑，只有牙齒是白的，確是嚇人。從暗中走來一個威武可怖的大個子（犖犖），拖曳著茅草編成的鞭子（擬即「葦索」）。另有一個赤腳穿紅色有襠褲子的，對他很是親熱（戚戚）。雖然還是沿門索室，家家也都用火把將庭院照得通亮，但儺者們相顧嘻笑著走進去的情景，並沒有以往驅疫那種嚴肅氣氛。「桃弧射矢時獨叫」，只有到了最後，用桃木弓射鬼的時候，才高聲狂喝一聲來趕鬼。這明顯是一種以娛樂爲主的儺儀。在今天的江西南豐縣石郵村，還能看到這種儺儀模式的遺存。前面是儺舞和啞雜劇，最後「搜儺」時，才有威武雄壯的開山神衝進堂屋，揮舞鐵鍊，大叫一聲，以示驅鬼。

「暗中犖犖曳茅鞭，俅足朱襠行戚戚。」似乎是寫鍾馗（或判官）與小鬼。那小鬼圍著鍾馗轉，倒像我們今天也常能見到的《五鬼鬧判》一類儺戲。如前所說，敦煌也已有鍾馗舞，說明敦煌儺的

㉟　《全唐詩》第926頁。

確與中原儺頗多相通之處。

這種娛樂化的儺儀，正是開元以來唐代儺禮的特色。從中可以看到一個民間儺儀的發展軌跡：上古至東漢擊鼓驅儺——晉代民間儺班進官家演儺——南朝荊楚金剛力士舞儺——唐儺以戲驅鬼，或戲後驅鬼。

3.丐儺的延續

唐代儺丐不少，唐代李義山《雜纂》「不得已」節「老乞休致」條和「酸寒」節「乞兒驅儺」條，都有所記載。❻晚唐的羅隱有《市儺》一文，則是說城市裡的年輕人以儺遊戲，並以驅儺乞錢的情況：

> 儺之爲名，著于時令矣。自高禁至于小俚，皆得以逐災邪而
> 驅疫癘。故都會吁！是雖假鳥獸以爲名，其固爲人矣，復安
> 有爲人者則不得人之金幣，爲鳥獸則可以得人之金幣乎？豈
> 以鳥獸無知而假之則不愧焉？嗚呼！❼

羅隱（833－909），本名橫，字昭諫，新城（浙江富陽）人。二十五至五十五歲一直爲考進士而奔波，都未中。五十五歲投鎮海節度使錢鏐，先後擔任錢塘令、著作令，錢鏐對後梁稱臣後，又任給事中。七十七歲去世。

錢塘，即今之杭州。羅隱這篇文字是寫當時南方浙江的民間儺

---

❻　《古今説海・雜纂》卷上第 2、4 頁，上海文藝出版社影印本，1989 年。

❼　雍文華校輯：《羅隱集》，中華書局北京版，1983 年。

事，是另一種驅儺形式。這種儺面具大多作鳥獸形，用皮革製作。對儺丐化裝討錢，有人施給金子，羅隱大發了一通議論。認爲以人的名義乞討，施者不捨，乞者慚愧。只因鳥獸無知而借鳥獸形，施者會捨以金幣，乞者也收之無愧，實在可嘆。這種儺儀，既是南朝「邪呼」的繼承，又是宋代的《打野胡》的先聲。

4.後梁長安並非處處皆驅儺

五代民間有儺，但未必處處驅儺。這裡有一首後梁人李京（李景）所作《除夜長安作》，雖是局部事例，不能代表全局，卻可見戰亂時期某些地區禮俗冷落的情景。

　　　　長安朔風起，窮鄉掩雙扉。新歲明朝是，故鄉何路歸。
　　　　鬢絲饒鏡色，陳雪奪燈輝。卻羨秦州雁，逢春盡北飛。㊳

這位詩人也是身在外地不得回家過年，因而作此思鄉之作。從詩中可見，當時的長安，有的角落非常蕭條冷清，不見以往那種過年的氣氛。這裡沒有爆竹聲，也不見擊鼓驅儺活動，使人強烈地感到「陳雪奪燈輝」，寒冷、孤獨、傷心。這跟幾十年前姚合的《除夜》詩一比，便知到底是時代變了。

5.傳說中的唐代民間儺事

直到現在，許多地方還有一些關於唐代民間儺事的傳說，尤以有關儺神廟和儺面具的傳說比較多。比如，江西萍鄉一些村子，都

㊳　《全唐詩》第 8378 頁。

說他們那裡的儺神廟，最早建於唐代。❸江西婺源儺隊又有唐代從地下挖出銅面具的傳說。❹

㈡廟會演儺

唐代，儺也已經進入廟會。這種廣場演出活動，也有儺隊參加，是儺禮世俗化的又一重大突破，是儺與多種民俗結合的先河，正是我們今天廟會、社火中儺俗因素的源頭。

1.明代學者張寧《唐人勾闌圖》

唐代儺隊進入廟會的事實，首見於明代張寧《唐人勾闌圖》（簡稱張詩），是一份珍貴史料。當代學者蔣星煜首先發現這首詩的重大意義，發表了《〈唐人勾闌圖〉在戲劇史上的意義》（簡稱蔣文）❹一文，介紹和詮釋此詩，重點分析了這一民間樂舞戲劇表演活動及其意義。

張寧，海鹽人，生於洪熙元年（1425），以庶吉士人入翰林，曾出使朝鮮，歷任禮科都給事中等職。成化初任福建汀州知府，政績卓著。後因病回鄉閒居，寫了大量詩文，研究繪畫頗有造詣，尤其精通繪畫鑒別。其女亦以善畫而知名。《唐人勾闌圖》原文載於其《芳洲文集》。下面，試著對張寧《唐人勾闌圖》詩，逐句作些詮釋：

---

❸　參見鄧斌、全草：《萍鄉儺簡述》。

❹　參見盛婕：《江西省儺舞的調查》，載《中國民間歌舞》，上海文化出版社，1957年。

❹　蔣星煜：《中國戲劇史鉤沉》第 5－22 頁，中州書畫社鄭州版，1982年。

1	天寶年中樂聲伎，	圖或圖的題記中，應有「天寶」字樣或有關景物。
2	歌舞排場逞新戲；	樂聲伎表演的歌舞，其中有過去未見過的「新戲」。
3	教坊門外揭牌名，	「教坊」的門外，掛著這次所演節目的「海報」。
4	錦繡勾闌如鼎沸！	以欄杆隔出戲場和看場。觀眾如潮，人聲鼎沸。
5	初看散末起家門。	一開始有類似「末」角的人物上場自報家門。
6	衣袖郎當骨格存。	另一角色作有力的揮袖，表現出人物很有骨氣。
7	咬文嚼字瀾翻舌，	還有類似相聲或說書的節目。
8	勾引春風入座溫。	表演內容像春風一樣溫暖人心，引起觀眾的共鳴。
9	年少書生果誰氏？	臺上出現一少年書生，他是那家的兒郎？
10	弄假成真太相似！	他演得太逼真了，跟真的一樣。
11	右呼左鬧祇自如，	又有多個角色在舞臺上右呼左鬧，十分流暢。
12	博帶峨冠竟誰是？	那個繫著寬腰帶、戴著高帽子的又是誰？
13	眾中突出淨老狂，	眾角色中最為突出是一位似「淨」角的老張狂，
14	東塗西抹何狼搶。	臉上作不規則的化裝，一副狼狽像。
15	解令笑者變成哭，	用的是喜劇形式，演的卻是血淚故事，令人淚下，
16	直教閒處翻成忙。	看來清閒的地方，卻又弄得忙亂一團。
17	粉頭行首臨後出，	女角出現了，
18	眼角生嬌媚弄色。	她扭妮百態。
19	從前人物空自嘩，	臺上表演歷史故事，一片喧嘩，
20	一顧廣場皆寂寞。	觀眾場裡卻鴉雀無聲。

21 障中摑鼓外擊鑼，　　打鼓的在帳中，敲鑼的在帳外。

22 初來隊子後插科。　　先有舞隊，後有插科打諢，爲觀眾調節情緒。

23 朱衣畫褲紛相劇，　　「朱衣畫褲」本是儺中十二執事扮相，各作不同表演；

24 文身供面森前儺。　　赤膊文身戴著面具者，嚴肅威武地作索室驅疫狀。

25 合生院本真足數，　　這是一個完整的戲劇節目。

26 觸劍吞刀並吐火，　　又有雜技表演。

27 千奇百巧忽不前，　　「疊羅漢」或似塑像式的停頓——亮相。

28 滿地桃花細腰舞。　　女藝人的細腰群舞。

29 酒家食店擁娼樓，　　這是戲場週邊的市集，有酒家食店，還有妓女院，

30 玉壺翠釜蒸饅頭，　　有館子，可炒菜喝酒。也有賣饅頭之類的小吃攤。

31 稠人廣坐日卓午；　　有錢的人，邊看戲邊吃喝，直到下午，

32 捧盞擎椊爭勸酬。　　你勸我一杯，我酬你一盞，好不自在。

33 眼中不類心中事，　　不同身份的觀眾看同樣節目，心裡感受卻各不同，

34 嬉笑相同飽餓異。　　看到喜處一樣笑，可是有人滿肚酒肉，有人卻飢腸轆轆。

35 可憐樂極易生愁，　　有的嬉笑之後，便是憂愁，

36 回首斜陽忽無處。　　看看太陽已經下山了。

37 悲歡離合總虛空，　　戲裡演的那些悲歡離合的故事，都是空虛的。

38 好惡嬡妍變幻中，　　生活中也是「好惡嬡妍」，都像夢一樣的變幻著。

39 世間萬事皆如此，　　世上事情都跟戲裡一樣，人生實際上也是在演戲。

40 何必勾闌看樂工。　　那麼，又何必到這廟會裡來看藝人演戲吶！

2.學者們對唐圖、張詩的看法

蔣星煜認爲：一、張詩說明，唐代不僅有《蘭陵王》、《蘇中郎》等節目，還有更多人物和情節的戲劇表演；二、唐代已有多種名稱的演出場所，如戲場、歌場、變戲場、和尚教坊等；三、儺的演變、發展影響著戲劇的形成、演變和發展；同時「『儺』的本身早在唐代就已經開始了一個關鍵性的演變，進入了『勾欄』。雖然在『勾欄』之外，『儺』仍舊被人們作爲『驅除疫鬼』的儀式，但是也不能不受『勾欄』裡面的『儺』的影響，而更進一步戲劇化，供觀眾以娛樂和藝術上的享受。最後終於發展成爲在廣場演出的農民戲劇——儺戲。」指出廟會演儺的意義、儺與戲的辯證關係，這是蔣氏對戲劇史、儺史研究的一項重要貢獻。

任半塘對蔣文再作「解釋及辯正」，重點強調這是一種戲劇表演活動，層次更高，不是單純的樂舞表演。並認爲「娼樓、酒家、食店等，均戲中所設」。㊷

麻國鈞稱「文身俱面森前儺」爲「勾欄儺」。並且，說明宋代宮廷的「諸軍」御前承應的藝術表演，是唐代民間創造的；進而證明，「藝術產生於民間，然後進入宮廷，並提高其檔次的普遍規律。儺也如此。」㊸

諸家所說，步步深入。三者的共同點在於：唐圖和張詩中所描寫的，是唐代天寶年間一場內容豐富的民間文藝表演活動。蔣、麻二位，則更多地看準儺在這一活動中的重大發展。

㊷　任半塘：《唐戲弄·補說·五》。

㊸　麻國鈞：〈南北朝·唐儺彙考〉，《戲劇》（北京）1991 年第 1 期。

3.勾欄

勾闌，又作勾欄、構肆。原意是扶手或欄杆，作爲演出場所的一種設施，最遲到南朝梁武帝時就已出現，由他所創「奏樂之臺」，在演出區四周便設有欄杆。隋唐的觀戲場則用欄杆圍住演戲場地。張詩中的「勾欄」，也是一種在戲曲表演時分隔演出區和觀眾區的欄杆。宋代的「勾欄」一詞，是指市肆瓦舍裡的演出棚，但其名稱的演變，應當與唐代廟會裡的這種勾欄，有某種淵源關係。❹

4.「教坊」──「和尚教坊」──廟會

張詩用詞多帶明代色彩。如「唐人」，肯定不是唐代人自稱，而是張寧指說唐畫作者。又如「教坊」，實指民間文藝表演場所。再如「樂工」，本指「藝人」，並不限於唐代官方的伶優。

《唐人勾闌圖》詩所說「教坊」，不是唐代的官方教坊。開元二年，唐玄宗在宮城裡的蓬萊宮側，設置了內教坊，主要負責宮廷內的樂舞；後又在皇城的太常寺裡設置了左右教坊，則兼管民間樂舞。晚唐大儺前十日的「閱儺」，就是在太常寺所屬教坊裡進行的儺禮彩排，也向百姓開放。詩中第 29－32 句所描寫的是市集商業活動，不可能在宮城、皇城中出現，更何況妓院。

唐代學者薛昭韞《幻影傳・李秀才》記載：「所者塡因寺舍，瞻禮崇奉，呼爲『和尚教坊』。」（轉自蔣文第 8 頁）和尚教坊，是當時的一種俗稱，實指廟會。所以，詩中的所謂「教坊」，其實正是「和尚教坊」，亦即廟會。

---

❹　參見廖奔：〈瓦舍勾欄考〉，《中華戲曲》（太原）第 17 輯 213－248 頁。

據研究，廟會演百戲始於北魏，但那時不叫廟會。隋唐的戲場，就是北魏廟會的延續，那是當時民間娛樂與商業相結合的一種市集形式，最晚到唐代發展成爲廟會。廟會，又稱廟市，本來指在寺廟節日或者規定時間裡有演出活動的集市。在唐代，因受城坊和宵禁制度的限制，這種戲場只能設在寺廟裡或寺廟附近的場地上，並且只能在白天進行，故稱廟會；妓院，當然只有寺外的地方才能有。

有關唐代京城廟會的記載不少，如「長安戲場多集于慈恩（寺）」裡，❹「時中元日，番禺人多陳設珍異于佛廟，集百戲于開元寺」。❹廟會不僅京城有，地方上也有。比如，當時的濮陽郡，每年四月八日寺外的廟會就很熱鬧。敦煌則在龍興寺等寺廟，寒食、盂蘭等節日都要陳設音樂，也就是有音聲人參加、有百戲表演的廟會。

《唐人勾闌圖》所描寫的，跟隋唐廟會的諸多特色如此相同，可見的它正是唐玄宗時一次廟會活動。這是已知儺禮進入廟會的最早報導。

5.廟會中儺隊表演的一些細節

關於廟會中儺隊的表演，只有「朱衣畫褲紛相劇，文身俱面森前儺」兩句話。他們穿著「朱衣畫褲」，正是唐代宮廷儺禮十二執事的扮相，這說明民間也曾受宮廷儺禮的某些影響。「紛相劇」，

---

❹　〔宋〕錢易：《南部新書》。

❹　原文見《太平廣記·崔煒》（卷三四），轉自姜伯勤：〈敦煌音聲人略論〉，載《敦煌研究》1988 年第 4 期第 2 頁。

是說這些「朱衣畫褲」的角色各自不同的表演姿態；赤膊文身的儺者以前就已出現過，他們也戴著面具。「森前儺」則說明仍保持著古儺嚴肅威武的風格。這是把莊嚴的儺儀拌和在廟會的文藝演出中，使其得以演藝化。

6.《唐人勾闌圖》是長卷嗎？

任半塘認為，詩中娼樓、酒家、食店等，是「戲中所設」。其實，《唐人勾闌圖》詩中 29－36 句，是一個整體。29－32 句是市集場面的掃描，33－36 句是對不同觀眾的心理分析。前文寫各種節目都很簡略，這裡所說酒飯、心理之類，卻十分細緻。顯然，這八句是描寫廟會週邊的商業服務和觀眾心理活動，而不是表演節目。

由此推想，此幅《唐人勾闌圖》應當是一幅長卷，其佈局依次是：⑴廟會場外的景象，包括海報；⑵舞臺背後「錦繡」宜人的地形地貌，或十分精緻的舞臺佈景；⑶表演場地和用以「劃清伎人作場與觀眾看場之界」（任半塘語）的勾欄，以維持秩序；⑷觀眾；⑸便是「娼樓、酒家、食店等」商業、服務活動區域。張詩正是依這個次序層層寫來的。

㈢唐儺在儺史上的意義

唐代的確是儺史上一個十分重要的發展時期，其主要意義在於：

1.在比較廣泛的範圍改變了儺儀單純宗教活動的性質

在唐代之前，強調儺禮的宗教性和政治性，雖有東漢末的「方相與十二獸神」、晉代的「孫綽與逐除人官府演儺」等嘗試，但都

是在封閉的宮廷深院或官僚府宅小範圍裡進行。並且，都沒有能繼續發展深化。在總體上，儺儀的政治性、宗教性還是很濃。

從唐代開元年間開始，世俗性和娛樂性成爲儺禮的突出表現。無論是民間儺儀多形式和多儺神的出現，還是儺儀融合於廟會之中；也無論是官方的方相伴蘭陵、臧童充侲子等事件，還是太常寺的「閱儺」盛況，都充分反映了唐儺的這一重大變化，這對後世大面積儺戲的出現有著非常重要的意義。從這個意義上說，唐代官方（首先是宮廷）和城市百姓儺禮的主要的意圖，並不是驅鬼，而是看戲。農村則可能會保持較多的古儺傳統。

在純娛樂性質的廟會中表演儺舞，它本身已經是娛樂活動。這是第一次作爲非宗教性禮典在社會上出現。儺禮中演戲，同樣趨於娛樂化。過去的儺神都是凶狠勇猛的造型，那是由其單一的神秘的宗教性決定的。雖曾有南朝荊楚儺舞中個別善相人物，但那是佛教菩薩。唐代儺制的世俗化娛樂化，才最終打破了幾千年舊規，創造出了許多中國本土和善詼諧的新形象，如儺公儺母、城隍等人物。如果說，以往的儺儀可以稱爲「儀式儺」的話，那麼，唐代的廟會儺和宮廷閱儺不妨統稱爲「娛樂儺」。總之，此時畢竟已有儀式儺、先儀後戲儺和娛樂儺三種形式並存，不再只有單一的儀式儺。

2.衝破了官方儺與民間儺的嚴格界限

以前，官方儺與民間儺界限比較明顯，連名稱也有區別，宮儺稱爲「驅疫」，民儺叫做「逐除」。唐代開元以來，社會環境自由寬鬆，類似戲場的開放式驅儺活動相當流行。最明顯的證明，就是閱儺和廟會在形式上的相似性。兩者都有歌舞、雜技和戲劇表演，有的節目也大同小異。最大的不同，只是主事者一爲官方，一爲寺

院或民間社首。

這種雙向的溝通是開放性的。在官方，是通過太常寺左右教坊，廣泛收集民間文藝成果，大量吸收民間藝術營養；在民間，則是通過進入閱儺戲場和州縣官府儺，受到官方儺制的影響。以往，官方儺制大多是禮官們依古制設計的，民間藝術多爲間接成分。而民間儺儀則往往是官方下令規定的。現在，則是在雙向溝通的過程中相互直接借鑑，且更多的是官方吸取民間藝術營養。通過宮廷教坊不斷收集民間藝術的精華，才有了那「尉爲壯觀」的「閱儺」，它明顯包含有民間歌場、戲場（包括廟會儺）的深刻影響。所以，錢茀把一篇討論唐儺的論文，定名爲〈從廟會到閱儺——唐儺的世俗化娛樂化趨勢〉。

3.促進了儺禮與戲曲的同時發展

在廟會那種藝術氛圍中，進入了廟會的儺舞必然受到薰陶而不斷有所提高。這正是儺戲大面積形成之前的重要準備步驟；同時，有了儺的加入，也使廟會在藝術的競爭中不斷創新，反過來又促進了戲劇的發展。閱儺也具有類似的雙向促進作用。

唐代還不具備產生成熟戲曲和大面積儺戲的條件。那時的城坊宵禁制度，限制了夜間商業和夜間文娛活動的出現，制約了具有廣泛文化需求的市民階層的形成，戲劇因而也未能達到興盛的程度。但是，此時畢竟爲成熟戲曲和大面積儺戲的形成，鋪墊了厚實的基礎。

4.唐儺新發展的社會背景

大體可以歸結爲：

第一，社會經濟的興旺，政治文化政策的寬鬆。

　　第二，李唐皇族的某些鮮卑族性格和傳統的影響，帝王個人的興趣以及社會上層的追求。

　　第三，有民間藝人們世世代代的藝術實踐和積累，這才有可能使儺儀在唐代寬鬆的環境裡，得以實現藝術上的大發展。

第六節　隋唐五代葬制

　　隋唐五代喪禮中，仍有方相送葬，唐代增加了等級，其餘變化不大。

㈠隋代喪禮

　　高祖開皇初年，即以太常卿牛弘等所撰《儀禮》規定「悉用東齊儀註以爲準，亦微采王儉（他曾「私撰儀注」）禮條」來設定凶禮。其中，葬禮也分不同等級。關於方相送葬，其中寫道：

　　　　四品已上用方相，七品已上用魌頭。❼

　　這與北齊的三品以上用方相，四品以下直到庶人用魌頭的規定，稍有不同。隋代前期葬禮較爲節儉，隋文帝楊堅比較開明，死前有一番肺腑之言。他說：「朕雖瞑目，何所復恨？但國家大事，不可限以常禮。既葬，公除行之自昔，今宜遵用，不勞改定。凶禮所須，才令周事務從節儉，不得勞人。諸州總管、刺史以下宜得率

------

❼　《隋書》第 21 頁。

其職，不須奔赴。」❹這是漢文、魏武故事之重演。當然，這同樣不會影響方相送葬程序的實施。

　　煬帝楊廣是中國歷史上最壞的皇帝之一，後被性情凶惡的大將宇文化及所殺，自然談不上什麼正規的葬禮。以後的恭帝，在李淵立唐後自己遜位，被封為酅國公。武德二年（619）去世，只十五歲，但唐初沿用隋制，當有方相送葬。傀儡天子泰帝，先被軟禁，後在北上途中也被宇文化及殺掉，更無大喪葬禮可言。

(二)唐代葬禮

　　唐代從「顯慶禮」開始，將古五禮第二位的凶禮，移到第五位。同時，編撰禮典的「李義府、許敬宗以為，凶事非臣子所宜言，遂去其『國恤』一篇。由是天子凶禮闕焉。至國有大故，則皆臨時採附比以前事，事已則諱而不傳，後世無考焉。」❹《大唐開元禮》則較為完整，其凶禮有十八項之多。其中，送葬也分方相和魌頭兩種規格。到了晚唐有兩次小的變化。

1.大喪之禮

　　《新唐書·禮樂志十》關於葬禮的記載：

> 啟殯之日，……發引前五刻，捶一鼓，為一嚴，陳布吉凶儀
> 仗，方相、志石、大柩車及明器以下，陳于柩車之前……。
> 二刻頃（頃），捶二鼓，為二嚴，……。捶三鼓，為三嚴，

---

❹　《隋書》第9頁。
❹　《新唐書》第55頁。

靈車進于內門外，南向，……。既奠，掌事者以蒲葦苞牲體下節五，以繩束之，盛以盤載于輿前，方相、大棺車、轜車，明器輿、下帳輿、米輿、酒脯醢輿、苞牲輿、食輿爲六輿，銘旌、纛、鐸、轜車，以次行賓。……至于墓所，下柩，進轜車于柩車之後。(50)

整個過程十分複雜，方相還是在柩前趕鬼，到了墓地下葬時，依然有繁瑣的儀註。

2.小喪之禮

《唐會要》卷三十八「葬·方相」條記載說：

（憲宗元和）「六年十二月」條，流文武官及庶人喪葬：……方相車，除載方相外，及魂車，除幰網裙簾外，不得更加裝飾。並用合轍車。……五品以上……方相用魌頭車；九品以上……（用）魌頭魂車。

（武宗）會昌元年十一月，御史臺奏請條流京城文武百寮及庶人喪葬事：三品以上，轜車用闊轍車，方相、魂車、誌石車，並須合轍；……五品以上轜車及方相魂車等同三品，不得置誌石車……。九品以上轜車、魂車等並同合轍車，其方相、魌頭並不得用轜車及誌石車。……工商百姓諸色人、吏無官者、諸軍人無職掌者，喪車、魌頭同合轍車。(51)

(50) 同上註。

(51) 〔宋〕王溥：《唐會要》第814頁卷38，上海古籍出版社，1991年。

方相（四目）、魌頭（二目）的用法，比以往稍為複雜一點，分為三種情況：一是三品以上，方相車可以有所裝飾，其餘車輛不得另有裝飾。五品以上，方相用魌頭車。合轍車比闊轍車窄，魌頭車比方相車差；二是九品以上，又分兩類，一類是方相坐魌頭車，一類魌頭坐魌頭車；三是普通人，包括工商百姓諸色人、吏無官者、諸軍人無職掌者三類，都是魌頭坐魌頭車。可見，並無多大特色。

㈢五代十國的葬禮

五代十國的禮制，與唐禮大同小異，其葬禮也是如此。但新舊「五代史」均無具體記載。前蜀學者杜光庭，曾為大行皇帝王建去世寫了一系列文章，還專門寫了一篇《發引表》，竟無一處提到方相送葬事。不過，《宋書·凶禮三》卻留下了一點五代十國葬禮的消息：

> 乾德六年三月，中書令、秦國公孟昶薨，其母李氏繼亡，鴻臚卿范禹偁監護喪事。乃詔禮官議定吉凶儀仗例以聞。太常禮院言：檢詳故事，（後）晉天福十二年，葬故魏王；（後）周廣順元年葬故樞密使楊邠、侍衛使史弘肇、三司使王章，例並用一品禮——墓方圓九十步，墳高一丈八；明器九十事，石作六事，音身（聲）隊二十人，當壙、當野、祖明、祖思，地軸，十二時神，蚊廚帳、暖帳各一，晈車一，晚歌三十六人，拂一、纛一，翣六，輴車、魂車、儀廓車、買道車、誌石車各一，方相氏，鵝毛纛，銘旌，香輿、影輿、蓋輿、錢輿、五穀輿、酒醢輿、衣物輿、庖牲輿各一，……。

特賜施行，即合于孟昶吉凶仗。㉒

　　孟昶（919－965），本名仁贊，字保元。後蜀開國皇帝孟知祥第三子，936 年登基，在位二十八年。宋太祖乾德三年（965），宋軍攻進成都，被迫降宋，封中書令，賜秦國公。孟昶於乾德六年（968）三月去世，接著孟母亦病故。北宋朝廷從政治上考慮，當然用大禮喪葬。於是，禮官們查閱五代史料，議定用五代的一品喪葬之禮。這才留下了有關後晉和後周葬制的記載。

　　這種葬禮與唐代比較，依然大同小異，只在細節有點變化。這使我們進一步推知，五代十國不僅葬禮用方相，而且宮廷的方相驅儺之禮也應當與唐代相似。

㉒　《宋史》，上海《二十五史》本第 392 頁。

第六章　遼宋金元儺

　　遼宋金元時期儺制最大的變化，是開始了普及儺戲的進程。宋代儺禮的普遍舞隊化，是這一時期最重要的標誌。北宋中期宮廷儺制的大變，給整個東亞國際儺禮圈帶來了廣泛深刻的影響。

　　元代儺禮受損嚴重，但戲曲藝術的提高，對儺戲的發展又有所推動。

第一節　遼宋金元社會與儺

　　這一時期社會發展的一大特點，是北方的游牧民族十分活躍，而宋代朝廷一貫實行對內防守、對外退讓的政策，北方始終受到威脅。在這些游牧民族南下之後，對農業地區帶來了很大的破壞，也帶來了新的活力。因而，儺禮的發展也比較曲折。

　　遼、金、元都曾努力學習漢制，也曾大量引用漢族禮制，但其巫俗仍沿用本族舊制，因此無儺。

(一)遼宋金元時期的文化環境

　　宋代，市民階層的形成，促進了文化的繁榮，戲曲的最終成熟是其突出成就。一般說，遼、金對民間文化尚較寬鬆，元代朝廷的

嚴厲政策，曾使各族民間信仰、民間文藝活動受到古代歷史上最嚴重的一次挫傷。

　　1.在宗教方面，總的來說，佛教依然最有影響，並與經濟有所結合，以汴京相國寺的事例最爲突出，但是，道教的發展勢頭開始增強。宋代趙氏朝廷，跟漢代劉氏、唐代李氏一樣，都不具有中國上古帝王族系的顯赫身世。於是，李唐編造了老子是其始祖的故事，趙宋眞宗也編造三篇天書，宣稱黃帝爲趙氏始祖，極力推崇道教。蒙古族的成吉思汗西征時，全眞道最受尊崇，忽必烈還曾召正一道至京，稱道教徒爲「先生」，並且種田不納租，經商不交稅。但後來元代統治者也曾偶然敵視道教。

　　遼、金、元學漢制，但其核心大禮，依然用固有的薩滿信仰和原有習俗。

　　2.在文學藝術方面，世稱唐詩宋詞，而宋代以來，包括元曲在內的戲曲文學的繁榮，也是我國文學史上重要的新發展。戲劇史家吳國欽說：「宋以前，詩文處於中國文學史中無可置疑的正宗地位；宋以後，這種正宗地位已由戲劇小說所替代了。宋代正處於從詩文向戲劇小說發展的轉折時期。」❶姑且不論戲劇文學是否已經取代了詩文的正宗地位，僅就戲劇文學對這一時期整個中國文學的重要貢獻而言，則是十分明顯的。

　　說唱、歌舞和戲劇的發展，也帶動了民間社火藝術的進一步發展。

------

❶　吳國欽：《中國戲曲史漫話·瓦舍的出現和戲劇的發展》第 45 頁，上海文藝出版社，1980 年。

這些都與儺的演變有密切的關係，都推動了儺戲的發展。

㈡遼宋金元禮制

這一時期，由於北方游牧民族先後入主中原，禮制的變化比較大。

1.遼禮

遼朝也用五禮之制。《遼史·禮制》說：

> 太古之上，推輪五禮，何以異茲。太宗克晉，稍用漢禮。今國史院有金（陳）大任《遼禮儀志》，皆其國俗之故；又有《遼朝雜禮》，漢儀爲多；別得宣文閣所藏《律儀志》，視大任爲加詳，存其略（而）諸于篇。

《遼史》作者元代脫脫等據三部遼朝遺書撰寫「禮志」。一部是金朝學者陳大任所撰《遼禮儀志》，是「國俗之故」；另一部是《遼朝雜禮》，多爲漢儀；再一部是法典《律儀志》。從中可知，遼禮以本族禮俗爲主體，漢人禮俗只算「雜禮」，是輔助成分。這與「太宗克晉，稍用漢禮」的實踐活動是一致的。

具體地說：

第一，整體上是「蕃漢分治」，「以國制治契丹，以漢制待漢人」。其禮制也分蕃漢兩種，宮廷禮制則以契丹原有「國制」爲主。

第二，遼禮也分吉、凶、軍、賓、嘉五類，但主要內容是本族原有「國俗」，兼採漢制。如吉禮，最重要的禮典有胡剌汗制定的

「祭山儀」、蘇可汗制定的「瑟瑟儀」。凶禮，無方相送葬之事，卻有斬衰五服之制。軍禮只有親征、臘獵、出軍三儀，更無儺禮。賓、嘉二禮則是以遼爲主，遼漢交叉。

第三，所用漢制，也多有改變。如嘉禮中的「立春儀」，先有拜先祖儀式，再由皇帝上香。待「司辰」報春後，再行鞭土牛。「引節度使以上上殿撒谷豆、擊土牛。撒谷豆，許眾奪之。」這裡的拜先祖、奪谷豆、將土牛放在殿裡鞭擊等，便是創新之舉。在嘉禮「歲時雜儀」中，還有正月初七人日、五月五日午時採艾葉、九月九日射虎飲菊花酒等禮俗，但又另有修飾。如九月重陽的射虎之類，便加進了契丹本族騎射舊習。

第四，許多漢俗未被採納。在遼禮中，沒有漢族十分流行的七巧、中秋等節日。但也不禁止漢人繼承自己的禮俗。因而漢族地區的儺禮、儺戲能夠繼續流行。

第五，繼承的本族原有「國俗」最多，如二月八日、六月十八日、七月十三日、八月八日、十月五日、臘辰日等，均稱「國俗」。這些歲時節日，漢族人以往卻很少見過。❷

2.宋禮

北宋一向比較重視禮制的建設。南宋則較差，始終沒能撰成完整的禮儀典籍。

第一，《開寶通禮》和《通禮義纂》。太祖趙匡胤立國第二年，太常聶崇義上《重集三禮圖》（後稱《新定三禮圖》）之後，便令尹拙召集「儒學之士詳定之」。「到開寶年間，四方大體安定，

---

❷ 《遼史》，上海《二十五史》本第 72 頁。

便命劉溫叟等以《大唐開元禮》爲底本，進行增減整理，撰成《開寶通禮》二百卷和《通禮義纂》一百卷。太宗趙匡義下令進一步修明典章。

眞宗趙桓在與契丹通好，政局較爲安定後，專門設置了「詳定所」，後改名「禮儀院」，每年增修新發佈的禮儀條文，集制度儀註數百篇。

第二，《禮閣新編》。仁宗趙禎在位，著禮最勤。在天聖初撰成十分完備的《禮閣新編》，大大方便了具體執行的官員；又命賈昌朝編撰了《太常新禮》；還讓歐陽修纂集前已散失之禮，「主《通禮》而記其變及新禮，以類相從，爲一百卷。賜名《太常因革禮》」。

第三，神宗趙頊在熙寧、元豐年間，又對禮制做過很多改動。

第四，《五禮新儀》。徽宗趙佶亂改禮制，政和年間編成《五禮新儀》。宣和年間，又大刀闊斧地簡化禮制。可是，經過靖康之危，禮制典籍「蕩析無餘」。

第五，南宋繼承北宋的禮制，好幾位皇帝也想重治禮制典章，大多議而不編或編而不成。孝宗曾讓人續編《太常因革禮》，還未編完。他本人去世，又被擱下。理宗「四十年間，屢有意乎禮文之事」，可惜未能成就。到了南宋晚期，政權難保，更加談不上修撰禮制了。❸

3.金禮

金人攻入北宋京城汴梁後，曾經將宋廷所有典籍、車輅、法

---

❸　《宋史》，上海《二十五史》本第 335、336 頁。

物、儀仗都搬回其本土。當時，因戰事未歇，加上本身還處在氏族社會的末期，談不上禮制的建設，採取的是金、遼、漢三制並用的辦法。皇統年間，熙宗首次乘上金輅，頭一回享受到了漢族宮廷禮儀的榮耀和威嚴。從世宗開始才注意編撰禮典規範。

第一，金朝禮典的制訂。世宗完顏雍設立「收饗所」，將原先從開封運回北方的書籍器物，運到都城燕京，這才開始參照唐宋制度來編撰禮儀典籍。章宗明昌年間（1190－1196）書成，共 400 餘卷，名爲《金纂修雜錄》。可惜，這部著作後來大多散失。不過，至今還存有另一部由金朝張等人所編撰的四十卷《大金集禮》，是我國現存古代禮典的重要文獻之一。

第二，女眞學漢禮又因遼俗。熙宗大量吸收了漢族禮儀規範之後，許多方面用漢制。在《金史·禮志》中多有記載，如「祀先帝」儀，祭祀的就是伏羲、神農、軒轅、少昊、顓頊等中原的先帝。其它如朝覲、登基等，也多有漢制的明顯影響。但其它許多重大禮典，則是借用遼朝舊制。

「拜天」是其最重大的禮典。《金史·禮志》記載說：「金因遼舊俗，以重五、中元、重九日行拜天之禮」。《大金國史》也說，女眞人接受契丹拜日拜天的影響，一直沿用，並發展成最爲頻繁而又隆重的宗教性禮典。❹

4.元禮

元代也學漢制，用吉、凶、軍、賓、嘉五禮，但內容以蒙古原有巫俗舊制爲主。《元史·祭祀一》說：「元之五禮，皆以國俗行

---

❹　參見張金泉：《金史簡編》，遼寧人民出版社瀋陽版，1984 年。

之，惟祭祀稍稽諸古。」❺就是說，用宋禮這個新瓶來裝蒙古舊「酒」。可見，元代的五禮中大多不是宋制，更無儺禮。

在信仰問題上，元代朝廷對外並不苛求。在國內卻曾先後五次下令。十分嚴厲地禁止民間的報賽迎神活動。理由主要是「民間多有祈賽神社，置到神案、旗牌、鑼鼓、傘蓋、交椅、儀從等物，若不拘收，切恐因而別生（事）端」。（參《元史》刑法四）其本意並非出自宗教信仰的不同，直接原因是怕人民聚集造反。這與漢族統治者以浪費、淫穢等理由來禁所謂的「淫祀」，不盡相同。

第二節　遼金元宮廷驅魔禮俗

《續通志·禮略·時儺》說：「遼金元明俱無儺禮」。這不全面。遼、金、元均無儺禮，也都不用方相送葬，元末宮中曾有小兒驅邪的習俗。而明代宮廷到中期已恢復儺禮。

遼、金、元民間有儺。不過，金國滅北宋之後，北方的民間儺事較爲清淡，逐漸轉入社火和戲劇中。民間儺事的主要活動地區已轉移到南方。元代的禁令更使民間儺事活動冷落了幾十年。不過，並未完全禁絕，在一些地方仍然有儺事活動流行。

(一)遼宮的「驚鬼」儀式

遼朝本信薩滿，不驅儺。其驅魔禮俗，與儺也相去很遠。遼朝宮廷除夕沒有驅鬼活動。每年元旦，則可能會舉行稍有類似儺成分

---

❺　分別引自《元史》第 206、223 頁。

的「驚鬼」儀式，但這種機會也許還不到二分之一。因為，舉不舉行「驚鬼」儀式，要看「擲餅丸」的結果來決定。

1.遼朝宮廷正旦「驚鬼」的實錄

《遼史·禮制·歲時雜儀》的記載：

> 正旦，國俗以糯飯和白羊髓爲餅丸，之若拳，每帳賜四十九枚。戊夜，各于帳内窗中擲丸外：數偶，動樂飲宴；奇數，今巫十有二人鳴鈴執箭，繞帳歌呼，帳内爆鹽爐中，燒地拍鼠，謂之「驚鬼」。居七日乃出。國語謂正旦爲「迺捏咿唲」。迺，正也。捏咿唲，旦也。❻

擲飯丸，在正月初一的夜裡進行。先用糯米飯和白羊的骨髓做成拳頭大小的飯丸，每座帳篷發給 49 丸。各帳篷從窗中向外丟飯丸，然後將所丟飯丸收集起來點數，得出的結果有兩種可能：如果飯丸總數成雙，表示吉利，便「動樂飲宴」，不必另行儀式；如果飯丸總數成單，表示——不吉祥，必須舉行「驚鬼」儀式。

2.「驚鬼」儀式的過程

先在帳篷外，由十二個巫師搖鈴執箭，圍繞著帳篷轉圈，又唱又喊；帳篷裡的人，則一邊向火爐中撒鹽，使之發出　爆裂之聲，一邊用火燒地皮，同時用手拍打地皮，表示將老鼠趕出地洞，帳篷裡的人則需在篷中住七天才能出帳。這是以鼠代鬼。

這種儀式，只有驅邪趕鬼的意圖一項與驅儺有些相似，其餘很

---

❻　《遼史》第 77 頁。

少共同之處。

第一，糯米飯拌白羊髓，顯然是一種以其原有習俗爲主體的禮制。糯米飯有營養，羊髓更有營養，兩者拌合當是一種好食品。不過，本該還有其它意圖，比如信仰成分，但《遼史》無載，故不能詳知。

第二，我以爲，那十二巫師可能是喻意十二個月份，與漢儺十二獸神絕無關係。因爲「鳴鈴執箭，繞帳歌呼」，無論是在程序方面，還是在裝扮、表演方面，都與漢儺不同。漢儺是「索室三遍」、「沿門逐疫」，漢十二獸神是動物打扮、執鞭等等，跟這種「驚鬼」儀式都不相同。漢儺十二神獸的出典和形象，在漢族中都早已失傳，契丹人是不可能知曉的。

第三，當時遼國還沒有掌握製造火藥和鞭炮的技術，只會爆鹽。這種微小的鹽炸聲和拍地聲，到底能否將老鼠趕出地洞，能趕出多少，都很難說。

㈡金朝「雜儀」不驅儺

查《金史·禮志》，除拜天的大禮外，有「雜儀」一節，其中有祭祀長白山、大房山、混同江等儀典，沒有驅魔之禮的記載，更沒有儺禮。其葬禮，則一直沿用契丹、蒙古、女眞人傳統的「燒飯」禮俗，不用方相送葬儺俗。❼

---

❼　《金史》，上海《二十五史》本第 87 頁。

(三)元代皇族的祓禳禮俗

元代宮廷不驅儺，故《元史·禮樂志》、《元典章》等均不載儺禮。不僅如此，元代朝廷還曾一再取締漢族和其它民族包括儺儀在內的禮俗活動，還禁止民間的社火等表演活動。而元代宮廷另有蒙古舊俗，包含祓災逐魔的功用，可視爲一種類儺事項。

1.蒙古貴族「脫災」和「遊皇城」實錄

「備陲之俗，敬天而畏鬼，其巫祝每以爲能親見所祭者而知其喜怒。」這本來就是我國北方許多游牧民族固有的薩滿信仰。可知，元代宮廷不是沒有祓邪趕鬼的禮俗，而是與儺不屬一個系統而已。《元史·祭祀六·國俗舊禮》有「脫災」和「遊皇城」兩種驅魔儀式，分別寫道：

> 每歲十二月下旬，擇日於西鎮國寺內墻下，灑掃平地。臺府監供彩幣，中尚監供細毯針線，武備寺供弓箭環刀。束稈草爲人形一、爲狗形一，剪雜色彩緞爲之腸胃。選達官世家之貴重者，交射之，……至糜爛，以羊、酒祭之。祭畢，帝、后及太子、嬪妃，併射者，各解所服衣俾，蒙古巫覡祝之，祝贊畢，遂以與之，名之曰「脫災」，國俗謂之「射草狗」。
>
> 每歲十二月十六日以後，選日，用白黑羊毛爲線，帝、后及太子自頂至手足纏繫之，坐於寢殿。蒙古巫覡念咒語，奉銀槽貯火，置米糠於其中沃以酥油。以其煙薰帝之身，斷所毛線，納諸槽內。又以紅帛長數寸，帝手裂碎之，唾之者三，

併投火中，即解所服衣帽付巫覡，謂之「脫舊災，迎新福」。

每年二月十五日，於大殿啓建白傘蓋佛事。用諸色儀仗、社直迎引傘蓋，周遊皇城内外，云與眾生袯除不祥，導迎福祉。……歲以爲常，謂之『遊皇城』。成因有事而輟，尋復舉行，夏六月中，上京亦如之。❽

2.「脫災」之禮

第一段引文，是「脫災」元人的驅邪禮俗，與儺禮驅疫有些類似的地方。比如，巫覡祝贊與太祝設席、「羊酒祭之」與瘞坎埋牲就有些相似。但總體上與儺禮有明顯的區別，名稱不同，内容更不同。

第一，時間不同，漢族儺禮到宋代爲止，大多是除夕間或先臘一日驅儺，這裡卻是十二月下旬或「十二月十六日」以後，占卜「選日」舉行「脫災」活動。

第二，儺禮一向是驅無形之鬼，「脫災」活動卻是以草紮人形和狗形，是有形之鬼。

第三，漢儺「索室驅疫」，「脫災」在寺廟墻下將草人草狗射爛，則是室外活動。

第四，漢儺一向用低級官員、軍人或藝人直接驅儺，這裡是選上層「貴重者」來射草人草狗。蒙古巫覡即薩滿，與漢儺主角的身

---

❽ 《元史》，上海《二十五史》本第 223 頁。

份不同。其咒語也必與漢儺不同。漢儺是將鬼疫趕走，這裡則是將對象射死、射爛。

第五，用白黑羊毛線纏帝、后及太子、烟薰帝的方法來驅除邪氣，這在漢族更是不可想像的事情。

總之，這是道地的蒙古「國俗舊禮」，薩滿信仰，不是儺。

3.「遊皇城」

第二段引文是寫元宮另一禮典「遊皇城」。這與「脫災」不同，與儺禮更不同。其儀，規模很大，有軍隊、和尙、教坊、漢、回、河西少數民族的諸多儀仗隊和鼓樂隊等，參加人數多達一萬多人，這樣龐大的隊伍只是在皇城中週遊表演，「首尾排列三十餘里」。每年的二月十五日舉行一次，六月中還要在上京再舉行一次。《元史·祭祀志·國俗舊禮》有很長的詳細記載，篇幅有限，恕不能全文引述。

明代學者丘濬所說的「元人……每歲元正……張傘蓋遍遊京城」。這種活動，可能在有的年份要舉行三次，或者是後來將二月十五日改在正月裡進行。

從總體上看，此禮「祓除不祥」的宗旨與儺禮稍有相似，但並非元代蒙古族上層吸收或借用漢儺，而是一種類似藏傳佛教與薩滿信仰、文藝表演結合的禮俗游藝活動，是遼人自己的創舉。

有的學者認爲，「遊皇城」的白傘蓋上寫著「鎮服邪魔，護安國利」八個大字，其目的是「祓除不祥，導迎福祉」，與儺的宗旨一致。❾因此，它就是元代宮廷組織的儺禮。這種看法幾百年之前

---

❾　麻國鈞：〈元儺與元劇〉，載《戲劇》（北京）1994 年第 1 期。

就有人提出過。但明代學者丘濬不以爲然，他在《大學衍義補》
「大儺」條中寫道：

> 元人至，遣西番僧人如宮持咒，每歲元正，命所謂佛事者，
> 張傘蓋遍遊京城，此何理也？❿

可見，以爲「遊皇城」是元代儺禮，那是一種誤會。

4.元代晚期的「驅邪」

元代《析津志輯佚》說：

> 傳聞，禁中一如故事。儀鳳司、教坊司、雲和署，啞奉御，
> 日日點習社直、樂人、雜把戲等，以備新元部家委官一同點
> 視。咒師於年近除日，於宮中大明殿牌下，西蕃咒師以扇鼓
> 持咒，供羊、馬、牛、酒等物，陳設於殿庭。咒師數人，動
> 梵樂念咒，兩人牽黑旗於前，出順承門外二里頭，將所致桶
> 中諸肉拋撒以濟人，謂之「驅邪」。⓫

這是一種「傳聞」，是不是元宮裡的眞事，並無其它記載互
證。「近除日」也是臘月，似乎與儺儀比較接近，甚至其中還有樂
人和雜把戲等表演活動。大明殿，即大明宮，是元代舉行皇帝即

---

❿　〔明〕丘濬：《大學衍義補》，《四庫全書》第 712 冊。

⓫　引自徐氏鑄學齋抄本《析津志》。《析津志輯佚》的原作者是〔元〕熊夢
　　祥，北京圖書館善本組輯，北京古籍出版社，1983 年。

位、壽辰、元旦等大典的地方。毛巾濾水、拋肉濟人以驅邪，顯然都是北方民族的禮俗，更不「索室」。如此等等，應當是蒙古「國俗舊禮」或其演變形式。「西蕃咒師以扇鼓持咒」明顯是喇嘛教僧侶和薩滿式的活動。是否受過儺儀的影響，尚待考證。

在元朝宮廷實錄裡也找不到儺禮一說，元代蒙古人自己也沒有說過「脫災」等儀式就是儺禮。

5.元代朝廷禁儺

生活在元代中後期的吳萊（1297－1340）有《時儺》詩寫道：

古人重儺疫，時俗事襘禳。歲陽欲改律，輿鬼燉耀鋩。
屬神乃恣肆，魃蜮並猖狂。偗僮幸成列，巫覡陳禁方。
虎頭眩金目，元製炳赤爣。桃弧驅薗沴，豆礫斃癉剛。
八靈悉震愶，六合高褰張。清寧信不害，動靜維吾常。
世途頗險釁，人魅更跳梁。狐鼠戴介幘，夒魖竊香囊。
煎熬到膏髓，擊剝成疙瘍。乘風作國蠱，抵隙爲民殃。
自從九鼎沒，誰使百怪藏。瘳寒服襦帛，肌宴食閒糧。
蘆花敝汝體，橡栗饞吾腸。地膚竟卷去，天萆俱雕傷。
神荼欲呀唼，蟠木蔓不長。蒙倛強顏貌，枯竹無耿光。
聖言謂近戲，五祀徒驚惶。惜哉六典廢，述此時儺章。⓬

開篇就指出了儺禮與元代宮廷袯禳之禮的區別。說明元代宮廷

⓬　《神怪大典》第 35 卷「瘟疫之神部」，第 492 冊之 20 頁，上海文藝出版社，1991 年。

只「事祓禳」而不驅儺，這一基本事實，一目了然。詩中以張衡的《東京賦》爲典型材料，回顧了古儺的概況，並一再指責元代當局「自從九鼎沒」（宋亡後）改律廢六典、禁儺戲，以致都沒有人來清除百妖，神荼想吃鬼也吃不到了，「蟠木」——大桃樹也不再生長，「世途頗險巇，人魅更跳梁」。這些比喻，都是對元代朝廷殘暴統治的斥責。

6.張昱的詩：小兒「驅儺」

麻國鈞《元儺與元劇》一文，介紹了元代詩人張昱的一首詩，其中寫道：

> 三宮除夜例驅儺，遍灑巫臣爲溼多。
>
> 組燭小兒相哄出，衛兵環視莫如何。

「組燭小兒相哄出」中的組，似爲舉。組燭，即舉燭。

這是元末的事情。《元史》中無儺，而《元史》是根據元代宮廷「實錄」編寫的，甚是可靠。但是，現存的「實錄」到寧宗爲止，最後的順帝（1333－1368 年在位）「實錄」已經丟失。所以，元末宮廷是否有儺，也不能截然定論。元末宮廷學漢制而行儺禮，或者增加一個變形的儺禮不也都不是沒有可能的。❸

小兒，有點像侲子。舉燭，也有點像千騎火炬驅鬼。這似乎是

---

❸　《元史》第 1 頁，李善長《進〈元史〉表》：「分科修纂，上自太祖，下迄寧宗，據十三朝『實錄』之文，成百餘卷，粗完之史。若自元統以後，則其載靡存，已遣使旁求，俟續編。」

吸收了儺禮成份編制的，如果此說能夠成立，那麼，元宮終於也有
了驅儺活動，雖然只是遊戲式的，蒙古味很濃。

認真負責的說，我們並不知道詩中所說的「驅儺」，是元人用
名，還是張昱本人的說法？「小兒」是不是侲子的演變或替代？均
無可考。何況元宮禮典中本來就常有「小兒」出現，《元史·禮樂
志》卷一和卷五，就記有好幾種禮典用「舞童舞女」和「小兒」的
實例。「遍灑巫臣為渾多」一句，是說向巫覡和官員灑奶的游牧習
俗。

筆者寧可信其有。因為，蒙漢通婚、蒙漢文化的相互影響已有
幾十年的歷史之後，元末能出現這類改型的儺禮，也還是有可能
的。元代後期，也出現了一些民間儺事活動的報導，似乎與宮廷觀
念有所改變有關。

第三節　舞隊化的宋代宮廷儺禮

北宋中期開始的嶄新驅儺形式，從宮廷到州縣、軍隊乃至民間
普遍的舞隊化。從宮廷、軍隊到民間儺隊，乃至儺丐，都採取這種
形式。儺戲的廣泛出現和發展，也與儺儀的舞隊化有直接的關係。

㈠宋官儺禮兩變

《宋史》不記儺禮，清代乾隆年間的學者們說：「宋則直以戲
視之，而古意益微矣。此史志所以削之。」❹這話有一定的道理，

---

❹　〔清〕稽璜等：《續通志》志3960頁「時儺」條，中華書局北京版，1984年。

但並不完全符合史實。

　　過去以爲，只有孟元老等宋代後期學者所記載的一種儺制。稍一深入便發現，宋代宮廷儺禮曾經歷過兩次較大的變化，實際上宋代有三種儺制，並非一制到底。

　　說到這裡我們才看到，周儺以後出現的一個「秦漢三制、魏晉六朝七創、唐宮四式、宋儺兩變」的演進序列。所謂「宋儺兩變」是指：

　　第一，北宋前期（宋初～仁宗或英宗）的後周儺制。

　　第二，北宋後期（英宗或神宗）變成「埋祟」儺制。南宋前期（高宗紹興三十一年）爲止。而南宋前期的「埋祟」不如北宋規範和宏大。

　　第三，南宋後期「女童驅儺」制。

㈡宋初宮廷儺制

　　閱讀《全宋詩》，我們才知道，北宋前期實際上是沿用後周舊制。

　　1.北宋初年文學家晏殊（991－1055）的《奉和聖制〈除夜〉二首》裡，說得很清楚：

> 祕扆楯軒沿萬戶，慶宵躔次會三辰。
> 丹闈肅穆猶凝夕，佳氣蔥瓏漸報春。
> 調自歷將穹厚永，聖辭常與歲時新。
> 送寒旁磔迎和令，率土群生仰昊旻。

珠躔回碧落，絳燎燭青規。

瑣闥瓊籤度，層臺玉漏移。

納新皇澤普，順節聖情怡。

萬宇長安陌，鄉儺集此時。❺

2.晏殊詩寫作時間和內容

晏殊的這兩首詩，是和眞宗或仁宗的《除夜》詩，應當是寫於 1005－1042 年之間。因爲，此時作者正在朝廷任職。

晏殊詩中的「送窮旁磔迎和令，率土群生仰昊旻」、「鄉儺集此時」等句，說的正是除夕驅儺之事。它說明：

第一，宮中還是除夜驅儺。旁磔，即四旁十二門皆磔，這是西周大儺之制。顯然，此時還沒有將儺禮「直以戲視之」。

趙匡胤在後周任職時間不短，又是重要大臣。他當皇帝是應別人「勸諫」，不是推翻後周，無需另立一套。所以，宋初儺禮最可能用的是後周儺制，而後周禮制又是以唐制爲主。可知，至少這是以漢唐制爲基礎的儺禮。

第二，北宋前期，民間也是在除夕驅儺。北宋後期民間才有了兩種驅儺時間，一般社區和宗族還在除夕驅儺，而後則像孟元老等所記的那樣，從臘月初到二十四送竈爲止，沿門「打野胡」。

㈢北宋中期宮廷儺制一變——「埋祟」

宋宮「埋祟」儺制產生的時間，不會早於宋英宗（1064－1067

---

❺　《全宋詩》第 1960 頁卷一七七，北京大學出版社，1991 年。

年在位）。最大可能是在神宗熙寧、元豐年間（1068－1085）編制的。因爲，這一時期神宗趙頊曾對禮制動過大「手術」。這一點，《宋史·禮志》有明確的記載。

大約是在十一世紀中葉，宋代宮廷的制禮者才真正將儺禮當做「戲」來安排。正因爲將儺禮當作戲來安排，後來寫《宋史·禮志》的人以爲不經，才削去了宋儺一節。《宋史》不記儺，也可能是元代主持編撰《宋史》的蒙古族脫脫等，本來對儺禮不符合蒙古習俗而有所看法，因而不錄宋廷儺事。但私人小說筆記中卻有記述。

關於北宋後期開始的宮廷「埋祟」儺制，北宋的幽蘭居士孟元老《東京夢華錄·除夕》條寫道：

> 至除日，禁中呈大儺儀，並用皇城親事官、諸班直戴假面，繡畫色衣，執金槍龍旗；教坊使孟景初身品魁偉，貫全副金度銅甲裝將軍；用鎮殿將軍二人，亦介冑，裝門神；教坊南河炭醜惡魁肥裝判官；又裝鍾馗、小妹、土地、竈神之類，共千餘人。自禁中驅祟出南薰門外轉龍彎，謂之「埋祟」而罷。⓰

這條文字，長期來一直在被廣泛引用。從中可以看到，宋代的「埋祟」新儺制，時間未變，內容卻已大變。〔清〕嵇璜等《續通志·禮略·時儺》所說「此則儺禮之行於汴京者也」，實際上是從

⓰　《東京夢華錄註》，鄧之誠註，中華書局北京版，1982年。

北宋後期開始的儺禮。

南宋早中期宮廷沿用此制。南宋的吳自牧《夢粱錄·除夜》記載說：

> 禁中除夜呈大儺之儀，並係皇城司諸班直，戴面具，著繡花雜色衣裝，手執金槍、銀戟、畫木刀劍、五色龍鳳、五色旗幟。以教樂所伶工裝將軍、符使、判官、鍾馗、六丁六甲、神兵、五方鬼使、竈君、土地、門戶神尉等神。自禁中動鼓吹，驅祟出東華門外，轉龍池灣，謂之「埋祟」而散。**⓱**

南宋前期大體沿用北宋儺制。正如清代嵇璜等編纂的《續通志·禮略·時儺》所說：「此則儺禮綴行于南渡者也。」

請注意：這裡沒有說到「千餘人」。看來，其規模已不如北宋。

３.南宋後期宮儺再變——女童驅儺

宋人記載的南宋宮廷儺制，大同小異，「大率如《夢華（錄）》所載」。宋末元初的周密《乾淳歲時記》記載說：

> 禁中臘月三十日，呈女童驅儺，裝六丁、六甲、六神之類。**⓲**

乾淳，是宋孝宗乾道、淳熙兩個年號的簡稱（1165－1183）。雖

⓱　〔宋〕吳自牧：《夢粱錄》卷六，浙江人民出版社杭州版，1980 年。
⓲　《説郛三種》第 3217 頁，上海古籍出版社，1988 年。

然只有一句話，卻明確交待了南宋後期宮廷的特點是「女童驅儺」，顯示出宮廷儺禮又發生了巨大的變化。

南宋高宗紹興三十一年，宮廷最終「省」去了教坊。並且由於孝宗和大臣們堅持不予恢復，每年兩宮壽誕或招待北使（金使），都是臨時向臨安府派差，由宮廷修內司提前兩旬「教習」。

「女童」是指女與童，即小兒隊、女童隊。國勢不濟，教坊被撤，藝人散去，沒有了諸班直軍人參加，也無法維持將軍、鍾馗、判官等高大魁梧的人物和千人假面的配置。剩下「女童」們，就只能扮演六丁六甲之類的角色了，跟「埋祟」制相比較，規模小了，聲勢小了，風格也變得柔弱了，眞可謂一落千丈。⑲

(四)「埋祟」制細節

宋代的埋祟儺禮，在人員配置、角色安排、化妝打扮、驅儺氣氛，甚至驅儺名稱等方面，都與漢唐不同。

1.人員大增

「千人假面」，這麼龐大的隊伍，可信嗎？可信。因爲，如此龐大的假面隊伍，其實是以宮廷近衛軍爲主體的。除了籌備和組織儺禮的班子外，還有三個部分人可供調派。

第一是教坊。宋太祖立國之初，就參照唐制設立了教坊，共分四部。即法曲部十一人、龜茲部二十四人、鼓笛部六人、雲韶部五十四人，共九十五人。後來，在平定一些地方時，又及時從地方上調集了許多樂工，包括西川一百三十九人、江南十六人、太原十九

---

⑲　《宋史》第 439 頁。

人，共一百七十四人。又有藩臣所貢八十三人和趙匡義藩邸七十一人。總計有四百二十三人。驅儺的主要演員，都是當時的著名藝人，如身品魁偉的教坊使孟景初、醜惡魁肥的南河炭等，一些次要人物也是由教坊派遣的。教坊人數不斷有所變化。到南宋晚期的高宗紹興年間，再也養不起這麼多藝人，只得撤銷教坊。孝宗興隆二年（1164）皇帝壽誕之慶，就是臨時點集樂工進宮「呈樂」的。

第二，皇城司。宋代官署名，原稱武德司，太平興國六年（981）改名爲皇城司。南宋先設行營禁衛所，紹興元年（1131）又改稱皇城司。皇城司的任務有四：一是拱衛皇城（軍事），平日掌管皇城出入管龠木契，對出入皇城者驗證、防範；二是管理親從官與親事官名籍（人事）；三是偵察臣民動靜，以爲皇帝耳目（情報）；四是抽部隊加入某些禮典，包括除夕參加驅儺。

北宋驅儺只用親事官。親事官本來是三指揮。指揮是軍事單位，一般每一指揮五百人，共一千五百人。神宗元豐五年新增一指揮，合計有二千人可供調遣。徽宗政和年間又增加親從官一指揮七百人，合計五個指揮，達二千七百人。南宋早中期則有親事官、親從官共四指揮，二千人。

皇城司還有一些小部門，如西京大內官、內園司等，人數很少，都不參加驅儺。

第三，殿前司諸班、諸直。全稱爲殿前都指揮使司，最高統兵官是殿前都指揮使。北宋禁軍（正規軍）分屬殿前司、侍衛親軍馬軍司、侍衛親軍步軍司三衙。殿前司主要掌管諸班直，並與馬、步可分掌全國禁軍。南宋時則只管諸班直和殿前司軍。

諸班，諸直，總稱「班直」。五代後周有皇帝近衛班直，宋代

沿用。班直成員一般選武藝絕倫者充任，都有軍官身份，是皇帝最親近的護衛部隊。北宋初還規定，班直都必須娶人之長女爲妻。諸班直也有四項任務，即：一是皇帝近衛；二是儀仗隊；三是爲天子行幸奏樂；四是參加宮廷某些禮典，包括除夕參加驅儺。

諸班番號有：殿前指揮使左右二班、內殿直左右四班，散員左右四班，散指揮左右四班、散都頭左右二班、散祗候左右二班、金槍班左右二班、東西班（包括弩手班）左右十二班、散直左右四班、鈞容直二班等。太祖時有川班內殿直一百二十壯士，後廢。《東京夢華錄》卷四「軍頭司」條說，殿前司有二十指揮，共萬人。其中，鈞容直是天子樂隊，也是軍樂隊，常常與教坊合作演出。其常年編制有四百人，有時也會有所增減。

諸直番號有：御龍直左右二班、御龍骨朵子直左右二班、御龍弓箭直左右五班等。❷

以上三部分人總數超過一萬五千人，按三班倒，每班也有幾千人。所以，「千餘人」的驅儺陣容，不足爲奇。前文《南部新書》所說唐代千餘假面侲子，那是一批好事青年「耍」出來的一時戲事。這裡的「千餘人」，卻是固定的編制，並且都戴面具上場，這在儺史上是前無古人、後無來者的空前壯舉。

一般說，皇城司和殿前司是「跑龍套」的，但他們也經過了一定的培訓，有相當的表演才能。皇帝出行，教坊和鈞容直前引，諸班直馬隊在駕後奏樂。而每年三月皇帝觀看文藝表演時，他們更是

---

❷　《宋史·兵志》、楊得志主編：《中國軍事大辭典》第 1502 頁，海南出版社海口版，1992 年。

表演的主體。

2.千枚面具

千餘名假面角色，都戴面具。面具主要來自兩個方面：質量要求高的，如金度銅甲裝將軍、門神、判官、鍾馗、小妹、土地、竈神等主要角色的面具，由教坊自己精心製作；其餘，主要來自民間，當時最有名的是廣西桂林，北宋宮廷曾經派員去那裡採辦過大量面具。（詳後）

3.人物的大換班

宋代宮廷的「埋祟」儺制，取消了方相氏、侲子、十二獸神或十二問事、十二執事等傳統人物，換成金度銅甲裝將軍、門神、判官，鍾馗、小妹、土地、竈神等一大批新角色、千名武裝官兵換上戲裝，年年要上演這種空前龐大的「假面化妝表演遊行」。一邊行進一邊表演這些人物本身的故事，應當比民間的社火更加好看，其中有些就是儺戲節目。

南宋前期宮儺的人物跟北宋稍有不同。

《東京夢華錄》和《夢梁錄》記載的人物出場次序是：

第一，主角變成金度銅甲將軍。不再是方相氏。

宋代官方有方相氏，只在葬禮中出現，不參加驅儺。

第二，門神。這是宮廷儺隊的第二位重要角色，由兩位職業軍官——鎮殿將軍扮演。鎮殿將軍身為軍官，本身的任務就是鎮殿。《東京夢華錄·元旦朝會》說，各國使節拜見皇帝時，都有四名高大魁武的鎮殿將軍，立於大殿四角。鎮殿將軍扮演門神，正是用其高大魁梧的特徵，是否安排替代神荼、鬱壘或「狂夫」方相，尚待研究。

南宋前期大儺則以「符使」爲第二位，而將門神改名爲「門戶神尉」，排到後面去了。

第三，判官。這是從民間儺儀主角的鍾馗演變而來。曾經由教坊主要演員（例如醜陋魁肥的南河炭）扮演，是一種威武凶猛的淨角。

此時，判官與鍾馗已成爲同一類戲劇人物。《東京夢華錄·駕幸寶津樓諸軍呈百戲》說：「有假面長鬚、展裡綠袍靴筒如鍾馗像者，旁一人以小鑼相招，和舞步，謂之『舞判』。」這時的「小鬼鬧判」和「鍾馗捉鬼」，就是同一類節目。

第四，鍾馗、小妹、五方鬼使。這實際上是一組角色。當時，《五鬼鬧判》或《鍾馗嫁妹》已經廣泛流行。龔開《中山出遊圖卷》中的「鍾馗·小妹·小鬼」，就是《鍾馗嫁妹》中的一節。有人以爲《鍾馗嫁妹》、《五鬼鬧判》都出自明代，其實，前者宋代已經有了，後者更在唐代就已產生，如敦煌《兒郎偉·驅儺詞》及孟郊《弦歌行》所描寫的那樣。

第五，其它人物，有的是唐代民間儺禮人物的演變，有的是新加的，大多與以往各代宮儺有所不同。

4.風格的大變化

唐代的娛樂化儺禮，宋代進一步發展成爲舞隊化、戲曲化。這種在行進中表演的形式，可能是一邊走一邊做些有代表性的動作，可稱其爲「千人戲裝大遊演」，到了一定的場所，才會表演完整的節目。

5.宮儺與民間儺關係密切

宋代繼承唐代宮廷與民間相互溝通的傳統，進一步吸收民間的

藝術營養，使它更接近民間藝術風格。反過來，它也對民間儺產生
過明顯的影響。當時，宮廷曾頻繁地派遣親信輪流下去擔任地方主
官，也會在一定程度上將宮廷儺制的某些細節帶到了全國各地。諸
班直是皇帝最貼身的親信，他們往往在輪換中總能得到重用，一下
去就能當知縣，比一般文官幸運得多，而諸班、諸直的成員一般都
曾直接參加過假面驅儺活動。（詳後）

(五)宋代宮廷儺制大變的原因

　　表面看來，宋代宮廷的「埋祟」是突然出現的嶄新儺制，其實
並非如此。宋宮儺制所以是這個樣子，決不是制訂禮制的人不熟悉
周漢隋唐舊規而另搞一套，實在是因為社會環境已經發生了巨大變
化。

　　第一，不得不改──古儺舊制極不適應市民社會的需求。儺禮
舊制本身嚴重的滯後性，在唐代已經初顯端倪。宋代取消了唐代的
許多禁令，京城街市遍佈，日夜連軸營業。《東京孟華錄》卷三
「馬行街鋪席」條說：「市井經紀之家，往往只於市店旋買飲食，
不置家蔬」，「至三更方有提瓶賣茶者，蓋都人公私榮幹，深夜方
歸也。」人們忙得沒有空在家裡作飯，而是在街上買飯吃。這是北
宋的情況。

　　吳自牧《夢梁錄》卷十三「夜市」條別說：「杭城大街，買賣
晝夜不絕，夜交三四鼓，遊人始稀；五鼓鍾鳴，賣早市者又開店
矣。」公私人等忙些什麼呢？有的辦公事，有的是做生意，有的演
出，有的則是「遊人」，包括看戲的。

　　北宋的汴梁（今開封）和南宋的臨安（今杭州），都是超過百萬

人口的大都市，還有許多中小城市，都有著龐大的市民階層，文化消費的需求十分可觀，促進了各種藝術門類的大發展，尤其是民間藝術的提高。其中舞隊的廣泛流行，戲曲的進步興旺，最爲引人矚目。這使呆板的儺禮舊制又顯得不合時宜，逼著儺禮尋找新的出路。總之，宮廷儺制已經到了不得不大改的地步。如果說，唐代宮廷儺制還不得不多少保存一點古儺舊風的話，宋代宮廷實際上只是保留了驅儺名義，重新設計了表演內容和形式。因爲，舊儺制太不中看。

第二，有條件改。所謂大變，表面上看，完全脫離了周漢隋唐舊制，實際上是創造性地運用了唐儺的成果，使其憑添可看成分。將宋宮儺禮與唐代儺禮比較，便可知其主要角色也是對唐儺角色的改版。略舉幾例，便可了然。

宋代用身體魁偉的教坊藝人孟景初裝扮的「金度銅甲將軍」，就具宮儺主角方相氏高大魁梧的「狂夫」特徵。有人以爲唐代以來，鍾馗已取代了方相，那是誤會。因爲，唐代官方用方相爲主角，民間則用鍾馗等等爲主角，兩者同時並存，鍾馗沒有替代方相。直到宋代爲止，民間從來就不用方相驅儺。因爲，那是古傳老規矩。而北齊的民間方相只是送葬，不是驅儺。

鍾馗等人物則是繼承唐代的儺舞節目，並將唐代的鍾馗和閻王融合演化出了判官，南宋又發展出五方鬼使、門神等人物。

親從官和諸班直們穿著「繡畫色衣」或「繡花雜色衣裝」舞儺，也不是什麼新鮮事。因爲，唐代宮廷儺禮早有「白繡畫衣」的打扮，民間廟會中也已經有「朱衣畫褲紛相劇」的儺舞節目。

宋宮儺禮中的竈神、土地，則與唐代城隍、儺公儺母一類「善

· 615 ·

相」角色的特點一脈相承。

第三，尤其要提出的是「六丁六甲」。這組人物，初看是宋代的全新角色，其實也不是宋代的創造。因為，它有漢十二獸神、隋十二問事、唐十二執事等一系列鋪墊，更有晚唐敦煌民間儺舞「十二屬」的先例。

十二屬便是宋代六丁六甲的原型。即：十二屬＝十二生肖神＝六丁六甲。早在南朝，就已經有了沈炯《十二屬詩》所寫的十二生肖形象：

> 鼠跡生塵案，牛羊暮下來。虎哺坐空谷，兔月向窗開。
> 龍濕遠青翠，蛇柳近徘徊。馬蘭方遠摘，羊負始春栽。
> 猴栗羞芳果，雞拓引清杯。狗其懷物外，豬蠡隱悠哉。㉑

六丁六甲就是十二生肖，明代王圻、王思義父子編著的《三才圖會》卷十「人物」類的六丁六甲圖，那就是十二生肖神。(圖26)

韓國的高麗朝、李朝的宮廷儺禮，都恢復了漢唐「十二神」舊稱，不叫「六丁六甲」，但人物形象則與宋官完全一樣，也是十二生肖神。高麗朝著名學者李穡的《驅儺行》詩是這樣描寫的，㉒李朝著名學者成俔《庸齋叢話》一書中的《儺驅詩》也是這樣介紹的。詩中寫道：「十二神各著其神假面，如子神著鼠形，丑神著牛

㉑ 《魏晉六朝百三名家集·沈侍中集》第 12 頁，埽葉山房藏版。

㉒ 轉自〔韓〕金學主：〈儺禮和雜戲──以中韓之比較為中心〉一文，原載韓國高麗大學《亞細亞研究》第六卷第二期，1963 年。

形也。」㉓

圖26 六丁六甲

〔明〕王圻、王思義編《三才圖會》卷十「人物」類，上海古籍出版社 1988
年 6 月第一版。

㉓ 轉自金榮華：〈漢城昌德宮藏方相氏面具跋〉，載《中韓關係史國際研討
會論文集》1983 年，臺北。

爲什麼要這樣改呢？因爲，漢末儺禮中的十二獸神早已無人知道底細，隋唐已將這組人物先後改爲「十二問事」和「十二執事」，只留下《十二神吃鬼歌》而已。臺灣學者金榮華分析說：「雖言十二獸之名，而不知其究竟爲何獸」，還不如以十二生肖神代替漢儺十二獸神。❷這話有道理。北宋的「埋祟」儺禮不恢復十二神，卻創造了「六丁六甲」這組角色，大約也是出自這一原因。

第四節　官府儺和軍儺的新發展

盛極一時的唐代府、州、縣官府儺，宋代還在流行，但記載甚少，只能在零星的文字中窺見一點消息。北朝大出風頭的軍儺，唐代除敦煌之外，未見報導。宋代則以舞隊的形式出現，進入了一個新的發展階段。

(一)宋代州縣官府儺的點滴情況

從兩例材料看，宋代州縣儺跟唐代一樣，也要設樂，也有吃喝，但細節上變化不少，總體上已不如唐代那樣規範和興盛。

1.宋代州縣官府儺禮舉例

例一，禁卒藉驅儺企圖謀害知縣的事件。北宋歐陽修《歸田錄》記載說：

　　太宗飛白書張詠、向敏中二人，名付中書曰：「二人者名

_____

❷　同註❷。

臣，爲朕記之。」向公自員外郎爲諫議、知樞密院，止百餘
日。咸平四年除平章事，後坐事，出知永興。……會邦人大
儺，有告禁卒欲倚儺爲亂者，密使麾兵被甲衣袍伏廡下幕
中。明旦，盡召賓僚兵官，置酒終閱，無一人預知者。命儺
入，先令馳騁于中門外，後召至階，公振袂一揮，伏卒齊
出，盡擒之，果各懷短刀。即席誅之。剗訖，屏屍，亟命灰
沙掃庭。張樂宴飲，賓從股栗。㉕

　　張詠和向敏中（歐陽修稱其爲「向公」）深受宋太宗趙光義器
重。宋眞宗趙桓時，向敏中（949－1020）被貶爲湖南永興知縣，咸
平四年（1001）除夕，永興縣衙會同當地百姓舉行大儺之禮，牢頭
禁子（禁卒）們身藏短刀想利用縣府驅儺的機會，謀害知縣。但向
敏中早已得到報告，事先秘密佈置好埋伏。當場將這些禁卒一網打
盡，全部殺掉，並命人趕快包裹屍體，撒灰沙黏去血跡，將地下沖
洗打掃乾淨。然後，奏起樂曲，照常進行酒宴，像是什麼也沒有發
生一樣。而賓客幕僚們驚魂未定，雖順從地坐了下來，屁股卻還在
發抖。

　　這是北宋前期地方大儺一例。「會邦人大儺」，是說除夕這
天，官府和百姓同時驅儺，而不像後來民間儺事從臘月初到念四送
竈爲止。此例證實，北宋前期的確還不是「埋祟」儺制。

　　例二：州縣衙門儺隊到官員家驅儺。宋代蘇東坡《和子由除

㉕　〔宋〕歐陽修：《歸田錄·佚文》，載《澠水燕談錄·歸田錄》第 52
　　頁，中華書局北京版，1981 年。

日》詩句：

　　　　府卒來驅儺，矍鑠驚遠客。❷⑥

　　府卒，州縣衙門的公差雜員。這一回，由公差雜員組成的儺隊
到蘇府驅儺時，東坡家正在接待遠方客，突然的鞭炮巨響，火光閃
爍，震耳欲聾，倒使客人一陣驚嚇。

2.宋代州縣儺細節

　　這兩個例子，告訴了我們有關宋代州縣官府儺的一些細節：

　　第一，宋代州縣儺隊由衙門裡包括獄率在內的雜員組成。但我
們不知這有無官府儺隊定員編制。

　　第二，宋代官府儺在衙門裡驅儺，先從中門大院開始，再進入
大堂等處。我們也不清楚其具體程序。衙門驅儺時，州縣首腦要出
場。向敏中逮獄卒，當是按州縣儺制程序行事的，不然會引起獄卒
們疑心，便不能實現設伏計策。

　　第三，官府儺隊還要到州縣首腦家中驅邪送吉，仍保持著唐代
長安、敦煌州縣儺隊的傳統。

　　第四，宋代州縣儺跟宮廷一樣，也是一種舞隊形式，也已不用
方相、侲子等人物。宋代朱熹所說儺爲「戲禮」，或許正是宋儺的
一種寫照。但似乎比宮廷和民間儺禮稍爲激烈、刻板些，獄卒的
「馳騁」、蘇府客人的驚嚇，都能說明這一點。

---

❷⑥　轉自《四庫全書》第 1348 冊第 481 頁。

㈡軍隊娛樂化的儺隊

　　至今尚未見到有關古代軍隊文化工作的專著，也缺乏可供借鑑的有關軍隊文化起源、演變的系統介紹和論述。現在，社會上發行的中國軍事史、軍事百科全書、軍事大詞典等，也都沒有關於中國古代軍隊文化工作的專門章節或條目。

　　這裡，從軍儺歷史的角度，連帶作一點簡單的討論。

　　我國古代軍隊的文化工作，應當早已出現，最晚到南北朝時期就已相當繁榮。唐代的軍隊文藝活動已具相當規模，軍中有樂營，並常吸收民間樂人參加表演。軍隊設有音聲人，沙州歸義軍也有歌舞儺隊。宋代則更進一步，有諸班直中的鈞容直，有騎兵樂隊，還將民間藝人編入左右軍（又稱廂軍）或衙前樂營（南宋），能表演許多不同層次的節目。京城諸軍和地方部隊都有很好的典型，靜江諸軍儺舞隊更是「名聞京師」，影響很大。

　　宋代軍隊的文藝表演活動，京城諸軍十分出名，名目很多。比如，「駕幸五岳觀」時，就有許多精彩節目。孟元老《東京夢華錄》記載說：「鈞容直樂部前引，駕後諸班直馬隊作樂，……駕入燈山……倒行觀燈山」等等節目。其《駕登寶津樓諸軍呈百戲》條又說，諸軍所演百樣俱全。其中的《抱鑼》、《硬鬼》和「鍾馗」類節目，本身就是儺戲。❷❼

　　宋代地方軍隊也有影響很大的文藝創作活動，熱愛文藝又有一定藝術修養的將領，也時有所聞，王子醇教《訝鼓戲》，就是地方

---

❷❼　《宋史·樂志》。

諸軍演劇活動的一個典型事例，宋代無名氏（一說作者宋代彭乘）《續墨客揮犀》卷七，關於宋初王子諄將軍教《訝鼓戲》的故事寫道：

> 王子醇平熙河，邊陲寧靜，講武之暇，因教軍士《訝鼓戲》，數年間遂盛行于世。其舉動舞裝之狀與優人之詞，皆子醇初制也。❷❽

熙河，地當今河套一帶。王子醇統領的是一支戍邊部隊，當時雖然「邊陲寧靜」，但並未放鬆操練備戰。不過，不像戰時那麼緊張，業餘時間也開展文娛活動。王子醇精通樂舞藝術，他曾創作和指導軍士們表演《訝鼓戲》，幾年之間便在軍隊中廣泛流行，並在百姓當中盛行起來。後來，又爲專業戲團所吸收。

訝鼓，又稱迓鼓，是宋代民間舞蹈中的重要節目。舞者扮成男女、僧道、各行各業的人物形象而舞，宋雜劇、金院本中也有《迓鼓兒熙州》、《迓鼓二郎》、《迓鼓孤》等劇目，南曲曲牌中有「大迓鼓」。

㈢靜江諸軍儺舞隊

宋代靜江諸軍儺，是全國聞名的儺禮舞隊化典型。當時曾在桂林任職的周去非所撰《嶺南代答》卷七記載說：

---

❷❽　《中國戲曲曲藝詞典》第 18 頁，上海藝術研究所、中國戲劇家協會上海分會編撰，上海辭書出版社，1981 年。

> 桂林儺,自承平時,名聞京市,曰靜江諸軍儺。而所在街巷
> 村落又自有百姓儺。嚴身之具甚飾,進退言語,咸有可觀,
> 視中州裝隊仗,似優也。㉙

周去非,字直夫,南宋浙江永嘉(今溫州)人,興隆元年(1163)進士,淳熙年間曾任桂林通判。《嶺南代答》是他在任期間所見所聞的記錄,凡四百多條。在修改原稿時,曾參考范成大《桂海虞衡志》一書。

靜江軍,地當桂林一帶,有宋代著名的靜江諸軍儺和桂林百姓儺。它告訴我們:

第一,「視中州裝隊仗,似優也」,桂林軍儺表現形式,與各地諸軍裝隊、宮廷「埋祟」和民間儺舞隊「打夜胡」相差不多,都是一種雜戲舞隊。所謂裝隊,是說化裝舞隊在行進中表演各種節目,已是舞隊。這種舞隊,以戲驅儺,儺就是戲,戲就是儺。他們的表演跟中州(北宋中心地區)裝隊一樣,表演水平很像專業演員——優。裝,即裝扮、表演。諸軍儺,是指諸軍皆有裝隊仗。

第二,諸軍有儺,街巷村落也有百姓儺,想來規模一定不小,節目豐富,角色繁多,氣氛熱鬧。當然,百姓儺也可以說百家姓皆有儺,有很多儺隊。桂林面具工藝事業的發達,也說明這一點。

第三,百姓儺是街巷村落的儺事,應當還是以里社或宗族為活動單位。這裡沒有說到以乞錢為目的驅儺者,但各地都會有儺丐們

㉙ 〔宋〕周去非:《嶺南代答》,轉錄自胡樸安《中華全國風俗志·總志》(簡稱「胡志」)第 14—15 頁。

的蹤影。社區、宗族的百姓儺以自娛爲主，並不以牟利爲目的，這一點與丐儺有所區別。

第四，宋代驅儺大多戴面具。梅堯臣 1061 年在開封寫的《送正仲都官知睦州》說：「我慚賤丈夫，豈異戴面儺，未免爲鬼笑，誰知懼揮河。」❸戴面具仍然是儺禮的基本裝扮形式，只有少數連面具也置辦不起的儺丐，才用塗面化妝，但尙未見到有關臉譜的記載。

第五，鑼鼓仍然是儺禮最基本的樂器。陸游《朝中措·梅》詩中所說的「咚咚儺鼓餞流年，燭焰動金船」，❸正是各地驅儺普遍流行的形式，桂林也不例外。而且，宋代桂林儺還有名聲很高的土鼓。

第五節　遼宋金元民間儺的一般情況

《續通典》卷七十三「禮二十九·時儺」說：「宋，季冬宮中行儺禮，民間亦行之。」❸這話有道理。並且，宋代民間儺的發展，比我們以往所瞭解的要廣泛得多。

下面先談談宋元民間儺的分布、變化和表現形式，然後介紹幾個宋元民間儺事活動的實例和兩項典型材料，並討論一下促使宋儺繁榮的官民雙向交流概況，希望從較多側面反映、觀察這一時期民

❸　朱東潤：《梅堯臣集編年校注》第 1141 頁，上海古籍出版社，1980 年。
❸　轉自《漢語大辭典》第 1 卷第 1739－1940 頁。
❸　商務印書館民國 24 年 9 月版，典二第 1579 頁。

間儺事的面貌。

㈠遼宋金元時期儺的分布

1.儺的分布之不平衡

儺的分布一向很難描述，宋代的情況相對好一些，但民間儺事的情況，正史也很少收錄，私人著作中雖時有所涉及，一些地區的方志「風俗」或「風俗・歲時」節常記有儺儀和儺俗，其「藝文志」中也能見到一點有關儺儀的篇目。但是，由於古儺本來只是繁多祭祀習俗中的一種，且並非重要項目，撰志者往往以儺儀乃歲時常規禮俗，不必每每記述，或認爲儺儀荒誕而不屑收錄。所以，宋代民間儺也難作出精確的說明。

宋代學者陳耆卿所纂《嘉定赤城志》卷三十七「風土門・土俗」條，就說得頗爲中肯：「古人記歲時之意，今不復贅，而惟以名（太）守、（縣）令勸戒列焉。」❸❸到了宋代，正史不錄儺事差不多已成爲一種習慣，有名的地方政府首腦勸戒百姓切勿迷信鋪張的文章裡，倒往往提到一些事例。

現存四十一種宋元兩代方志，在地域上包括黃河流域和大江南北，只有一種直接記有儺儀，三種記有「爆竹驅儺」一句話。雖有「風俗」或「風土」節，卻無「歲時」或「時令」，有的甚至根本不設「風俗」志。

元代朝廷害怕人民造反，嚴厲打擊民間民俗活動。因而使包括儺禮在內的民間祭祀性表演，都受到了很大的打擊。但實際上並未

---

❸❸　載《宋元方志叢刊》第七冊第 7572 頁，中華書局北京影印本，1990 年。

滅絕，群眾用許多方法保留、轉移或簡化儺禮、儺俗。

自古以來，儺的傳播本來就不平衡，這是一種歷史現象，主要表現在兩方面：

第一，地域上的不平衡。雖然文獻裡總是說「天子、諸侯下及庶民皆儺」，其實，有些地方未傳播過儺，或者當地並未接受過儺。直到宋代，這種情況依然存在，試舉三例：

例一：荊楚一些少數民族地區的情況。文天祥在《衡州上元記》中說：

> 歲正月十五……，州民為百戲之舞，擊鼓吹□，斑斕而前，或蒙魌焉。當是時，舞者如儺之奔狂之呼。㉞

「蒙魌」和「如儺之奔狂」兩句往往被誤解。此「魌」是指鳥獸或醜惡造型的假頭面具，此「百戲之舞」的奔突狂呼有些像儺舞。文天祥並沒有說這種「百戲」本身就是儺舞或「儺之遺緒」之類的話。實際上，它還是當地少數民族的歲時祭祀舞蹈。

例二：也是南方少數民族的情況。宋代朱輔《溪蠻叢笑》所記述的當地民族風俗，與漢族也極為不同。㉟

例三：東南沿海一些地方的情況。宋代趙與泌修、黃岩孫纂《仙溪志》卷一「風俗」條記載：

㉞　載《文天祥全集》，中國書店北京版，1985 年。〔明〕嘉靖版《衡州府志》卷八亦引錄。

㉟　《溪蠻叢笑》第 2 頁，見《說庫》，浙江古籍出版社杭州版，1986 年。

莆之風俗，惟仙游爲近古，生其間者，人性敦樸，嗜好簡
靜。始也，士未知有科舉之利，民未知有紛華之悅。承平日
久，始多儒雅，多世家宦族，而習俗漸趨於文。**❸❻**

　　就是說，在福建，雖然福州等中心地區早已「儒雅」，而在莆
田等大片地區，只有仙游城（即蒲田城）「近古」，仙溪的其它地
方，仍然處在相對落後的狀態，保持著當地固有的習俗，並不依漢
制，當然也不驅儺。到了南宋，經過長時間的影響，這種狀況才開
始改變，使「世家宦族」階層的「習俗漸趨於文」。

　　第二，時間上的不平衡。至今很難找到一個地方從古到今儺事
活動的連續完整的記載。保存古儺傳統最多的地方相對偏僻、那些
地方與外界接觸少，文化形態的變化滯緩。在浙西南的深山裡，有
的小村落早已不舉行儺禮，但還一直保持著周秦桃符的一種老式
樣，在紙上寫「神荼」、「鬱壘」二神名，而不貼神像。有的地方
曾有很古老的儺史，後因某種緣故中斷，甚至不爲後人所知。山西
曲沃任莊現存的扇鼓儺禮，傳說是宋或明時由外地傳入的。而曲沃
地處中原核心地區，上古就應當有儺事活動，無史料可考。

2.儺的分布不平衡的主要原因

　　第一、政府的禁絕「淫祀」。

　　第二、由於儺藝的中斷，老藝人去世無人傳承。

　　第三、政局的劇烈變化，統治集團的民族成分不同，因而信仰
轉變、放棄驅儺者。特別是像金滅北宋和蒙古人南下建立元代，各

---

❸❻　《宋元方志叢刊》第八冊第 8276 頁，中華書局北京影印本，1990 年。

種文化事業受到嚴重摧殘，對民間儺都會有很大影響。

3.對遼宋金元民間儺分布的基本看法

第一、遼朝「以國制治契丹，以漢制待漢人」，契丹族流行原有薩滿信仰，漢族地區則繼承傳統禮俗，理應仍有儺事流行。

第二、北宋宮廷繼承和發展了唐代民間儺舞隊傳統，南宋定都臨安之後，南方的民間儺發展很快。

第三、金朝則是女真、契丹和漢族禮俗三者並行，各自依然流行原有的各種歲時習俗。但在其南下過程中，對黃河流域的經濟、文化造成了巨大的破壞。因此，北方的儺事實際上也曾受到影響，趨於冷落，在全國範圍呈現出北淡南旺態勢。其中，有些地方的民間儺在唐代廟會、丐儺的基礎上向戲劇轉移。在民間廟會、社火或賽社中，都能看到戲劇或儺戲的演出。

第四、元代政府的查禁，對民間迎神賽會，包括儺禮在內，都大受損傷。據我國學者曾志鞏研究，江西南豐宋代盛極一時的儺戲，到元初就被禁絕，明代雖然恢復了儺禮，但原先儺戲中的閻王、牛頭、馬面、羊精、豬怪、鬼使、小妹等人物和劇目都已經失傳。從明代傳到現在的南豐儺戲極少，大多是儺舞。

總的來說，遼宋金時期絕大部分漢族地區有儺，而遼、金、元本民族則不驅儺。在一些多民族集居的地方，也難免會有「夾花」現象。比如，那些多民族雜居的一個較大地區，就可能夾雜著不驅儺的小塊地方。其實，這也是一種歷史的延續。

4.宋代民間儺的實際分布狀況

北宋的北方民間儺相對興盛，南宋時的南方丐儺很普及，文獻中猶多「打野胡」的記載。

第一，黃河中下游流域。陝西、山西、河南、山東及西北、東北的一部分地區，是儺的傳統流行地區，西北甘肅和青海的漢族地區也流行儺事。但由於民族的爭戰、遷徙頻繁，同一個地區的儺事也會時有時停。正如前文所說，敦煌一帶的儺事活動，在金軍占領北方之後，也因大批漢族人口南遷而中斷了。

第二，長江中下游。兩湖、皖贛和江浙也是傳統的有儺地區。從史料看，最晚到唐和五代，巴蜀地區的一些城市及其附近鄉村儺事活動已相當活躍，宋代還在延續。

第三，東南沿海。閩粵桂的很大一部分地區，最晚到宋代也已經有儺事活動。但直到南宋還有一些地區不驅儺。

第四，儺尚未傳播到雲貴高原。

(二)儺儀的簡化

跟許多其它事物一樣，儺儀時興時衰也是常見的事情。政局的變動，異族的入主，人口的遷徙，使儺儀不得不適應新的變化，簡化和轉移往往也是不可避免的。這種情況，宋代就已經出現。元代更是大大衰退，而有些儺戲和儺壇正在向市場靠攏。

1.第一種方式：儀式簡化

宋代項公澤修，凌萬頃、邊實纂的《淳佑玉峰志》卷之上「風俗」節記載說：

> （臘月二十五日），是日，爆竹驅儺；田家燃炬名「照田蠶」，歲節祀（祖）先用。除夜，焚蒼術、辟瘟丹，家人酌酒分；歲夜分祭瘟鬼，易桃符，向明燈，打灰堆，飲屠蘇

（酒）。**㊲**

這是南宋江蘇昆山縣臘月裡的情況，在爆竹驅儺的同時，還有焚蒼術、辟瘟丹、易桃符、點向明燈、打灰堆、飲屠蘇（酒）等儺俗，但還有「歲夜祭瘟鬼」的活動。這是說儺儀信仰成分的變化。將驅鬼變成祭瘟鬼，不僅內容變了，形式上也簡單得多。

2.第二種方式：以俗代儀

元代的禁令雖然嚴厲，使大部分地方不再舉行儺儀，只留有儺俗。這是不得已的事，但蒙古官員不可能過細地干預一家一戶日常習俗的每個細節，使儺俗得以保存下來。《至順鎮江志·風俗》「歲時」條就有如下記載：

> 元日，士庶相慶，飲屠蘇自年小者起，……寫桃符、繪門神，……端午繫百索……歲除，爆竹。**㊳**

福建等地也有類似的報導。元代民間依然有多種儺俗在傳承。爆竹驅儺是南北方最為流行的一種簡化儺俗。

3.第三種方式：多俗合一

多俗合一也是一種簡化。送竈、交年與庚申日的結合就是一例。這本來是兩種習俗，後來被結合在一起了。

⑴交年。孟元老《東京夢華錄》「駕登寶津樓諸軍呈百戲」條

㊲　《宋元方志叢刊》第一冊第 1061 頁。
㊳　《宋元方忠叢刊·至順鎮江志》卷十六。

記載說：

> （臘月）二十四日交年，都人至夜請僧道看經，備酒果送
> 神，燒合家替代錢紙，帖竈馬于竈上。以酒糟塗抹竈門，謂
> 之「醉司令」。（同前）

送竈，又稱交年。此時，送竈習俗也在變化。人們送竈要請和
尚、道士來念經。臘月二十四送竈王爺，有的地方給竈神嘴上塗飴
糖，讓他高高興興上天，到玉皇大帝面前去「言（人間）好事」。
北宋京城民間則以酒塗竈門，使他「醉」得開心，然後高高興興地
上天去「言好事」。

送竈日，是乞丐臘月驅儺的最後一天，這種送竈與儺儀結合的
習俗，南宋依然流行。據胡樸安《中華風俗志》摘錄的明清方志等
資料介紹，交年之俗在浙江較爲發達。比如，《溫州府志》：「臘
月二十四日，掃塵淨宇，迨此夕，則祀竈，鳴爆竹，謂之『交
年』。」❸再如，《臨安歲時記》寫道：

> 十二月廿四日，謂之交年。人家祀竈，以膠牙錫、糯米、花
> 糖、豆粉團爲獻。丐者塗抹變形，裝成鬼判，跳叫驅儺，索
> 乞財物。並換桃符、門神、春帖，鍾馗、福祿、虎頭、和合
> 諸圖，粘貼房壁、蒼朮、貫眾、辟瘟丹、柏枝、彩花，以爲

---

❸　「胡志」上·浙江·第 66－67 頁。

除夕之用。……僧道作交年疏仙米湯，以送檀越……。❹

可見，此時有些地方已經只留儺俗而不驅儺，但儺丐逐除還是相當活躍。

⑵庚申。每年臘月庚申日守夜，俗稱庚申日，或守庚申。這也是我國民間的一種驅邪習俗。宋代《淳熙三山志》卷 40「土俗類・二・歲時」寫道：

> 火爆。〔……今州人以竹著火燒爆於庚申。兒童當街燒火爆，相望戲呼達旦，謂之「燒火爆」。〕❹

庚申守夜，後被道教採用，道士們特別重視這項修練，有「三尸」之說，又稱三蟲。即上尸青姑，中尸白姑，下尸血尸。「三尸」總是在臘月庚申日上天「言人過」。於是，人們便在庚申這一天「燒火爆」（燒竹爆破）威脅三尸，晚上又點著蠟燭守夜，整夜狂呼大叫，直到天亮，就是不讓三尸上天。❹

每年臘月的庚申日，時間並不一定相同，且都不在除夕。朝鮮李朝後期將「庚申進燭」合併到臘月交年日一同進行，又作了更深一層的簡化。將送竈上天和庚申守夜合在一起。❹其用意很是巧妙：一方面恭恭敬敬地歡送「總言好事」的竈神上天；另一方面又

❹　「胡志」下・浙江第 25—26 頁，上海文藝出版社，1988 年。
❹　《宋元方志叢刊》第 8251 頁。
❹　參見傅勤家：《中國道教史》第123—124頁，上海書店影印本，1990年。
❹　參見錢茀：《韓國儺史——兼說東亞國際儺禮圖》卷四第一章。

千方百計地阻止「專言人過」的三尸上天。從此，玉皇大帝只知人間樣樣好，不知世上醜態多了。

㈢宋代儺儀的表現形式

宋代，儺事與其它文藝形式有廣泛的聯結，尤其是在應用民間舞隊形式方面最爲明顯。

1.儺儀舞隊化

宋代官方隊舞和民間舞隊，是當時的重要表演形式，儺禮也是如此。④

第一，宋代官方隊舞。唐代宮廷兼容並蓄、宏大華麗的宮廷樂舞，雖經五代十國的戰亂，到宋代已是存失參半，後有所發展；唐代民間豐富多彩、生氣勃勃的百戲、廟會、舞隊，則有更多的進展，宋代又常常統稱其爲「社火」。這些藝術形式對儺都曾產生過影響。

隊舞，是一種把大曲和詩歌、朗誦、舞蹈結合起來的舞蹈形式。由於要表演一定的故事情節，大曲結構雖沒有多大，但舞蹈設計安排卻比唐代更加複雜多樣，因而也更接近戲曲形式。

唐代大曲多半爲宋代隊舞所繼承，基本結構相差不多。但隋唐樂舞《柘枝》、《劍舞》、《渾脫》、《菩薩蠻》、《解紅》等樂舞，宋代隊舞已發展成《柘枝隊舞》、《劍器隊舞》、《玉兔渾脫隊舞》、《菩薩蠻隊舞》、《小兒解紅隊舞》等隊舞。其中表演情

---

④　參見董錫玖：《中國舞蹈史・宋遼金西夏元部分》第 2 節和第 3 節，文化藝術出版社北京版，1984 年。

節性歌舞故事的比重加大。然而，宋代宮廷隊舞過分強調技術和形式，逐漸形成固定程式，歌詞和致語都有一定的格式。它文詞典雅，但內容空虛，缺乏生活氣息，使隊舞形式逐漸衰敗，其旺盛的氣勢被戲曲所取代。這種風格的樂舞，在民間不容易傳播，但在儺儀裡還是有所留存。

宋代朝廷於 1116 年贈送給朝鮮的「大晟雅樂」，有的被編入儺戲。如《蓮花臺》，就被納入李朝著名的儺戲劇目《鶴·蓮花臺·處容舞合設》中。④

第二，主要流行於民間的舞隊表演形式，唐代開元年間已在宮廷儺禮中出現，而宋代宮廷儺則更以此爲主體形式，並貫徹始終。在各種節慶活動中的民間舞隊十分活躍，充滿了活力。與宮廷隊舞的衰退形成強烈對比。

古代儺隊在行進中驅儺，本身就是一種舞隊形式，唐代民間儺則已在流行有人物扮演的舞隊。從孟元老《東京夢華錄》和吳自牧《夢梁錄》等人的記載中，可知宋代又有新的發展。

在地域上，唐代民間只是北方部份地區流行這種形式，宋代則大爲擴展，黃河上下和大江南北，民間普遍流行舞隊形式。

在品種上，唐代社區傳統性質的儺隊比較多，宋代不僅民間多流行舞隊形式，宮廷儺儀、軍隊儺禮、寺廟儺隊（如北宋敦煌地區），大都採用舞隊形式。

在表演上，唐代民間儺舞隊以情緒性歌舞爲主，表演比較簡單。各地儺隊的人物組成也不大一樣，民間與宮廷也不盡相同。宋

---

④　參見錢茀：《韓國儺史——兼說東亞國際儺禮圖》卷三第二章。

代民間儺舞隊的表演內容和表演式樣、人物組成，與宮廷儺隊「埋祟」之禮大體相似。其中，鍾馗、判官、土地、小妹等，是官方與民間所共有的儺儀主要角色。南宋民間儺舞隊的表演更接近雜劇。總的說，宋代的儺舞隊已包含較多的戲曲雛形性質的劇目。

2.十分活躍的丐儺「打夜胡」

南朝官家儺的「打邪呼」，唐代的打野胡，宋代稱爲打夜胡。到了南宋，儺丐「打夜胡」活動相當普遍。明代則又有《急腳子》，更是戲裝武袍，戲曲化的因素十分明顯。清代又演變成《跳鍾馗》、《跳竈王》、《舞鬼》等多種形式。直到二十世紀四十年代，類似的活動仍舊相傳不斷。

宋代社里儺隊以驅鬼爲宗旨，實例較少；乞丐儺隊「打夜胡」以乞討爲目的，記載則較多。宋代「打夜胡」有這樣一些基本表現形式：

第一，保持著群體表演的式樣，孟元老《東京夢華錄》和吳自牧《夢梁錄》的記載，都是「三數人爲一伙」或「三五人爲一隊」。

第二，表演的人物與宮廷相似，有神鬼、判官、鍾馗、小妹等。這種情況南方和北方相似。從福建到陝西，都有鍾馗等人物。但後世變化比較大，在一些地方，鍾馗變成「開山」、「盤古」，金度銅甲將軍演變出「金甲將軍」等。

第三，大多還是敲鑼擊鼓沿門逐疫，後世有的則用上了嗩吶或二胡伴奏。

第四，以驅鬼祛邪、頌吉祝福爲內容。丐儺爲討得賞賜，大多要說些吉利的內容。並且，在不同場合，區分不同對象、不同行

業，見什麼人說唱什麼內容。

㈣宋代民間鄉儺舉例

宋代民間應當與唐代相似，民間會有社區或宗族儺隊、廟會儺和丐儺三種基本式樣。

1.北方社區或宗族儺舉例

京城和地方上都有許多儺舞隊在當地驅儺，宋初著名學者梅堯臣，曾在山西永濟寫了一首《除夜雪》，詩中寫道：

> 擊鼓人驅鬼，滿天雪送寒，臘從今日盡，花作舊年看。❹

梅堯臣當時主管朝廷兩大儲糧庫之一的永濟倉，「臘從今日盡」，臘月結束，正是除夕民間大儺的時間。雖然漫天大雪，百姓還是照樣驅儺，並且還是「擊鼓人驅鬼」的老傳統。

仁宗慶曆六年（1046），進士楊蟠《除夜次東坡守歲韻》詩中有「南鄰祭竈喧，北里驅儺嘩」句，❹說除夕祭竈又驅儺，熱鬧得很。

劉敞（1019—1068）《逐伯強文·序》說：「伯強，厲也，能為

---

❹　朱東潤：《梅堯臣集編年校注》第 1411 頁，上海古籍出版社，1980 年。梅堯臣雖然為官，卻很清貧。他曾有「己為貧孟郊」詩句（《因目痛有作》詩），說他自己跟唐代孟郊一樣的窮困。

❹　《全宋詩》第 5051—5052 頁，北京大學古文獻研究所編，北京大學出版社，1991 年。

疫者，故逐之」。㊽唐宋八大家之一的曾鞏（1019－1083）《詠雪》詩則說：「驅除已與塵滓隔，濯溉終令枯槁悅。」㊾

這些例子都說明，宋初的民間儺制仍是漢唐舊制。

北方民間也有鍾馗驅鬼。清代雍正十三年二月版《陝西通志》卷四十五「風俗·時令」，緊接著唐代《秦中歲時記》「儺公儺母」條之後，引《渭南縣志》「除日，優人扮鍾馗，遍詣人家，鳴鑼擊鼓，曰『驅鬼』。」㊿這條記載應當是說北宋之事。鍾馗類的儺戲唐代民間早已有演出，北宋流行更廣。

2.南宋社區或宗族儺舉例

進入臘月之後，京城臨安民間儺隊與北宋大同小異，陸游《歲暮》詩也說：「太息兒童痴過我，鄉儺雖陋亦爭看。」(51)人們看儺有如看百戲演出，那怕這種表演十分簡單粗糙，還是爭先恐後，百看不厭，特別是孩子們都好看熱鬧。

興旺發達的桂林百姓儺也是個典型，其表演水平可能比靜江諸軍儺差一些，但也會有吸引觀眾的特色表演。

3.丐儺舉例

宋代以來，有關丐儺的記載很多。北宋京城汴梁的民間驅儺，內容和形式都與宮廷儺禮很相似。宋代幽蘭居士《東京夢華錄·十二月》的記載說：

㊽　《全宋詩》第5616頁。

㊾　《全宋詩》第5519－5520頁。

㊿　《陝西通志·風俗》，上海圖書館索書號：385156－80。

(51)　轉自《漢語大詞典》第1卷第238頁。

自入此月，即有貧之三數人爲一昏（伙），裝婦人神鬼，敲
鑼擊鼓，巡門乞錢，俗呼爲「打夜胡」，亦驅祟之道。㉒

　　這是北宋的丐儺，也是舞隊的形式。這種「打夜胡」雖然只有
三五人，但都有人物扮演，常有鬼神、婦人、將軍、門神、判官或
鍾馗、小妹、土地和竈神等多神組合。
　　南宋的「打野胡」儺隊更加活躍。宋代遺儒吳自牧的《夢粱
錄·十二月》寫得更明白：

自此入月，街市有貧者三五人爲一隊，裝神鬼、判官、鍾
馗、小妹等形，敲鑼擊鼓，沿門乞錢，俗呼爲「打夜胡」。㉓

　　時間上與北宋一樣，一進入臘月，乞丐們就開始上街「打夜
胡」。表演的人物和故事還是「神鬼、判官、鍾馗、小妹」等。
「敲鑼擊鼓」，氣氛熱鬧。這些乞丐已會演諸如「鍾馗嫁妹」、
「鍾馗捉小鬼」或「小鬼鬧判官」之類的節目。
　　東南沿海也已經有了「打野胡」。宋代梁克家《浮熙三山志》
卷 40「土俗類二·歲時」，記載了南宋福州民間的驅儺活動：

驅儺〔鄉人儺，古有之，今州人以爲「打野胡」……《南
史》載曹景宗爲人好樂。在揚州，日至臘月，則使人邪呼，

㉒　〔宋〕孟元老：《東京夢華錄·外四種》，中華書局北京版，1962 年。
㉓　同註㉒。

偏往人家乞酒食，以爲戲。迄今閩俗乃曰「打野胡」，蓋唐敬宗夜捕狐狸爲樂，謂之「打夜狐」。閩俗豈作邪呼逐除之戲，與夜捕狐同，故云。柳（抑）作邪呼之語，訛而爲「打夜狐」歟？〕❹

三山，是指福州。《淳熙三山志》作者認爲，宋時福州的「打野胡」應當是出自「敬宗夜捕狐狸」之事，所以應當稱其爲「打夜狐」。可是，又難下結論。會不會是因爲眞的出自「作邪呼之語」，而後訛傳爲「打夜狐」，梁克家到最後也沒有能弄清楚。如前所說，以「打夜狐」爲「打野胡」的源頭，實係附會。

4.民間驅儺祈求利市

這是宋代商業經濟發展的結果。周密《武事舊林·驅儺》云：

> 市井迎儺，以鑼鼓偏至人家，乞求利市。❺

這種儺隊的表演，可能比前數例簡單一些。但在觀念上多了一層「利市」因素，正是後來儺舞中創造出「財神」的原因。這種創造出自丐儺討好商家、以求多獲賞賜的意圖。

5.廟會與瓦舍勾欄的表演活動

宋代王栐《翼貽謀錄》說：「東京相國寺，乃瓦市也，僧房散處，而中庭兩廡，可容萬人，凡商交易皆萃其中。四方趨京師以貨

---

❹　《說庫·燕翼貽謀錄》第 10 頁。

❺　同註❺。

物求售他物者，必由於此。」❺❻除了商業買賣，至少在附近或周圍也會有一些表演活動，以應商賈們業餘休閒需求。

宋代更大的發展是瓦舍勾欄的出現，有多品種演出活動，其中也有儺戲節目，比如《抱鑼》、《硬鬼》等就是。

(五)元代的民間儺

元代民間祭祀和文娛活動損失很大。其大體情況，讀元代吳萊的詩便可略知一二。但是，來自各地民間的材料說明，就是在如此高壓之下，一些地方、尤其是邊遠地區仍有儺事活動存在。

1.少數地方儺禮曾被保留

歷史上的「禁淫祀」，往往禁而不止。雖然元代朝廷嚴令「禁淫祀」，但朝廷派到州縣主事、主要由蒙古人擔任的達魯花赤，或因事多顧及不到；或因個人認識和喜愛不同，而採取寬容態度。民國版黑龍江《珠河縣志》記載的情況，就是一例：

> 秧歌角色一人，扮演老韃子，著胡服，執春秋刀。俗傳，胡元人入中華，鄉人大儺，蒙古（人）疑爲不軌，派一人監視之，相演訖今，遂爲丑、末。❺❼

這是從元代傳下來的「鄉人大儺」，仍然是宋代社火式的舞隊

❺❻　同註❺❹。

❺❼　《中國地方志民俗資料彙編·東北卷》第 23 頁，書目文獻出版社北京版，1989 年。

形式，規模不小，有「百十成群」的人參加，並且有丑、末角色。蒙古官員只是派了一人監視著，並未加以禁止。這種禁而不嚴或睜眼閉眼的事情，其它地方也會有。比如，江西萍鄉的汶泉黃家坊、小梘、臘市、車湘等村莊，都說他們的儺神廟是在元代「插標爲界」時修建的。⑱

2.元代後期民間恢復儺儀的實例

元代後期或末期宮廷已有儺式的驅邪儀式；民間也有恢復儺儀的實例出現，有的地方還很活躍。元代後期的文人沈貞《鄉儺》詩寫道：

> 雄何爲今屬于鄉，祀有時今享有常。赭白馬今青蓋，明而無今晦而在。屏方相今去儺，神巫進今舞且歌。雄欣欣今遠逝，不水旱今不疵厲。樂吾民今世世。⑲

特別值得注意的是，民間驅儺第一次有了方相氏，這是以往從未有過的事情。這種儺儀也是在臘月晦日進行，並且有歌舞表演，目的是把水旱疫厲驅趕到遠方去。

元末的陶安《歲末即事》詩寫道：

> 斷送殘年多雨雪，逢迎老景是星霜。

---

⑱　鄧斌、全草（錢蒂筆名）：〈萍鄉儺簡述〉，載《民族藝術》（南寧）1996 年第 1 期。

⑲　《古今圖書集成·神怪大典》第 492 冊 51 頁，上海文藝出版社，1991年。

街衢擊鼓驅儺出，卻喜邦民共樂康。❻⓪

這是朱元璋攻克安徽當塗（時稱「太平」）之後，民間的驅儺活動，氣氛相當歡快。那時，元朝尚未滅亡。

㈥新出現的儺面具大家族

宋代周去非《嶺南代答》所報導的北宋靜江諸軍儺和桂林百姓儺，在當時出足風頭。這一點，還可從有關宋代桂林儺面具和細腰土鼓的記載中，進一步瞭解其儺事的某些細節。

1.宋代學者們有關桂林儺面具的記載

北宋時曾任靜江府通判的周去非《嶺南代答》一書，以極大的熱情讚頌了當時桂林的儺面具：

> 桂林儺隊自承平時名聞京師，……推其所以然，蓋桂人善製戲面，佳者，一值萬錢。他州之貴如此，宜其聞矣！❻①

他說桂林儺之所以會如此興旺，就在於桂林人善於製作面具。這話有一定的道理，卻並不全面。如果沒有軍中和民間儺藝人的藝術表演，面具便只不過是供人欣賞的藝術品，不會變成有血有肉的活故事。實際上，正是由於儺事的繁榮，才帶來了面具工藝的繁

---

❻⓪　黃世堂、晏政風：《年節風俗錄》第 29－30 頁，湖北人民出版社武漢版，1944 年。

❻①　《歷代小說筆記·宋》第三冊 481 頁，廣東人民出版社廣州版，1984年。

榮,並成爲能夠銷往外地的重要工藝產品。一枚精緻的桂林「戲面」賣萬錢,外地面具的售價自然不會比它更貴。

周去非的老同事、曾任靜江知府的范成大在《桂海虞衡志》中也說:

> 戲面,桂林人以木刻人面,窮極工巧,一枚或值萬錢。⑫

窮極工巧,是說桂林面具不僅品種多,而且製作工藝非常精緻巧妙,達到「窮極」的程度。

2.宮廷到桂林採辦儺面具

宋代著名詩人陸游(1125－1210),在《老學庵筆記》中記載了北宋政和年間,宮廷派人到桂林採辦儺面具的事情,也高度讚揚了桂林面具的豐富和精湛。他寫道:

> 政和中,大儺,下桂府進面具。比進到,稱一副,初訝其少。乃足以八百枚爲一副,老少妍陋,無一相似者,乃大驚。至今桂府作此者,皆致富,天下及外夷皆不能及。⑬

陸游沒有到過桂林,他在北宋京城汴梁(今開封)聽說過這個消息,特別驚訝。所以,後來記下了這件事。政和年間(1111－1117)朝廷爲除夕「埋祟」之用,曾派人到桂林採辦面具(下桂

---

⑫　《古今說海·桂海虞衡錄》第 812 頁「說器」,上海文藝出版社,1989年。

⑬　《宋人說粹·老學庵學記》第 79 軼第 1 頁,上海文藝出版社,1990 年。

府）。起初，拿來兩枚，說是一副。辦事的官員很奇怪，都說桂林面具品種如何豐富，怎麼一副卻只有兩枚。於是，再送來「一副」，竟然有八百枚之多，而且「老少妍陋，無一相似」。這使京官們既驚訝又幸喜。

「至今桂府作此者，皆致富，天下及外夷，皆不能及」。「至今」的今，是說陸游寫《老學庵筆記》時，即南宋初的情況。直到南宋，桂林的面具工藝製作業依然十分興旺。

3.宋代的三層木刻儺面具

宋代桂林人創作的面具，人物眾多，形象生動，還有多種式樣。桂林郊區現存的兩層、三層面具，就是桂林面具製作的一大創造。多層面具可以變臉，以表現不同的人物。那三層一套的《令公》面具，更爲稀世之寶。當地傳說那是宋代的遺物，是否可靠，尚待檢測定年。

不過，廣西學者顧樂眞發現的另一組三層《令公》面具，幾乎已成粉狀體，好像一碰就要散似的。❻日本奈良市東大寺正倉院，至今還保存著七世紀初從我國直接傳過去的《吳女》面具，雖然眼鼻已有所朽缺，但整枚臉具還是完好的。這是已知現存中國人創作的最古老的中國木刻儺面具，也是中國人創作的現存最古老的木刻面具。當然，產權早就屬於日本，是該國的國寶級文物，已有一千三百年歷史。考慮到廣西多雨，濕度大，那三層木面具容易朽蝕，恐難保存千年以上，但北宋後期距今才八百多年時間，本來不至於比那《吳女》面具更破。所以我以爲，顧氏發現的那套三層《令

---

❻　據顧建國先生當面告知。

公》面具，實際上應當早於宋代。

　　有人懷疑八百是「百八」的誤抄、誤刻。其實，這是無需質疑的。因爲：桂林面具的造型，「八百枚爲一副，老少妍陋，無一相似」，這是桂林面具製作藝人長期探索、積累和創造的結果。而「八百枚」則是應宮廷儺禮的需要而作。其實，按北宋宮廷「埋祟」儺制，八百枚本來就不夠「千餘人」假面軍人使用，驅儺時還得用許多舊面具。一千多枚面具，每年分批換一些新的，甚至一次換八百枚，都不算稀奇。

　　這也說明，宋代的儺舞儺戲人物非常多，一枚面具就是一個角色。或者說，一枚面具就是一尊儺神。八百枚面具無一相似，就是八百尊不同的儺神和數量可觀的儺舞儺戲劇目。這是商周、秦漢、魏晉南北朝乃至唐代所不能比擬的。

　　錢易《南部新書》所說唐代「僮侲千人」，那是臨時的，包括許多不戴面具的混雜人員。兩晚唐宮儺固定的編制也只有五百假面侲子。所以，八百枚一副而造型都能各不相同，反映了宋代木刻工藝和儺隊表演藝術的空前發達。這八百枚面具，如果臨時創作，沒有深厚的藝術功底，是刻不出來的。估計其中有許多是面具舖的存貨或儲備，不像全是臨時雕刻出來的。總之，這麼多「無一相似」的面具，怎麼的也得有相當的藝術功底，才能製作出來。

　　宋代桂林面具工藝的發達，無論從宗教的角度，還是從藝術的角度，都是前所未有的重大發展。從宗教方面說，這表明儺壇已經進入泛神信仰階段；從藝術方面說，它適應儺戲廣泛出現和宮儺千人戲裝角色的需要，從假面表演藝術與假面製作工藝兩方面共同創造了宋儺假面藝術的巨大輝煌。

㈦儺中細腰土鼓

宋代桂林儺的另一特色，是它的細腰土鼓。

鼓，古今中外，無處不有，只是形制各異，歷史不同而已。宋代桂林細腰土鼓，經當時知識分子的介紹而累世聞名。有人說此種式樣爲舶來品。深入一看，其實本是中國固有之物。它的歷史十分久遠，而且質量特別精美。

1.鼓·土鼓·細腰鼓

誰發明了鼓？史載所說不一，事實上也很難有肯定的答案。有的說是伊耆氏創造了鼓，有的說是夷發明了鼓，還有的說是黃帝以夔的皮爲鼓，又有的說是玄女爲黃帝以夔牛皮製鼓等等。總之，說鼓至少已有幾千年歷史，則是可信的。考古家們已經證明了這一點。

最早的鼓就是土鼓。所謂土鼓，是以陶爲腔，以獸皮或蛇皮爲面的鼓。本來是「築土爲鼓」。⑥這種鼓是用土築成鼓框，再蒙上鼓皮，也許還不能移動。只是在陶器技術達到一定水平之後，才有了陶腔鼓。即先做成陶框，再以皮革蒙鼓面。

最早的原始土鼓，大多是一面蒙皮。鄒縣野店出土的幾種大汶口文化陶鼓，⑥有的是尖底，有的是圓底，有的是平底，但在靠陶腔的口邊都有一圈土紐，分別是了十個、十二個、十八個或二十個不等。土紐，用於絷緊鼓皮，使鼓皮不致鬆動脫落。這些土鼓的底

---

⑥　東漢鄭玄註《禮記·禮運》之語。《四部精要》第三卷 1415 頁。
⑥　高天麟：〈黃河流域新石器時代的陶鼓辨析〉，載於《考古學報》1991年 2 期。

部都沒有土紐。顯然，這是單面蒙皮的土鼓。

　　山西陶寺「夏墟」出土的細頸瓶狀異型陶器，也是土鼓。與大
汶口土鼓一樣，在陶腔的口邊也有土紐，共十二個。不同的是細頸
瓶狀，不是桶狀。在史前，人們還沒有學會箍木桶，挖空原木作鼓
桶又太費勁，但已經熟練地掌握了製陶技術。所以，那時多用瓦桶
為鼓腔。將皮用動物筋或植物藤紮緊在陶腔的土紐下。

　　細腰鼓。殷墟出土的鼓中，有青銅鼓和已腐爛成「土模」的木
鼓，其型制都是粗腰型的。其它一些地方出土的古鼓，情況多數如
此。《周禮》有關土鼓的記載，不知是何種型制。

　　假如，我們在大汶口土鼓腔和陶寺夏墟土鼓腔的後面，加上一
個陶豆，再將宋代以來的細腰鼓排列出來，就可以大體看出一個土
鼓「進化序列」：桶狀土鼓→瓶狀土鼓→陶豆形土鼓→兩頭大、中
間小的細腰土鼓。⑥⑦

　　中國的粗腰鼓出自中國。細腰鼓傳自西域的說法，就南朝的荆
楚儺鼓而言是適用的話，對其它時間、其它地方的細腰土鼓，則不
一定不適用。

---

⑥⑦　圖文均參〈1978－1980 年山西襄汾陶寺地發掘簡報〉，墓載《考古》
　　　1983 年第 1 期第 37－38 頁和圖版 5、6。
　　　此種類型陶器，上下相通，總是與鼉鼓等樂器放在一起。武漢大學方酉生
　　　教授稱其為「長頸葫蘆」，十分生動。再者，關於此種土鼓腔，承蒙方教
　　　授賜函指點，在此順致謝意。

　　　　　🍶 A　　　　　🏺 B　　　　　🥁 C

2.宋代桂林細腰土鼓——蜂鼓

周去非在 1178 年成書的《嶺南代答》一書中，還細緻地描寫了桂林地區精美奇特的土鼓。他寫道：

> 靜江土鼓最有聲腔，出於臨桂職由鄉。其土特佳，鄉人作窯燒腔（鼓桶）；鼓面鐵圈出自古縣，其地產佳鐵，鐵工善鍛，故圈勁而不偏；其皮以大羊之革，南多大羊，故多皮，或用蚺蛇皮鞔之。合樂之際，聲響特遠，一二鼓已若十面矣。⑱

廣西壯族自治區博物館陳列的一枚宋代陶瓷細腰鼓腔，是永福縣田嶺窯舊址出土的，上面有「蛇戲蜻蜓紋」，比土鼓腔要華麗些，可從側面證實宋代出產土鼓腔。當時，廣西有許多地方有生產土鼓的窯，以臨桂職由窯出產的最好，最有名。

「最有聲腔」且「聲腔特遠」，「一二鼓已若十面」，應當就是古人喜愛土鼓因而傳承不息的緣故。這種腰鼓之聲，因其「最」而又「特」，所以魔力也非別種鼓可比。這是因為，造鼓的要求很高：土要特好的土，鐵要特好的鐵，製作要有特好的技藝。否則，原料不合適，手藝不精通，是造不出此等好鼓的。

《漢語大詞典》（第 6 卷第 1344 頁）「腰鼓」條有一幅唐代腰鼓圖，那鼓似為木製彩繪，不一定是土鼓。

現在廣西還有許多地方保存有細腰土鼓，有許多名稱，漢族叫

---

⑱　《歷代小說筆記·宋》第三冊第 480 頁。

「樂」、「梗鼓」、「花鼓」等，壯族叫「岳」、「呼呼鼓」等，毛南族叫「墙」、「長鼓」等，還有「瓦鼓」、「橫鼓」、「兩頭鼓」、「象鼓」等等。

最生動的名稱是「蜂鼓」。兩頭大（分大頭和小頭），中間小，確實像自然界的細腰蜂。所以，師公戲藝人說它有一個「黃蜂腰」。廣西民間的《陰歌小雅》歌謠唱道：

> 爲有匠人多計較，黃泥來紮火來燒。
> 兩頭便把牛皮補，十六隻鈎掛過腰。
> 絡麻搓索一丈二，佃煉陀來圓過腰。
> 剩有三尺無處去，留來繞在黃蜂腰。⑩

黃泥燒成鼓桶（腔），上下兩個鐵箍各有八個鈎用來掛索。索，是蜂鼓的重要組成部分，八句歌詞有一半是說它的。而剩下的絕不是多餘的。相反，這三尺索對於鼓聲的變化至關重要。而作者卻說得很輕鬆，可謂含蓄詼諧，運筆高明。師公藝人說，鼓聲的純與渾，除了鼓本身的質量要好之外，關鍵在於「繞在黃蜂腰」上的那三尺索，拉得越緊，鼓聲越清脆；將其稍稍放鬆，鼓聲就渾厚起來。這便是調節鼓聲的訣竅。

《陰歌小雅》的「雅」，南寧平話和壯語都讀「樂」或「岳」，所以蜂鼓稱「樂」或「岳」。民間又稱蜂鼓爲「韶」。虞

---

⑩　轉引自唐濟湘、何忠三：〈南寧平話師公戲初探〉，載《廣西儺藝術論文選》第 163 頁，文化藝術出版社北京版，1990 年。

舜之樂《韶》，有許多別稱，其一曰《簫韶》。簫是樂器名，又是
道具名。此「簫」，是指《韶》舞中所用竹竿，又稱「箾」，故
《韶》又稱《箾韶》。這可能是因《韶》舞用此類竹竿敲蜂鼓的緣
故。所以，後來蜂鼓就又有了「韶」的稱呼。

3.蜂鼓即儺鼓

清代廣西貴縣文人梁廉夫，有《城廂竹枝詞》二首，其中一首
說：

> 遙聞瓦鼓向壇墟，知是九九（重陽）良辰期。
> 三五成群攜手往，都言大社看跳篩（師公）。❼⓪

蜂鼓是師公戲的主要樂器，有「蜂鼓不響不開腔」的不成文規
矩。開壇先擊鼓，保持了古代禮樂先擊鼓的傳統。在這裡，蜂鼓有
指揮調度、規範節奏的功能、舞者隨著鼓點變化而變換舞姿。對觀
眾來說，蜂鼓又是集合號聲，蜂鼓一響，群眾奔走向告，扶老攜
幼，從老遠的地方歡天喜地匯集到演出地點，人山人海觀看師公
戲，其熱烈程度著實感人。

㈧宋儺的官民雙向交流

宋儺擴大了官方與民間的交流。像唐代一樣，宋儺也是官民雙
向開放性的交流，全國上下儺禮的舞隊形式，說明這種交流的效果
很明顯。

---

❼⓪ 轉引自向群、梁麗容：〈壯族師公戲淵源小考〉，《廣西儺藝術論文選》
第75頁。

宋代宮廷「埋祟」儺制，創造性的繼承唐儺和其它民間文藝的成果，民間儺的人物設置和表演風格被宮廷所吸收。另一方面，宋代宮儺「埋祟」制一經形成，由於有許多專業演員的參加，藝術水平比較高，反過來也曾對民間儺產生影響。這些交流通過三種渠道進行：

第一，宋代的宮廷樂舞（包括儺禮），是在繼承唐代樂舞的基礎上，不斷吸收民間藝術的新鮮營養而發展起來的。宮廷樂舞常有民間藝人參加，所謂「廂軍」（左右軍），就是一種將民間藝人編入官方樂營的做法。到了南宋紹興年間廢教坊之後，原來的藝人回到民間，帶去宮廷藝術的成果。而宮廷有大慶，也臨時召集民間藝人進宮，經短時排練後代替原先的教坊俳優表演。宮廷儺禮中的教坊樂工，也多有從民間招來的藝人，他們直接在其中擔任主要角色。

第二，官方的樂舞也常讓民眾觀看。《東京夢華錄》卷五說：「教坊、鈞容直每遇旬休按樂，亦許人觀看」。南宋在祭祀山神廟時，有衙前樂，教坊所人員表演「諸色樂部」，附近的百姓也來趕廟會。這是唐代文化的進一步擴展。

第三，當時，宮廷曾頻繁地派遣皇帝親信下州縣任主官，也會將宮廷儺禮的某些細節帶到各地去。清代康熙版江西《南豐縣志》所載宋代歷任知縣名單中，大多是直接從宮廷派來的。如太宗淳化二年的殿中丞王溥仁、至道元年的著作佐郎馮敢、至道二年的大理寺丞王言徹、真宗咸平二年的供奉官童扶，他們都曾看過宮廷儺禮；仁宗天聖三年的太常博士彭齊，是主持宮廷儺禮的重要官員；真宗景德元年的王文德、二年的易璉、大中符祥元年的秦彬、大中

符祥五年的喬欽等，原職都是左班殿直。這些人來自宮廷，對宮廷儺禮都很熟悉。不能說南豐儺的延續和興旺，與這些京官毫無關係。

　　宋代中期以後派下去的宮廷官員（特別是諸班、諸直），許多人都曾經直接參加千人假面驅儺活動。宋代宮廷主角有金度銅甲將軍，江西萬載儺的主角則有「金甲歐陽大將軍」，如此相近，應當也會有宋代宮廷儺的某些影響。諸班、諸直是皇帝的貼身親信，他們在輪換中總能比一般文官更受重用。而在他們重新奉調回京時，又會帶去民間的新鮮藝術營養。

第六節　宋元儺戲

　　這一時期不僅有官方與民間的雙向交流，還有儺禮與戲曲的雙向影響，這些因素促成了儺戲與戲曲的共同發展。

㈠儺禮與戲曲的相互影響

　　唐代的儺中戲和戲中儺，到了宋代都有了新的進展，戲與儺的相互影響在繼續進行，而成熟戲曲對儺禮的影響從此加大。

　　在戲曲中，儺戲劇目在增加。讀宋代孟元老《東京夢華錄》和當代學者麻國鈞《元儺與元劇》一文，便可知一般。

　　在儺禮中，由於戲曲的影響，這一時期儺戲正在廣泛的層面上普及。南豐學者曾志鞏研究當地宋代儺戲的專文〈七百多年前的一次儺戲演出——南宋劉鏜《觀儺》詩初探〉中，談到南戲對宋代南豐儺戲的影響時，引用了元代劉壎的一段話：

至咸淳，永嘉戲曲出，潑少年化之，而後淫哇盛，正音歇。

劉壎（1240-1319），元代南豐著名的學者。上面這段話引自劉壎《水雲村稿》卷四《詞人吳用章傳》一文，內容是說：南宋初產生的永嘉雜劇，在咸淳年間（1265-1274）就已傳到了江西南豐，並興盛一時。永嘉雜劇，又稱溫州雜劇、南戲，劉壎稱其爲「淫哇」。

曾志鞏認爲，南戲對南豐南宋後期的儺戲影響很大。從劉壎的叔父和老師、南宋劉鎧《觀儺》詩所描寫的鍾馗閻王戲可知，此言不假。

㈡儺禮中的儺戲

唐代儺戲如「鍾馗」等劇目，在繼續流行的同時，又有了新的變化。我們以《儺公儺母》爲例，說明這種演變的一些的具體情況。

產生於唐代的《儺公儺母》，宋代繼續流行，並演變出了一些新的笑臉儺神或笑臉儺舞、儺拳。

1.二老兒式

宋代葉廷楯《海錄碎事》記載說：

歲除夜進儺，內二老人爲儺翁儺母。**㉕**

㉕　轉自李勤德：〈儺禮·儺舞，儺戲〉，載《文史知識》1987年第6期第58頁。

宋代的《儺公儺母》稱爲《儺翁儺母》。但未說具體內容。直到現在，這個節目還在演出。江西南豐縣的許多儺隊都保留著老夫少婦式的《儺公儺婆》劇目，演的是儺公儺婆老年得子的喜悅心態，有親吻、把尿等等生活化的風趣情節。

2.儺公儺母→瞋拳→加官

儺公儺母是笑臉儺神，宋代不僅演變出了社公社婆，還衍生出了笑面瞋拳。瞋拳，戴笑臉面具。

瞋拳，本來是一種戴假面的武術，所戴面具還不是笑面。《歲時記》：「村人逐除，必戴假面，作勇力之勢，謂之瞋拳。」後來，與儺有所結合，成爲笑面瞋拳，且在戲劇的演出中作爲開場戲。宋代學者高承《事物紀原》卷九說：

> 江淮之俗，每作諸戲，必先設瞋拳笑面，有諸行戲，時嘗在。故臘之末，所作之人又多村夫，初不知其所謂也。
> 按，《荊楚歲時記》：「臘鼓鳴，春草生，村人並擊細腰鼓，戴胡公頭，及作金剛力士，以逐除。」今南方多有此戲者，必戴面，如胡人狀，作勇力之勢，謂之「瞋拳」，則知其爲荊楚故俗舊儀。⑫

瞋拳，在宋代已經相當流行，在演戲時，已經有「每作諸戲，必先設瞋拳笑面」的先例。由此可知，後世戲曲開場的《跳加官》，是從宋代的瞋拳發展演變而來，瞋拳又是從武術式的儺舞逐

---

⑫　王雲五主編：《叢書集成初編》本，商務印書館 1935 年版。

漸發展而來。說《跳加官》是儺戲，並不過份。

第一，唐代已有瞑面戲。這一點，宋代陳暘《樂書》說得很清楚：「瞑面戲，唐已有之，以手舉足加頸上。唐優人劉吃陀奴能不用手，腳自加頸。」這是一種假面雜技表演。只是「瞑面戲」，還不是笑面瞑拳。

第二，寺廟瞑拳不戴笑面。《通俗編》卷十六所錄《五燈會元》中說：

> 僧問雲臺因：「如何是和尚家風？」因曰：「瞑拳不打笑
> 面。」（同上）

雲臺因回答和尚的問題很明確，和尚做瞑拳，不戴笑臉面具，這也是一種空手武術或雜技表演。其它人做瞑拳，則可能戴笑臉面具。

第三，古代有的學者（如宋代高承）認爲，瞑拳產生於南朝的荊楚儺舞。源自中國荊楚儺舞的日本伎樂裡，有一個善相「治道」。儺禮人物一向多爲凶像，如果荊楚儺舞在傳出中國之前就已經有「治道」，那麼，儺中善相人物應當首先出自南朝。而儺中的笑面人物則始於唐代的啞喜劇《儺公儺母》。這是有據可查的。因此，宋代的笑面瞑拳，應當與唐代《儺公儺母》的影響有關。

(三)劉鎧《觀儺》詩——南宋民間儺戲一實例

南宋劉鎧的《觀儺》記載了當時民間一次儺戲演出的實況，其中詳細描寫了那次儺戲演出的細節。證實宋代真正進入了儺戲廣泛

流行的階段，十分難得。

1.劉鏜《觀儺》詩，全文共 48 句：

1 寒雲岑岑天四陰，	2 畫堂燭影紅簾深。
3 鼓聲淵淵管聲脆，	4 鬼神變化供劇戲。
5 金窪玉注始淙潺，	6 眼前倏已非人間。
7 夜叉蓬頭鐵骨朵，	8 赭衣藍面眼迸火。
9 魟蜮罔象初俳伶，	10 跪羊立豕相嚘嚶。
11 紅裳姹女掩蕉扇，	12 綠綬髯翁握蒲劍。
13 翻筋賜斗臂膊寬，	14 張頤吐舌脣吻乾。
15 搖頭四顧百距躍，	16 斂身千態萬睥索。
17 青衫舞蹈忽屏營，	18 彩雲揭帳森麾旌。
19 紫衣金章獨據案，	20 馬贊牛權兩披判。
21 能言禍福不由天，	22 躬履率越分愚賢。
23 蒺藜奮威小白服，	24 藍繆揚聲大壘哭。
25 白面使者竹筱槍，	26 自誇搜捕無遺藏。
27 牛冠箝卷試閱檢，	28 虎冒肩戟光睒閃。
29 五方點隊亂紛紜，	30 何物老嫗紬犵熏。
31 終南進士破韗絝，	32 嗜酒不悟鬼看覷。
33 奮髯曠目起婆娑，	34 眾邪一正將那何。
35 披髮將畢飛一映，	36 風卷雲收鼓簫歇。
37 夜闌四坐慘不怡，	38 主人送客客盡悲。
39 歸來桃茢坐深藺，	40 翠鴉黃狐猶在眼。
41 自歌楚些大小招，	42 坐久魂魄游逍遙。

43　會稽山中禹非死，　44　鑄鼎息壤乃若此。

45　又聞鬼姦多馮人，　46　人姦馮鬼姦入神。

47　明日冠裳好妝束，　48　白晝通都人面目。⑬

2.劉鏜生平及其《觀儺》詩

劉鏜（1219 生，卒年不詳），字秋麓，江西南豐縣人，南宋末學者，年高隱居，著作不倦，有《聖門言行錄》、《山雞愛影集》、《論語時習記》等傳世，但因貧寒而無力出書。元代，先後有同鄉人譚伯玉刊其詩、曾有富（字元伯，號水心）刻其《山雞愛影集》一書，其中就包括這首《觀儺》詩。乾隆版《南豐縣志》「軼事」節記載，曾元伯「愛邑人劉鏜詩」，「而《觀儺》一詩，奇氣勃勃，當時學者爭寶涌，故至今獨傳。」

劉壎《隱居通議》以其中卷八《秋麓山雞愛景集》，專收劉鏜稿和佳句，包括此詩。《江西詩徵》卷二十四「宋代篇」亦錄此詩。

劉鏜《觀儺》詩曾為「當時學者爭寶涌」，說明此詩在宋末元初的南豐學術界備受重視。原因是此詩「奇氣勃勃」。

---

⑬　《四庫全書》第 886 冊 86－87 頁，〔元〕劉壎：《隱居通議》卷八《秋麓山雞愛景集》。曾志鞏〈七百年前的一次儺戲演出——南宋劉鏜《觀儺》詩初探〉，2000 年 6 月，對此詩有全面的介紹和分析，實可一讀。
清代嘉慶六年刻本與《四庫全書》本有不同處：

清嘉慶六年刻本	第九句「魁」	第 33 句「槃」
《四庫全書》本	「魊」	「鞸」

3.《觀儺》詩大意

劉鏜的《觀儺》詩畢竟時間已經久遠，內容中又夾雜著典故和地方習俗，不大好懂。這裡說說筆者粗淺的閱讀體會。全詩大體可以分為四個部分七段：

⑴第一部分：1～6 為第一段，環境與儺儀。

儺戲是儀的派生藝術，它離不開儺儀。這一段主要寫的就是儺儀。那時，江西萍鄉已有儺神廟，不知南豐有無。這裡暫用「儺壇」一詞。

先是交代儺壇外面的天氣寒冷，四方陰雲密佈，使山頭也顯得矮小了。壇前點著的巨燭，照得紅簾裡面的神龕更為深邃神秘。鼓聲陣陣，笛聲清脆。「鬼神變化供劇戲」，是說驅儺就是演戲，一個個程序像流水那樣一一演來。眼前一下子變得神秘起來，彷彿「眼前倏已非人間」。這是寫作者在現場的宗教體驗。如果你到過南豐的儺廟，觀察過那神龕和大蠟燭，就不難理解這六句的意思。

⑵第二部分：7～36 句，寫鍾馗驅鬼和判官審案的前後過程。分四段寫來。

7～10 為第二段，儺戲開演，夜叉驅鬼。蓬著頭的鐵骨夜叉手持骨朵（即骨朵子，俗稱金瓜），身穿赤衣，藍色的面具。面具上那金色的眼睛，亮閃閃地迸發「火焰」。這副凶像，十分恐怖。而魖蝛和罔象一出場就畏畏縮縮，東躲西藏；跪著的羊面鬼（跪羊）和站著的豬面鬼（立豕），顫抖著從喉嚨裡發出很難聽的逆氣（嚶嚶）。

11～18 為第三段，鍾馗、小妹等儺神出場。鍾馗的「小妹」穿著紅色的衣裳，用芭蕉扇遮著臉。鍾馗，腰裡一條只有諸侯、三

公以上重臣才能用的綠色綬帶，手上握著斬鬼的蒲葉劍（以蒲葉當劍）。他高聳著肩膀和揮舞著粗大的臂膀，翻著筋斗，喝著酒，伸伸舌頭，舔舔嘴唇。他一邊搖頭四顧，努力搜索鬼疫。那姿勢，大約跟現存南豐儺舞判那種木偶式的武術風格相似。小鬼（新鬼）則被閻王殿裡的景象嚇住了。而他自己家裡活著的人卻悲痛欲絕。那穿青衫的小鬼，見到鍾馗和小妹，作出一副恭敬慌張的樣子。

此時換場（揭帳），迅猛出場的旌旗隊，陰森威武地分列兩旁。爲判官出場鋪墊氣氛。

19～30 爲第四段，判官（閻王）審案、冥卒捉鬼、喪家治喪。閻王殿裡，判官居中，牛頭、馬面分列兩旁。這判官能細緻公正地斷案，能一下子分清鬼的好壞賢愚。被審鬼的禍福由他決定，而不問天意如何。在閻王殿：判官緊握著案卷作初步審閱，虎將穿著胄甲，肩上扛著的長戟在閃閃發亮，待審的鬼們在手持蒺藜（帶刺鐵錘）的冥卒面前服服貼貼。在捉鬼路上，陰府白面使者手拿細杆竹槍，抓來剛死者的靈魂，誇獎自己捉鬼絕無遺漏。在喪家，送葬的旗子隨風發出聲響，結著喪髻的婦女哭成淚人，入鄉隨俗的老太太，正在爲死人包裹繃帶，塗抹香料（熏）。收屍的、弄飯的、吹打的，忙亂不堪。

31～36 爲第五段，審案之後，判官飲酒舞蹈。

審案完畢，判官換上舊衣服，喝得醉醺醺的，完全失去了原先的威嚴，也不知道小鬼正在窺視著他。最後，是一位類似道士的披髮人，「嗨！」的大叫一聲（像如今南豐開山「搜儺」時的最後一喝），喧鬧的儺儀結束了，鑼鼓簫笛都停止了。歇，即終場。整場儺儀便結束了。

⑶第三部份：37～42 為第六段，寫戲後的看客心態。

楚<u>些</u>，楚地招魂曲；大招，《楚辭》篇名，也與招魂有關。

儺戲已經結束，但坐在四邊看戲的人們，還陷在鬼境而不能自拔，戲裡的鬼神還在眼前晃動。主人送客，客卻不敢上路。上了路，則用桃枝帶使勁趕鬼開路。到家才鬆了口氣，用力坐在草堆上癱了。他們唱起招魂歌，安慰著鬼魂，慢慢地睡著了，到夢裡「逍遙」去了。

⑷第四部分：43～48 為第七段，作者對儺戲的評價。

這種儺戲，就像會稽山上的夏禹鑄造九鼎、息壤阻洪等事跡一樣，世代傳承不息。其實，鬼的好壞全憑人去創造，人的善惡也被說成是神的公正和鬼的罪孽。不過，第二天大年初一，人們還原為本來面貌，新年新裝束，驅鬼的事也就淡薄了。

4.《觀儺》詩的價值

劉鎧《觀儺》詩的重要價值在於：

首先，這是一首有極高史料價值的作品。直到宋代以前，從來沒有人像劉鎧如此細緻地描述過民間儺儀儺戲。這首詩，深入具體地介紹了江西南豐一次具有南宋特點的民間儺事典型。

第二，這個節目已經是相當成熟的戲曲形式。其中，有完整的故事，人物眾多，且有不同性格的描繪，有樂隊伴奏，有說有唱，有歌有舞，還有豐富多彩的服裝和道具。與孟元老《東京夢華錄》所記載的《舞判》、《抱鑼》、《硬鬼》和《啞雜劇》一類劇目相比，毫不遜色。

第三，這種儺戲能在南豐這樣的地方出現，說明了宋代儺戲普及的廣度，也說明了宋代官方儺與民間儺儀都有帶明顯的娛樂目

的。

第四，看過南豐儺舞的國內外專家學者，都爲其古樸粗獷的風格而驚嘆。它本來就有著深厚的藝術積澱，南宋永嘉戲曲的移入及其南豐化，便是其中的重要成分。今天南豐儺舞一鑼一鼓的樂器配置和木偶式的武術動作，與宋啞雜劇也應有相通之處。

南豐學者曾志鞏認爲，今天南豐只有儺舞，已無儺戲。其實，現存的南豐儺舞，明顯仍有許多宋代儺戲之遺緒。《跳判》（又名《醉酒》），不就是宋代廣泛流行的雜劇《五鬼鬧判》的繼承嗎？元代朝廷的嚴禁，對儺戲有極大的衝擊，但其它原因也能使儺戲有所退步。比如，儺壇、儺廟經濟能力的減弱，老藝人去世而又後繼無人等原因。南豐儺戲不一定曾經被中斷，只是有所減色，後來又恢復得不太理想而巳。

㈣戲曲中的儺戲

唐代的廟會儺，到了宋代大多巳轉移到瓦舍勾欄，即轉入戲曲。元代有個奇特的現象，一方面許多民間藝術活動被嚴厲禁止而趨於冷落，另一方面戲曲卻比宋代更有提高。就是說，元代嚴厲「禁淫祀」，逼得民間儺與其他民間藝術、民間風俗發生轉移，使「戲中儺」更爲豐富起來。有關儺戲的形成和發展、分布和種類等問題，我們在第一編中已經做過討論，這裡只列舉幾個戲曲中的儺戲劇目。

1.舞判與鍾馗

宋代著名劇目《舞判》，又稱《跳判官》、《跳鍾馗》。鍾馗、判官這兩詞幾乎已成爲同義詞，甚至連「閻王」一詞，此時也

常常與此兩詞相互混淆。這個節目，從唐代以來一直在全國大部分地區流行，並衍生出《鍾馗嫁妹》、《五鬼鬧判》等節目，即鍾馗判官類劇目。

唐代孟郊《弦歌行》詩描寫了類似鍾馗和小鬼的形象，敦煌遺文《還京樂》、《兒郎偉·驅儺詞》介紹的「鍾馗」攔鬼、捉鬼、斫鬼，都比較粗糙簡單。宋代則有了很大的提高，比較完整。孟元老《東京夢華錄》「駕登寶津樓諸軍呈百戲」條載說：

> 又爆仗一聲，有假面長髯，展裏綠袍靴筒，如鍾馗像者，傍一人以小鑼相招，和舞步，謂之《舞判》。（同前）

接著的一齣，則是「繼有二三瘦瘠，以粉塗身，金睛白面，如骷髏狀，繫錦繡圍肚看帶，手執軟仗，各作魁諧趨蹌，舉止若排戲，謂之《啞雜劇》。」目前還在戲曲和儺戲中流行的《五鬼鬧判》類節目，尚存啞雜劇的表演形式。

此時，過年、端午貼鍾馗像，也已成為分布相當廣泛的一種儺俗。

2.抱鑼

孟元老《東京夢華錄》「駕登寶津樓諸軍呈百戲」條又說：

> 煙火大起，有假面披髮，口吐狼牙煙火，如鬼神狀者上場，著青帖金花之衣，帖金皂褲。跣足，攜大銅鑼隨身步舞而進退，謂之《抱鑼》。繞場數遭，或就地放煙火之類。（同前）

我國學術界大多認爲，這就是一齣儺戲劇目。

3.硬鬼

孟元老《東京夢華錄》同條文字還說：

> 又一聲爆仗，樂部奏《拜新月慢》曲，有面塗青綠，戴面具
> 金睛，飾以豹皮、錦繡看帶之類，謂之《硬鬼》。或執刀
> 斧，或執杆棒之類，作腳步醮立，爲驅捉視聽之狀。（同
> 前）

硬鬼似乎戴著半截假面，臉的上部戴著有金色眼睛的面具（應
當與方相氏黃金四目有關聯），下半部露出塗著青綠色粉彩的眞臉，演
員嘴巴活動自如，能清晰地說話。這就增加了表演的靈活性，臉的
下部還可以表達一定的感情變化。飾豹皮，錦繡帶，則可視爲對晚
唐宮廷大儺「衣熊裘」（穿熊皮大衣）的一種創新。面具金睛，飾豹
皮，執刀杆，作驅捉視聽狀，都是典型的驅儺特色。這明顯也是戲
曲中儺戲劇目。

4.元代戲曲中的儺戲代表作

麻國鈞《元儺與元劇》一文，剖析了元雜劇中的幾個儺戲創作
劇目。篇幅限制，我們只列出麻文中所敍述的劇目名稱。

⑴女巫師婆驅鬼爲主要內容的《師婆旦》。元代全本的《師婆
旦》後來失傳了，但明代孟稱舜《節義鴛鴦冢嬌紅記》，還完整的
保存了這個故事。

⑵以薩眞人捉鬼爲內容的《碧桃花》。

⑶明代以鍾馗、神茶、鬱壘等十六位儺神出場驅鬼爲主要內容

的《福祿壽仙官慶會》，應當出自元代。

　　(4)與山西曲沃「扇鼓儺戲」《采桑》內容相同的，元代鄭光祖
創作的《鍾離春智勇定齊》。**⑭**

第七節　葬制的變化

　　周代喪禮中的方相送葬之制，經北朝演變爲方相與魌頭兩種規
格之後，到宋代又有了一些變化。

(一)大喪葬禮

　　方相送葬是宋初葬制的規定，《宋史·凶禮一》記載說：

> 宋制……吉仗，用大駕滷簿；凶仗，用大升輿、龍輴鵝茸、
> 蠹、魂車、香輿、酩旌、哀謚冊寶車、方相買道車……。**⑮**

　　方相車，宋代稱爲「方相買道車」，對朝鮮曾有所影響。宋代
葬制的特點是以車爲主。（圖14）

(二)宋代官員葬禮

　　宋代的官員葬禮，基本上還是南北朝遺留下來的辦法，具體規
定則有些變化。《宋史，凶禮三》有很長的規定，關於方相送葬，

---

⑭　麻國鈞：〈元儺與元劇〉，載《戲劇》1994 年第 1 期。
⑮　見《宋史》第 385 頁。

是這樣說的：

四品已上用方相，七品已上用魌頭。❼

這是有關七品以上官員葬禮的規定，四品以上用方相，七品以上用魌頭。七品官員以下，不能用魌頭，更不能用方相。這比北齊更嚴格。

《續通典》卷七十八・禮三十四「器行序」條，引用了兩段宋人有關記述。一是司馬光《書儀》說：「柩行，自方相等皆前導，主人以下男女哭，步從。」另一是朱熹《朱子家禮》：「柩行，方相等前導，如陳器之序。」❼這應當是四品以上官員的葬禮，並非指所有人的「家禮」。不然，就會違反朝廷規定。

㈢民間葬事三禁

官方用方相、魌頭送葬，民間既不許用方相，也不許用魌頭，還不許用和尚和道士。有關方相送葬的事，《宋史・凶禮四》記載說：

無官而葬用方相者，望嚴禁之。❼

---

❼　同前註，第 392 頁。
❼　中華書局（北京）1988 年《十通》重印本。
❼　同註❼，第 393 頁。

　　宋人的筆記小說中也有類似的記述。宋代王栐《燕翼貽謀錄》，在談到官方對民間喪禮有三大禁令時說：「喪家命僧道誦經、設齋、作醮、作佛事，曰『資冥福』也。出葬用以導引，此何義耶？至於鐃鈸，乃胡樂也，胡俗燕樂而擊之，而可用於喪柩乎？世俗無知，至用鼓吹作樂，又何忍也？開寶三年十月甲午，詔開封府：禁止士庶之家喪葬，不得用僧道威儀前引。太平興國六年，又禁送葬不得用樂，庶人不得用方相、魌頭。今犯此禁者，所在皆是也，祖宗於移風易俗留意如此，惜乎州縣間不能舉行之也。」⑲

　　王栐先是為朝廷的禁令找理由，喪事僧道做道場、送葬前導，不合禮儀；將鐃鈸等胡人之樂用於中國人的喪事，不能容忍。所以，非禁不可。而禁止和尚、道士在送葬時作前導，禁止送葬用樂，禁止庶人送葬用方相、魌頭，實在並無道理可言，只是看不慣老百姓死了人弄得太熱鬧。

　　朝廷禁止民間葬事闊辦，不准這樣，不准那樣，他們自己卻先在禮典中帶頭用道士作前導。宋代佚名學者《宣和遺事》記載說：「郊祭以道士執儀衛前導。」⑳

　　送葬用道士、和尚作先導的事，後來在民間十分流行。比如，《蕭山問俗記·喪禮》「葬」條記載說：「至期，旌旗、傘扇、僧道等等前導。」㉑

　　越南民間至今也還有穿道服者前導送葬的習俗。

---

⑲　見《説庫》所載《燕翼貽謀錄》、《溪蠻叢笑》。

⑳　《宋元方志叢刊》第607頁。

㉑　「胡志」下·浙江·第57頁。

㈣不同的葬俗

　　一些地區送葬有不同的葬俗，宋代還是有不用漢族葬制的地方，這也是歷史延續下來的狀況，只舉一例。宋代朱輔《溪蠻叢笑》「踏歌」條說：「習俗死亡，群聚歌舞，輒聯手踏地為節，喪家推牛，多釀以待，謂之『踏歌』。」㉒其「喪堂」條又說：「死者諸子照水內，一人背尸，以箭射地，箭落處定穴」。這種喪禮，與漢族完全不同。以射箭來選墳地，相當特別。㉓

㉒　同註㊲。
㉓　同註㊲。

第七章　明清儺

　　明清是中國封建社會走向衰落、最終滅亡的時代。儺事活動與古儺的差別更大了，從清末開始儺逐漸受到冷落，最後使本來家喻戶曉的儺，逐漸被人們遺忘。

第一節　明清社會與儺

　　朱元璋推翻了元代統治，這是一次全國性的大變化。滿族南下，又是一次全國性的變化。清代後期又遭到外國勢力的入侵和欺壓，既造成了深重的災難，也帶來了新的發展和進步。

㈠明清文化與儺制

　　明代的王守仁學說幾乎取代了程朱理學，反對理學的勢力抨擊封建君主專制制度，清末遭遇失敗的維新運動，使這一時期形成了影響社會發展的進步思潮。最終在孫中山領導下推翻了中國最後一個封建王朝。

　　明清宗教總的特點是所謂「下移化」。佛教時興時衰，外融儒學道教，內合各派，以求生存和發展；而道教在民間廣泛滲透，可算無處不在，對儺的影響尤其深刻；伊斯蘭教也進一步儒化；鴉片

戰爭之後，基督教在華迅速擴展；還有其它一些民間秘密宗教也十分活躍，成爲民眾反抗封建統治和外來侵略者的有力工具。

明清更是我國古典小說創作最爲旺盛的時期，出版了《三國演義》、《水滸傳》、《西遊記》、《聊齋志異》、《儒林外史》、《紅樓夢》等經典作品。戲劇在不斷提高，清代京劇的形成更是我國戲劇事業的重要成果。

這些都對儺儀、儺戲的發展產生了重要影響。

(二)明清禮制

經歷了元代八九十年的統治，明初朝廷就很重視禮制的建設，但宮廷儺禮到中期才得以重建。清廷學漢制，進展比較快，但重要禮典，還是堅持本族固有巫俗。

1.明代禮制

洪武元年就撰成了《存心錄》，第三年修訖五十卷《大明集禮》，這是研究明禮的首要典籍。這說明，明代開國伊始就十分重視禮典的制訂。而且，朱元璋在位三十餘年，經常查問禮書修撰的事，到清代還能見到的就有《孝慈錄》、《洪武禮制》等共十四種之多。永樂年間，又編撰了全國上下通行的家庭禮儀，頒布了《文正家禮》。孝宗時編成的《大明會典》，「其于禮制尤詳」，有相當完整的吉、凶、軍、賓、嘉五禮規範，並成爲朝鮮李朝禮典的主要依據。武宗在位，又有《明倫大典》。另外，還有一些單項禮典的專門規定。❶

---

❶　上海《二十五史》本，第 10 冊《明史·禮志·吉禮·序》。

2.清代禮制

從清初開始就在進行禮制的編撰。《清史・禮制・序》記載，先在「順治三年，詔禮臣參酌往制，勒成《禮書》」。從康熙開始編撰的《大清會典》，經歷朝重修，至光緒二十五年，最後成為100 卷、事例 1220 卷、圖 270 卷，乾隆年間，仿《江永禮書》、宋《太常因革禮》，撰成 50 卷《大清通禮》，十二年還修撰《欽定滿洲祭神祭天典禮》，「悉用國語國書」（用滿文寫滿禮），乾隆二十四年「依據清文，譯成四卷」漢文，「此皆國俗特殊之祀典」；道光四年（1824）輯成 54 卷《續纂大清通禮》。這些都是依吉、嘉、賓、軍、凶次序編集的五禮典制，但並非漢制改版，滿族舊制居於顯著地位。❷

㈢太平天國

太平天國情況比較特殊，需要單獨說一說。

太平天國唯「拜上帝會」（又稱拜上帝教、太平基督教）獨尊，取締其它一切宗教活動。當時的馬壽濤《焚妖書》詩記載說：「卜筮之書拜（並）泯滅，竊恐祖龍笑其後」。❸就是說，連民間宗教也受到衝擊。

太平天國還曾反對演戲。曾國藩幕僚張德堅編撰的《賊情彙纂》記載說：「凡邪歌邪戲一概停止，如有聚人演戲者全行斬

---

❷　上海《二十五史》本，第 11 冊《清史稿・禮志・序》。
❸　《太平天國史料叢編簡輯》第一冊第 208 頁。

首。」❹因此，此時不僅佛、道等諸教受到干涉，民間宗教、民間
文藝活動也都曾受到影響。在太平軍所到之處，儺儀、儺戲當然也
曾有所抑制。實際上，太平天國上層人物也喜愛歌舞戲曲，因此，
後來仍然常有文藝節目（包括戲曲）的演出。

(四)明清儺制

1.明代儺制

明初就規定了方相送葬的禮制，卻未恢復驅儺之禮，中期才由
禮部尚書丘濬奏請孝宗批准，重建了本朝儺禮制度。明代的方相送
葬制度，也與以往朝代有所不同。

2.清宮無儺

清代宮廷無驅儺之禮，亦不用方相送葬。但是，大多數時間，
朝廷並不阻止民間的儺事活動。分布在全國各地滿族人，後來也逐
漸參加漢族的民俗活動，有的也曾參加當地的儺事活動。

3.明清民間儺事活動

民間儺事活動最重要的變化，主要反映在兩個方面：

第一，儺儀多樣化。大體分爲北方、中部和南方三大塊。南方
比較突出的是巫師儺壇的出現。

第二，儺戲的普及化。

第三，儺俗與一般民俗的廣泛結合。

---

❹　轉自顧建國輯註：〈廣西儺文獻資料輯錄〉一文，載廣西藝術研究所編
　　《廣西儺藝術論文集》，文化藝術出版社北京版，1990 年第 265 頁。原
　　文輯於《中國近代史資料叢書·太平天國》第 3 冊。

4.清末以來儺被抑制

清代末期，從太平天國開始，儺受多種因素的抑制而逐漸衰落，以致大多數中國人反而不知有儺，除了極少數中國古史學家和古漢語專家外，竟已極少有人認識這個「儺」字。

第二節　明宮儺制和清宮巫事

清代《續通志·禮略·時儺》，將明代與遼金元一視同仁，以為「遼金元明俱無儺禮。明臣丘濬《大學衍義補》請斟酌漢唐之制，俾內臣依古制為索室逐疫之法，然亦未見施行也。」❺

明初宮廷的確不驅儺，明代中期卻恢復了這一禮典，並且一直延續到明末。清代與遼、金、元一樣，宮廷以本族固有巫俗為主，也不驅儺。

㈠丘濬復明儺

《明史》和《續通志·禮略·時儺》都不載明宮儺禮。

明初未恢復儺禮的原因，可能是由於元宮無儺，民間儺又大多被禁，平民出身的朱元璋不懂或不感興趣，因而沒有恢復儺禮。但是，在朱元璋死去九十多年之後，到孝宗時，後曾任禮部尚書的丘濬，在《大學衍義補》中奏請重建儺禮之後，便改變了這一狀況。

在儺史研究中，最早發現明宮有儺的人，是中國藝術研究院舞

---

❺　清乾隆三十二年修《續通志》卷 117「禮略·時儺」，中華書局北京版，1984 年。

蹈研究所王克芬研究員。她發掘出明代學者蔣之翹百首《宮詞》中的一首反映明宮儺禮的詩，並在其所撰《中國舞蹈史·明清部分》一書中作了介紹，❻這才使我們瞭解到眞相。錢茀在此基礎上，進一步發掘了丘濬恢復明宮儺禮和劉若愚記載的宮廷儺禮的實錄。❼證實了明代宮廷的確有儺禮，並且一直延續到明末。

1.丘濬奏請復儺

丘濬《大學衍義補》卷六十四「大儺」條，先引《周禮》、《禮記》、《後漢書》文，再抄鄭玄、朱熹等人的註、評，並概述周漢儺制，然後是丘濬本人的按語（方括號內是丘濬原註，圓括號是筆者註）。所引註、評和按語，都比引文矮一格。爲方便起見，我們分段列出：

> 方相氏，掌蒙熊皮，黃金四目。玄衣朱裳，執戈揚盾，帥百
> 隸而時難〔儺也〕，以索〔搜也〕毆（驅，下同）疫。
>
> 　鄭玄曰：蒙，冒也。熊皮者，以驚毆疫癘之鬼，如今之
> 魌頭也。時難，四時作方相氏以難（儺，下同）卻凶惡
> 也。
>
> 　《月令》：季春之月，命國儺〔音那，下同〕，九門磔〔裂
> 牲謂之磔〕攘〔除禍謂之攘〕，以畢春氣；仲秋之月，天子
> 乃難，以達秋氣；季冬之月，命有司大難，旁磔。

---

❻　王克芬：《中國舞蹈史·明清部分》第110頁，文化藝術出版社，1984年。

❼　錢茀：〈宮儺起迄考〉一文，載《音樂舞蹈》（太原），1990年第3期。

鄭玄曰：季春之月，日月行歷昴，昴有大陵積尸之氣，
氣佚，則屬鬼隨而行，命方相氏帥百隸索室毆疫，以逐
之；仲秋之月，宿直昴畢，昴畢亦得大陵積尸之氣；季
冬之月，日月虛危，有墳墓四司之氣皆爲屬鬼，隨強陰
將出害人也。

陳澔曰：春者陰氣之終，故磔禳以終畢癘氣也。季春命
國儺，以畢春氣也；仲秋獨言天子難者，此爲除過時之
陽暑。陽者，君象，故諸侯以下不得難也。季春惟國家
之難，仲秋惟天子之難，季冬則下及庶人。又以陰氣極
盛，故云大難也。旁磔，四方之門皆披磔其牲，以禳除
陰氣，不但如季春之九門磔禳而已。

《論語》：鄉人儺，朝服而立於阼階。

朱熹曰：儺雖古禮而近於戲，亦必朝服而臨之者，無所
不用其誠敬也，或曰，恐其驚先祖五祀之神，欲其依已
而安也。

「漢志」先臘一日大儺之逐疫，其儀：選中黃門子弟年十歲
以上、十二歲以下爲侲子，皆赤幘皁製，執大鼗。方相氏，
黃金四目，蒙熊皮，玄衣朱裳，執戈揚盾，十二獸，有衣、
毛、角。中黃門行之，冗從僕射將之。意逐惡鬼于禁中。夜
漏上水。朝臣會，侍中、尚書、御史、謁者、虎賁、羽林郎
將、執事，皆赤幘陛衛。（天子）乘輿御前。黃門令奏曰：
「侲子備，請逐疫。」（准奏）於是，黃門倡，侲子和，囁

呼周遍。前後三省過，持炬火送疫出端門，以次傳火棄雒水中。

> 臣按：儺者索以去其不祥。其法，始於《周禮·方相氏》，而其事見于《月令》之三時：季春行于國中，仲秋行于宮禁，惟季冬謂之「大儺」，則通上下行之也。雖以孔子之聖，亦從鄉人之所行，蓋有此理也。若無此理，聖人豈苟於同俗者哉？漢唐以來。其法猶存。漢以中黃門爲之，蓋以其出入禁掖爲便。今世此法不傳。然宮中邃密，陰氣偏盛，不能無影響之疑。於是乎，假外道以驅除之。……臣請斟酌漢唐之制，俾内臣依古制，以爲索室逐疫之法，是亦闢異端、嚴宮禁之事也。**❽**

丘濬先交待儺史梗概，後說宮中現狀，最後奏請皇帝批准依漢唐之制重建宮廷儺禮。

清代紀昀等所撰《四庫全書·提要》說：「《衍義補》所載皆可見之行事，請摘其要者下内閣議行。」並說，最後明代「帝（孝宗）亦報可」。在《大學衍義補·原序》，孝宗御製也說要「見諸實行」。**❾**

---

❽　引自《四庫全書》第 712 冊第 742−743 頁。《大學衍義》，宋代的眞德秀所撰，共 64 卷。内容包括格物致知、誠意正心、修身齊家治國平天下，即格、致、誠、正、修、齊、治、平共八條。但治、平兩條已散失。爲此，丘濬作《大學衍義補》，分十二目，以闡明其義。

❾　同註❽，第 1、3 頁。

丘濬（1420？－1495），字仲深，廣東瓊山人，明景泰年間進士。他熟悉典故和古代禮制，崇信理學思想。弘治年間曾任禮部尚書、文淵閣大學士。他資深、位高、著述頗豐，是當時名聲最響的重臣和學者之一。憑他的身份和影響，又經過皇上批准，「依古制以爲索室逐疫之法」，確是實行了的。**⑩**

2.幾點啓示

第一，清代學者說，丘濬復儺奏議「未見施行」，並不準確。清代乾隆年間的宮廷學者們，有那麼好的條件，尤其是有那麼充足的文獻資料，卻也未能弄清楚明代宮廷儺禮的眞相。可見，做學問之難，首先難在充分掌握資料。

第二，據《明史》記載，洪武五年宮廷制訂、實施了方相送葬之禮，並有詳細規範。明末屈大均在《廣東新語》「祭厲」條中，也說洪武年間制定過驅儺之禮制。這樣說來，明初在恢復漢唐喪葬儺俗，進而恢復方相驅儺之禮，本來是在情理之中。但卻只恢復了方相送葬之禮，而不恢復宮廷儺禮，實在使人不解。筆者以爲，這很可能與明太祖朱元璋特別敬鬼有關。他不僅不讓設立儺禮驅鬼，反而下令在全國恢復漢代以後早已不再施行的祭鬼活動，從中央到地方，分等級普遍建立厲壇(故明清和民國地方志都記有「厲壇」一項)。

第三，明代自從十五世紀恢復宮廷儺禮以來，實際存在了一個半世紀，直到明末。

這樣，我國古代宮廷儺禮，從夏代到明末。除去遼、金、元、清無儺、明前期不儺之外，實際流行了近三千九百年。

---

⑩ 《四庫全書》第 1248 冊第 1 頁。

㈡明宮儺禮的證據

丘濬復儺以後，一直延續到明末的證據有二。

1.太監劉若愚《酌中記》的實錄

萬曆到天啓年間（1573－1627）的太監劉若愚，崇禎年間涉嫌被株連。他在獄中寫的《酌中記》一書，明確記載了明代宮廷儺禮之事。他寫道：

> 鐘鼓司
>
> ……凡遇有九月登高，聖爲幸萬壽山；端午鬥龍舟、插柳；歲暮宮中驅儺；及日食、月蝕救護打鼓，皆本司職掌。⓫

劉若愚（1541－？），《明史》有傳，說他「善書，好學，有文」。起初在太監陳矩門下，陳矩死後，被魏忠賢的心腹、太監李永貞派在內直房，管理文書和筆墨之事。思宗朱由檢（崇禎皇帝）登基，誅除魏忠賢宦黨，劉受牽連被謫，充孝陵淨軍。後再判斬首，不知爲何又得倖免一死。爲了證明自己無罪，他在獄中寫了二十三集的長篇申訴書《酌中記》（後有節本，名曰《明宮史》）。但無濟於事，終於死在獄中，不知終年幾何。

該書有些像回憶錄，主要記述宮殿規則、內府職掌和宮中其它實況，並常常聯繫崇禎朝的事情，詳細表達自己的忠誠和無辜，決無逆意。他的記憶力十分驚人，在書中羅列了由他管理的宮廷藏書書目，經後人核對，竟然完整不缺，無一差錯。明末大臣李靖

⓫　《明宮史》第 39 頁，北京古籍出版社，1980 年。

（1602－1683）在《三垣筆記》中說：「其（指《酌中記》）爲史家必採無疑。」因此，劉若愚所記雖只有「歲暮宮中驅儺」一句，卻是絕對準確可靠的消息，是明宮儺禮的權威證據。

2.蔣之翹《天啓宮詞》

劉若愚所記畢竟過於簡單，幸好，在明代學者蔣之翹 136 首《天啓宮詞》中，有一首專寫宮廷儺禮，可資補充，只有四句。詩中寫道：

> 傳火千門曉未銷，黃金四目植雞翹。
>
> 執戈侲子空馳驟，不逐人妖逐鬼妖。
>
> 【大儺隸鐘鼓司。侲音震，童子也，大儺用之，出《後漢書·禮儀志》。】⑫

蔣之翹，字楚樨，秀水（今浙江嘉興）人，爲晚明江南著名學者，與劉若愚同時代人。

「不逐人妖逐鬼妖」，是說魏忠賢之流的壞人當道，國勢衰敗到如此地步，不去整治禍國殃民的「人妖」，卻舉行儺禮來驅什麼根本不存在的「鬼妖」，實無道理。作者的觀點很鮮明，對明宮儺禮持批判態度。證明明代中期以來，宮廷確實一直有驅儺之禮。

(三)明宮儺禮細節

蔣之翹詩與丘濬、劉若愚所說完全一致。這些記載，告訴了我

---

⑫　蔣之翹：《天啓宮詞》，錄自《香艷叢書》第三集第 412 頁，上海國學扶輪社宣統二年（1910 年）。

們有關明宮儺禮的一些細節。丘濬說「斟酌漢唐之制」，明宮儺則以漢制爲主，亦參有唐禮，當然也有宋儺的影響。

1.明宮儺禮的主要細節

第一，劉若愚所說「歲暮」，亦即除夕，還與周儺一致，此時，只有冬末一次驅儺，而無春秋二儺。

第二，黃金四目就是方相氏。但是，方相頭上插起了野雞毛（雞翹），戲曲味很濃，明顯帶有宋儺和戲曲的影響。

第三，恢復了漢唐的侲子，但已不搖大鼗，而是讓他們代替漢儺中的千名騎兵來傳送趕鬼的火炬。

第四，省去了十二神或十二執事、祝祭太陰、磔禳癉坎等程序。整個結構比以往簡單得多。

第五，明宮儺禮不像以往由禮部、太常寺或教坊、諸班直配合來完成，而是讓鐘鼓詞一家包攬。

看來，經過元代的中斷，制禮專家們對古儺體制已有新的看法，才會將宮廷大儺之禮設計得如此不倫不類。

蔣詩所說「鐘鼓司」，與劉若愚的回憶也完全吻合。

2.鐘鼓司

鐘鼓司係明宮二十四衙門中的四司之一，編制龐大，有掌印太監一員，僉書幾十員，司房、學藝官二百餘員，其中還有不少兒童，可扮演侲子之類。❸該司專事出朝鐘鼓及內樂、傳奇、過錦、打稻、諸雜戲的表演，不妨說它是一個劇團。由於經常排練吵鬧，

---

❸　二十四衙門包括十二監、四司、八局。四司是惜薪司、鐘鼓詞、寶鈔司、混湯司，分別管理薪炭、雜戲、草紙、沐浴。每司設司正一名，正五品。

故被安排在宮內東部偏南的位置上，離皇族住處較遠。（參見《明史》和《酌中記》）

3.明代《方相圖》

明代曾出版了繁多的類書，其中圖文並茂者，只有王圻、王思義的《三才圖會》和章潢之的《圖書編》兩部。《三才圖會》先由王圻編撰，後由其子王思義增補，全書共十四類 106 卷。《方相圖》在卷十「人物類」。❹（圖 12）

明代學者王圻，字元翰，號洪州，上海人，嘉靖四十四年進士。他曾在江西、福建、陝西等地任職。晚年致仕歸里，以著書為事，卒年八十五。除了《三才圖會》之外，還編撰了 254 卷《續文獻通考》、175 卷《稗史彙編》和 10 卷《東吳水利考》等。關於王圻第三子王思義與《三才圖會》的關係，王圻本人曾說：「季兒思義，亦□心德牒，廣加搜輯，圖益大備。」可知，王思義對《三才圖會》也用功不少。

《方相圖》所描寫的內容，有兩點最為人注目：

第一，圖中畫了兩位方相，一位是古籍文獻中千篇一律的說法——「黃金四目」的方相；另一位則是「二目」形象，也稱方相。明代的二目方相，是歷史上官方規定的唯一的二目方相。以往只有二目魌頭。❺

第二，明代官方的四目方相和二目方相，都是平民化的獵人打

---

❹　《三才圖會》卷十，圖八至十三，上海古籍出版社，1986 年版。

❺　前文說過，二目魌頭不能與方相相混。但明代卻不設魌頭，而設二目方相，近代民間送葬也時常有二目方相，可能就是受其影響而來。當然，不能因此就以為「方相本來就是二目」。

扮。與以前多數朝代的「可畏怖」的形象完全不同。這是宋代的傳統，又似乎是使驅儺回歸到狩獵的「本行」，返祖歸眞了。

㈣清代宮廷無儺

到底什麼是儺，清代頗多分歧，曾引起一些誤會。

1.清禮刪儺

實際上，清代文獻有明確的記載，說明宮廷肯定不設儺禮。《清朝通典》卷 59「軍禮二」記載說：

> 大清通禮
>
> 臣等謹按「杜典·軍禮」之末有「儺」一條。雖索室驅疫，本《周官》舊制，而近代皆不行之。今考《大清會典》亦未載時儺之制，謹從刪去。

女眞族本不驅儺，清朝立國之後，制訂禮儀制度時，曾參照唐代杜佑《通典·軍禮》，卻又將「儺禮」一項刪去。可知，清宮並無儺禮。所謂「近代」，是指明代，而明宮偏偏有儺。

2.「莽式」

清代康熙三十三年，吏部侍郎湯右曾在禮部觀看排練《莽勢》（即莽式）。「莽式」原係喜慶宴飲之樂，後又匯百戲而演，囊括了漢唐宮廷樂舞及民間百戲。湯右曾看了排練後，寫了一首《莽式歌》詩，共 64 句，歌頌宮廷這一表演盛況。其中的「冬季臘月烹黃羊，儺翁侲子似俳倡」句，有人認爲是說清宮儺禮。其實，「儺翁侲子」是《莽式》中的一個節目，並不是儺禮本身，當然也就不

是清宮有儺的證明。**⑯**

3.「侲童妙伎」、「面具千百」

　　「侲童妙伎」、「面具千百」不等於儺。清代趙翼《簷曝雜記》卷一「慶典」條，記載乾隆十六年十一月二十五日皇太后壽辰，宮中舉行慶典的事。其中有「每數十步間一戲臺，南腔北調，備四方之樂，侲童妙伎，千百年不可一遇」等語；卷二「大戲」條，在記述乾隆年間內府演大戲時，有「有時神鬼畢集，面具千百，無一相肖者」句。因此，又有人認為這些也是儺。其實，這些都是「內府戲班」表演的節目，根本不是在驅儺。「侲童妙伎」是說出兒童表演的節目。「面具千百」是說戴著各種造型假面表演，並不是所有戴面具出場都是儺。**⑰**

4.《慶隆》

　　清宮有《慶隆》之舞，其中包括高蹺、竹馬和假面「象功之舞」等等節目。嘉慶年間的左都御史姚元之《竹葉亭雜記》指出：「有謂此即古大儺之意，非也！聞之，京尹盛泰云：『達斡爾居黑龍江之地，從古未歸王化，彼地有一種獸，不知何名，喜齧馬腿，達斡爾畏之倍於虎，不敢安居。國初時，曾至彼地，因著高蹺騎假馬，竟射殺此獸。達斡爾以為神也，乃歸誠也。因作是舞。』」《慶隆》之舞，出自清廷派人幫助達斡爾族人除去害獸，使一向獨立行動的達斡爾人終於誠服，歸順了清廷的故事。後來，專門創作

---

⑯　轉自王克芬：《中國舞蹈史・明清部分》第 148、189 頁。
⑰　〔清〕趙翼：《簷曝雜記》第 9、10、11 頁，中華書局北京版，1982年。

此舞，以資頌揚這一幸事，可知，《慶隆》也不是儺。❸

第三節　明清民間儺事概況

在元代的低潮過去之後，明初民間的儺儀即已有所恢復，清代則有新的發展。通觀整個儺的歷史，這一時期民間儺的發展流變有這樣一些特點：

儺由北向南轉移——戰爭的結果；

儺由東向西傳播——軍墾和移民的結果；

由儺儀向儺俗轉移——民族政策逼迫的結果；

由儺舞向儺戲發展——生存危機和藝術氛圍催促的成果；

儺壇市場成分的出現——其中有資本主義經濟萌芽影響的成分。

(一)明清民間儺事的基本情況

1.明代的宮廷儺禮不僅已近乎遊戲，而且，它本來就是一種迴光返照。崇禎皇帝在北京景山上吊之後，官方儺禮便告終結，清代的民間儺事也就成了中國儺的主體。

2.北宋以來，民間儺事南盛北衰的態勢，未能改變。明初宮廷無儺，民間儺儀卻相當迅速地恢復起來，尤其是丘濬奏請復儺之後，民間儺事發展更快。儺戲在金元繼續發展以來，又有了新的進步。但長期生活在自然經濟環境中的民間儺儀，開始受到新文明的

---

❸　〔清〕姚元之：《竹葉亭雜記》第6頁，中華書局北京版，1982年。

衝擊，逐漸向偏遠封閉的農村積澱。此時，漢族又開始回到敦煌地區，使那裡中斷了很長時間的中原習俗，有所重建，儺事活動也有所恢復。

3.清代則以儺戲大面積出現為特點。從地方志和一些個人筆記小說中可以看出，在北方的許多地方，直到明清時期儺儀也未曾得以恢復，而只留下根深蒂固的儺俗，但儺戲卻一直在民間演出，還保留著原始戲曲的蹤影。

清代宮廷不驅儺，但大多數時間也不禁止民間儺事活動，雖曾一度有過禁淫祀的命令，實際禁而不止，民間儺儀、儺戲並未停止活動。甚至還能在大中城市近郊存在，像江蘇南通《僮子戲》那樣。

4.明清時期，由官方屯墾和移民帶到雲貴高原的軍儺，最後演變成民屯儺戲。此外，民間儺的發展大體上積澱著五種形態：

第一，古制演變，是古代幾種儺儀形式的直接演變形式。這是本節討論的重點。

第二，依然還有十分活躍的丐儺。

第三，在儺儀中演儺戲，或者儺儀本身包含有儺戲的表演。

第四，在戲曲中演儺戲，包括民間社火、社賽、戲曲等不同層次的表演藝術之中，也有儺戲的演出。

第五，儺俗與一般社會民俗廣泛融合，更加龐雜化。

㈡東儺西漸──儺的傳播主流

明清這幾百年中，儺的傳播仍然在斷斷續續地進行，主要是在南方，以向雲貴高原的傳播最為突出，總的呈多向性蔓延的狀況。

大體有四種情況：

1.東儺西傳。這是明清儺之傳播的主流。誠如郭淨《試論儺儀的歷史演變》一文所說：「元明清時期，我國不同地域之間的文化交流模式日益由南北向轉變爲東西向。內地文化憑藉封建王朝開拓疆土的勢頭迅速湧入多民族聚居的雲貴高原。」「漢族移民不但成爲東、西文化經濟交流的媒體，也充當了儺儀輸入西南各省的載體。」⓳以明代長江中下游的軍儺和民儺對雲貴地區的影響最大。朱元璋調遣了二十九萬漢軍屯駐雲南，二十萬漢軍屯駐貴州，並從江南移民二百餘萬到雲貴高原。這是東儺西漸的主要一支。

2.儺向中心地區的回傳。這些地方原先可能有儺，後來因各種不同原因中斷了。於是，就有了回傳的情況出現。我們屢屢能見到外地儺向贛、閩、湖、粵傳播的記載和傳說。儺儀很發達的江西，也有一些地方的家譜載記說，從宋到清這幾百年中，就有由陝西、廣東、四川、北京等地傳入儺儀、儺舞、儺戲的事例。⓴

3.同一地區內部的相互傳播。在同一個省的府縣之間，甚至同一個縣之內，相互傳播的記載和傳說，也屢見不鮮。（同上）

4.少數民族地區的一些特殊情況。這與前面三點有些交叉。因其比較特殊，故另立一條。有如下兩方面的情況。

第一，朝廷不傳漢制。爲了安撫當地少數民族。以穩定那裡的

⓳　郭淨：〈中國西南地區儺壇述論〉，載《民族藝術》（南寧）1996 年第 4期。

⓴　參見盛婕：《江西「儺舞」的調查》，載中國舞蹈研究會編印《舞蹈學習資料》（北京）第 11 輯，1957 年；鄧斌、全革：〈萍縣儺舞簡述〉，載《民族藝術》1995 年第 4 期。

政局，朝廷往往也不去干涉他們原有的禮俗，允許那裡不依漢制，以利統治。明代王濟（又名王修）《君子堂日詢手記》，談到當時官方對廣西橫州少數民族的寬鬆政策。他寫道：「有一種人，名曰『山子』，即夷獠之屬。初爲亂，守御本州（的）馴象衛鄧指揮者招撫居之，各山聽其樹藝，官無所憂。」❹

「招撫居之，各山聽其樹藝，官無所憂」，就是橫州當時爲什麼沒有儺的原因。宋代朱輔在《溪蠻叢笑》，也說了不少有關南方少數民族的風俗習慣，而不見驅儺和方相送葬之類的活動。❷作爲儒家學者，他當然能識別這些民族之間歲時祭祀活動的同異。明代鄺露《赤雅》是記載少數民族風俗習慣的專著，也都沒有提到有儺或方相送葬的任何事例。❸

所以，有些民族一直傳承自己固有的巫祭活動，從來不驅儺。這並不奇怪。儘管這些巫祭活動與儺有這樣那樣的相似之處，卻也找不到它們與儺有傳承關係的證據，當地人自己也不說它是儺。這與調查研究者把它們說成是儺，顯然有區別。

可見，文化的傳播可有其侷限性，而接受文化的傳播也有其不確定性。並不是漢族的統治到達哪裡，哪裡就一定會有儺的傳播，還要受政治等多種因素的制約。

第二，儺在這一時期曾向許多少數民族地區傳播。不僅在大西南，在南方其他少數民族地區也有明顯的擴展。一些少數民族地區

---

❹　〔明〕王濟：《君子堂日詢手記》，《說庫》本，浙江古籍出版社杭州版，1986年。

❷　〔宋〕朱輔：《溪蠻叢笑》第4頁，《說庫》本。

❸　〔明〕鄺露：《赤雅》第1－2頁，《說庫》本。

特別是在一些多民族雜居地區，在宋、元、明、清，甚至民國時，還有從某地傳來儺儀、儺戲的報導。有些至今仍然保存著明清時期的儺藝傳統。有的少數民族的驅鬼祛邪活動，今人也稱其爲儺儀或儺戲，如果這些說法可靠。那麼，這應當有兩種方式，一是宋代以來尤其是明代屯墾時傳過去的，二是原先當地原有的祭祀習俗與後來傳入的儺融合的結果。

明代朝廷並未在廣西橫州推行漢制，明代王濟《君子堂日詢手鏡》記載了當時當地的一種祭祀習俗：

> 橫人專信巫鬼，有一等稱爲「鬼童」，其地家無大小，七八月間，量力厚薄，具牛、羊、豕諸牲物，羅於室中，召所謂「鬼童」者五六人，攜楮造繪畫面具，上得書鬼神名號，以次列桌上。用陶器仗鼓，大小皮鼓、銅鑼擊之，雜以土歌，遠聞可聽。一人或三二人戴神鬼面具，衣短紅衫，執小旗，或兵杖，周旋舞蹈，有時定身踴躍，至屋梁，或僕於地，或忽據中生，自稱爲某神，言人禍福，主人跪於下，謂爲「過神」。少憩，復如之。如此一日夜方罷。人有疾者，亦以此術。❷⁴

這和今天學者們所介紹的橫縣儺儀、儺戲有某些相似之處，但並不完全相同，王濟也並不認爲這是儺。後來，那裡傳入了儺，或受儺的影響，使原有的祭祀禮俗與儺結合了起來，這才成爲儺禮序

---

❷⁴　王濟：《君子堂日詢手鏡》第 6 頁，《說庫》本。

列中的一員。

⒊古儺儀的傳承和演變形態

這裡，選列數例明清地方志和筆記小說有關繼承以前朝代儺儀舊制的記載。

1.迎送儺隊的傳承

道光版《萍鄉縣志》說：「立春先日，鄉人舁（抬）儺神集于城，俟官迎春後，即驅疫于衙署中及各民戶。」迎春也迎儺隊，還保持了孔子迎鄉儺的老傳統。㉕

2.漢末儺禮十二獸神的再現

朱元璋在全國上下普遍建立厲壇，明代嘉靖年間任廣西提學僉事的黃佐，則將厲壇與儺禮結合了起來。他在《泰泉鄉禮》卷五「鄉社」節「有患則禳」條寫道：

> 凡寺觀、淫祠既廢，修齋、念經、咒水、書符、師巫之徒，終不可化者，難以誅戮。若市其失所，亦所不忍。皆分遣各社充社夫，令社祝掌之。每遇水旱癘疫為人患害之時，使之行禳禮。……每社立厲壇一所，以祭無祀鬼神，每歲三祭……俱行儺禮，或十月不儺，而移于臘月，謂之大儺。凡儺用狂夫一人，蒙熊皮，黃金四目，鬼面，玄衣朱裳，執戈揚盾；又編茅葦為長鞭，黃冠一人執之；擇童子年十歲以上、十二歲以下十二人，或二十四人，皆赤幘執桃木而躁，

㉕　鄧斌、全草：〈萍縣儺舞簡述〉。

如各人家室逐疫、鳴鞭而出。各家或用醋炭以送疫。黃冠倡，童子和，曰：「甲作食殌，胇胃食疫！雄伯食魅，騰簡食不祥！攬諸食咎，伯奇食夢！強梁、祖明共食磔死、寄生，委隨食觀！錯斷食巨，窮奇、騰根共食蠱！凡使十二神追惡凶，赫女（汝）軀，拉女幹，節解女肉，抽女肺腸！女不急去，後者爲糧！」此乃古禮，雖孔子所不敢廢也。後世此禮廢絕，每逢災疾乃至禳星告斗，作諸無益事，其傷民財甚矣。故今合時制于古，以便從俗。

文末說明：《大明會典》列有此文，宜于鄉俗禮神、事神時參酌舉行。❷❻

這是在朝廷規定廢止「寺觀、淫祠」後，安置「修齋、念經、咒水、書符、師巫之徒」的一種辦法。這樣一來，厲壇與儺禮合二爲一，實際上是以儺統厲。在遵從明太祖設厲壇遺制的同時，又有創新。至於那《十二神吃鬼歌》，自然只是抄抄古書而已，究竟是哪十二神，早已無人明瞭。

明末清初屈大均所撰《廣東新語·祭厲》，文字上與黃佐大體相同，說的則是明末廣東惠安縣貫徹「有患則禳」措施的一個事例。

葉石洞爲惠安宰，淫祠盡廢，分遣師巫充社夫。遇水旱癘

---

❷❻　《四庫全書》第 142 冊第 643－644、646 頁，另見《大明會典》卷二二八，江蘇廣寧古籍刻印社南京版，1989 年。

疫，使行禳禮。又遵洪武禮制，每里一百戶，立壇一所，祭
無祀之鬼，祭日行儺禮（下文與黃佐內容基本一樣。從略）。**❷**

這是民間直接用漢末宮廷儺制，有所改動，但主要意圖是企圖
恢復漢末宮廷儺制。黃佐之言，後來至少在兩廣是實施了的。

第一，這種儺禮在大儺、遇水旱癘疫和祭無祀鬼神三種情況下
舉行。

第二，黃冠代替了漢儺的中黃門。

第三，侲子演變爲童子，人數也只有漢末宮廷大儺的 10～
20%。

3.漢儺侲子的演變形態

山西曲沃任莊《扇鼓儺戲》中的「十二神家」，學術界普遍認
爲，這是漢末儺禮十二獸神的演變形態。**❷**

江西省彭澤縣黃嶺鄉老屋灣的《趕野貓》，也是漢末儺制的遺
存。其儀：

> 正月初七，由十～十二歲的孩子，擔任「五猖兵馬」，不過
> 已無面具，是用紅、白、黑三色畫花臉，穿紅色無領對襟
> 「五猖衣」，大襠的紅長褲，小五猖們要分上午、中午、下
> 午三次索室驅疫，稱爲「抄家」，家家戶戶都燃鞭炮響應。

---

❷　〔清〕屈大均：《廣東新話》卷六「鄉屬」條，中華書局北京版，1985
年。

❷　參見李一：《〈扇鼓神譜〉註釋》，載《中華戲曲》第 6 輯，山西人民出
版社太原版，1988 年。

下午八點，小五猖們封住的村口。一聲銃響，兩名壯實青年背茅草人往村外走，五猖們便一擁而上，將茅人猛刺散，然後燒掉。㉙

用的是跟漢末侲子年齡一樣的兒童，稱為小五猖。這是明代以來五猖信仰與儺結合的形式。在韓國、日本和越南的儺禮中，也有侲子的傳承或演變形式存在。㉚

4.荊楚儺舞的遺存

《壽春歲時紀》記載說：

各鄉人擊鼓扮神。神曰金剛力士，舞流星以逐疫。《論語》曰：「鄉人儺」。此蓋儺之流派也。㉛

這是繼承或恢復南朝的荊楚民間儺制。《壽春歲時記》作者認為，這是當時民間儺的一個流派，說明那時民間驅儺的形式很多。這種舞流星的金剛力士，與南朝已不相同，是用武術表演驅鬼。

5.唐宋儺啞雜劇《儺公儺母》舞一直傳承不息

明代徐復祚《花當閣叢談》寫道：

㉙　許平、鍾敬：〈贛北老屋灣的「趕野貓」遺俗〉，載《民俗》畫刊 1990 年第 6 期第 6-7 頁。

㉚　參見錢茀：《韓國儺史——兼說東亞國際儺禮圈》（浙江大學《韓國研究叢書》三十二）卷二的第三章，卷三的第一、三章和卷四的第一、三章。

㉛　轉錄「胡志」下篇·安徽·第 33 頁。

古儺有「二老兒」，謂之《儺公儺母》，今則更而爲《社公
社婆》，演其迎妻結婚之狀，百端侮狎，東廚君見之，當不
值一捧腹。㉜

這裡的「二老兒」是從結婚說起。這類「二老兒」笑臉儺神，
都是喜劇形式，風趣幽默，並能調節驅儺嚴肅緊張的氣氛。唐宋的
《儺公儺母》，到了明代便新生出《社公社婆》。後來，《竈公竈
婆》、聖公聖母（師爺師娘），民間俗稱也叫「儺公儺母」。《中
華風俗志·湖南》「辰州之迷信」條說：

辰州俗供神像，有頭而無軀者，名㑩神：一於思（腮）紅
面，號東山聖公；一珠絡窈窕，號南山聖母。兄妹二人爲
婚，不知其所自始，楚黔之人皆崇祀之。㉝

《湖南通志》也載此段文字。研究者認爲，「㑩神」即儺神，
聖公聖母亦即儺公儺母。

《巴縣志·風俗》所引《田居蠶食錄》又說：

端公攘儺，俗稱師娘教。所奉之神，製二鬼頭，一赤面長
鬚，曰「師爺」；一女面曰「師娘」，謂伏羲、女媧。臨事
各以竹承其頸，竹上下二箆圈，衣以衣，倚于案左右，下承

㉜　轉自〔明〕嘉靖版《衡州府志》卷八引錄。
㉝　以上兩則分別引自「胡志」下篇·湖南·第33頁。

以大碗。

有人認為，這「師爺師娘」也是從儺公儺母演變而來。這類由伏羲、女媧神話衍釋而來的故事，跟儺公儺母的關係似乎尚待進一步探討。而且，這是一對儺神頭像，不是面具。

現在，江西南豐還有許多的儺隊依然保存著《儺公儺婆》劇目，表演內容稍有不同，但風格大體相似，都是啞雜劇的形式，可稱「真正的活化石」。

這一時期，還產生了《和合》、《魯班》、《秦童》等笑臉儺神。

6.鍾馗類儺戲的傳承演變

明代徐復祚《花當閣叢談》繼續寫道：

> 然亦有可取者，作群鬼猙獰跳梁，各一隅，以逞其凶悍。後張真人即後世所稱「天師」出，登壇作法，步罡，書符，拐決，冀以攝之；而群鬼愈肆。真人計窮，旋為所憑附，昏昏若酒夢欲死。須庾，鍾馗出，群鬼一見辟易，抱頭四竄。乞死不暇，馗收之，而真人始（蘇），是則可見今真人之無術，不足重也。」（同註㉜）

以「鍾馗救天師」為內容，是鍾馗判官類儺戲的一個新劇目。張天師的能耐很大，但還是要鍾馗來解救，更突出了鍾馗的神力。似乎含有取笑張天師的意思。

㈣儺與社火的結合

在古代，社火的活動範圍很廣，它可以在祭祀活動、歲時節慶中表演，也可以在婚喪喜事、一般群眾文娛活動中表演。宋代以來，儺儀已廣泛與社火相結合，以社火的形式驅儺，或在社火中驅儺。總之，儺與社火的關係非常密切。

1.社火‧社賽‧藝能

「社火」一詞，是從百戲、散樂演變而來。我國古代早已有「百戲」一詞，唐代以後明確稱爲「散樂」，宋代一般通稱「社火」。

社火，我國古代以來一直流行，它是帶有某種宗教內容的群眾文化活動。孟元老《東京夢華錄‧六月六日崔府君生日而是四日神保觀深生日》說：「其社火……自早呈曳百戲，如上竿、瓢弄、跳索、相撲……道術之類，色色推之，至暮呈曳不盡。」❸《漢語大詞典》第七卷「社火」條解釋說：「舊時節日村社迎神賽會所扮演的諸神雜戲。後亦演變爲群眾性的游藝活動。」又引宋代范成大《上元紀吳中節物俳優體三十二韻》中「輕薄行歌過，顛狂社舞呈」的詩句，自註：「民間鼓樂謂之社火，不可悉記，大抵以滑稽取笑。」

社火往往與驅儺密切結合。民間儺隊大多也具有社火的性質。後來，有的地方將社火的許多節目納入儺隊，有的地方用社火的形式來驅儺，尤其是在北方。

---

❸ 〔宋〕孟元老：《東京夢華錄》。

　　藝能，這是二十世紀下葉以來主要由留日學子引進的一個新詞。日本學者諏訪春雄說：「在中國戲劇者中間，相當於日本的藝能觀念不明確。日本研究者認爲在作爲成熟藝術的演劇之前，還有未成熟的階段──藝能階段。藝能已經具備歌、舞、做功，故事等樸素的成分，藝能作爲一個整體是簡練俐落的，它逐步朝複雜化的藝術──演劇發展。」㉟

　　藝能的這些特點，與百戲、社火大體一致。對於我們，尤其是對於實際操辦和參加社火的人來說，還是稱「社火」好。我國戲劇研究者對於不成熟的表演藝術和戲劇藝術之間的界線，早就有明確的論述。倒是有些儺文化研究者，常常將各種不同層次的儺藝表演都稱爲儺戲。如果諏訪氏說的是這種情況，那是對的。

2.儺與社火結合的形式

　　最遲在唐代，儺與社火已經有所結合，宋代以來有較大的發展，主要表現在這幾個方面：

　　第一，社火式的儺儀。一些地方沿門逐疫的儀式，就包括許多不同形式的社火表演，比如，甘肅省靜寧縣曹務鄉張山村的《燒社火》、臨夏縣「齋會」中驅邪祈福爲宗旨的「雷碗擊四方」和演會中的《二鬼鬧判》，還有河北武安的「打黃鬼」等，都是古鄉儺的演變形式，只是採用了社火的形式。㊱再如，山西的《衝瘟》，是在元宵或端午進行的一種儺事，其中要裝扮判官、小鬼、和尙、孫

㉟　黃強：《神人之間──中國祭祀儀禮與信仰研究》第 29 頁註 27，廣西民族出版社南寧版，1996 年。

㊱　胡穎、王登渤：《甘肅靜寧儺文化考察報告》，中國少數民族儺戲國際學術討論會論文，湖南吉首，1991 年 10 月。

悟空、虎形、前行等人物，抬著紙瘟船，敲打著鑼鼓，挨家逐戶去「衝瘟」。**㊲**這本身是一次驅儺活動，與社火形式非常接近。（圖27）

圖27　鍾馗嫁妹

〔宋〕龔開《中山出遊圖卷》中的鍾馗、小妹、小鬼。原畫藏美國弗利爾美術館。（周華斌繪）

第二，社火中驅儺。山西雁北社賽雜劇（賽戲）中的《斬趙萬牛》，就是在社賽中表演的儺戲。**㊳**

清代康熙二十五年（1680）重修《樂昌縣志‧風俗》記載說：「立春先一日，坊民扮戲劇。……上元，火樹銀花，闌然相望，清歌急管，達曙洋洋，扮魑魅侏儒之像，以衣飾相麗，沿市婆娑，類古之儺者，望後五日皆然。」這是在元宵社火中演儺。

第三，迎神賽會式的儺儀。比如，《武進歲時記》：「清明節。居民插桃花楊柳於門，以祓除邪祟。城隍神出會」。「善司

㊲　黃竹山：《儺戲的界定和山西儺戲辨析》第 12－13 頁，廣西儺戲國際學術討論會論文，南寧，1992 年 3 月南寧版。

㊳　同註**㊲**。

會。善司，即都天神，主瘟疫，藍面赤棟，……于三月內出巡，云每年出會一次，可去疫癘之患。」全國各地有各種名目的「會」，迎送神靈中表演百戲，其中常常包含著儺儀、儺舞或儺戲。❸

㈤丐儺的演變形態

唐宋以來，丐儺十分活躍，大多是「打野胡」的演變形式。明清以來由《打夜胡》演變出《急腳子》、《跳竈王》、《跳鍾馗》等形式，可稱爲「打夜胡型儺隊」。

1.丐儺中的「竈公竈婆」

清代顧張思《土風錄》說得更清楚：「臘月丐戶裝鍾馗、竈神，到人家乞錢來，自朔日至二十四日止，名曰『跳竈王』，亦即古之大儺。」浙江的「打呵鬼」，雖然很簡單，但也是一種「打夜胡」的遺緒。清代顧鐵卿《清嘉錄》卷十二「十二月」說：

> 跳竈王。月朔，乞兒三五人爲一隊，扮竈公竈婆，各執竹枝，諜於門庭以乞錢，至二十四日止，謂之跳竈王。❹

唐代的儺公儺母，清代又演變出了竈公竈婆，成爲「跳竈王」的主角。

2.「鍾馗」式的丐儺

顧鐵卿《清嘉錄》卷十二「十二月」又說：

---

❸　「胡志」下篇・卷三・江蘇・第 19 頁。
❹　〔清〕顧鐵卿：《清嘉錄》卷十二，上海文藝出版社，1985 年。

跳鍾馗。丐者衣懷甲冑，裝鍾馗，沿門跳舞以逐鬼。六月朔
始，屆除夕而止，謂之跳鍾馗。（同上）

整個下半年他們都在活動，都是以儺的名義在乞討。時間被大
大放長了。

3.急腳子

「急腳子」是「打野胡」重要的演變形式，宋代就已出現，明
代流行地區比較廣，清代也是丐儺的主要品種之一。清代光緒二年
版《麻城縣志》卷五「方輿・風俗」：

> 儺人朱衣、花冠、雉尾，執旗鳴鑼，俗名「急腳子」。比戶
> 致祝，大抵祛法，祈福之語。

近代以來的江南地區，常見一種由四個人組成的「急腳子」儺
隊，他們戴猙獰可怖的面具，面具頂上插著兩根三尺多長的野雞毛
（江西婺源儺戲中的《諸侯》面具，也插有野雞毛）。他們身穿黃馬掛，
外加飄帶掛吊，背上樹四面三角旗。為首的拿「令」字旗，其它三
人腳蹬草鞋，手敲銅鑼，沿門逐疫，以求錢物。迎家則以為，這
「急腳子」能替他家「除災求吉」。❹

4.丐儺的重要貢獻

丐儺曾對儺的發展和戲劇、儺戲的形成和普及，做出過重要貢
獻。特別是近現代以來，一些戲曲劇種正是在丐儺藝術的基礎上形

---

❹　王德林：〈假面具談趣〉，載《文化娛樂》1985 年第 9 期。

成，我國學者康保成對此有深入的研究，他認爲：

第一，這種沿門逐除的儺丐形式，繁簡不一。有的只說幾句吉利話，有的則追逐叫喊，有的伴有說唱，有的載歌載舞，有的已是戲劇雛形。

第二，從乞丐沿門逐除，充當儺人，演變成蓮花落、打連廂、龍舟歌等名目繁多的儺丐藝術。這正是戲曲得以產生的基礎。近現代出現的評劇、越劇、花鼓戲、黃梅戲，與「打野胡」等儺丐藝術就有著血緣關係，其發展脈絡清清楚楚。

第三，沿門逐除與佛教的關係密切，僧人沿門化緣，就跟沿門逐除相似，有的地方甚至請釋家當儺人。因此，丐儺藝術也曾給我國佛教藝術的發展以很大的影響。

第四，沿門逐除與儺戲的關係，一是表現在儺戲中承襲沿門逐除的形式或內容，二是表現在沿門逐除中孕育、派生出儺戲形態。

康氏的研究成果，後來在其《儺戲藝術源流》一書中有詳細的論述。❷

5.營業性的儺班

明末顧景星《蘄州志》，記載了明代湖北一些地方爲私人家庭行儺的民間組織，從事季節性收費的儺事活動。以蘄州最爲有名。

（詳後）

---

❷　轉錄自康保成：〈「沿門逐疫」初探〉一文，中國儺戲學國際學術討論會的論文，山西臨汾，1990 年。本節多有參照。康保成：《儺戲藝術源流》，廣東高等教育出版社廣州版，1999 年。

㈥明代民間春儺

近現代以來，春季驅儺相當普及。

1.明代民間春儺實例

就手頭資料看，顧景星的《鄉儺詩》所記載的春季鄉人儺，可算我國已知最早的民間春儺實例，他寫道：

春設已作畢，士風尚儺驅。
雲旌夾翠罕，鉦鼓起中衢。
婦稚候門喜，羅拜陳牲醹。
田蠶及雞彘，禳祝憑神巫。
雕幾列神像，被以紅錦襦。
中坐天寶帝，左右雙明姝。
太尉復何人，題額黃金塗。
鳳冑雷將軍，位與睢陽俱。
即君白玉面，細馬腰雕弧。
酒酣招百戲，囉嗊何紛拏。
假獅西涼舞，鬖髿騎蠻奴。
似聞涼州破，西向悲唏噓。
千秋事已往，此舞胡爲乎？
既非周禮制，法部仍荒蕪。
祈年比蜡臘，鄉黨聊歡呼。
獻酬若大酺，瓮中寧有無。㊸

㊸　顧景星：《白茅堂集》，轉自「胡志」上篇·卷五·湖北·第7—8頁。

這與顧景星《蘄州志》所說不同，不是在那一個人家，而是在儺神祠裡。演出的節目雖與其所撰《蘄州志》大同小異，但場面完全兩樣。「祈年比蜡臘，鄉黨聊歡呼」，這是人頭鑽動、群眾集聚的大場面，像大蜡「一國之人皆若狂」的氣氛。

2.清代春儺舉例

湖北《咸寧縣志》（康熙乙巳年版）「疆域卷一·風俗（節序附）」記載說：

> 立春前三日……曰「迎春」，老農視土牛顏色，以占水旱、高下、宜種；視勾芒帽鞋，以占閒忙。」

後文還有「鞭牛如制」等句。季冬大儺「出土牛」的儺俗已經合併到立春前來進行。農曆立春的時間並不確定，有時在年前立春，有時在年後立春。但這種日期的移動，正是民間流行春儺的條件之一。日本的節分追儺，應當也與此有關，也在春前一日進行。

(七)儺與一般民俗的廣泛結合

這一時期，儺與一般民俗活動廣泛結合，生成許多新的儺俗。這在全國範圍都有許多例證。

唐宋臘月驅儺季節的小兒假面遊戲仍在流行，有更多的儺隊加入到娛樂化民俗演藝活動中。明正德十二年（1513）《建昌府志》說：「臘月祀竈，掃屋塵〔名曰除殘〕，小兒輩帶（戴）面具戲舞于市〔似古儺禮〕。」明嘉靖天一閣抄本《寧州志》記載說：

娛事之樂，諸如雜摹百伎、儺、傀、倡優、燈彩戲等，城鄉士庶猶然成風。

明徐渭《陳山人表》也說：

> 其所自娛戲者，雖瑣至吳歈越曲，綠章釋梵，巫史祝咒，櫂歌菱唱，伐木輓石，薙辭儺逐……靡不窮態極調。❹

明末屈大均《廣東新語·祭厲》緊接著「祭無祀之鬼，祭日行儺禮」那段文字之後，敘述了廣東一些地方儺與一般民俗活動結合的實例。他繼續寫道：

> 予至東莞，每夜聞逐鬼聲，合吹牛角，嗚嗚達旦作鬼聲。師巫咒水書符，刻無暇晷，其降生神者，迷仙童者。問覡者，婦女奔走，以錢米交錯於道。所在皆然。而諸縣尋常有病，則以酒食置竹箕上，當門巷而祭。曰「設鬼」，亦曰「拋撒」。或作紙船紙人燔之，紙人以代病者，是曰代人，人以代鬼，鬼以紙代，眞愚夫婦之所爲也。
> 博羅之俗，正月二十日以桃插門，童稚則以桃葉爲配，曰「禁鬼」也。
> 廣州婦女患病者，使一嫗左持雄雞，右持米及箸，於閭巷間皋曰「某歸」，則一嫗應之，其病旋愈。此亦招魂之禮，是

---

❹ 轉自《漢語大詞典》第 1 卷 1740 頁。

名「雞招」。人知越有雞卜，不知復有雞招，亦曰「叫雞
米」云。至始死，則招師巫開路安魂靈，投金錢于江，買水
以浴。而七七日、百日皆爲佛事破家以從，無貧富皆然。
善乎，石洞之能導民以禮也。始下車，即召作僧事之云。知
縣到任二十日，禮教未敷，致百姓居喪而作佛事，罪在知
縣。即取幡幢鬼魁鈴鐸等焚毀。孝子僧眾，聽講小學一章。
有何選卿者，居喪不作佛事。石洞以爲賢於峩冠博帶，誦法
孔子者，特具羊酒遺父老親禮其廬，以示旌異。（同註❷）

　　設鬼、門插桃、佩桃葉、叫魂、師巫開路等等民間習俗，都是
與儺結合的產物。儘管官府嚴加禁止，並規定百姓居喪作佛事，罪
在知縣，而知縣也只有讓「孝子僧眾，聽講《小學》一章」而已。

　　《清史稿》「陳恭尹傳」、《辭源》和《辭海》的「屈大均」
條介紹：屈大均，初名紹隆，字介子、翁山，番禺人。清兵攻入廣
州時，曾參加抗清部隊，失敗後，削髮爲僧，不久還俗。北遊，與
顧炎武等交往。康熙時，他以詩名揚海內，詩風明鍵，高渾兀霑，
與陳恭尹、梁佩蘭並稱「嶺南三家」。著有《易外》、《翁山詩
外·文外》、《道援堂集》、《廣東新語》、《四書補註》、《成
仁錄》等書。❹

---

❹　　分別引自《清史稿》，上海《二十五史》本第 1524 頁、《辭源》，民國
　　64 開本寅 122 頁和《辭海》，1989 年版第 1210 頁。

第四節　軍儺的演變形態

　　洪武十五年（1382），朱元璋派遣傅友德帥三十萬大軍進入雲貴高原，決心消滅元軍最後的大股武裝力量梁王巴扎剌爾密，以統一全國。同時，進入少數民族地區，也有許多棘手的具體問題很難解決，決定實行軍隊屯墾，並從蘇、皖、贛、湖、廣將大量軍人眷屬親戚移民到貴州，以穩定局面。於是，儺戲也就從內地被帶到了此地，並形成一種新的軍儺形式。

　　這樣，操練化的晉代軍儺產生後，經過北朝宮廷的運用，以說唱化的形式出現在唐代敦煌地區，接著又有裝隊化的宋化諸軍儺。軍屯廢除後轉為民墾，地戲這種軍儺也就變成民儺。據研究，清代的雲南澄江的關索戲也與貴州的地戲有某種淵源關係。地戲與關索戲的共同點在於：都以表演軍武劇目為主。❹

(一)從軍屯到民屯──屯墾與軍儺

　　始於西漢武帝建立的西域戍邊屯墾，對鞏固國防、增加軍隊供給和國庫稅收起了很大作用。屯墾產量比較高，組織嚴密，耕種面積較大，推廣先進技術也比較容易。因此，歷代朝廷都實行這一政策，直到清代光緒年間為止。屯墾還有利於內地與邊疆、漢族與少數民族間的經濟文化交流，包括儺向一些少數民族的傳播。屯田的

---

❹　本節主要參考沈福馨等編：《安順地戲論文集》，文化藝術出版社 1990
　　年北京版；《關索戲志》，文化藝術出版社 1992 年北京版等著作和一些
　　學者的論文。

負面表現，主要是對士兵和農民的管制十分嚴格，他們的經濟負擔
也很沉重。

　　軍屯，是實行駐軍屯墾，以求自給，自給有餘則上交國家。民
屯，始於三國曹魏的募民屯墾，唐宋的營田則是軍屯和民屯結合。
鹽商要求改變運糧交邊地軍糧的辦法，而在邊疆雇人屯田就地交
糧，是爲商屯。明代除了軍墾外，還有移民屯墾。明末因屯田政策
廢弛，軍屯也轉變爲民屯。清代光緒二十八年（1902）漕米改爲海
運，漕運屯田也變成爲民田，實行了兩千多年的屯墾制度宣告終
結。

　　就我們的研究領域而言，最重要的屯墾事業，是明代雲貴軍墾
和民墾。因爲，這是一次最大規模的傳儺活動。

㈡安順地戲

　　舊時，曾有個別外國人類學家，在我國少數較偏僻地區接觸過
中國面具。除此之外，直到 1980 年，外界很少知道中國有假面藝
術存在。最早讓大群外國人了解中國面具神奇藝術的，便是現存軍
儺的主要品種——地戲。1986 年在法國巴黎藝術節上，貴州地戲
表演和地戲臉子（面具）展覽，後又到馬德里展覽，轟動了歐洲。
中國假面藝術神奇精湛，使西方人驚嘆不已，這才開始爲外人所瞭
解。❹

1.關於「地戲」一詞

　　地戲是明代屯墾軍隊和江南移民從安徽、江西帶來。明代嘉靖

---

❹　　出訪的主事人沈福馨先生向錢茀介紹的內容。

版《貴州通志》卷三記載說：

> 除夕逐除〔俗於是夕具牲禮，紮草舡，列紙馬。陳火炬，家長督之。遍各房室驅呼怒吼，如斥遣狀，謂之逐鬼，即古儺意也〕，放花爆竹〔俗謂逐鬼，則火藥爲爆，到處燃放，俾山魈、水鬼，捋祟人，邪不犯人，則一年不沾惡疾，又以爆竹於庭，以辟山猱、惡鬼，遂成俗尚〕。立春〔先期擇日，取土爲牛，至期，結彩出對，具鼓樂，土人負耒耜，扛土牛，至得衙門並街市，謂之迎春，仍以之頭、腹與芒神衣服之色，而驗歲之豐歉、人之吉凶。縉紳、士民俱有酒宴以慶〕。

這裡沒有說到「戲」，表面上還處在「儺儀爲主，爆竹爲俗」的狀態，並且是在家長的指揮下孩子遊戲。但明代實際上已有地戲，後面將提供家譜等材料證明這一點。到了清代，就明確記載有「戲」了，雖然不叫「地戲」。康熙版《貴州通志》寫道：

> 土人所在多有，蓋歷代之移民。在光順、新貴、新添者與軍民通婚姻，歲時禮節皆同。男子間貿易，婦人力耕作。種植時，田歌相答，怨殊可廳。歲首則迎山魈，逐村以爲儺，男子妝飾如社火，擊鼓以唱神歌，所至之家皆飲食之……。

「地戲」一詞，最早見之於道光版《安平縣志》：「元宵遍張鼓樂，燈火爆竹，扮演故事，有龍燈、獅子、花燈、地戲之樂。」

2.地戲的特點

眾多專家調查得出的共同結論說明，地戲是明代屯墾軍隊和移民從江南帶來的儺儀、儺戲，與當地原住民固有文化結合的產物。它有這樣幾個特點：

第一，在貴州，有地戲的地方，都是明代軍屯和移民的居住地，他們的後裔常被稱爲「屯堡人」。那裡，至今保持著屯、堡、營、哨、關等地名。地戲專家沈福馨經全面調查後介紹：地戲主要分布在安順地區所屬各縣及其鄰近地區，即西起郎岱，東止花溪，北至普定，南迄紫雲，有近三百堂「面殼戲」（即地戲）。

第二，地戲有一個軍轉民的過程，先是軍屯儺戲，後來轉化成民屯儺戲。關於它的演變過程，當地一些老年人至今還能說得頭頭是道。由軍屯轉爲民屯，開始於明末廢弛屯田政策。

第三，地戲與弋陽腔有一定關係。據沈福馨研究，地戲曾採用弋陽腔來完善自身的戲劇要素。因此，沈氏的結論是：「安順地戲是弋陽腔化的軍儺」。從江西現存儺戲看，有些地方（如南豐），還停留在啞儺的水平上，並無講說和唱腔。而南豐等地又是安順屯墾軍人和移民的原籍之一。所以，可能是他們將江西儺儀帶到安順，又與弋陽腔結合後形成地戲唱腔。

第四，地戲的表現形式，可以歸納爲以下幾點：

(1)地戲演出是三段程序：開箱、參神和掃開場跳神（正戲和掃收場）、送神封箱。這種「迎神·娛神·送神」三段結構，中間是主體，兩頭已經大爲退化，比一般儺儀簡單。地戲一次要演三五天，甚至半個月。

(2)地戲以表演武戲爲特色。從《封神演義》、《楚漢相爭》、

《東周列國》、《前三國》、《後三國》，到《隋唐》、《薛仁貴征東》、《黃巢造反》，再到《岳傳》、《楊家將》，直到明代故事《沈應龍征西》等等，無不是軍事題材。這與軍屯直接有關。

第三，以廣場演出為主。演出一般都有唱本。樂器大多只用一鑼一鼓。

第四，地戲面具頂在演員額部，並不遮住臉部。所以，比較小，眼部和嘴部也用不著鏤空。安順地戲面具在造型方面的最大特點，是稍帶抽象的方顎大耳，大量的武將都有耳飾，即左右耳部有比較繁複華麗的裝飾。這些特點在其他地方不多見。

3.地戲屬於儺戲序列

「跳神」或「跳鬼」，全國不同地方所指並不相同。有的是指儺儀、儺戲，有的則不是，主要看它與古儺是否有某種淵源關係。現有材料已經十分明確，貴州地戲屬於儺戲序列，因為它與古儺有著明確的傳承線索。❹

第一，地戲實際上包含著三個主要因素：江南民間藝術和習俗；軍中儺隊活動；貴州當地固有習俗。分布在貴州當地的地戲，表現形式基本一致。這正好說明，無論是軍屯，還是民屯，人們始

---

❹　據沈福馨 1995 年 1 月 20 日給錢茀的信中有關貴州軍儺研討會情況。其中，說到貴州學者范增如〈安順地戲釋名及其他幾個問題的探討〉一文的不同看法，認為地戲不是儺戲。其主要根據是，1934 年秋，任科澄主持續修的《安順府志初稿》稱為「跳神」。帝王死去就是神，「跳」帝王故事就是跳神；而且，該「初稿」把它歸之於「民生志（二）‧禮俗門（四）‧民間娛樂‧民舞」類，因此它是娛樂戲類，而不是宗教戲類的戲劇。

終繼承著從江南帶來的文化傳統。比較清楚的是，朱元璋在立國之前，已在江南建立了相當穩固的根據地，興修水利，發展農業，軍隊也勞武結合，有事作戰，平時訓練、種田，歲時節令也會有各種祭祀活動，空閒時則有娛樂、表演活動。這些活動本來就與民間祭祀和雜戲表演，包括儺儀、儺戲活動關係密切。屯墾軍人和江南移民到貴州之後，又與當地人雜居，通婚，自然會受原住民的某些影響。不能說，屯墾軍民原籍社會發展程度比「夜郎」先進，因而就不會受當地原住民生活方式的絲毫影響。

第二，地戲不僅保持著驅儺的意念，也保持著簡單的儺儀。地戲的「開箱請神」和「掃場送神」，以及請、送之間的地戲表演，正是晚古儺儀「迎神·娛神·送神」結構的遺存。

第三，古代學者們也確認安順的地戲、跳神就是儺。康熙十四年版《貴州通志》卷二十九所說「歲首則迎山魈，逐村屯以爲儺，男子裝飾如社火，擊鼓以唱神歌」，包含著戲劇表演。康熙三十一年修定的《貴州通志》卷三十在引錄上文的同時，還附了一幅《土人跳鬼畫圖》，那對陣的兩位武將的形象和表演風格，與現存地戲完全吻合。圖中一鑼一鼓的樂隊，也與江南儺舞的古老傳統正相一致，只是鼓型和用法稍有區別。（圖28）

「逐村屯以爲儺」，說得明明白白，就是驅儺。道光版《安平縣志》同樣說得清清楚楚：「正月自元旦至十五，擊鼓唱神歌，妝扮儺神，沿村逐疫。」至今江西南豐跳儺，也還是在沿村逐疫中各有「迎·娛·送」三段結構。不過，地戲現在已是娛神部分成爲主體，地戲一詞便比「跳神」出現得多，或兩者成爲實際上的同義詞。

圖 28　土人跳鬼圖

現存地戲之前身，面具戴法與今不同。今之地戲面具頂在額部。載〔清〕
《貴州通志》（康熙三十一年版）。

　　第四，從屯軍和移民原籍的儺史看，他們帶到貴州去的正是儺
儀和儺戲。明代去雲貴高原的幾十萬大軍和二三百萬移民都來自長
江下游。

　　首先，被調到貴州的明代屯墾軍隊和移民，先以安徽鳳陽籍爲
主（今貴州平壩一帶），後是江西籍爲主（今貴州安順以西）。而這兩
處原籍，都是盛行儺儀、儺戲的地方。安徽在明朝已有相當成熟的
儺戲，可以說，安順地戲與安徽的儺戲、端公戲（也是儺戲的品種之
一）之間有著密切的關係。

　　安順詹家屯《曾氏家譜》原譜中，還記載有唐宋八大家之一曾

鞏遷南豐府豐城縣長河灣（此處有誤，似應爲由豐城遷南豐），傳王十八代，曾鞏後裔曾德（曾德一）至明朝初年任征遠將軍等內容。考察過詹家屯的日本學者田仲一成，曾查閱過這本原譜，認爲這是相當可靠的根據。

安順地區詹家屯《曾氏宗譜入黔簡史》（1979 年據道光年間原譜整理版，油印本）記載：明代江西屯墾軍人和移民中，有南豐的大姓曾氏曾鞏的後裔，明初任征遠將軍，副將詹某（安徽人）、文案葉某（河南人）相隨屯兵安順舊州，曾經組織了詹家屯「三國」地戲班。洪武十三年，曾德一調征雲南，戰死花江。洪武十八年，奉功安職，詹某任屯操指揮，曾德一後人曾明、曾玥、曾英襲職前來詹家屯定居，任屯操巡捕，後來由此發展成兩個地戲班，詹姓組織了「三國班」，葉姓組織了「精忠班」。近年，南豐儺舞專家曾志鞏到安順去採風，就受到當地曾姓親人般的接待，再三挽留，不捨離別。❹

地戲與江南的儺儀、儺戲頗多共同點。以南豐爲例，那裡古代一直盛行儺事，至今仍然極爲興旺，全縣有百多儺隊，每年正月初二到十五之前「逐村屯以爲儺」，正月十六「搜儺」。驅儺也戴面具，也是一鑼一鼓，驅儺也要演戲。至於節目的不同，則是因爲安順地戲本是軍儺，以軍事題材爲主是不難理解的。兩地如能深入相互直接考察，在語言、耕作制度、衣著、風俗、儺事細節，乃至民間建築、民間美術等諸多方面，一定會有許多驚人的共同點。直到二十世紀八〇年代，那裡在民居和民服等方面還保持著明代江南風格。

---

❹　以上兩則材料是曾志鞏先生提供。

㈢澄江關索戲

雲南省澄江縣陽宗鎮小屯村的關索戲，儺學界一般也將它歸於軍儺序列。

1.關索戲的歷史

關索戲的起源，地方志並無記載。但在儺史和藝術史兩方面都有一些可供參考的材料。

這一帶，最晚到清初已有儺事活動，人們多確信不疑。離澄江縣城八公里的雙樹村景德庵，有一康熙二十三年（1684）刻立的石碑，上面寫道：

> 隆神維岳，會出鄉儺，肇自里俗，殊出奇觀。原一此爲祭天之山，就之祈禱，無不應驗者。其年舊（久）矣。

同時，民間假面藝術也早在這一帶流行。離陽宗鎮八公里的草甸（原與陽宗一樣屬河陽縣，今屬宜良縣），至今還保存著康熙四十六年（1707）撰刻的土主廟戲臺石碑，上面記載說：「各村之盛會不一，見寄之歌唱，裝以傀儡……」

比這更早兩年的澄江知府劉驪（江西吉水人）的《澄陽春社行》詩也說：「社鼓村曲趨廟寺，聞說紛紛迎佛至。……當場傀儡明月中。」㊿

按當地祖傳的說法，最早是在清代順治年間，陽宗小屯村人從

㊿　上面三條引文，均出自《關索戲志》第 2 頁「綜述」，文化藝術出版社
　　1992 年北京版。

路南縣的大屯村請來張、李二位師傅教習關索戲。(51)

研究者則有多種說法，比較可靠的意見，認爲關索戲是從江南一帶，經貴州傳來。(52)

2.**關索戲的基本情況**

第一，演出習俗。關索戲的演出，也是三段結構：

⑴祭藥王、練武。正式演出前又有「出行」。到別村演出要「踩村」。到戶家去演出要「踩家」。

⑵正月初一至十六，正式演出。連演三年，之後再停演三年（後來年年演，需要時可以隨時演）。

⑶演出結束時，有辭神、裝箱、送藥王等程序。

第二，演出場所。小屯本村的儀式在其唯一的寺廟靈峰寺進行，這也是關索戲的主要演出場所。去各村時，則在當地的廣場演出。

第三，關索戲原有七八十個劇目，一說有百餘個。都是頌揚蜀漢功績，經常演出的主要有《點將》、《戰長沙》、《山岳認兄》、《花關索戰山岳》、《三娘公主戰》、《花關索戰三娘》、《李恢說合馬超》等十幾齣。這是因爲，那裡本是劉備的蜀國所在地。

3.**對關索戲的評價**

雲南學者金重對關索戲的三點評價，具有一定的代表性。他

(51) 雲南省澄江縣文化局編〈雲南澄江關索戲〉，載《儺戲·中國戲劇之活化石——全國首屆儺戲研討會文集》第221頁，黃山書社合肥版，1992年。

(52) 書同上，第 220 頁。

說：

第一，「關索戲的劇目多數是武戲，戲劇情節簡單，語言通俗易懂。」

第二，「在形式上，這些劇目，已具備戲劇形態，人物已以第一人稱身份出現，劇中有唱有白，有開打。但還保留一些說唱文學的痕跡。」

第三，「《點將》一齣，是明顯的祭祀儀式劇而外，其他許多劇目，往往是兩個角色對陣，唱一段，來一段『互殺』，再唱一段，再來一段『互殺』，它們的結構，形成一種儀式的程式。」❺⃝

第五節　儺戲的發展

儺戲是中國古儺發展的最高成就。明清時期則是儺戲大普及的階段。

㈠儺與戲

關於儺的發展趨勢，儺史研究專家們一致認爲：儺是由娛神向娛人方向演變的。聯繫史前的情況看，起初本來帶有娛樂成分，後來才變成嚴肅的宗教性活動，再後來又逐漸增加了以娛神的名義進行娛樂因素，以致成爲以娛人爲主帶有宗教性的活動。即從世俗到宗教再到世俗，亦即從人娛到娛神再到娛人，最後發展成爲依托於儺儀的儺戲。

---

❺⃝　《關索戲志》「志略」第 21─22 頁。

1.「儺戲」一詞的出處

二十世紀八十年代以來，「儺戲」這個詞，出現的頻率很高。這與古人的所說「戲」有些不同。儺，有「遊戲」的含義。宋朝朱熹更直接稱其為「戲禮」。前文南宋劉鏜《觀儺》詩，也說儺「鬼神變化供戲劇」。明代有了一些新詞，貴州的安順地戲被稱為「跳神戲」。清代康熙四十四年《辰州府志》稱「神戲」，同治十年《保靖縣志》稱「儺神戲」，直到清末武陵戲（漢戲）中仍保持著《儺頭神戲》的劇目。

在我們手頭的資料中，「儺戲」這個詞，最早始於清代前期的地方志。乾隆十年（1735）版湖南《永順縣志》記載說：

> 永俗酬神，必延辰郡師巫唱演儺戲。……至晚，演儺戲。敲鑼擊鼓，人各置面一。有女裝者，曰「孟姜女」；男扮者，曰「范七郎」。

這比當代儺文化研究者所說「儺戲」一詞，早二百幾十年。還有一些清代的方志、家譜也提到了這個詞。如安徽貴池元四村章根富家收藏的光緒甲申（1885）年冬重鐫的《梨村章氏宗譜·風俗篇》記載：

> 新年蛋茶相迎，開筵請親鄰。作儺戲……。❺

---

❺　呂光群、紀明庭：〈安徽貴池儺戲調查報告〉，載顧樸光等編《中國儺戲調查報告》第 37 頁，貴州人民出版社 1992 年 3 月版。

但是，最先創造「儺戲」這個詞的，並不是中國人，而是朝鮮半島高麗時代的人。出自《高麗史，忠惠王世家》記載，忠惠王四年（1343）五月的一天，「王置酒，觀儺戲，歡甚起舞」。❺

這是六百五十八年前的事情，是目前我們手頭關於「儺戲」一詞最早的材料，比中國早三百九十二年。

韓國的儺禮，最遲到新羅時代，便已形成先儺儀、後儺戲的兩部制結構。先前稱爲「樂舞」或「雜戲」的表演藝術，後來稱爲「儺戲」。不過，這種先儀後戲兩部制中的「儺戲」，多係歌舞雜技。我國的儺戲大多是三段結構，表演內容則是多層次的，有歌舞，有說唱，也有表現故事情節和矛盾衝突的眞正戲劇。

2.儺與戲之間是相互促進的辯證關係

儺中戲和戲中儺長期同時並存，唐儺就已經如此。後來，又有「儺·戲」、「戲·儺」、「儺·戲·儺」、「戲·儺·戲」等多種形式存在。

第一，儺爲戲之源。百戲和祭祀文化是孕育、生長中國戲曲的主要基礎，其中儺便是無可替代的重要因素。這裡包含兩層意思：一是說，儺的假面形式等多種因素，自古就對百戲有重要的影響，特別是從唐代儺舞進入廟會表演以來，由於儺舞和儺藝人的參與，使戲曲逐步得以形成；二是說，由於儺本身的發展，逐漸演變出戲曲。到清代，丐儺對一些地方戲劇品種的形成也起了非常重要的作用。康保成《「沿門逐疫」初探》一文指出：

---

❺　詳參錢茀：《韓國儺史──兼說東亞國際儺禮圖》卷三第一章第四節「高麗後期宮廷儺制」。

　　上古沿門逐疫是民間驅儺的基本形式之一。南北朝是變成
「邪呼逐除」、宋代成爲「打野胡」、又發展爲「打野
呵」。娛樂、賣藝成分越來越濃，宗教色彩日趨淡化。在這
種變化中，乞丐起了至關重要的作用。先是由乞丐充當沿門
逐疫的儺人，向人索取一定報酬，後來逐漸變成沿門賣藝、
沿門行乞。北方的蓮花落、打連廂，南方的龍舟歌，都是沿
門逐疫——沿門賣藝、乞食的產物。評劇、越劇、花鼓
戲、黃梅戲等，均與沿門逐疫有不可分割的血緣關係。❺⑥

　　這裡說了一個這樣的過程：丐儺的沿門逐疫→乞丐蓮花落等民
間藝術→由乞丐儺藝演變成戲曲。

　　戲曲中的金睛火眼、神頭鬼面、驅邪逐鬼（如鍾馗、判官類）的
劇目，大多出自儺，在木偶戲和皮影戲中也有相似的劇目演出（甚
至現代的電視劇也還在借鑑儺禮俗的內容）。

　　第二，戲爲儺之師。在戲曲形成之後，反過來對儺發生了相當
廣泛和深刻的影響。可以說，現存儺戲品種沒有未曾受過戲曲影響
的。戲曲是儺戲的榜樣，它促進了大量儺戲品種的形成和發展。有
的採其片段，有的用其折子，有的整本移植。儺儀換用戲曲服裝、
道具、程式等現象，非常普遍。

　　第三，戲爲儺之障。用現代「戲劇」概念來衡量，儺戲不具備
獨立的戲劇綜合藝術的品格，總有這樣那樣不完善的地方，總是顯

---

❺⑥　康保成：〈「沿門逐疫」初探〉一文，作者交中國儺戲學國際學術討論會
　　的論文，1990 年，山西臨汾。

得不成熟。所以，我們在前文中稱其為「亞戲劇」或「準戲劇」。儘管儺鄉的人們堅持驅儺，熱愛儺戲，大多停留在初級戲劇甚至原始戲曲的水平上。這有兩方面的原因：

一是儺戲本身的原因。儺戲長期生存在自然經濟的條件下及其本身的宗教性、業餘性和自娛性特點，限制了他本身的發展突破。

原因之一，由於長期處在封閉環境裡，普遍的文化水平不高，文化生活缺乏，層次較低。一年能看到一次儺戲表演，便是鄉間一大盛事。雖然總是那些老節目，但又總是百看不厭。家家喜迎儺隊，千家空門，觀眾如潮，文人們常用「蔚為壯觀」一詞來形容其熱烈程度，實在並不過分。我們就曾多次見過幾萬甚至十幾萬人看儺戲的大場面。但是，二十世紀八〇年代以來，隨著現代文明帶來的衝擊，情況發生了變化，在驅儺季節，一些地方年輕的一代儺戲藝人，只想自己去看電影、電視，甚至上舞廳，而不願繼續舞儺，就是一個很突出的例證。

原因之二，儺戲依附於儺祭儀式，藝人排戲嚴格按照傳統規矩口傳心授，禁忌很多。這使它長期受到束縛，在藝術表現和審美觀念上都難以得到應有的更新。

原因之三，儺壇表演儺戲，都是農閑業餘的自娛活動。自娛，即非營業性，缺乏市場化的強烈競爭，這在時間和觀念上，也限制了藝術創作的提高。更缺乏專業劇作家和編導的指點。因此，它不能有太多的突破。

二是儺戲本身無力制約的原因。比如政府的禁阻。再如戲劇對儺戲發展的抑制。在經濟較為發達的地區，這種情況就比較明顯。曹琳《江蘇南通童子祭祀劇面面觀》一文認為，多種戲曲乃至話劇

在南通的出現，客觀上成爲妨礙當地童子戲提高和發展的因素。㊼
童子戲是儺戲的品種之一。

　　江西萍鄉的儺神廟一般都建有戲臺，但每年驅儺時，還是要請
袁州採茶戲、湖南花鼓戲、湘劇、京戲等外地戲班來演出。而儺隊
則大多是在人家屋內或院內表演一兩個角色的簡單舞蹈，卻很少在
儺神廟戲臺上表演。㊽相比之下，儺隊的表演自然不如戲曲的水平
高，節目自然不如戲曲好看。其後果也是不言自明的。

　　這就是儺與戲的辯證關係。當然，儺與其它藝術之間也互有影
響，但與戲的關係最爲密切，特別是在宋代以來。

㈡儺戲孕育、形成和發展的軌跡

　　詹慕陶《說儺》一文對儺戲孕育、形成和發展的軌跡，有一個
簡單明白的看法。他說：

> 　　儺存在著這樣一條線索：從原始氏族公社時代的「百獸率
> 舞」，到殷商儺文化的確立；從周的伐殷，到周漢以來「驅
> 儺」的出現；從「驅儺」到唐宋「儺戲」的萌芽；從儺戲到
> 宋元戲曲的發生，以及引戲入儺構成明清儺戲的發展。㊾

　　這不僅在總體規模上描述了從儺源到儺戲，從簡到繁、從粗到

㊼　《中國儺戲·儺文化研究通訊》第一期第 34 頁，臺灣新竹清華大學文學
　　研究所編輯，施合鄭民俗文化基金會臺北版，1992 年。

㊽　鄧斌、全草：〈萍鄉儺舞簡述〉。

㊾　《中國儺戲·儺文化研究通訊》第一期第 22 頁。

精的發展過程，也說明了儺與戲的辯證關係。詹氏的意見跟我們討論的內容有許多一致的地方。儺戲的蘊育、形成和發展，可分為四大段：

第一段在新石器時代，為雛形儺儀期。儺的本源是原始狩獵追趕式群舞，模仿百獸的行為及驅逐追捕百獸的情景——百獸率舞，這本身也是一種「戲」。人們很認真，不僅是自娛，也是在給小輩們上族史課和技術課。在原始信仰發生後，這種群舞便帶上宗教因素，成為祭祀儀式的組成部分。

第二段在三代，為儺儀完善期。這種儺禮以政治性宗教性為主導，但宋代大學者朱熹卻說「儺雖古禮而近於戲」。在後人看來，驅儺實際上是在做戲。為什麼這樣說呢？朱熹接著說：「亦必朝服而臨之者，無所不用其誠敬也，或曰，恐其驚先祖五祀之神，欲其依已而安也。」那時候之所以對儺敬重，是出於對禮制的尊崇，或者是怕儺隊的喧鬧驚動祖先亡靈。並不是真的以為儺禮能驅趕鬼疫。

第三段在秦漢至五代，為儺戲準備期。儺儀向娛人化方向跨出了三大步：

秦漢時代，在儺禮中加進了童男童女（後又改為侲子）、千騎傳炬及「方相與十二獸儺」等新成分，儺禮第一次打破了嚴肅刻板的「周之舊制」，向世俗化、娛人化方向跨出了第一步。漢末創作的「十二獸」，就是一種雛形儺戲。

魏晉南北朝時代，又向世俗化、娛人化方向跨出了第二步。官方儺禮呈南衰北盛狀態，民間則創造出了許多新的儺品種和新的表現形式，佛儺結合和道儺結合的形式相繼產生，軍儺、丐儺、官家

儺等新品種也都出現在這一時期。甚至還有過文學家孫綽跟逐除人一起，到大官僚桓溫府中作儺戲堂會表演的事例。

　　隋唐五代，向世俗化、娛人化方向跨出了最重要的一步。如果說，秦漢儺儀的娛人化只是深宮大院的個別現象，魏晉南北朝的眾多創新多帶局部性質，那麼，唐代儺儀的世俗化和娛樂化則是一種普遍趨勢，爲儺戲的大面積出現做了最後的也是最重要的準備。廟會演儺舞和閱儺演百戲是兩大典型，代表著唐儺的發展方向。

　　第四段在遼宋金元和明清，爲儺戲成熟和發展期。宋代開始，裝隊化的儺隊表演，儺中戲和戲中儺的相互促進。以及戲曲的成熟，逐漸促成儺戲大面積出現。明清以來，儺道廣泛密切結合，道教的儀規和道教的藝術廣泛進入儺儀、儺戲，使儺成爲民間道教的一個載體，特別是明代以來，隨著道教的通俗化，道教儀規和道教藝術廣泛大量的進入了儺儀儺戲。同時，一些儺壇與道教、與當地原有巫俗相結合，產生市場因素，儺戲也被用於還願、打煞等收費活動。

㈢儺戲的類型

　　我國前段儺戲研究中，有些論文確有不分層次的缺陷。這裡我們提出一個初步的分類，以供學者們討論批評：

1.表演層次

　　儺戲的表演層次可分爲四類，這些劇目往往是混合演出的。

　　⑴情緒性舞蹈。只是表現一種情緒，並無太多的情節。如一些單人舞，上場只表現人物的來歷和特點，並無情節。江西南豐的《開山》，揮舞斧頭一百零八下，以顯其威武神力，並無其它情

節。

(2)雜耍性節目。南豐的《猢猻懸梁》，只是表演雜技一類的動作，也無多少情節。

(3)情節性舞蹈。有一定的情節的舞蹈。如廣西桂林的《玄武》，說的是他在武當修道四十二年「得道成仙，卻與下仙女比規，蟠桃會上玉帝斥其「五臟六腑不乾淨」。於是，他便「赤腳下山」，「開膛破肚」洗惡念，但臟腑卻變成龜蛇合體，是爲「四靈」之一。有舞有唱，但情節簡單。

(4)雜戲型劇目。一種情節性「通俗戲劇」。在裝隊式的表演中，常常是行進、舞臺、戶家串聯起來表演的。如北方的社賽中表演的儺戲。安徽貴池儺中的啞舞「喊段」的獨舞《傘舞》、雙人舞《打赤鳥》、單人舞《舞古錢》，都有頭戴童子面具的「喊段人」（類似宋代隊舞中的「竹竿子」）到臺前致敬語，不是「全啞」。已是原始戲曲的表現形式之一。江蘇南通的僮子戲，包含多個節目，其中的《西遊記》就是雜戲的性質。貴州地戲還是按唱本表演的。湖南的《孟姜女》，也有比較完整的劇情。

(5)戲曲型劇目。直接從戲曲學來的劇目，甚至依明清代言體劇本演唱，如貴州安順地戲、安徽貴池儺正戲和江蘇南通童子戲等。貴池儺戲《陳州放糧》的一字一句，與明成化本幾乎完全一樣。但是，其表演層次仍然停留在初級戲曲的水平上。

2.儺戲劇目

儺戲的劇目非常豐富，概括起來可分爲六類。

(1)傳統儺神戲。如開山、鍾馗、儺公儺母和地方主儺神金甲大將軍（江西萬載儺主角）、令公（廣西桂林儺主神）、后土（山西曲沃任

莊《扇鼓儺戲》的主神）等。

(2)歷史故事戲。《孟姜女尋夫》、《李斯》等歷史故事。

(3)神話精怪戲。盤古、雷公、電母、土地、城隍、和合、瘟神、猴精、蟾精等故事。

(4)道教神仙戲。玉皇大帝、太上老君、張天師、八仙、二郎神等故事（一些民俗神故事戲可列於此）。

(5)佛教故事戲。如來佛、觀音、金剛、羅漢、閻王等故事。

(6)古典小說戲。《三國演義》（如劉關張故事、關索戲）、隋唐（唐太宗、薛剛反唐）、《楊家將》、《西遊記》、《封神榜》、《白蛇傳》等系列故事。

(7)世俗生活戲。如《十月懷胎》、《歪嘴婆婆織苧麻》等日常生產和生活情景。

四明代儺戲一典型——《福祿壽仙官慶會》

日本學者福滿正博《儺文化和宋元明雜劇》一文，對明代儺戲《福祿壽仙官慶會》作了合情合理的分析，歸納其內容為：

「一折：東華大仙差福祿壽三仙官邀請鍾馗，命令他降唐宮廷『蕩邪滌殄』。

二折：東華大仙又差福祿壽三仙官喚神荼、鬱壘二神來，協力（助）鍾馗鎮安門戶。

三折：鍾馗降下唐世捉拿四小鬼（虛耗之鬼）。

四折：探子回來對和合二神報告鍾馗的勝利。楔子：福祿壽主仙官歌頌太平。」

其總體結構是：「一折二折同請神，三折同被禳，最後楔子同

慶祝。」並舉了三折中鍾馗的唱段爲例：

〔雁兒落〕向亭臺苑圍搜，把殿宇廳堂扣，越門欄井竈尋。
到閨閣簾帷侯：（儺神云）走遍宅院，並無氛珍之氣。（末
唱）

〔得勝令〕尋不怎干休，惱的自怒氣勝如彪。將這火四隊驅
儺將，好叫他千般不自由。（末又走著唱）轉過那南樓，恰性
至西墻後。握跳過這陰溝。（四小鬼上）（末做尋見科）（末唱）
呀呀呀，原來在這大兒尋著那小頭鬼。（末做拿鬼科）……

福滿氏說：「鍾馗降下唐宮室後，搜索四周捉拿虛耗鬼。這是
典型的驅儺場面。」並且又舉了劇末福祿壽三仙官的唱詞：

〔柳葉兒〕管教這海宇內人民和順。賀豐年斗米三文。立綱
常道德把儒風振。承佳運，感皇恩，樂堯年萬載千春。

福滿氏認爲：「這是在祝頌農作物的豐饒、人的長壽、社會的
太平，也是典型的慶祝慶賀的場面。」肯定這是一齣典型的儺神
戲。

最後，他提出了自己的一些看法。其中說到，朱有燉雜劇採用
南北合套方式。可以說，《福祿壽仙官慶會》是他自己創作的新作
品。但是，朱有燉的周蕃在開封，而開封又是北宋的首都，中原的
中心之一，雜劇的發源地。因此推測，此劇「不是全部由朱有燉創
作的」，它「沒有複雜的情節，很簡單」。可以說，它「本來是中

原地區民間的簡單的儺戲」。這個劇本是劇作家們收集到民間儺戲的本子或記錄了口頭劇情內容之後，進行加工創作而成的。❻⓪

　　周憲王朱有燉（1379－1439），號誠齋，明太祖朱元璋之孫，襲封周王，謚「憲」，世稱「周憲王」。現存 31 種雜劇（以《曲江池》、《義勇辭金》等較有名）和散曲集《誠齋樂府》，今均有存。福滿氏將《福祿壽仙官慶會》一劇定為儺神戲，是很中肯的。

　　麻國鈞〈元儺與元劇〉一文說：「我沿著福滿正博先生的思路作進一步闡述」，作了四個方面的分析。其二認為，周憲王所用原名叫《新編福祿壽仙官慶會》，很可能是他根據元代「老本」加工「新編」的。此說與福滿氏不謀而合，經麻氏補充，立論更為嚴謹。說明該劇在元代就有了，是一齣經過加工的儺戲創作劇目。❻①

第六節　儺壇與儺的市場因素

　　我們在研究儺的珍貴歷史價值和藝術價值的同時，也不能忽視儺中包含的消極因素。儺儀、儺戲、儺俗的初始形態，都是以信仰形式出現的，大多是自祭自娛性質。後來，出現了帶有市場性質的儺事活動。

❻⓪　〔日〕福滿正博 1991 年 10 月提交「湖南儺戲國際學術研討會」（湖南吉首）的論文。

❻①　麻國鈞：〈元儺與元劇〉，載《戲劇》（北京）1994 年第 1 期。

(一)儺壇與儺廟

儺儀和儺戲，總要有其活動場所，那便是壇（堂）與廟。

1.壇・儺壇・儺廟

壇、儺壇與儺廟有其共同點，又有明顯的區別。

⑴壇。我國學者郭淨歸納說：壇，是以神靈供奉為中心而形成的概念，它的內涵包含四個方面：

一是神位，或「龕」，或「壇」。

二是祭場，這是壇的最原始的意義。

三是法事，民間各種祭祀表演普遍稱為「壇」。

四是組織，因供奉特定神壇而結成的祭祀表演團體，也相應地稱為「壇」、「壇門」。

在中國民間尤其是農村社會豐富多彩的面貌中，這種民間祭祀表演組織——壇，是最為活躍卻又最少受到主流社會關注的部分。[62]

⑵儺壇。儺壇，是以「儺」的名義進行活動的民間祭祀——表演社會組織。它具有「壇」的一般特徵，但因係「儺之壇」，故又不等於一般的壇。

⑶儺廟。儺廟也是一種儺壇，但儺壇並非普遍有廟。儺廟，是有固定的專用建築及其附屬設施的儺壇，有的還有專職廟守（廟

---

[62]　郭淨：〈中國西南地區儺壇述論〉一文 2—3 頁，載《民族藝術》1996 年第 4 期。

祝，或守廟人）。⑥

2.儺廟沿革

上古舉行儺儀，並無專門的儺壇（儺堂），更無儺廟，而是在舉行祭祀活動常用的祭壇（神壇）或宗族集體的活動場所（神堂、家廟）進行。民間也自有其專供舉行禮儀和祭祀的地方。最早何時出現儺廟，尚無確實材料。

在我們手頭的材料中，最早的儺神廟是現存江西萍鄉東源鄉石沅的「仙帝廟」。1990 年 4 月 7 日出土文物和廟前宋代遺物說明，那是北宋太宗太平興國（976－984）年間修建的「將軍廟」。當時，廟中供奉的是青銅唐、葛、周三將軍面具。而唐、葛、周三大將軍，正是贛西北流行的主儺神。宋眞宗天禧年間（1017－1020）被火燒毀，修復後，曾改名爲「儺帝君廟」。⑥

在江西，還有唐代、宋代、元代和明代修建儺廟的傳說。元代朝廷的禁令很嚴，但萍鄉卻有修建儺神廟的事例。明清則是盛行建儺廟的時代，以贛、鄂、湘等地最爲多見。

清代光緒十一年《武昌縣志》記載，在武昌城東有一儺神祠，係明代成化間修建，清道光二十九年重修，咸豐二年毀，同治二年再修復。「縣志」中有道光二十九年林芳和王家璧寫的兩篇《重修

---

⑥　有關江西儺廟的材料主要參考鄧斌、全草：〈萍鄉儺簡述〉，載《民族藝術》1995 年第 4 期和毛禮鎂《江西省萬載縣潭埠鄉池溪村漢族丁姓的「跳魃」，第 36 頁，載王秋桂主編《民俗曲藝叢書》之一，施合鄭民俗文基金會 1993 年版，臺北。

⑥　靳之林、李培鑫：〈江西萍鄉儺〉「萍鄉儺廟的發展與變遷」節，載《民間文學論壇》1993 年第 4 期第 16－17 頁。

儺神祠》，又有同治二年王家壁寫的「後記」。林芳《重修儺神
祠》寫道：

> 儺之神號，儒者多不傳……。帝曰，天符其靈尤顯於西蜀。
> 但金容奇異，四目、三首、六臂，與古蚩尤相類。附會者所
> 以有「天符即古蚩尤」之稱，姑不論。我邑之有神祠也，志
> 載於明成化，歷今二百年，市東士民等因傾圮而重修
> 之……。

「金容奇異，四目」顯然是指方相氏，被塑成三頭六臂，並且
被附會成蚩尤。但肯定了武昌地方最遲明代就已有儺神廟。

清代道光版江西《萬載縣志》記有七所儺神廟，而同治版《萬
載縣志》則有八所，民國版《萬載縣志》又說有九所。其中以潭埠
鄉池溪村沙橋儺祠最早，建於明初，俗稱儺廟，至今仍在。江西萍
鄉的習俗是有廟必先有儺。1949 年之前，有「四十八部儺神」之
說，其實不止，據民國版《昭萍志略》記載，僅麻山鄉舊時就有七
座儺廟。現在調查，全縣原先約有七八十座儺廟。

3.儺神廟的佈局

一般都有正殿和偏殿以及相應的設施。江西萍鄉儺廟的建築和
佈局，各地大同小異，一般均有正殿、雨亭、戲臺、飲樓和天井，
相當規範。

正殿設儺壇，俗稱「洞」。壇最北為神龕，龕內供奉儺神面
具，其上掛彩紙紮的「迎神香花」，壇前佈置有供桌、香爐、燭
臺。正殿供桌上放置著「明簽」、「藥簽」、竹卦、蒲團，中門內

兩側各有木架，分別裝有大鼓和大鐘。幾層柱子上是頌儺頌神的對聯。

偏殿分別供奉佛教菩薩和道教神仙。

戲臺，在封洞前，常邀請湘劇等別的劇種的外地戲班來演戲。

4.儺廟的種類

儺廟的名稱和功能也不一樣。

⑴不同的名稱。儺廟的名稱各地往往不同，以江西爲例，大體有如下幾種：一、儺神廟。如南豐縣、萍鄉市等多數地方如此。二、儺神殿。如南豐縣甘坊儺神殿。三、儺神祠。如萬載縣（湖北也有用此名稱的）。四、儺帝君廟。如江西萍鄉。五、別名。萍鄉的「將軍廟」、「德化庵」、「福崇庵」等等，實際也是儺神廟。

⑵儺廟的功能。可分爲兩類：一、大多數儺廟在驅儺季節開放，平時封廟，禁止開廟，更不得動面具。因爲，面具就是神。二、常年開放的儺廟：有專人（守廟人）看廟。如江西萍鄉石洞口儺神廟。廟裡出賣香燭黃紙，有錢可賺。或不賣香燭，也普遍設有「募捐箱」，虔誠的信士眾多，所捐可觀。有時人流如潮，香煙不絕。

5.儺廟的管理

儺廟的管理及其經費來源，各地情況也不盡相同，以江西萍鄉爲例，大體有三種情況。

⑴一族管理。大姓有自己的儺廟和儺隊，儺廟可轉讓。據白竹塘楊戍生（1917 年生）介紹，他聽老人們說，該村的儺神廟「原先屬尹姓所有，有儺神廟的是大姓，後產業多次變賣，經晏、周兩家，最後賣給了楊家。」這一類是產業式經費來源。儺廟一般都有

廟產，其收入用作儺壇經費。

(2)聯族合辦。小族就多姓聯合辦廟，如東源鄉有三堂儺神，即福神、禍神、喜神。分別爲所轄一、二、三圖所有。每圖十甲，俗稱「十比（本）地業」，每甲按十干排列輪年接神。一個自然村爲一比地業，十村即爲十比地業。

大安里儺神廟，則由五個儺隊所共有，輪年供奉一枚銅面具。當地至今還流傳著「大安里的皇帝——輪流做」的歇後語。

這一類是攤派式經費來源。東源儺廟的一切開支，均按十分攤派，而不管各自財力和人口多少。請神經費在祠堂公款中開支，由輪任當年祠主的人，領取規定數量的錢、糯穀（做米酒）、稻穀（做米果）。他還得安排就餐等具體事宜。

(3)獨家管理。如石洞口儺神廟，解放前是杜家獨產，因爲廟建在他家地皮上，他家則另住一地（也在本鄉）。這一類是募捐式經費來源。儺廟由他派人管理，但無廟產，只靠信士和社會募捐。

(二)願儺和衝儺

如果說，儺神廟大多具有自祭自娛性質，那麼，南方的儺堂比較普遍流行的衝儺和願儺，則具有明顯的市場性質。有許多地方不叫儺堂戲的儺班，也有此類活動，但沒有儺堂戲那樣頻繁，那樣被人們所篤信。

1.願儺源流

願儺和衝儺源出自古代春祈秋報禮俗，後來加進了迷信和巫術成分，演變成現在這種形態。

上古的春祈秋報，蠟禮季冬謝百神，就是還願的意思。迎神賽

會，是酬神還願的繼續。

⑴賽會，俗用儀仗、鼓樂、雜戲，迎神賽會，是周代十二月蠟祭的遺俗，一年農事結束，祭田神，飲酒作樂，稱爲「賽社」。都是較爲原始、淳樸的祭祀活動。最晚到宋代，則發展出了賽願（祭神還願）活動。事先許願，事後還願，具有人神交易的性質。所以說，從酬謝到賽願是一種新的演變形式。賽願是衝儺、願儺的一個源頭。

⑵儺中祈報。漢末「先蠟一日大儺」已與祈報有所關聯。但只是儺與賽結合的跡象。漢末有「十二神」，唐儺有「告月神」，都不是還願。宋代儺中雖已有新的迷信成分，但並未見以儺還願一說。到了清代，「還儺願」已經在很大一片地區流行，南方尤其明顯。

2.有關衝儺、還願儺的記載舉例

下面摘引一些清代有關衝儺和願儺的記載。㊿

康熙四十四年（1705）版湖南辰州《沅陵縣志》中，向兆麟《神巫行》詩說：「汝有病，何須醫，神君能令百病卻。」乾隆二十年（1755）《瀘溪縣志·風俗》記載：

> 雖無當街紮臺專演《孟姜女》，但入冬迎儺神、還舊所許願時，也必唱一本《孟姜女》。演至尋夫時，必向來賓索路費錢。

㊿　轉自李懷蓀：《湘西儺戲調查報告》「儺堂戲」節，顧樸光主編：《中國儺戲調查報告》第 84－95 頁，貴州人民出版社 1992 年貴陽版。

　　這是冬天的事情，差不多跟當代電視劇當中插廣告相似，演到
關鍵處，敲觀眾一把——拿「路費錢」來。乾隆三十年（1765）版
《辰州府志·風俗》說得更加具體：

> 疾病服藥之外，惟聽命於巫。幸而愈則巫之功；不愈則醫之
> 過。又歲時祈賽。惟僧道意旨是從。有上元醮、中元醮、土
> 地壽、梓橦壽、城隍壽、伏波壽、佛祖壽、火官壽、五通
> 壽、儺神會、龍船會、聖母會、降香會、陽塵會。又有桃源
> 仙洞、雲霄娘娘，雲霧仙娘、梅山諸神之稱。又三五歲一祀
> 錢神，其祭一小瓦罐，插六七竹管於內，用無色綢條十餘。
> 屋裡與管頭置於正寢。割牲延者，或一日、三日，名之曰
> 「還願儺」，唱《孟姜女》戲。親友來觀者，以錢擲賞，名
> 曰「歌錢」。其曲最為鄙俚，每一會費至百餘金，親友所擲
> 亦至數十金，巫人以為利。藪廳邑中不為所愚者鮮矣。

　　其中包括治病衝儺和許願還願。治好了病，是儺壇的功勞；病
沒治好，是醫生的過失，儺壇包贏不輸。除了為病家衝儺之外，還
願儺每次要收一兩百金。而各種還願儺儀，名目繁多，一年有十多
二十次，一年光是願儺的進帳，不會少於一兩千金。

　　無需更多解釋，這明顯已經是一種市場行為。醫生按科學方法
治病，在衝儺和願儺的干擾之下，常常無法取得預期療效，反而受
過。於是，病家更不相信醫生，而更多地依賴衝儺和願儺，儺師們
的收入也就更多、更穩定。這種惡性循環的有害活動，對社會的負
面影響是不言而喻的。

㈢儺──民間道教一體系

儺是一種多神信仰，南北朝以來佛教影響很重。從宋明開始道教影響便大於佛教。魯迅說，中國的根本在於道教。我們說，儺儀的根本也在於道教。我國民間現存所有的儺事，沒有不與道教相聯繫的。這是古儺所不具備的一個新特點。

1.道教與民間道教

童祥銘《四川瀘州儺戲調查》一文，依活動的側重面，分道士爲三類。第一類屬於正規道教，後兩類屬於民間道教，與儺的關係最爲密切。

第一類，是長居宮觀的「練師」、「眞人」，名爲清眞道、清虛道。

第二類，是闖蕩江湖，符咒捉鬼，賣藥治病的「遊方道人」，名爲符籙道，葫蘆道。有的以度亡靈、驅邪還願爲務、作死人道場的道士和端公，奉信道教，但不住宮觀，也不「遊方」。

第三類，也不住在道教宮觀，吃素，可以結婚，名爲火居道。類似佛教的居士。**㊅**

在這裡，儺實際上是民間道教的一種載體。

2.儺與道的關係

這跟儺與戲的關係一樣，也是一種辯證關係。

⑴儺爲道源。道教的第一原生地在那裡？目前還有爭論。四川人說道教產生於青城山，江西人說道教產生於貴溪的龍虎山。此事

㊅　童祥銘：〈四川瀘州儺戲調查報告〉第 156 頁，載顧樸光等編《中國儺戲調查報告》。

正在討論中，這裡姑且不去說它，有一點還是十分明確的，道教首先產生於民間，而在道教孕育和形成的時期，這兩個地方的民間儺活動都非常活躍，不可能不對道教的孕育和形成產生重要的影響。

儺早在道教產生之前幾千年就已出現，產生道教的三大主要成分，即鬼神崇拜、方仙信仰和道家學說，都與儺有關。其中，道家的道德論以陰陽學說爲基礎，這正是上古儺的宗教理論根據，儺與不儺、磔與不磔，都是按照陰陽寒暑來安排的。而道教的鬼神觀念和方仙信仰則是從儺中學來，都是儺的演變形態。

道教的四大道術，即以占卜決吉凶、書符籙驅鬼辟邪、爲人齋醮祈禳以祛災求福、念咒以「去災，退鬼，避猛獸」。前一項早在商代寇禮中已有應用。後三項正是儺在道教中演變的具體形式。書符更是桃符儺俗的應用。因此說，儺是道教的主要源頭之一。

(2)儺道分流。儺在周代以陰陽說爲其理論，戰國鄒衍創造陰陽五行說，漢代讖緯迷信盛行，儺中也都有反映。道教形成後，創立了自己的理論體系，儺則望塵莫及。南北朝北方道教走上了貴族化道路，更與儺相去甚遠。所以，儺佛的結合聲勢很大，儺道的結合則不見大的舉動。

(3)儺道結合。最早見於南朝的記載，即陳朝的事例，比佛教與儺的結合晚。以後很長時間，儺與道的結合主要在神仙方面，道教從儺儀中吸取了鍾馗、城隍、土地等角色（儺神）。唐宋朝廷雖然重視道教，但並未將儺與道教結合起來。這是因爲道教貴族化和禮制的正統化。道教與儺的大面積、全方位結合，出現在明代以後。

明太祖朱元璋曾利用道教來收買人心，建國後則對道教有所抑制。而嘉靖皇帝卻特別崇信道教，自號「玄都境萬壽帝君」，奉信

符籙，日事齋醮，幻想長生。用龍虎山道士邵元節爲禮部尙書、正一道士爲少保禮部尙書。朝廷和地方各級政府都設有主管道教的機構，將道教事務納入行政工作。加上道教本身的通俗化，一時間，道教在全國上下得到廣泛流行，以致宮廷樂舞、民間藝術也都紛紛加進道教的內容。現代儺事、儺壇中的道教影響就是從此時興起的，最終使儺成爲民間道教的一大載體。此時，儺中佛道並存，但道教的成分已占優勢。這與南北朝以來很長時間的情況大不相同。

3.儺道結合的形式

儺道的結合，無處不在，但有層次的區別。其主要表現在：

⑴儺儀、儺戲吸收了道教觀念、道教節目和道術。桃符的道教化，演變爲符籙之後，反又傳給了儺壇。道教的醫術，也對儺壇有很大的影響。

⑵儺儀的儀規、法器、唱本、美術等的道教化。其中，有的儺隊或儺壇自以爲是道教，但與道教並無組織上、人事上的關係，如江西萍鄉有的儺壇自稱茅山教，但並不屬於道教的茅山派。

⑶組織上聯繫。這有兩種情況：一、人事方面的聯繫。舉行儺儀時，事先要問過道士，事後要告訴道士；開壇、閉壇請道士打醮，刻好面具請道士開光等等。二、與道教有組織上的聯繫，其事務由道士負責，並有道士直接加入儺壇活動。開壇要經過民間道教組織批准，向它交費。甚至有的儺壇還要民間道教組織領取執照。

㈣明清儺的市場傾向

從現有資料考察，進入明清以來，許多地方的儺事多有市場傾向，已經脫離上古儺禮的本意。這些信仰因素，實際上也是官方一

再禁儺的主要原因之一。

1.信仰的市場因素

　　這是指以營利爲目的、利用群眾盲目信仰鬼神的心理、採取某些宗教性手段來牟取別人錢物的一種市場行爲。比如，算卦、相命、測字、求籤等活動便是。

　　民間傳統的自發的集體祭祀活動，與這種市場行爲的區別在於：不以盈利爲目的，其收入完全用於儺事，並不爲某人或某部分個人所有；它並非有意欺騙信眾，而是在一個地區或一個宗祠範圍內全體成員共同的信仰和愛好；有些地方雖有「大姓觀儺，小姓舞儺」的等級區別，大姓或族主可在其中牟取和維護既得社會地位，但並不具市場性質。

　　儺中市場因素的沿革。儺中市場因素並不是本來就有的，古儺從夏商周三代到秦漢，都不具任何市場因素。儺中最早的市場行爲出自北齊，當時爲私人送葬的民間方相，就是一種受雇於人的職業化經營活動。不過，後來並未蔓延開來。隋唐五代以後也未見此類報導。宋代項公澤修，凌萬頃、邊實纂《淳佑玉峰志》卷之上「風俗」節記載說：

　　　〔臘月二十五日〕，是日，爆竹驅儺，除夜，……歲夜分祭瘟鬼；易桃符；向明燈；打灰堆；飲屠蘇（酒）。❻❼

　　「分祭瘟神」，這是儺史上有關驅儺祭鬼的早期記載，但還不

---

❻❼　《宋元方叢刊》第一冊 1061 頁，中華書局 1990 年北京影印版。

是市場行為。

2.蘄州七十二家儺班

從現有史料看，民間儺班的市場行為，首見於明末清初顧景星《蘄州志》的記載說：

> 楚俗尚鬼，而儺尤甚，蘄有七十二家。有：清潭保，中潭保，張、王萬春（張萬春、王萬春？）等名。神架雕鏤金膜，製如杌。刻木為神首，被以彩繪，兩袖散垂，項繫雜色紛帨。或三神、或五六七八神為一架焉。黃袍遠游冠，曰「唐明皇」；左右赤面、塗金粉、金銀兜鍪者三，曰「太尉」；高髻步搖，粉黛而麗者，曰「金花小娘」：社婆；髯而翁者，曰「社公」；左騎細馬、白面黃衫如俠少者，曰「馬二郎」。行則一人肩架，前導大纛、雉尾雲罕、爆槊格澤等旗。曲蓋鼓吹，如王公。迎神之家，男女羅拜，蠶桑疾病，皆祈問焉。其徒數十，列幛歌舞，非詩非詞，長短成句。一唱眾和，嗚咽哀惋。隨設百獻，奉太尉，歌躍幛上，主人獻酬三神，酢主人，主人再拜。須臾，二蠻奴，持絀盤，辟有大獅，首尾奮迅而出，奴問獅何來。一人答曰：「涼州來。」相與西望而泣，作思鄉懷土之歌。舞畢，送神，鼓吹偕作。先立春一日。出神於櫃，具儀簿，隨土牛後。春分後藏焉。崇禎末，無復舊觀矣。⑱

---

⑱　同註㊸。

這顯然是一種季節性的半職業儺班，從立春到春分這段時間進行活動。與清代儺壇的衝儺、願儺已某些相似之處。

第一，七十二家的「家」，與一般鄉村、里坊儺隊的稱呼大不相同，是稱呼店家一樣來稱呼這種儺班。「清潭保」、「中潭保」、「張萬春」、「王萬春」等，也並不是一般儺廟、儺壇或民間儺隊的名稱，而為商家所常用。用這些來稱呼營業性的儺班，也相當合適。可知，這是帶有職業性質的儺隊，比「打野胡」、「急腳子」式的丐儺要正規得多。

第二，這是為私人家庭活動的儺隊，既不是沿門逐疫，家家必到，也不是只為個別家庭行儺，而是為一批人家演出。他們是被雇傭的儺班，以收取報酬為目的。主人所給報酬，是由裝扮三「太尉」的演員（可能是班頭）收下。太尉們則要給主人敬酒，以示感謝。而主人把這看得如同神的賜予，故又再次叩謝儺神。當然，表演的節目也比丐儺正規一些。

第三，這些儺班，人數不定，大體三五人，或六七人，或七八人為一伙，面具也在十枚以內。與一般打野胡和急腳子的人數相當。但其表演的人數有幾十人，是一般丐儺所不能比擬的。

第四，為了適應經常到人家戶上去演出，那儺神架也做得比較小，以便外出演出時，架在「肩」上扛著走。

第五，表演的人物有唐明皇、三太尉，這是供主人家頂禮膜拜的。迎神之家對此很重視，男女老少都要向儺神磕頭，往往一連幾十人來祈問生產和健康等吉凶禍福。金花小姐、社公社母、馬二郎等人物，則與打野胡或急腳子差不多。那時「西涼獅舞」已經相對普及，一般的儺班也會表演。

3.儺特技和虛妄傳聞

作爲招引信眾的手段，儺壇巫師們往往有一些令人驚訝的絕活。我們稱其爲「儺特技」。這是目前遠未充分研究的課題。包括治病神法、爬刀梯、咬火犁、神靈附體、神婆預言等等的現象。其中，有的帶有某些藥物和心理治療成分；有的是物理方法，如從小火烤身體、久之養成耐力；有的是化學方法，如在油鍋裡放硼砂，或以煮白醋，使之在較低溫下就能沸騰，其實並不燙人。但也有一些至今尚無明確的答案，比如口咬燒紅的鐵犁，並不是從小鍛煉就能忍耐的。另外有一些則完全是騙術，往往害人不淺。如符紙燒灰當「神藥」，就常常致人病重甚至死亡。

不過，巫師神靈附體、治病和預言之類活動，也並非全是假裝，實際上也是一種心理、生理現象。這方面我國學者黃強曾做過詳細的研究，其成果發表在他的《人神之間——中國民間祭祀儀禮與信仰研究》一書中，這裡不贅。⑥

在南方一些少數民族地區還有一些神乎其神的傳聞，如說，某人死在千里之外，儺師可用法術能讓這死人如同活人，自己跟著儺師走回家來。到了家，就倒在床板上不再動彈。這同某些所謂的「氣功大師」，自吹能夠呼風喚雨、騰雲駕霧一樣，不可信。

4.歷代禁儺包含著合理因素

最晚從南北朝以來，歷代政府都曾對民間祭祀表演活動進行過干涉，原因不外這樣幾點：·

第一，出自統治者害怕人民結社以聚眾造反的擔心。

---

⑥　黃強：《神人之間——中國民間祭祀儀禮與信仰研究》第二章。

第二，統治者出自壓制不同民族的信仰禮俗。

第三，某些官員和文人鄙視群聚文娛活動因而加以非難。

第四，因某些民間祭祀活動存在著騙錢的不正當市場行爲，浪費嚴重。而且，往往有放蕩、淫穢、不衛生，甚至誤人性命等現象。

相比之下，其中儺的境遇要好些。因爲，儺是古代國家禮制的一部分，是政府規定必行的歲時禮俗活動。但也曾因不同原因直接被禁止，或被順帶禁止，到了太平天國和民國時期，儺明顯違背了時代文化潮流，自然就成了被貶斥和禁止的對象。應當說，因第四個原因而被禁止，是可以理解的。

第七節　葬儺俗遺緒

明清時期，儺俗與一般社會民俗廣泛融合，更加龐雜。

方相送葬的儺俗仍在流行，同時也演變出了一些送葬先導的新形式，如先導神、開路神等。

㈠「濫用方相」

據《續通典》卷七十八·禮三十四「器行序」條記載，明代送葬用方相，該條寫道：

> 明代丘濬《補儀節》云：「先方相，次明器床，次銘旌，次買車，次大舉□，夾以功布及今世俗送葬有食案，從俗用之

亦可。❼

　　這時，喪葬用方相已無等級規範，依儒者的看法，算作「濫用方相」。早在元代就已經如此，浙江《至元嘉禾志》：「葬日，姻友至墓所餞祭，具方相、器、銘、旌、梵音。」❼（這又從另一個方面說明，元代朝廷禁儺並不徹底。）（圖20）

　　到二十世紀，此俗還在南北各地流行。民國版《甘肅通志稿》（不分卷）卷二十九「民族九·風俗志」，收有兩則實例。《慶陽府志》：

　　　葬禮，……將葬，門外設棚，列銘旌、方相。行祭禮，不用佛事。

《甘州府志》也說：

　　　殯之日，以方相開路，舉前功布、翣牌、銘旌、冥器，並以紙作鹿、馬、獅，祐車旗。僕從參用，僧道鼓吹，親友送至墓地……。❼

---

❼　《十通》本，中華書局北京重印版，1988年。
❼　「胡志」上篇·浙江·第18頁。中華書局1990年版《宋元方志叢刊·至元嘉禾志》無此段文字。
❼　以上兩條均引自《中國西北稀見方志》第六卷第326-327頁，中華全國圖書文獻縮微中心北京版，1994年。

這說明，明清時期的敦煌地區，確實又恢復了北宋之後中斷了的儺事活動。方相與僧道一同送葬，體現了明代以來儺、儒、道、佛合流的特點。這種民間送葬的實例，在全國各地方志和筆記小說專著中，往往多有所記述。

(二)方相裝扮的變化

明代《封神榜》問世之後，有方弼與方相兄弟送葬的新組合，又有以紙紮方相（或紙紮方相與方弼）作前導的。方相的打扮，則有以紙糊假頭方相面具、核桃殼做四目、平面的馬糞紙繪四目面具等新的形式。

(三)方相送葬的演變形態

到了清代，大部分地區直接用人扮方相送葬的習俗已不太普及，卻出現了好多種演變形式。比如，僧道先導、道服先導等。民國時期甚至出現了洋鼓洋號先導的時髦喪葬儺俗。

更為引人注目的是社火秧歌前導送葬，不僅在儺儀中使儺、俗、戲相結合，而且在喪葬中也做到了儺與戲相結合。民國版《甘肅通志稿》轉錄《武威縣志》寫道：「送喪多用彩樓抬高，社夥（火）秧歌小唱前導。」⑬

---

⑬ 《中國西北稀見方志》第六冊第 326 頁。

後 記

　　《中國儺文化通論》是 1993 年由全國藝術科學規劃小組確定的中華社會科學基金研究課題。

　　儺文化通論包括論與史兩個部分，是前人尚未涉獵的研究領域，是一塊尚未開墾的處女地。筆耕這塊處女地，填補這一學科空白，是一個長期、艱巨的實踐過程。

　　我們採取了分工合作的方式。中國儺戲學研究會理事錢茀先生是治學嚴謹的儺史專家，長於史述，執筆第二編《儺史》。我對論述比較熟悉，執筆《導言：儺魂》和第一編《儺論》（內第二章第一節「儺的字義」爲錢茀先生撰寫）。十多年來我對目前殘存於中南、西南、華北偏僻農村的民間民俗儺事活動，特別是諸多少數民族民俗儺事活動，做過較多實地考察與研究。我把這些活資料適當納入第一編中。這樣，全書有史有論，有古代文獻檢索，有當代田野考察依據；有漢族較系統的儺史，有少數民族儺文化的鮮活資料。經緯縱橫，古今溝連，或許能編繪出一幅較完整的中華民族儺文化的輪廓。考慮到儺學、儺史的專業性很強，對一般讀者來說，相當陌生，爲此我們力求寫得通俗淺顯。在第一編裡還注意了基本常識的介紹，以期達到普及效果。

　　儺文化學是八〇年代初興起的人文交叉學科，它涉及到文化人

類學、民族學、宗教學、民俗學、戲劇學和民間文藝學等各個領域。不少學術問題和目前尚難以破解的諸多疑難問題，都有待於今後儺學界的共同努力，逐步予以解決。我和錢茀先生在某些學術問題上的觀點也不盡一致，這也是難免的。因此，這部書稿，大約只能反映九○年代末儺學研究所能達到的學術水平。當然，我們在撰述過程中，力求闡述自己的觀點，力求在某些學術問題上有所突破，不過這在儺學史論初建架構時是相當困難的。

編撰工作歷時八年，也是我們力求書稿質量不斷提高的八年，期間大約有三年時間，錢茀先生寄居上海親屬斗室，身有殘疾卻每日風雨無阻到上海市圖書館埋首查閱資料，中午餓了便啃一個燒餅。這種認眞、艱苦精神感染了我。他是一位理想的合作伙伴。我的社會學術活動過於頻繁，簡直找不出幾塊完整的時間，再加上青光眼與白內障雙重眼疾時有發作，以致撰寫進展相當遲滯。拖至去年四季度在臺灣花蓮師範學院民間文學研究所爲碩士研究生班授課期間，仍在忙中抽暇補充第一編的某些篇章。

在這八年裡，薛若琳、王兆乾、黃竹三、顧樂眞、周華斌、麻國鈞等諸學友，各以不同方式給與了寶貴的支持。

任何學術研究與著述，總是建立在前人成就的不斷積累和同代學者研究成果之上的。二十多年來，有關儺學、儺文化的專著、畫冊、考察報告出版了一百多種；這期間舉辦了十多次國際與省際學術研討會，提供了幾百篇論文。這是我們撰寫本書所依據的權威著作和寶貴資料。

這裡要特別提到的是，臺灣清華大學人類研究所王秋桂教授發起並主持的「中國地方戲與儀式之研究」學術工程。它從 1992 年

起歷時約八年之久，組織數十名大陸學者，對十六個省（區）、九個民族、上百個研究項目進行了長期的考察，撰寫出有學術價值和資料價值的書稿，包括數十種調查報告。以施合鄭民俗文化基金會「民俗曲藝叢書」名義，至今已出版了 80 種。此外，王先生還在臺北、新竹和香港多次主持相關學術研討會，產生了許多有學術價值的論文。所有這些，也爲我們提供了豐富、鮮活的寶貴營養。

花蓮師範學院民間文學研究所所長楊振良教授熱情審閱書稿並推薦給臺北學生書局總編輯鮑邦瑞先生。書局出版過不少有影響的學術著作。這次秉持海峽兩岸傳統文化交流的理念，欣然接受這部書稿，使它得以順利同讀者見面。欣慰中，我當永遠記住上述海峽兩岸朋友的關懷與協助。臺灣花蓮師範學院民間文學研究所研究生林修平、顏家俊、李憲彰、黃信超、周志仁等同學，還有北京的陳偉、蔡宏、傅愷、麗華、曉寧，爲組織書稿的電腦打印等工作，付出了相當多的辛勞；在編校的過程中，書局的曾雅雯女士，民間文學研究所的蕭玉娟同學，也都做了大量的工作。這裡一併表示眞誠的感謝。唯一的遺憾是，當這本書稿交給學生書局時，我的左眼已成爲廢品，而錢茀先生也重病纏身了。

《中國儺文化通論》畢竟是一個初降人世的嬰兒，難免沾有諸多稚氣，極需方家的撫育與教誨，促其健康成長，我們殷望海內外學者的批評與指教。

曲六乙

2000 年 10 月於北京

引用和參考主要書目

古籍書目

世本八種　茆泮林輯，商務印書館 1959 年北京版。

山海經注疏　〔清〕郝懿行注疏，巴蜀書社 1985 年成都版。

二十五史　上海古籍出版社、上海書店 1986 年影印本。簡稱「上海《二十五史》本」。

資治通鑑　〔宋〕司馬光主編，中華書局 1956 年北京版。

各朝《會要》　以上海古籍出版社版本爲主。

十三經注疏　〔清〕「黃侃經文句讀」本，上海古籍出版社 1990 年版。簡稱「黃侃句讀本」。

國語解釋詩經　江蔭香撰，上海廣益書局 1934 年版。

四庫全書　臺灣商務印書館《影印文淵閣四庫全書》本。簡稱《四庫》。

四部備要　中華書局據 1936 年十六開本縮印版，北京。

諸子集成　上海書店 1986 年影印本。

四書集註　〔宋〕朱熹，岳麓書社 1987 年 6 月長沙初版。

國語　上海師大古籍整理研究所校點本，上海古籍出版社 1988 年版。

論衡 〔東漢〕王充，岳麓書社 1991 年 8 月長沙版。

漢官六種 〔清〕孫星衍輯，中華書局 1990 年北京版。

文選 〔梁〕蕭統編，中華書局 1977 年北京版。

二十二子 上海古籍出版社 1986 年版。

全上古秦漢三國六朝文 〔清〕嚴可均校輯，中華書局 1958 年北
　　京版。

玉函山房輯佚書／玉函山房輯佚書續編三種 〔清〕馬國翰輯，上
　　海古籍出版社 1989 年影印本。

文苑英華 中華書局 1966 年 5 月北京版。

全唐詩 上海古籍出版社 1986 年版。

全宋詩 北京大學出版社 1991 年版。

元曲三百首 新世紀出版社 1996 年長沙版。

神怪大典 上海文藝出版社 1991 年影印本。

太平御覽 中華書局 1985 年北京版。

香艷叢書 上海國學扶社宣統二年（1910 年）版。

黃帝功德紀 于佑任著，陝西人民出版社 1987 年西安第 17 版。

羅隱集 雍文華校輯，中華書局 1983 年北京版。

明宮史 〔明〕劉若愚，北京古籍出版社 1980 年版。

龔自珍全集 〔清〕龔自珍著，上海人民出版社 1975 年新一版。

宋元方志叢刊 中華書局 1990 年北京影印本。

明·清·民國版地方志 以上海圖書館藏書爲主。

日本藏中國罕見地方志 書目文獻出版社 1990 年北京版。

中國西北稀見方志 中華全國圖書文獻縮微中心 1994 年版。

家譜　（皖、贛、湘、桂、蘇、浙、黔、川等地多姓家譜）

歷代小說筆記　廣東人民出版社 1984 年廣州版。

古今說海　上海文藝出版社 1989 年影印本。

說庫　王文濡編集，浙江古籍出版社 1986 年版。

風俗通義校注　王利器校注，中華書局 1981 年北京版。

荊楚歲時記譯注　譚麟譯注，湖北人民出版社 1985 年武漢版。

澠水燕敦煌願文集　黃徵等編校，岳麓書社 1995 年長沙版。

談錄　歐陽修撰，中華書局 1981 年北京版。

東京夢華錄·外四種　中華書局 1962 年北京版。

宋人說粹　上海文藝出版社 1990 年版。

清嘉錄　〔清〕顧鐵卿撰，上海文化出版社 1985 年影印本。

俚俗集　〔清〕福申著，書目文獻出版社 1993 年版。

帝京歲時紀勝／燕京歲時記　〔清〕潘榮陛／復察敦崇著，北京古
　　籍出版社 1981 年版。

現代書目

中國史綱要　翦伯贊主編，人民出版社 1964 年北京版。

中國古代史綱　張傳璽，北京大學出版社 1985 年版。

金史簡編　遼寧人民出版社 1984 年瀋陽版。

太平天國史料叢編簡輯　中華書局 1963 年北京版。

洪秀全傳　田原撰，湖北人民出版社 1982 年武漢版。

中華文化史　馮天瑜著，上海人民出版社 1990 年版。

中國文化源頭新探　劉堯漢著，雲南人民出版社 1993 年昆明版。

中國古文化　文榮一著，東大圖書公司 1990 年版。

叢書集成初編　商務印書館 1930 年代上海鉛印本。

殷歷譜　董作賓著，前中央歷史語言研究所專刊 1945 年八開石印本。

殷代社會史料徵存　陳邦懷著，天津人民出版社 1959 年版。

甲骨文釋林　于省吾撰，中華書局 1979 年北京版。

先秦禮制研究　陳戍國著，湖南教育出版社 1991 年長沙版。

秦漢禮制研究　陳戍國著，湖南教育出版社 1995 年長沙版。

魯迅全集　人民文學出版社 1973 年北京版。

郭沫若全集　科學出版社 1983 年北京版。

敦煌學論文集　姜伯勤撰，上海古籍出版社 1987 年版。

宗教史通論　呂大東主編，中國社會科學出版社 1989 年北京版。

馬克恩恩格斯列寧斯大林論宗教與無神論　中央馬恩列斯著作編譯局編，人民出版社 1999 年北京版。

中國神話傳說（上、下）　袁珂撰，中國民間文藝出版社 1984 年北京版。

中國少數民族神話　谷德明編，中國民間文藝出版社 1987 年北京版。

中國佛教史略　邱明洲，四川社會科學出版社 1986 年成都版。

中國佛教（第一輯）　中國佛教學會編，知識出版社 1980 年北京版。

中國道教史　傅勤家著，上海書店 1990 年影印本。

道教文化叢書　李養正主編，北京燕山出版社 1991 年版。

中國民間諸神　宗力、劉群撰，河北人民出版社 1987 年石家莊
　　版。

華夏諸神　馬書田著，燕山出版社 1990 年北京版。

中國少數民族宗教概論　覃光廣等著，中央民族大學出版社 1988
　　年北京版。

中國鬼信仰　張勁松著，中國華僑出版社 1991 年北京版。

中國古代鬼神文化大觀　尹飛舟著，百花洲文藝出版社 1992 年南
　　昌版。

中國巫術　張紫晨著，三聯書店 1990 年上海版。

巫與巫術　宋兆麟著，四川民族出版社 1989 年成都版。

中國自然神與自然崇拜　何星亮著，三聯書店 1992 年上海版。

土家族儀式歌漫談　彭榮德等著，中國民間文藝出版社 1989 年北
　　京版。

中國少數民族宗教　宋恩常著，雲南人民出版社 1985 年昆明版。

中國竈君神馬　薄松年著，渤海堂文化公司 1993 年臺北版。

中國護身符　葉明鑒著，花城出版社 1993 年廣州版。

中華全國風俗志　胡樸安編，上海大達圖書供應社 1936 年版。

中國戲曲志　（多省、市、區及地區、州、盟、縣、旗卷）

中國民族民間舞蹈集成　（多省、市、區及地區、州、盟、縣、旗
　　卷）

中國戲曲通史　張庚、郭漢城主編，中國戲劇出版社 1980 年版。

中國舞蹈史　孫景琛等著，文化藝術出版社 1983 年北京版。

宋元戲曲史　王國維著，上海古籍出版社 1998 年版。

唐戲弄　任半塘著，上海古籍出版社 1984 年增補－續後版。

中國雜技　傅起鳳等著，天津科學技術出版社 1983 年版。

線戲簡史　黃笙聞著，人文雜誌社 1999 年西安版。

中國古代版畫叢刊　鄭振鐸編，上海古籍出版社 1988 年版。

中國古代版畫叢刊二編　上海古籍出版社編，1994 年版。

中國古代版畫叢刊三編　上海古籍出版社編，1994 年版。

三才圖會　〔明〕王圻、王思義編集，上海古籍出版社 1988 年版。

中國岩畫學　蓋山林著，書目文獻出版社 1993 年北京版。

中國岩畫發現史　陳兆復著，上海人民出版社 1991 年版。

中國岩畫發現史　陳兆復著，上海人民出版社 1993 年版。

世界岩畫資料圖集　李淼等編繪，中國工人出版社 1992 年北京版。

太平洋岩畫　李洪甫著，上海文化出版社 1997 年版。

非洲岩畫藝術　張榮生著，上海人民美術出版社 1982 年版。

儺文化研究論著

湖南儺堂戲資料彙編　湖南戲曲研究所 1982 年長沙內部版。

貴州地戲簡史　高倫著，貴州人民出版社 1985 年貴陽版。

貴州思南儺壇戲概觀　鄧光華著，貴州省藝術研究室 1986 年印。

貴州儺戲　高倫著，貴州人民出版社 1987 年貴陽版。

儺戲論文選　貴州民族出版社 1987 年貴陽版。

四川烷戲·四川儺戲　中國戲曲志四川卷編輯部 1987 年內部版。

大儺考——起源及其舞蹈演變研究　蔣嘯琴著，蘭亭書店 1987 年臺北版。

儺戲論文集　德江縣民族委員會等編，貴州民族出版社 1987 年貴陽版。

貴州儺戲劇本選　鄧正良主編，貴州省藝術研究室 1988 年內部版。

安順地戲　沈福馨著，貴州人民出版社 1989 年貴陽版。

儺戲文選　四川省儺戲學研究會籌備組 1989 年成都內部版。

扇鼓儺戲錄像片文本　山西師範大學《扇鼓儺戲》組 1989 年編印。

中國儺文化論文選　顧樸光等編，貴州民族出版社 1989 年貴州版。

儺·儺戲·儺文化　王恒富主編，文化藝術出版社 1989 年北京版。

儺堂戲志　胡建國主編，湖南藝術研究所 1989 年版。

儺戲論文選　四川省儺戲學研究會籌備組 1989 年編輯出版。

唐樂星圖　《戲友》編輯部 1990 年出版。

儺戲·少數民族戲劇及其他　曲六乙著，中國戲劇出版社 1990 年北京版。

西藏神舞、戲劇及其面具藝術　曲六乙著，淑馨出版社 1990 年臺北版。

《九歌》與沅湘民俗　林河著，三聯書店 1990 年上海版。

英歌舞研究　廣東舞蹈學校等 1990 年編印。

廣西儺藝術論文集　文化藝術出版社 1990 年北京版。

安順地戲論文集　貴州文聯理論研究室等編，文化藝術出版社
　　1990 年北京版。

儺戲‧儺文化　庹修明著，中國華僑出版社 1990 年北京版。

儺戲儺文化資料集　貴州民族學院圖書館 1990、1991 年編印。

中國儺戲儺文化專集（上、下）　王秋桂主編，《民俗曲藝》1991
　　年臺北版。

梓潼陽戲　黃道德等主編，1991 年內部版（成都）。

中國儺文化　陳躍紅等著，新華出版社 1991 年北京版。

信仰‧神明‧藝術的交響──中國儺文化研究　李子和著，貴州人
　　民出版社 1991 年貴陽版。

中國民間美術與巫文化　陳瑞林著，新華出版社 1991 年北京版。

關索戲志　黃加智主編，文化藝術出版社 1992 年北京版。

儺蠟之風──長江流域宗教戲劇文化　蕭兵撰，江蘇人民出版社
　　1992 年版。

中國儺戲調查報告　顧樸光等編，貴州人民出版社 1992 年貴陽
　　版。

中國儺戲儺戲文化研究通訊㊀㊁　王秋桂主編，施和鄭民俗文化基
　　金會 1992、1993 年臺北版。

儺文化與藝術　庹修明編，貴州人民出版社 1993 年貴陽版。

沅湘儺辭匯覽　周寧阜編，香港國際會展出版社 1992 年版。

廣西儺文化探幽　李路陽等著，廣西人民出版社 1993 年南寧版。

儺‧驅鬼‧逐疫‧酬神　郭淨著，三聯書店 1993 年香港版。

湘西儺文化之謎　張子偉著，湖南師範大學出版社 1993 年長沙
　　版。

中國儺文化與民間信仰專集（上、下）　庹修明編，《民俗曲藝》
　　雜誌 1993 年臺北版。

巫儺與巫術　胡建國著，海南出版社 1993 年海口版。

儺與藝術、宗教　鄧光華著，中國文聯出版社 1993 年北京版。

儺文化文集　貴州銅仁儺文化博物館編，吳秀松主編，1993 年內
　　部版。

壯師戲概論　蒙光朝著，廣西人民出版社 1993 年南寧版。

湖南儺戲研究論文集　胡建國主編，大世界出版公司 1994 年香港
　　版。

儺史——中國儺文化概論　林河著，東大書局 1994 年臺北版。

儺文化芻議　柯琳著，中央民族大學出版社 1994 年北京版。

雲南儺戲儺文化論集　劉體操等編，雲南人民出版社 1994 年昆明
　　版。

成都巫儺文化　趙冰著，成都市文化局 1995 年編印（內部版）。

巴蜀儺戲　于一著，大眾藝術出版社 1996 年北京版。

神人之間——中國民間祭祀儀禮與信仰研究　黃強著，廣西民族出
　　版社 1996 年南寧版。

儺·萍鄉儺　袁支亮著，萍鄉高等專科學校校報專刊，1996 年內
　　部版。

漠南尋藝錄　李寶祥著，內蒙古人民出版社 1996 年呼和浩特版。

廣西儺文化摭拾　顧樂真著，廣西藝術研究所等 1997 年內部版。

中國民間目連文化　劉禎著，巴蜀書社 1997 年成都版。

燕趙儺文化初探　杜學德著，甘肅人民出版社 1998 年蘭州版。

古儺尋蹤　林河著，湖南美術出版社 1997 年長沙版。

民俗曲藝叢書（1～7 輯共 70 種／由大陸學者撰寫）　施和鄭民俗
　　文化基金會 1993～1999 年臺北版。
儺戲藝術源流　康保成著，廣東高等教育出版社 1999 年廣州版。
藏戲與鄉人儺新識　劉凱著，中國戲劇出版社 1999 年北京版。
古儺神韻　于一著，中國戲劇出版社 2000 年北京版。
儺俗史　錢茀著，廣西民族出版社、上海文藝出版社 2000 年版。

儺戲·中國戲劇之活化石——全國首屆儺戲研討會文集　中國藝術
　　研究院、王兆乾等編，黃山書社 1992 年合肥版。
中國儺戲、儺文化國際研討會論文集　王秋桂主編，《民俗曲藝》
　　（臺北）第 85 期，施和鄭民俗文化基金會 1993 年臺北版。
中國儺　張子偉編，湖南師範大學出版社 1994 年長沙版。
　　（係 1991 年中國少數民族儺戲儺文化國際學術研討會摘要稿
　　彙編）
祭禮·儺俗與民間戲劇——'98 亞洲民間戲劇民俗藝術觀摩與學術
　　研討會論文集　麻國鈞等主編，中國戲劇出版社 1999 年北京
　　版。
沅湘儺文化之旅　胡建國主編，時代文藝出版社 2000 年長春版。
　　（係'98 沅湘儺戲儺文化學術研討會論文集）
中國儺戲學國際學術討論會論文　1990·山西臨汾。錢茀裝訂本。
中國少數民族儺戲國際學術討論會論文　1991·湖南吉首（同
　　上）。
廣西儺學國際學術研討會論文　1992·廣西南寧、柳州、桂林（同
　　上）。

雲南儺學國際學術討論會論文　1994·雲南澄江（同上）。

'98 亞洲民間戲劇民俗藝術觀摩與學術研討會論文　1998·河北武
　　安（同上）。

2000 海峽兩岸昆侖文化觀摩與學術研討會論文　2000·西寧（同
　　上）。

中國面具文化　郭淨著，上海人民出版社 1992 年版。

中國古代面具研究　李錦山等著，山東大學出版社 1994 年濟南
　　版。

中國面具史　顧樸光著，貴州民族出版社 1996 年貴陽版。

中國面具藝術　趙作慈等主編，北京美術攝影出版社 1997 年版。

頭飾·面具·臉譜　儼章編繪，黑龍江人民出版社 1996 年哈爾濱
　　版。

面具藝術博覽　田喜慶著，遼寧美術出版社 1997 年版。

貴州安順地戲面具　沈福馨著，貴州人民出版社 1989 年貴陽版。

貴州儺面具藝術　王恒富等主編，上海人民出版社 1989 年版。

儺戲面具藝術　顧樸光等著，貴州民族出版社 1990 年貴陽版。

廣西儺面具藝術專集　《美術界》（南寧）1991 年第 2 期。

巴蜀面具藝術　于一等主編，成都出版社 1992 年版。

西藏面具　張鷹著，人民美術出版社 1995 年北京版。

中國巫儺面具藝術　薛若琳主編，江西美術出版社 1996 年南昌
　　版。

貴州地戲面具　沈福馨著，民族出版社 1998 年北京版。

貴池儺文化藝術（畫冊）　呂光群編著，安徽美術出版社 1998 年

合肥版。

中國少數民族面具　鄭俊秀編著，朝華出版社 1999 年北京版。

中國民間藝術・古儺面具　周林生著，人民美術出版社 1999 年北京版。

儺戲面具　吳仕忠等著，黑龍江美術出版社 1999 年哈爾濱版。

外國書目

傳統節日在中國　〔美〕迪克・布德（Derk Bodde, *Festivals in classical China*），香港中文大學出版社 1975 年英文版。

金枝　〔英〕詹・喬・弗雷澤著，徐育新等譯，中國民間文藝出版社 1987 年北京版。

當代人類學　〔美〕威廉・A・哈維蘭撰，王銘銘翻譯，上海人民出版社 1987 年版。

巫術、科學、宗教與神話　〔英〕馬林諾夫斯基著，李定安譯，上海文藝出版社 1987 年版。

比較宗教學　〔英〕埃里克・J・夏普著，呂大吉譯，上海人民出版社 1988 年版。

文化人類學　〔美〕馬文・哈利斯撰，李培茱、高地翻譯，東方出版社 1988 年上海版。

人類文化學事典　〔日〕祖父紅孝男等著，喬繼堂譯，陝西人民出版社 1992 年西安版。

面具的奧秘　〔法〕烈維・斯特勞斯著，上海文藝出版社 1992 年版。

中國巫戲演劇研究　〔日〕田仲一成著，東京大學出版社 1993 年

版。

日本の祭りと芸能　〔日〕諏訪春雄著，吉川弘文館平成七年
　　（1995）版。

鬼ら來た道（中國の仮面と祭り）　〔日〕廣田律子著，玉川大學
　　出版社 1996 年版。

中日韓民間祭祀儀禮的比較研究　〔日〕諏訪春雄著，黃強等譯，
　　施和鄭民俗文化基金會 1997 年臺北版。

工具書

中國大百科全書　考古 / 民族 / 民俗 / 音樂舞蹈 / 戲曲曲藝 / 中國
　　歷史 / 中國文學等卷　中國大百科全書出版社 1990－1995 年
　　北京版。

簡明不列顛百科全書　中國大百科全書出版社 1985 年北京版。

說文解字　〔漢〕許愼，中華書局 1963 年北京版。

說文解字詁林　丁福保編，中華書局 1988 年北京影印本。簡稱
　　「詁林」。

玉篇校釋　胡吉宣校釋，上海古籍出版社 1989 年胡氏手抄本影印
　　版。

辭源　陸爾奎等編校，1939 年商務印書館 64 開四卷本。

辭海　上海辭書出版社 1989 年版。

漢語大辭典　漢語大詞典出版社 1989 年版。

漢語大字典　徐中舒主編，湖北辭書出版社、四川辭書出版社
　　1986 年成都版。

中國歷代年譜總錄　楊殿珣著，書目文獻出版社 1980 年北京版。

十通　通典、續通典、清通典；通志、續通志、清通志；文獻通
　　考、續文獻通考、清文獻通考、清續文獻通考／商務印書館
　　1937 年上海版。
甲骨文辭典　徐中舒主編，四川辭書出版社 1988 年成都版。
殷墟甲骨刻辭摹釋總集　姚孝燧主編，中華書局 1988 年北京版。
甲金篆隸大字典　徐無聞著，四川辭書出版社 1991 年成都版。
金文常用字典　陳初生撰，陝西人民出版社 1987 年西安版。
常用古文字字典　王延林撰，上海書畫出版社 1987 年版。
漢字例話　左安民著，中國青年出版社 1984 年版。
簡明社會科學詞典　宋原放主編，上海辭書出版社 1982 年版。
宗教辭典　任繼愈主編，上海辭書出版社 1981 年版。
中國人名大辭典　臧勵龢等編，商務印書館香港分館 1931 年版。
中國古今地名大辭典　臧勵龢等編，商務印書館香港分館 1931 年
　　版。
中國神話傳說辭典　袁珂著，上海辭書出版社 1985 年版。
中國戲曲曲藝詞典　上海藝術研究所等編，上海辭書出版社 1981
　　年版。
中國民間藝術大詞典　劉波主編，農村讀物出版社 1990 年北京
　　版。
中國軍事大辭典　楊得志主編，海南出版社 1992 年版。
中國民俗辭典　鄭傳寅主編，湖北辭書出版社 1987 年武漢版。

中國報刊

中國文化報　周1～6 北京　　　文匯報　日報 上海

光明日報　北京

文摘報　周2刊 北京

九洲學刊　臺北·香港·美國

文史哲　季刊 濟南

中國社會科學　季刊 北京

中國文化　不定期 北京

考古　月刊 北京

文物　雙月刊 北京

中國史研究　季刊 北京

敦煌研究　季刊 敦煌

文藝研究　季刊 北京

文學遺產　季刊 北京

上海藝術家　季刊 上海

藝術百家　季刊 南京

藝術求索　季刊 成都

東方藝術　季刊 鄭州

渝州藝譚　季刊 重慶

當代藝術　季刊 長春

戲劇　季刊 北京

戲曲研究　不定期 北京

戲劇藝術　季刊 上海

戲曲藝術　季刊 北京

中華戲曲　不定期 臨汾

地方戲藝術　季刊 鄭州

中華舞史研究　不定期 北京

舞蹈　雙月刊 北京

民族藝術　季刊 南寧

民族叢刊　季刊 哈爾濱

民族藝術研究　季刊 昆明

北方民族　季刊 長春

民間文學論壇　季刊 北京

中國民間文化　季刊 上海

民俗研究　季刊 濟南

民俗　季刊 北京

全國報刊索引　月刊 上海

諸多大學學報（社會科學版）

國家圖書館出版品預行編目資料

中國儺文化通論

曲六乙，錢茀著. – 初版. – 臺北市：臺灣學生，
2003[民 92]
面；公分
參考書目：面

ISBN 957-15-1168-4 (精裝)
ISBN 957-15-1169-2 (平裝)

1. 中國 – 文化

630   92000478

中國儺文化通論　（全一冊）

著　作　者：曲　　六　　乙　　・　　錢　　　茀
出　版　者：臺　灣　學　生　書　局
發　行　人：孫　　　　　善　　　　　治
發　行　所：臺　灣　學　生　書　局
　　　　　　臺北市和平東路一段一九八號
　　　　　　郵 政 劃 撥 帳 號：00024668
　　　　　　電　話：(02)23634156
　　　　　　傳　眞：(02)23636334
　　　　　　E-mail：student.book@msa.hinet.net
　　　　　　http：//studentbook.web66.com.tw
本書局登
記證字號　：行政院新聞局局版北市業字第玖捌壹號
印　刷　所：宏　輝　彩　色　印　刷　公　司
　　　　　　中和市永和路三六三巷四二號
　　　　　　電　話：(02)22268853

　　　　　精裝新臺幣九〇〇元
定價：平裝新臺幣八〇〇元

西　元　二　〇　〇　三　年　一　月　初　版

臺灣 **學生書局** 出版

民俗文化叢書